DAS BUCH

Die sowjetische Geschichte ist zum erstenmal wirklich Geschichte geworden.
Diese Zäsur erlaubt, die »Logik« zu verstehen, die ihrem Ablauf zugrunde lag.
Martin Malia erzählt nicht nur vierundsiebzig Jahre Sowjetgeschichte, sondern
versucht, die Gesetzmäßigkeiten ihres Verlaufs zu erkennen. Das Handeln der
historischen Akteure entsprang der Absicht, Gerechtigkeit, Gleichheit und Frieden in Vollkommenheit zu verwirklichen. In Rußland bot sich die einmalige
Gelegenheit, eine Gesellschaftstheorie in die Praxis umzusetzen, die dem Menschen in der industriellen Welt angemessen schien. Doch die Logik der Ereignisse
folgte nicht den Gesetzen der Theorie. Die Utopie entgleiste. Hatte das Experiment totalitäre Formen angenommen, *obwohl* oder *weil* es sozialistisch war?
Der in diesem Buch aufgezeigte Mechanismus der Degeneration nach wie vor
unverzichtbarer Ideale zur Ideologie liefert den Maßstab für eine angemessene
Einschätzung künftiger Vorstellungen von einer gerechten Gesellschaft.

DER AUTOR

Martin Malia ist Professor für Geschichte an der University of California, Berkeley, wo er vor allem russische und europäische Ideengeschichte lehrt. Er beteiligte
sich am International Research Exchange Program der Universität Moskau und ist
Verfasser zahlreicher Bücher zur russischen Geschichte des 19. und 20. Jahrhunderts.

MARTIN MALIA

———————

VOLLSTRECKTER WAHN

———————

RUSSLAND 1917–1991

AUS DEM AMERIKANISCHEN VON
SUSANNE LÜDEMANN UND UTE SPENGLER

ULLSTEIN

Ullstein Buchverlage GmbH & Co. KG,
Berlin
Taschenbuchnummer: 26542

Titel der amerikanischen Originalausgabe:
The Soviet Tragedy – A History of Socialism
in Russia 1917–1991
bei Free Press, New York

Ungekürzte Ausgabe
November 1998

Printed in Germany 1998

Umschlaggestaltung:
Theodor Bayer-Eynck
Photomontage mit Stalin-Porträt. Plakat, Entwurf
Gustav Kluzis, 1933. Berlin, Gal. Avantgarde
N. Fedorowskij. Photo: AKG Berlin
Satz: MPM, Wasserburg
Druck und Bindung: Ebner Ulm
ISBN 3 548 26542 1

Gedruckt auf alterungsbeständigem Papier mit
chlorfrei gebleichtem Zellstoff

Die Deutsche Bibliothek – CIP-Einheitsaufnahme

Malia, Martin
Vollstreckter Wahn: Rußland 1917–1991/
Martin Malia. Aus dem Amerikan. von Susanne
Lüdemann und Ute Spengler. – Ungekürzte Ausg.
– Berlin: Ullstein, 1998
(Ullstein-Buch; 26542)
Einheitssacht.: The soviet tragedy <dt.>
ISBN 3-548-26542-1

Gewidmet der polnischen *Solidarność,* die 1980 den Kampf gegen den Kommunismus aufnahm, und dem *Demokratischen Rußland,* das die Aufgabe 1991 zu Ende führte.

Das Wirken beider Gruppen stand im Zeichen eines liberal-demokratischen Geistes, der sich im schmerzhaften Befreiungskampf der östlichen Hälfte Europas selten genug erkennen ließ, hier aber triumphierte. Die Dekabristen und Alexander Herzen haben ihn als erste beschworen, als sie die Losung prägten: *Sa naschu i waschu wolnost - Für unsere Freiheit und für die eure.*

Führende Vertreter beider Bewegungen darf ich seit jenen Jahren zu meinen Freunden zählen. Mein Buch verdankt seine Entstehung einer Bitte, die damals aus ihrem Kreis an mich gerichtet wurde: ihnen Werke der westlichen Sowjetforschung zu nennen, von denen sie Aufklärung und Rat, Hinweis auf mögliche Auswege aus ihrer bedrängten Lage erhoffen könnten. Da ihnen die westlichen Sowjetologen indessen fast einmütig zu verstehen gaben, sie möchten sich in Geduld üben, ihren Oppositionsgeist zügeln und auf die inneren Reformkräfte des Systems vertrauen, blieb mir ein einziger Weg, der Bitte meiner Freunde zu entsprechen. Ich unterzog die westliche Sowjetforschung einer kritischen Überprüfung, deren Ergebnis nun vorliegt.

Der Zusammenbruch von 1989–91 hat diese Kritik nicht entbehrlich gemacht. Die jüngsten Ereignisse zeigen, daß Osteuropas Befreiung vom sowjetischen Erbe keineswegs abgeschlossen ist; auch künftig werden westliche Stimmen zu hören sein, die dazu raten, »entwicklungsfähige« Teile dieses Erbes zu übernehmen. Das Nessusgewand eines militant missionierenden Kommunismus hat Osteuropa gezeichnet. Zum »demokratischen Sozialismus« gewandelt, haben sich seine Reste in neuer Färbung erhalten. Es gibt die Nationen, die es so lange umschloß, noch immer nicht vollständig frei.

VORWORT

Für die Außenwelt war das kommunistische Rußland lange Zeit »der mysteriöse Kern eines geheimnisumwobenen Rätsels«. Churchills bekanntes Urteil wird später durch einen Botschafter Washingtons in Moskau revidiert, der festhält: »In Sowjetrußland ist nichts rätselhaft; es ist lediglich vieles geheim.« Nach dem Kollaps von 1989–1991 ist die Welt, die Lenin und Stalin bauten, nicht einmal mehr geheim. Vierundsiebzig Jahre eines utopischen Experimentierens liegen vor uns wie ein offenes Buch.

Die sowjetische Geschichte ist heute zum ersten Mal wirklich Geschichte geworden, und diese Zäsur erlaubt uns, die »Logik« zu erkennen, die ihrem Ablauf zugrunde liegt. Die vorliegende Untersuchung macht sich zur Aufgabe, diese Gesetzmäßigkeiten festzuhalten und die sie bestimmenden Kräfte auszuloten.

In erster Linie also bietet das Buch einen erzählenden Überblick über die vierundsiebzig Jahre Sowjetgeschichte, über die Entwicklung des Sowjetstaates und seiner Kultur von den Anfängen des Systems bis zu seinem Niedergang. Darüber hinaus jedoch versucht es eine Analyse und Deutung des Phänomens Sowjetgesellschaft, das dieser Deutung bedarf, weil es sich nicht unmittelbar, sondern nur indirekt, wie *durch einen Spiegel in einem dunklen Wort,* zu erkennen gab. Ihren Grund hat diese erschwerte Wahrnehmbarkeit zum Teil darin, daß die Realität der sowjetischen Verhältnisse bis fast zum Ende tatsächlich ein gut gehütetes Geheimnis war; sie geht aber auch darauf zurück, daß der universelle sozialistische Anspruch des Systems in der übrigen Welt Faszination oder Abscheu, jedenfalls aber Beunruhigung auslöste.

Wenn westliche Beobachter vom kommunistischen Rußland sprachen, berührten sie folglich, wenn auch nur indirekt, fast immer auch Probleme und politische Fragen des Westens, ein Umstand, der die Sowjetforschung wie kein anderes Feld der Sozialwissenschaft zum Austragungsort passionierter Kontroversen machte. Die Leidenschaften entzündeten sich an der Frage, ob die Sowjetunion der Sonderfall eines »Totalitarismus« und damit für eine Demokratisierung verloren sei, oder aber als Spielart universeller »Modernisierung« zu gelten habe und folglich auf lange Sicht mit der Herausbildung einer politischen Kultur gerechnet werden konnte. Auch die Anwendung der angeblich wertfreien, sozialwissenschaftlichen Kategorien trug nicht dazu bei, die Lösung der Frage zu erleichtern: Bereits der Gebrauch solcher Kategorien stellte ein Werturteil dar, setzte er doch unvermeidlich voraus, daß das sowjetische System ein gesellschaftliches Funktionsgefüge wie jedes andere sei.

Es geht auf diesen Seiten daher vor allem um eine klärende Auseinandersetzung mit den Begriffen und Kategorien, deren der Westen sich bediente, um das sowjetische Rätsel von einst zu entschlüsseln. In diesem Sinn ist das Buch nicht nur eine Chronik der sowjetischen Tragödie, sondern ein Kommentar zu weiten Bereichen der geistigen Geschichte des zwanzigsten Jahrhunderts und zu den Bemühungen unserer modernen Welt um eine gerechte Gesellschaftsordnung. Allerdings ist angesichts der weltweiten Rolle des Sowjetsozialismus die historische Autopsie des Experiments von diesem ideologischen Kommentar nicht zu trennen. Weil das Experiment heute indes auch als abgeschlossene historische Epoche gelten kann, sollte es zumindest möglich sein, die Untersuchung in beiderlei Richtung mit größerem Realismus durchzuführen als in der Vergangenheit. Es ist Aufgabe dieses Buchs, diese begriffliche Umwertung zu leisten.

EINFÜHRUNG

HISTORISCHE FRAGEN:
DIE ZEIT ERLAUBT EIN URTEIL

Der Marxismus war die größte Phantasie unseres Jahrhunderts.

Leszek Kolakowski

Gott, wie unendlich trostlos ist doch unser Rußland!

Puschkin über Gogols Tote Seelen

Und über den legendären Kai kam – nicht das kalendarische,
kam das lebendige, das wirkliche zwanzigste Jahrhundert.

Anna Achmatowa über St. Petersburg im Winter 1913

Das »Experiment« des sowjetischen Sozialismus war das große utopische
Abenteuer unseres Zeitalters. Der Welt erschien es doppelgesichtig wie
Janus oder der Wappenadler des Zarenreichs: Millionen von Menschen
sahen in ihm die Hoffnung des Sozialismus und ebenso viele den Schrek-
ken des Totalitarismus; seinem Anspruch aber mußte sich jeder stellen,
und seine Faszination ließ niemanden unberührt. In der Tat, das Marxsche »Gespenst« ging um, nicht nur in Europa, und mehr als sieben
Jahrzehnte lang. Überall zwang es die Menschen, für oder gegen das
russische Experiment Stellung zu nehmen und die Politik ihrer Länder an
seinem universalistischen Anspruch zu messen. Wie keine andere Zeit-
erscheinung wurde der Geist des sowjetischen Kommunismus zur großen
polarisierenden Kraft des politischen zwanzigsten Jahrhunderts: Das linke Rot erschien greller und härter, ein Fanal, das in einer Hyperradikali-
sierung der Rechten seine Erwiderung fand.

Zunächst aber war es die verheißungsvolle Seite des Experiments, die
sowjetische Angelegenheiten zu Menschheitsfragen erhob. Nach dem
Oktober 1917 konnte Rußland nicht länger als Staat unter anderen

gelten: Es war der »erste Arbeiterstaat« der Welt und die »erste sozialistische Gesellschaft« in der Geschichte. Dem Land Lenins wuchs somit
universale Bedeutung zu, ist doch der vollständige Sozialismus – nicht die
halbherzige Annäherung der westlichen Sozialdemokratie –, zumindest
dem Anspruch nach, die Akme demokratischer Gleichheit. Und wer
wollte in unserem modernen Zeitalter gegen Demokratie und Gleichheit
sein?

Erst allmählich zeigte sich auch das zweite Gesicht des kommunistischen Experiments, als aus der Diktatur des Proletariats die Diktatur der
Partei und dann Stalins wurde und das daraus hervorgehende totalitäre
System zur bedrohlichen Welt- und Supermacht aufrückte. Während der
siebzig Jahre ihres Bestehens war die Sowjetunion nie als Staat unter
anderen in das internationale System integriert. Und so ließen die negativen Folgen des Experiments, mochten sie auch durch den äußeren Druck
von Krieg, Faschismus und kapitalistischer Feindseligkeit zu erklären
sein, dennoch die prinzipiellere – und für viele quälende – Frage aufstei-
gen, ob nicht die zwei Gesichter des sowjetischen Janus, Sozialismus und
Totalitarismus, eines Ursprungs und damit untrennbar seien. Was hatte
zur Entartung des Kommunismus geführt? Der feindselige Widerstand
des anderen Lagers und die Rückständigkeit Rußlands? Oder war die
Sklerose im Keim des marxistisch-leninistischen Projektes angelegt? Hatte das Experiment totalitäre Formen angenommen, *obwohl* oder *weil* es
sozialistisch war?

Dann endete das Experiment, nachdem es die Welt sieben Jahrzehnte
lang in Atem gehalten hatte, im größten sozialen Debakel unserer Zeit.
Die Supermacht Sowjetunion erlebte – ein historisch beispielloser Fall –
nach fünfundvierzig Jahren des Friedens die strukturelle Entsprechung
zur vernichtenden militärischen Niederlage in einem totalen Krieg. Ihr
Rückgrat, die Kommunistische Partei, zerfiel, das sowjetische Staaten-
gebilde löste sich auf, und die Wirtschaft lag danieder wie die deutsche
und japanische Wirtschaft im Jahr fünfundvierzig. So verheerend war die
Katastrophe, daß die Bewältigung der Folgen Rußland und die Welt auf
unbestimmte Zeit nicht weniger Kräfte kosten wird als einst die Unwägbarkeiten des Experiments.

Das schwere Erbe des Oktober überspannt Anna Achmatowas »wirkliches
zwanzigstes Jahrhundert« und legt dessen Grenzen fest. Der Ablauf der

Jahrhunderte folgt nicht dem Gleichschritt der Kalenderdaten, er ergibt sich vielmehr aus langfristigen kulturellen und politischen Konstellationen. So erstreckte sich das europäische neunzehnte Jahrhundert, eine Zeit andauernden Friedens, wirtschaftlichen Wachstums und demokratischen Fortschritts, vom Ende der großen Krise der Französischen Revolution und der Napoleonischen Kriege im Jahr 1815 bis zum Ausbruch der noch einschneidenderen, weltweit ausgreifenden Krise von 1914. Es wird häufig behauptet, der Erste Weltkrieg habe unser düsteres Jahrhundert eingeleitet. Mit dem Zusammenbruch des Kommunismus und dem Ende des Kalten Krieges in den Jahren 1989–91 liegt nunmehr sein Schlußdatum fest. Erst diese Jahre gaben uns die Gewißheit, daß unser »kurzes zwanzigstes Jahrhundert« sein Ende erreicht hat.[1]

Doch dieses Jahrhundert war nicht nur kurz, sondern auch von ungewöhnlicher Gewaltsamkeit und Tragik gekennzeichnet. Es spricht für sich, daß die großen Propheten der faszinierendsten Ideologie unseres Jahrhunderts, Hegel und Marx, den »Vater der Tragödie«, Aeschylos, zu ihren Lieblingsautoren zählen. In Äschylos' *Orestie* zeugt ein Verbrechen das andere, bringt Gewalt neue Gewalt hervor, bis das erste Verbrechen, die Erbsünde des Geschlechts, durch anhaltendes Leiden gesühnt ist. Wie der Fluch, der auf dem Geschlecht der Atriden lag, kam das Blut von 1914 über das Haus des modernen Europa und löste eine Welle der Gewalt aus, die als Krieg und Bürgerkrieg unser Zeitalter beherrschte. Die Gewalt und der Blutzoll des Krieges standen zu jedem denkbaren Gewinn, den eine der Parteien sich erhoffen mochte, in keinem Verhältnis mehr.

Aus dem Kriegsgeschehen ging die russische Revolution und damit die bolschewistische Machtergreifung hervor; sein Ausgang führte zu einem gedemütigten, revanchistischen und schließlich nationalsozialistischen Deutschland sowie zum italienischen Faschismus. In den dreißiger Jahren haben diese drei »Diktaturen«, wie sie damals genannt wurden, die Weltpolitik in einem bis dahin unbekannten Ausmaß polarisiert und ideologisiert und gleichzeitig die Macht der bedrängten konstitutionellen Demokratien westlich des Atlantik geschwächt und ihre Gesellschaften gespalten.

Der Zweite Weltkrieg war eine unmittelbare Folge des Krieges von 1914–18 und setzte die verhängnisvolle Spiralbewegung fort. Hervorgegangen aus Hitlers Versuch, die Niederlage von 1918 zu kompensieren, öffnete die neue Runde militärischer Auseinandersetzungen Stalins

Macht den Zugang zum Herzen Europas. Derselbe Krieg zog kommunistische Siege in Ostasien nach sich und machte so den Leninismus endlich zum globalen Machtfaktor. Doch dieses Ergebnis führte dazu, daß in den Vereinigten Staaten neue, gegenläufige politische Kräfte zur Macht kamen und damit weitere ideologisch polarisierte Kontroversen ausbrachen. Der Kalte Krieg zwischen dem Zweiergespann USA/NATO und den Erben des nunmehr imperialen Oktober dauerte fünfundvierzig Jahre, bis die Sowjetunion unter der Dauerbelastung zusammenbrach und ihren Geist aufgab.

So kamen in den Jahren 1989–91, als sich der Kreis unseres Jahrhunderts schloß, die Furien, die der August 1914 entfesselt hatte, endlich zur Ruhe, und der Weg wurde frei für die noch unbekannten Kräfte des einundzwanzigsten Jahrhunderts, das, wie immer es aussehen mag, jedenfalls postkommunistisch sein wird. Das aber bedeutet: Zumindest sein Anfang wird von dem Bemühen bestimmt sein, die Trümmer beiseite zu räumen – um Solshenizyns Metapher zu benutzen –, die das Experiment hinterlassen hat, eine Aufgabe, die nach Bedeutung und Umfang nicht kleiner sein wird als die sowjetischen Ambitionen von einst.

Mit unserem kurzen zwanzigsten Jahrhundert ist auch die sowjetische Geschichte zu Ende gegangen. Ein postkommunistisches Rußland wird fraglos auch weiterhin eine europäische Großmacht von internationaler Bedeutung darstellen, aber der Leninismus mit seinem Anspruch auf weltgeschichtliche Geltung ist tot. Zum ersten Mal ist es möglich geworden, den Sowjetkommunismus als abgeschlossenen historischen Zeitabschnitt zu betrachten, dessen Beginn, Mitte und Ende klar erkennbar sind. Noch bis 1989–91 steckte man bei dem Versuch, das einstige sowjetische Rätsel zu begreifen, immer irgendwo *in medias res;* und folglich kreisten unsere Analysen der sowjetischen Entwicklung immer auch um die verschiedenen Vorstellungen vom möglichen Ausgang des Experimentes. Nun, da das Finale bekannt ist, hat das Ratespiel ein Ende, und damit ändert sich automatisch auch das, was wir über den Anfang und die Mitte der Geschichte zu wissen glaubten. Jetzt endlich läßt sich zu einer wirklichen Beurteilung des Abenteuers Sowjetstaat gelangen. Um auf die historizistische Einsicht Hegels zurückzugreifen: »Die Eule der Minerva beginnt erst mit der einbrechenden Dämmerung ihren Flug.«[2]

Da das sowjetische Abenteuer im Zusammenbruch endete, ist sein

Verlauf seit 1917 nur als Tragödie zu verstehen. Wie der August 1914 hat sich auch der Oktober als Fluch erwiesen, der über Generationen fort-wirkte: Die Gewalt, die den Beginn des bolschewistischen Machtantritts kennzeichnete, potenzierte sich, als das Revolutionsregime daran ging, die widerstrebende russische Realität durch anhaltenden Zwang von oben nach ihren Vorstellungen zu formen. Die Folgen waren um so tragischer, als dieses Handeln aus der ursprünglichen Absicht hervorging, Gerechtig-keit, Gleichheit und Frieden in der Vollkommenheit zu verwirklichen, die »Sozialismus« bedeutet, und darüber hinaus das Summum promethei-scher Technik zu erreichen, das die moderne Ära auszeichnet. Wir dürfen nicht vergessen, daß die Revolution sich zum Ziel gesetzt hatte, die Menschheit, wie Marx es formulierte, endlich »aus dem Reich der Not-wendigkeit ins Reich der Freiheit« zu erheben. Nur im Zeichen des Paradoxes, daß hinter großen Verbrechen hohe Ideale stehen, läßt sich die sowjetische Tragödie begreifen.

Was aber meinten wir von der Sowjetgeschichte verstanden zu haben, bevor uns das letzte Kapitel bekannt war? Daß wir die Welt durch den Filter unserer analytischen Begriffe und Kategorien wahrnehmen, gilt allgemein. Da sich eine direkte Beobachtung der sich abkapselnden Sowjetunion jedoch als so außergewöhnlich schwierig erwies, waren wir besonders geneigt, sie wie durch einen Spiegel zu sehen, genauer gesagt, doppelt gebrochen, vermittelt durch politische Ideologie und sozialwis-senschaftliche Methodologie.

Um mit der letzterem zu beginnen. Die westliche Sowjetforschung hatte sich in den fünfundvierzig Jahren seit Ende des Zweiten Weltkriegs zu einem gewaltigen Unternehmen mit zahlreichen Disziplinen und einem entsprechend weitgefächerten Theorienspektrum entwickelt, das als »wertfreie« Wissenschaft operierte. Diese Forschungsbemühungen erbrachten in der Tat eindrückliche empirische Resultate. Ende der acht-ziger Jahre hatten unsere detaillierten Untersuchungen der Sowjet-geschichte in allen Bereichen, von der Wirtschaft bis zur Kultur, einen kaum mehr übersehbaren Umfang angenommen. Wir waren darin so erfolgreich, daß die sowjetischen Verlage während Gorbatschows *glas-nost* dazu übergingen, Schlüsselwerke der westlichen Sowjetforschung in russischer Übersetzung zu publizieren, um ihre Wissenslücken zu füllen. Allerdings wies diese Sowjetologie einen Mangel auf: Sie hatte es versäumt, den Zusammenhang zwischen den Details und der tieferliegenden Dynamik herzustellen, deren Antrieb die sowjetische Wirklichkeit gehorchte.

Kurz gesagt erschien die Sowjetunion in den Darstellungen der westlichen Sozialwissenschaft als Beispiel für eine »Modernisierung«, die zwar noch ein erster, kruder Entwurf, doch wesentlich erfolgreich war. Die meisten Fachwissenschaftler stimmten auch darin überein, daß das System »stabil« sei; daß es einen der zwei großen Pole der Weltpolitik bildete, wurde nie in Frage gestellt. Da sich auch die wertfreie Sozialwissenschaft von der Ideologie nicht gänzlich freihalten konnte, waren viele Spezialisten überdies der Ansicht, daß die »reife Industriegesellschaft« der Sowjetunion ihr latentes sozialistisches Potential sehr wohl noch verwirklichen könne. Man zeigte uns, mit anderen Worten, ein Sowjetsystem, das entwicklungsfähig, stark und für manchen geradezu ein Hoffnungsträger war – und damit stand fest, daß wir uns darauf einzurichten hatten, langfristig mit dieser Alternative zu leben. Auf ihr jähes Ende war infolgedessen niemand gefaßt.

Von einem dieser Spezialisten Voraussagen über die genaue Form oder gar den Zeitpunkt des Zusammenbruchs von 1989–91 zu erwarten, wäre sicher zuviel verlangt; unnötig zu sagen, daß jeder Hinweis darauf fehlt. Selbst für die Dissidenten in Osteuropa, die Führer von *Solidarność,* zum Beispiel, welche das System seit jeher durchschauten, kam die Befreiung unerwartet. Doch sollten unsere Deutungskategorien – und das läßt sich mit Recht erwarten – dazu dienen können, den Kollaps des Kommunismus jetzt, nachdem er Tatsache geworden ist, verständlich zu machen. In dieser Frage hat die offizielle Sowjetforschung nicht nur versagt – ihre Theorien gingen vor dem Zusammenbruch häufig vom gegenteiligen Verlauf der Ereignisse aus, wenn sie ihn nicht sogar ausdrücklich prognostizierten. Die Mehrzahl unserer »Modelle« zeigten uns ein sowjetisches System, das, wenn auch nicht für die Ewigkeit entworfen, zumindest auf Permanenz angelegt war: eine »industrialisierte, urbanisierte Gesellschaft mit leistungsfähigem Schul- und Ausbildungswesen« – so die übliche Litanei –, die als etabliertes, funktionstüchtiges Unternehmen nicht hinter dem kapitalistischen Gegner zurückstand. Gewiß, eine Reihe von Beobachtern, besonders unter den Dissidenten innerhalb des politischen Systems, war sich darüber im klaren, daß die Übel tiefer saßen und keine Reformen zuließen. Doch ihre Stimmen fanden in der sozialwissenschaft-

lich ausgerichteten Sowjetforschung keine Resonanz. Auf der ganzen
Linie, sowohl rechts wie links, wurde die sowjetische Leistungskraft, ob
als Feind- oder als Vorbild, geradezu grimmig ernstgenommen.

Wie war es möglich, daß so viele Experten sich in so vielen Dingen so
lange und so gründlich irrten? Die allgemeine Antwort darauf ist nicht
bei der Sowjetforschung im engeren Sinn zu suchen, sondern in der
umfassenderen Kultur der Sozialwissenschaften, dem Medium, in dem
die Sowjetologen ihren Gegenstand betrachteten.

Als nach dem Zweiten Weltkrieg mit ersten systematischen Studien
des sowjetischen Systems begonnen wurde, fand an den westlichen
Universitäten gleichzeitig ein revolutionärer Wandel im Wissenschafts-
system statt. Eine Reihe von Disziplinen – die Ökonomie, die politische
Wissenschaft, die Anthropologie und die Soziologie –, die sich seit dem
neunzehnten und zwanzigsten Jahrhundert unabhängig voneinander entwickelt hatten, verbanden sich an einzelnen sozialwissenschaftlichen
Fakultäten und einschlägigen Forschungsinstituten endlich zu einer dritten großen Kultur des Wissens neben den Natur- und Geisteswissenschaf-
ten – eine Entwicklung, die auch die altehrwürdige Geschichtswissenschaft nicht verschonte. Die genannten akademischen Fachbereiche trafen sich in dem Ziel, das Studium des Menschen und der Gesellschaft so
exakt und wissenschaftlich wie möglich zu machen, ganz im positivistischen Geist Auguste Comtes, wenn auch nicht in Übereinstimmung mit
dem Buchstaben seiner Lehre. Die Methodologien dieser Fächerpalette
fanden ihre Anwendung bald auch in der jungen Wissenschaft von der
sowjetischen »Gesellschaft« und führten zu den erwähnten mangelhaften
Resultaten.

Eine erste Ursache für dieses Versagen ist darin zu sehen, daß alle
unsere großen sozialwissenschaftlichen Theorien entwickelt wurden, bevor das sowjetische System auf den Plan trat. Um mit Marx zu beginnen
– nichts ist irreführender für ein Verständnis sowjetischer Verhältnisse
als die Marxsche Zweiteilung der Gesellschaft in eine beherrschende
sozioökonomische Basis und einen sekundären politischen und kulturellen Überbau, denn im sowjetischen System ist diese Beziehung genau
umgekehrt. Auch Durkheim, so sehr er sich dem Sozialismus verpflichtet
fühlte, kann mit seinen Kategorien der »organischen Solidarität« und
»moralischen« Organisation als Antwort auf die moderne »Anomie« nicht
weiterhelfen. Max Weber berücksichtigte zwar den Markt, sah aber gut

preußisch das Wesen des Kapitalismus dennoch als »legal-rationale Büro-kratie« und erwartete demnach, daß der Sozialismus, wenn und falls seine Zeit käme, die moderne rationale Ordnung einen Schritt weiterfüh-ren und den Markt sowie das Privateigentum durch eine Planungsbüro-kratie ersetzen werde – ein Urteil, das bestenfalls halbe Einsicht verrät.[3] Der einzige klassische Theoretiker, dessen Überlegungen für das sowjeti-sche Experiment von Bedeutung sind, ist Alexis de Tocqueville. Die Gründe werden im Zusammenhang des folgenden Kapitels erörtert.

Als Mitte des zwanzigsten Jahrhunderts das Werk der Gründergenera-tion erweitert und institutionalisiert wurde und die akademische Sozial-wissenschaft entstand, war damit keine bessere Ausgangslage für die theoretische Bewältigung des Phänomens Sowjetstaat geschaffen. Zum Teil darum, weil die neu gebildete Mischdisziplin sich nicht auf die noch relativ spärlichen sowjetischen Daten stützte. Entscheidender war die Grundvoraussetzung des neuen Paradigmas. Vereinfachend ausgedrückt, ist im Entwurf einer Sozialwissenschaft notwendig mitgedacht, daß hin-ter der evidenten Verschiedenheit der einzelnen sozialen Verbände so etwas wie »Gesellschaft« als grundlegende menschliche Realität existiert und diese »Gesellschaft« in Gegenwart und Vergangenheit im wesentli-chen überall die gleiche ist. Das heißt, daß alle Zivilisationen, mögen sie zeitlich und geographisch noch so weit auseinander liegen, denselben allgemeinen Gesetzen des Aufbaus, der Funktion und der Entwicklung gehorchen. Andernfalls könnte es keine Wissenschaft von der Gesell-schaft geben, nur einen regellosen Wirrwarr von Ad-hoc-Beobachtungen.

Aus diesen Grundvoraussetzungen lassen sich zwei Folgerungen ablei-ten. Erstens: Kultur ist ein Zusammenhang von »Wertsystemen« und damit wesentlich eine Funktion von Interessen; Ideologie sowie Politik sind demnach Teilmengen der elementaren globalen Einheit Gesellschaft. Die Marxsche Trennung von Überbau und Basis ist nur *eine* Darstellung dieser Sichtweise unter anderen, wenn auch vermutlich die einflußreich-ste. Bereits in die Konzeption einer Sozialwissenschaft sind also redukti-onistische Elemente eingeflossen: Politik und Ideologie sind bloße Wider-spiegelungen der »sozialen Basis«. Zweitens: Der sowjetische Weg kann nicht als Entwicklung einmaliger oder eigener Art betrachtet werden; er muß im wesentlichen der Entwicklung anderer »moderner« Gesellschaf-ten entsprechen. Mit dieser Annahme sind Ideologie und Politik einmal mehr dem sozialen Prozeß unterstellt. Die Sowjetforschung als Sozialwissenschaft hat also das erklärte Ziel des »sozialistischen Aufbaus« weithin als Utopismus und Propagandarequisit abgetan. Wie ein berühmter Aufsatz festhält: Die sowjetische Geschichte ist im Grunde nichts anders als ein Reifeprozeß »von der Utopie zur Entwicklung«.[4]

Damit wurden der sowjetischen Wirklichkeit von der westlichen Sowjetforschung weitgehend Kategorien aufgepreßt, die sich aus der gänzlich anderen Erfahrung des Westens ergaben. Der Leninismus verlor seine Eigenart, und das phantastische, surreale sowjetische Abenteuer wurde zur Trivialität verflacht. Unter dem Blick der westlichen Sozialwissenschaftler erschien die Sowjetunion allmählich als »ein Land unter vielen«, das sich von anderen Staaten zwar graduell, nicht aber grundsätzlich unterschied. Allerdings überstehen genuin moderne, entwickelte Staaten Reformversuche, ohne darauf mit einem Kollaps zu reagieren, wie ihn das Sowjetsystem in den Jahren 1989–91 erlebte. Was die große sozialwissenschaftliche Fallstudie des modernen Zeitalters werden sollte, war somit ein Fehlschlag und dürfte nun der Sozialwissenschaft (so ist zu hoffen) als Anlaß zu einer Überprüfung ihrer Grundlagen dienen.

Sozialwissenschaftliche Subtilität brachte es also dahin, die sowjetische Realität zu verdrehen, bis sie kopfstand. Denn die sowjetische Welt war, wie ehemalige Sowjetbürger gern sagten, »eine Welt im Spiegel«, ein umgekehrtes Abbild des wirklich modernen »Kapitalismus«. Oder eine »verkehrte Welt« – um sich des Topos zu bedienen, mit dem Marx den Hegelschen Idealismus beschrieb –, eine Welt, die auf dem Kopf steht. Das heißt, es war eine Welt, in der Marxscher Soziologie zuwider Ideologie und Politik die »Basis« des Systems bildeten, und nicht seinen »Überbau«, eine Welt, in der sich sozioökonomische Maßnahmen sekundär aus dieser Parteibasis ergaben. So hat die vernünftige westliche Sozialwissenschaft mit ihrem Versuch, die Sowjetwelt auf ihre sozioökonomischen Füße zu stellen, in Wirklichkeit das Unterste zuoberst gekehrt, diese Welt, mit andern Worten, auf den Kopf gestellt. Ziel dieses Buchs ist es daher, die verkehrte sowjetische Welt zurechtzurücken, sie als Gebilde zu behandeln, dessen ursprüngliche Basis der Kopf ist. Denn in der Welt, die aus dem Oktober hervorging, hatten wir es in keinem Moment mit einer *Gesellschaft* zu tun, sondern immer mit einem ideokratischen politischen System.

Der im Westen übliche Blick auf das sowjetische Phänomen aus der »umgekehrten« Perspektive läßt sich an der Geschichte der westlichen

Sowjetforschung am besten illustrieren. Die ersten eingehenden sowjetologischen Untersuchungen begannen nach dem Ende des Zweiten Weltkriegs. Noch herrschte Stalin im Kreml, und das Bild der sowjetischen Verhältnisse schien klar und einfach. Die verbreitete Auffassung folgte den Positionen der liberalen russischen Historiker in der Emigration: Im Oktober hatte keine proletarische Revolution stattgefunden, sondern ein Staatsstreich, durchgeführt von der monolithischen und disziplinierten bolschewistischen Partei. Diese Machtergreifung durch eine Minderheit war nur infolge der verheerenden Auswirkungen des Ersten Weltkriegs auf die brüchigen politischen und sozialen Strukturen des kaiserlichen Rußland möglich geworden. Die Revolution war also nicht mit logischer Notwendigkeit aus der historischen Entwicklung Rußlands hervorgegangen, wie die sowjetischen Marxisten behaupteten; vielmehr beendete sie auf die brutalste Art und Weise die Entwicklung des Landes zu einer konstitutionellen Demokratie. Noch verhängnisvoller war, daß mit Lenins Parteidiktatur die logischen Voraussetzungen für den Stalinismus mitsamt Zwangskollektivierung und institutionalisiertem Terror geschaffen wurden.

Dieses Vorgehen glich dem der gleichzeitigen »Diktaturen« in Italien und Deutschland, und so wurde der Begriff des »Totalitarismus« – den ursprünglich Mussolini geprägt hatte, um sein politisches System zu bezeichnen, und Trotzki zum ersten Mal im negativen Sinn auf Stalins Rußland anwandte – von Hannah Arendt und anderen aufgegriffen und einer allgemeinen Theorie von der Pervertierung der Moderne und Entartung der Demokratie zugrunde gelegt.[5] Denn der konziliantere Begriff »autoritär«, wie er für einen Salazar oder Tschiang Kai-schek angemessen schien, wurde der makabren Größe eines Stalin, Hitler oder Mao nicht mehr gerecht.

Als mit Chruschtschow die Entstalinisierung einsetzte, nahm die Sowjetunion allmählich prosaischere Züge an, und das »totalitäre Modell« machte der Modernisierungstheorie Platz. Aus dieser Sicht, die Raymond Aron einmal als »Marxismus ohne Klassenkampf« bezeichnete, erschien das sowjetische Regime hinter einer bloßen Fassade sozialistischer Rhetorik und den makabren Attributen des Stalinismus im wesentlichen als Kraft des Fortschritts, als Motor der Industrialisierung, Urbanisierung und Bildung der Massen, vergleichbar den »autoritären« Regimen anderer rückständiger Länder. Man ging so weit, den Fall Sowjetunion als Modell für die wirtschaftliche Entwicklung der Dritten Welt zu betrachten. Einige Experten waren sogar der Ansicht, Sowjetrußland sei auf dem Weg der Annäherung an die westlichen Industriegesellschaften, mit denen es eines Tages »zusammenwachsen« werde; damit habe es dann seinerseits endlich sein demokratisches Potential aktiviert und werde in das neue Amalgam eine sozialistische Offenheit für die Bedürftigkeit des Menschen einbringen, die dem kapitalistischen Westen fehle. Jedenfalls sei Rußland dazu in der Lage, vorausgesetzt, die Last des Kalten Krieges werde von seinen Schultern genommen und dessen ideologische Rechtfertigung – das »totalitäre Modell« – mit seiner verleumderischen Gleichsetzung von Kommunismus und Nationalsozialismus widerlegt.

So wich die Theorie von der sowjetischen Entwicklung als Modernisierung allmählich einer stärker ideologisch gefärbten Sicht, und erneut tauchte der Klassenkampf auf, wenn auch nur durch die Hintertür, denn diese neue Sozialgeschichte war der Form nach positivistisch; im Gestus emotionslos und akademisch trocken, vermied sie jedes ausdrückliche Werturteil. Die neue Sichtweise ergab sich zum Teil aus einer allgemeinen Verlagerung des Forschungsinteresses auf die gesellschaftliche Basis, auf den Durchschnittsbürger, eine generell fruchtbare Ausweitung des historischen Horizonts, als dessen bestes Beispiel die Annales-Schule dienen kann. Ferner verdankte sich dieser Sichtwechsel den Hoffnungen, die durch die Entstalinisierung und die Détente geweckt worden waren, sowie dem Wunsch nach einem glaubwürdigen sowjetischen Partner bei der Abrüstung. Es zeigte sich also bald, daß die Modernisierungstheorie eine wertfreie Betrachtung der wertbesetzten Ansprüche und Ziele des sowjetischen Experiments ebensowenig erlaubte wie das totalitäre Modell – sie blieb ein Widerspruch in sich. Man hatte sich auf der ganzen Linie entweder für oder gegen das Gespenst zu entscheiden.

So war die neue Sozialgeschichte der sechziger und siebziger Jahre ungeachtet ihres nüchternen, empirischen Habitus auf weite Strecken faktisch der ideologisch motivierte Versuch, das sowjetische System als Ergebnis von Aktionen des Volkes und somit als demokratisch legitimiert darzustellen, was eine vehemente Ablehnung des staatszentrierten totalitären Modells bedeutete. Der sich daraus ergebende »Revisionismus« räumte neu den sozialen und ökonomischen Kräften vor Politik und Ideologie den Vorrang ein, ersetzte die »Systemforschung« durch die »Sozialforschung« und verkündete, die sowjetischen Entwicklungen seien

»von der Basis«, als Willensausdruck der Gesellschaft, zu erklären, und nicht »von oben«, als Ergebnis staatlichen Zwangs.

Im Mittelpunkt dieser neuen Geschichtsschreibung standen zwei Themen: die Legitimität des Gründungsaktes der Sowjetherrschaft, des »Großen Oktober«, als proletarischer sozialistischer Revolution, und die Frage nach Kontinuität oder Umbruch beim Wechsel der Führung von Lenin zu Stalin. Aus beiden Problemen ergab sich das dritte: ob das Regime nach Stalins Tod demokratische Reformen zulassen würde – womit, von jedem nationalen Kontext unabhängig, die Lebensfähigkeit des Sozialismus überhaupt zur Debatte stand.

Wenn nämlich das Sowjetregime aus einer echten Volksrevolution entstanden war, dann mußte Stalin als »Abweichung« von der Leninschen Norm gelten, und es ließ sich erwarten, daß das System, trotz der zeitweiligen Verirrung in die Schreckensherrschaft, die Kraft hatte, zu einem demokratischen, menschlichen Sozialismus zurückzufinden. Lag der Ursprung des Systems hingegen in einem konspirativen Staatsstreich, dann war Stalin ein besserer Lenin, und demokratische Wurzeln, zu denen man zurückkehren konnte, hatte es nie gegeben: In diesem Fall war der Kommunismus nicht reformierbar und mußte bekämpft werden. In den sechziger Jahren hatte die angloamerikanische Geschichtsschreibung sich mehr oder minder die erste, »optimistische« Auffassung zu eigen gemacht und konzentrierte sich folgerichtig auf die Fragen: Wodurch und wann war die Entwicklung außer Kurs geraten? Und wie ließ sich der Schaden beheben? Diese Geschichtsschreibung übersah die Möglichkeit, daß die Fragen falsch gestellt sein könnten – daß nichts außer Kurs geraten, sondern das ganze Unternehmen von Anfang an verfahren war.

Seit Mitte der sechziger Jahre wurde die sowjetische Geschichte im Westen aus der »optimistischen«, sozialen Perspektive umgeschrieben. Das Resultat dieser Bemühungen liest sich etwa wie folgt: Die Oktoberrevolution war ein authentischer Proletarieraufstand, entstanden aus dem Antagonismus zwischen Arbeiter- und Kapitalistenklasse – und keineswegs der Staatsstreich einer Minderheit, den lediglich der unglückliche »Zufall« des Ersten Weltkriegs ermöglicht hatte.[6] Die Partei der Bolschewiki von 1917 war nicht monolithisch, sondern undiszipliniert und vielfältig und somit »demokratisch«.[7] Lenins Rückgriff auf

Terrormaßnahmen und lückenlose Verstaatlichung während des Kriegskommunismus von 1918–1921 war ein vom Bürgerkrieg erzwungener
vorübergehender Notbehelf, seine wahre Hinterlassenschaft dagegen die
»gemischte« Wirtschaftsform der Neuen Ökonomischen Politik, NÖP, der
zwanziger Jahre und Nikolai Bucharin sein legitimer Erbe.[8] Der Leninismus war dieser Leseart zufolge nicht totalitär, und Stalin wurde aus dem
authentischen Kanon der Geschichte des Bolschewismus ausgeschlossen.
Ein einheitliches Phänomen Kommunismus schien damit nicht mehr zu
existieren. Es blieben zwei vollständig voneinander getrennte Erscheinungen zurück: auf der einen Seite Bolschewismus und Leninismus, auf
der anderen Seite der Stalinismus, ganz so als gäbe es keine institutionelle Kontinuität wie die Partei und keine feste Doktrin wie den
Marxismus-Leninismus.[9]

So zumindest stellt sich die Hauptströmung des Revisionismus dar, die
darauf abzielte, Lenin und die Revolution von Stalin zu trennen. Es gab
allerdings noch eine zweite, kühnere Schule des Revisionismus, die den
Standpunkt vertrat, erst der Stalinismus, wenn man ihn richtig verstand
und über seine extremen Auswüchse hinwegsah, sei die eigentliche
Erfüllung des Leninismus. Denn auch Stalins erster Fünfjahresplan habe
seine demokratischen Wurzeln – in einer gegen die Überreste der Kaste
»bürgerlicher Spezialisten« gerichteten »Kulturrevolution«, einer massiven sozialen »Aufstiegsbewegung« vom Boden der Fabrikhallen her, die
von Partei und Arbeiterklasse ausging und in der »Breshnew-Generation«
ihren Höhepunkt erreichte. Aus dieser Sicht ließ sich der gesamte revolutionäre Prozeß als »Terror, Fortschritt und sozialer Aufstieg« zusammenfassen, mit bescheidenen Kosten von »wenigen Hunderttausenden« Säuberungsopfern.[10]* Die Politik dieser nun voll entwickelten Sowjetunion
war geprägt durch das Zusammenspiel von »Interessengruppen« in Form
eines »institutionellen Pluralismus« – nicht anders als in den übrigen
»entwickelten Gesellschaften«.[11]

In der Frage des Unterschiedes zwischen den beiden Führern und
ihrem Regime – wesensgleich oder nur wesensähnlich – schloß sich die
zweite Schule des Revisionismus also der im Totalitarismus-Modell ver-
tretenen Auffassung an, daß der Wechsel von Lenin zu Stalin keine Zäsur

---

* Die wirkliche Zahl der Hinrichtungen beträgt annähernd drei Millionen, und die Gesamtzahl der Todesopfer in der Stalinzeit dürfte bei zwanzig Millionen liegen.

darstelle, bewertete die Wesensgleichheit jedoch positiv. Einig waren sich alle revisionistischen Richtungen in der Erwartung, mit Gorbatschows Perestroika werde die Modernisierung des Sowjetstaates endlich ihre Krönung finden, werde die Zeit des wahren Oktober anbrechen, aller Verirrung ein Ende bereiten und alle Übel heilen.[12]

In den zweieinhalb Jahrzehnten vor dem Zusammenbruch kreiste die revisionistische Sowjetforschung größtenteils um theologische Fragen dieser Art. Keine neue Monographie erschien ohne das einleitende Ritual der Beschwörung und Austreibung des Totalitarismusmodells. In akademischen Diskussionen war das Wort Totalitarismus verpönt, sein Gebrauch gleichbedeutend mit Kaltem Krieg und Anstiftung zur Feindseligkeit gegen das »Reich des Bösen«. Als die Perestroika begann, stand die Disziplin im Zeichen »Politischer Korrektheit«.

Der Revisionismus präsentierte uns ein Rußland des zwanzigsten Jahrhunderts, das praktisch nichtkommunistisch war, einen sowjetischen *Hamlet* ohne den Prinzen – und ohne die Tragödie.

Nach dem Zusammenbruch von 1989–91 ist offensichtlich die Zeit gekommen, die Grundlagen und klassischen Probleme der Sowjetforschung zu überprüfen. Der beste Ausgangspunkt für einen solchen Neuanfang ist ein Blick auf die Bewertung des Kommunismus, die im Osten einsetzte, als der allgemeine Zerfall der sowjetischen Welt begann. Ironischerweise fand der Begriff des Totalitarismus, gerade als ihn die westlichen Sowjetologen um 1970 aus ihrem Wortschatz strichen, in Osteuropa Verbreitung. Übersetzungen von Hannah Arendts Schriften erschienen in Samisdat, und in den späten achtziger Jahren wurde die Bezeichnung, die in Moskau einmal als Verleumdung galt, von sowjetischen Intellektuellen in aller Öffentlichkeit benutzt, um das gesamte System zu kennzeichnen, die leninistische Phase eingeschlossen. Gorbatschow selbst übernahm sie, als er nach seinem Sturz beschrieb, was er zu revidieren versucht hatte. Freilich war die Tatsache, daß der verbotene Begriff nach 1970 überhaupt in Gebrauch kommen konnte, ein Hinweis darauf, daß das System nicht länger totalitär war. Die osteuropäischen Intellektuellen unterschieden also in Berücksichtigung dieses evidenten Umstands zwischen der stalinistischen Extremform, einem »Hochtotalitarismus« sozusagen, und seiner »klassischen« oder Routineform unter Breshnew – einem »Totalitarismus ohne Biß«, wie Adam Michnik es ausdrückt.[13] Sie versuchten, mit anderen

Worten, das vertrackte Phänomen historisch zu fassen und kamen zu dem Ergebnis, daß der Kommunismus einen begrenzten Wandel, Veränderungen ohne Umgestaltung zuließ, von denen die Grundsubstanz des Systems unberührt blieb.

Die Totalitarismusdebatte der westlichen Sowjetologen ließ solchen Common sense vermissen; sie blieb geradezu beschämend flach. Der Ursprung der Kontroverse ging auf die Verhältnisse zur Zeit von Stalins Tod zurück. Im Jahr 1956 wurde der historische und philosophische Ansatz Hannah Arendts von Carl J. Friedrich und Zbigniew Brzezinski kodifiziert und in eine abstrakte »Modell«-Form gegossen.[14] In sechs vielzitierten Kriterien wurden die Voraussetzungen einer totalitären Diktatur festgehalten: 1. ein ideologisches Konzept, 2. eine Massen- und Einheitspartei, 3. Terror, 4. das technologisch gesicherte Kommunikationsmonopol, 5. Kontrolle über die Waffen, 6. eine zentral gesteuerte Planwirtschaft. Alles das trifft zwar selbstverständlich zu, insbesondere für die radikale Form des Hochtotalitarismus, reicht aber ebenso offensichtlich für eine erschöpfende Definition nicht aus. Außerdem ist diese Charakterisierung statisch, teils darum, weil soziologische Modelle als solche zu ahistorischer Abstraktheit neigen, teils aber auch, weil das System bei Stalins Tod tatsächlich verkrustet war. Das Modell ließ sich dennoch leicht historisch umsetzen und führte zu fruchtbaren Ergebnissen, wenn es auf konkrete Situationen angewandt wurde – das zeigen vor allem die Arbeiten von Merle Fainsod, Leonard Schapiro und Adam Ulam, in denen das totalitäre Modell seine überzeugendste empirische Anwendung fand.[15] Da das allgemeine Konzept aber statisch war, war es immun gegen die sichtliche Milderung der Härten des sowjetischen Systems in den Jahrzehnten nach Stalins Tod.

Doch der Revisionismus strapazierte diese Schwächeerscheinungen in allzu weit gehender Form und geriet vom Regen in die Traufe. Ursache war eine Begriffsverwirrung – die Verwechslung von Quantität mit Qualität, vom Ausmaß faktischer Kontrolle unter der Sowjetherrschaft mit dem Wesen des Systems. Und da das Ausmaß der Repression und der Umfang der Gulag von Stalin über Chruschtschow bis hin zu Breshnew drastisch zurückgingen, zog man den Schluß, das Regime habe eine Entwicklung vom totalitären zum nur noch autoritären System durchgemacht – nach dem Modell etwa Griechenlands unter den Obristen oder Pinochets Chile. Wenn sich aber Chruschtschow und Breshnew nicht mehr wie Stalin ihrer

Wirtschaftsexperten und Offiziere entledigen konnten, dann hatte sich die totale Herrschaft dem »Pluralismus« geöffnet und die monolithische Partei war zu einer »Interessenkoalition« geworden.

Die quantitativen Veränderungen nach Stalins Tod waren zweifellos real und namentlich denen willkommen, die im sowjetischen Herrschaftsbereich leben mußten. Das ändert dennoch nichts an der entscheidenden Tatsache, daß die grundlegenden Strukturen intakt blieben: der Einparteienstaat, der Zentralismus und die Geheimpolizei, die mittels eines eng verzahnten Direktorats von Parteizellen auf jeder Ebene zur Begleitmusik der allgegenwärtigen Agitprop operierten – das Ganze im Dienst des einen und einzigen großen Ziels, des Aufbaus und der Verteidigung des »realen Sozialismus«.

Zur Bezeichnung dieses totalen, geschlossenen Herrschaftssystems griffen die Osteuropäer nach dem im Westen ausrangierten Begriff des Totalitarismus. »Totalitär« bedeutete für sie nicht, daß solche Regierungen tatsächlich die totale Kontrolle über die Bevölkerung ausübten, was unmöglich ist; vielmehr verstanden sie darunter, daß ein so beschaffener Herrschaftswille das grundsätzliche Ziel dieser Systeme darstellt. Nicht deren real vollzogene Omnipotenz bezeichneten sie als »totalitär«, sondern die in den institutionellen Strukturen angelegte Omnikompetenz, eine unbegrenzte Machtbefugnis durch die Ausdehnung allzuständiger Institutionen bis zum völligen Ausschluß staatsfreier Sphären. Kurz, nicht die sowjetische Gesellschaft war totalitär, sondern der sowjetische Staat. Die Angriffe des Revisionismus richteten sich also zum großen Teil gegen eine Karikatur des Totalitarismusbegriffs, gegen einen Strohmann. Das Ergebnis war, daß die Natur des Kommunismus verkannt und das Trugbild einer imaginären Sowjetunion an die Stelle der »real existierenden« gesetzt wurde. Und das war weit schlimmer als die Überschätzung der wirksamen gesellschaftlichen Kontrolle des Systems oder seiner Lebensfähigkeit.

Es handelt sich bei dieser terminologischen Kontroverse auch nicht um einen bloßen Etikettenstreit. Eines der großen Themen der osteuropäischen und sowjetischen Dissidenten nach Stalin war die Reinigung der Sprache vom ideologischen Wortschatz der Partei. Für Solshenizyn in Rußland wie für Adam Michnik in Polen war der erste Schritt zur Befreiung der Gesellschaft »die Weigerung, mit der Lüge zu leben«, der Wille, die Dinge beim Namen zu nennen, statt ideologische Euphemismen zu gebrauchen. In diesem Sinne sind sozialwissenschaftliche Kennzeichnungen wie »autoritäre« oder »pluralistische« Diktatur, »Übergangsdiktatur« und tutti quanti für das außergewöhnliche Phänomen Sowjetkommunismus in seiner Totalität platterdings abwegig. Die Einzigartigkeit dieser Erscheinung verlangt nach einer besonderen und präzisen Bezeichnung, und aus den harten Erfahrungen des zwanzigsten Jahrhunderts ist ein solcher Begriff entstanden, der des Totalitarismus. Jede andere, abgeschwächte, verwässernde Bezeichnung würde der Realität nicht gerecht und träfe nicht das, worüber wir hier sprechen.

Ebenso unbestreitbar – und wiederum in Übereinstimmung mit osteuropäischen Ansichten – ist das sowjetische System seit der Oktoberrevolution als Einheit zu betrachten, die sich zudem von allen Vorgängern, ob in Rußland oder im Westen, radikal unterscheidet. Und wie es zeitlich aus dem Rahmen fällt, steht es auch in der Typologie der Gesellschaften als Sonderfall da. Das wurde den ehemaligen Bürgern durch die ungewöhnliche Weise zu Bewußtsein gebracht, in der es zu Ende ging: Der Zusammenbruch war total; er fand auf ideologischer, politischer und ökonomischer Ebene statt, als könne ein totales System nur im totalen Kollaps münden. Total war aber auch die Ablehnung des Alten, die dem Zusammenbruch folgte; sie erstreckte sich auf alle Institutionen, auf Partei, Plan und Staatspolizei, auf sämtliche Sinnbilder des Systems bis hin zu Lenin und zum Oktober, die ausdrücklich desavouiert wurden. Überall war zu hören, man wolle zurück zu einer »normalen Gesellschaft«.

Was anders war damit gemeint, als daß man die Gesellschaft der vorangegangenen rund siebzig Jahre als anormal oder surreal empfand, als institutionalisierte Phantasmagorie des »entwickelten Sozialismus« – in Tat und Wahrheit ein soziales Theater des Absurden. Dieses Gefühl des Absurden, der phantastischen Dimension der Sowjetwelt ist das vielleicht wichtigste Thema der großen »sowjetischen« Literatur. Das gilt offenkundig von den Meistern der Groteske in der Nachfolge Gogols, von Michail Bulgakow, Andrej Platonow, Abram Terc oder Alexander Sinowjew, aber auch für Neoklassizisten wie Anna Achmatowa und Ossip Mandelstam, die alle erst mit dem Ende des Systems öffentliche Anerkennung und volle Würdigung fanden.

Dieser Blickwinkel sollte die Augen dafür öffnen, daß das Rußland der letzten sieben Jahrzehnte alles andere war als ein Land unter vielen auf dem Weg der Modernisierung. Es war der außerordentliche, abenteuerliche Versuch – der erste in der westlichen Geschichte –, einer »Utopie zur Macht« zu verhelfen.[16] Daß die Utopie nicht verwirklicht wurde, ist dabei nicht entscheidend. Aber Utopien, in die Tat umgesetzt, schlagen nicht einfach fehl oder verschwinden im Nichts: Sie führen nach dem Gesetz der ungewollten Folgen zu einer monströsen Karikatur der Realität – einer Surrealität.

Das Ergebnis des sowjetischen Experiments läßt sich darum am besten als Manifestation eines Prinzips begreifen, das Hegel die »List der Vernunft« nannte, ein Begriff, der festhalten soll, daß historische Akteure unter Umständen und ohne sich dessen bewußt sein, von einer »Gesetzmäßigkeit«, einer Logik der Ereignisse geleitet werden. So erwies sich das leninistische Abenteuer schließlich als ein »Irrtum des Columbus«: Die Partei steuerte den Sozialismus an und landete statt dessen im Sowjetkommunismus, wodurch Rußland in eine verkehrte moderne Welt geriet. Nur führte die unerwartete Entdeckung in diesem Fall zur Entstehung einer neuen Politik, einer neuen Wirtschaft und – beinahe – des neuen, sowjetischen Menschen – in der Tat ein »weltgeschichtliches« Ereignis, um mit Hegel zu sprechen, wenn auch nicht das von Marx oder Lenin erwartete.

Nur dieses Paradox führt zu einem wirklichen Verständnis der sowjetischen Geschichte. Die ehemalige Sowjetunion war ersichtlich eine entgleiste Utopie, doch weder ein entwickelter noch ein moderner Staat. Sie war ein Gebilde *sui generis,* das sich von allen traditionellen Formen der Despotie in unserem wie in früheren Jahrhunderten qualitativ unterschied.

Diese Tatsache bringt uns zu dem bereits erwähnten paradoxen Umstand zurück, daß die meisten Sowjetologen noch bis in die letzten Tage des Systems eine völlig andere Sowjetunion, ein System mit überwiegend positiver Bilanz zu sehen meinten. Wir stehen damit vor einem letzten und noch rätselhafteren Problem: Wie gelang es den Sowjets im Licht der Weltöffentlichkeit so lange als Erfolg zu verbuchen, was, wie heute erkennbar wird, von Anfang an ein welthistorischer Betrug war? Und wie konnten sie sich selbst so lange in der Illusion wiegen, das Phantasieunternehmen Bolschewismus stelle die welthistorische Alternative zum »Kapitalismus« dar? Ein wahres Wunder, möchte man sagen – und in der Tat ist es das einzige, das aus dem Experiment hervorgegangen ist: Noch nie zuvor in der Geschichte der westlichen Hemisphäre war ein so gigantischer Fehlschlag ein so unwiderstehlicher Erfolg.

Doch die Auflösung all dieser Paradoxa ist überraschend einfach. Die Utopie, der die Oktoberrevolution zur Macht verhalf, war ein gemeinsames geistiges Eigentum der modernen Welt, und das Experiment wurde nicht nur für Rußland, sondern im Namen der Menschheit durchgeführt. Sowjetrußland hätte die Welt nicht fasziniert, wäre es nur ein rückständiges Land auf dem Weg in die Moderne gewesen. Wenn westliche Beobachter das sowjetische Experiment kommentierten, machten sie damit also indirekt auch immer die eigene Gesellschaft zum Thema und übertrugen gleichzeitig politische Anliegen des Westens auf die sowjetische Wirklichkeit. Ein Umstand, welcher der Modedisziplin Sozialwissenschaft entgegenkam, die dazu neigte, das sowjetische System mit dem Rest der Welt in einen Topf zu werfen. Hinter dem positivistischen Gebaren der sowjetologischen Debatte verbarg sich also zumeist ein Engagement für die Ehre des Sozialismus. Und dieses Engagement drängte nicht weniger als das Modernisierungsmodell zu der Annahme, das Experiment müsse früher oder später zum Erfolg werden.

Diese ewige Wiederkehr utopischer Hoffnung hinter der rigiden Fassade der Sozialwissenschaft bringt uns zurück zu der Prämisse, Schlüssel zum Verständnis des sowjetischen Phänomens sei die Ideologie. Nur wenn wir die Sowjets ideologisch beim Wort nehmen, wenn wir bereit sind, uns ernsthaft auf die Botschaft der sozialistischen Utopie einzulassen, können wir die Tragödie erfassen, zu der sie führte.

Konkret setzt sich das Buch daher zum Ziel, bei dem Versuch, das sowjetische Phänomen zu verstehen, den Vorrang der Ideologie und Politik über die sozialen und ökonomischen Kräfte wiederherzustellen, auf Kosten der Geschichte »von unten« die Geschichte »von oben« als Triebfeder der sowjetischen Entwicklung wieder in ihre Rechte zu setzen, und darüber hinaus den Blick erneut auf den totalitären Charakter des Systems zu lenken – als historische und dynamische, nicht als statische Kategorie –, denn es war dieser alles umfassende Geltungsanspruch der sowjetischen Utopie, der den »genetischen Code« – anders läßt es sich kaum nennen – der Tragödie bildete.

In den folgenden Kapiteln geht es also in erster Linie um Analyse und Deutung. Der dazu notwendige begleitende Ereignisbericht erhebt keinen Anspruch auf Vollständigkeit; er dient als sachliche Grundlage für die Beweisführung. Die Dichte der erzählenden Darstellung wechselt. Da die Ereignisse der Jahre 1917–1939 von den westlichen Historikern sehr gründlich behandelt worden sind, kommen sie hier nicht extensiv zur Sprache. Detaillierter wird der Ereignisbericht für die Zeit nach 1939, insbesondere mit Beginn der Ära Breshnew, weil die Konturen dieser Epoche bisher nicht vollständig erschlossen sind. Am genauesten ist die Gorbatschowzeit erfaßt, die noch immer keine klaren Strukturen erkennen läßt.

Ein abschließendes Wort zur Methode. Im Laufe der Untersuchung wird immer wieder von der »Logik«, einer immanenten Gesetzmäßigkeit des Sowjetkommunismus die Rede sein. Der Vorwurf des »Determinismus« erübrigt sich, denn der Begriff Logik, oder Gesetzmäßigkeit, wird hier im umgangssprachlichen Sinn benutzt, so, wie wir von den Gesetzen des Marktes, der Logik atomarer Rüstung oder freier Wahlen reden – das heißt, gemeint ist die Logik einer bestimmten Situation im Unterschied zur *Logik der Geschichte.* Nur wenn wir von einer solchen Logik im engeren Sinn sprechen können, wird sinnvolles Reden von der Geschichte überhaupt möglich.

Doch kommt in dieser Studie daneben eine breitere und langfristigere (wenn auch nicht metaphysische) Vorstellung von gesetzlicher Notwendigkeit ins Spiel – die selbstevidente Logik des modernen Zeitalters, das so gekennzeichnet wurde, weil in der Aufklärung und Französischen Revolution erstmals die Idee aufkam, daß der Geschichte ein säkulares Ziel, oder Telos, eigen sei – eine Vorstellung, an die sich üblicherweise der Name Fortschritt knüpft. Dieser geschichtliche Ablauf hatte zwei Aspekte: Die Geschichte führte erstens zur rationalen, wissenschaftlichen Beherrschung der Natur durch den Menschen und zweitens zu einer rationalen, egalitären Gesellschaft. Im sowjetischen Experiment, sollte die Logik des Fortschritts ihren Gipfel erreichen, eine Erwartung, die sich als Illusion erwies – eine Illusion, die in Ost und West darum möglich wurde, weil soziale Gleichheit und wissenschaftliche Leistungsfähigkeit *in der Tat* beschleunigt zunahmen. Die ideologische Hypostasierung dieser parallel verlaufenden Bewegungen als Sozialismus – sie allein machte das sowjetische Experiment möglich. Der für unsere Untersuchung relevante Grundbegriff ist folglich nicht Modernisierung und nicht einmal Totalitarismus, sondern Sozialismus. Andere »Modelle« sind zum Verständnis unserer Geschichte nicht erforderlich.

TEIL I

DIE ANFÄNGE

KAPITEL I

WARUM ÜBERHAUPT SOZIALISMUS?

Der erste, der ein Stück Land eingezäunt hatte und es sich einfallen ließ zu sagen: *dies ist mein* und der Leute fand, die einfältig genug waren, ihm zu glauben, war der wahre Gründer der bürgerlichen Gesellschaft. Wie viele Verbrechen, Kriege, Morde, wie viel Not und Elend und wie viele Schrecken hätte derjenige dem Menschengeschlecht erspart, der die Pfähle herausgerissen oder den Graben zugeschüttet und seinen Mitmenschen zugerufen hätte: »Hütet euch, auf diesen Betrüger zu hören; ihr seid verloren, wenn ihr vergeßt, daß die Früchte allen gehören und die Erde niemandem!«

J.-J. Rousseau, Discours sur l'inégalité 1755*

Die stufenweise Entwicklung der Gleichheit der gesellschaftlichen Bedingungen ist ... ein von der Vorsehung gewolltes Ereignis ... sie ist allgemein, sie ist beständig, und sie entzieht sich immer neu der menschlichen Einwirkung; alle Begebenheiten und alle Menschen dienen der Entwicklung der Gleichheit.
Kann man wirklich annehmen, eine so weit ausholende gesellschaftliche Bewegung sei durch die Anstrengungen einer Generation aufzuhalten? Meint man, die Demokratie werde, nachdem sie das Feudalsystem zerstört und die Könige überwunden hat, bei den Bürgern und den Reichen zögern?

Alexis de Tocqueville, De la démocratie en Amérique, 1838**

Was ist Eigentum? Eigentum ist Diebstahl.

P.-J. Proudhon, Qu'est-ce que la propriété? 1840

* zit. nach Jean-Jacques Rousseau, Diskurs über die Ungleichheit. – Discours sur l'inégalite, Paderborn München Zürich, 1984.
** zit. nach Alexis de Tocqueville, Über die Demokratie in Amerika, Stuttgart 1985.

Die russische Revolution ist nicht so sehr darum bemerkenswert, weil sie in Rußland stattfand – das frappierende Ereignis auf russischem Boden wäre eine ganz normale »bürgerliche« Revolution nach westeuropäischem Muster gewesen. Ihre Denkwürdigkeit liegt vielmehr darin, daß durch sie die erste sozialistische Regierung an die Macht gelangte. Doch was heißt sozialistisch? Und wonach läßt sich beurteilen, ob aus dem revolutionären Regime tatsächlich eine sozialistische Gesellschaft hervorging? Oder ob eine sozialistische Regierung gleich welcher Art diesen Namen überhaupt jemals verdient hat?

Der Sozialismus: Die höchste Stufe der Demokratie

Kein anderes Wort im modernen politischen Sprachschatz ist so schillernd und emotionsgeladen wie der Begriff Sozialismus. Die meisten verstehen ihn in seinem weitesten Sinn als Alternative zur Wirtschaftsordnung des »Kapitalismus«. In diesem Sinn bezieht sich Sozialismus auf konkrete institutionelle Einrichtungen und Regierungsprogramme. Deren enorme Spannweite führt allerdings dazu, daß der Begriff sehr schnell an Schärfe verliert, wenn man, ausgehend vom Minimalprogramm eines progressiven Steuersystems und sozialer Sicherheit, zum allgemeinen Wohlfahrtsstaat mit Rundumversorgung und weiter bis zur gesetzlich festgeschriebenen Verstaatlichung und Planung der Gesamtwirtschaft gelangt.

Versucht man, die Antithese Kapitalismus-Sozialismus auf die allgemeine Opposition Markt gegen Plan zu stützen, erweisen sich auch diese Begriffe als untaugliches Orientierungsmittel. Sozialistischem Sprachgebrauch zufolge ist der Markt »anarchisch«, die Planwirtschaft dagegen »rational«, Begriffe, die der Analyse ein normatives Gefälle geben, das sich durch weitere Sondierungen verstärkt: Denn Sozialismus bedeutet auch Kollektivismus als Gegensatz zum Individualismus, setzt Zusammenarbeit gegen Wettbewerb, soziale Sicherheit gegen Gewinnmaximierung und Altruismus gegen Habsucht. Sozialismus ist damit letztlich eine moralische Idee und kein institutionelles oder ökonomisches Programm.

Damit ist die Bedeutungsvielfalt keineswegs ausgeschöpft. Denn Sozialismus meint außerdem eine besondere Form sozialer Organisation, die »sozialistische Gesellschaft« als Gegensatz zur »kapitalistischen Gesellschaft«, und jedes der beiden Systeme wird dabei als Ordnungsgefüge aufgefaßt, in dem der gesamte menschliche Lebenszusammenhang, politische, wirtschaftliche, kulturelle und selbst private Tätigkeit, im Systemganzen gebunden ist. In diesem Sinne eines Systems der Menschlichkeit und Gerechtigkeit ist der Sozialismus nicht mehr nur die Alternative des Kapitalismus, nicht nur die andere, sondern die »höhere« Möglichkeit. Er wird verstanden als Krönung der Geschichte, als Telos der menschlichen Entwicklung und gibt sich in dieser Form als Theorie der Geschichte oder wird zur Metageschichte zur »Historiosophie«.

Die genaue Festlegung des Begriffs wird auch dadurch erschwert, daß eine Vielzahl unvergleichbarer institutioneller Formen sich als »sozialistisch« bezeichnet haben. Der Begriff ließ sich vom stalinistischen Rußland ebenso überzeugend beanspruchen wie vom China der Kulturrevolution, vom sozialdemokratischen Schweden, von der britischen Labourbewegung, dem Israel der Kibbuz-Bewegung, der sozialutopischen Brook-Farm-Kommune und den Roten Khmer. Überdies sprachen die genannten Exponenten dieses Lagers einander zum Teil die sozialistische Legitimation ab oder erklärten ihre Rivalen wie Glaubenskämpfer in Acht und Bann.

Zur Begriffsverwirrung trägt weiterhin bei, daß ein »Sozialismus in der Opposition« von einem »Sozialismus an der Macht« zu unterscheiden ist. Im ersten Fall haben wir es mit einer *Bewegung* zu tun, die in organisierter Form – ausgedrückt in politischen Parteien, Gewerkschaften, Genossenschaften und ähnlichen Projekten brüderlichen Einvernehmens – das Ziel einer menschlicheren Gesellschaft verfolgt. Hier vereint der Sozialismus als moralisches Leitbild eine Anhängerschaft, die zum Kreuzzug für die Gerechtigkeit angetreten ist und sich durch diese Berufung einer gleichgültigen oder feindlichen Welt entfremdet hat. Anders der Sozialismus an der Macht, bei dem es sich um eine etablierte *Gesellschaft* handelt, die – so will es die Lehre – als Schlußpunkt der metahistorischen Abfolge von »Feudalismus, Kapitalismus, Sozialismus« zugleich das Ende der Geschichte bedeutet. Nun schafft jedoch die bekannte Affinität von Politik und Korruption eine Kluft zwischen dieser *Gesellschaft* und den Idealen der ihr voraufgegangenen *Bewegung*. In der Folge wird der Sozialismus an der Macht von anderen, noch in der Opposition verharrenden Sozialisten, der Degeneration zu einem »Staatssozialismus« oder, schlimmer noch, einem »Staatskapitalismus« bezichtigt. Die Bewegung erlebt also ihre Wiedergeburt unter dem Motto des »Sozialismus mit menschlichem Gesicht«, und die Ankunft der wahren sozialistischen Gesellschaft wird erneut in die Zukunft verlegt.

Dieser zentrale Zukunftsbezug ist der eigentliche Grund für die Vieldeutigkeit des »Sozialismus«. Als einziger von allen bekannten Bezeichnungen für Gesellschaftsformen ist der Begriff vor und nicht nach der faktischen Etablierung der durch ihn bezeichneten Gesellschaft entstanden. »Feudalismus«, »Absolutismus«, »Ancien régime«, »Liberalismus« und »Kapitalismus« zum Beispiel erschienen nach oder gleichzeitig mit den durch sie bezeichneten Epochen und hielten somit etwas Reales fest, gleichgültig wie weit diese Realität den programmatischen Prinzipien entsprach. Nur der Begriff Sozialismus ging zusammen mit seiner Steigerungsform »Kommunismus«, der geschichtlichen Wirklichkeit, die man ihm im Jahr 1917 zu schaffen versuchte, um fast ein Jahrhundert voraus. In erster Linie steht Sozialismus also nicht für eine tatsächliche Gesellschaftsordnung, sondern bezeichnet eine ideale Alternative sämtlicher existierender Gesellschaften, die zum Zweck dieser Abgrenzung das Etikett »Kapitalismus« erhalten, ein Begriff, der *nach* seiner Antithese entstand und dazu bestimmt war, deren metahistorischen Hintergrund abzugeben. Zusammenfassend läßt sich also sagen, der Sozialismus ist eine Utopie im wörtlichen Sinn des Begriffs – »kein Ort« oder »nirgends«, verstanden als das ideale »Andere«.

Der Begriff Sozialismus ist also einzigartig darin, daß er keinem identifizierbaren Objekt der sublunaren Welt entspricht, über dessen Charakter bei allen Beobachtern Einigkeit herrschte. Gewiß gab es immer wieder zahlreiche falsche Voraussagen und getäuschte Erwartungen, Erscheinungsformen, die zeitweilig überzeugen konnten, doch keine von ihnen führte zu einem Konsens der Meinungen, der immer nur durch empirische Überprüfung zustande kommt. Die wahre Wirklichkeit des Sozialismus ist also dem Glauben vorbehalten, das heißt, »Zuversicht daran, zu glauben und zu hoffen an ungeschehene und unbekannte Dinge«.

Genau besehen ist der Begriff »Sozialismus« somit inhaltslos. Erstens, weil die ökonomischen Programme dem moralischen Ideal niemals in einer Form gerecht werden können, die als wahrer Sozialismus anzuerkennen wäre. Er ist zweitens auch historisch bedeutungslos, weil er von so vielen nicht miteinander verträglichen sozialen Verbänden in Anspruch genommen wurde, daß er inhaltlich kaum mehr faßbar ist. Wenn eine Gruppe sich also als sozialistisch bezeichnet, bleibt unklar, was genau damit gemeint ist und was sich von ihr erwarten läßt, sollte sie an die Macht kommen. Den Bolschewiki hat diese Unschärfe zweifellos den Weg zur totalen Macht geebnet – und sie hat den Koalitionspartnern die periodische Volksfront-Zusammenarbeit erleichtert.

Sozialismus ist also mitnichten ein historischer oder sozialwissenschaftlicher, sondern ein messianischer, wenn nicht quasi-magischer Begriff. Daß sozialistisches Engagement in seinen passionierteren Spielarten als eine Form säkularisierter Religion erscheinen kann, ist wiederholt bemerkt worden.[1] So war es möglich, daß Menschenmengen auf dem Roten Platz jubelnd »Zum Sieg des Sozialismus« aufriefen, während die Vorstellung, Aktionäre könnten unter Absingen anfeuernder kapitalistischer Losungen durch die Wall Street marschieren, abwegig erscheint. Daß Anhänger des freien Marktes mit einem »Nichtkommunistischen« oder »Kapitalistischen Manifest« auf Marx reagierten, als ließe sich dem Glauben mit Wachstumsstatistiken beikommen, wäre eine sinnlose Übung.[2] Im Gegensatz dazu ist die Durchschlagskraft der sozialistischen Idee so groß, daß die Menschen, ob Freund oder Feind, sie hartnäckig als sozialwissenschaftliche Kategorie oder vermeintliches Stadium der geschichtlichen Entwicklung mißverstehen. So wird auch weiterhin Unklarheit darüber herrschen, worum es geht, wenn vom Sozialismus die Rede ist.

Der Sozialismus zieht seine emotionelle Kraft aus dem ähnlich affektiv besetzten und vieldeutigen Begriff Demokratie. Der allgemeine Sprachgebrauch des späten zwanzigsten Jahrhunderts faßt unter diesem Begriff drei Phänomene zusammen, die historisch verschiedenen Ursprungs sind und nicht unbedingt miteinander zusammenhängen: eine Regierungsform, die sich auf Verfassung und Gesetze stützt; die auf den Willen des Volkes gegründete Volkssouveränität; und Rechtsgleichheit verstanden als soziale Gleichheit.

Der Rechts- und Verfassungsstaat mit Kammersystem und unabhängiger Gerichtsbarkeit hat seine Wurzeln in Institutionen des mittelalterlichen Feudalsystems. Um die nächstliegenden und bekanntesten Beispiele dieser Entwicklung zu erwähnen: Es genügt, daran zu erinnern, daß die *Magna Charta* keine moderne *Bill of Rights* war, sondern ein Feudalabkommen zwischen dem König und seinen Baronen und daß das englische Parlament, die »Mutter der Parlamente«, sich aus einem »Allgemeinen Rat« des Erbadels und einem gewählten Unterhaus entwickelte, in dem vermögende Grafschaftsritter und Bürger zugelassen waren. Kurz, nur die Herrenschicht partizipierte, und der überwiegende Teil der Menschheit, das »gemeine Volk« der »Bauernflegel«, war vom öffentlichen Leben ausgeschlossen.

Erst im achtzehnten Jahrhundert, in den amerikanischen Freiheitskriegen und der Französischen Revolution, wurden die politischen Rechte dieser Oligarchie auf die ganze Gesellschaft ausgedehnt. Doch selbst in diesen zwei Revolutionen fand das griechische Wort »Demokratie« nur selten Verwendung, da es im Lauf der Jahrhunderte die Bedeutung »Pöbelherrschaft« mit Tendenz zur »Anarchie« angenommen hatte. Auch war absolute bürgerliche Gleichheit in den ersten modernen Republiken kein vorrangiges Anliegen. Noch bis zum Jahr 1863 hielt man die auf dem allgemeinen Männerwahlrecht begründete, konstitutionell abgesicherte politische Ordnung der Amerikanischen Republik für vereinbar mit sklavischer Knechtschaft. Kurz, die konstitutionelle Herrschaft ist sehr viel älter als die Souveränität des Volkes und die Gleichsetzung von Gerechtigkeit und sozialer Gleichheit.

Diese zwei Prinzipien tauchten erst in der Mitte des achtzehnten Jahrhunderts auf. Bis dahin beruhten alle europäischen Gesellschaften (nicht anders die außereuropäischen) erstens auf dem Prinzip, daß alle legitime Macht »von oben« übertragen war; ihre Ausübung lag in der Hand des Königs oder eines körperschaftlichen Gremiums, und über allem waltete letztlich Gott und/oder das Naturgesetz: Herrschaft unterstand nicht dem Menschen oder der Gesellschaft; sie wurde verliehen. Das zweite Grundprinzip des Ancien régime betraf die notwendige hierarchische Gliederung aller Gesellschaften in zwei voneinander abhängige, doch ungleiche Stände – seien es Patrizier und Plebs, Adel und Gemeine oder Geistlichkeit und Laienstand: Die Ungleichheit war somit natürlich, legitim und unabänderlich.

Diese seit Menschengedenken gültigen Ideen wurden – als Ergebnis eines seit langem gärenden Reifeprozesses – in der Mitte des achtzehnten Jahrhunderts zum ersten Mal rückhaltlos und militant in Frage gestellt. Rousseaus *Discours sur l'origine et les fondements de l'inégalité parmi les hommes*, erschienen 1755, und *Le contrat social* von 1762 können, wenn auch nicht als Urheber, so doch als die Hauptsymptome dieses revolutionären Kampfes für die Menschenrechte gelten. Kurz darauf waren die Ideen der von Gott verliehenen Herrschaftsbefugnis und der natürlichen Ungleichheit nur noch Anlaß zur Empörung. Nach Jahrtausenden selbstverständlicher Duldung erschien die Sklaverei aufgeklärten Geistern erstmals als Gegenstand des Abscheus, und ihre Abschaffung wurde in Ansätzen zum Programm.[3]

Erst im amerikanischen Unabhängigkeitskrieg und in der Französischen Revolution wurden diese Grundsätze auch zur Handlungsmaxime. Als erste politische Bewegung hat die amerikanische Revolution die Souveränität des Volkes für unantastbar erklärt, ohne indessen ein Programm der gesellschaftlichen Gleichstellung vorzulegen – noch bis in die zwanziger Jahre des achtzehnten Jahrhunderts kannten die meisten Staaten ein Zensuswahlrecht. Dann wurde in der Französischen Revolution das Ancien régime auf der ganzen Linie in Frage gestellt, als man von der Volkssouveränität mit eingeschränktem Wahlrecht zum logischeren gleichen und allgemeinen Wahlrecht (der Männer) überging – ein zunächst nur zeitweiliger Fortschritt, der jedoch den Grundsatz des allgemeinen Wahlrechts als Ziel des kommenden Jahrhunderts für ganz Europa festschrieb.

Zu der sehr komplexen Frage, warum die Gleichheitsidee erst so spät entwickelt wurde, haben die großen Denker des revolutionären Zeitalters plausible Erklärungen vorgelegt. Der Kreis derjenigen, die an der Bildung des neuen Bewußtsein beteiligt waren, das die Revolution erst möglich machte, ist zu groß, um auch nur einen flüchtigen Überblick zu erlauben. Ich greife einige wenige Namen heraus, die als Chiffren oder Symbole für die zentralen Aspekte dieser Welt neuer Werte stehen können.

Wenn die Gleichheit der Menschen zu einem moralischen Grundsatz und zu einer politischen Kraft werden sollte, mußte sie zunächst einmal materiell möglich sein. Die Voraussetzungen dafür ergaben sich erst mit dem Ausgang des achtzehnten Jahrhunderts. Hier ist Adam Smith zu nennen, dessen Werk *Inquiry into the nature and the causes of the wealth of nations* 1776, im Jahr der amerikanischen Unabhängigkeitserklärung, erschien. Bis zu diesem Zeitpunkt war die Produktionskapazität so langsam gestiegen, daß die Steigerung praktisch unbemerkt blieb. Und in der Regel wurde jeder Anstieg durch ein größeres demographisches Wachs-

tum aufgezehrt, das dann seinerseits durch die Plagen Pest, Krieg und
Hungersnot in Schranken gehalten wurde – eine Gesetzmäßigkeit, deren
Analyse auf Thomas Malthus, einen Kritiker Smiths, zurückgeht. Unter
den Bedingungen eines universellen Mangels schien die Unterwerfung
der notleidenden Mehrheit unter die wenigen Wohlhabenden und Mächtigen unvermeidbar und somit selbstverständlich und legitim.

Adam Smith stellte sich diesem Fatalismus entgegen. Nicht dadurch,
daß er die Epoche des »Kapitalismus« ankündigte, wie einige Kommentatoren heute behaupten – das Wort oder ein entsprechendes Konzept
existierte damals nicht. Ebensowenig scheint er die Tragweite der industriellen Revolution erkannt zu haben, deren Ablauf die Entstehung
seines Werks begleitete und die von den Historikern heute als ökonomisches Schlüsselereignis der Epoche betrachtet wird. In seinen Begriffen
eher der eigenen Zeit verhaftet, beschreibt er die Entwicklung der »Arbeitsteilung«, mit deren Hilfe die Menschheit endlich den Übergang zur
»Handelsgesellschaft« und, die früheren Stufen »Jagd«, »Hirtentum« und
»Ackerbau« hinter sich lassend, den Gipfel eines »zivilisatorischen« Fortschritts erreicht habe. Endlich hatte sich die »natürliche Neigung des
Menschen zum Handeln und Tauschen« frei entfaltet und eine beschleunigte »Ausdehnung des öffentlichen Wohlstandes« ermöglicht – das, was
heute »Wachstum« genannt wird.[4] Smith spricht zwar häufig von der
»unsichtbaren Hand« des »Selbstinteresses«, die zum Wohle aller wirke,
doch das Wort »Markt« findet sich selten, und wenn, dann nur im engeren
Sinn des Tauschmechanismus oder eines besonderen Nachfragebereichs,
nicht zur Beschreibung eines globalen Gesellschaftssystems. Er sah seine
Aufgabe darin, den »Merkantilismus« der Regierungen und des Zunft-
wesens seiner Zeit, vor allem aber auch die monopolistisch organisierten
Handelsgesellschaften zu bekämpfen und den Menschen in die Lage zu
setzen, sein moralisches und materielles Los zu verbessern.

Diese Botschaft des Meliorismus, der optimistische Glaube des Materialismus, daß »Wohlstand« eines Tages für alle verfügbar sein könne, ist
die Vorbedingung sowohl für den klassischen Liberalismus des neunzehnten Jahrhunderts wie auch für den entstehenden Sozialismus. Die
»Bourgeoisie« und die sozialistischen Wortführer des »Proletariats« – wie
die Klassen der Kaufleute beziehungsweise der Arbeiter nach 1830 genannt wurden – waren sich in dieser fundamentalen Bejahung des neuen
industriellen Zeitalters einig. In der Einschätzung der politischen Voraus-

setzungen allerdings, an die man die Befreiung der Menschheit geknüpft
sah, gingen die Ansichten weit auseinander. Für den Liberalismus war
der Markt, oder »Freihandel« in der Formulierung des neunzehnten
Jahrhunderts, die treibende Kraft des Fortschritts. Für die Sozialisten
dagegen waren freier Handel und Arbeitsteilung gleichbedeutend mit
dem Sieg der Starken über die Schwachen und damit die Quelle aller
sozialen Unterschiede, der Ungleichheit, der Ausbeutung und darum
Entmenschlichung. Marx war nur der systematische Kopf und einflußreichste Vertreter dieser pessimistischen Kritik der revolutionären Theorien Adam Smiths. Er lehnte sie jedoch keineswegs ab. Für ihn wie für
alle übrigen Sozialisten des neunzehnten Jahrhunderts waren sie der
Gründungsakt der Moderne. Oder in Engels Wortlaut: »Adam Smith war
der nationalökonomische Luther«, das heißt, der Befreier der Menschheit
aus der »mittelalterlichen« Rückständigkeit des Merkantilismus.

Doch dieser materielle Wandel konnte nur in Verbindung mit einschneidenden kulturellen Veränderungen wirksam werden, die dem Menschen
ein neues Verständnis seiner Stellung in der Natur und Geschichte
eröffneten. Ursprung dieser Wende war die wissenschaftliche Revolution
des siebzehnten Jahrhunderts, die der Menschheit zum ersten Mal unfehl-
bare oder wenigstens unwiderlegbare Erkenntnis verschaffte: Wissenschaftliches Arbeiten orientierte sich an universellen und notwendigen
Gesetzen, die oft mathematisch ausgedrückt wurden, und ließ dennoch
empirische Überprüfung zu. Dem Menschen, so wollte es scheinen, stand
damit die absolute Erkenntnis offen, die früher ein Attribut Gottes war.
So wurde in der Aufklärung die optimistische Hoffnung geboren, die
neue naturwissenschaftliche Methode sei auf alle menschliche Tätigkeit
und alle Wissensgebiete anwendbar und könne damit zur Grundlage
einer Universalwissenschaft werden, die auch Macht bedeuten würde –
Macht über die Natur, die Gesellschaft und über den Menschen. Im Licht
dieses dynamischen Meliorismus erschien der Aufklärung die Geschichte
als Triumphzug des Fortschritts.
   Diese neue Vision konnte sich nur dann durchsetzen, wenn sie die
Macht herausforderte, welche die europäische Kultur bis dahin beherrscht
hatte – die Offenbarungsreligion des Christentums. Gemäßigte Rationalisten wie John Locke hatten ihr zwar immer noch Respekt bezeigt, doch
eine eindeutig dienende Rolle zugewiesen. Später trat bei den radikalen

Rationalisten, bei Voltaire und den Enzyklopädisten oder bei Hume und Gibbon, an die Stelle der offenbarten Religion uneingeschränkt das Vernunftgesetz.

Nun verstanden die *philosophes* sowohl gemäßigter wie radikaler Prägung unter Vernunft die empirische Ableitung von Wissen aus Sinneserfahrungen, denn auf diesem Weg schien die neue Wissenschaft von der Natur zustande gekommen zu sein. Begleitend verwandelte dieser auf sinnliche Wahrnehmungen gestützte Empirizismus die Moral in ein utilitaristisches Kalkül physischer Leiden und Freuden. Das jedoch entsprach, wie Rousseau als erster betonte, nicht dem, was uns »die Stimme des Gewissens« von Ethik und »Tugend« zu verstehen gibt.

Die philosophische Lücke, die durch die seelenlose zweckrationale Ethik entstanden war, füllten die nach innen gewandten deutschen *Aufklärer** aus dem damals noch rückständigen, pietistischen Deutschland. Absicht der deutschen »Philosophen der Klassik« von Kant bis Hegel war es nicht, die Religion zu entthronen, ein Ziel, das die *philosophes* aus dem Westen so gern auf ihre Fahnen schrieben; sie wollten vielmehr den neuen Rationalismus der Wissenschaften mit einer säkularisierten Version der alten Spiritualität und religiösen Verinnerlichung verschmelzen. In Deutschland setzte die Aufklärung sich also zum Ziel, das Christentum mit Hilfe der Wissenschaft vom Aberglauben zu befreien, um seine moralischen Wahrheiten neu zu begründen und in die neuen rationalen Begriffe gegossen um so besser zu bewahren. Die Frucht ihrer Bemühungen war, in Kants Formulierung, eine Philosophie der »Religion innerhalb der Grenzen der bloßen Vernunft« – eine Lösung, die schließlich die Offenbarungsreligion wesenlos und die menschliche Vernunft zum Gott machte. In der deutschen Philosophie also gewann das Menschenbild der Aufklärung seine eindrücklichste Ausprägung, ein leidenschaftliches, berauschendes Pathos, das im neunzehnten Jahrhundert, durch Marx vermittelt, zur direkten Quelle des Sozialismus wurde.

Kant tat den entscheidenden Schritt in Richtung dieses Ziels, als er die christliche Ethik zum »Imperativ« der »allgemeinen und notwendigen« Gesetze der Vernunft, der einzig »kategorischen« Gebote, umformte. So wurde in »praktischen« Begriffen die goldene Regel zum rationalen Gebot: »Handle so, daß du die Menschheit, sowohl in deiner Person als in

---

* im Orig. deutsch.

der Person eines jeden anderen jederzeit zugleich als Zweck, niemals bloß als Mittel brauchst.« Diese absolute Achtung kam jedem Menschen zu, weil jeder teilhatte an der »reinen Vernunft« und also auch in einer säkularisierten Welt immer noch so zu behandeln war, »als ob« er eine unsterbliche Seele hätte. Auf der Grundlage dieses sakralen Vernunftglaubens erhob Kant mit Rousseau den »bürgerlich gemeinen Mann« zum Anwärter auf einen künftigen »weltbürgerliche[n] Zustand«, dessen Verwirklichung er von der Französischen Revolution erhoffte.

Hegel trieb die Umsetzung des Christentums in die Philosophie ein gutes Stück weiter, als er beides zu einem dialektischen Prozeß verschmolz, aus dem in der Fortentwicklung der menschlichen Vernunft zugleich das Selbstbewußtsein Gottes hervorging.[5] Dieses Selbstbewußtsein ist auch die Freiheit, da das Verstehen uns von der Notwendigkeit blinder Unterwerfung unter das äußere Gesetz befreit. So ist »die Weltgeschichte ... der Fortschritt im Bewußtsein der Freiheit«[6], und die Vernunftseele des Menschen ist der Geist, der sich im Laufe der Zeit entfaltet und wächst und zunehmend Selbstbewußtheit und Freiheit gewinnt.

Konkret bedeuten die »verschiedenen Stufen im Bewußtsein der Freiheit«, »daß die Orientalen nur gewußt haben, daß *Einer* frei, die griechische und römische Welt aber, daß *einige* frei sind, daß *wir* aber wissen, *alle* Menschen an sich, das heißt der Mensch als Mensch sei frei«. Und »dies Bewußtsein [der Freiheit] ist zuerst in der Religion, in der inneren Region des Geistes aufgegangen«. Die Freiheit des modernen Bürgers hat also für Hegel ihren Ursprung in der individuellen Unsterblichkeit der Seele. Da dieser Begriff in der Antike völlig unbekannt war (andere Grenzen der antiken Demokratie werden im folgenden erörtert), nahmen Plato und Aristoteles keinen Anstoß an der Sklaverei. Anders der Mensch der Neuzeit, dem sie unvermeidlich zum Skandalon werden mußte, als der Begriff der unsterblichen Seele säkularisiert und zur moralischen Norm geworden war.

Der eigentliche Prozeß der Säkularisierung (der mit der Entwicklung des Selbstbewußtseins gemeint ist) wird von Hegel zwar nicht untersucht, sein allgemeiner Verlauf läßt sich jedoch ohne größere Schwierigkeiten erschließen. Für das christliche Mittelalter stand die soziale Ungleichheit nicht im Widerspruch zum Wert der Seele als dem unsterblichen Teil des Menschen, denn die soziale Ungerechtigkeit galt als Folge der Erbsünde.[7] Der Sündenfall hatte die menschliche Natur so tief korrumpiert, daß die

Unterwerfung der vielen unter wenige nicht nur für den Zusammenhalt, ja das Überleben der Gesellschaft erforderlich war, sondern unerläßlich auch als Läuterung auf dem schmalen Pfad zur Erlösung. Die Unsterblichkeit fand ihre Erfüllung erst in einer anderen Welt und nur den Mitteln und Wegen gemäß, auf welchen die Seele die Gefährdungen im Diesseits hatte umschiffen können. Auf diese Vorstellungen, die er »entmenschend« fand, war Marx' an Feuerbach anknüpfender Begriff des »verkehrten« Bewußtseins gemünzt.

In der Mitte des achtzehnten Jahrhunderts aber hatten die Lehre von der Erbsünde und die Theologie überhaupt ihre Macht über den Menschen verloren, der mit neuem Optimismus sein Vertrauen auf die Allmacht der Vernunft setzte. Darin liegt zweifellos einer der Hauptgründe für die sich gleichzeitig ankündigende Revolution im Namen der Gleichheit. Auch an diesen entscheidenden Wandel knüpft sich der Name Rousseaus, der erklärte: Das Böse, und mit ihm die soziale Ungleichheit, ist nicht durch einen angeborenen Mangel der menschlichen Natur in die Welt gekommen, sondern durch den Niedergang der Gesellschaft, da die bestehende Ordnung auf der angemaßten Herrschaft der Starken über die Schwachen gründet. Der Ursprung des Bösen ist also die Gesellschaft, nicht der Mensch. Und da der Mensch von Natur aus gut ist, kann er alle sozialen Ungerechtigkeiten überwinden. Damit war, wie Hegel sagt, aus der christlichen Seele der säkulare Bürger geworden.

Man wäre im Irrtum, wenn man annehmen wollte, daß dieser Exkurs in die Metaphysik und Theologie für die Genese des sowjetischen Sozialismus ohne Bedeutung sei. Marx, der Hegel auf die Füße stellte, hatte die Metaphysik des Meisters fest im eigenen Kopf. Leszek Kołakowski sagt es im Eingangssatz seiner *Hauptströmungen des Marxismus:* »Karl Marx war ein deutscher Philosoph.«[8]

Diese deutsche Philosophie mit ihrem göttergleichen Menschenbild konnte sich nur dann zu einer Kraft in der modernen Welt entwickeln, wenn sie in Politik übersetzt wurde. Das besorgte Marx, indem er ihr das aus der Französischen Revolution überlieferte Egalité-Ideal unterlegte, dessen bedeutender Kommentator Tocqueville geworden war.

Die Ereignisse des Jahres 1789 markieren trotz vorläufiger Mißerfolge den Beginn unseres modernen politischen Universums. In ihrem Niederschlag zeichnen sich die zentralen Probleme der modernen Gesellschaft ab, von der Bewältigung einer Laissez-faire-Wirtschaft bis zur politischen

Organisation der Massengesellschaft und der Durchsetzung sozialer Gerechtigkeit für alle. Sie hinterließen uns denn auch den Grundwortschatz der modernen politischen Diskussionen: Liberalismus, Konservativismus, Nationalismus, Sozialismus und eine Unmenge weiterer Wörter mit der dazumal neuen Endung -ismus; sie alle tauchten in den rund zwanzig Jahren nach 1789 auf.[9] Unter diesen Neologismen war auch ein alter Begriff – Demokratie, der sich damals mit neuem Inhalt füllte.

Wie bemerkt, war »Demokratie« von Plato bis zu den Gründungsvätern des amerikanischen Bundesstaates mit der negativen Bedeutung der Pöbelherrschaft und Anarchie belegt. Wir sprechen heute unbekümmert von der »Demokratie Jeffersons«, Jefferson selbst indes hat diesen Begriff nicht benutzt; er sprach gelegentlich von der »Herrschaft des Volkes«, und seine neue Partei erhielt den Namen *Republican Party,* »Republikanische Partei«. In Amerika wurde »Demokratie« erst in den zwanziger und dreißiger Jahren des achtzehnten Jahrhunderts im positiven Sinn verwendet, als die Forderung nach dem allgemeinen Wahlrecht erstmals Grundsatzcharakter annahm, in Frankreich aus demselben Anlaß seit 1830/40. Im offiziellen Sprachgebrauch setzte sich das Wort in beiden Ländern aber nur langsam durch. In Amerika benutzten es weder Jackson noch Lincoln, hingegen erscheint es jenseits der staatlichen Sphäre und lyrisch populistisch gefärbt im Werk des Dichters Walt Whitman; sowohl in Frankreich wie in Amerika blieb bis zum Jahrhundertende »Republik« das magische Wort. (Im konstitutionellen, doch monarchischen Großbritannien gehörten beide Begriffe, Demokratie und Republik, zum Inventar einer unbedeutenden Randgruppe.) Sein heutiges Gewicht und Konnotationsspektrum erhielt der Demokratiebegriff erst während des Ersten Weltkriegs, als Woodrow Wilson das Wort benutzte, um die bis dahin national begrenzten Auseinandersetzungen Großbritanniens und Frankreichs mit dem »autokratischen« Deutschland in einen politisch-moralischen Kreuzzug für ubiquitäre Volksherrschaft umzufunktionieren.

Die hier relevante unter den zahlreichen Bedeutungen dieses wiederbelebten hellenischen Etiketts wurde durch Tocquevilles Werk *De la démocratie en Amérique* vermittelt, wo der Begriff nicht auf die amerikanische Verfassung, sondern auf die amerikanischen Gleichheitsbestrebungen Bezug nimmt. Für Tocqueville hatte der Egalitarismus zwei Gesichter. Er schrieb in den dreißiger Jahren, als die negative Bedeutung des

Wortes den neuen, positiven Konnotationen wich, die an das allgemeine Wahlrecht geknüpft waren, und sein Verständnis von »Demokratie« ist von gemischten, halb ahnungs-, halb erwartungsvollen Gefühlen geprägt. Als Franzose, der auf die Ereignisse von 1789 zurückblickte, war er davon überzeugt, daß die nivellierende Kraft der Egalité in aller Welt zur treibenden Kraft moderner Politik geworden sei. Gleichzeitig machte ihm der Gedanke zu schaffen, ob diese unwiderstehliche Kraft nicht vielleicht unverträglich sei mit den traditionellen Rechten, zumeist aristokratischen Ursprungs, die zur Zeit des Alten Regimes Montesquieu gepriesen hatte und die im Europa der Restauration noch durch die konstitutionellen Regierungen der Klassenstaaten geschützt wurden – die liberale Oligarchie Großbritannien war hier das große Vorbild.

Da das Wort Demokratie aus dem Griechischen stammt, nimmt man gewöhnlich an, daß es heute dasselbe bedeute wie im Athen des fünften Jahrhunderts v. Chr. und daß Perikles' thukydideische Grabrede die Quelle unserer politischen Überlieferung sei.[10] Ebenso selbstverständlich, doch nicht ganz zu Recht unterstellen wir dem ursprünglich römischen Begriff »Republik« ein bruchloses Bedeutungskontinuum von Cicero bis zu Madison und Condorcet. Soviel verbindet moderne Politik und griechisch-römische Vergangenheit, daß ein Teil der Bevölkerung an den Staatsgeschäften durch gewählte Beamte und gesetzgebende Versammlungen teilnahm. Diese Art der »Politik« – das Wort geht bekanntlich auf das griechische *polis* zurück – war vor dem zwölften Jahrhundert in allen Gesellschaften außerhalb Europas unbekannt. Was jedoch moderne Politik auszeichnet und ihren antiken Vorgängern gänzlich fremd war, ist die Idee der Menschenwürde, der Unantastbarkeit jedes Individuums, Werte, die aus dem bereits diskutierten Kulturwandel des Westens hervorgingen. Einklagbare politische Rechte oder »Erklärungen der Menschenrechte« waren in der antiken Ordnung der Polis unbekannt, und Bürger war man nicht einfach darum, weil man Mensch war, sondern weil man durch Erb- oder Gesetzesrecht der einen oder anderen Klasse, einer bestimmten *polis* oder *res publica* angehörte. Benjamin Constant konnte, als er in der Zeit der französischen Restauration den Liberalismus verteidigte, »antike und moderne Freiheit« voneinander unterscheiden: erstere als die Freiheit, sich an den Angelegenheiten des Staates zu beteiligen, letztere als die Freiheit, von der Gesellschaft unbehelligt, als souveränes Individuum sein eigener Herr zu sein.[11]

In Übereinstimmung damit bedeutete die griechische Demokratie den

Einbezug der untersten Klasse der freien Bürger, des *demos,* in die politischen Geschäfte als Maßnahme zum Wohl der Polis, nicht aber als natürliches Recht. Dieser *demos* nahm als Gruppe neben anderen, sozial höheren Gruppen am politischen Geschehen teil, in der Art eines Standes im europäischen Ancient régime und nicht auf gleicher Ebene mit den Ranghöheren, geschweige denn auf der Basis »one man, one vote«. Noch deutlicher ausgeprägt war dieses oligarchische Prinzip im römischen Reich, wo der *plebs* nur am äußersten Rand des politischen Spektrums in Erscheinung trat. Außerdem waren, wie erwähnt, in allen politischen Staatswesen der Antike beträchtliche Teile der Bevölkerung als Sklaven von den Rechten der Bürger vollständig ausgeschlossen. Ein paar moderne Republiken hatten die Sklaverei zwar zeitweise zugelassen; da aber dieselben Republiken gleichzeitig die »unveräußerlichen Rechte des Menschen« verkündeten, konnte diese Anomalie nur zu einer Krise und schließlich zur Abschaffung des Ärgernisses führen. Die weniger anstößige Form politischer Diskriminierung, die Bindung des Wahlrechts an Besitz, wurde noch müheloser beseitigt. In der antiken Welt jedoch gab es keinen programmatischen Widerstand gegen die Sklaverei, und ein allgemeines Wahlrecht wurde nicht einmal in Erwägung gezogen.

Dieses spezifisch moderne Republikverständnis ist der Grund dafür, daß die moderne Demokratie in ihrer stetig zunehmenden Linksorientierung über eine in Verfassung und Gesetz begründete Regierung hinaus mehr und mehr auf Volksherrschaft und universelle Gleichheit zielte. So bedeutete Demokratie für Tocqueville »l'égalité des conditions«[12], das heißt die Aufhebung aller sozialen Rangstufen in der gesetzlichen Hierarchie der Stände und Schichten, die das Ancien régime in Frankreich und ganz Europa kennzeichnete. Doch seine Überlegungen waren nicht nur auf die traditionellen Herrschaftsformen gerichtet – auch die Welt nach 1789 hatte ihre Hierarchie der Ungleichheit. Begründet auf Status und Macht, den Rang, den der Wohlstand verlieh, war ein »Klassensystem« entstanden, wie die neue Bezeichnung aus den dreißiger und vierziger Jahren des neunzehnten Jahrhunderts lautete.[13] Tocqueville sah diese neuen Formen der Ungleichheit und mit ihnen alle, die in Zukunft noch auftreten könnten, vom unerbittlichen Gesetz der Moderne, der Gleichheitsidee, in Frage gestellt: »Meint man, die Demokratie werde, nachdem sie das Feudalsystem zerstört und die Könige überwunden hat, bei den Bürgern und den Reichen zögern?«

In diesem demokratischen Impetus wurzelt die große Bewegung, der ein anderer Neologismus der dreißiger Jahre des neunzehnten Jahrhunderts ihren Namen gab – der »Sozialismus«. Aus einem mit kompromißloser Logik weitergedachten Demokratiebegriff folgt unvermeidlich die Idee des Sozialismus. Solange es Besitzunterschiede gibt, solange gibt es Unterschiede des Status und möglicher Machtausübung; und solange nicht jeder denselben Status und dieselbe Macht besitzt, werden einige Menschen von anderen ausgebeutet werden und Menschen übereinander herrschen. Jede Ausbeutung aber und jede Unterwerfung leugnet die Menschenwürde und schändet das geheiligte Menschenbild. Ungleichheit ist darum Entmenschung und ein moralisches Ärgernis, dem ein Ende gemacht werden muß, wenn die Welt denn einmal zu wahrer Kultur finden soll.

Das Mittel dazu ist die Appropriation des individuellen Reichtums durch die Gesellschaft, so der Kern des instrumentellen Programms des integralen Sozialismus. Im *Kommunistischen Manifest* heißt es: »In diesem Sinn können die Kommunisten ihre Theorie in dem einen Ausdruck: Aufhebung des Privateigentums, zusammenfassen.«[14] Daraus folgt, daß die Frucht des Privateigentums, der Profit, und das Mittel, diesen Profit zu realisieren, der Markt, ebenfalls abgeschafft werden müssen. Damit ist die Maximalformel des Sozialismus perfekt: Der Sozialismus wurzelt in einer moralischen Idee – der Gleichheit – und erreicht seinen Höhepunkt in einem praktischen Programm: dem Ende des Privateigentums und des Marktes. Alles was darunter bleibt, ist nicht der volle oder integrale Sozialismus.

Doch dieses Maximalprogramm eines Sozialismus als reiner Nichtkapitalismus hat sich niemals ohne Revolutionen verwirklichen lassen, die das Fundament der Gesellschaft erschütterten. In der Praxis hat sich der Sozialismus gewöhnlich mit bescheideneren, sogar minimalen Zielen und evolutionären Methoden zufrieden gegeben. Und eben das führte zu der erwähnten Vielfalt von Programmen, die von progressiver Besteuerung bis zum allgemeinen Wohlfahrtsstaat reichen, ebenfalls den Namen des Sozialismus für sich beanspruchten und damit die Debatte über seine »wahre« Bedeutung so nachhaltig verwirrten. Das vorliegende Buch allerdings wird von dieser Konfusion nicht berührt. »Sozialismus« ist hier durchgehend in seiner strikten Bedeutung als reiner Nichtkapitalismus verstanden – denn in dieser Form war er von Marx in Aussicht genommen, und in dieser Form konnte er dank den revolutionären Umständen von 1917 in Rußland Wirklichkeit werden.

Während des ganzen neunzehnten Jahrhunderts war der Sozialismus eine moralische Idee, eine Oppositions- und Protestbewegung geblieben. Erst mit der bolschewistischen Oktoberrevolution überschritt er die Schwelle von der Bewegung zur Gesellschaftsform. Und erst in diesem Moment erhielten die demokratischen Kräfte Gelegenheit, die Hypothese zu prüfen, daß die Aufhebung des Privateigentums und des Marktes die moralische Welt der Egalité und den voll verwirklichten Menschen hervorbringen werde. Doch eine klare Antwort darauf stand noch im zwanzigsten Jahrhundert aus – bis fast zu seinem Ende. So lange also konnte der integrale Sozialismus der Kommunisten als Goldstandard aller minderen Arten des Sozialismus im Westen gelten, denn es zeigte sich, daß diese das sozialistische Programm um so weniger verwirklichten, je ausgeprägter ihr demokratischer und politisch evolutionärer Charakter war. Sie schwankten folglich zwischen chronischer Bewunderung der kühnen Resultate des sowjetischen Experiments und chronischer Verstörung über die verwendeten brutalen Methoden. So konnte der Sozialismus der Sowjets, der es als erster geschafft hatte, die sozialistische Diskussion bis zum großen Krach der Jahre 1989–91 bestimmen.

MARX UND DER KLASSENKAMPF

Es dürfte zu den verbreiteten Annahmen gehören, daß der sozialistischen Idee diese zentrale Rolle in der modernen Welt darum zufiel, weil sie die Ideologie, genauer das Klassenbewußtsein des »Proletariats« war, ein weiterer Neologismus aus den dreißiger und vierziger Jahren des letzten Jahrhunderts. Das ist jedoch wenig wahrscheinlich.

Das Zentrum der industriellen Revolution und der neuen Klasse der Arbeiter war Großbritannien, während der Sozialismus im nachrevolutionären Frankreich, genauer im Frankreich der Julimonarchie von 1830–48, seine Wurzeln hat. Wohl benutzte Robert Owen bereits 1827 das adjektivierte Nomen »Sozialist«, aber die wichtigste radikale Bewegung in England war der Chartismus, der eine Parlaments- und Wahlrechtsreform anstrebte. In Frankreich dagegen standen Sozialisten und Kommunisten verschiedenster Färbung an der vordersten Front einer Linken, die auf die nächste revolutionäre Erhebung wartete. Und in Frankreich wurde das neue »soziale« Anliegen vom Saint-Simonisten Henri Leroux im Jahr 1831 zum »Sozialismus« umgeformt.[15]

Der Glaube an den Sozialismus als Klassenbewußtsein der Industriearbeiter war indessen schon während der Julimonarchie verbreitet. Das denkwürdigste Zeugnis in diesem Zusammenhang stammt von Marx und Engels. Engels erwähnt in einer Fußnote, die er später in einer Übersetzung des *Manifests* anbrachte, er und Marx hätten England als »typisch« betrachtet für die ökonomische Entwicklung der »Bourgeoisie«, Frankreich dagegen als typisch für ihre politische Entwicklung.[16] Unerwähnt bleibt dabei, daß es sich um einen Trugschluß handelt, wenn die Französische Revolution aus der englischen Industrialisierung oder die spätere Politik des französischen Sozialismus aus den Verhältnissen der englischen Arbeiterklasse abgeleitet wird.[17] Alles das läßt erkennen, daß die treibenden Kräfte des Sozialismus nicht in der Wirtschaft lagen, sondern in politischen Umständen, wie es der Fall Frankreichs in pointierter Form zeigte – Umstände, die sehr viel komplexer sind, als das Bewußtsein einer Klasse je sein kann.

Wie Tocqueville festgestellt hatte, war nach der Zerstörung der Ständeordnung des Ancien régime schlüssig damit zu rechnen, daß als nächstes auch die Klassenhierarchie des neuen Regimes gefährdet war. Bereits 1796 entstand die erste moderne Bewegung sozialer Nivellierung, die *Conspiration des Egaux* von Gracchus Babeuf. Sie wurde zerschlagen, und ihre Hinterlassenschaft tauchte erst in der Julirevolution von 1830 wieder auf. Als Folge dieses Gewaltereignisses blieb die neue »Monarchie« des »Bürgerkönigs« Louis Philippe jedoch zerrissen durch ein Sentiment für Gleichheit und Brüderlichkeit und die Erwartung einer neuen Erhebung, die das unvollendete Werk von 1789, das 1830 allzu zaghaft wieder aufgenommen wurde, endlich zum Abschluß bringen würde. Die neuerstandene Linke lebte also in der Hoffnung auf die Parusie von 1789 und auf eine Neue Republik, die diesmal nicht nur politische, sondern auch soziale Erneuerung bringen würde. In dieser Atmosphäre inbrünstiger Erwartung fand der »Sozialismus« seine Verbreitung, entstand in Fortsetzung Babeufscher Traditionen der »Kommunismus« als seine radikalegalitäre Form[18], schrieb sich der Gleichheitsgedanke auch der »Demokratie« ein, deren neue Konnotation Tocqueville veranlaßte, sich über die politische Soziologie der modernen Welt Gedanken zu machen.

Dieser Überschwang, der bald darauf in der Revolution von 1848 zum Ausbruch kam, war auch Beweggrund der gänzlich anderen Betrachtungen moderner Verhältnisse, die Marx und Engels vorlegten. Wie sie selbst oft bemerkten, war ihr System, das in der *Deutschen Ideologie* von 1845 zum ersten Mal in geschlossener Form vorgelegt wurde, eine Verschmelzung der politischen Ökonomie Großbritanniens, des revolutionären Sozialismus der Franzosen und der Philosophie des deutschen Idealismus. Dem daraus entstandene Amalgam gaben sie in Anlehnung an die radikalste unter den damals kurrenten Strömungen den Namen Kommunismus und gossen ihre Lehre im *Manifest* von 1848 in eine populäre, schlagwortartige Form. Damals weithin unbeachtet, war ihnen und ihrer Lehre am Ende des Jahrhunderts ein phänomenales Schicksal bestimmt, und das darum, weil sie trotz langen Jahren in Frankreich und England deutsche Philosophen geblieben waren. Sie hatten die nüchternen und pragmatischen Beiträge der Engländer und Franzosen zur demokratischen Frühmoderne um Kardinaleigenschaften der deutschen spekulativen Philosophie ergänzt: um die logische und visionäre Kraft, die grandiose historische Perspektive und die implizite Vergottung des Menschen. Das machte ihre Bewegung unter den konkurrierenden sozialistischen Sekten ihres Zeitalters – die sie verächtlich »utopisch« nannten – zum welthistorischen Sieger im Wettbewerb moderner Radikalismen.

Da der Ausgang bekannt ist, wird man gut daran tun, den Zugang zu ihrem System im Kontext der vierziger Jahre, der Zeit ihrer ruhmlosen Anfänge zu suchen und nicht in den späteren Umständen ihres Fin-de-siècle-Triumphs. Das heißt, es dürfte weiter führen, den Marxismus dort zu betrachten, wo er am engsten an Hegel anschließt und nicht in seiner späteren, pseudo-positivistischen Form und bemühten Annäherung an Darwin.

Das System muß über zwei Ebenen erschlossen werden: über den formalen Ausbau der Lehre und über seine Tiefenstruktur. Die formalen Ausprägungen, augenfällig und allgemein bekannt, sind in Kürze: erstens eine Soziologie, in der die ökonomische und soziale Basis den kulturellen und ideologischen Überbau der Gesellschaft bestimmt; zweitens eine Geschichtstheorie, in der die Menschheit, angetrieben vom Klassenkampf, von einer Sklavenhaltergesellschaft zum Feudalismus und weiter zur bürgerlichen Gesellschaft fortschreitet, dem Ende ihrer »Vorgeschichte«, dem Sozialismus, entgegen; drittens eine Wirtschaftstheorie, in welcher der Profit, die Triebfeder der bürgerlichen Gesellschaft, auf Ausbeutung, das heißt auf der privaten Aneignung des von der menschlichen Arbeitskraft produzierten Mehrwerts zurückgeht und damit die »inneren Widersprüche« begründet, die zu einem schöpferischen revolutionären Zusammenbruch führen, aus dem das Proletariat den Sozialismus und Kommunismus schafft.

Im neunzehnten Jahrhundert waren vom Marxismus vor allem die Lehrsätze dieser ökonomischen Theorie bekannt, und sie entfalten sich in der Tat mit unerbittlicher Logik. Beginnend mit dem Prinzip, daß aller Wert durch menschliche Arbeit geschaffen wird, entwirft die Theorie Zug um Zug den unaufhaltsamen Prozeß, über den der vom Arbeiter produzierte »Mehrwert« zur »Kapitalanhäufung« führt. Dieses Kapital wird sodann in arbeitssparende Maschinerie investiert, was eine bedeutende Erhöhung der Produktivität und des allgemeinen Wohlstandes mit sich bringt, zugleich aber das Ende der »Produktionsweise der Bourgeoisie« einleitet. Denn aus dem Wettbewerb ergibt sich das »Gesetz der fallenden Profitrate«, das gleichzeitig die steigende Konzentration des Kapitals in immer weniger Händen sowie die wachsende »Verelendung« des Proletariats mit sich bringt. Die daraus resultierende Konzentrierung der Produktionsmittel und die »Vergesellschaftung« der Arbeit durch das Fabriksystem »erreichen einen Punkt, wo sie unverträglich werden mit ihrer kapitalistischen Hülle. Sie wird gesprengt. Die Stunde des kapitalistischen Privateigentums schlägt. Die Expropriateurs werden expropriiert.« Und aus den Trümmern entsteht der Sozialismus.

Das Systemganze – Soziologie, Geschichtstheorie und Ökonomie – wirkt wie eine Beschreibung der fortgeschrittenen Industriegesellschaft und war auch tatsächlich als solche angelegt. Die marxistische Methode ist also allem Anschein nach auf die fortschrittlichen Regionen Europas zugeschnitten, deren Entwicklungsniveau als Kulminationspunkt der Geschichte und folglich als unvermeidliche Übergangsphase der rückständigen Länder auf dem Weg zum Sozialismus angesehen wurde. Marx hielt ausdrücklich fest, daß Europa dem Rest der Welt seine Zukunft zeige.[19]

Die vom Marxismus erwartete sozialistische Revolution hatte ihr Debüt bekanntlich nicht in Westeuropa. Das ist weniger eine Entkräftung des Marxismus als ein Hinweis auf die Tiefenstruktur hinter dem formalen Gerüst der Theorie. Diese Tiefenstruktur bezieht sich auf Verhältnisse, wie sie überall auf der Welt existieren, sogar in weithin vorindustriell strukturierten Gesellschaften und in Zeiten, in denen die von Marx erörterten spezifischen inneren Widersprüche des Kapitalismus längst obsolet geworden sind. Sie ist bestimmt durch das Prinzip des Widerspruchs, die Dialektik – laut Marx und Hegel die Logik, oder Gesetzmäßigkeit, der Geschichte. Dieses Prinzip der Bewegung wirkt als immerwährender Prozeß von Entfremdung und Wiedergeburt und gibt allem Seienden seine Struktur.

Hegel entwickelt diese Vorstellung wie folgt: Abstrakt gefaßt ist die Dialektik ein kosmisches Drama. Alle unvollkommenen Formen des Seienden machen einen Transzendierungsprozeß durch, das heißt, durch Unterwerfung unter ein ihnen Äußeres erleben sie einen Selbstverlust, eine Selbstentäußerung. Theologisch gesprochen – und Entäußerung ist ursprünglich eine theologische Vorstellung – bedeutet die Inkarnation, die Fleischwerdung Gottes seine Selbstentäußerung, zugleich aber auch die Erhebung des Menschen zur Unsterblichkeit. In der Natur vergegenständlicht sich die göttliche Vernunft, wenn sie der materiellen Welt dient, um die Verstandesgesetze alles Natürlichen offenbar zu machen. In der Menschheitsgeschichte schließlich müssen die ursprünglicheren Kulturformen absterben und durch höhere vernichtet werden, um das Leben der Menschheit als Ganzes zu vervollkommnen: Griechenland mußte Rom und Rom den Barbaren weichen, damit in der folgenden, der christlichen Zivilisation des modernen Westens die höchste Stufe der Freiheit erreicht werden konnte.

So kommt Fortschritt allenthalben allein durch Negation, Privation, Tod zustande. Die Selbstentäußerung ist somit vernichtend und schöpferisch zugleich, sie demütigt und adelt, versklavt und befreit, hebt sich, mit anderen Worten, selbst auf, ist Selbstgewinnung. In der Hegelschen Vernunft klingen demnach ältere, religiöse Vorstellungen nach: Wer seine Seele verliert, der wird sie finden, und: Zur Erlösung führen nur Sünde, Leiden und Entbehrungen. Oder, wie Hegel es in der methaphysischen Parabel von Herr und Knecht in Begriffen des Alltags formuliert: Der Herr behauptet sich, indem er den Knecht unterwirft, doch unvollkommen und ohne Bewußtsein seiner selbst; der Knecht hingegen verändert durch seine Arbeit die materielle Welt und gelangt durch sein schöpferisches Tun zu einer wahreren Selbständigkeit. Wenn nun zu diesem selbständigen Bewußtsein die Freiheit des Herrn hinzukommt, wird der Knecht zum allgemeinen Bewußtsein der Menschheit.

Bei Marx erscheint der Prozeß, durch den sich qua Dialektik von Herrschaft und Knechtschaft die Entäußerung selbst aufhebt und Selbstgewinnung wird, als Klassenkampf. Wir sollten im Auge behalten, daß diesem Prinzip im Marxschen Denken zentrale Bedeutung zukommt. »Die Geschichte ... ist die Geschichte von Klassenkämpfen«, liest man auf Seite eins des *Manifests*. Der Hinweis ist angebracht, weil der Klassenkampf für die Sowjets zum Hauptartikel der Marxschen Lehre wurde. Zu unterstreichen ist weiterhin, daß dieser Kampf nicht wie bei Hegel ein Kampf des Geistes und der Seele ist, sondern mit physischer Gewalt ausgetragen wird. Marx entlieh von François Guizot und anderen französischen Historikern der Großen Revolution den Begriff der *lutte de classes* und machte aus der religiös gefärbten philosophischen Dialektik den Krieg der Klassen.

Motor des Klassenkampfes ist die grausame, doch notwendige Ausbeutung einer sozialen Gruppe durch die andere; nur durch diese Entmenschung kann der Mensch zum vollen Menschsein gelangen. Die Arbeit einer Klasse wird also entfremdet – in den Dienst der anderen Klasse gestellt, um die materiellen Mittel für den Fortschritt der Gattung zu beschaffen. Gleichzeitig führt der sich an der Ausbeutung entzündende Klassenhaß zu sozialen Revolutionen, die den Menschen von einer Produktionsweise zur nächsten treiben. Auf diese Weise schreitet die Geschichte unerbittlich voran – vom Kampf der Plebejer gegen das römische Patriziat, der leibeigenen Bauern des Mittelalters gegen den Feudalherrn bis zum *letzten Gefecht* des Proletariats gegen die Bourgeoisie.

So ist für Marx der große Protagonist des welthistorischen Dramas vom menschlichen Fortschritt das Proletariat.[20] Doch dieses Proletariat ist nicht einfach die »Arbeiterklasse«, wie ein britischer Theoretiker der politischen Ökonomie sie definieren würde. Das Marxsche Proletariat erscheint vielmehr als Analogie dessen, was Hegel den »allgemeinen Stand« der rationalen »Beamtenwelt« nannte, eine Gruppe, die dazu ausersehen war, in der Regierung des Staates als Sprachrohr der absoluten Philosophie zu wirken. Marx ersetzt diese »universelle Klasse von oben«, wie man sie nennen könnte, durch eine »universelle Klasse von unten«, das Proletariat, dessen Aufgabe es ist, eine Gesellschaft menschlich zu machen, die durch die Ungleichheit der Klassen ihre Menschlichkeit eingebüßt hat. Es kann diese Mission gerade darum erfüllen, weil es die *entmenschte* Klasse der bürgerlichen Gesellschaft des neunzehnten Jahrhunderts ist. Es ist die Erlöserklasse, weil es die leidende Klasse ist.

Marx selbst formulierte diesen Sachverhalt im Jahr 1843, bevor er jemals Arbeiter an der Werkbank zu Gesicht bekommen hatte. Er sieht

die *positive* Möglichkeit der deutschen Emanzipation … in der Bildung einer Klasse mit *radikalen Ketten,* einer Klasse der bürgerlichen Gesellschaft, die keine Klasse der bürgerlichen Gesellschaft ist, eines Standes, welcher die Auflösung aller Stände ist, einer Sphäre, welche einen universellen Charakter durch ihre universellen Leiden besitzt und kein *besondres Recht* in Anspruch nimmt, weil kein *besondres Unrecht,* sondern das *Unrecht schlechthin* an ihr verübt wird … einer Sphäre endlich, welche sich nicht emanzipieren kann, ohne sich von allen übrigen Sphären der Gesellschaft und damit alle übrigen Sphären der Gesellschaft zu emanzipieren, welche mit einem Wort der *völlige Verlust* des Menschen ist, also nur durch die völlige *Wiedergewinnung des Menschen* sich selbst gewinnen kann. Diese Auflösung der Gesellschaft als ein besonderer Stand ist das *Proletariat.*

Das rückständige Deutschland, das gerade seiner Rückständigkeit wegen das Beispiel einer erniedrigten, geknechteten und proletarischen Nation war, hatte in diesem Heilsplan für den jungen Marx eine besondere Mission.

Die einzig *praktisch* mögliche Befreiung Deutschlands ist die Befreiung auf dem Standpunkt der Theorie, welche den Menschen für das höchste Wesen des Menschen erklärt. In Deutschland ist die Emanzipation von dem *Mittelalter* nur möglich als die Emanzipation zugleich von den *teilweisen* Überwindungen des Mittelalters [das heißt vom bloßen Liberalismus]. In Deutschland kann *keine* Art der Knechtschaft gebrochen werden, ohne *jede* Art der Knechtschaft zu brechen … Die *Emanzipation des Deutschen* ist die *Emanzipation des Menschen.*

Und der Absatz endet mit der erstaunlichen Aussage: »Der Kopf dieser Emanzipation ist die *Philosophie,* ihr *Herz* das *Proletariat.* Die Philosophie kann sich nicht verwirklichen ohne die Aufhebung des Proletariats, das Proletariat kann sich nicht aufheben ohne die Verwirklichung der

Philosophie.«[21] Mit anderen Worten – für Marx ist das Proletariat weniger
eine soziale Gruppe als eine metaphysische Größe, deren Wesen als
Entbehrung begriffen ist und deren Entbehrung zugleich die Quelle der
kosmischen Kraft darstellt, durch die alle Entbehrung aufgehoben werden
kann.

In diesem Paradigma, dieser Grundidee des Marxismus werden in
säkularer Terminologie offensichtlich wiederum christliche Grundvorstellun-
gen aufgerufen. Was wir hier vor uns haben, ist ein Echo der klassischen religiösen Logik, der zufolge am Jüngsten Tag die letzten die ersten
sein werden und der Demütige erhöht wird. Sie hat jedoch eine Wendung
ins Militante, ja Rachsüchtige genommen. Wohl ist es das Gesetz der
Bergpredigt, des »Selig sind die Sanftmütigen; denn sie werden das
Erdreich besitzen« – doch sind die Sanftmütigen jetzt angehalten, ihren
Geist zu stärken, um sich im Klassenkampf zu bewähren.

Außerdem läßt sich dieses Grundmuster von der Arbeiterklasse der
fortschrittlichen Industrienationen Europas auf jede andere Gruppe übertragen, deren Angehörige benachteiligt, gedemütigt, beleidigt, ausgebeutet oder verfolgt werden. Es konnte von Lenin auf »ein Arbeiter- und
Bauernbündnis« im »rückständigen« Rußland angewendet werden. Und
die Rolle einer proletarischen Nation, die Marx 1843 dem »mittelalterlichen« Deutschland zugedacht hatte, bot sich 1917 für »das schwächste
Glied in der kapitalistischen Kette«, das »halb-koloniale« Rußland an.
Nach dem Zweiten Weltkrieg ließ sich das Paradigma auf die Dritte Welt
der ehemaligen Kolonien und Entwicklungsländer ausdehnen, wie in den
Theorien von Frantz Fanon und Fidel Castro und der Politik von Mao
Zedong und Ho Chi Minh. Im überentwickelten Nordamerika konnte es
von der Klasse zur Rasse, zum Geschlecht und zur sexuellen Orientierung
wandern. Das Wesen der »universellen Klasse« der Ausgebeuteten scheint
in seiner Universalität in der Tat zeitlos zu sein.

Denn seine Universalität beruht auf der Fähigkeit zu dem von Rousseau gepriesenen »Mitleid«, zum mitfühlenden Erbarmen mit den Leidenden und Zukurzgekommenen, und dies »Mitleid« ist die emotionale und
moralische Grundlage des Sozialismus. Es ist gleichbedeutend mit Kants
Begriff der Achtung vor der menschlichen Natur und dem »gemeinen
Mann«, den Kant eingestandenermaßen von Rousseau übernahm und ins
Zentrum seiner Ethik stellte. Aus dem Gefühl heraus, daß Adel verpflichtet, waren insbesondere die Intellektuellen immer eifrige Befürworter

einer Politik des mitfühlenden Egalitarismus, eine Neigung, die bei Gelegenheit janusgleich ihr zweites, anderes Gesicht zeigen konnte – den verzehrenden Haß auf den Herrn. So bestand Marx' historischer Beitrag darin, daß er dem Verlangen nach Gleichheit die grimmige agonale Stoßkraft gab, die erst nach der Französischen Revolution möglich wurde und unerläßlich war für den kommenden Kampf der Befreiung – das *letzte Gefecht* des Sozialismus.

DER HOCHKAPITALISMUS UND DAS FIN DE SIÈCLE

Am deutlichsten tritt dies Kernparadigma, die Tiefenstruktur des Marxismus, in den Werken der Frühzeit zutage, als seine Begründer noch unter dem direkten Einfluß von Hegel standen und in der Erwartung des Ereignisses lebten, das später in der achtundvierziger Revolution Wirklichkeit wurde. Beginnend mit dem 1867 erschienen *Kapital* wird der Ton zunehmend zu dem einer wissenschaftlichen Kritik der politischen Ökonomie. Als nach dem Tod von Marx im Jahr 1883 Engels allein federführend wurde, gab sich die Bewegung zunehmend positivistisch. Marx, der deutsche Philosoph, wich Marx, dem Darwin der »menschlichen Geschichte«, wie Engels den Freund und Genossen in seiner Grabrede apostrophierte. In diesem pseudowissenschaftlichen Gewand wurde der Marxismus endlich zur weltgeschichtlichen Kraft.

Daß sie eines Morgens erwachten und ihre Bewegung berühmt war, verdankten die Marxisten der Pariser Kommune des Jahres 1871, einem Zufallsereignis im Gefolge des Deutsch-Französischen Krieges, das mit der *Internationalen Arbeiter Association* oder *Ersten Internationale* des Dr. Marx in keinerlei Zusammenhang stand. Doch den konservativen Regierungen Europas war angesichts einer Kapitale in den Händen »Roter« Aufständischer der Schreck in die Glieder gefahren, und sie machten die Organisation für den Ausbruch verantwortlich, eine »Ehre«, die Marx nur allzu gelegen kam. Zum entscheidenden Durchbruch verhalf dem Marxismus dann die Aufhebung der Bismarckschen Sozialistengesetze, die nach der Pariser Kommune in der Absicht erlassen worden waren, das kaiserliche Deutschland vor der Revolution zu schützen. Sie setzte die Marxisten in die Lage, die größte Arbeiterpartei Europas unter ihren

Einfluß zu bringen und so später die Zweite Internationale zu dominieren, die 1889 zum hundertsten Jahrestag der Französischen Revolution in Paris gegründet wurde, um deren Werk zu vollenden und das der Kommune fortzusetzen.

Der wachsende Erfolg der sozialistischen Bewegung barg allerdings auch die Gefahr einer Aufweichung der radikalen Positionen. Doch der Marxismus hatte sein Gegenmittel parat. Marx hatte seinem Manifest von 1848 das radikalste Epitheton gegeben, das die Linke anbot, und zeigte lebenslang wenig Sympathie für die reformistischen Untertöne einer anderen politischen Vokabel, die in diesem Jahr erstmals zu hören war – »sozialdemokratisch«. Nach 1863 hatte sie sich zusammen mit der neuen deutschen Arbeiterpartei etabliert und mußte geduldet werden. Um den reformistischen Tendenzen dieser Partei entgegenzuwirken, griff Marx in seiner »Kritik des Gothaer Programms« von 1875 (die erst 1891 von Engels publiziert wurde) auf den Begriff Kommunismus zurück und machte daraus die höhere, endgültige Stufe des Sozialismus: »Erst dann kann … die Gesellschaft auf ihre Fahne schreiben: Jeder nach seinen Fähigkeiten, jedem nach seinen Bedürfnissen!« Lenin und die Sowjets knüpften an diese Zwei-Phasen-Vision vom Ende der Geschichte an, die gleichzeitig die Begriffe lieferte, die den demokratischen vom diktatorischen Sozialismus des zwanzigsten Jahrhunderts trennten. Es ist jedoch zu betonen, daß sich die demokratische Linke während dieses terminologischen Differenzierungsprozesses in ihrer allgemeinen und grundlegenden Form immer als »sozialistisch« verstand.

Die Ausbreitung der Zweiten Internationale und mit ihr des Marxismus ist undenkbar ohne die wirtschaftlichen und sozialen Umwälzungen, die in den letzten Jahrzehnten des neunzehnten Jahrhunderts ihren Höhepunkt erreichten, als die »industrielle Revolution« – Toynbees Begriff aus dem Jahr 1895 – zur Reife gelangte. Die Historiker legen ihren Beginn heute gewöhnlich ins späte achtzehnte Jahrhundert, in die Jahre der ersten britischen Erfindungen von der »Jenny-Maschine«, dem mechanisierten Spinnrad, zur Dampfmaschine, die eine maschinelle Produktion möglich machten. Am Ende desselben Jahrhunderts hatte das Fabriksystem die manuelle Produktion der Heimwerkerei im ersten »modernen« Industriezweig, der Textilindustrie, verdrängt. In den zwanziger Jahren des neunzehnten Jahrhunderts stand die Dampfmaschine auf Rädern und Schienen, und mit der Eisenbahn war die Modernisierung des

Transportsystems eingeleitet. Was bald dazu führte, daß Kohleförderung und Eisenverhüttung sich zum dritten großen industriellen Projekt der Stahlgewinnung verbanden. Damit war die »Mill-mine-and-smokestack-Ökonomie« des Frühindustrialismus am Vorabend des Revolutionsjahres 1848 voll entwickelt. Als ihre Apotheose gilt allgemein die Kristallpalast-Ausstellung von 1851 – als bereits etwa die Hälfte der Bevölkerung von England und Wales in Städten lebte.

In den zwanziger Jahren griff die Entwicklung auf Belgien über und hatte nach weiteren ein bis zwei Jahrzehnten das bürgerlich regierte Frankreich erreicht. Unter dem Eindruck dieses ungestümen Fortschritts prägte der Proto-Sozialist Saint-Simon zur Bezeichnung der neuen sozio-ökonomischen Organisationsform den Begriff *industrialism*. Im Mittelpunkt des aufkeimenden Sozialismus standen natürlich die Übel dieser neuen industriellen Welt, und neben dem »Proletariat« erschien der »Pauperismus« als sprachliche Chiffre für die Erniedrigten und Beleidigten der neuen Ordnung. Aus dieser Welt des Frühindustrialismus hatte Marx offensichtlich die nichtmetaphysischen, empirischen Teile seines Systems abgeleitet, in der Erwartung, daß auch in Deutschland ein industrielles Proletariat in Erscheinung treten werde.

Der deutsche Aufbruch erfolgte in den sechziger Jahren, etwa gleichzeitig mit der großen amerikanischen Industrialisierungswelle, die sich an den Bürgerkrieg anschloß, und mit den achtziger Jahren läßt sich für ganz Westeuropa von einer Industriegesellschaft sprechen. In dieser Welt wurde die Frage des »Pauperismus«, die in den vierziger Jahren auftauchte, zum Problem erster Ordnung. Die Lebensverhältnisse der neuen arbeitenden Massen waren in der Tat bodenlos. Durch den Zustrom immer größerer Bevölkerungsteile Europas in die Städte wurde überdies der Kontrast zu den Wohlhabenderen schockierend deutlich. In England sprach Disraeli von »zwei Nationen«, und Marx nannte die »untersten Schichten der alten Gesellschaft« »das Lumpenproletariat«, während die Pariser Kommune das Elend und den sozialen Sprengstoff demonstrierte, den die neue städtische und industrielle Ordnung mit sich brachte.

Die Historiker sind der Frage nachgegangen, wie hoch die menschlichen Kosten zu veranschlagen seien, mit denen die Entfesselung des modernen Prometheus erkauft wurden. Auf lange Sicht ist das materielle Los der großen Mehrheit der Bevölkerung in den entwickelten Ländern fraglos verbessert worden. Kurzfristig indessen war der Preis unzweifelhaft hoch. Gewiß herrschte in den Dörfern des vorindustriellen England häufig bedrückendes Elend; Hungersnöte waren bis in die vierziger Jahre des neunzehnten Jahrhunderts, die »hungry forties«, keine Seltenheit, und den Ärmsten blieb über lange Zeit kaum anderes als die Abwanderung in die Großstädte oder über den Ozean in die Vereinigten Staaten. Dennoch brachte das Leben in den neuen Industriestädten in der Regel kaum Erleichterung: armselige Unterkünfte mit abschreckenden sanitären Verhältnissen bei beschwerlicher, nur dürftig entlohnter Arbeit. Hinzu kam, daß die Fabrikarbeiter die frühere Unabhängigkeit eines Handwerkers oder Bauern eingebüßt hatten und zum Rädchen in einer riesigen, vom Kapital gesteuerten Maschine geworden waren. Gewerkschaftlich noch kaum organisiert, ohne Streikrecht und ohne ein »Netz« sozialer Sicherungen, stellte das Proletariat am Ende des Jahrhunderts also tatsächlich die Gruppe der sozial in höchstem Maß Benachteiligten, Ausgeschlossenen und Entrechteten dar.

Das Recht des Arbeiters, sich zu organisieren, gehört zu werden und sich in politischen Parteien angemessen vertreten zu finden, war somit vordringliches Anliegen der demokratischen Politik, und da diese Gruppe um die Jahrhundertwende rund ein Drittel der städtischen Bevölkerung ausmachte, wurde die »Arbeiterfrage« immer brisanter. Die Zweite Internationale machte den Ersten Mai zum internationalen *Kampftag der Arbeit* und 1892 die *Internationale* zu ihrem Kampflied anstelle der einst revolutionären *Marseillaise,* die inzwischen Nationalhymne einer bürgerlichen »Dritten Republik« geworden war.

Die Zweite Internationale, jetzt Organ einer reifen Industriegesellschaft und einer wachsenden Arbeiterklasse, trug ihren Namen mit weit größerem Recht als die erste. Im Jahr 1905 verfügten auch Großbritannien, Frankreich, Österreich und die kleineren europäischen Staaten über landesweit verbreitete sozialistische Parteien, und sogar in den Vereinigten Staaten gab es Ansätze zu einer sozialistischen Bewegung. Freilich bildeten die Sozialisten in keinem Land der westlichen Welt auch nur annähernd die Mehrheit (am nächsten kamen sie diesem Ziel 1912 in Deutschland, als sie ein Drittel der Wählerstimmen auf sich vereinigten). Daß sie irgendwo die Regierung stellen könnten, schien ausgeschlossen. Der klassische Liberalismus, Laissez-faire-Ökonomie und konstitutionelle Demokratie waren im Westen noch immer die herrschenden Strömungen. Dennoch hatte Marx' »Gespenst des Kommunismus«, das 1848 nicht viel mehr als ein Buhmann gewesen war, inzwischen erheblich an Substanz gewonnen. Seine Lehre, die mit dem Erfolg der deutschen Sozialdemokratie Reputation erlangt hatte, wurde in der einen oder anderen Form von allen Zweigen der Internationale aufgenommen, von Jules Guèsde in Frankreich bis zu Georgi Plechanow in Rußland.

Dieser positivistische Marxismus *ouvriériste* der Zweiten Internationale erhielt dann in Rußland die Prägung, aus der endlich die erste marxistische Revolution der Welt hervorging. In dieser Periode standen die ökonomischen und soziologischen Grundsätze, die formalen Oberflächenstrukturen der Lehre, im Vordergrund. Für die marxistischen Parteien lag das Gewicht folglich auf der unerbittlichen Notwendigkeit der geschichtlichen Entwicklung, die Europa Stufe um Stufe von der feudalistischen zur bürgerlichen und zur sozialistischen Gesellschaft führen würde. Doch die dem Romantischen, Metaphysischen und Revolutionären zuneigende Tiefenstruktur, die Botschaft von der sich selbst aufhebenden Entfremdung, war dicht unter der Oberfläche stets gegenwärtig und konnte durch eine Krise aktiviert werden.

Damit besaß der Marxismus eine Kombination von Eigenschaften, die ihn auf einmalige Weise zum Erfolg prädestinierte: Einer Pseudo-Heilsreligion die Form einer Wissenschaft mit positivistischem Anspruch zu geben und den Trost, der bis dahin für die nächste Welt in Aussicht stand, mit der Sicherheit wissenschaftlicher Erkenntnis zu verbinden, die des Menschen höchstes geistiges Ziel im Diesseits ist – dieser Gedanke darf wohl als genial gelten. Wie Alain Besançon es ausdrückte: »Moses und Johannes wußten, daß sie glaubten; Marx und Lenin glaubten zu wissen.«[22]

Die Wirksamkeit des Marxismus wird verstärkt durch seine Bindung an einen Begriff, der vager und sehr viel weiter ist als der des Sozialismus, ein Begriff, der es fertigbringt, Nichtsozialisten zu moralischen Verbündeten von Vernunft und Fortschritt zu machen – die Linke.[23] Die Teilung der politischen Welt in zwei Lager, die Rechte und die Linke, datiert bekanntlich aus der Französischen Revolution und der Sitzordnung von Radikalen und Gemäßigten in den wechselnden gesetzgebenden Versammlungen. Während der Restauration war sie mit zwei weiteren neuen Begriffen, liberal und konservativ, mehr oder weniger synonym geworden. Sie setzte sich von ihrem Ursprungsort Frankreich, wo das politische Leben dynamisch und ideologisch war, weiter ostwärts, nach Deutschland fort, wo ein politisches Leben noch nicht existierte. Dort wurde sie in Begriffen wie »Hegelsche Linke« oder »linkshegelianisch« nur auf die Ideologie angewandt. In dieser erweiterten Bedeutung erfaßte die Dichotomie ganz Europa, zuletzt diejenigen Länder, in denen man eine pragmatische, differenziertere Politik betrieb – Großbritannien erreichte sie gegen Ende des neunzehnten, die Vereinigten Staaten zu Beginn des zwanzigsten Jahrhunderts und radikalisierte den dort bestehenden Unterschied von liberal-konservativ und demokratisch-republikanisch.

Es war das Schicksal dieser Dichotomie, daß ihr Inhalt sich im Lauf der Zeit stetig nach links verschob. Anfangs bedeutete »links« im bescheidensten Fall Widerstand gegen die unumschränkte Monarchie zugunsten einer konstitutionellen Monarchie, oder, in den radikaleren Randgruppen, eine demokratische Republik auf der Basis eines allgemeinen Wahlrechts. Es bedeutet aber auch Religions- als Kirchenfeindlichkeit. »Rechts« stand für die »Reaktion«: die Verteidigung von »Altar und Thron« und später die Abwehr der Demokratie durch ein Dreiklassenwahlrecht. Da außerdem die revolutionären Eruptionen von 1789, 1830 und 1848 die Geschichte selbst nach links zu treiben schienen, wurde dieses Lager auch als »Partei der Bewegung« bekannt und die Rechte als »Partei des Widerstandes«. Als 1848 schließlich »das Volk« zur Speerspitze der Linken Bewegung wurde, setzte sich die Vorstellung durch, daß die politische Republik nicht genüge, daß eine soziale Republik, oder »Sozial-Demokratie«, notwendig sei, um die wahre Emanzipation der Menschheit zu erreichen. So kam der Sozialismus zu seinem Platz auf der äußersten Linken.

Im Jahr 1848 erhielt die Linke auch ihr großes Symbol – die Rote Fahne. Das Ancien régime hatte die Fahne benutzt, um die erfolgreiche Unterdrückung von Bürgerunruhen anzuzeigen. Ihre Bedeutung kehrte sich um, als 1791, am zweiten Tag der Erstürmung der Bastille, Lafayette, der »Held aus zwei Welten«, sie erhob zum Zeichen blutigen Protestes. Das Symbol aufrührerischer Zusammenrottung war somit zum Sinnbild der befreienden Revolution geworden. Von der Zweiten Republik wurde die Rote Fahne 1848 zwar nicht übernommen, doch sie blieb in Reserve für den Fall, daß die gemäßigteren Elemente der Linken jemals Zeichen der Schwäche oder des Versagens zeigen sollten. Die Rote Fahne blieb seither das Gegenbild der Weißen Fahne der Bourbonen, des Symbols der

Konterrevolution seit der Terrorherrschaft des Adels im Restaurationsjahr 1814.

So trieb bis zum Ende des Jahrhunderts das sozialistische Ideal die Linke beständig weiter nach links, bis sich der Bewegung um die Jahrhundertwende zwei weitere Bedeutungsschichten anlagerten: der Internationalismus und der Kampf für den Frieden.

Nach 1789 war die Linke ein Jahrhundert lang patriotisch gewesen und hatte sich ihrer revolutionären Befreiungskriege gerühmt, Gefühle, die im »Völkerfrühling« von 1848 gipfelten und noch die *communards* von 1871 beflügelten. Dieser neue Nationalismus war die logische Begleiterscheinung einer Demokratie mit allgemeinem Wahlrecht; denn sind einmal alle Untertanen des Königs zu gleichberechtigten Bürgern geworden, ist damit ein uniformer Bürgerblock, eine Masse entstanden; Monarchien weichen Nationen, die ein gemeinsamer Wille bewegt. Das allgemeine Wahlrecht zieht logischerweise auch die allgemeine Wehrpflicht nach sich – die neben der Entwicklung von Naturwissenschaft und Technik ein Grund dafür ist, daß die modernen Kriege soviel blutiger waren als alle früheren.

Als Europa sich am Ende des Jahrhunderts in weiten Teilen die Form kompakter Nationalstaaten gegeben hatte und aufgrund der allgemeinen Wehrpflicht Massenarmeen aufstellen konnte, wurden die sozialistischen Advokaten des wehrpflichtigen Arbeiters in Uniform zu Internationalisten und verkündeten in ihrer neuen Hymne, schon »morgen« werde die Internationale das »Menschengeschlecht« umfassen. Die früheren Verteidiger von Thron und Altar entdeckten in der neuen Nation ihrerseits ein Bollwerk der sozialen Ordnung und wandelten sich zu Patrioten, ja Chauvinisten, die ihre Reihen gegen die »vaterlandlosen Gesellen« schlossen, wie Kaiser Wilhelm II. seine wehrdienstverpflichteten Soldaten aus der Arbeiterschicht nannte. So wanderte der Nationalismus – später häufig in Verbindung mit einem neuen politischen Antisemitismus – von der Linken zur Rechten, und an Stelle der lyrischen Stimmen von Mazzini oder Mickiewicz wurden die schrillen Töne von Treitschke und Barrès laut.

Gleichzeitig entstand die erste Friedensbewegung. Seit der Aufklärung hatten Visionäre wie der Abbé de Saint-Pierre oder auch Kant (im Gefolge von religiösen Pazifisten wie den Quäkern) Programme für einen »ewigen Frieden« entworfen. Im großen und ganzen aber erschien dem Europa der

Völker der Krieg nicht weniger glanzvoll und edel als dem alten Europa der Könige. Erst als die Weichen für 1914 gestellt wurden, griff die Sorge um den Frieden allgemein um sich und wurde zur Sache breiter Volkskreise, zu deren Sprachrohr sich die Sozialistische Internationale machte. Als die europäischen Mächte sich um die Aufteilung Afrikas und Asiens rangelten, wurde der wirtschaftliche »Imperialismus« sowohl von Liberalen wie von Sozialisten als Kriegsursache denunziert und damit als internationalistische Konkurrenzbewegung betrachtet.

Am Vorabend des Ersten Weltkriegs bot die politische Linke das diffuse Bild einer Mischung von populistischen, pazifistischen, internationalistischen und generell säkularen Kräften, die immer mehr zu ihrem linken, sozialistischen Inbild gravitierten. Die Dynamik, die diese Koalition zusammenhielt und gleichzeitig ihrem sozialistischen Element das moralische Gewicht gab, war die Furcht vor der Rechten und einer drohenden Reaktion. »Keine Feinde in der Linken« wurde zur Richtschnur progressiver Politik, »den Rechten in die Hände spielen« der große Verrat an der Sache des Fortschritts. Als der Erste Weltkrieg ausbrach, bildete diese internationalistische politische Kultur die wesentliche Grundlage für die wechselnden Geschicke des Bolschewismus innerhalb wie außerhalb der russischen Grenzen.

Wo aber findet sich in der gesellschaftspolitischen Debatte des neunzehnten Jahrhunderts das fehlende Glied in der Begriffskette, der »Kapitalismus«, den der Sozialismus doch angeblich überwinden sollte? Wie sich feststellen läßt, tauchte das Wort in den Diskussionen bis fast zum Jahrhundertende kaum auf, und wenn vom »Kapitalismus« gesprochen wurde, dann kam der Anstoß nicht von den »Kapitalisten« selbst, sondern von Sozialisten, die damit die Welt brandmarken wollten, deren Vernichtung sie betrieben.[24]

Bei Adam Smith, David Ricardo, Jean-Baptiste Say, John Stuart Mill oder den anderen Klassikern der politischen Ökonomie sucht man das Wort Kapitalismus vergeblich. Es kommt nicht einmal bei Marx vor. Der Begriff Kapital wurde seit dem sechzehnten Jahrhundert verwendet, um Produktionsmittel, Geld oder Güter, zu bezeichnen. Das Wort *capitaliste* erscheint in Diderots *Enzyklopädie* für den Besitzer von Kapital oder den *entrepreneur*. Um 1830 allerdings bedeutete »Kapital« die soziale Macht des Geldes oder die »Großfinanz« als politische Kraft. In dieser Bedeutung wurde es von Marx übernommen und zur »kapitalistischen Produktionsweise« verallgemeinert. Daneben sprach Marx von der »modernen bürgerlichen Gesellschaft« und von »unsere[r] Epoche« als der »Epoche der Bourgeoisie« – wählte also den gegenüber dem deutschen *Bürgertum* stärker sozioökonomisch geprägten französischen Begriff.[25] Ungenutzt ließ er die Möglichkeit, das Nomen mit dem Suffix -ismus zu bilden, das wie alle Begriffe dieser Ableitung den Effekt hat, Sachverhalte zu hypostasieren, ihnen Systemcharakter zu geben, das Ökonomisches, Soziales, Politisches und Kulturelles zu einem Ganzen verquickt, das seine eigene »Logik« besitzt.

Das Nomen Kapitalismus wurde erstmals und nur vereinzelt in den vierziger Jahren des neunzehnten Jahrhunderts von Sozialisten wie Louis Blanc verwendet und bezeichnete im abschätzigen Sinn ein System, das die Eigner von Kapital begünstigt. In dieser Bedeutung wurde es um 1870 unter anderen von Karl von Rodbertus und Karl Liebknecht in Umlauf gesetzt. Von Deutschland aus gelangte es nicht, wie man annehmen könnte, nach England, sondern 1877 durch das Programm der revolutionären Organisation *Semlja i Wolja* (Land und Freiheit) nach Rußland.[26] Daß sie wacher waren als der industrielle Westen, hatten die russischen Agrarsozialisten bereits 1872 gezeigt als sie eine russische Fassung des *Kapitals* – und damit die erste Übersetzung des Werks – vorlegten. Was alles wiederum als Beweis dafür dienen kann, daß die sozialistischen und revolutionären Impulse aus moralischen und politischen, nicht aus wirtschaftlichen Überlegungen hervorgehen.

Doch erst in den neunziger Jahren konnte sich das Wort »Kapitalismus« in der Bedeutung eines umfassenden Systems endgültig durchsetzen. Dafür sorgte zum einen der Aufstieg der deutschen Sozialdemokratie, zum andern der *Methodenstreit** in der deutschen Nationalökonomie zwischen den Anhängern der britischen analytischen Methode und der historischen Schule. Letztere griffen das alte Schlagwort der Sozialisten auf und gaben ihm durch systematische und entwicklungsgeschichtliche Inhalte neues Gewicht mit dem Ergebnis, daß um 1900 deutsche Liberale und Sozialisten die Neuzeit als »Kapitalismus« im Sinne eines umgreifenden Systems definierten.[27]

Werner Sombart legte 1902 sein Hauptwerk *Der moderne Kapitalis-*

---

*   im Orig. deutsch

mus vor, 1904 folgte Max Webers *Die protestantische Ethik und der Geist des Kapitalismus.* (Allerdings hatte Lenin, der vom früh erwachten russischen Radikalismus profitieren konnte, die beiden um Längen geschlagen: Seine *Entwicklung des Kapitalismus in Rußland,* in Sibirien verfaßt, war 1899 erschienen.) Der letzte der großen -ismen des neunzehnten Jahrhunderts geht also auf die deutsche Tradition philosophischer Systembildung zurück, die, von Kant und Hegel begründet, sich jetzt der Herausforderung durch die Sozialdemokratie stellte. Franzosen, Briten und Amerikaner, die, historisch zwar weit voraus, in der begrifflichen Aufarbeitung zurücklagen, eigneten sich die neue Terminologie erst nach 1917 an.

Was aber bedeutete dieser Neologismus, als er zur gängigen Münze der westlichen Kultur avanciert war? »Kapitalismus« sagt zweifellos mehr als »Sozialismus«, denn der Begriff bezieht sich auf Institutionen, die vor seiner Entstehung in Gebrauch waren. Dennoch enthält er nichts, das sich genau definieren und historisch eindeutig fassen ließe. Er ist wie »Sozialismus« weniger ein empirischer als ein metaphysischer Begriff, und sein Bedeutungshorizont umfaßt den ethischen ebenso wie den institutionell-praktischen Bereich, wenn nicht beide verbunden oder verfilzt erscheinen. Moralisch bleibt er einerseits an den Dynamismus, andererseits aber, und weit stärker, an die Vorstellung persönlicher Besitzgier und sozialer Ausbeutung geknüpft. Der institutionelle Rahmen reicht von der extremen Laissez-faire-Politik des Manchester-Liberalismus – im Vokabular der Kritiker »wilder« oder »zügelloser Kapitalismus« – bis zur breiten Palette staatlicher Regulierungsmechanismen im Dienst des Wohlfahrtsstaates. Historisch umfaßt der Begriff die verschiedenen Entwicklungsphasen: vom Handelskapitalismus der Kaufleute und ihrer Agenten im sechzehnten und siebzehnten Jahrhundert über den klassischen Industrialismus bis zur postindustriellen Dienstleistungsgesellschaft. Zu den soziologischen Formen gehören im zwanzigsten Jahrhundert sowohl der weitgehend freie Markt der Vereinigten Staaten, die mehr oder weniger dirigistischen Systeme »sozialer Marktwirtschaft« in den Ländern der Europäischen Union wie auch der staatlich industrielle Korporatismus Japans.

Die Vielfalt dieser Erscheinungen im Begriff des Kapitalismus zusammenzufassen ist, wenn nicht rundheraus sinnlos, so doch wenig hilfreich, wenn es darum geht, der Funktionsweise des »Systems« oder der Entstehung seiner Institutionen auf die Spur zu kommen. Praktisch gesehen wäre es ein Segen, den Begriff Kapitalismus mitsamt seinem Gegenpol Sozialismus loszuwerden, eine Hoffnung, die sich indessen kaum erfüllen dürfte. Denn bei aller Verschiedenheit ist den Formen des Kapitalismus eines gemeinsam, ein Kern, der das Spiegelbild des integralen Sozialismus darstellt: Alle Gesellschaften, die man sinnvollerweise kapitalistisch nennen kann, bekennen sich in gewissen Grenzen zu den Institutionen des Privateigentums, des Marktes und des Profits. Diese Institutionen wiederum stehen damit immer auch ein Stück weit in Konflikt zum Ideal der gesellschaftlichen Gleichheit, dem Fundament und Regulativ der demokratischen politischen Formen, die für das optimale Funktionieren der »kapitalistischen« Ökonomien unerläßlich sind. Und damit behält die Polarität von »Kapismus« und »Sozismus« – um sich Alexander Sinowjews Wortsatire anzuschließen –, so schwer sie sich analytisch fassen läßt, ihren moralischen Magnetismus. Siamesische Zwillinge der Ideologie, hält sie der wunde Punkt des Eigentums untrennbar verbunden.

Als der neue Begriff europaweit Fuß gefaßt hatte, wurde er ungesäumt der Rechten zugeordnet: Die überwiegend negativen Konnotationen machten den Begriff zur Hypothek für die demokratische Politik, wo die Höhen der Moral von der Linken besetzt sind. Politische Kandidaten empfehlen sich selten als Anhänger des Kapitals, während ein Engagement für die Arbeiterschaft und bekennender Sozialismus in der Regel als zulässige, häufig auch vorteilhafte Positionen gelten können.

Im Jahr 1914 kam also ein doppelter Amalgamierungsprozeß zum Abschluß: Auf der Rechten waren Kapitalismus, schrankenloser Individualismus, Nationalismus, Militarismus und gesellschaftliche Hierarchie angetreten, denen die linke Phalanx aus Sozialismus, ökonomischer Rationalität, Internationalismus, Frieden und Gleichheit gegenüberstand. Damit waren die Weichen gestellt für die große *Auseinandersetzung**, den welthistorischen Zusammenstoß von Kapitalismus und Sozialismus, der unser kurzes Jahrhundert beherrschen sollte.

Dieser Zusammenstoß fand allerdings weder auf dem dafür vorgesehenen welthistorischen Schauplatz, dem hochindustrialisierten Westen, statt, noch wurde er durch das ihm angemessene historische Verfahren sozialrevolutionärer Dynamik gesteuert. Hegels »List der Vernunft«[28]

---

* im Orig. deutsch.

hatte alle historischen Akteure geprellt. Die erste sozialistische Revolution der Welt triumphierte in Rußland, der rückständigsten Nation Europas, und ging nicht mit gesetzmäßiger Notwendigkeit aus den gesellschaftlichen Verhältnissen des Landes hervor, sondern aus dem Zufallsfaktor Krieg. Das Ergebnis war das Paradox einer proletarischen Revolution in einem überwiegend bäuerlichen Land.

Dieses unplanmäßige Resultat ist häufig dazu benutzt worden, die Revolution von ihren offenkundigen späteren Mängeln freizusprechen oder sogar zu behaupten, das rückständige Rußland entziehe sich der Logik der Geschichte. Mit anderen Worten – nicht der integrale Sozialismus sei die Crux der bolschewistischen Revolution, sondern Rußland. In Wahrheit jedoch liegt kein Paradox vor. Die unerwarteten Ergebnisse der Oktoberrevolution sind lediglich ein Hinweis darauf, daß die ihr zugrunde gelegten formalen Lehrsätze der marxistischen Theorie ungültig sind.

Der Oktober hat dennoch unzweifelhaft seine eigene Logik. Sie entspricht zwar nicht dem Buchstaben der ursprünglichen Lehre, ist aber mit der Tiefenstruktur des Marxismus widerspruchsfrei zu vereinbaren: der Entäußerung, die durch Leid und Entbehrung zur Selbstgewinnung führt, eine Dynamik, die nach 1914 in den Katastrophen des modernen, des totalen Krieges ihren Ausdruck fand. Darin erweist sich das scheinbare Paradox als »rational«. Alle marxistischen Revolutionen, vom Ersten Weltkrieg bis zum Zweiten, die Leninsche ebenso wie die von Mao und Ho Chi Minh, fanden in rückständigen Ländern und unter dem Einfluß von Kriegen statt. Gerade das ist ihre Logik. Und kein Zufall.

KAPITEL 2

UND WARUM ZUERST IN RUSSLAND?

Deine Dörfer sind arm,
Heimat Rußland, und
deine Felder sind kümmerlich.
Ein Land des Leidens bist du – Bauernland.

Fjodor Tjutschew, 1858

Es gibt heute auf der Erde zwei große Völker … die Russen und
die Angloamerikaner.
Beide sind im verborgenen groß geworden … und die Welt hat
fast zur gleichen Stunde wie ihre Geburt ihre Größe vernom-
men …
Der Amerikaner kämpft gegen die Hindernisse, die die Natur
ihm bietet; der Russe liegt im Kampf mit den Menschen. Jener
ringt mit Wüste und Barbarei; dieser mit der vollbewaffneten
Zivilisation: Daher erobert der Amerikaner mit dem Pflug, der
Russe mit dem Schwert des Soldaten. Sein Ziel zu erreichen,
baut der Amerikaner auf das private Interesse und läßt die Kraft
und die Vernunft des Einzelnen wirken, ohne sie zu dirigieren.
Der Russe drängt gewissermaßen die ganze Macht der Gesellschaft in einen Menschen zusammen. Freiheit ist dem einen der
Antrieb, Knechtschaft dem anderen. Ihr Ausgangspunkt ist verschieden, verschieden ist ihr Weg; und doch, nach einem geheimen Plan der Vorsehung scheint jeder von ihnen berufen, der-
einst die Geschicke der halben Erde zu lenken.

Alexis de Tocqueville,
De la démocratie en Amérique 1838

Die Große Sozialistische Oktoberrevolution, wie sie einmal mit stereoty-
per Regelmäßigkeit genannt wurde, ist nicht nur deshalb bemerkenswert,

weil sie sozialistisch war. Sie hätte, auch darin liegt ihre Denkwürdigkeit, in keinem anderen Land stattfinden können. Das Zarenreich war tatsächlich das schwächste Glied im kapitalistischen System Europa, wie Lenin richtig erkannte. Welches Moment der historischen Entwicklung Rußlands aber ist verantwortlich für diese verhängnisvolle Schwäche? Und welche geschichtliche Gesetzmäßigkeit bestimmte es zu dem wenig wahrscheinlichen Schicksal, als erste Nation die welthistorische Schwelle vom Kapitalismus zum Sozialismus zu überschreiten?

Einer weit verbreiteten Anschauung zufolge liegt diese Gesetzmäßigkeit darin, daß Despotismus und Unfreiheit des alten Rußland sich im Totalitarismus Sowjetrußlands in sozialistischer Form reproduzierten. Rußlands Schicksal erfüllte sich folglich darin, daß im wesentlichen alles beim alten blieb, und seine Geschichte ließe sich zusammenfassen als Übergang vom »weißen zum roten Adler«.[1] Diese Auffassung wurde innerhalb der deutschen Linken und daneben hauptsächlich in Polen und Ungarn vertreten – verständlicherweise, denn in diesen geographischen Breiten hatte der russische Staat seit dem späten achtzehnten Jahrhundert, besonders aber nach 1848, regelmäßig und brutal interveniert, von den polnischen Teilungen zwischen 1772 und 1796, der Unterdrückung der Revolution von 1848 bis zur »Breshnew-Doktrin« von 1968. Marx zum Beispiel, dem sich nicht die Möglichkeit bot, das alte Rußland mit seinem sowjetischen Nachfolgestaat zu vergleichen, war wie die meisten revolutionär bewegten Deutschen von 1848 der Überzeugung, daß der Zarismus eine byzantinisch-mongolische Monstrosität und einer Veränderung und gelegentlichen Europäisierung unzugänglich sei.[2]

Für diese Auffassung sprechen bei oberflächlicher Betrachtung zahlreiche empirische Beobachtungen. Das zaristische Rußland kannte vom späten sechzehnten Jahrhundert bis zur Bauernbefreiung im Jahr 1861 – länger als Resteuropa also und in brutalerer Form – eine bäuerliche Unfreiheit, die an Versklavung grenzte. Im Stalinschen Agrarkollektivismus entwickelte das sowjetische Rußland einen neuen Typus der Knechtschaft, der die Ausbeutung noch weiter trieb. Die Zaren schickten ihre Dissidenten und politischen Gefangenen in die Eiswüsten Sibiriens, die neuen Herren in Stalins Gulag. Das unwandelbare politische Herrschaftssystem des alten Rußland schließlich war die Autokratie, und seine geschichtliche Entwicklung prägten Revolutionen von oben, die Züge des Despotischen, wenn nicht zuweilen des Irrsinns trugen. Was Iwan IV. und

Peter I. an Gewalt ins Werk gesetzt hatten, wurde von der neuen, sowjetischen Autokratie in Stalins weit schrecklicherer Revolution von oben zur Perfektion getrieben. Kurz, die Geschichte Rußlands vollzog sich seit je als »orientalische Despotie«, losgelöst und abweichend von Europa und dem Westen, dessen Geschichte die Geschichte der Freiheit ist, wie Hegel den Sachverhalt ausdrückt.[3]

Alle genannten Übereinstimmungen basieren zwar auf Tatsachen, doch Übereinstimmung bedeutet weder Kontinuität noch Kausalnexus. In diesem monochromen Bild fehlen die empirisch greifbaren Transmissionskräfte, die vom alten zum neuen Rußland hinüberführen. Überdies stand die russische Bevölkerung im Jahr 1917 nicht anders als die Außenwelt unter dem überwältigenden Eindruck eines radikalen Bruchs. Das legt den Verdacht nahe, die These der radikalen Kontinuität sei letztlich doch auf dem trugschlüssigen Prinzip *post hoc ergo propter hoc* begründet. Womit nicht ausgeschlossen wird, daß das alte Rußland den Nachfolger Sowjetstaat in mancherlei Weise entscheidend geformt hat. Doch dieser Prozeß war komplexer als der einer direkten Kontinuität.

RUSSLAND UND EUROPA

Mit der These von Rußland als der unwandelbaren »orientalischen Despotie« geht offenkundig die Vorstellung einher, daß eine klar und deutlich abgrenzbare Gegenwelt mit dem Namen »Europa« oder »der Westen« existiere. Diese Interpretation geht, mit anderen Worten, von unveränderlichen kulturellen Substanzen im metaphysischen Sinn des Wortes aus. Der Mensch der Neuzeit verhält sich ganz unwillkürlich so, als sei der Gegensatz Asien-Europa der Weltgeschichte von Beginn an eingeschrieben. Um Rußland für einen Moment beiseite zu lassen – was ist eigentlich gemeint, wenn wir von »Europa« oder dem »Westen« sprechen?[4]

Das Wort Europa kannten bereits die Griechen des Altertums, doch nur als geographischen Namen, der sich anfänglich auf die Ägäische Halbinsel, später dann auf das Ganze des heutigen Europa bezog; 1815 wurde auf dem Wiener Kongreß als Ostgrenze der Ural festgelegt. Der Gebrauch des Wortes zur Bezeichnung einer Kultur oder Zivilisation ist hingegen jüngsten Datums – er stammt aus dem achtzehnten Jahrhundert. Damals gewann er auch die Nebenbedeutung des Inhalts, daß das fragliche Gebiet den aufgeklärtesten und zivilisiertesten Teil der Menschheit und den Gipfel der historischen Entwicklung darstelle.

Doch bereits vor dem achtzehnten Jahrhundert besaßen die europäischen Völker ein ausgeprägtes Bewußtsein ihrer Verwandtschaft und Eigenart sowie eine erhabene Vorstellung von ihrer Vorrangstellung unter den Nationen der Welt. Diese Besonderheit war religiös definiert. Sie gaben ihrer Welt jedoch den Namen »Christenheit« *(Christianitas* oder *res publica Christiana),* ein Begriff, der im karolingischen Reich entstanden war, das sich als Wiedergeburt des alten römischen Imperiums in höherer, christlicher Gestalt verstand. Dieser neue Begriff ersetzte das ältere Wort *Romanitas,* das auch dann noch als politische Bezeichnung des römischen Herrschaftsbereich gedient hatte, als unter Konstantin das Christentum zur Staatsreligion geworden war. Um diesen Wechsel der Werte kenntlich zu machen, ersetzten die Karolinger die bis dahin gebräuchliche jüdische Zeitrechnung durch die christliche.

Auch das oströmische Reich und die griechisch-orthodoxe Kirche waren christlich – aber weil dort die Kirche dem Staat unterstellt blieb, nannten die »Byzantiner« ihre Welt weiterhin die »Romanitas«. Sie sahen offensichtlich auch keinen Anlaß, zum Zeichen des Anbruchs einer neuen, messianischen Ära ihren Kalender zu ändern. Diesen revolutionären Anspruch vertrat nur der Westen – für die byzantinischen Griechen jetzt der »barbarische Westen«. Aus dieser Spaltung der alten Welt der imperialen *Romanitas* stammt denn auch die Vorstellung des »Westens« als einer Kultur, die sich vom »Osten« – oder »Asien«, oder dem »Orient« – unterschied. Im Verlauf der Jahrhunderte gelangten diese »Barbaren« des einstmals rückständigen Westens zu einer Selbsteinschätzung, in der sie sich allen ihren in Stagnation verharrenden östlichen Nachbarn überlegen fühlten.

Was heute Europa heißt, ist die Kultur, die in den tausend Jahren nach Karl dem Großen aus der westlichen, oder lateinischen, Christianitas hervorgegangen ist, aus einer Kultur, die sich selbst sowohl zur Ostkirche wie zum Islam in Gegensatz stellte. Geographisch sind darin die Länder des karolingischen Reichs – Frankreich, die Niederlande, Norditalien und das westliche Deutschland – sowie die britischen Inseln eingeschlossen. Im Verlauf von vier Jahrhunderten dehnte sich dieses Gebiet durch Missionierung der Westslawen und Skandinavier zunächst nach Osten und Norden aus und eroberte dann in einer Reihe von Kreuzzügen die Iberische Halbinsel und das südliche Italien. Im sechzehnten Jahrhundert hatte sich diese dynamische Christenheit in einem Quantensprung über die gesamte westliche Hemisphäre verbreitet, während ihre Seefahrer ostwärts bis nach Westindien und China segelten und damit dem Planeten zum ersten Mal seine Einheit gaben: So ungerecht es dem größten Teil der Menschheit gegenüber auch sein mag – die moderne Welt ist tatsächlich ein eurozentrischer Entwurf.

Mit anderen Worten – Europa, oder der Westen, ist keine festgelegte geographische Einheit. Es ist auch keine statische kulturelle Größe, denn seine ursprüngliche Kultur, der mittelalterliche Katholizismus, veränderte sich im Verlauf seiner Ausbreitung durch zahlreiche kulturelle Überlagerungen. Um nur die nächstliegenden und wichtigsten zu nennen: Mit dem klassischen Humanismus des fünfzehnten Jahrhunderts setzte eine Säkularisierung ein, und mit dem Schisma der protestantischen Reformation im sechzehnten Jahrhundert war die Einheit der lateinisch-christlichen Welt zerbrochen. Dann ging, wie erwähnt, aus der wissenschaftlichen Revolution des siebzehnten Jahrhunderts die programmatische antireligiöse Herausforderung der Aufklärung hervor, die dazu führte, daß die christliche Kultur im doppelten Wortsinn säkularisiert wurde: Die Religion verlor ihre Rolle als Lebensmittelpunkt, und Werte, die früher der Form nach religiös und transzendent waren, mutierten ins Rationalistische und Immanente. Zu diesem Zeitpunkt und infolge dieser neuen Kultur der Säkularisierung wurde die »Christenheit« im achtzehnten Jahrhundert zu »Europa«. Ergänzt man die Tatsache, daß Europa im achtzehnten Jahrhundert den Aufbruch in ein anhaltendes Wirtschaftswachstum erlebte, zeigt sich uns der Westen als dynamisches, ausgreifendes Gebilde und Europa als Festmahl, dem sich fortwährend neue Nationen zugesellen konnten.

Zu Beginn des achtzehnten Jahrhunderts mischte sich auch Rußland unter Peter I. ins Konzert der europäischen Nationen. Das Ereignis rief auf keiner Seite Erschütterungen hervor, denn das neue Europa war Rußland in doppelter Hinsicht verwandt.[5] Erstens hatten die säkularen Tendenzen der Aufklärung die einst zentrale Bedeutung des Antagonismus zwischen westlicher und östlicher Christenheit abgeschwächt, so daß der »aufgeklärte Despotismus« Peters I. und Katharinas II. das russische Imperium in den Augen der meisten Zeitgenossen zu einem authentischen Teil Europa machte. Zweitens waren beide sich darin verwandt, daß die sozialen und politischen Verhältnisse des absolutistischen Ancien régime im Westen sich von denen des vor-petrinischen Moskauer Reichs, das man als Staat mit allgemeiner Dienstpflicht bezeichnen könnte, nicht auffällig unterschieden. Das neue kaiserliche Rußland des achtzehnten Jahrhunderts wurde also mehr oder minder zu einem Ancien régime europäischen Stils, oder wenn man will, zu einer Militärmonarchie.

Man wird dem Rußland im Kreis dieses neuen, frühmodernen Europa daher am besten gerecht, wenn man es nicht innerhalb der Antithese »Rußland und der Westen« versteht, sondern als Teil eines kontinentalen West-Ost-Kontinuums – oder wie die Deutschen sagen – West-Ost-Gefälles. Aus dieser Perspektive erscheint Rußland als östliches Extrem einer Stufenreihe europäischer absoluter Staaten von den differenzierten, entwickelten bis hin zu den einfacheren und brutaleren – kurz, als die Nachhut Europas am Tiefpunkt des West-Ost-Gefälles.

Diese Sicht der Dinge ist unter den Nationen östlich des Rheins verbreitet – bei den Deutschen, den Polen und insbesondere den Russen –, von denen jede vergleichsweise mehr Schichten des »westlichen« Europas besitzt und sich des Entwicklungsgefälles folglich schärfer bewußt ist. Diese Anschauung ist zum Beispiel in Trotzkis einst berühmtem »Gesetz von der zusammengefaßten und ungleichmäßigen Entwicklung« festgehalten: Rußlands Rückständigkeit zwinge das Land dazu, eine Entwicklung, die sich weiter westlich über einen langen Zeitraum und viele Phasen erstreckte, stark gerafft in einen kurzen Zeitraum zu pressen.

Ihren differenziertesten Ausdruck findet diese Perspektive eines kulturellen Komparatismus jedoch in Alexander Gerschenkrons Aufsatz über *wirtschaftliche Rückständigkeit in historischer Perspektive*.[6] Gerschenkron befaßt sich in erster Linie mit Wirtschaftsentwicklung und mit der Geschichte der Industrialisierung und geht von der Hypothese aus, daß Agrarisierung und Rückständigkeit zunehme, je weiter man nach Osten komme; entsprechend müsse sich das Tempo der Entwicklung beschleunigen, wenn diese Länder den stetig eskalierenden Modernisierungsstandard erreichen wollten, den die westliche Peripherie des Kontinents vorgebe. Unter solchen Umständen aber sei der Staat die einzige Kraft, die einen derart beschleunigten Wandel durchführen könne, so daß von West nach Ost auch die Rolle des Staates bei der Entwicklungsforcierung zunehme – von Louis Philippe und Napoleon III. bis zum Preußen des

Zollvereins in den dreißiger Jahren des neunzehnten Jahrhunderts und dem Rußland unter Finanzminister Sergej Witte in den Neunzigern. Für Gerschenkron ergibt sich daraus, daß parallel dazu auch die sozialistischen Ideologien, vom Saint-Simonismus unter Napoleon III. bis zum »legalen Marxismus« unter Witte, bei der Förderung der von oben forcierten Entwicklung eine zunehmend wichtige Rolle spielten. Dieses Erklärungsmodell liegt auch der vorliegenden Untersuchung zugrunde, wird jedoch in angepaßter und erweiterter Form benutzt und statt auf das Spezifikum der wirtschaftlichen Entwicklung auf den historischen Wandel allgemein bezogen.

Die Rückständigkeit des neuzeitlichen Rußland betraf nicht nur die Wirtschaft, sondern das Staatswesen als ganzes – sein wirtschaftliches, gesellschaftliches, politisches und kulturelles System. Das war in der russischen Vergangenheit nicht immer so gewesen. Gehen wir also zurück zu den Anfängen, zum Grundlegenden.

Das russische Reich, aus dem die Oktoberrevolution und die Herrschaft der Sowjets hervorgingen, war aus einem ursprünglich kleinen, abseits gelegenen Kerngebiet auf ostslawischem Boden, dem Großfürstentum Moskau, entstanden. Dieses Moskau seinerseits war Fragment des älteren Großfürstentums Kiew, einfacher *Rus,* einem Staatswesen mit letztlich typisch nachrömischen, europäischen Wurzeln, das sich zur gleichen Zeit herausbildete wie das fränkisch-karolingische Reich im Westen: ein von Haus aus barbarisches Königtum, hatte es sich durch Übertritt zum Christentum der römischen Welt Legitimierung und zivilisierten Status verschafft – nur war die Bekehrung nicht vom alten Rom, sondern von der neuen Kapitale im Osten, von Konstantinopel, ausgegangen. Die Kiewer *Rus* repräsentierte, mit anderen Worten, wie alle zukünftigen europäischen Staaten eine Mischung römischer, christlicher und barbarischer Elemente, das heißt die kulturelle Grundformel Europas, nur mit einer anderen Gruppe Barbaren und einer anderen Spielart der Romanitas und des Christentums. Das heißt, sie waren eine Variation des europäischen Grundthemas.[7]

Der vielversprechenden Entwicklung des Kiewer Proto-Staates setzten im dreizehnten Jahrhundert der wirtschaftliche Niedergang Konstantinopels, vor allem aber die Einfälle und Eroberungen der Mongolen ein Ende. Das Ergebnis war eine zersplitterte ostslawische Welt. Im Westen, dem

Gebiet, das heute Weißrußland und Teile der Ukraine umfaßt, ging die Macht an den Adel, der schließlich in der »Adelsrepublik« der Polnisch-Litauischen Union aufging. Im Norden setzte die Republik Nowgorod die alten Wirtschafts- und Verwaltungsformen Kiews fort, suchte jetzt allerdings engere Bindung an die von Flandern zur Ostsee reichende Kette der Hansaniederlassungen. Im Nordosten, dem ärmsten und rückständigsten Teil der osteuropäischen Tiefebene, war es die Macht des Fürsten, nicht des Adels und nicht der Handelskommunen, die den Untergang der Rus überlebte.

Aus dem nordöstlichen Waldgebiet ging im späten fünfzehnten Jahrhundert das Moskauer Reich hervor, eine Autokratie, der es endlich gelang, sich vom »Tatarenjoch« zu befreien. Doch die neue Freiheit bedeutete keine automatische Rückkehr zu Europa, denn nach dem endgültigen Kirchenschisma im frühen fünfzehnten Jahrhundert betrachtete Moskau den häresieverdächtigen »lateinischen« Westen mit tiefem Mißtrauen. Dieses autokratische Moskau, das durch zweihundert Jahre Kampf gegen die Mongolen zur Militärmacht geworden war, zerschlug 1478 das freie Nowgorod und annektierte sein Territorium. Im siebzehnten Jahrhundert nahm es die Eroberung Polen-Litauens in Angriff, und Peter I. und Katharina führten diesen Arrondierungsprozeß zu Ende, als sie im aufgeklärten achtzehnten Jahrhundert die heutigen Baltischen Staaten und den Löwenanteil Polens ihrer Herrschaft unterwarfen und so die Grundform des modernen russischen Imperiums festlegten. Zur Weihe seines Werks übernahm Peter den alten Kaisertitel Ostroms (Imperator) und reklamierte damit für den russischen Staat die höchste Würde in der europäischen Geschichtstradition.

Das Rußland der Neuzeit wurde also von demjenigen Teil des ostslawischen Territoriums geschaffen, der in herausragendem Maß rückständig, unzivilisiert und militaristisch war, einem Gebiet, das diese Eroberungsmacht deshalb hervorbringen konnte, weil es einmal die Grenzmark gegen die Barbaren aus der Steppe gebildet hatte. Insofern blickt Rußland auf ähnliche Erfahrungen zurück wie Deutschland, wo das rückständige, militarisierte und autokratisch regierte Brandenburg-Preußen schließlich die entwickelteren westlichen und südlichen Länder des deutschsprachigen Gebiets an sich zog.

Daß die Rückständigkeit sich für den Aufbau des russischen Imperiums als politischer Vorteil erwies, hat seinen Grund in der inneren

Entwicklung des vor-petrinischen Moskauer Reichs.[8] Nirgendwo in Europa war der Boden ärmer, das Klima rauher und die Vegetationszeit kürzer als am östlichen und nördlichen Rand des nordeuropäischen Waldgürtels, dem Territorium des Moskowitischen Rußland. Die Dreifelderwirtschaft, eine revolutionäre Neuerung im Agrarbereich – um nur das Elementarste zu nennen –, die im äußersten Westen Europas seit dem zwölften Jahrhundert bekannt war, erreichte Mitteleuropa im Lauf des vierzehnten und Rußland in der zweiten Hälfte des fünfzehnten Jahrhunderts. Handelsstädte entstanden seit dem sechzehnten Jahrhundert, gewannen aber erst dreihundert Jahre später wirtschaftspolitische Bedeutung. Alles das führte dazu, daß die materielle Basis des Moskowitischen und später kaiserlichen russischen Staates extrem schwach war.

Gleichzeitig stand dieser Staat vor außerordentlichen militärischen Problemen: Ohne den Schutz natürlicher Grenzen war er im Süden den Nomadeneinfällen aus den Weiten der offenen Steppe ausgesetzt. Hier liegt die Ursache für die ausgeprägte Militarisierung des Moskauer Staates und folglich seiner Gesellschaft. Im sechzehnten Jahrhundert war der Dienstadel, *dworjanstwo* der zaristischen Autokratie unterstellt, und im Interesse des Adels wurden die vorher nur leistungspflichtigen Bauern als guts- und erbuntertänige immer stärker an den Grundherrn gebunden; die Bauern und die zahlenmäßig unbedeutende Gruppe der Stadtbewohner entrichteten Steuern, und die Geistlichkeit begleitete das Ganze im Gebet. In Rußland also regelte sich die traditionelle europäische Bindung Bauer-Grundherr entsprechend den militärischen Bedürfnissen der Monarchie in einem Staat, der sich am besten als Staat mit uneingeschränkter Dienstpflicht beschreiben läßt.

Durch Peter I. wurden diese simplen Verfahren mehr oder weniger nach dem Muster des militärischen Absolutismus des restlichen Europas umgeformt.[9] Der Schlüssel zu diesen Strukturen der frühmodernen Staaten war die Notwendigkeit, ein stehendes Heer aufzustellen. Bis zum frühen siebzehnten Jahrhundert hatten die Streitkräfte Europas aus postfeudalen Milizen, Adelstruppen oder Söldnereinheiten bestanden. Erst Mitte des Jahrhunderts ergab sich – aus verschiedenen Gründen, die uns hier nicht zu beschäftigen brauchen – für jeden Staat, der international konkurrenzfähig bleiben wollte, die Notwendigkeit, auf Dauer ein stehendes Heer zu unterhalten, indem jeder »des Königs Rock« trug und später auch in seinen Kasernen Quartier bezog. Als Paradebeispiel ist hier natürlich Louis XIV. zu nennen, hinter dem aber auch das Schweden Gustav Adolphs und Brandenburg-Preußen unter dem Großen Kurfürsten nicht zurückstanden. In jedem Fall mußten Staatsverwaltung und Steuersystem den militärischen Bedürfnissen angepaßt werden. In einer solchen Welt waren Staaten, die diese strukturellen Veränderungen nicht rechtzeitig vornehmen konnten – Polen-Litauen zeigte es –, dazu verurteilt, von der Landkarte Europas zu verschwinden.[10]

Besonders erfolgreich fiel die Anpassung unter Peter I. in Rußland aus. Louis XIV., dem Frankreichs große Reichtümer zur Verfügung standen, konnte den vereinten Truppen von England, Holland und Österreich 400 000 Mann entgegenstellen. Peter bot mit den weit geringeren Ressourcen seines Landes ein Kontingent von 200 000 Mann auf, genug für den Widerstand gegen das damals bereits geschwächte Schweden und das Doppelte der damaligen preußischen Streitmacht.

Diese außerordentliche Leistung erreichte der russische Zar durch revolutionäre staatliche Maßnahmen. Es ist die Crux der Petrinischen Reformen, daß sich das wenig entwickelte Moskauer Reich, kaum von den Mongolen befreit, der weit ernsteren Bedrohung durch die militärische Revolution im frühmodernen Europa gegenübersah. Da die russische Wirtschaft und Gesellschaft zu schwach waren, dieser Herausforderung aus eigener Kraft entgegenzutreten, mußten die mageren Ressourcen des Landes mobilisiert und durch brutalen Druck von oben bis aufs äußerste ausgepreßt werden. Ähnlich war fünfzig Jahre zuvor der Große Kurfürst mit den vergleichbar mageren Reserven Preußens verfahren. Und in beiden Fällen blieb die daraus hervorgegangene Machtstellung bis zu den verhängnisvollen Kriegen des zwanzigsten Jahrhunderts erhalten.

Der Graben schliesst sich

Das Modell der Revolution von oben, mit dem das rückständige Rußland auf die Herausforderung durch den Westen reagierte, blieb bis zum Ende des alten Regimes im Jahre 1917 in Kraft.[11] Sofern die moderne Kriegführung zunehmend technologieabhängig wurde, hatte diese Herausforderung immer auch militärischen Charakter. Mit der Zeit aber entwickelte

sich die relativ überschaubare militärische Materie zu immer differenzier-
teren ökonomischen, politischen und kulturellen Zusammenhängen. Der
Anspruch, europäisch und modern zu sein, erforderte zunehmende Anstrengungen. Da der Westen seinen Einsatz laufend erhöhte, hatte Rußland im Gegenzug mit jedem neuen Entwicklungsschritt des Westens
komplexere Anpassungsmechanismen zu entwickeln, und mit der Zeit
wurde es schwieriger, die Anpassungen allein von oben, durch brutale
Initiative des Staates vorzunehmen. Mehr und mehr mußten die gesellschaftlichen Ressourcen durch die Gesellschaft selbst mobilisiert werden,
die schließlich anstelle des Staates die Modernisierungsaufgabe übernahm.

Die erste Herausforderung dieses neuen Typs war der demokratische
Schock der Französischen Revolution. Sobald der absolutistische Staat
nicht länger die *force majeur* des westlichen Fortschritts darstellte und die
Fackel der Modernität dem Volk übergeben war, mußte automatisch auch
der autokratische russische Staat obsolet, zurückgeblieben, ja reaktionär
erscheinen, zunächst in den Augen des Westens und schließlich auch in
den Augen der eigenen, zunehmend gebildeten Elite. Da also Rußland in
der Mitte eines neuen, demokratisch bewegten Europa eine auf Leibeigenschaft beruhende Gesellschaft blieb, war das ganze System un-
erträglichen und potentiell explosiven Spannungen ausgesetzt.

Die Spannungen waren um so größer, als das russische Ancien régime
in der Konstruktion Peters I. einen äußerst rudimentären Zuschnitt hatte.
Der bedeutendste russische Historiker, Wassili Kljutschewski hat zutreffend darauf hingewiesen, daß die geschichtlichen Prozesse Rußlands,
wenn man sie mit denen der westlicheren Länder Europas vergleicht,
extrem einfach erscheinen, was seinen Grund vor allem in der dürftigen
Sozialstruktur hat.[12] Bis weit ins neunzehnte Jahrhundert gab es in
Rußland praktisch nur zwei Klassen, oder nur zwei, die zählten. Etwa
zwei Prozent der Bevölkerung gehörten dem Dienstadel an; daneben gab
es die Bauern, die bis in die neunziger Jahre des letzten Jahrhunderts
rund 95 Prozent der Bevölkerung ausmachten. Der Adel besaß den
Großteil des Volksvermögens, nahm alle Privilegien für sich in Anspruch,
stellte die Bürokratie der Staatsverwaltung und die Offiziere der Armee
und war darüber hinaus kulturell tonangebend. Die leibeigene Bauernschaft sicherte mit ihrer Arbeit im Dienst des Adels oder des Staates die
materielle Versorgung der Nation, bezahlte Steuern und lieferte der

Armee das Fußvolk. Natürlich existierten daneben auch andere Stände – die Kaufmannschaft und die Geistlichkeit. Sie fielen allerdings numerisch nur wenig und sozial so gut wie gar nicht ins Gewicht.

Das Eindringen der nachrevolutionären demokratischen Ideen in diese Welt konnte nur die verheerendsten Auswirkungen haben. Die Vermittlung der neuen, radikalen Form der Europäisierung erfolgte über eine gesellschaftliche Gruppe, die seit den fünfziger Jahren des neunzehnten Jahrhunderts als Intelligenzia bezeichnet wird.[13]

Beginnend mit Peter I. war ein zentrales Ziel der staatlichen Modernisierungsmaßnahmen der Aufbau eines Bildungssystems von der Spitze zur Basis: Begonnen wurde mit der Gründung von Elite-Universitäten, anschließend entstanden die Gymnasien und zuletzt die Grundschulen. Die Lehranstalten sollten die fortschrittlichere Kultur des Westens aufnehmen und übermitteln, mit dem ursprünglichen Ziel, die Staatsmacht zu stärken, Erwartungen, die sich zunächst auch erfüllten. Doch Anfang des neunzehnten Jahrhunderts forderte die winzige gebildete Elite, überwiegend Angehörige des Adels, erstmals die politischen Rechte und persönliche Freiheit, die der zeitgenössische westliche Liberalismus zu seinem Programm machte. Die Autokratie, die stets auf Unruhen gefaßt war, geriet in Panik: Die lange Geschichte von Rußlands Bauernaufständen war unvergessen – der größte, Pugatschows Aufstand im Jahr 1774, lag noch nicht lange zurück – Puschkin dachte an Pugatschow, als er vom »sinnlosen und grausamen russischen *bunt* [anarchischer Aufstand]« sprach.[14] Alexander I. war bereits zu Anfang des Jahrhunderts gewarnt worden: Der französische Ultrakonservative, Joseph de Maistre, hatte dem Zaren, der die imperiale Tradition der Aufklärung von oben fortsetzte, bedeutet, die wirkliche Gefahr für die fragilen Strukturen des russischen Reichs sei weniger von den Bauern selbst zu erwarten als von einem *»Pougatcheff d'université«*.

Die ersten Rebellen dieser Art traten 1825 nach dem Tod Alexanders II. in Erscheinung und trugen die Uniform der Kaiserlichen Garde. Mit einem bewaffneten Handstreich gegen den Thronerben versuchten die Dekabristen, wie sie später genannt wurden, dem Land eine Verfassung und die Aufhebung der bäuerlichen Leibeigenschaft zu erwirken. Nach Unterwerfung des Aufstandes unterdrückte der neue Zar, Nikolaus I., während seiner dreißigjährigen Herrschaft jede Regung eines aufkeimenden Liberalismus. Der intellektuelle Adel reagierte mit einer wachsenden

Politisierung, die sich indessen auf theoretische Erörterungen beschränkte. Die Gruppe der »Westler« vertrat die Auffassung, trotz Nikolaus sei Rußland dazu bestimmt, Europa früher oder später auf dem Weg zu einer freiheitlichen Verfassung zu folgen, und suchte ihr Vorbild in der französischen Juli-Monarchie. Die »Slawophilen« fürchteten wie die deutsch-romantischen Konservativen die Turbulenzen der westlichen Entwicklung, und sie plädierten dafür, Rußlands Zukunft auf die patriarchalen und genossenschaftlichen Strukturen eigener Tradition zu gründen. Die Furcht der Slawophilen hatte gute Gründe. In der Revolution von 1848 gingen die Radikalsten unter den Westlern, Michail Bakunin und Alexander Herzen, in Sachen Demokratie bis zum äußersten – ihr Ziel war der Sozialismus.

Die russischen Verhältnisse schlossen ein Proletariat als universelle Klasse aus; für diese Rolle kamen nur die Bauern in Frage – das Volk, *narod*.[15] Herzen und Bakunin entwarfen also eine neue Version der sozialistischen Utopie, den Bauernsozialismus, der sich auf die Dorfgemeinschaft, die *obschtschina*, gründete. Diese Theorie, später als *narodnitschestwo* (Populismus oder *Bewegung der Volksfreunde*) bezeichnet, sah die Bauern als natürliche Sozialisten, da ihnen ein Privateigentum unbekannt sei: Das Land war Kollektivbesitz des Dorfes und wurde entsprechend der wechselnden Familiengröße periodisch neu verteilt. Weil sie die Leibeigenen ihrer adligen Herren waren, erschienen die Bauern den Narodniki ferner als die geborenen Revolutionäre. Eine demokratische Revolution in Rußland würde folglich ein Kinderspiel sein: Ein Bauernaufstand würde den Adel und die Zarenherrschaft vernichten, und in Gestalt der Dorfgemeinschaft wäre der Sozialismus praktisch verwirklicht.

Das rückständige Rußland konnte somit durch einen einzigen revolutionären Sprung vom Alten Regime direkt und ohne den Umweg über die westliche Zwischenstation des bürgerlichen Verfassungsstaates zum Sozialismus gelangen. Während Marx für den industriellen Westen die größte soziale Phantasie des Zeitalters erdachte, entwickelte Rußland seine eigene, wenn auch einfachere Phantasie für den ruralen Osten: Rückständigkeit wurde aus einer Last zum Vorzug umgedeutet, und die letzte Nation Europas sah sich als die potentiell erste.

Unter der Herrschaft des nächsten Zaren erhielt der radikale Flügel der Intelligenzia die Möglichkeit, der Phantasie der Narodniki Taten folgen zu lassen. In den sechziger Jahren führte Alexander II. mit der Aufhebung der Leibeigenschaft im Jahr 1861 eine revolutionäre Liberalisierung von oben durch; es folgte die Einrichtung gewählter Organe – *semstwo* – der lokalen Selbstverwaltung und 1864 der unabhängigen Gerichtsbarkeit. Die »Großen Reformen« Alexanders können annähernd als Parallele der preußischen Reformen aus den Jahren 1806–10 gelten, die aus dem Programm der Französischen Revolution das übernahmen, was sich mit der Erhaltung der Aristokratie und absoluten Monarchie vereinbaren ließ. Alexanders Ziel war eine ähnlich gemäßigte Modernisierung, und tatsächlich gelang es ihm mehr als jedem anderen Zaren seit Peter I., die Annäherung Rußlands an Europa zu beschleunigen. Doch wie Tocqueville zutreffend bemerkte, ist die gefährlichste Zeit einer schlechten Regierung die Phase beginnender Reformen. Und in der Tat bewirkten die »Großen Reformen« unter den ungeduldigen Geistern der Intelligenzia eine Radikalisierung, die eine fortdauernde revolutionäre Bewegung in Gang setzte.

Der Wandel vollzog sich in den sechziger Jahren als Revolte der »Söhne« aus dem Volk gegen ihre aristokratischen »Väter«, um Iwan Turgenews sprichwörtliche Formulierung aufzugreifen. Die Väter waren politisch dem Liberalismus, philosophisch dem Idealismus und kulturell der Romantik verpflichtet; als Sozialisten, wie Herzen und Bakunin, versuchten sie die deutsche Philosophie mit dem französischem Sozialismus, Hegel mit Saint-Simon oder Proudhon zu verschmelzen. Die weniger feinsinnigen »Söhne«, häufig aus der unteren und mittleren Beamtenschicht stammend, verbanden mit ihrem Populismus einen philosophischen »Nihilismus«, der eine aggressive Mischung aus Positivismus, Materialismus und utilitaristischer Ethik darstellte. Ihnen galt nicht die Autokratie, sondern der liberale Adel als schlimmster Feind des Fortschritts. Herzen nannte sie »bitter«, diese Söhne des russischen Kleinbürgertums, die den Traditionen der europäischen Aufklärung tatsächlich eine ungewöhnlich harte, fast zynische Wendung gaben.

Die große Vorbildfigur war Nikolai Tschernyschewski, Literaturkritiker und Sozialphilosoph. Für Tschernyschewski bedeutet das Leben Politik und Dienst am Volk. Alle Kunst hatte staatsbürgerlichen Zwecken zu dienen, private Beziehungen waren öffentlichen Interessen zu opfern und alle Kräfte für die Revolution einzusetzen, die Rußland den Kristallpalast einer rationalen Gesellschaft bringen würde. Sein Roman

Was tun?, der 1863 erschien, wurde zur Darstellung dieses Ethos und für ein halbes Jahrhundert zum revolutionären Katechismus der »reuigen Adligen«, die in wachsender Zahl als Kämpfer für die Sache des Volkes auftraten.

In derselben Zeit wurde aus dem Einsatz für die Interessen des Volkes eine revolutionäre Bewegung. Die Bauernbefreiung radikalisierte die Narodniki, denen die Landzuteilungen an die Bauern als unzureichend, ja als regelrechter »Betrug« zum Vorteil der adligen Grundbesitzer erschien. Man rechnete mit einer Erhebung der Bauern, das heißt mit der sozialistischen Revolution. Um diesen Aufstand zu fördern, taten sich Studenten 1861 zur dilettantischen Verschwörer-Clique »Land und Freiheit« *(Semlja i Wolja)* zusammen. Sie wurden verhaftet, mit ihnen Tschernyschewski, ihr Mentor und angeblicher Mit-Verschwörer, der den Rest seiner Tage in der Verbannung verbrachte, ein Märtyrerdasein, das seinem Roman zu verstärkter Wirkung verhalf. Als 1874 eine weitere Gruppe radikaler Studenten schließlich zum »Kreuzzug ins Volk« aufbrach und die Bauern zum Aufstand aufrief, blieb jede Reaktion aus. Die Radikalen, jetzt in der illegalen Organisation »Wille des Volkes« *(Narodnaja Wolja)* organisiert, schritten daraufhin 1978 zum Terror gegen die Regierung, in der Hoffnung, der Schock werde endlich die Explosion im Volk auslösen. Sie gingen soweit, den Zaren zum Tode zu verurteilen, und 1881 gelang ihnen seine »Hinrichtung«. Diese phantastische Neuinszenierung der Französischen Revolution setzte das Signal für den Beginn des politischen Terrorismus, wie ihn die moderne Welt kennt – Terror als zielgerichtete, fortgesetzte Taktik im Unterschied zum isolierten Gewaltakt. So verband sich in Rußland die von den Narodniki verfolgte Strategie der Massenerhebung von unten mit dem Terror revolutionärer Eliten von oben, und damit erhielt die politische Gewalt in Rußland eine Legitimation, die breiter und zugleich authentischer begründet war als die anfängliche Legitimierung politischer Gewalt durch die revolutionären Traditionen des Westens von 1789 bis 1871.

Dostojewski nannte diese neuen Radikalen die »Besessenen«, und alle seine großen fiktiven Porträts aus den sechziger und siebziger Jahren von Raskolnikow bis zu Iwan Karamasow sind in der Tat Fallstudien der psychischen Labilität der »nihilistischen« revolutionären Intelligenzia. Im Westen wird Dostojewski vornehmlich als Psychologe der Morbidität und der Neurosen gelesen, als Vorläufer Freuds oder auch Nietzsches, der er unzweifelhaft *auch* ist. Doch er gewann diese Einsichten, weil er in erster Linie ein Kritiker der Moderne war, ein Kritiker der gesamten europäischen Kultur seit der Aufklärung. Sein polemischer Impetus dient der Verteidigung von Werten, die ihm als die bescheidenen, doch heiligen Ideale des leidenden russischen Volkes galten. Er sah diese Werte durch die moderne Welt des Westens bedroht, die damals durch die Bresche der »Großen Reformen« nach Rußland eindrang. Ein erstes Alarmzeichen dieser Bedrohung war ihm Tschernyschewskis *Was tun?* Die *Aufzeichnungen aus einem Kellerloch* von 1864, das Werk, in dem er seine Berufung zum Schriftsteller entdeckte, sind eine direkte Antwort auf Tschernyschewskis visionären Roman. Während er seine Angriffe bis in die Zeit der Terrorkampagne von »Wille des Volkes« beharrlich fortsetzte, gewann seine Gegenvision an Klarheit: Die selbsternannten Freunde des Volkes, die Vertreter der radikalen Intelligenzia, waren in Wahrheit die potentiellen Versklaver – so sieht es die Legende vom Großinquisitor.

In Dostojewskis Helden kommt die dunkle Seite der Aufklärung zu Wort, die latente Dämonie des Rationalismus und die Psychopathologie edler Motive. Im Grundgedanken seiner fiktionalen Erkundungen klingt die Äschyleische Warnung an, daß die Hybris der modernen Vernunft zu moralischer Gefährdung und zum Verbrechen führe: So zeugten die vernunftgeleiteten Väter ihre fanatischen Söhne, die den kriminellen Terroristen Sergej Netschajew hervorbrachten. Dieses düstere Bild ist zweifellos eine Karikatur, um nicht zu sagen eine Verleumdung der russischen Liberalen und des Westens. Ein Bild aber auch, dessen Visionen durch die Realität des zwanzigsten Jahrhunderts ein Stück weit eingeholt wurden, vor allem nachdem die Erben Tschernyschewskis – und mit dem Jeshow-Terror von 1937 auch die Nachfahren Netschajews – zur Macht gekommen waren.

Dostojewskis Studien handeln indessen auch von den besonderen Schwächen der russischen Kultur, die sie so anfällig macht für jeden ideologischen Wind aus dem Westen – Verhältnisse, in denen John Stuart Mills nüchterner Utilitarismus und seine politische Ökonomie als Prämissen des revolutionären Ethos herhalten konnten, das Nikolai Tschernyschewski in *Was tun?* entwarf. Verhältnisse, die den armen Iwan Turgenew, die kultivierte Verkörperung aufgeklärter russischer Vernunft, zum chancenloser Außenseiter verdammten, der im Namen der liberalen Väter eitle Anstrengungen unternahm, die revolutionären Söhne zur Räson zu bringen.

Das Ganze läßt sich kurz fassen: Die große Labilität der politischen Verhältnisse des russischen Ancien régime lag darin, daß der Sozialismus fast gleichzeitig mit dem Liberalismus auftrat. Anders im fernen Westen Europas, wo einige Jahrzehnte vergingen, bevor man so drastisch erhöhte politische Wagnisse einging. Es war außerdem die Zeit, als in Rußland nicht ein Kristallpalast der sozialen Vernunft gefragt war, sondern die Abschaffung der Leibeigenschaft, als erste bescheidene Abstriche an der uneingeschränkten Macht der zaristischen Selbstherrschaft ins Auge gefaßt wurden. Die Folge war, daß die Großen Reformen Alexanders II. in den sechziger Jahren nicht den geordneten Übergang zu einem modernen politischen System einleiteten – eine Ausnahme auch im Westen –, sondern die Bildung einer andauernden revolutionären Bewegung provozierten, die nicht mehr zur Ruhe kam, solange das alte Regime existierte.

Eine ununterbrochene revolutionäre Tradition dieser Art kannte kein anderes Land Europas. Aufschlußreich ist der Gegensatz zu England: Ein Land mit der weit zurückreichenden parlamentarischen Tradition Großbritanniens brauchte von 1832 bis 1912, um das Klassenwahlrecht alten Stils durch das allgemeine Wahlrecht zu ersetzen (das die Frauen immer noch ausschloß), und erst am Ausgang dieser Periode war der Sozialismus zur wirksamen politischen Kraft geworden. In Rußland sorgte ein vitaler sozialistischer Aktivismus für Sprengstoff, noch ehe es überhaupt ein Wahlrecht gab. So führte die Rückständigkeit Rußlands zu einer eigentümlichen Gesetzmäßigkeit der politischen Entwicklung: einer Raffung, oder Komprimierung – und damit chronischen Radikalisierung –, des Phasenverlaufs der gesamteuropäischen Demokratiebewegung, die ihrerseits einen veritablen Kult des Revolutionären als der höchsten Form politischen Fortschritts hervorbrachte.

Die industrielle Revolution war die letzte Herausforderung, vor die sich Rußland von Resteuropa gestellt sah. In den vierziger Jahren des neunzehnten Jahrhunderts hatte die Textilmanufaktur Einzug gehalten, der Eisenbahn-Boom in den Sechzigern, doch erst für die neunziger Jahre läßt sich aufgrund der Bemühungen Finanzminister Wittes von einem revolutionären industriellen Wandel sprechen. Auch in dieser Situation kam der Anstoß von oben, vom Staat, nicht als soziale Initiative von unten.[16] Und wieder, wie schon in der Vergangenheit, sah sich der Staat aus Sorge um sein Überleben unter den Mächten Europas dazu gedrängt, die Modernisierung voranzutreiben. Die einst mächtige Kriegsmaschine, die Peter I. geschaffen hatte und die stark genug gewesen war, Napoleons Niederlage herbeizuführen, hielt nach dem Krimkrieg von 1854–64 internationalem Vergleich nicht länger stand. Nicht zuletzt die Einsicht in Rußlands sinkende Bedeutung als Militärmacht stand auch hinter den Reformbemühungen Alexanders II. In den neunziger Jahren, als sich die zentraleuropäischen Mächte zum Dreibund gegen die Dreier-Entente an seinen Flanken formierte, war eine rapide Beschleunigung des industriellen Wachstums wichtiger als je zuvor.

Wieder wurde der Modernisierungsprozeß komprimiert, und seine Folgen entsprachen nicht ganz dem, was beabsichtigt war. Wittes neue Industrie war einseitig auf die Schwerindustrie, die Herstellung modernster Geräte und auf Mammutfabriken in den größten Städten ausgerichtet. Die Leichtindustrie und die Produktion von Konsumgütern wurden entsprechend vernachlässigt und den Bauern durch maximale Besteuerung die Finanzierung des ganzen Unternehmens auferlegt, ohne daß es ihnen in erkennbarer Weise zugute gekommen wäre.

Diese Hals-über-Kopf-Modernisierung führte zu einem widersprüchlichen Ergebnis: Einerseits war Rußland 1914, gemessen am Gesamtproduktionswert, hinter den Vereinigten Staaten, Deutschland, Großbritannien und Frankreich zur fünftgrößten Industriemacht der Welt aufgestiegen, lag aber mit seiner Pro-Kopf-Produktion in Europa an letzter Stelle und nur geringfügig über dem Niveau zahlreicher asiatischer Länder. So konnte Rußland damals von einem Großteil der eigenen Intellektuellenschicht mit Recht als kulturelle Einheit eigener Art, als »eurasische« Zivilisation angesehen werden.[17] Angehende Revolutionäre wie Lenin betrachteten es als »halbkolonial«, als europäische Ausbeuternation und als Land, das von den fortschrittlicheren imperialistischen Staaten des Westens seinerseits ausgebeutet wurde.

Unausgeglichen war der Status Rußlands um die Jahrhundertwende auch darin, daß das labil strukturierte Sozialgefüge Bauer-Grundherr durch zwei neue Elemente weiter belastet wurde: erstens durch die neue Klasse der Industriearbeiter, die zwar zahlenmäßig gering war, sich aber in wenigen großen, strategisch wichtigen städtischen Zentren zusammendrängte und darum für das etablierte System eine potentielle Gefahr anderer Art darstellte als die weit verstreut lebenden Bauern. Das zweite Element setzte sich aus den kommerziellen, technischen und freiberuflichen Mittelschichten zusammen, die sich in denselben Zentren konzentrierten, dem gebildeten, »europäischen« Teil der Bevölkerung. Sowohl Sozialismus wie Liberalismus, die bis dahin ausschließlich in den höheren Bildungsschichten der Intelligenzia beheimatet waren, verfügten jetzt über eine mobilisierbare politische Klientel der modernen Art, die sich im Sinne der klassischen politischen Theorien Europas mit vollem Recht als »bürgerliche Gesellschaft« bezeichnen ließ.

Unter solchen Umständen wuchs der Druck auf die Regierung, Partizipation an öffentlichen Angelegenheiten und parlamentarische Rechte zu gewähren. Doch die Autokratie, ihrem ganzen Wesen nach eine traditionelle Militärmonarchie, war ebensowenig willens, ihre Vorrechte aufzugeben, wie die Vettern in Österreich und Preußen. Die Regierung widersetzte sich jeder Art des politischen Wandels um so hartnäckiger, als der Anschlag auf Alexander II. sie davon überzeugt hatte, daß jede weitere Reform nur gefährlich sein könne. Da aber die sozialen Spannungen im unreformierten Rußland ungleich stärker waren als im halbreformierten Preußen und Österreich, blieb die jahrzehntealte Phantasie der radikalen Intelligenzia, der Traum von der totalen prometheischen Revolution, die zur wahren Demokratie führen werde, gleichzeitig unverändert lebendig.

Dieser Traum gewann sogar neue Kraft, als der Marxismus sich gegen die Narodniki wandte und auf neuer Basis um die Zustimmung der Intelligenzia warb. Die Konkurrenzsituation war entstanden, weil das Versagen der zwei Taktiken des Populismus – Massenaufstand der Bauernschaft und Terror der Elite – nach 1881 unübersehbar geworden war. Der einstige Narodnik Georgi Plechanow zog daraus den Schluß, die Bauern seien in Wahrheit eine rückschrittliche Klasse und ihre intellektuellen Wortführer gefährliche Betrüger, denn Rußland war keine Ausnahme vom universellen Gesetz der historischen Entwicklung und sein Weg zu einer demokratischen Revolution folglich der des westlichen Fortschritts vom Feudalismus über den Kapitalismus zum Sozialismus. In den achtziger Jahren machte Plechanow den Marxismus in Rußland heimisch, und die Verhältnisse schienen ihm recht zu geben, als in der Folge von Wittes Industrialisierung ein russisches »Proletariat« entstand. Ein Teil der sozialistischen Intelligenzia gab also seine Bindungen an die Bauernschaft auf und wandte sich den Arbeitern zu, der neuen »universellen Klasse« der künftigen demokratischen Revolution. Damit hatte der

russische Radikalismus endlich auch Europas letzte sozial Ideologie eingeholt und machte sich »die größte Phantasie unseres Jahrhunderts« zu
eigen – den Marxismus.[18]

Doch die revolutionäre Bewegung Rußlands bezog ihre Kraft nicht allein
aus der historischen Logik der sozialen Prozesse im Landesinneren. Ihren
Fortschritt verdankte sie ebenso der katalysierenden Kraft der Willkür-
herrschaft des Krieges. Rußlands erste Niederlage in neuerer Zeit, der
Krimkrieg, hatte die Großen Reformen und ihren revolutionären Sekun-
däreffekt provoziert, zugleich aber auch die nachfolgende diplomatische
Niederlage. Sogar der »siegreiche« Krieg gegen die Türkei von 1876 hatte
die revolutionäre Krise von »Land und Freiheit« verschärft. Die Pechsträh-
ne setzte sich fort bis zum Russisch-Japanischen Krieg von 1904–5 und
einer Niederlage, wie sie nicht demütigender sein konnte – Rußland erlag
einer nichteuropäischen Macht, einer »gelben Gefahr«. Damit kam eine
bereits akute innere Krise zum vollen Ausbruch und führte zur Revolution von 1905.

Die revolutionären Aktionen von 1905, deren Bedeutung von den
Ereignissen des Jahres 1917 überschattet wurde, werden allzu häufig als
»Generalprobe« für den Oktober und als »Arbeiterrevolution« dargestellt.[19] Tatsächlich jedoch handelte es sich 1905 um eine völlig »normale« Revolution der europäischen Art, die von Marxisten als »bürgerliche«
Revolution bezeichnet würde. Das heißt, es war eine politische Erhebung
gegen ein absolutistisches Regime im Namen eines Verfassungsstaates,
einer parlamentarischen Gesetzgebung und der Gleichheit aller Bürger
vor dem Gesetz. Mit Sozialismus hatten diese Ziele nichts zu tun, und die
Industriearbeiter stellten nur *eine* der beteiligten gesellschaftlichen Gruppen. Die Wortführer der Revolution kamen aus den liberalen Kreisen der
akademischen und freien Berufe und aus dem Kleinadel; unterstützt
wurde sie praktisch von allen urbanen Bevölkerungsschichten, und ihre
Ziele waren liberaldemokratisch.[20] Den Arbeitern mußte beim Ablauf der
revolutionären Ereignisse eine wesentliche taktische Rolle zufallen, weil
sie in der Lage waren, die Wirtschaft und das Verkehrssystem lahmzu-
legen – das heißt, sie standen, den Pariser *sans-culottes* in der Revolution
von 1789–93 vergleichbar, als Einsatzkraft für direkte Aktionen zur
Verfügung. Die Rolle der Arbeiter zeigte sich besonders deutlich im
Generalstreik vom Oktober 1905, der das herrschende autokratische

Regime endlich in die Knie zwang und es bestimmte, eine gesetzgebende Versammlung, die Duma, zuzulassen. Doch gab dieser Aktivismus der Arbeiter der Bewegung in keinem Moment einen Klassencharakter oder politische Ziele spezifisch »proletarischer« Art, und die sozialistischen Parteien – menschewistische und bolschewistische Sozialdemokraten, oder SD, sowie die neo-populistischen Sozialrevolutionäre, SR – spielten neben der neu gegründeten Partei der liberalen Konstitutionellen Demokraten, den »Kadetten«, nur eine unbedeutende Rolle.

Nichtsdestoweniger wurde diese Halbrevolution zu einer entscheidenden Niederlage für den russischen Liberalismus – in demselben Sinn, wie die Revolution von 1848 in den deutschen Ländern eine Niederlage für den mitteleuropäischen Liberalismus bedeutete. In beiden Fällen ging der Sieg an die Konservativen, die sich während des radikalen Sturms der Unterstützung des Militärs versicherten und so die »Straße« in Schach halten konnten. In beiden Fällen war also das Ergebnis der sogenannte Schein-Konstitutionalismus*, in dem die Monarchie zwar die Bildung einer parlamentarischen Legislative gewährte, die Regierung jedoch nicht deren Kontrolle unterstellte.

Damit erhielten die »Kadetten« in der Duma ein gewisses Maß an Verantwortung für den Staat, nicht aber die entsprechenden verfassungsmäßigen Rechte.

Die Liberalen blieben also im Schlagschatten der Autokratie, und ihr Unvermögen, in den für die breite Bevölkerungsmehrheit wichtigen Belangen Veränderungen herbeizuführen, ließ ihre politische Durchsetzungsfähigkeit in Zweifel geraten. Als nach 1912 die soziale und politische Erregung neu aufflammte, war darum ihre Ausgangslage schlecht – sie profitierten kaum von den Unruhen und mußten zulassen, daß die politische Initiative auf der Linken an die sozialistischen Parteien überging. Wieder war der russische Liberalismus nach dem Muster der Reformjahre 1861–63 vom revolutionären Sozialismus links überrannt worden. Die Liberalen hatten folglich ihre führende politische Rolle praktisch schon vor Beginn der Revolution von 1917 eingebüßt. Und damit war in Rußland das, was allgemein als erste, gemäßigte Phase einer großen Revolution betrachtet wird, im wesentlichen beendet.[21]

---

* im Orig. deutsch.

Das Erbe dieser politischen, wirtschaftlichen, sozialen und kulturellen Vergangenheit trieb die russische Geschichte zur revolutionären Explosion von 1917 und der daraus entstehenden neuen politischen Ordnung des Sowjetsystems. Um den spezifisch russischen Anteil am sowjetischen Sozialismus beurteilen zu können, versuchen wir zunächst die Hauptzüge der absolutistischen Herrschaft alten Stils zu charakterisieren.

Ein entscheidender Zug ist zunächst ohne Zweifel die Schwäche und Labilität der politischen und sozialen Strukturen. Eine krude militärisch-bürokratische Autokratie bildete die Spitze einer primitiven Zwei-Klassen-Gesellschaft von Bauern und Grundbesitzern. Die Verbindung der politischen Repressivität des Staates mit der sozialen Repression der Leibeigenschaft bewirkte eine Instabilität des Systems, die größer war als in allen anderen europäischen Staaten. Sie hatte zur Folge, daß die russische Geschichte vom späten sechzehnten bis zum achtzehnten Jahrhundert in einmaliger Weise von gewaltigen Bauernaufständen gekennzeichnet war – die »Zeit der Wirren«, Stenka Rasin, Bulawin, Pugatschows, die an Bedeutung über die westlichen Jacquerien weit hinausreichten und die soziale und staatliche Ordnung selbst in Frage stellten. Bis ins neunzehnte Jahrhundert, als Puschkins »sinnloser und grausamer« russischer *bunt* nur noch von sich reden machte, hing über dem Staat so etwas wie das Gespenst der Massenanarchie.

Der liberale Sozialist Alexander Herzen hatte also allen Grund, zu behaupten, die politische Ordnung Rußlands gleiche einem »vorübergehenden Biwak«, das ein revolutionärer Sturm leicht wegfegen könne. Und in den siebziger Jahren des neunzehnten Jahrhunderts konnte der Sozialrevolutionär Pjotr Tkatschow, den man häufig als Vorläufer Lenins betrachtete, erklären, die Brüchigkeit des russischen Systems lasse mit einer sozialistischen Revolution als Präventivmittel rechnen, noch ehe die Entwicklung des Kapitalismus die soziale Ordnung des Landes differenziert und stabilisiert habe.[22] In die Sprache der klassischen politischen Theorie übersetzt, besagt diese Einsicht, daß die ungewöhnliche Schwäche der »bürgerlichen Gesellschaft« im absolutistischen Rußland zu einer hypertrophierten Staatsmacht geführt hatte und sich folglich das ganze System einem revolutionären Zugriff geradezu anbot.[23]

Ein weiteres Merkmal der nationalen Hinterlassenschaft Rußlands begünstigte diese Instabilität – der Hang zum Maximalismus in der russischen Intelligenzia des neunzehnten Jahrhunderts. Die strenge Kritik, die Edmund Burke und Tocqueville in berühmten Schmähschriften an den weltfremden, ideologisch verrannten französischen Intellektuellen des achtzehnten Jahrhunderts übten, gilt mit noch größerem Recht für die vorrevolutionäre russische Intelligenzia. Aus doppeltem Grund: Die Entstehung der russischen Intellektuellenschicht ging der Bildung von »Mittel«schichten zwischen Grundadel und Bauern voraus, wie man sie im Westen vorfindet. Ihr fehlten die Wurzeln in fester gefügten sozialen Gruppierungen mit praktischen Funktionen in der Gesellschaft; sie hing sozusagen in einem sozialen Vakuum und wurde so in ungewöhnlich hohem Maß theorieabhängig, ohne je in die Lage zu kommen, die Theorie dem Test der politischen Wirklichkeit auszusetzen. Ein weiterer Umstand förderte diesen Rigorismus. Auf die russische Intelligenzia, den Spätentwickler innerhalb der europäischen Kultur, war der ganze Segen der geistigen Überlieferung Englands, Frankreichs und Deutschlands niedergegangen. Diese bewegte sich jedoch in ihren weitreichenden Folgerungen entschieden jenseits der Grenzen einer auf Leibeigenschaft gestützten Autokratie und ließ sich zu ihr nicht ohne weiteres in Beziehung setzen. Das Resultat war eine überreiche ideologische Nahrung, begleitet von chronischen geistigen Verdauungsbeschwerden.

Nicht unerwähnt bleibe ferner die russische Neigung zum Moralismus, die der russischen Literatur des neunzehnten Jahrhunderts ihre Größe gibt und sie für die indolentere westliche Leserschaft so überaus anziehend macht. Dieser Moralismus fand seinen Ausdruck in einer unerschrockenen Hingabe an die großen Fragen der *condition humaine,* ein Thema, das Tolstoi in seinen Figuren Pierre Besuchow, Platon Karatajew und Lewin, aber auch in den rückhaltlos veröffentlichten Zeugnissen der eigenen Wahrheitssuche mit unübertroffener Meisterschaft behandelt hat. Dieser Moralismus war indessen selten abstrakt und theoretisch, war weder auf einen jenseitigen Heiligen Gral noch auf einen allgemeinen kategorischen Imperativ gerichtet. Er fand seinen Ausdruck bezeichnenderweise in der alles überschattenden Sorge um die praktische Anwendung der Ethik auf Politik und Gesellschaft.

So war das politische Denken der Russen seit je beherrscht von Fragen praktischer Moral: *Wer trägt die Schuld? Wer sind die Freunde des Volkes? Was ist zu tun?* Diese Neigung ist keineswegs der Ausdruck einer besonderen religiösen Disposition der russischen Seele, wie uns Nikolai Berdjajew und seine westlichen Nacheiferer versichern. Der Hang zum

Maximalismus im öffentlichen Leben Rußlands geht vielmehr darauf zurück, daß bis 1905 jede echte, aktive politische Betätigung im westlichen Sinn illegal war, und das bedeutete, daß in Rußland alle Politik zwangsläufig sowohl praxisarm und theoriebefangen als auch revolutionär war. Wir stehen damit erneut vor dem Phänomen der Raffung und Verzerrung allgemeiner kultureller Ausdrucksformen der Moderne, die aus dem rückständigen Rußland eine radikal andersartige Variation gemeineuropäischer Themen machte.

Infolgedessen waren alle politischen Parteien Rußlands, die im Vorfeld von 1905 in Erscheinung traten, Abweichungen von der Norm. Im Westen waren die Parteien zusammen mit dem Wahlrecht entstanden, und ihr Zweck war es, Wahlen zu gewinnen und verfassungsgemäß die Macht auszuüben. Auf diesem Wege kam es, wie wir gesehen haben, zu der politischen Spaltung in rechts und links. In Rußland traten Parteien auf, bevor Wahlen und eine konstitutionelle Regierung existierten. Diese Parteien waren darum faktisch Verschwörerzirkel, die sich mehr der Förderung der Revolution verschrieben hatten als dem Ziel, im Auftrag einer Verfassung zu regieren. Selbst die legalistischen Liberalen, aus denen 1905 die Konstitutionellen Demokraten wurden, mußten die Revolution als Geburtshelfer des Verfassungsstaates akzeptieren. Und alle Parteien links von den »Kadetten« stellten ihr Engagement für eine soziale Revolution über ihr Bekenntnis zu einer verfassungsgebenden Versammlung. Die neo-populistischen Sozialrevolutionäre, SR, von Viktor Tschernow waren die Wortführer der Bauernschaft. Die »gemäßigte« Sozialdemokratie der Menschewiki um Juli Martow sprachen namens einer »reifen« Arbeiterklasse nach dem Modell der entwickelten europäischen Länder. Und die ungeduldigeren bolschewistischen Marxisten von Wladimir Uljanow-Lenin verstanden sich als Sprachrohr der Arbeiter und Bauern, der ärmeren bäuerlichen Schichten zumindest.

Doch diese politischen Aktivitäten wurden weitgehend nur stellvertretend, im Namen einer vorgeblichen Klientel betrieben – tonangebend war in allen russischen Parteien die Intelligenzia, und neben der adoptierten Stammwählerschaft war der Bildungs- und Sozialstatus ihrer intellektuellen Führer das unterscheidende Merkmal der Parteien. Unter den »Kadetten« finden sich hochkarätiges kreatives Talent, kosmopolitische Kultur und ein solides akademisches oder soziales Ansehen in Persönlichkeiten wie Pawel Miljukow und dem Ökonomen Pjotr Struwe. Nach links außen

nimmt die Provinzialität der politischen Intellektuellen und ihre gesellschaftliche Marginalität zu, kulturell überwiegen die rein russischen,
programmatisch die ideologischen Elemente. So rekrutierten sich die
Parteiaktivisten der SR vor allem aus der Lehrerschaft und den Spezialisten der *semstwa*; zu den Menschewiki stießen das städtische Kleinbür-
gertum, namentlich die Juden (im zaristischen Rußland Randständige per
definitionem) sowie Angehörige der Grenznation Georgien. Die Bolschewiki schließlich stammten überwiegend aus der heterogenen, zumeist
großrussischen Intelligenzia der Provinz; sie weisen im großen und
ganzen den niedrigsten Ausbildungsgrad auf, weil ihr Radikalismus häufig – wie im Fall Lenin und Stalin – zu einem Studienabbruch oder einem
Ausschluß aus der Hochschule führte.

Doch im Schmelztiegel der Wirren des Ersten Weltkriegs war ein
marginaler Sozialstatus kein Hindernis auf dem Weg zu Höherem – der
Sohn eines Schmiedes, Mussolini, und Hitler, Sohn eines Zollbeamten,
beweisen es. Und da bekannt ist, daß Lenin und seine ungleiche Gefolgschaft das Rennen in Rußland machten, werden er und seine Bolschewiki
unmittelbar anschließend, das heißt im Zusammenhang des Alten Regimes und der Zeit ihrer Anfänge, behandelt statt im Kontext ihres
späteren Triumphs.

LENIN UND DER BOLSCHEWISMUS

Lenin ist das Produkt des Besten, was das zaristische System hervorgebracht hat: des Schulwesens und der Kultur der moralistischen Intelligenzia. 1870 geboren, entstammte er dem Kleinadel und mittleren Beamten-
tum der Stadt Simbirsk an der Wolga, wo sein Vater zum Volksschulin-
spektor des Gouvernements aufgestiegen war.[24]

Lenins Entwicklung zum Revolutionär weist das seit den sechziger Jahren übliche Grundmuster auf: ein Konflikt zwischen jugendlichem Idealismus und Staatsmacht, der zur Bestrafung durch das System und damit zu
seiner Ablehnung führte. Dieser Prozeß begann, als der ältere Bruder,
Alexander, sich einer Nachfolgeorganisation von »Wille des Volkes« anschloß und 1887 hingerichtet wurde. Das Simbirsker Establishment di-
stanzierte sich von der Familie, und Lenin wurde von der Universität

Kasan relegiert. Es gelang ihm zwar, mit Hilfe von Korrespondenzkursen seine Ausbildung zum Anwalt abzuschließen – ohne spätere berufliche Tätigkeit –, doch war er dem System völlig entfremdet. Bis zum Alter von dreiundzwanzig Jahren verbrachte er sein Leben in Provinzstädten der Wolgaregion und gelangte vom Populismus des älteren Bruders in der Tradition Tschernyschewskis zum Marxismus von Plechanow.

Mitte der neunziger Jahre ließ Lenin sich in St. Petersburg nieder, betrieb während der ersten großen Streiks in der russischen Industrie Agitation unter den Arbeitern und wurde so zum Berufsrevolutionär. Dem klassischen Muster der neuen Berufung entsprechend, folgten die Verhaftung, dann die Verbannung nach Sibirien – eine Zeit intensiver Forschungs- und Publikationstätigkeit – und schließlich, 1900, die Flucht ins Ausland, wo er sich, abgesehen von einer kurzen Rückkehr im Jahr 1905, bis zum April 1917 aufhielt. In der Emigration widmete Lenin sich zielstrebig und unermüdlich dem Aufbau einer Partei für eine spätere Machtübernahme. Er war, das soll nicht geleugnet werden, zugleich ein tief überzeugter Marxist und ein Theoretiker, der sich peinlich darum bemühte, seine Programme in marxistischen Grundsätzen zu verankern. In erster Linie jedoch war er ein Praktiker der Revolution und Techniker der Macht und sah als solcher seine große Aufgabe darin, das Weltbild des Marxismus an die Besonderheiten der russischen Verhältnisse anzupassen.

Nach 1917 wurde von sozialdemokratischer Seite behauptet, Lenins Partei vertrete nicht den authentischen Marxismus, sondern sei ein Rückgriff auf die konspirativen Traditionen von »Wille des Volkes« und damit eine Reaktion auf die erschwerten Bedingungen des politischen Kampfes in Rußland. Diesen Bedingungen waren indessen alle russischen Parteien ausgesetzt, doch nur die Bolschewiki wurden zu einer konspirativen Organisation. Die Gründe für diesen Sonderweg erhellt der Vergleich mit den Sozialrevolutionären. Der terroristische SR-Flügel, die »Kampforganisation«, war konspirativ, die Struktur der Gesamtpartei trotz hoher Mitgliederzahl hingegen so locker, daß sie von allen drei sozialistischen Gruppierungen politisch am wirkungslosesten agierte. Der Grund lag nicht nur darin, daß die weit gestreute Bauernschaft ihre Wählerschaft stellte, sondern mehr noch im Fehlen einer strukturierten Ideologie. Verkürzt dargestellt, umfaßte ihre Ideologie drei Forderungen: die Macht dem Volke, das Land den Bauern und »Revolution jetzt« – allgemeine Zielsetzungen so gut wie ohne Handlungsanweisung.

Den sozialdemokratischen Gruppen dagegen sicherte nicht nur die konzentrierte Arbeiter-»Basis« einen erstrangigen Organisationsgrad, sondern auch die rationalistische Struktur ihrer Ideologie, die, wie gezeigt, zwei Gesichter hatte. Innerhalb des gemeinsamen Weltbildes legten die Menschewiki das Gewicht auf die dogmatischen Inhalte der Lehre und die Notwendigkeit der historischen Entwicklung, während für die Bolschewiki das »wissenschaftliche revolutionäre Gewissen« den Schlüssel zur Revolution bedeutete. Und wo es nur die eine wahre Lehre gibt, liegt die Überzeugung nahe, es könne nur die eine wahre Partei mit der einen »korrekten« Linie geben.

Aus Lenins Begegnung mit Marx ging also die ausgefallenste politische Institution unseres Zeitalters, die Kommunistische Partei, hervor. Bereits das *Manifest* hatte den »Kommunisten« die Rolle einer Vorhut zugeteilt; und es wäre keine unzulässige Übertreibung, den autoritären, wenn nicht manipulativen Stil, in dem Marx die Erste Internationale leitete, proto-leninistisch zu nennen. Doch die relativ stabilen Verhältnisse im nach-achtundvierziger Europa ließen eine Institutionalisierung solcher Praktiken nicht zu. Infolgedessen wurde der westeuropäische Marxismus identisch mit den sozialdemokratischen Massenparteien, die sich je länger desto mehr darauf verlegten, Wahlen zu gewinnen, statt Revolutionen zu entfesseln. Um 1900 war einzig die Situation in Rußland dazu geeignet, das »Avantgarde«Potential des Marxismus zu mobilisieren.

1901 begann sich der russische Marxismus unter der Leitung des älteren Plechanow und der beiden Jüngeren, Lenins und Martows, um die Emigrantenzeitung *Iskra* (Der Funke) zu organisieren. Das theoretische Organ der Gruppe suchte die verstreuten marxistischen Gruppen in Rußland zu koordinieren und zu einer russischen sozialdemokratischen Partei zu sammeln. Den ersten Kampf fochten die Iskristen mit der Intelligenzia aus, die es davon zu überzeugen galt, daß der Glaube der Narodniki an eine Bauernrevolution unter Umgehung der bürgerlichen Entwicklungsphase illusorisch sei. Sie setzten dem entgegen, Rußland müsse wie alle übrigen Länder den »Todesweg des Kapitalismus« zu Ende gehen, um den Sozialismus zu erreichen. Die russische Revolution werde also marxistischem Dogma getreu in zwei Phasen ablaufen: auf die unmittelbar bevorstehende erste, die bürgerlich demokratische Stufe, werde als zweite Stufe der Sozialismus folgen, sobald der Kapitalismus die erforderlichen objektiven Voraussetzungen geschaffen habe.

Die Iskristen hatten indessen mit einem Feind in den eigenen Reihen zu kämpfen, der im Westen als »Revisionismus«, in Rußland als »Ökonomismus« bezeichnet wurde. In beiden Strömungen wurde das revolutionäre Ziel des Marxismus dem Kampf für die sofortige materielle Besserstellung der Arbeiters untergeordnet. Unter dem Eindruck dieses Rückfalls in den Reformismus verfaßte Lenin seinen kompromißlosesten Beitrag zum Marxismus: In einem Pamphlet, dessen Titel *Was tun?* an Tschernyschewskis Revolutionsbrevier anknüpfte, formulierte er 1902 die Theorie von der Partei als Vorhut.[25] Die bloße »Spontaneität« der Arbeiter, gibt die Theorie zu bedenken, könne nur zu einem »Trade-Unionismus« führen; der Partei müsse deshalb von außen das »wissenschaftliche« »Bewußtsein« der revolutionären Theorie eingeprägt werden, was nur von den »gebildeten« Angehörigen der »bürgerlichen Intelligenz« zu leisten sei. So kam Lenin zur Vorstellung seiner Parteiorganisation *anderer Art*, dazu bestimmt, »Rußland aus den Angeln [zu] heben«, einer Partei, die nicht als Massenorganisation, sondern als konspirativer Zirkel von Berufsrevolutionären strukturiert sein sollte.

Und diese Organisationsform der Partei wurde zur Ursache der Spaltung der russischen Sozialdemokratie auf ihrem ersten Parteitag in London im Jahr 1903. Gegen Plechanow und Martow, die eine breiter abgestützte Organisation befürworteten, beharrte Lenin auf einem zentralistischen Aufbau, und so entstanden zwei russische Fraktionen des Marxismus: Lenins Bolschewiki, das heißt »Mehrheitler«, und die Menschewiki oder Minderheitskommunisten, so genannt, weil die ersteren in dieser Schlußabstimmung leicht überlegen waren.

Einstweilen aber blieben beide Fraktionen formal in einer Partei zusammengeschlossen, die ihre Strukturen von der angesehenen deutschen Sozialdemokratie entlehnte. Diese Strukturen kamen Lenins Programm entgegen, da sie bereits eine neue Art der Parteiorganisation darstellten. Die meisten Parteien des neunzehnten Jahrhunderts waren kaum mehr als Honoratiorenparteien: Whigs und Tories, Liberale und Konservative, Orleanisten und Legitimisten, Demokraten und Republikaner – sie alle kamen ohne nennenswerte Strukturierungen aus. Die Parteiorganisation wurde im späten neunzehnten Jahrhundert von den Sozialisten, allen voran den deutschen Sozialdemokraten entwickelt, die den Parteiausweis, regelmäßige Mitgliedsbeiträge, Parteizellen und die Hierarchie der Komitees bis hinauf zum periodischen Parteitag und dem ständigen Zentralkomitee einführten. Der Grund für diese organisatorische Straffung lag zum einen darin, daß die Sozialdemokratie die Partei einer kampfbereiten politischen Gegnerschaft war – nicht weniger als ein gesellschaftlicher Gegenentwurf zum kaiserlichen Deutschland. Auslösender Faktor war zum anderen das neue allgemeine Wahlrecht, das Massenparteien erst möglich machte.

Schon der Weber-Schüler Robert Michels wies jedoch in seiner klassischen Untersuchung der Sozialdemokratie *(Die politischen Parteien,* 1911) darauf hin, daß die sozialdemokratische Organisationsform unausweichlich zur Bürokratie und Oligarchie tendiere und damit den Gleichheitsbestrebungen zuwiderlaufe (und sich obendrein hemmend auf die revolutionäre Schwungkraft auswirke).[26] Im Fall Deutschlands allerdings sorgte die Möglichkeit freier Wahlen dafür, daß die bürokratische Oligarchie für die Anliegen der Basis mehr oder weniger offen blieb. Sollte es indessen dazu kommen, daß in einer derartigen Organisation die Institution der Wahlen verkümmerte, würde sich die Pyramide der Machtverhältnisse umkehren, die Partei unter der euphemistischen Benennung »demokratischer Zentralismus«, zur Diktatur werden und die Handlungsimpulse von der Spitze zur Basis fließen. Das kritisierte Rosa Luxemburg an Lenins Parteiprogramm, und genau das geschah bekanntlich, als die Partei zur Macht kam. Hinzuzufügen wäre, daß die Parteien der revolutionären Rechten es nach dem Ersten Weltkrieg ihren sozialdemokratischen und kommunistischen Gegnern gleichtaten und einen entsprechenden bürokratischen Zentralismus schufen und daß die Kommunisten den Organisationstypus an die Kuomintang weitergaben.

Es ließe sich also sagen, daß jede sozialdemokratische Partei eine leninistische Partei in potentia enthält. Um vorzugreifen – dieser Umstand erklärt vieles an der Haß-Liebe zwischen diesen verfeindeten Zwillingen der Linken und ebenso die Chimäre der wiederholten Volksfrontbündnisse. Trifft aber auch die Umkehrung dieser Behauptung zu – daß in jeder leninistischen Partei eine Sozialdemokratie um ihre Wiedergeburt kämpft? Zahlreiche Reformkommunisten und westliche Historiker hängen dieser Vorstellung an. Doch die Beantwortung der Frage muß zurückgestellt werden, bis ein Bild des Ereignisverlaufs vorliegt. Vorderhand sei lediglich darauf hingewiesen, daß eine latente sozialdemokratische »Verfassung« des Kommunismus bei der Entwicklung des Sowjetismus tatsächlich von Bedeutung war.

Das erste ausdrückliche Definitionsmerkmal des Bolschewismus war somit nicht sozialer, sondern organisatorischer Art. Jedes zentrale Programm der Bolschewiki stand künftig im Zeichen dieses politischen Imperativs.[27] Und die Programme folgten einander zügig, meist in oppositioneller Abgrenzung von den Menschewiki. Zunächst befürwortete Lenin 1905 in Anlehnung an die Ziele der Narodniki ein Bündnis der Arbeiter und Bauern, das die Revolution des Bourgeois gegen die Autokratie ins Werk setzen sollte, deren Durchführung das Bürgertum sich feigherzig entzog. Die Menschewiki favorisierten eine Unterstützung der »Kadetten«, um die Erreichung politischer Demokratie sicherzustellen und sodann während einer Übergangzeit von unbestimmter Dauer die Bedingungen für eine sozialistische Revolution heranreifen zu lassen. Im Jahr 1912 griff Lenin erneut auf einen Gedanken von zweifelhaftem marxistischem Ursprung zurück und proklamierte, um weiteren revolutionären Sprengstoff zu schaffen, das Selbstbestimmungsrecht für die Minderheitsnationalitäten des Zarenreichs. Drittens etablierte er im selben Jahr seine Fraktion als die einzige wahre marxistische Partei Rußlands: Es kam zur organisatorischen Spaltung der russischen Sozialdemokratie, die sich der Menschewiki faktisch als Abweichler entledigte – ein Präzedenzfall, an den man sich in den bolschewistischen Fraktionskämpfen der zwanziger und den Parteisäuberungen der dreißiger Jahre sehr wohl erinnerte. Nach Ausbruch des Krieges schließlich publizierte Lenin *Der Imperialismus als höchstes Stadium des Kapitalismus,* seinen wichtigsten Theoriebeitrag zum Marxismus. Marx zufolge sollten die letzten, zum Sturz des Systems führenden inneren Widersprüche des Kapitalismus in den europäischen Industriegesellschaften zum Austrag kommen; Lenin verallgemeinerte diese Widersprüche zur Antithese des monopolistischen »Finanzkapitals« im fortgeschrittenen Europa und der zurückgebliebenen »kolonialen und halbkolonialen« Mandatsgebiete Europas, denen damit der Status einer Art Weltproletariat oder universellen Klasse zufiel. Die Streitereien der europäischen Mächte, die am Ausgang des Jahrhunderts Asien und Afrika unter sich aufzuteilen versuchten, um die sinkende Profitrate im Inland zu kompensieren, konnte aus dieser Sicht nur in einem Weltkrieg zwischen konkurrierenden imperialistischen Lagern enden, einer Apokalypse, aus der endlich die sozialistische Weltrevolution hervorgehen würde. Da Rußland in seiner Doppelrolle als Ausbeuternation und halbkoloniales Land auch doppelt instabil war, schien es darüber hinaus nicht undenkbar, daß die Revolution im Zarenreich ihren Anfang nehmen könnte. Das »schwächste Glied der kapitalistischen Kette« würde damit notwendig zur stärksten Kraft der Weltrevolution.

Kurz, seit 1902 entwickelte Lenin den Marxismus zunehmend in eine Richtung, die dem Buchstaben der Lehre widersprach, und deutete die schulmarxistische Gesetzmäßigkeit der historischen Entwicklung so um, daß sie der russischen Rückständigkeit Rechnung trug. Der Tiefenstruktur der Marxschen Lehre jedoch, die die soziale Benachteiligung und Entmenschung zum Demiurgen des Klassenkampfes hochstilisierte, blieb er treu. Denn die Arbeiter und Bauern und selbst die nationalen Minderheiten des Zarenreichs waren in der Tat die in höchstem Maße entrechteten und entmenschten Massen Europas; sie hatten, mit den Worten des *Manifests,* fast buchstäblich »nichts zu verlieren als ihre Ketten«. Das Ergebnis dieses adaptierten Marxismus war die indirekte Strategie einer »Revolution ohne Aufschub«; einer Revolution, in der Rußland allen voranging, und einer Revolution nur unter der Führung Lenins. Und doch ist dieses ambitiöse Programm frei von jedem persönlichen Ehrgeiz. Wie Marx war Lenin der unerschütterlichen Überzeugung, daß ihn sein »wissenschaftliches Bewußtsein« nicht trügen konnte und alle seine sozialistischen Rivalen darum in Wahrheit »kleinbürgerliche Verräter« waren.

Im Jahre 1914 indessen schien ein Radikalismus, wie ihn Lenin vertrat, nicht zu den aussichtsreichsten Kandidaten für eine Übernahme der Staatsmacht zu zählen. So eindeutig das politische Leben Rußlands nach links orientiert war, so buntscheckig präsentierte sich diese Linke, deren Schwerpunkt irgendwo zwischen den »Kadetten« und den Sozialrevolutionären lag. Lenin und seine Bewegung waren in der Bevölkerung weithin unbekannt. Mit der teilweise gescheiterten Revolution von 1905 waren die lange gehegten Dogmen der Intelligenzia – Fortschritt, Materialismus und Revolution des Volkes – auf der Strecke geblieben, ein Wandel, der sich in einem aufsehenerregenden Werk intellektueller Selbstkritik, dem 1909 erschienenen Sammelband *Wechi (Wegweiser)* niederschlug. Auch die ästhetische Kultur dieser Jahre, das »Silberne Zeitalter« der russischen Literatur, förderte den Pluralismus unter den Intellektuellen.

An der »Basis« der Gesellschaft schließlich bewirkten die Veränderungen des beginnenden zwanzigsten Jahrhunderts, daß sich die strukturelle Kluft zwischen Rußland und den fortschrittlicheren westlichen Nationen zusehends schloß. Für den Großteil der Intelligenzia, ob liberal, sozialistisch oder apolitisch, lag Rußlands Zukunft damit unzweifelhaft in seiner vollen »Europäisierung«. Die Teile seines Erbes, die es partiell noch an den asiatischen Despotismus banden, waren aus dieser Sicht keine Vorboten der Zukunft, sondern Überbleibsel der Vergangenheit.

Ebensowenig waren diese nachwirkenden nationalen Grundzüge die Katalysatoren der Zukunft im einfachen Sinn direkter Kontinuität oder gar der Kausalität. Erst durch Brechung im Medium der paneuropäischen sozialistischen Utopie ging aus der Schwäche der bürgerlichen Gesellschaft Rußlands und dem geistigen Radikalismus der Intelligenzia die sowjetische Idee hervor. Und der Weg zu diesem erträumten Menschheitsgipfel konnte in Rußland nur durch die paneuropäischen Erschütterungen des Ersten Weltkriegs freigesprengt werden.

Das Ergebnis *war* ein verblüffender Wandel in Rußlands Beziehung zum Westen: in einer marxistischen Transposition der alten Wunschvorstellungen des *Narodnitschestwo* wurde das rückständigste Land Europas, zumindest dem Anspruch nach, plötzlich zum fortschrittlichsten, wurde der einstige Nachzügler zum Führer, das letzte unter den Völkern zum ersten. Rußland, das als Nation am Fuß des europäischen Kulturgefälles seinen Aufstieg begann, schien fähig, aus den Erfahrungen ganz Europas die praktischen Schlüsse zu ziehen und damit alle Trümpfe in der Hand zu haben.

Von Marx stammt die Einschätzung: »Die Deutschen haben in der Politik *gedacht,* was andere Völker [das heißt England und Frankreich] *getan* haben. Deutschland war ihr *theoretisches Gewissen.*«[28] Dem wäre erstens hinzuzufügen, daß die Deutschen einiges mehr gedacht haben, als Engländer und Franzosen jemals ausführten, und zweitens, daß die Russen, was in Deutschland Gedanke geblieben war, in die Tat umsetzten. Im Jahr 1914 war Rußland auf dem Weg dazu, das praktische revolutionäre Bewußtsein der gesamtem modernen Welt zu werden.

TEIL II

DAS EXPERIMENT

KAPITEL 3

DER WEG ZUM OKTOBER
1917

Die Moral der bolschewistischen Revolution ist ein Erbe des Krieges, dem sie ihre Entstehung verdankt.

Viktor Tschernow

Der Krieg hat besonders anschaulich und zudem praktisch die Wahrheit des Satzes bewiesen, … daß die heutige kapitalistische Gesellschaft, zumindest in den fortgeschrittenen Ländern, völlig reif für den Übergang zum Sozialismus ist. Wenn beispielsweise Deutschland, um die Anspannung aller Kräfte des Volkes für den Raubkrieg zu erreichen, das gesamte Wirtschaftsleben des 66-Millionen-Volkes … *von einer zentralen Stelle* aus lenken kann, dann kann *dies* im Interesse von neun Zehnteln der Bevölkerung durchaus von den besitzlosen Massen bewerkstelligt werden, wenn ihr Kampf von den klassenbewußten Arbeitern geleitet wird …
Die ganze Agitation für den Sozialismus muß aus einer abstrakten und allgemeinen zu einer konkreten und unmittelbar praktischen umgestaltet werden: macht, wenn ihr gestützt auf die Massen und in ihrem Interesse die Banken expropriiert, *dasselbe*, was die WUMBA [d. i. Waffen- und Munitionsbeschaffungsamt] in Deutschland macht.

W. I. Lenin, Dezember 1916

Im Sommer 1914 standen Rußland zwei Wege offen: Welche Logik würde den künftigen Verlauf seiner Geschichte bestimmen – die liberale oder die sozialistische? Beide stellten dem Land ein »westliches« Schicksal in Aussicht. Somit knüpft sich an die Revolution von 1917 die große Frage, warum in Umkehrung der in Europa üblichen geschichtlichen Rangfolge schließlich die sozialistische Logik siegte und warum das Ergebnis so despotisch und »orientalisch« ausfiel. Anders gefragt: Wie konnte die liberale Logik sich als so schwach erweisen? Hatte Rußland überhaupt die Möglichkeit, dem Bolschewismus zu entgehen?

Diese letzte Frage stand seit der Revolution bis in die Zeit nach Stalins Tod im Mittelpunkt der historischen Debatte. Es war die Zeit, in der die liberalen russischen Emigranten und liberalen westlichen Historiker das Gespräch über die Bedeutung der Oktoberrevolution beherrschten. Erst mit Stalins Tod und Chruschtschows Reformen rückte die Mutmaßung in den Vordergrund, der Bolschewismus selbst hätte möglicherweise einen liberaleren, »westlichen« Verlauf nehmen und sich zu einem »Sozialismus mit menschlichem Gesicht« entwickeln können. Diesem Wechsel der Blickrichtung folgend, greife ich zunächst die inzwischen vernachlässigte liberale Frage auf, während die Frage nach der Liberalisierungsmöglichkeit des Kommunismus in späteren Kapiteln behandelt wird. Es soll im folgenden aber nicht darum gehen, ein Klagelied über versäumte Möglichkeiten anzustimmen, sondern darum, einsehbar zu machen, warum ein anderer Weg beschritten wurde. Keine historische Untersuchung, die nicht ein Stück weit auch dem nachginge, was »gewesen wäre, wenn« – denn über die Vorstellung möglicher anderer Formen von Wirklichkeit kommen die Entscheidungen der historischen Akteure ja tatsächlich zustande.

Die liberale Position ist im wesentlichen die folgende: Rußland war seit den Reformen Alexanders II. in den sechziger Jahren des neunzehnten Jahrhunderts bis zum »konstitutionalistischen Experiment« unter der Staatsduma nach 1905 auf dem Weg zu einer verfassungsmäßigen Demokratie nach westlichem Muster – in Anlehnung eher an das englische und französische Modell als an das österreichische und deutsche. Die Verfassung von 1905/06 wurde demgemäß als Zwischenstufe oder als Lehrzeit eines evolutionären Wandels zur vollen politischen Modernisierung betrachtet. In ihr war Rußlands westlicher Weg vorgezeichnet, seine verspätete Anerkennung eines gemeinsamen europäischen Schicksals. Besonderes Gewicht erhält der Hinweis, daß die im Rahmen der Verfassung durchgeführten Agrarreformen von Ministerpräsident Pjotr Stolypin das Bauernproblem gelöst und damit ein tragfähiges soziales Fundament für eine demokratische Ordnung geschaffen hätten – wären ihnen nur etwa zwanzig Jahre Dauer beschieden gewesen. Denn diese Reformen sollten die archaische bäuerliche Landgemeinschaft durch Privatbewirtschaftung ersetzen und dem ländlichen Rußland auf diese Weise mehr Wohlstand und Stabilität bringen – Stolypin setzte, mit eigenen Worten, »auf die Starken und Nüchternen«. Daß Rußland diese Hoffnungen nicht erfüllte, war liberaler Auffassung zufolge auf den »unglücklichen Zufall« des Ersten Weltkriegs zurückzuführen, der die noch ungefestigten neuen Strukturen des Landes so sehr erschütterte, daß die Bolschewiki, Nachkömmlinge der Verschwörergruppen der siebziger Jahre des vergangenen Jahrhunderts, durch den »Staatsstreich« vom Oktober 1917 an die Macht gelangen konnten. Damit hatte sich Rußland den Weg zur Demokratie verlegt, und das Land fiel in einen Despotismus zurück, wie es ihn schlimmer noch nicht gekannt hatte.

Aus der liberalen Sicht der Dinge ergeben sich drei grundlegende historische Fragen: Wie gut waren während des konstitutionalistischen Experiments und vor dem Schock des Ersten Weltkriegs Rußlands Aussichten, das Endziel Demokratie zu erreichen? Wie gut waren sie nach dem Sturz der Monarchie im Februar 1917, inmitten der Kriegswirren? Und in welchem Maße haben die soziale Entwicklung im Inneren einerseits und die Auswirkungen des externen Faktors Krieg andererseits zum Mißlingen der Demokratie und zum Sieg des Bolschewismus beigetragen? Nur im Zusammenhang dieser drei Fragen ist eine Auseinandersetzung über das Wesen der bolschewistischen Bewegung und die Legitimität der Oktoberrevolution möglich.

STATION FEBRUAR

Der Charakter und die Schwächen des nach 1905 entstandenen politischen Gebildes »Schein-Konstitutionalismus« sind bereits beschrieben worden. Wie aber sah das soziale Umfeld aus, in dem dieses System in den Jahren bis 1914 seine Funktionen ausübte? Die drei erwähnten allgemeinen Fragen lassen sich nur mit Blick auf dieses Umfeld beantworten.

Als das Experiment einer Verfassung seinen Anfang nahm, betrug die Bevölkerungszahl des russischen Reichs annähernd 170 Millionen.

80 Prozent davon waren Bauern, von denen nur etwa 15 Prozent ihr Land als Einzelbauern frei bewirtschafteten, während über 50 Prozent in die uneingeschränkte Feldgemeinschaft der Dorfkommune eingebunden waren. Dazu kamen die Überbevölkerung und der Beschäftigungsmangel vor allem in den zentralrussischen Gouvernements, eine Situation, die nach Ansicht der Bauern dadurch zu bessern war, daß Teile der Ländereien konfisziert wurden. Diese Annahme traf zwar keineswegs zu, doch der »Landhunger« der Bauern war unzweifelhaft eine der großen Triebkräfte des russischen Soziallebens. Kurz, Stolypins Reformen hatten in den wenigen Jahren bis 1917 keinen durchgreifenden Wandel schaffen können, und die Bauernschaft blieb gegenüber den 200 000 Angehörigen des Adels ein bedeutender Instabilitätsfaktor.

Erst im neunzehnten Jahrhundert hatte sich in Rußland ein Netz größerer Städte entwickelt. St. Petersburg erreichte 1897 die Millionengrenze, Moskau fünf Jahre darauf. Im Jahr 1917 war die Einwohnerschaft beider Städte auf über zwei Millionen gewachsen. Die städtische Gesamtbevölkerung, überwiegend Bürger der Mittelschichten und Staatsbeamte der verschiedenen Dienstränge, machte 1914 etwa zehn bis zwölf Millionen aus. Die Zahl der Industriearbeiter lag bei drei bis dreieinhalb Millionen, dazu kamen eine Million Angestellte der Staatsbahnen. Ob man diese Gruppe als Proletariat bezeichnet, ist eine Frage der Politik und Ideologie – ihre materiellen Verhältnisse jedenfalls waren kümmerlich und ihre gewerkschaftlichen Rechte begrenzt. Die Arbeiter galten darum sowohl bei der Regierung als auch bei den revolutionären Parteien als »gefährliche« Elemente, besonders im Hinblick darauf, daß sie in den großen städtischen Zentren und entlang von Hauptverkehrsadern konzentriert waren. So stellten die neuen großen Städte neben den alten Dörfern die zweite radikale Kohorte der russischen Gesellschaft.

Diese allgemein bekannten elementaren Tatsachen werden oft als das Umfeld dargestellt, aus dem die Oktoberrevolution sozusagen als spontaner sozialer Selbstzünder mehr oder weniger zwangsläufig hervorging. Doch Situationen von vergleichbarer sozialer Instabilität hat es im Lauf des zwanzigsten Jahrhunderts in Ländern mit einer rapiden Industrialisierung – von Brasilien bis Südkorea – immer wieder gegeben, ohne daß sie zu marxistischen Revolutionen geführt hätten. Für ein Unternehmen von so eminenter Tragweite, wie es der weltweit erste Sprung vom Kapitalismus in den Sozialismus darstellt, sind drei Millionen »Proletarier« in einer Gesamtbevölkerung von 170 Millionen keine besonders eindrucksvolle soziale Basis. Es müssen also zweifellos andere Faktoren zu diesem Ergebnis beigetragen haben. Und diese Faktoren liegen nicht im sozialen und ökonomischen, sondern im politischen und ideologischen Bereich.

Zu diesen politischen Faktoren gehört in erster Linie die Unvollständigkeit der 1905 in Kraft gesetzten verfassungsmäßigen Ordnung. Nicht mehr militärische Selbstherrschaft und noch nicht konstitutionelle Demokratie war dieses System ein hinfälliger Kompromiß, dessen Ende sich absehen ließ: Früher oder später mußte die Souveränität eindeutig an das Volk oder die Nation übergehen – seit dem siebzehnten Jahrhundert hatten alle Repräsentativsysteme Europas diese Entwicklung genommen. Doch dieser Prozeß hatte Zeit gekostet und zu einer Reihe politischer Erhebungen geführt. England brauchte fast ein halbes Jahrhundert – von 1640 bis 1688 –, um die absolute Monarchie in eine konstitutionelle Oligarchie zu verwandeln und dann ein langes neunzehntes Jahrhundert, um das allgemeine Wahlrecht zu ergänzen. In Frankreich nahm der Schritt von der absoluten Monarchie zum endgültigen allgemeinen Wahlrecht der Republik die Jahre 1789 bis 1875 in Anspruch. Die großen Außenseiter sind in diesem Zusammenhang die Vereinigten Staaten: »Das Land genießt die Ergebnisse der Revolution, die sich bei uns vollzieht, ohne sie selbst erlebt zu haben«[1], konstatiert Tocqueville. Seine Menschen, so sagen es die Amerikaner selbst nicht ohne Stolz, sind »frei geboren«. Deutschland, Italien und Japan – wir lassen die erfolgreichen kleineren Nationen Nord- und Westeuropas beiseite – erhielten eine gefestigte Demokratie erst nach ihrer Niederlage im Zweiten Weltkrieg.

Für die meisten Nationen also war der Weg zur konstitutionellen Demokratie lang, steinig und qualvoll. Selbst wenn man in Rechnung stellt, daß sich im zwanzigsten Jahrhundert alles schneller vorwärtsbewegt als im siebzehnten, kann dennoch allein ein unerschütterlicher Glaube zu der Annahme verleiten, das Experiment der russischen Verfassung hätte nach nur zwölf Jahren Dauer reelle Aussichten gehabt, sein demokratisches Ziel ohne weitere revolutionäre Zwischenfälle zu erreichen.

Tatsächlich trieb die soziale und politische Situation in Rußland nach 1912 erneut auf eine Krise zu, die zur zweiten Konfrontation von Monarchie und Gesellschaft führte. Die liberale Agitation für eine Verfassung lebte neu auf, ebenso die Militanz in der Arbeiterschaft, diesmal unter sozialistischer statt liberaler Führung, während die Bauern wie schon seit Beginn des Jahrhunderts mürrisch abseits standen. Gleichzeitig stemmte sich die Regierung nach der Ermordung Stolypins gegen jede weitere Veränderung. Mit einem evolutionären Wandel war daher immer weniger zu rechnen, und entsprechend wuchs die Wahrscheinlichkeit von Aktionen außerhalb der Legalität. Kurz, das Land trieb auf eine akute Verfassungskrise zu. Da Nikolaus II. nicht willens war, sich auf den Status seiner britischen Vettern herabstufen zu lassen, konnte er nur mit Gewalt zum Einlenken oder zum Rücktritt veranlaßt werden, und Gewalt war der erste Schritt zur Revolution.

Die Frage war nur, welches Ausmaß eine solche Revolution annehmen würde, was wiederum davon abhing, ob die Krise im Frieden oder, wie 1905, während eines Krieges zum Ausbruch kam und welcher Art dieser Krieg gegebenenfalls sein würde. Bekanntlich fand die Krise tatsächlich inmitten eines epochalen Krieges statt. Doch wie hätte eine zweite, in eine Periode des Friedens fallende russische Revolution ausgesehen? Was sich dazu überhaupt sagen läßt, muß aus den tatsächlichen Ereignissen von 1917 sowie aus den Parallelfällen anderer europäischer Revolutionen in Friedenszeiten extrapoliert werden.

Zweierlei indessen läßt sich zu Beginn dieses kurzen Exkurses in eine Geschichte, die nicht Wirklichkeit wurde, mit annähernder Gewißheit festhalten. Erstens: Krieg oder Frieden, gleichviel – für eine Situation wie die russische im Jahr 1914 sind nur drei Lösungen denkbar: Die konstitutionelle Demokratie gewinnt in der ersten Runde; die sozialistische Linke ergreift die Macht, oder die Monarchie und die Rechte stellen die Ordnung wieder her. Zweitens: Der Revolution gegenüber, das ergibt sich aus ihrer Eigenart, sind die liberalen Verfassungskämpfer von vornherein im Nachteil; denn der Konstitutionalismus ist *seinem* Wesen nach unvereinbar mit Gewalt und extralegalen Mitteln. In welchem Maß also Gewalt eingesetzt würde, um die Monarchie zu Kooperation oder Kapitulation zu zwingen, es bestand in jedem Fall die Gefahr, daß Aktionen außerhalb der Legalität ihre Eigendynamik entwickeln und außer Kontrolle geraten könnten. Vor demselben Dilemma, das keine russische Eigentümlichkeit ist, stand 1640 das englische Parlament, standen 1789 die französischen Reichsstände. Beide verloren den Kampf in der ersten Runde gegen einen starken Mann. Es scheint das Schicksal der Verfassungsparteien zu sein, daß sie erst in einer zweiten Runde endgültig zum Erfolg kommen.

Ein Grund für das Scheitern der »gemäßigten« englischen Revolution liegt darin, daß sie bekanntlich keine Revolution in Friedenszeiten war, sondern durch begrenzte militärische Auseinandersetzungen mit Schottland ausgelöst und nachfolgend durch einen größeren Krieg gegen Irland radikalisiert wurde. Aber auch die Beispiele für Revolutionen im Frieden sind nicht ermutigend. Die Französische Revolution hatte im Frieden begonnen und zwei Jahre später einen internationalen Krieg entfesselt, der zum Bürgerkrieg und zu einer allgemeinen Radikalisierung führte. Auch die achtundvierziger Revolutionen brachen in Friedenszeit aus und führten, obwohl sie weit weniger radikal waren als das große Vorbild von 1789, überall zur Errichtung autoritärer Herrschaftssysteme. Und zwar weitgehend deshalb, weil in Frankreich ebenso wie in Österreich und Preußen die bäuerliche Mehrheit der Bevölkerung die Wiederherstellung der Ordnung unterstützte und so die radikale städtische Unterschicht isolierte, ein Vorgang, der sich in drastischerer Form in der aus einem Krieg hervorgegangenen Pariser Kommune von 1871 wiederholte.

Auch Rußland war überwiegend bäuerlich und die russische Bauernschaft radikal – eine Ausgangslage, die der französischen Konstellation von 1789, nicht aber der von 1848 oder 1871 glich. Bei einer Revolution in Friedenszeit hätten die Bauern zweifellos Land gefordert und dieses auch erhalten. Selbst die »Kadetten« waren dazu bereit, wenn der Adel entschädigt wurde: Die Sozialisten wollten es bedingungslos übereignen, wie es 1917 dann auch geschah. Aber selbst im Frieden hätte ein solcher Transfer enorme, schroffe und vermutlich chaotische Umwälzungen mit Zündstoff für zivile Unruhen bedeutet. Wäre eine neugewählte Verfassunggebende Versammlung damit besser fertig geworden als die französische Nationalversammlung von 1789 mit der *grande peur* und der Nacht des vierten August? Wie hätte eine Provisorische Regierung Rußlands auf eine städtische Revolte nach dem Muster der Pariser Junitage von 1848 oder auf den Moskauer Dezemberaufstand von 1905 reagiert? Wie hätte sie die unvermeidliche neue Erhebung Polens und seine Unabhängigkeitserklärung aufgenommen?

Das alles wissen wir nicht. Doch jede Reaktion einer neuen Regierung auf diese und ähnliche Probleme wäre weithin davon abhängig gewesen, wie schnell die Bauern ihre radikalen Positionen aufgaben, was bei den europäischen Bauern gewöhnlich nicht lange auf sich warten ließ, sobald sie einmal ihre eigenen Herren geworden waren. Dieser Faktor mußte vor

allem das Schicksal urbaner Arbeiterrevolten bestimmen, denen in einem
Agrarland der Erfolg versagt blieb, wenn die Bauern sich auf die Seite der
Regierung stellten. In diesem Fall konnte eine sozialistische Erhebung
das Land nur nach rechts drängen, und das Ergebnis gliche womöglich
dem einer anderen Revolution in Friedenszeiten – der spanischen in den
dreißiger Jahren.

Wie immer man sich eine russische Revolution in Friedenszeiten
vorstellt, kaum denkbar ist das Finale eines Roten Oktober. Die Sozial-
historiker sind zu dem überzeugenden Schluß gekommen, daß sich am
Vorabend des Krieges ein Aufstand in den Großstädten anbahnte; eine
Krisensituation im Frieden hätte mit größter Wahrscheinlichkeit einen
Ausbruch der Unruhen zur Folge gehabt.[2] Das ist nun aber keineswegs
mit einer bolschewistischen Machtergreifung und der Errichtung eines
»Arbeiterstaates« gleichzusetzen. Auch einer unbegrenzten Machtausübung durch die Bolschewiki samt Maximalprogramm zur Unterdrückung des Marktes und Verstaatlichung der gesamten Wirtschaft war
damit kein Weg geöffnet. Ein langfristiger »Aufbau des Sozialismus«
wäre bei einer Revolution im Frieden wohl ausgeschlossen gewesen. Weit
eher hätte ein Scheitern der konstitutionellen Demokratie zu einem der
nationalkonservativen Regime geführt, von denen Europa zwischen den
zwei Weltkriegen nur allzu viele kannte. Aber ein solches Regime hätte,
wie Francos Beispiel in Spanien zeigt, bei aller Brutalität des politischen
Kurses zumindest den Markt, das Privateigentum und die Grundlage
einer bürgerlichen Gesellschaft intakt gelassen.

Somit läßt sich als Antwort auf unsere erste Frage nur der eine Schluß
ziehen: Wäre Rußland der Schock des Ersten Weltkriegs erspart geblieben, hätte es dennoch eines Wunders bedurft, um Rußland den organischen und friedlichen Übergang in eine konstitutionelle Demokratie zu
ermöglichen.[3] Aber auch das schlimmste Friedensszenario, ein national-
konservatives Regime, hätte dem Land ein besseres Schicksal beschert,
als es ihm infolge dieses Krieges tatsächlich zuteil wurde.

Doch nur ein zweites Wunder hätte Europa und Rußland daran hindern
können, sich in diesen Krieg zu verstricken. Auf dem kleinsten der
Kontinente hatten sich fünf Großmächte zu zwei engen Bündnissen
formiert. Alle fünf waren bis an die Zähne bewaffnet und verfügten mit
der Ausnahme Großbritanniens über Volksheere auf der Grundlage allge-

meiner Wehrpflicht (ein Beispiel, dem auch Großbritannien bald folgen
sollte); ihre Gesellschaften waren in einem historisch beispiellosen Grad
militarisiert, eine Mobilmachung war, einmal angelaufen, kaum mehr
auszusetzen, und alle sahen sich überdies durch militärische Beistands-
verpflichtungen gebunden.

Dazu kommt, daß keiner der Beteiligten wirklich wußte, wie ein
moderner Krieg aussehen würde. Jeder dachte in Vorstellungen des
»Sechswochenkrieges« von 1866 oder schlimmstenfalls an die sechs Monate Krieg gegen Frankreich, in denen es nur acht Wochen lang zu
aktiven Kriegshandlungen gekommen war. Alle kriegsbereiten Parteien –
am sorglosesten vielleicht Rußland – konnten also einen gesamteuropäischen Konflikt ins Auge fassen, ohne sich darüber im klaren zu sein, daß
sein Zerstörungspotential groß genug sein würde, die Herrschaftsform
ihres Landes und die politische Ordnung ganz Europas zu vernichten. Es
ist sinnlos, Vermutungen darüber anzustellen, wie sich die soziale Polarisierung Rußlands im frühen zwanzigsten Jahrhundert ohne diese ständig
präsente Drohung gestaltet hätte – wären die Schüsse von Sarajewo nicht
gefallen, hätte vermutlich über kurz oder lang ein anderes Ereignis die
Katastrophe ausgelöst.

Der Krieg hat, indem er die Logik der innerrussischen Entwicklung
den Zufällen des von außen hereinbrechenden Geschehens unterwarf,
den Charakter der aufziehenden zweiten russischen Revolution von
Grund auf verändert. Angesichts der Entwicklungen vom Februar bis
Oktober 1917 läßt sich ihr Ablauf, an Hobbes anknüpfend, in drei Worten
zusammenfassen: »ekelhaft, tierisch und kurz«. Nur acht Monate trennten
den Sturz des russischen Ancien régime von der Proklamation der ersten
sozialistischen Regierung der Welt durch die neuen bolschewistischen
Herren, eine Verdichtung geschichtlicher Abläufe, die in den Annalen
europäischer Revolutionen ohne Beispiel ist.

Der Grund für diese Beschleunigung war ein ebenso beispielloses
Geschehen im europäischen Leben, der erste »totale Krieg«, wie einer
seiner großen Meister, General Erich von Ludendorff, ihn nannte.[4] Zum
ersten Mal wurde in allen kriegführenden Ländern mehr oder weniger
erfolgreich die gesamte Bevölkerung mobilisiert, um sich entweder direkt
an den Kampfhandlungen zu beteiligen oder sie durch Arbeit an der
Heimatfront zu unterstützen. Das normale politische Leben war suspen-
diert, die Wirtschaft dem Staat und militärischen Zwecken unterstellt, aus

Kultur wurde Propaganda, und das Privatleben stand im Schatten öffentlicher Zwecke. Keine Sozialordnung übersteht derartige Eingriffe unverändert, am wenigsten eine so brüchige und labile, wie es die russische war. In Rußlands Wirtschaft, Gesellschaft und politischem System blieb nichts, wie es vor 1914 gewesen war.[5]

Zunächst wurden im Lauf der Feindseligkeiten etwa elf Millionen Männer mobilisiert. Davon waren 1917 acht Millionen, das heißt das Doppelte der Bevölkerung St. Petersburgs und Moskaus, über die rund 3200 Kilometer lange Frontlinie von der Ostsee bis zum Schwarzen Meer verteilt. Bis 1917 hatten diese Streitkräfte außerdem ungefähr drei Millionen Tote und Verwundete zu beklagen, in absoluten Zahlen die meisten unter allen kriegführenden Nationen. Für die Überlebenden war Gewalt zur Lebensform geworden. Dennoch schienen diese ungeheuren menschlichen Opfer umsonst zu sein, denn drei Jahre lang erlebte die kaiserliche Armee eine Niederlage nach der anderen, und im Jahr 1917 hatte das Zarenreich einen bedeutenden Teil seiner westlichen Gebiete verloren.

Die Entfernung einer so großen Anzahl von Arbeitskräften aus dem Wirtschaftsprozeß trug wesentlich zur Auflösung der Wirtschaft bei, die bereits durch andere Faktoren untergraben worden war. Erstens hatte die Blockade der Ostsee- und Schwarzmeerhäfen durch die Mittelmächte die russischen Getreide- und Rohstoffexporte unterbunden und das Land damit um hohe Steuererträge gebracht. Die Blockade verhinderte auch den Import wichtiger Industrie- und Konsumgüter. Auf dem Land stauten sich infolgedessen die Nahrungsmittel, an deren Verkauf die Bauern wegen der Konsumgüterverknappung wenig Interesse hatten, und in den Städten kündigte sich eine Versorgungskrise an. Gleichzeitig monopolisierte die Kriegsmaschinerie Transportmittel, Industriegüter und Treibstoffe, so daß die Lebensmittellieferungen an die städtische Zivilbevölkerung weiter zurückgingen. Angesichts erdrückender Kriegskosten und schwindender Steuereinnahmen war der Staat außerdem dazu übergegangen, Notgeld zu drucken. Damit hatte er die erste große Inflation des Jahrhunderts eingeleitet, welcher dem Nachfrageüberhang innerhalb der Gesamtökonomie Auftrieb gab. Und schließlich war die zaristische Regierung, die weniger intensive Verbindungen zur modernen Geschäftswelt pflegte als die Regierungen der übrigen kriegführenden Länder, auch weit weniger versiert in der Organisation einer Kriegswirtschaft, was die ökonomischen Auflösungstendenzen verstärkte.

An der politischen Front war unterdessen die Halb-Verfassung von 1905/06 praktisch aufgehoben.* In jedem Krieg sind Legislative und richterliche Gewalt auf Kosten der politischen Exekutive geschwächt; in Rußland jedoch ging dieser Prozeß weiter als üblich, denn Nikolaus II., der die Einschränkung der unumschränkten Herrschaft niemals wirklich akzeptiert hatte, nutzte den militärischen Ausnahmezustand, um weitgehend ohne die Duma und damit auch ohne die angebotene Unterstützung der Opposition zu regieren. In dieselbe Zeit fielen der Aufstieg Rasputins und sein wachsender Einfluß auf die Zarin Alexandra, die, während der Zar an der Front weilte, faktisch die Regierungsgewalt ausübte. Das Vorgehen des Zaren und die Verhältnisse am Hof wurden von der Opposition als eine Art *coup d'état* gegen die Verfassung gewertet.

Damit sah sich die liberale Opposition zu einem Gegenschlag veranlaßt: Ein neugebildeter Fortschrittlicher Block im Parlament, der die Parteien von den »Kadetten« bis zu den gemäßigten Konservativen umfaßte, verlangte eine Regierung, die das Vertrauen des Volkes besäße, eine Forderung, die praktisch auf eine echte Verfassung abzielte. Damit war zusätzlich zu einer drohenden militärischen Niederlage und einer weithin zerrütteten Wirtschaft eine Verfassungskrise ausgebrochen. Nur das Zusammentreffen dieser Umstände konnte bewirken, daß aus den sozialen Unruhen, die im Februar unter den Arbeitern Petrograds ausbrachen, die Februarrevolution von 1917 wurde.

Die Revolution war eine kurze, heftige Explosion.[6] Demonstrationen, mit denen die Arbeiter in den letzten Februartagen gegen die Nahrungsmittelknappheit protestierten, eskalierten zu Streiks in der Industrie und schließlich zu politischen Massendemonstrationen gegen den Krieg und die Autokratie. Die Zwischenfälle wurden zu einer Revolution, als die Bauernsoldaten der Petrograder Garnison sich weigerten, die Menge mit Waffengewalt auseinanderzutreiben, und damit die Regierung in ihrer Hauptstadt ausschalteten. Und diese Revolution hatte gesiegt, als der Fortschrittliche Block in der Duma eingriff, die Monarchie suspendierte und eine Provisorische Regierung einsetzte, um die Situation zu stabilisieren, und dieses Vorgehen vom Oberkommandierenden des Heeres gebil-

* Die Daten für die Ereignisse von 1917 werden nach dem Julianischen Kalender (= Alter Stil, a. St.) angegeben, der bis zum 1. (14.) Februar in Rußland gültig war und im zwanzigsten Jahrhundert 13 Tage hinter dem Gregorianischen Kalender des Westens (= Neuer Stil, n. St.) zurückblieb.

ligt, Nikolaus damit also zur Abdankung gezwungen wurde. So war das russische Ancien régime innerhalb von fünf Tagen wie ein Kartenhaus zusammengebrochen, ohne auch nur den geringsten Widerstand zu leisten.

Waren es auch die Arbeiter, die diesen Prozeß in der Hauptstadt in Gang gesetzt hatten, als entscheidende revolutionäre Kraft wirkte der Bauer in Uniform, dessen Gehorsamsverweigerung die kaiserliche Regierung neutralisierte. Zu betonen ist allerdings, daß ihn dazu in erster Linie nicht die soziale Solidarität mit den Arbeitern trieb – die zweifellos nicht fehlte –, sondern der Widerwille gegen den Krieg. Doch wäre aus dieser Meuterei allein noch keine Revolution hervorgegangen – die Verfassungskrise mußte hinzukommen. Die Lähmung der Staatsgewalt bedeutete, daß weder die diskreditierte staatliche Autorität noch die unorganisierte Opposition den Willen und die Mittel aufbringen konnte, sich den Eruptionen der Straße zu widersetzen. Das Ergebnis dieser Schwäche war ein restloser Zerfall der öffentlichen Ordnung von der Polizei bis zur lokalen Verwaltung, die sich in Nichts aufzulösen schienen. Die Vollständigkeit dieses Zusammenbruchs legte den Grund für die Ohnmacht der Provisorischen Regierung, die das Erbe des bankrotten Alten Regimes antrat.

Die neue Regierung ging aus den Reihen des Fortschrittlichen Blocks hervor und wurde zunächst von den »Kadetten« dominiert, war jedoch von Beginn an das Faustpfand der Arbeiter und Bauern, deren Rebellion ihr zur Macht verholfen hatte. Überdies hatten die sozialistischen Intellektuellen keine Zeit verloren, diese Kräfte zu organisieren: Es entstand der »Rat« (»Sowjet«) der Arbeiter- und Soldatendeputierten, der inmitten der Februarwirren seinen berühmten »Befehl Nr. 1« erließ, der die Armee demokratisieren sollte, tatsächlich aber das Offizierskorps handlungsunfähig machte und so die Macht der neuen Regierung über ihre Streitkräfte untergrub. Das heißt, die Provisorische Regierung war keine Regierung, sondern wenig mehr als eine provisorische administrative Instanz, deren Funktionsfähigkeit vom guten Willen des Sowjet abhing, in dem sich das Mißtrauen der »Massen«, der Arbeiter und Soldaten, gegenüber den »bourgeoisen« und »kapitalistischen« Ministern artikulierte.

ENDSTATION OKTOBER

Dieses System der gespaltenen Staatsgewalt und des institutionalisierten Argwohns erhielt die Bezeichnung »Doppelherrschaft«. Die inhärente Schwäche eines solchen Systems liegt auf der Hand. Es mußte sein absehbares Ende darin finden, daß eine der beiden Machtgruppen die andere eliminierte.

Aus der »Doppelherrschaft« entwickelte sich infolgedessen zwangsläufig der so oft mit epischem Pathos geschilderte politische Kampf zwischen der »bürgerlichen« Provisorischen Regierung und dem sozialistischen Sowjet.

Die wohlbekannte Geschichte der acht Monate vom Februar bis zum Oktober verlief in vier Phasen. Zunächst versuchten die tonangebenden »Kadetten«, mit Rücksicht auf die Kampfkraft der Armee und eine siegreiche Beendigung des Krieges, weitere radikale Neuerungen zurückzustellen. Diese Politik der Unterstützung der Kriegsanstrengungen führte im April zu einer Krise, in deren Verlauf die Menschewiki und Sozialrevolutionäre im Sowjet die Provisorische Regierung dazu verpflichteten, in der Kriegsfrage eine »demokratische« und rein »defensistische« Haltung einzunehmen. Unter dem Druck der Umstände, die eine Stabilisierung durch Bildung einer Notkoalition wünschbar erscheinen ließen, traten sie jedoch gleichzeitig neben den »Kadetten« der Regierung bei und mußten die Rolle der harten Linksopposition den Bolschewiki überlassen. In diesem günstigen Augenblick kehrte Lenin aus dem Exil nach Rußland zurück und schwor seine bis dahin unentschieden taktierende Partei in den »Aprilthesen« auf ein klare Linie ein: »Nieder mit dem Krieg«, »Nieder mit der Provisorischen Regierung« und »Alle Macht den Räten«.

Die zweite Phase, von der Aprilkrise bis zu den Julitagen, war von einem rapiden Erstarken der revolutionären Dynamik gekennzeichnet. Der neue sozialistische Verteidigungsminister Alexander Kerenski rief pathetisch und realitätsblind zu einer »demokratischen Offensive« auf, die den Beweis für die Kraft des wiedergeborenen Rußlands erbringen und in der Folge alle kriegführenden Parteien an den Verhandlungstisch führen sollte. Die einzigen Nutznießer dieser Politik waren die Bolschewiki, die von einem Propagandaerfolg zum nächsten eilten. Im Juli übernahmen sie sich bei einem zweideutig inszenierten Griff nach der Macht, einem Umsturzversuch, dem die sozialistischen Partner in der

Regierung entgegentraten, und Lenin tauchte nach dieser Niederlage bis zum Oktober in Finnland unter.

An den Rückschlag für die Mehrheitssozialisten schloß sich die dritte Phase an, die bis zum Ende des Sommers dauerte. Wie zu erwarten, löste die Linkswelle, die die Monate April bis Juni bestimmt hatte, einen verstärkten Rechtstrend aus. Im Juli und August brachte dieser Gegenschlag Versuche, die Doppelherrschaft zu beenden, den Sowjet auszuschalten und den Krieg weiterzuführen. Im Mittelpunkt dieser Unternehmungen stand der neue Oberkommandierende, General Lawr Kornilow, der mit seinem Militärputsch vom August scheiterte – ein Ausgang, der unzweifelhaft machte, daß die russische Rechte ein Papiertiger war und nicht über durchschlagende Kräfte verfügte.

Damit war der Weg für die Linke geebnet und die vierte Periode eingeleitet, die zum Oktober führte. Während der Herbstmonate wurde die Provisorische Regierung – mit Kerenski als Ministerpräsidenten – zusehends zum Phantom, und nichts hinderte Lenins Bolschewiki daran, die andere Hälfte der »Doppelherrschaft«, den Sowjet, zu ihrer Plattform zu machen. Sie nutzten ihn als Operationsbasis zur Vorbereitung ihres offen deklarierten Ziels, die Provisorische Regierung, um mit Trotzki zu sprechen, auf den Kehrichthaufen der Geschichte zu befördern.

Die sogenannte Oktoberrevolution war ein »bewaffneter Aufstand«, den die Partei durchführte, die sich dazu des Petrograder Sowjets bediente.[7] Gegen den Willen der pragmatisch denkenden Kollegen im ZK, Grigori Sinowjew und Lew Kamenew, die sich für eine Abstimmung im bevorstehenden Gesamtrussischen Kongreß der Arbeiter- und Soldatenräte aussprachen, hatte Lenin auf einer militärischen Durchführung des Machtwechsels bestanden. Wie Marx dachte er den Klassenkampf buchstäblich als Krieg, mit selbstverständlichem Einsatz physischer Gewalt. Nur so ließ sich angemessen demonstrieren, auf welcher Seite die Macht lag. Dieselbe wörtliche Bedeutung gab er der Marxschen Losung: Enteignet die Enteigner, wenn er die Massen aufforderte, »das Gestohlene zu stehlen« *(grabit nagrablennoe)* – und er verstieß damit nicht gegen die Marxsche Theorie von der Notwendigkeit des Geschichtsverlaufs, die bewaffnete Gewalt als wesentliches Element einschließt. Wenn also die Partei dem Sozialismus in Zukunft mit dauernder Gewaltanwendung zur Durchsetzung verhalf, hatte ihr Lenin das erste Beispiel gegeben.

Nach dem Putsch von Kornilow drängte Lenin von Finnland aus auf den Umsturz, setzte massiven Druck ein und hatte am 10. Oktober das Zentralkomitee so weit überzeugt, daß es sich mit zehn gegen zwei Stimmen »grundsätzlich« für eine solche Aktion aussprach. Die Organisation des Aufstandes jedoch wurde zur Aufgabe Trotzkis, der den Staatsstreich der Partei – Lenins ausdrücklicher Anweisung zuwider – so weit hinausschob, daß er mit dem bevorstehenden Gesamtrussischen Sowjetkongreß zusammenfiel, um den Aktionen so den Anstrich proletarischer Legitimität zu verleihen. Auf Trotzki geht auch die Bildung des Revolutionären Militärkomitees zurück, das, als Organ des Sowjets geplant, von den Bolschewiki dominiert wurde und den eigentlichen Umsturz in der Hauptstadt durchführte.

Mit anderen Worten, diese »Revolution« war kein Massenereignis wie die revolutionären Unruhen im Februar, sondern die bewaffnete Militäraktion einer Minderheit. Noch genauer – was sich abspielte, war eine Polizeioperation, ausgeführt von Amateuren – dem Militärkomitee, ein paar Marinesoldaten der Ostsee-Flotte und einer Handvoll Rotgardisten aus den Arbeitermilizen, die in der Nacht vom 24. auf den 25. Oktober die Nervenzentren der Kapitale besetzten. Das »Proletariat« von Petrograd und die Garnisonstruppen waren in ihrer überwältigenden Mehrheit neutral. Da die Provisorische Regierung keine Streitkräfte zur Verteidigung aufbieten konnte, hatten die Bolschewiki nichts Nennenswertes umzustürzen – Lenin sagte es: »Die Macht lag auf der Straße, und wir brauchten sie nur aufzulesen.«

Mit der Machtergreifung im Oktober war das Risikokalkül der »Aprilthesen«, an dem Lenin unbeirrbar festhielt, aufgegangen. Der Führer der Bolschewiki, dessen Name in Rußland den meisten fremd und jenseits der Grenzen unbekannt war, übernahm den Vorsitz im Rat der Volkskommissare der Russischen Sowjetrepublik, einer Regierung, die nichts anderes war als die zur Macht gelangte eigene Partei. Die neuen Machthaber veröffentlichten unverzüglich zwei dramatische Erlasse – der erste, »Über den Frieden«, forderte einen Verhandlungsfrieden, mit anderen Worten Rußlands einseitigen Rückzug aus den Kampfhandlungen. Das *Landdekret* verfügte die Nationalisierung des adligen und staatlichen Grundbesitzes, was wenig mehr bedeutete als eine Legalisierung der bereits erfolgten Agrarrevolution. Der Umbruch war, wie Lenin es am Abend der Machtübernahme Trotzki gegenüber äußerte, »schwindelerregend«.

Ein Gefühl des Staunens über den bolschewistischen Sieg hat sich bis in die modernen Geschichtsbücher hinein erhalten und zu einer weiteren historischen Frage geführt. Die Tatsachen, daß die bolschewistische Partei im wesentlichen Lenins persönliche Schöpfung war und sein unnachgiebiges Beharren auf einem bewaffneten Aufstand als die treibende Kraft gelten muß die zum Oktoberumsturz führte, könnten den Schluß naheleren, daß es ohne Lenin keine bolschewistische Machtergreifung und folglich kein Sowjetregime gegeben hätte.

Diese überspitzte Version der Theorie von der entscheidenden geschichtlichen Leistung des »großen einzelnen« ist wiederholt vorgetragen worden. Selbst Trotzki, der als Marxist dem Primat der objektiven sozialen Gesetzmäßigkeit des geschichtlichen Fortschritts verpflichtet war, schien geneigt, den bolschewistischen Sieg ausschließlich Lenin zugute zu halten. Die Ereignisse des Jahres 1917 – vom »Befehl Nr. 1« im Februar bis zum Auftauchen der Linken Sozialrevolutionäre im Oktober – hätten Trotzki zur Vorsicht mahnen sollen: Die russische Linke, das zeigte sie deutlich genug, bot auch ohne Lenin breiten Raum für eine radikale Partei, die auf »Revolution jetzt« drängte. Darüber hinaus ist zu bedenken, daß Lenins Partei vor dem Oktober zwar die straffste Hierarchie unter den russischen Parteien aufwies, aber noch nicht der spätere monolithische Apparat war, den die Führungsspitze nach ihrem Gutdünken steuerte.

Gerade Trotzkis eigene geschichtliche Rolle ist geeignet, ihn Lügen zu strafen, wenn er Lenin die alles entscheidende Bedeutung zuschreibt, und sie weist überdies auf die Durchlässigkeit der Partei von 1917 hin. Der Menschewik Trotzki, der sich sich erst im Juni den Mehrheitssozialisten anschloß, war im Oktober mit der Organisation des Machtwechsels betraut. Er handelte sogar im Widerspruch zu Lenins ungeduldigen Direktiven, als er im Bemühen um ein »proletarisches« Alibi die Machtübernahme mit dem Rätekongreß synchronisierte. Soviel Lenin zum Anschub des Unternehmens beigetragen hatte, mit der Durchführung hatte er nichts zu tun – als die Ereignisse ihren Anfang nahmen, weilte er in seinem Versteck in Finnland. Schon eher ist man geneigt, ihm in seiner langjährigen Rolle als Architekt der Parteiorganisation Unersetzlichkeit zuzubilligen; doch selbst hier gab es 1917 bereits kleine Lenins, wie Iwan Smilga an der Nordfront (mit dem Lenin gegen sein gemäßigteres Zentralkomitee konspirierte), die möglicherweise eine ähnlich maximalistische Politik verfolgt hätten.

Entscheidender ist allerdings, daß die im April formulierte Strategie des alles oder nichts nur in den außergewöhnlichen gesellschaftlichen Verhältnissen greifen konnte, die die Kriegsjahre in Rußland geschaffen hatten. War die stützende Nabe des extrem zentralisierten autokratischen Systems einmal entfernt, brachen sämtliche abhängigen Strukturen des alten Reichs zusammen – das ist die zentrale politische Tatsache des Jahres 1917. Armee und Industrie, die ländliche Sozialstruktur, das Verwaltungssystem des Reichs in den großrussischen Gouvernements sowie an der Peripherie lösten sich soweit auf, daß das Land zu Ende des Jahres 1917 keine funktionierenden Organisationsstrukturen mehr besaß. Das Ergebnis war ein allgemeines Machtvakuum, ein universelles Interregnum in allen Belangen des nationalen Lebens. Das heißt, im Oktober standen die Reste des russischen Reichs zur Disposition, leichte Beute für jede politische Kraft, die über den Willen und die organisatorische Fähigkeit verfügte, sie zu übernehmen.

Die Dynamik des nationalen Zerfalls begann bei der Armee und wurde über die Dauer des Jahres vor allem durch den Krieg weitergetrieben.[8] Die Provisorische Regierung verfolgte das Ziel, den Krieg an der Seite ihrer Verbündeten zum siegreichen Ende zu führen. Der Sowjet wollte einen »demokratischen Frieden ohne Annexionen oder Kontributionen«. Nachdem man den verderblichen Auswirkungen des »Befehls Nr. 1« entgegengetreten war und die Disziplin wiederhergestellt schien, schwenkte die im April gebildete Koalitionsregierung aus Liberalen und Kommunisten in der Kriegsfrage auf einen Kompromißkurs ein und löste im Juni Kerenskis »demokratische« Offensive aus. Das paradoxe Unternehmen endete in einer Schlappe, untergrub einmal mehr die Disziplin in der Armee und führte zum bolschewistischen Juliputsch. Die Julieereignisse wiederum lösten im August die Revolte Kornilows aus, der die Räte beseitigen und auf diese Weise die Kampfkraft der Armee wiederherstellen wollte. Mit dem Scheitern dieses Versuchs waren Oberkommando und Offizierskorps endgültig diskreditiert. Von August an löste die Armee sich unmerklich und unaufhaltsam auf, die Bauern in Uniform zogen in Scharen heimwärts, um an der Umverteilung des Herrenlandes zu partizipieren. So waren alle politischen Krisen der Doppelherrschaft eine direkte Folge des Krieges, und umgekehrt hatte die Auswirkung dieser Krisen auf die Armee die Staatsmacht im Herbst vollständig ausgehöhlt. Der Name für einen derartigen Zustand ist Anarchie. Obwohl diese Anarchie noch nicht offen und gewalttätig in Erscheinung trat, existierte eine Regierungsgewalt zweifellos nicht mehr.[9]

Einzig diese Anarchie ermöglichte die große soziale Agrarrevolution von 1917, das heißt die Liquidierung des adligen Grundbesitzes und letzten Endes auch des russischen Adels als Klasse durch die Enteignungsaktionen der Bauern. Alle früheren Bauernerhebungen Rußlands konnten durch die immer einsatzbereite vordemokratische Armee niedergeschlagen werden.

Bei den Februarereignissen hatte der Bauer in Zivil keine aktive Rolle gespielt, doch als der Verfall der Staatsmacht sich im Laufe des Jahres beschleunigte, kam den Bauern allmählich zu Bewußtsein, daß die Erfüllung ihres jahrhundertealten Traums vom Besitz des russischen Bodens endlich zum Greifen nahe war. Die Provisorische Regierung hatte für einen geeigneten Zeitpunkt eine Konstituierende Versammlung in Aussicht gestellt, zu deren Aufgaben natürlich auch die Lösung der Agrarfrage gehörte. Man ging allgemein davon aus, daß dieses Gremium den bäuerlichen Begehren entgegenkommen würde. Die in Aussicht stehende Befriedigung ihrer Wünsche trug indessen nicht dazu bei, die unruhige Stimmung unter den Dorfbewohnern zu mäßigen, sondern verstärkte die Ungeduld. Während des Sommers gingen die Bauern aus eigenem Antrieb gegen den Adel vor. Sie entdeckten bald, daß die weder nennenswerten Widerstand noch Sanktionen zu fürchten brauchten, und als im Herbst die staatliche Autorität praktisch lahmgelegt war, schritten sie zu umfassenden Enteignungen des adligen Grundbesitzes. Die Aktionen beschleunigten die Auflösung der Armee. Die Bauernsoldaten strömten in ihre Heimatregionen, um bei der großen Landverteilung nicht abseits zu stehen. Zu größeren Gewalttätigkeiten oder gar Bluttaten kam es im Verlauf dieser Revolution nicht: Den Bauern war es um ihre ökonomischen Interessen, nicht um soziale Vergeltung zu tun. Doch sie gingen äußerst gründlich vor, und bis zum Winter war die in älteste Zeiten zurückreichende ländliche Sozialstruktur beseitigt, die auf dem Verhältnis Grundherr-Bauer beruhte und zur Hierarchie der Armee, der Beziehung Offizier-Soldat, immer in engster Verbindung stand.

Während sich diese Ereignisse im großrussischen Kernland abspielten, spürten auch die unruhigen Grenznationalitäten, daß die Zeit gekommen war, die Selbstbestimmung zurückzugewinnen. Diese Bewegung verlief meistenorts in zwei Phasen: Im Sommer 1917 wurden Forderungen nach

Autonomie laut, und um die Jahreswende erklärten die Regionen ihre Unabhängigkeit. Führer dieser Unabhängigkeitsbewegung waren das Großfürstentum Finnland im Norden und die Ukrainische Rada (»Sowjet«) in Kiew. (Polen, die aufsässigste unter den Grenznationen, war bereits von den Deutschen besetzt.) Anfang 1918 erreichten die Unruhen auch die baltischen Staaten und die transkaukasischen Nationen. So ging das russische Großreich, das durch Eroberungen geschaffen und mit Gewalt zusammengehalten worden war, den Weg der Armee, der es seine Entstehung verdankte.

Im Laufe des Jahres 1917 zerbröckelten gleichzeitig alle Strukturen des alten Rußland – Staatsmacht, Armee, Wirtschaft, lokale Verwaltung sowie die städtische und ländliche Gesellschaft. Damit ist die zweite der Fragen beantwortet, die das Kapitel einleiteten: Mitten in einem allgemeinen Zusammenbruch dieses Ausmaßes war die Bildung einer dauerhaften konstitutionellen Demokratie zum Scheitern verurteilt. Mit einem Versuch, den revolutionären Prozeß in seiner Entfaltungsphase zurückzubinden, hätte jede Regierung ihre Glaubwürdigkeit eingebüßt. Von Kritikern wurde später beklagt, daß die Maßnahmen ausblieben, die den Bolschewiki den Wind aus den Segeln genommen hätten. Doch selbst wenn die Provisorische Regierung entschlossen und ohne Aufschub eine Konstituierende Versammlung einberufen hätte, um einen Separatfrieden zu schließen und die Verteilung des Landes an die Bauern vorzunehmen – das erwünschte Ergebnis wäre kaum erzielt worden. Denn diese Maßnahmen entsprachen im wesentlichen der bolschewistischen Politik. Ihre Wirkung wäre revolutionär und sozial brisant gewesen; sie hätten damit das Chaos der Anarchie vertieft, ohne der Provisorischen Regierung die neuen Zwangsmittel zu seiner Überwindung in die Hand zu geben, mit denen die Bolschewiki so selbstverständlich umzugehen wußten.

Die Zerrüttung der bestehenden Ordnung, das ist die traurige Tatsache, war 1917 bereits unkontrollierbar geworden, und als der Prozeß sein Ende erreicht hatte, die Zerfallsenergien verbraucht waren, ließ sich nur noch über autoritäre Zwangsmaßnahmen zu einer neuen Ordnung finden. Wie der »Kadetten«-Führer Miljukow schon vor Herbstbeginn feststellte, blieb Rußland die Wahl zwischen Kornilow und Lenin. Da Kornilow und die Kräfte der traditionellen Ordnung, für die er stand, realiter keine wirksamen Kräfte mehr darstellten, blieben Lenin und die Bolschewiki, um die Scherben aufzulesen und eine Ordnung neuer Art zu entwerfen, sobald sich der große soziale Sturm gelegt hatte.

Als Ordnung dieser neuen Art im Übergang vom Kapitalismus zum Sozialismus wurde nach dem Oktober die »Diktatur des Proletariats« proklamiert. In Anlehnung an die Marxsche Analyse der Pariser Kommune hatte Lenin im Sommer 1917 in *Staat und Revolution* die direkte proletarische Demokratie der russischen Arbeiterräte als die Verwirklichung eines neuen »Kommunestaates« interpretiert. Damit galten die Räte als Basis der künftigen Diktatur und des neuen sozialistischen Staates.[10] Obwohl also die russische Arbeiterbewegung ihre »weltgeschichtliche« Bedeutung nur innerhalb eines allgemeinen nationalen Auflösungsprozesses erlangen konnte, erhielt dieser breitere Prozeß seine politische und ideologische Signifikanz tatsächlich durch das Agieren der Arbeiterklasse oder doch durch ein Agieren im Namen der Arbeiterklasse.

Aus diesem Grund geht es bei der Deutung der russischen Revolution, sei es im Osten oder im Westen, immer wieder vorrangig um das Verhältnis der Arbeiterklasse zur Partei der Bolschewiki. Die Frage ist von besonderer Dringlichkeit, denn alle Legitimität, die das sowjetische System aus eigener Sicht oder im Urteil ausländischer Beobachter einmal für sich beanspruchen konnte, gründete sich auf die Identität von Proletariat und Partei und damit auf die sozialistische Authentizität des Oktober.

PROLETARIAT ODER PARTEI?

Obwohl die Gleichsetzung von Bolschewismus und Arbeiterklasse nie ganz unbestritten war, versuchte eine dominante Strömung der Literatur vor 1991 die Oktoberrevolution in der Sozialgeschichte zu begründen, sie im besonderen zum Produkt der »Polarisierung«, des Antagonismus von Kapital und Arbeit zu machen. Dieses Deutungsmuster geht bis ins Revolutionsjahr 1917 zurück, als es erstmals die politische Debatte beherrschte. Es sei daran erinnert, daß im Jahr 1905 in der russischen Öffentlichkeit kaum von »Bourgeoisie« und »Proletariat« die Rede gewesen war, sondern im klassischen politischen Vokabular des Liberalismus vom Kampf gegen die zaristische Autokratie und für eine gesetzgebende Versammlung. Seinen marxistischen Stempel erhielt der politische

Sprachgebrauch erst während des konstitutionalistischen Experiments, und dieser Prozeß erreichte seinen Höhepunkt 1917, als die Spannungen virulent wurden, die der »imperialistische Krieg« hervorgerufen hatte.

Der Sprachwandel hatte seine konkreten Auswirkungen auf die Ereignisse von 1917. Da der Marxismus alle Politik auf Soziologie reduziert, wird der gezielte Einsatz von Macht im öffentlichen Leben verschleiert. Namentlich die Menschewiki erwiesen sich als Meister dieses Reduktionismus. Insbesondere verurteilten sie die bolschewistischen Umsturzgelüste als unbesonnenes Abenteuer, da die sozialistische Mehrheit hauptsächlich von Arbeitern unterstützt werde, die der rückständigen Bauernschaft erst jüngst entwachsen seien, während der Facharbeiter mit seinem genuin proletarischen Bewußtsein den Menschewiki zuneige. Die russisch-marxistische Methode, Politik auf die soziale Basis zu reduzieren, fand in der Nachkriegszeit ihren Niederschlag in den westlichen Darstellungen der Ereignisse von 1917. Der Einfluß ging so weit, daß westliche Untersuchungen es sich zur zentralen Aufgabe machten, das alte menschewistische Theorem von der zweifelhaften bolschewistischen Basis zu revidieren und den Nachweis zu erbringen, daß auch diese ein reifes proletarisches Bewußtsein besaß.[11] Einmal angenommen, das habe seine Richtigkeit – ändert sich damit etwas an der politischen Entwicklung, die zum Oktober führte, oder an den politischen Folgen des Umsturzes?

Zunächst einmal trifft es zu, daß 1917 eine zunehmende Polarisierung der oberen und unteren Schichten der russischen Gesellschaft, der *werchi* und der *nischi* stattfand. Die *werchi* wurden verächtlich als *burschui* bezeichnet, eine Verballhornung des französischen und marxistischen *bourgeois;* für die *nischi* war weniger das alte Wort *narod*, Volk, in Gebrauch als die ideologischen Neologismen *proletarii* oder *trudjaschtschisja*, die Werktätigen. Daneben hießen die »Massen« und ihre politischen Freunde im Gegensatz zu allen »Ausbeutern« – den »Kapitalisten« oder »feudalen« Grundbesitzern – »die Demokratie«. Ein neuer Wortschatz, in dem ein gerütteltes Maß an Klassenhaß steckte.

Die Doppelherrschaft war denn auch in den Fabriken ebenso präsent wie in der Armee, auf dem Land und in der politischen Verwaltung der Städte. Sie etablierte sich in der Form von Betriebskomitees, die sich zur Aufgabe machten, die Fabrikleitung und das technische Personal zu überwachen. Das Minimalziel dieser Komitees war die Durchsetzung klassischer gewerkschaftlicher Forderungen wie der 40-Stunden-Woche, deren Einführung im Juni durch Streiks und andere Druckmaßnahmen auch tatsächlich erzwungen wurde, nachdem man die Aktionen sporadisch mit der wirkungslosen Drohgebärde von Aussperrungen beantwortet hatte. In diesem Arbeiterkampf nach klassischem Muster wurden die Arbeiter von den gemäßigten sozialistischen Parteien, Menschewiki und Sozialrevolutionären, aktiv unterstützt. Alles das trieb natürlich den Zerrüttungsprozeß der Wirtschaft weiter voran und verminderte die Produktionsleistungen für einen Krieg, den diese Sozialisten jetzt unterstützten. Weit brisanter noch war das Maximalziel der Fabrikkomitees – die »Arbeiterkontrolle über die Industrie«, was anfänglich Kontrolle des Kapitals bedeutete, sich dann aber zur Übernahme der Fabriken durch die Arbeiter abschwächte. Die Folge war, daß sich in der russischen Industrie Argwohn und Mißtrauen breitmachten und Maschinen und Produktivität in kürzester Zeit zum Stillstand kamen.

Nicht eindeutig waren die politischen Folgen dieser sozialen Evolution. Einerseits radikalisierte sich von April bis Oktober die Stimmung in der Arbeiterschaft, die dem »imperialistischen« Krieg, der »kapitalistischen« Provisorischen Regierung und den »verräterischen« sozialistischen Parteien – Menschewiki und Sozialrevolutionären, die den Krieg und die Koalition mit der »Bourgeoisie« unterstützten, zunehmend feindselig gegenüberstand. Andererseits aber nahmen Aktivismus und Militanz der Arbeiter im Verlaufe des Jahres ab. Sie erreichten ihren Höhepunkt in den Februartagen, als die Arbeiter sich wirklicher Gefahr aussetzten und 1700 Opfer zu beklagen hatten. In der Aprilkrise und in den Julitagen konnte eine geringere, doch immer noch respektable Zahl von Arbeitern mobilisiert werden. Die Reaktion des Volkes auf den Kornilow-Putsch indessen blieb mager, und der Oktober war keine Massenaktion, sondern die Operation einer kleinen Zahl bolschewistischer Kaderleute und angeschlossener Militäreinheiten. Der revolutionäre Schwung des Jahres 1917 hatte sich im Oktober bereits verbraucht; die Arbeiterklasse als Gruppe war wie die anderen Segmente der russischen Gesellschaft in Auflösung begriffen und erschöpfte sich in einem ständigen Kampf ums Überleben.

Und diese Arbeiterklasse konnte im Oktober dennoch die Macht an sich reißen? Nicht die Arbeiterschaft, wäre zu korrigieren, sondern eine politisch-ideologische Organisation – die bolschewistische Partei. Und damit stellen sich zwei Fragen: erstens die unmittelbare und empirische Frage nach dem Charakter dieser Partei und ihrem Verhältnis zu den

Arbeitern und zweitens die allgemeine theoretische Frage nach dem Verhältnis einer »sozialen Basis« zur politischen Macht überhaupt.

Wenden wir uns der ersten Frage und damit einer bereits vertrauten Geschichte zu. Im Gründungsdokument seiner Bewegung *Was tun?* hatte Lenin 1902 eine Parteiorganisation *»anderer Art«,* eine Organisation von Berufsrevolutionären, gefordert. Die Forderung war zum Teil in den besonderen Bedingungen der Illegalität und des Geheimbündlerischen begründet, die vor 1905 alles politische Leben in Rußland belasteten. Für Lenin jedoch ergab sie sich vordringlich aus der Notwendigkeit, den »spontane[n] Trade-Unioninismus« der Arbeiter zur »bewußten« und »wissenschaftlichen« revolutionären Theorie einer Partei umzubilden, die als »Vorhut« und Speerspitze der Bewegung fungierte. Mit anderen Worten, die Partei war Medium und Instrument des historischen Prozesses, der die Menschheit zwangsläufig zur sozialistischen Revolution führen würde – oder, konkret gesagt, die Partei war ein Surrogat der revolutionären Intelligenzia. Die große Masse der Arbeiter nahm am Parteileben nur insofern teil, als sie für die Revolution arbeiteten und nicht für kurzfristige ökonomische Gewinne. Wenn die Arbeiter in die Falle des »Revisionismus« gingen, waren sie nicht mehr echte Proletarier, sondern Kleinbürger und ihre natürlichen politischen Anführer die »verräterischen« Menschewiki oder die »Renegaten« der deutschen Sozialdemokratie. Denn die Welt bestand im wesentlichen aus nur zwei Klassen mit zwei Weltanschauungen, dem Proletariat und der Bourgeoisie; und wenn ein politisches Subjekt, aus welcher Klasse es faktisch auch stammte, kein wissenschaftlich revolutionäres Bewußtsein besaß, war es automatisch ein *burschui* und ein Feind. Die Partei Lenins stand mithin für ein metaphysisches, nicht für ein empirisches Proletariat, und dieser ideologische Manichäismus war die Leninsche Version des Klassenkampfes und die Triebfeder Leninscher Politik.[12]

Diese ideologisch definierte politische Organisation, nicht das bloß empirische Proletariat, ergriff im Oktober 1917 die Macht. Im Kampf um das Ziel war die Partei jedoch hilflos ohne die Unterstützung der real existierenden Arbeiterklasse, solange jedenfalls, bis sie die Macht erlangt hatte. Außerdem brauchten ihre Führer den Glauben, daß die Partei und die Arbeiter aus Fleisch und Blut tatsächlich eins seien, eine Überzeugung, die zahlreiche Arbeiter teilten. Auf der Grundlage dieses Mißverständnisses formten Lenin und die Parteiführung ihr Eliteunternehmen im Jahr 1917 vorübergehend zu einer Massenorganisation um.

Im Februar 1905 hatten die Bolschewiki trotz der leichten Erschütterungen des Moskauer Dezemberaufstands keine führende Rolle gespielt, und Lenin war nicht einmal rechtzeitig zu Revolutionsbeginn aus der Emigration zurückgekommen. Erst nach 1912 gewannen sie eine bedeutende Anhängerschaft, ohne daß von Massenzulauf die Rede sein könnte; während der Streikwelle im Sommer 1914 hatten sie die Menschewiki aus ihrer führenden Stellung innerhalb der Arbeiterschaft verdrängt. Alles das machte der Ausbruch des Patriotismus zunichte, der dem Kriegsbeginn im August folgte. Nach dem Februar 1914 mußten sich also die Bolschewiki – und mit ihnen die übrigen revolutionären Parteien – ihre Basis im Volk von Grund auf neu schaffen. Im Spätsommer desselben Jahres hatten sie die Menschewiki und Sozialrevolutionäre in den Großstädten und im nördlichen Frontabschnitt jedoch erneut überrundet. Das damals unstete und noch junge politische Engagement der Arbeiterklasse macht es allerdings schwierig, eine tiefer gehende und dauerhafte Bindung des Proletariats an die eine oder andere Parteiorganisation nachzuweisen.

Jedenfalls aber schloß sich in der Zeit von April bis Oktober der radikalere Teil der Arbeiterschaft den Bolschewiki an. Die Partei selbst schätzte die Zahl ihrer Anhänger zu Beginn des Jahres 1917 auf 23 600, wovon die meisten unter dem Druck der Verhältnisse an den beschränkten Parteiaktivitäten nur geheim teilnahmen.[13] Im Januar 1918 lagen die Mitgliederzahlen bei 115 000, wenn nicht höher, und davon waren rund sechzig Prozent als Arbeiter klassifiziert und zweiunddreißig als Angestellte oder kleinbürgerliche Intellektuelle. Damit war die Partei Lenins nicht mehr der geschlossene Zirkel von Berufsrevolutionären, sondern eine Organisation, die überwiegend aus Arbeitern bestand.

Außerdem war die neue Partei kein disziplinierter Monolith, der sich willenlos von den Befehlen der Führung lenken ließ. Vor allem in Petrograd war die Basis radikaler als das Zentralkomitee und setzte Lenin und seine Parteikollegen erheblich unter Druck. Entscheidungen kamen überwiegend durch Debatten und Abstimmungen zustande. Die Organisation entsprach der klassischen Struktur einer sozialdemokratischen Partei. Das Zentralkomitee wurde durch einen Kongreß gewählt, der von Lokalkomitees bestellt wurde. Diese Merkmale des Bolschewismus von

1917 sind als »demokratisch« bezeichnet worden.[14] Doch diese Demokratie galt nur für die Mitglieder einer einzigen Klasse, die Arbeiter, und nur für die politische Tätigkeit innerhalb der Partei. In der Ideologie Lenins, die der Organisation ihren Stempel aufprägte, wurden der Rest der Gesellschaft und alle konkurrierenden politischen Organisationen, sogar die anderen sozialistischen Parteien, als Klassenfeinde, »Bourgeois« oder »Kleinbürger« betrachtet, die folglich zu eliminieren waren, sobald die echte Partei des Proletariats die Macht ergriffen hatte. Die bolschewistische »Massenpartei« von 1917 war somit niemals demokratisch, wenn darunter die Bereitschaft verstanden wird, die Macht alternierend oder gemeinsam mit anderen Gruppen auszuüben.

Dieser Umstand ist der Schlüssel zum Umsturz vom Oktober. Seit den Aprilthesen hatte Lenins Organisation bis in den Herbst ihren Einfluß durch Agitation kontinuierlich ausgebaut: Die Propaganda trommelte für das Ende der Doppelherrschaft zugunsten von Räten auf der Basis der Klassenzugehörigkeit. Der Refrain »Brot, Land, Frieden, alle Macht den Räten« war insofern unverantwortlich und demagogisch, als die Machtergreifung durch die Räte die Probleme von Brot, Land und Frieden faktisch nicht lösen würde, und Lenins Gegner wurden nicht müde, darauf hinzuweisen. Zweckmäßig war das Programm indessen im Sinn einer revolutionären Politik, denn es mobilisierte die Empörung der Arbeiter und Soldaten über eine zunehmend desperate Situation mit dem Ziel, die politische Macht für die »Werktätigen« zu erobern.

Wie bereits deutlich gemacht, griffen jedoch nicht die Werktätigen selbst nach der Macht.[15] Daß die Partei ihre Stelle vertrat, zeigt am deutlichsten der Unterschied zum Februar. Im Oktober gab es nichts, was im entferntesten an die Hunderttausende von Streikenden der fünf Februartage erinnerte, die in den Straßenkämpfen blutiger Gefahr ausgesetzt waren, oder an die siebzehnhundert Opfer, die der Aufstand gefordert hatte. Im Oktober sammelten sich keine Arbeiter in den Straßen, und die Zahl der Opfer überstieg kaum ein Dutzend. Diese »zehn Tage, die die Welt erschütterten«, waren somit ein Coup d'état. Die vielfältigen Versuche, diese evidente Tatsache zu leugnen, sind der klassische Fall eines Protestes, dessen Intensität als indirektes Eingeständnis versuchter Irreführung zu werten ist.[16] Sogar die Bolschewiki selbst bezeichneten die Oktoberereignisse bis in die Mitte der zwanziger Jahre als *pereworot,* das heißt als Coup oder »Umsturz«. Und dennoch *hat* dieser Handstreich die

Welt erschüttert – in beispielloser Form und welthistorischem Ausmaß. Obwohl das empirische Proletariat beim Großen Oktober abseits stand, gelangte das metaphysische Proletariat an die Macht, und dieses politisch-ideologische Element war, wie sich zeigte, revolutionärer als die real vereinigten Proletarier aller Länder.

Gewiß waren die Petrograder Ereignisse nicht der ganze Oktober. In Moskau kam es zu Kämpfen, die eine größere Anzahl von Opfern forderten, und in den folgenden Tagen entrissen lokale Sowjets unter Führung der Bolschewiki oder Linker Sozialrevolutionäre den *burschui* in weiten Teilen des Landes die Herrschaft. Obwohl sich auch diese Aktionen kaum zu dem »Triumphmarsch« bolschewistischer Macht addieren, von dem die sowjetische Geschichtsschreibung früher sprach, setzte der Coup von Petrograd eine nationale sowjetische Revolution in Gang.

Ihren nationalen Charakter gewinnt die Oktoberrevolution allerdings erst in Verbindung mit den Bauernerhebungen des Winters 1917–18, in denen die Bauern endlich vom lange begehrten Land des Adels Besitz ergriffen und – zeitweilig – ihre eigenen Herren wurden.

Natürlich wurde diese Revolution auf den Dörfern von der bolschewistischen Partei weder angeordnet noch gesteuert, wenn ihre Agitatoren auch die Aneignung des adligen Grundbesitzes befürworteten.[17] Dennoch zogen die Bolschewiki daraus den größten Nutzen, die sie politisch für sich vereinnahmten und dem Mythos des einen Großen Oktober zuschlugen.

Diese Vereinnahmung wurde durch die Sezession des linken SR-Flügels erleichtert, der sich im Oktober von der Mutterpartei trennte, um die bolschewistische Machtergreifung zu unterstützen, in der Annahme, sie bedeute die Macht der Räte. Das ermöglichte Lenin die Behauptung, seine Sowjetregierung repräsentiere ein »revolutionäres Bündnis der Arbeiter und Bauern«. Hierin lag die eigentliche Bedeutung des Landdekrets vom 25. Oktober, das allen Grund und Boden in Übereinstimmung mit dem traditionellen Programm der Sozialrevolutionäre zum Gemeineigentum erklärte. Faktisch war das Agrargesetz allerdings nichts anderes als die Absegnung eines Fait accompli im bolschewistischen Interesse; es lag nicht in der Macht der Regierung, den Verlauf der Ereignisse auf dem Land zu beeinflussen. Sie konnte, wie Lenin es damals ausdrückte, nichts tun, als das Bauernpferd am langen Zügel zu führen.

Lenins Politik des »revolutionären Bündnisses« mit dem Dorf und seine Übernahme des Agrarprogramms der Sozialrevolutionäre sind vor allem von Menschewiki und Sozialrevolutionären als Beweis dafür angeführt worden, daß der Oktober keine wirklich marxistische und proletarische Revolution war, sondern ein Rückfall in die einheimische revolutionäre Tradition von »Land und Freiheit« und »Wille des Volkes« aus den siebziger Jahren des neunzehnten Jahrhunderts. Die Feststellung hat durchaus ihre Berechtigung: unbestreitbar hat Lenin das Erbe Tschernyschewskis und der Narodniki mit dem Marxismus verknüpft – doch immer im Interesse des Marxismus. Lenin hatte niemals die Absicht, das Land in einer Form zu »sozialisieren«, die es, sozialrevolutionärer Politik entsprechend, zu bäuerlichem Privatbesitz gemacht hätte. Folgerichtig wurde im Februar 1918 aller Grund und Boden per Dekret verstaatlicht, das heißt die Rechtsansprüche dem Staat übertragen. Obwohl sich die Maßnahme damals noch nicht durchführen ließ, gab sie zumindest die wahren Absichten der Bolschewiki zu erkennen.

Im übrigen waren Lenins zeitweilige Anleihen bei den Narodniki durch marxistische Quellen erster Hand gedeckt. Marx selbst hatte 1882 in einem Brief an Wera Sassulitch die Verbindung einer Agrarrevolution in Rußland mit einer proletarischen Revolution im Westen ausdrücklich begrüßt. (Das Dokument war von Plechanow und Engels in Absprache unterschlagen worden – es hätte in der jungen marxistischen Bewegung Rußlands Staub aufwirbeln können.) Dieselbe Strategie verfolgte Lenin mit seiner Politik von 1917. Schon früher, im Jahr 1851, hatte Marx vom rückständigen Deutschland behauptet, dort könnten bürgerliche und proletarische Revolution zusammenfallen, wenn das Land sich von einer sozialistischen Erhebung in Frankreich tragen lasse – auch diesem Szenario, leicht nach Osten verschoben, meinte Lenin 1917 zu folgen.

Stichhaltig läßt sich der Krittelei an Lenins Verhältnis zur orthodoxen Lehre jedoch mit einem anderen Einwand begegnen: Die Frage der Orthodoxie wird nur dann relevant, wenn man das Wesen des Marxismus im Buchstaben seiner Doktrin ausmacht, der da sagt: vom Feudalismus zum Kapitalismus zum Sozialismus und keinen Schritt daneben. Das Wesen des Marxismus jedoch liegt, wie gezeigt, in seiner Tiefenstruktur, im Rückgang auf die entfremdeten, unterprivilegierten Massen als den Demiurgen der Revolution, ein Schema, in das sich die Bauernschaft als jüngster Flügel der universellen Klasse bruchlos einfügte. Wie Marx und später Mao nahm auch Lenin die Revolution, wo sie sich ihm bot, und paßte die Doktrin den Umständen an. Eine derartige Anpassung vollzog Lenins Theorie des Imperialismus, in der Rußland als »schwächstes Glied in der kapitalistischen Kette« erscheint. Schließlich war der Marxismus ja angetreten, die Welt zu verändern und nicht nur zu interpretieren.

Dank der Bauernschaft also entstand die erste marxistische Revolution der Welt in Rußland, dem einzigen Land, in dem sie entstehen konnte. Und sie nahm den in Rußland einzig möglichen Weg über eine Arbeiter- *und* Bauernbewegung. Unter dem Zeichen von Hammer und Sichel, dem triumphierenden Wappenschmuck der internationalistischen roten Fahne, wurden alle Werktätigen zu einer großen Synthese verschmolzen. Nie zuvor waren die »Verdammten dieser Erde«, wie sie in der zur sowjetischen Nationalhymne avancierten *Internationale* genannt werden, so eindrücklich als die »universelle Klasse von unten« erschienen.

Dennoch mußte die Arbeiterschaft als Klasse des technischen Fortschritts weiterhin die Vorhut der universellen Bewegung bleiben, und ihr sogenannter bewaffneter Aufstand in Petrograd hatte als das entscheidende Moment des welthistorischen Wandels im Zeichen des Roten Oktober zu gelten. Tatsächlich waren die realen Arbeiter während der Oktobertage das unentbehrliche Fundament des metaphysischen Ereignisses, für das dieser Monat seither steht. Wohl gehörten sie noch nicht lange genug zur Partei, um ihre Basis oder Stammwählerschaft zu bilden, wie etwa die Gewerkschaften die Basis der sozialistischen Parteien in Westeuropa darstellten; dennoch waren diese russischen Arbeiter und ihre Räte das unentbehrliche Sprungbrett, von dem aus sich die Partei an die Macht katapultierte.

Und dieses Sprungbrett allein hätte nicht genügt: Auch der Rest des Systems – Staatswesen, Armee und Agrarbereich – mußte in einer ausweglosen Krise stecken. Was also stellt der Oktober bei genauer Betrachtung dar? Ein Zusammentreffen der größten Militärmeuterei aller Zeiten und der größten Bauernerhebung der Geschichte mit einem künstlich ins Leben gerufenen Nachbild der Pariser Kommune.

Der Vergleich mit der Kommune von 1871 oder mit den Pariser Junitagen von 1848, für jeden Marxisten die Inbilder einer proletarischen Revolution, muß näher besehen als mißbräuchlich erscheinen, denn in beiden Fällen handelt es sich um genuin städtische (wenn auch nicht »proletarische«) Aufstände von heroischem Zuschnitt – man sieht sich versucht, für den Roten Oktober Marx' Diktum von der Geschichte heranzuziehen, die, sich wiederholend, nach der Tragödie noch einmal als Farce erscheint – in unserem Beispiel sichtlich die passende Kategorie für Lenins »Aufstand« von Petrograd.

Man denke sich diese Triade des Oktober: Meuterei-Jacquerie-Communette ohne eines der zwei ersten Elemente. Die Petrograder »Kommune« wäre von den Bauernsoldaten entweder einer Monarchie oder einer Republik ebenso unweigerlich niedergeschlagen worden wie ihre Pariser Vorgängerin vom bäuerlichen Frankreich. Und ohne den Ersten Weltkrieg hätte es weder die Meuterei noch ihre soziale Ausweitung, die allgemeine Bauernerhebung, gegeben. Im Zusammenwirken aller dieser Faktoren, nicht in einer Polarisierung von Bürgertum und Proletariat konstituierte sich die sozialgeschichliche Realität des Oktober.

Aus dieser Perspektive legt sich die Antwort auf die dritte der grundsätzlichen Fragen nahe, die wir auf den ersten Seiten des Kapitels stellten – die Frage, wieweit rein russische soziale Prozesse und wieweit kriegsbedingte Entwicklungen zum Oktoberumbruch geführt haben: Beides mußte zusammenwirken, um die bolschewistische Machtergreifung möglich zu machen, ein Verhältnis, das nicht als einfache Addition dargestellt werden darf. In einer brutal hierarchischen Gesellschaft wie der des alten Rußland fehlte es zwar nicht an sozialen Spannungen, doch erst durch das Kriegselend verschärften sich diese Spannungen zu fataler Intensität. Die soziale Explosion, die schließlich daraus hervorging, war folglich weit heftiger als die von 1905-6 und konnte sich darum leicht in die noch größeren Brutalitäten des nachfolgenden Bürgerkrieges fortsetzen. Und dies um so ungehemmter, als der Krieg die Institutionen staatlicher Macht zerstört hatte, die diese Polarisierung allenfalls unter Kontrolle gehalten hätten.

Angesichts so gewichtiger »Zufälle« wäre es weithergeholt, den Oktober primär als notwendiges Ergebnis der sozialen Entwicklungen in Rußland zu betrachten. Es gibt Zeiten, deren Gesicht der Zufall bestimmt. Zu ihnen gehört die russische Revolution. Noch abwegiger wäre es, die Selbstdefinition der Partei als proletarische Organisation zu akzeptieren. Beide »Oktober-Thesen« sind Mythen.

Beide Mythen waren indes für das bolschewistische Wagnis des Jahres 1917 ebenso unentbehrlich wie für den gnadenlosen revolutionären Ak-

tionismus von oben, der die ersten Jahrzehnte der Sowjetmacht kennzeichnete. Und die historische Grundlage beider Mythen war fest genug,
um sie als wissenschaftliche Tatsache erscheinen zu lassen, sowohl für die
Akteure wie auch für zahlreiche Historiker der Folgegenerationen. Doch
die Kongruenz von Partei und Proletariat war von kurzer Dauer. Anfang
1918 löste sich das »Proletariat« als einheitliche soziale Gruppe auf, und
nach dem Bürgerkrieg nahm die Partei eine so unangefochtene Vormachtstellung ein, daß sie keiner wie immer gearteten sozialen Basis
bedurfte, um ihre Macht zu behaupten. Die Frage nach der Sozialgeschichte des Bolschewismus, die sich mit fast obsessiver Beharrlichkeit
an den Oktober knüpft, wird darum beim Übergang zur eigentlichen
Sowjetära sehr rasch bedeutungslos.

Bleibt zu erwähnen, daß diese Identität von Partei und Arbeiterschaft
selbst in der kurzen Zeit, in der sie annäherungsweise zustande kam –
Ende des Jahres 1917 bis Anfang 1918 – weithin auf einem Mißverständ-
nis beruhte. Daß die Arbeiter im Oktober eine Räteregierung wollten,
steht außer Zweifel. Sie sollte jedoch aus einer Koalition aller sozialistischen Parteien gebildet sein, eine Vorstellung, die auch bei den Bolschewiki ihre Anhänger hatte, vornehmlich bei Kamenew und Sinowjew. Aus
diesem Grund hatten beide vor dem Oktobercoup gezögert, hatte ihnen
Lenin immer ein Stück weit mißtraut. Anfang 1918 hatte selbst Lenin für
mehrere Monate aus opportunistischen Gründen in eine Koalition mit
den Linken SR eingewilligt. Die Mehrheit der Parteiführung aber, und
ganz entschieden die großen Architekten des Oktober, Lenin und Trotzki,
hatten für die Dauer des Weges zum Sozialismus von Anfang an eine
bolschewistische Einparteienherrschaft vorgesehen. Aus ihrer Sicht wie
auch fortan aus der des Sowjetstaats, solange er existierte, repräsentierte
der Oktober die ein für alle Mal gültige Übertragung des demokratischen
Charismas vom Volk auf die Partei ohne die Notwendigkeit einer »bürgerlichen« Mandatserneuerung. So sprach Michail Gorbatschow bis zuletzt immer wieder von der »sozialistischen Entscheidung, die im Oktober
getroffen wurde«. Doch nichts berechtigt zu der Annahme, die Arbeiter
Rußlands hätten einen Schwur auf die Partei abgelegt, als sie den
Umsturz vom Oktober billigten oder hinnahmen.

Die Arbeiter wollten »die Kontrolle über die Industrie«, soviel wissen
wir, sie wollten sogar die Enteignung des *burschui* und verstanden darunter hauptsächlich die unumschränkte Kontrolle über das eigene soziale

Umfeld. Das ist indessen kaum gleichbedeutend mit dem vollen Sozialismus, obwohl auch die Arbeiter diesen Begriff auf sehr pauschale Art benutzten. Ein so weit verstandener Sozialismus ließ sich überdies mit der politischen Neigung der Arbeiter zu einer Koalitionsregierung der drei sozialistischen Parteien verbinden. Die Partei aber hatte als eigentliches Ziel und Projekt den »Aufbau des Sozialismus« und keine anarcho-syndikalistische »Arbeiterkontrolle« im Sinn. Was der Aufbau des Sozialismus im einzelnen mit sich bringen würde, wußte 1917 nicht einmal die Parteiführung. Doch was immer zu seiner Erreichung nötig sein würde, vom Wunsch und artikulierten Willen der Arbeiter hing es zweifellos nicht ab. Bezeichnenderweise stand dem Landdekret am 25. Oktober kein dramatisches »Dekret über die Arbeiterkontrolle« zur Seite. Denn für Lenin waren Partei und Proletariat eins. Das Gesetz über die Arbeiterkontrolle folgte erst einen Monat darauf.

Doch die Frage nach dem proletarischen Charakter der Oktoberereignisse geht über die politischen und sozialen Wirren dieses historischen Einzelfalls weit hinaus. Denn in dieser Frage ist die Existenz proletarischer Revolutionen bereits vorausgesetzt. Und schon die flüchtigste Untersuchung der europäischen Geschichte belehrt darüber, daß es niemals und nirgendwo eine proletarische Revolution gegeben hat, wenn nicht der Oktober als solche gelten kann. Dasselbe ließe sich von den bürgerlichen Revolutionen sagen. Der einzig halbwegs plausible Fall ist Frankreich im Jahr 1789, doch nirgends sonst, weder in England, noch in Deutschland, noch in den Vereinigten Staaten, brauchte das Bürgertum eine politische Revolution, um an die Macht zu kommen (sofern sich mit dem Ausdruck »Bürgertum an der Macht« irgendeines der modernen konstitutionellen Systeme angemessen beschreiben läßt). Auch das französische Beispiel zeigt uns die industrielle Bourgeoisie nicht unbedingt von der dynamischen Seite. Sowohl bürgerliche wie proletarische Revolution repräsentieren darüber hinaus das Kuriosum von Allgemeinbegriffen, unter die nur ein einziger Gegenstand fällt. Doch diese evidenten empirischen Erwägungen sind in einer Analyse wie der unseren sekundär, denn wo der Fortschritt von der bürgerlichen zur proletarischen Revolution erörtert wird, geht es nicht um Soziologie, sondern um Eschatologie.

Somit ist also weder die »bürgerliche« noch die »proletarische« Revolution eine Kategorie, die empirisch brauchbar wäre oder gar naheläge.

Man könnte sogar noch weiter gehen und behaupten: Nicht soziale Klassen herrschen – Herrschaft wird von Staaten und Regierungen ausgeübt. Die Politik läßt sich nicht auf eine soziale oder ökonomische Basis reduzieren, und der Staat ist nicht das »Exekutivkomitee« der herrschenden Klasse, sei sie bürgerlicher oder sonstiger Art. Politik ist gemäß heutiger soziologischer Terminologie eine »unabhängige Variable« mit eigener Logik und eigenen Gesetzen. Natürlich steht die politische Welt mit der sozialen und wirtschaftlichen in Wechselwirkung, und immer sind einige Gruppen die bevorzugten Nutznießer der jeweils bestehenden politischen Verhältnisse; doch die Ausübung politischer Macht hat ihre eigene Dynamik. Es ist infolgedessen sinnlos, die Geschichte um den angenommenen Wechsel herrschender Klassen zu organisieren. Genau das aber wird in der Diskussion um den Roten Oktober vorausgesetzt. So zeigt sich also zum wiederholten Mal, daß dieses Ereignis in eine Metaphysik eingelagert ist, die über die nackten Tatsachen des historischen Geschehens hinausreicht.

Denn der Mythus des proletarischen Oktober ist der Mythos vom Triumph der ihrer Menschlichkeit entäußerten Massen über alle ihre Leiden und Entbehrungen. In dieser eschatologischen Perspektive wird für Marx nicht weniger als für Dostojewski das Leiden zum Kriterium für authentische Menschlichkeit. Und da das Leiden in einer verschärften Krisis sein Höchstmaß erreicht, verliehen der Krieg und der soziale Zusammenbruch von 1917 den Erniedrigten und Beleidigten des russischen Lebens den Rang des Menschlichen schlechthin. Denn die Leiden von 1917 waren kein Mythos, sondern brutale empirische Wahrheit. Unter diesen Verhältnissen konnte die unscheinbare industrielle Arbeiterschaft Rußlands in den Augen ihrer selbsternannten Führer und zahlreicher Sozialisten in aller Herren Länder tatsächlich als die universelle Klasse und als Träger der Logik der Geschichte erscheinen. Ein offenkundiger Mythos wurde auf diese Weise zu einer mächtigen empirischen Kraft, zur unentbehrlichen Startrampe für das phantastische Abenteuer Sowjetstaat.

KAPITEL 4

DIE GEBURT EINES REGIMES:
DER KRIEGSKOMMUNISMUS
1918-1921

Die Theorien von Ökonomen und politischen Denkern, gleichgültig ob sie sich nun als zutreffend oder verfehlt erweisen, sind einflußreicher als allgemein angenommen. Ja, von ihnen wird letztlich die Welt beherrscht. Männer der Tat, die sich von allem intellektuellen Einfluß frei wähnen, sind im allgemeinen die Sklaven eines lange dahingegangenen Wirtschaftstheoretikers. Irrsinnige Machthaber, die Stimmen hören, beziehen ihren Wahn aus den Schreibereien einer akademischen Größe von gestern.

John Maynard Keynes

Der unbeugsamen Verkörperung aller Größe und Kraft des Proletariats ... der großen Kommunistischen Partei – widmen wir dieses Buch [Das ABC des Kommunismus, 1919].
Wir widmen es der Partei, die eine Million Soldaten befehligt, die in den Schützengräben haust, die ein riesiges Reich regiert, am *Subbotnik* Holz verlädt und die Auferstehung der Menschheit vorbereitet.

N. Bucharin und J. Preobraschenski

Sozialismus gleich Sowjetmacht plus Elektrifizierung.

W. I. Lenin

Dwanow dachte sich eine Erfindung aus, um Sonnenlicht in Elektrizität zu verwandeln. Zu diesem Zweck nahm Gopner alle Spiegel in Tschewengur aus ihren Rahmen und sammelte jedes kleinste Stückchen dickes Glas. Aus diesem Material stellten Dwanow und Gopner komplexe Prismen und Reflektoren her, so daß die Sonnenstrahlen beim Durchgang verändert und schließlich nach Durchlaufen der Vorrichtung zu elektrischem Strom werden könnten. Die Vorrichtung war seit zwei Tagen fertiggestellt, und noch immer entstand kein Strom. Jeder kam vorbei, um sich Dwanows Lichtmaschine anzusehen, und obwohl sie nicht funktionierte, kam man dennoch zu der Entscheidung, daß sie gebraucht werde: Die Maschine war politisch gesehen richtig und notwendig, da sie von zwei Genossen ausgedacht und durch ihre körperliche Arbeit zustande gekommen war.

A. Platonow, Tschewengur

Der Krieg hatte die Machtergreifung der Bolschewiki ermöglicht. Er diktierte auch die Rahmenbedingungen für den Aufbau der Basisinstitutionen des neuen Sowjetsystems. So geschah es, daß die Partei ihre »Diktatur des Proletariats« als *Kriegskommunismus* aus der Taufe hob, ein Ungetüm, das eine Kreuzung aus militärischem und militantem Kommunismus darstellte, in der jede der Komponenten ihre Kraft aus der anderen bezog und diese gleichzeitig stärkte.

Im Oktober 1917 hatten die Kommunisten die Sitze der Macht erobert, waren aber noch kaum in der Lage, reale Macht auszuüben. Wenn es auch keine geringe Leistung gewesen war, die Nervenzentren eines der großen europäischen Staaten zu übernehmen, stand dieser heroische Kraftakt dennoch nicht beispiellos da – die Kommunarden von 1871 hatten kaum weniger erreicht. Der Test auf Herz und Nieren stand den Bolschewiki erst noch bevor – wenn sie daran gingen, die Macht zu festigen und eine tragfähige neue Ordnung aufzubauen. Sie stellten sich diesem Test mit einem beispiellosen Ausbruch revolutionärer Kraft in den Jahren 1918 bis 1921, der Zeit des Bürgerkriegs und des *Kriegskommunismus.*

Es waren die Gründerjahre des Kommunismus als einer real existierenden Ordnung, die Zeit, in der die Matrix der Sowjetgesellschaft festgelegt wurde, wie sie die kommenden fünfundsiebzig Jahre, den größten Teil eines Jahrhunderts, überdauern sollte. Tatsächlich war die eigentlich »schöpferische« Periode in diesem Prozeß das Jahr 1918, in dem alle Weichen für das neue sowjetische System gestellt wurden. Nicht 1917, sondern 1918 war das wirklich entscheidende Jahr der russischen Revolution, das Jahr, in dem die neue Partei *anderer Art* deutlich machte, wie neu sie war, indem sie eine ganze Gesellschaft anderer Art ins Leben rief.

Das gelang der Partei durch riskante Reaktionen auf eine Krisenserie, die schwächere politische Organisationen in die Knie gezwungen hätte. Doch diese Reaktionen waren keineswegs die willkürlichen Improvisationen, als die sie auf den ersten Blick erscheinen könnten. Sie lassen vielmehr das Grundmuster eines politischen Willens erkennen, der planmäßig darauf gerichtet war, alle gesellschaftliche »Spontaneität« dem »Bewußtsein« der Partei unterzuordnen.

DER ABSTIEG INS CHAOS

Noch im Oktober hatte die bolschewistische Führung erwartet, die russische Revolution müsse eine europäische nach sich ziehen, die dann allenthalben den Untergang des Kapitalismus einläuten werde. Sie sollte durch die Fraternisierung zwischen den verschiedenen kriegführenden Armeen ins Werk gesetzt werden. Diese Bewegung, eine Reaktion auf die sowjetische Friedensresolution vom 26. Oktober, würde dann überall zu einer, Machtübernahme durch Räteregierungen führen. Noch in den ersten Monaten nach dem Oktober waren Lenin, Trotzki und andere Führungsmitglieder der Bolschewiki und Linken SR der festen Überzeugung, ein solches revolutionäres Ende des imperialistischen Krieges stehe unmittelbar bevor. Ob dieser Glaube vom unteren Parteikader und von der Arbeiterschaft geteilt wurde, ist schwer zu beurteilen. Man geht wohl nicht fehl in der Annahme, daß die meisten Russen trotz der unablässigen Propaganda für die antiimperialistische Variante ganz einfach und ohne theoretische Ambitionen gegen den Krieg waren und sich um die politischen Folgen wenig scherten. Für diejenigen indessen, die damals in der russischen Linken die Entscheidungen trafen, war der Oktober nur Zünder, nicht Ziel.

Zum Glauben an die antiimperialistische Wende bei Beendigung des Krieges gehörte die Überzeugung, daß mit dem Kollaps des Kapitalismus automatisch die Zeit des mehr oder weniger vollendeten Sozialismus anbrechen werde, der ja angeblich im Schoß der bürgerlichen Gesellschaft latent vorhanden war. Lenin hatte diese Marxsche Doktrin dem neuesten Stand der Entwicklungen im Zeitalter des »Finanzkapitals« und des »Imperialismus« angepaßt. Seiner Auffassung nach entsprach die totale Mobilmachung, die Voraussetzung der modernen Kriegführung, der rationalen Organisation des Wirtschaftslebens, die das Wesen des Sozialismus ausmachte. Wenn man also den Krieg beenden und damit den Kapitalismus stürzen würde, wäre der Sozialismus praktisch erreicht. Aus diesem Grund hatte Lenin größte Hochachtung vor der Politik des Generals Erich von Ludendorff und seines Wirtschaftsplaners Walter Rathenau, einem politischen Programm, das seine Schöpfer als *Kriegssozialismus** bezeichneten. Dazu kam sein Glaube an den »wissenschaftlichen« amerikanischen Taylorismus, die Methode der rationalen Betriebsführung. Der reale Sozialismus würde folglich aus entsprechenden Maßnahmen hervorgehen, deren Ausführung allerdings in den Händen des Proletariats lag. Alles das war in nicht allzu ferner Zukunft zu erwarten, nach einem Zwischenstadium, das von Lenin gelegentlich Staatskapitalismus genannt wird und wesentlich nichts anderes bedeutet als Kriegssozialismus. Nach dem Oktober begann die bolschewistische Politik ihren Vorstoß zum Sozialismus in Rußland also damit, daß sie das bestehende kapitalistische Industriesystem unter staatliche Kontrolle brachte, in gleichzeitiger Erwartung der europäischen, vor allem deutschen Revolution, die dem vollständigen Sozialismus auf dem ganzen Kontinent zum Durchbruch verhelfen würde.

Doch die Monate vergingen, und das revolutionäre Ende des imperialistischen Krieges ließ noch immer auf sich warten. Bald zeigte sich, daß Rußlands ersten tastenden Schritten zum Sozialismus über den Staatskapitalismus in absehbarer Zukunft keine weiteren wirtschaftspolitischen Aktionen folgen würden. Das heißt, wenn es jetzt, da die Kette des Weltkapitalismus an seiner schwächsten Stelle, Rußland, gebrochen war, zu einem reiferen Sozialismus gleich welcher Form kommen sollte, dann mußte die Sowjetmacht ohne Zutun des fortschrittlichen Westens im Alleingang handeln. Mit dem Fortgang der Ereignisse bis zum Sommer wichen die Erwartungen dem verstärkten Bemühen um einen verwirklichten Sozialismus, wurde der Staatskapitalismus vom Kriegskommunismus abgelöst. Kurz, da die Geschichte nicht zwangsläufig zum Sozialismus führte, mußte die Partei leisen Druck auf die Geschichte ausüben; das heißt, der Sozialismus war »aufzubauen«, wie die Sowjets es später nannten. Dieses Bestreben, den Aufbau des Sozialismus an die Hand zu

* im Orig. deutsch.

nehmen, liegt erkennbar allen scheinbaren Improvisationen des Jahres 1918 zugrunde.

Das kann nicht deutlich genug gesagt werden, denn die bolschewistische Politik in den Jahren des Bürgerkriegs wird allzu häufig zum Betriebsunfall heruntergespielt, zu einer Abweichung vom original leninistischen Kurs, der vorsah, abzuwarten, bis die objektiven Umstände reif wären, den endgültigen Sozialismus zuzulassen. Für den vorzeitigen, erzwungenen Marsch in die Neue Gesellschaft wird die bittere Notlage des Überlebenskampfes im Bürgerkrieg verantwortlich gemacht, eine Periode, die daher in der Geschichte des Leninismus wie der sprichwörtliche arme Verwandte behandelt wird, als Peinlichkeit, über die man bei der chronikalischen Darstellung von Leben und Werk des Gründers so rasch wie möglich hinweggeht. Diese Einschätzung kann nur als gravierender Irrtum bezeichnet werden, denn der Kriegskommunismus war die Keimzelle des gesamten Sowjetexperiments. Keineswegs eine Abweichung, stellt er vielmehr die entscheidende Episode dar, die den Bolschewiki zum ersten Mal bewußt machte, wer sie waren.[1]

Dieser Prozeß der Selbstentdeckung unter Feindbeschuß begann unmittelbar nach den Oktoberereignissen und dauerte bis in den Herbst des folgenden Jahres. Er wurde durch eine Reihe von Krisen ausgelöst, die zeigten, daß alle Probleme, vom Krieg bis zur Wirtschaftslage, die der Provisorischen Regierung zu schaffen gemacht hatten, nicht verschwanden, sondern sich verschärft hatten – eine Folge der allgemeinen Zerfallserscheinungen, die mit dem Machtwechsel einhergingen. Doch anders als ihre Vorgängerin endete die neue Regierung unter dieser Last nicht im Kollaps; die Katastrophe trieb sie im Gegenteil in immer riskantere und drastischere Unternehmen.

Zunächst sahen sich die Bolschewiki vor dem Problem, die neu gewonnene Staatsmacht zu konsolidieren. Sie schafften eine Art Lösung, indem sie alle konkurrierenden Machtinstanzen mit polizeilichen Maßnahmen beseitigten.[2] Zu Lenins ersten Amtshandlungen gehörte am 7. Dezember die Gründung einer Außerordentlichen Kommission für den Kampf gegen Konterrevolution und Sabotage, allgemein als Tscheka bekannt, deren Leitung der zum Bolschewismus gestoßene polnische Adlige Feliks Dzierżiński übernahm. Dieses Organ der Volksdiktatur wurde als notwendig erachtet, die Enteignung der ehemaligen Ausbeuterklassen, Bourgeoisie und Adel durchzuführen und ihre politischen Aktivitäten zu unterbinden. Schon bald fielen auch »Wirtschaftsverbrechen« wie »Spekulation« und »Lebensmittelhortung« in die Zuständigkeit der Tscheka. Lenin traf also von Anfang an die Vorbereitungen für einen Bürgerkrieg gegen alle Klassenfeinde der Sowjetmacht. Die ersten Schüsse in diesem Krieg wurden zwar im Dezember von der weißen Freiwilligenarmee im Gebiet der Don-Kosaken abgefeuert, doch die bolschewistische Anmaßung auf Ausübung des Machtmonopols ließ oppositionellen Kräften faktisch keine Wahl als den bewaffneten Widerstand.

Der erste große Schlag dieses Krieges aber war gegen alle nichtbolschewistischen politischen Parteien gerichtet. Ende 1917 fanden endlich die allgemeinen und freien Wahlen für eine Konstituierende Versammlung statt. Die Ergebnisse bedeuteten eher einen Sieg für die soziale Revolution als für die konstitutionelle Demokratie – die einzige Partei, für die Demokratie und Verfassung oberstes Prinzip darstellten, die »Kadetten«, erhielten 4,7 Prozent der Stimmen. Auch für die Bolschewiki, die auf 24 Prozent der Stimmen und Sitze kamen, waren die Wahlen jedoch kein Sieg. Als klarer Gewinner erwiesen sich die wandlungsfähigen SR mit etwa 40 Prozent der Stimmen, und damit stellten die »Rechten« Sozialrevolutionäre der Mutterpartei 54 Prozent und die Linken SR 5,5 Prozent der Delegierten (die Einheitsliste der Sozialrevolutionäre war vor der Spaltung aufgestellt worden). Auf die Menschewiki und die »Kadetten« entfielen je etwa 2 Prozent der Sitze.[3]

Obschon damit rund 85 Prozent der Sitze an Sozialisten der einen oder anderen Richtung gingen, war nicht damit zu rechnen, daß dieses Gremium nach der Pfeife der Partei tanzen oder ihre »Sowjet«Regierung anerkennen würde. Lenin löste das Problem durch die Erklärung, daß die Abgeordnetendelegation der Rechten SR nicht die Basis repräsentiere, deren Wähler sich, wie er ausführte, nach Aufstellung der Einheitswahlliste auf die Seite *seiner,* Lenins Linksrichtung, geschlagen hätten. Er ließ ein teleologisches Argument, das wichtigere, folgen: Die »Räte«demokratie der arbeitenden Klassen an sich sei »höher« zu bewerten als das allgemeine »bürgerlich«-demokratische Wahlrecht nach dem Prinzip *one man – one vote.* Auf diese Weise wurden im Verlauf der Wahlen die »bürgerlichen« Kadetten disqualifiziert und für illegal erklärt, und als die Versammlung am 6. Januar 1918 zusammentrat, ließ er sie von Matrosen der Ostseeflotte auflösen. Mit der lapidaren Eröffnung »Die Wachen sind müde« forderten sie den neu gewählten Versammlungspräsidenten, den Sozialrevolutionär Viktor Tschernow, auf, das Feld zu räumen.

Mit Recht gilt die Auflösung der Konstituierenden Versammlung neben dem Staatsstreich vom Oktober allgemein als das Kapitalvergehen der Bolschewiki. Doch wird dabei zu oft vergessen, daß dieses Gremium inmitten des zunehmenden Zerfalls der Ordnung keine realistischen Möglichkeiten besaß, seine Beschlüsse durchzusetzen. Es ist kaum übertrieben, wenn Trotzki die Versammlung den substanzlosen bleichen Schatten nennt, den die Provisorische Regierung voraus in die Zukunft geworfen habe. Das Gremium wurde von denselben Parteien dominiert, die sich schon 1917, als sie an der Macht waren, als unfähig erwiesen hatten, die Situation zu meistern. Es verfügte weder über bewaffnete Streitkräfte noch über einen Verwaltungsapparat, nicht einmal in den Räten. Es fehlte ihm auch ein Programm: Die zwei angenommenen Resolutionen waren lediglich Bestätigungen der bolschewistischen Dekrete über die Landumteilung und die Friedensabsichten. Schließlich fehlte ihm auch eine Wählerschaft, die bereit gewesen wäre, für seine Rechte zu kämpfen. Die Bauern hatten ihr Land und waren an der Politik nicht länger interessiert. Und die Arbeiter glaubten noch daran, daß die Räte tatsächlich ihr Forum seien. Der Abgang der Konstituante rief also keinen Widerstand und nicht einmal Empörung hervor. Die nichtbürgerlichen Parteien, Mehrheits-SR und Menschewiki, blieben zwar dem Buchstaben nach legal, waren aber im Fortgang des Bürgerkrieges zunehmenden Schikanen ausgesetzt.

Bald entledigte sich Lenin seiner einzigen sozialistischen Verbündeten, der Linken Sozialrevolutionäre. Im Dezember hatte er, als das Problem der Konstituante ins Haus stand, unter dem Druck der zaghafteren Mitglieder seines Zentralkomitees eine Koalition mit sieben Ministern aus den Reihen der Linken Sozialrevolutionäre akzeptiert. Sie traten im März aus Protest gegen die Brester Friedensverhandlungen zurück. Seit dieser Zeit war die Regierung bis zum Ende des Sowjetstaates im Jahr 1991 ein reines Einparteiengremium. Es ist wenig wahrscheinlich, daß diese rasche Bildung eines Einparteienregimes Lenin und Trotzki durch einen Bürgerkrieg aufgezwungen wurde, der noch gar nicht begonnen hatte. Anvisiert war das Einparteiensystem von Beginn des Oktobercoups an, als die Fassade der Räte die einseitige Machtergreifung durch die Bolschewiki nur notdürftig kaschiert hatte.

Die Partei regierte allerdings nicht direkt, sondern durch einen dem Anschein nach normalen Staatsapparat, den »Sowjet«, und übte seine Macht durch Ministerien aus, die den populistischen Namen »Volkskommissariate« erhielten. Diese Regelung, die wechselnd als Parteistaat oder Doppelstaat bezeichnet wurde, ist die große politische Innovation der Bolschewiki. In diesem Staat lag die wirkliche Macht bei der Partei, einer Organisation, die, selbst ernannt und durch Kooptierung bestellt, faktisch eine Geheimgesellschaft darstellte, eine »Verschwörung an der Macht«, wie sie auch genannt worden ist, die hinter den Kulissen über einen formalen Staatsapparat regierte, dessen Basis theoretisch das Volk war. In dieser Dichotomie wurde die Partei später als »die Staatsmacht« und das Verwaltungsnetz der Räte als ihr »Apparat« bezeichnet.

Sowohl die Tscheka wie das Gerüst des Parteistaates entstanden in den ersten drei Monaten nach der Oktoberwende, noch bevor sich die bolschewistische Macht einer größeren Herausforderung gegenübersah (die unbedeutende Bewegung der Weißen im Süden stellte vorläufig keine Bedrohung dar). Dem Embryonalstadium waren beide Institutionen bald entwachsen. Sie zeigten, was in ihnen steckte, als im Verlauf der folgenden acht Monate eine Kette von Katastrophen über den neuen Staat hereinbrach, denen die bolschewistische Herrschaft im August zu erliegen drohte.

Die erste Krise bewirkte der desaströse Friede von Brest-Litowsk. Ein im November 1917 abgeschlossener Waffenstillstand mit den Mittelmächten führte im Dezember zu den Brester Friedensverhandlungen. Ziel der Bolschewiki war es natürlich nicht, mit ihren Gesprächspartnern über einen Frieden zu verhandeln; ihnen ging es darum, die Gespräche als Plattform für Propaganda gegen den imperialistischen Krieg und für »einen demokratischen Frieden ohne Annexionen und Kontributionen« zu benutzen. Sie hofften, auf diese Weise die Verbrüderung zwischen den Truppen der beiden Armeen in die Wege zu leiten und dadurch den imperialistischen Krieg in einen internationalen Krieg der Klassen zu verwandeln, an dessen Ende die sozialistische Revolution stehen würde. Kurz, die maximalistische Taktik und der revolutionäre Extremismus, die ihnen zu Hause die Macht verschafft hatten, wurden auf die internationale Ebene übertragen.

Doch das Unternehmen, das Trotzki mit demselben revolutionären

Gusto leitete, mit dem er im Oktober den Petrograder Sowjet präsidiert hatte, führte in Brest-Litowsk zum Fiasko. Die Soldaten der Mittelmächte rührten sich nicht. Ihre Befehlshaber verloren bald die Geduld mit den bolschewistischen Manövern und setzten im Februar ihre Armeen auf die russische Grenze in Marsch. Doch jetzt besaß Rußland keine Truppen mehr, die es zum Widerstand hätte aufbieten können. An Stelle des frontnahen Petrograd wurde Moskau zur Hauptstadt gemacht. Lenin befürwortete den realistischen Kurs: ein »imperialistisches« Friedensdiktat zu akzeptieren, um das sowjetische Regime zu retten. Trotzki, Bucharin und andere plädierten abenteuerlich-romantisch bewegt für die eine oder andere Spielart eines »revolutionären«, sprich Guerilla-Krieges, um den deutschen Vormarsch zum Stehen zu bringen und die Revolution in den Westen zu tragen. Nur mit hauchdünner Mehrheit setzte sich Lenin in der Partei und im Sowjetkongreß durch. Die Kosten für das Land waren hoch: Die Baltischen Provinzen, die Ukraine und Südrußland bis in den Kaukasus wurden an Deutschland abgetreten, das heißt ein Drittel des europäischen Territoriums des ehemaligen Reichsgebietes und beinahe die Hälfte der Industriekapazität und Nahrungsmittelproduktion – der Preis für einen Separatfrieden im Moment der drohenden Niederlage. Die Aussicht auf solche Bedingungen hatte die Provisorische Regierung seinerzeit davon abgehalten, sich einseitig aus dem Krieg zurückzuziehen, der sie zerstörte.

Für Lenin, der die Weltrevolution noch immer in Greifnähe wähnte, stand natürlich die Erwägung im Hintergrund, daß die Brester Zugeständnisse schon bald vom Tisch sein würden; inzwischen mußte es von vorrangiger Bedeutung sein, eine »Atempause« zu gewinnen, um die sozialistische Macht, die auch die Macht der Partei war, dort, wo sie einzig existierte, zu behaupten. Sein »Realismus« in dieser politischen Überlebenskrise hat ihm höchstes Lob der Historiker eingetragen, auch solcher, die dem Sowjetsystem ablehnend gegenüberstehen. Lenins Realismus allerdings kann hier ebenso wie in anderen Fragen auch überschätzt werden: Er betraf die Taktik, nicht die Strategie, weil er, wie schon im Oktober, immer auf den gänzlich unrealistischen ideologischen Voraussetzungen der Weltrevolution beruhte. Doch konnte Lenin mit Hilfe der Brester Atempause seinen zweiten großen Coup als Revolutionsführer landen, denn schließlich zahlte auch dieses riskante Spiel sich aus, als die Mittelmächte am Ende des Jahres geschlagen waren.

Unterdessen hatte Brest-Litowsk neue existenzbedrohende Probleme für die Sowjetregierung geschaffen. Der Beschluß, ein »imperialistisches« Friedensabkommen zu unterzeichnen, trieb einen Keil in die Linkskoalition. Zunächst kam es zu einer temporären Spaltung der bolschewistischen Gruppe, als Nikolai Bucharin und drei weitere Linkskommunisten aus der Parteidisziplin ausbrachen und weiterhin für einen revolutionären Krieg agitierten. Gravierender war, daß die Linken Sozialrevolutionäre die im Januar gebildete Koalition verließen und aktiv gegen den Brester Frieden opponierten. Einen gewichtigeren Grund zur Opposition lieferten ihnen kurz darauf die bolschewistischen Repressalien gegen die Bauern.

Die Repressionen kamen in Gestalt einer neuen bolschewistischen Agrarpolitik von großer Tragweite, als »Klassenkampf auf dem Land«. Sie wird im folgenden ausführlicher behandelt – vorläufig genüge der Hinweis, daß im April und Mai die Wirtschaft in den zentralrussischen Gebieten, den einzigen, die noch unter bolschewistischer Kontrolle standen, zum Erliegen kam. In den Städten herrschte nach einem langen Winter Hungersnot; Moskau und Petrograd hatten ein Drittel ihrer Bevölkerung verloren. Die Regierung suchte der Situation durch einen »Krieg der Klassen« auf den Dörfern zu begegnen. Gemeint war die Aufwiegelung der »armen Bauern« – die das funktionale Äquivalent des »Proletariats« darstellten – gegen die »kleinbürgerlichen Kulaken« (Großbauern), um die Herausgabe von »Überschuß«-Getreide zu erzwingen, eine Politik, die schließlich am 11. Juni in der dekretierten Bildung von »Komitees der Dorfarmut« gipfelte.[4] Die Maßnahmen brachte nur wenig Getreide ein, entfremdeten aber die Bauern der Regierung und trieben die Linken Sozialrevolutionäre in die bewaffnete Opposition.

Dann wurde der Sowjetstaat um die Wende vom Mai zum Juni von einer Katastrophe betroffen, die sein Schicksal endgültig zu besiegeln schien. Etwa 35 000 tschechische Kriegsgefangene waren innerhalb der Kaiserlichen Armee zu Kommandos zusammengefaßt worden, um gegen Österreich zu kämpfen. Im Frühjahr 1918 war das Korps auf der Strecke von der Wolga über Sibirien bis Wladiwostok in Transportzügen unterwegs; es sollte auf einer Route rund um den Globus an die französische Westfront verlegt werden. Die tschechischen Truppen fürchteten, von den Bolschewiki entwaffnet zu werden und besetzten die Bahntrasse. Umgehend brach die Herrschaft der Sowjets entlang der ganzen Strecke zusammen. Die Mehrheits-SR tauchten aus der Versenkung auf und versammelten in Samara an der Wolga eine Rumpfkonstituante. Jetzt bestand die ernstzunehmende Möglichkeit einer Alternative zur Regierung Lenins. Die kleine Bewegung der Weißen im Süden verfügte plötzlich über eine territoriale Basis. Die erbosten westlichen Alliierten sahen sich nach Rußlands Desertion in Brest-Litowsk vor der Möglichkeit, eine neue Ostfront zu eröffnen. Sie befahlen den Tschechen zu bleiben, wo sie waren, und intervenierten ihrerseits gegen die Rote Armee. Der Beweggrund für die Intervention der Ententemächte, dies beiläufig, waren die genannten militärischen Erwägungen und nicht, wie die Bolschewiki unterstellten, wirtschaftsimperialistische Begehrlichkeiten.

Im Juni war das Territorium des bolschewistischen Rußlands in etwa auf die Größe des mittelalterlichen Großfürstentums Moskau geschrumpft. Und noch innerhalb dieses Gebietes war seine Herrschaft labil: Im Juli probten die Linken Sozialrevolutionäre die Revolte in Moskau, um Rußland in einen Krieg mit Deutschland zu ziehen, und in Jaroslawl an der oberen Wolga erhoben sich die Kadetten. Weiße Armeen rückten vom Ural gegen die mittlere Wolga vor. Im August wäre Lenin beinahe dem Attentat einer linken SR-Terroristin erlegen.

Kurz, in den letzten Sommermonaten sah es so aus, als lasse das Ende des bolschewistischen Abenteuers nicht mehr lange auf sich warten und die ganze Episode werde als zweite, bedeutendere Pariser Kommune in die Geschichte eingehen, ruhmreich gescheitert und kaum mehr als ein Feuerzeichen für künftige Revolutionen.

DIE PARTEI SCHLÄGT ZURÜCK

In Reaktion auf diese Krisenserie reifte der embryonale Parteistaat, der aus dem Oktober hervorgegangen war, zu seiner endgültigen Gestalt. Die bolschewistische Gegenoffensive entwickelte sich gleichzeitig an drei Hauptfronten: an der politisch-administrativen Front des Klassenkampfes gegen den Rest des Parteienspektrums; an der militärischen Front, genauer der Front des Bürgerkriegs, gegen die Weißen; und schließlich gab es die ökonomische Front des Kriegskommunismus im engeren Sinne, das heißt den Aufbau der sozialistischen Ordnung.

Beginnend mit dem Frühjahr 1918 wurde die Tscheka energisch für neue Aufgaben genutzt: Sie hatte nicht nur die Weißen zu bekämpfen, sondern auch das Wiederaufleben nichtbolschewistischer sozialistischer Kräfte zu verhindern. Im Frühjahr waren die Menschewiki und Sozialrevolutionäre infolge der desolaten Lage erneut mit Mehrheiten in den Räten vertreten. Die Gremien wurden durch die Tscheka von den »kleinbürgerlichen Elementen« gesäubert, an deren Stelle verläßliche Bolschewiki traten.[5] Als im Juli und August mit dem Aufstand der Linken Sozialrevolutionäre und dem weißen Vormarsch in Zentralrußland die Gefahr für die bolschewistische Herrschaft zunahm, wurden die Räte ganz der Partei unterstellt und waren seither eine tote oder doch rein formelle Institution.

So war der Kommunestaat, den Lenin in *Staat und Revolution* gefeiert hatte und der 1917 seiner Verwirklichung nahe gekommen war, am Ende des Sommers restlos vom Parteistaat verdrängt.[6] Nach dem Attentat auf Lenin wurde vom Regime offiziell die Politik des »roten Terrors« proklamiert, als dessen Arm die Tscheka gegen alle Feinde des Volkes, der Revolution und der Partei vorzugehen hatte. Damit erhielt die »Diktatur des Proletariats« ihre volle, nachrevolutionäre Bedeutung und wurde, wie Lenin mit Vorliebe sagte, die »unumschränkte Macht über allem Gesetz«.

Die zweite, militärische Antwort auf die eskalierende Katastrophensituation war eine unmittelbare Konsequenz von Brest-Litowsk: Die 1917 entstandenen Volksmilizen der Roten Garden wurden durch die *Rote Arbeiter- und Bauernarmee* ersetzt, die auf Wehrpflicht, Disziplin und einer hierarchischen Kommandostruktur beruhte.[7] Am 22. April erfolgte der grundlegende Schritt, die Einführung der allgemeinen Wehrpflicht, und Trotzki ließ als Oberbefehlshaber dieser neuen revolutionären Institution seine Talente statt auf diplomatischem auf militärischem Feld spielen. Denn die Rote Armee war durchaus eine revolutionäre Institution und keine Armee im traditionellen Sinn.

Die Erfahrungen mit den Deutschen im Vorfeld von Brest-Litowsk und die wachsende Bedrohung durch die weißen Armeen ab Mai 1918 machten deutlich, daß ein Freiwilligenheer mit untrainierten Mannschaften und gewählten Offizieren keine Überlebenssicherung bieten konnte. Kriegführung ist ein Beruf für Spezialisten, und eine Armee kann auf Berufsoffiziere nicht verzichten. Auf schnellem Weg waren solche Offiziere nur zu beschaffen, wenn man auf die Kader der alten Zarenarmee zurückgriff, doch bei den Herren war Vorsicht am Platz. Also warb

Trotzki sie im großen Stil an und stellte ihnen ein Korps von politischen Kommissaren zur Seite, die alle Befehle gegenzuzeichnen hatten, die rote Truppe dazu anhielten, so dubiosen Führern zu gehorchen, und allen die korrekte, dem Klassenkampf angemessene politische Haltung einimpften. Damit war ein weiteres unentbehrliches Element des werdenden Systems geschaffen: das Überwachungssystem der Partei, mit dessen Hilfe sich alle »bürgerlichen« Spezialisten den politischen Zwecken der sozialistischen Revolution unterstellen ließen.

Dieses System der doppelten Führung war zwar ursprünglich für die Armee geschaffen worden, ließ sich aber auf beliebige gesellschaftliche Funktionen übertragen, auf alle ökonomischen und sonstigen bürgerlichen Aufgabenbereiche, in denen schließlich Parteibeauftragte die Aufsicht über Industriemanager, Vorsitzende von Kolchosen, Pädagogen, Wissenschaftler, Schriftsteller – praktisch über alles und jeden – übernahmen. Denn die Mission der Partei war es, ein politisches und ideologisches Ziel zu verwirklichen; technische Kompetenz und Sachverstand in Tätigkeitsbereichen, die für das Funktionieren einer modernen Gesellschaft unerläßlich sind, gehörten nicht zu den verlangten Qualifikationen ihrer Funktionäre.

Diese Diskrepanz zwischen der Aufgabe des Parteiapparats und den praktischen Bedürfnissen der Gesellschaft, die er beherrschte, wurde besonders in den ersten Jahren der Sowjetmacht fühlbar: Eine bisher im Untergrund wirkende, konspirative Organisation sah sich plötzlich vor die Aufgabe gestellt, die Führung eines widerspenstigen Staatswesens zu übernehmen. Wenn die Gesellschaft funktionieren sollte, mußte die Partei »bürgerliche Spezialisten« aus dem alten System in Dienst nehmen, denen sie aber politisch nicht trauen konnte. Mit der Requirierung solcher Spezialisten aus allen Berufssparten, nicht nur aus der Armee, wurde zielstrebig schon 1918 begonnen. Natürlich war vorgesehen, daß die Partei im Lauf der Zeit ihre eigenen »roten Spezialisten« ausbildete, die fachliche Kompetenz mit politischer Korrektheit vereinen sollten, doch für einen längeren Zeitraum von unbestimmter Dauer, oder bis zum Erreichen des Sozialismus, war die Parteiaufsicht, der Kommissar oder politische Leiter, das unumgängliche Gebot der Stunde.

Aus dieser Notwendigkeit einer ideologischen Kontrolle leitet sich das Recht des Parteiapparats ab, alle wichtigen Führungsposten in der Gesellschaft durch Ernennung zu besetzen, ein Recht, aus dem ein System hervorging, das später als *nomenklatura* bekannt wurde. Eine solche Doppeladministration bedeutet das Ende einer »bürgerlichen Gesellschaft« – ein Begriff, mit dem die Sowjets in den letzten Jahren des Systems alle Gruppen bezeichneten, die zur staatlich unabhängigen Selbstorganisation fähig waren. Dieser Kontrollmodus wurde zum essentiellen Funktionsmechanismus des Parteistaates, zu einem Instrument, das die Funktionärs-, Regierungs- oder Sowjet-Bürokratie aus dem Hintergrund durch ein Parallelsystem überwachte – eine niemandem verantwortlichen Parteiadministration und Trägerin der wirklichen Entscheidungsgewalt.

Der erste große Erfolg dieses neuen Systems war die Schaffung einer leistungsfähigen Roten Armee – leistungsfähig zumindest im Vergleich zur weißen Armee, nicht zu den regulären Armeen des Ersten Weltkriegs. Insgesamt wurden im Verlauf des Bürgerkrieges etwa sechs Millionen Mann ausgehoben, also offensichtlich mehr Bauern als Arbeiter. Drei Millionen davon desertierten oder verschwanden in die Dörfer, aus denen man sie zwangsweise in die Armee geholt hatte. Von der Gesamtzahl waren Trotzkis eigener Schätzung entsprechend nur 500 000 oder 600 000 Rekruten militärisch effizient einsatzfähig; unter diesen vor allem Soldaten aus der Arbeiterschaft, die am diszipliniertesten waren und der Sache der Revolution am loyalsten ergeben – die »roten Blutkörper« der Armee, wie sie damals genannt wurden. Im Verlauf des Konflikts stellte diese Gruppe die Offiziersanwärter, die nach ihrer Ausbildung allmählich die Überbleibsel der Zarenarmee ersetzten. Die Rote Armee wurde so zu einem Hauptreservoir der Rekrutierung und Heranbildung neuer Männer für das neue Regime. Gleichzeitig absorbierte sie das Proletariat in einem Moment, da die zivile Ökonomie zum Stillstand kam und die Fabriken die Produktion drosselten oder einstellten.

Die hastig improvisierte, kümmerlich strukturierte und sozial instabile Streitmacht hätte es mit einer regulären europäischen Armee kaum aufnehmen können – angenommen die deutschen Truppen wären noch einmal in Rußland eingerückt oder die westlichen Bündnispartner hätten jemals Interventionstruppen in ernstzunehmendem Umfang eingesetzt. Aber sie reichte aus, die ebenso improvisierten, ideologisch weniger motivierten und sozial unbeständigeren weißen Armeen zurückzuschlagen. Und das war ausschlaggebend.

Dennoch wäre es falsch, die bolschewistische Rhetorik vom Bürgerkrieg als Klassenkampf des roten Proletariats gegen die bürgerlichen und
feudalen Weißen allzu wörtlich zu nehmen. Was den Bürgerkrieg institu-
tionell möglich machte, war die Spaltung des Offizierskorps der alten
Kaiserlichen Armee. Ein Teil diente dem neuen sowjetischen Staat, der in
den Augen vieler immer noch ein russischer Staat war, während der
andere Teil für die Wiedererrichtung eines traditionellen russischen Reiches – »einig und unteilbar« – kämpfte. Kurz, auf den Schlachtfeldern des
Bürgerkrieges haben wir es ebensosehr mit zwei rivalisierenden Staatsmächten, oder Staatsmächten in spe, zu tun wie mit zwei sozialen
Klassen. Der sowjetische Parteistaat war seinen ideokratischen Ambitionen zum Trotz eine Staatsmacht, die einen militanten Werdeprozeß
durchmachte, wenn auch eine Staatsmacht radikal neuer Art.

Die akute Phase des Kampfes zwischen den debütierenden Nachfolg-
gestaaten des Zarenreichs dauerte achtzehn Monate, von Mitte 1918 bis
Ende 1919.[8] In dieser Zeit war die sowjetische Herrschaft dreimal
tödlich gefährdet. Das erste Mal, wie wir gesehen haben, im Sommer
1918, als die Deutschen den Westen und Süden besetzt hielten und die
Weißen von Osten vorrückten; zum zweitenmal im Frühjahr 1919, als
Admiral Koltschaks Armee von Sibirien her in Richtung Moskau
marschierte, und ein drittes Mal im Herbst desselben Jahres: General
Denikins Vorstoß aus der Ukraine kam 200 Kilometer vor der Haupt-
stadt zum Stehen, während General Judenitsch von Estland her auf
Petrograd zumarschierte.

In unserem Zusammenhang, der die Auswirkungen des Krieges auf die
Entwicklung des sowjetischen Parteistaates zur Diskussion stellt, kann
auf die detaillierte Schilderung der bewaffneten Auseinandersetzungen
verzichtet werden. Nur soviel sei gesagt, daß der Erfolg der Bolschewiki
keineswegs vorhersehbar war. In jeder der erwähnten drei Situationen
hätte eine zufällige Wende im Lauf der Ereignisse genügt – sagen wir,
Koltschak und Denikin wären 1919 gleichzeitig auf Moskau vorgerückt
statt im Abstand von fünf Monaten –, und eine militärische Niederlage
und damit der politische Zusammenbruch der Bolschewiki wäre ebensowenig auszuschließen gewesen wie 1918 während der Affäre der Tschechoslowakischen Legion. Daß beides nicht eintrat, ist offensichtlich auch
dem Zufall zu verdanken.

Ein weiteres Zufallselement war die deutsche Niederlage im Westen.

Wären die deutschen Truppen bis zu den Häfen am Ärmelkanal und bis Paris vorgestoßen, was ihnen beinahe gelang, hätten sie ihren siegreichen Vormarsch nach Osten fortsetzen können, den der Brester Friede unterbrochen hatte. Die buntscheckige Rote Armee wäre kaum imstande gewesen, sie aufzuhalten. Von allen hypothetischen Szenarien, die einen Erfolg des Bolschewismus in Rußland möglicherweise ausgeschlossen hätten, scheint dieses der Realität am nächsten zu liegen. Westhistorikern war es verständlicherweise nie der Überlegung wert, obwohl sich damit auch Hitlers politische Rolle erübrigt hätte.

Es waren jedoch daneben strukturelle und geographische Gegebenheiten, die den Bolschewiki das Überleben sicherten. Erstens verfügten sie über den Vorteil eines Kommunikations- und Transportnetzes, dessen Mittelpunkt Moskau war, während die Weißen an der Peripherie saßen. Zweitens erschienen die internationalistischen Roten bizarrerweise als die besseren Patrioten, weil sie nicht mit den ausländischen Interventionsmächten verbündet waren. Drittens hatten sie sich bei den Bauern, die jetzt häufig als »Grüne« bezeichnet wurden, durch ihre Getreiderequisitionen zwar verhaßt gemacht, waren aber dennoch weniger gefürchtet als die Weißen, deren Rückkehr häufig eine Wiedererrichtung der alten Grundherrenrechte mit sich brachte. Mithin zeigten die Bauern, als kämpfende rote und weiße Armeen im Wechsel über ihre Felder zogen, eine leichte Präferenz für die Roten und revoltierten hinter den weißen Linien.[9] Vornehmlich dieser Faktor wurde 1919 Denikin zum Verhängnis, denn er ermöglichte den Bolschewiki die endgültige Einnahme der Ukraine und damit den Schritt zum Gesamtsieg.

Zu diesen einzelnen Faktoren kam als entscheidendes Moment das exzeptionelle Organisationstalent der Bolschewiki – die Etablierung der Tscheka, der Aufbau der Roten Armee mit zentraler Funktion des politischen Kommissars und die Umwandlung des Rätestaates in einen bloßen Apparat der Partei. Diese organisatorische Begabung ergab sich aus dem ideologischen Drang zum Machtmonopol im erhabenen Namen des Sozialismus. Infolgedessen waren die Bolschewiki, wo die Provisorische Regierung gescheitert war, nur acht Monate nach ihrem Machtantritt auf dem Weg zur totalen Herrschaft. Gegen dieselben Kräfte aufsässiger Sowjets, mangelnder Arbeitsdisziplin und bäuerlicher Anarchie, die den Untergang der Provisorischen Regierung herbeigeführt hatten, setzten sich die Bolschewiki mit allen Mitteln ihrer Diktatur zur Wehr, um die zentrifugalen Kräfte, die ihre Agitation im vorangegangenen Jahr entfesselt hatte, wieder unter Kontrolle zu bringen.

Es ist das große Paradox kommunistischer Politik – nicht nur im Rußland der Jahre 1917–19, sondern wo und wann immer sie Platz greift –, daß sie als Opposition anarchistisch, als Herrschaftsform aber totalitär ist, und das in der Überzeugung, beides lasse sich widerspruchsfrei vereinbaren. Bolschewistischer Logik zufolge besteht hier in der Tat kein Widerspruch: Man agiert anarchistisch, um die alte, kapitalistische Welt aufzureiben, und diktatorisch, um eine neue, sozialistische Welt zu bauen. In beiden Phasen ergibt sich das Recht, ja die Verpflichtung zum totalen Verfahren, denn man weiß sich als Vorhut der universellen Klasse und als Medium, in dem sich mit gesetzmäßiger Notwendigkeit der geschichtliche Fortschritt vollzieht. Kurz, die rücksichtslos ausgeübte Befähigung der Bolschewiki sowohl zur Zerstörung wie zur Wiedererrichtung von Ordnung verdankt sich ihrem ideologischen Fanatismus. Darin konnten es die Weißen nicht mit ihnen aufnehmen.

Am wirkungsvollsten aber erwiesen sich diese ideologisch inspirierten Fähigkeiten der kommunistischen Organisatoren und Staatsarchitekten an der dritten, der ökonomischen Front des Bürgerkriegs und in den politischen Maßnahmen, die später den Namen Kriegskommunismus erhielten. In diesem Bereich fanden der Parteistaat, seine politische Polizei und seine Armee nach neuem Muster ihr eigentliches Tätigkeitsfeld; denn die Wiederherstellung der Wirtschaft war der Weg zum sozialistischen Aufbau und damit zum Endzweck des Systems. Über die Wirtschaftsprogramme dieser Periode wird unter Historikern denn auch am lebhaftesten diskutiert.

Es geht dabei um folgendes. In den drei Jahren des Kriegskommunismus verwirklichte das sowjetische Regime (zumindest der Absicht nach und auf dem Papier), ohne daß eine europäische Revolution vorangegangen wäre, die volle staatliche Kontrolle über die Wirtschaft und den Aufbau des Kommunismus – so hieß knapp und ohne modifizierende Attribute die neue Staatsform in der Sprache ihrer Führung. Das stand im offenen Widerspruch sowohl zum korrekten, »orthodoxen« Marxismus wie auch zu den ursprünglich bekundeten Absichten der Bolschewiki. 1921 erfolgte eine brüske Korrektur dieses eingestandenermaßen vorzeitig und irrtümlich eingeschlagenen Kurses. Der Fehler wurde mit der Notsituation des Bürgerkriegs erklärt, weshalb für diese jüngste Vergangenheit die Bezeichnung »Kriegskommunismus« aufkam. Gleichzeitig wurde eine Neue Ökonomische Politik, NÖP, lanciert, die auf halb marktwirtschaftliche Prinzipien einschwenkte.

Die große Frage ist nun also, welcher der beiden Wege den Bolschewiki als der wahre Weg zum Sozialismus galt. Daran knüpft sich die zweite Frage, ob der Kriegskommunismus eine vom Druck der Umstände erpreßte Abweichung oder ein ideologisch motivierter Vorstoß war, der fundamentale Bestrebungen der Bolschewiki artikulierte. Oder aber entsprang der Kriegskommunismus einer Mischung beider Motive? Die meisten historischen Kommentare schwanken zwischen dieser unschlüssigen Kompromißformel und dem »Diktat der Umstände«. Im allgemeinen jedoch läßt die westliche Geschichtswissenschaft diese unliebsame Periode so schnell wie möglich hinter sich, um sich den, wie man glaubt, ergiebigeren Jahren der NÖP zuzuwenden.

Doch von der Beantwortung dieser Fragen hängt Entscheidendes für das Verständnis der Sowjetgeschichte als ganzer ab. Denn vorausgesetzt, die brutalen Praktiken des Kriegskommunismus entsprachen ursprünglich gewollter bolschewistischer Politik, dann war die ganze Zukunft des Systems in seiner später erwiesenen Hoffnungslosigkeit bereits damals mit logischer Gewißheit abzusehen. Insbesondere erscheint Stalin dann als legitimer Erbe Lenins. War aber der Kriegskommunismus eine durch die Kriegswirren verursachte Abweichung vom Leninismus, dann wurde der größte Teil der nachfolgenden Sowjetgeschichte ebenfalls zu einer »Abweichung«; Stalin konnte aus der reinen Lehre ausgeschlossen und dem sowjetischen Unternehmen die Möglichkeit unterstellt werden, sein menschliches Gesicht schließlich doch noch zu entdecken. Ein Ziel, das man in Gorbatschows *perestroika* erreicht glaubte.

In den ersten acht Monaten bolschewistischer Herrschaft wurde die Wirtschaftspolitik des neuen Staates, wie bereits erwähnt, gelegentlich als Staatskapitalismus bezeichnet. Mit dem Etikett sollte gesagt werden, ein endgültiger Sozialismus in Rußland sei vor Beginn einer europäischen Revolution zwar verfrüht, dennoch könne die neue sozialistische Regierung den Kapitalismus in Rußland nicht so, wie er war, bestehen lassen, sondern müsse ihn der Herrschaft des Arbeiterstaats unterstellen.

Der Prozeß lief dialektisch ab – bestimmte Ereignisse riefen drastische Maßnahmen hervor, an denen sich der ideologische Eifer entzündete, um

sie zu radikalisieren. Als sich zum Beispiel die Angestellten der National-
bank weigerten, der neuen Regierung Mittel zur Verfügung zu stellen,
wurde das Gebäude am 7. November von Truppen besetzt und der Betrieb
zentralisiert. Dann kam die Ideologie zum Zug, half den Ereignissen nach,
und am 12. November wurden alle Privatbanken verstaatlicht und Aus-
landschulden nicht länger anerkannt – ein Vorgehen, das der Regierung
im In- und Ausland neue Feinde schaffte, so daß ihre wirtschaftliche Lage
sich zuspitzte, was weitere drastische Maßnahmen entband.

Diese Anfangsphase des Staatskapitalismus gipfelte am 2. Dezember in
der Gründung eines Obersten Volkswirtschaftsrates (WSNCH). Dem Rat
unterstand die Organisation, Koordination und Regulierung der Tätigkeit
der Kommissariate für »Handel und Industrie, Lebensmittelversorgung,
Landwirtschaft, Finanzen und Gewerkschaften« – das heißt des gesamten
wirtschaftlichen Spektrums.[10] Schon bald sonderte dieses Gremium einzelne Departements oder Hauptverwaltungen, die sogenannten *glawki* ab,
die sich mit den verschiedenen Industriezweigen vom Textil- bis zum
Stahlsektor beschäftigten. Bis zum Frühjahr war eine ansehnliche Bürokratie entstanden, die eine wachsende Zahl von Dekreten erließ, in denen
die ihrer nominellen Kontrolle unterstellten Aktivitäten detailliert geregelt wurden. Das heißt, bereits vor dem Brester Frieden und dem Beginn
der großen Krise war, wenn auch noch nicht die Zentralplanung, so doch
die staatliche Kontrolle über das Kapital und die Bürokratie im großen
und ganzen verwirklicht. Die Maßnahme stellte, dies in erster Linie, das
Minimum dessen dar, was sich von einer sozialistischen Regierung erwarten ließ, die die Interessen der Werktätigen gegen ihre jetzt geschlagenen
Ausbeuter zu verteidigen hatte; sie war indes auch ein praktischer Schritt,
der einer zunehmend chaotischen Situation Rechnung trug.

Durch die Frühjahrskrisen von 1918 erhielt der eingeleitete Staats-
interventionismus neuen Antrieb. Ein ungewöhnlich strenger Winter
hatte den wirtschaftlichen Zusammenbruch beschleunigt, der sich seit
1917 ankündigte; die Situation verschärfte sich, da infolge des Brester
Friedensschlusses die ukrainischen Getreide-, Eisen- und Kohlelieferun-
gen verloren waren. Im April/Mai wurde die Versorgungslage in den
Städten verzweifelt: Die Bauern hatten keinerlei Interesse mehr, für den
Markt zu produzieren, wo sie nur Rubel erhielten, deren Wert laufend
abnahm und mit denen sie bei fehlenden Industriegütern ohnedies nichts
kaufen konnten.[11] Lenin dekretierte also einen »Kreuzzug für Brot« und

eine »Ernährungsdiktatur«, die vom Kommissariat für Versorgung mit Unterstützung der Tscheka durchgesetzt werden sollte und sich gegen »Hamsterer« und »Kulaken« richtete. Im Juni war aus diesem Programm der bereits erwähnte »Klassenkampf auf dem Dorf« geworden, geführt von den *Komitees der Dorfarmut,* oder *Kombedy.*

Die neuen Maßnahmen und ihre Etikettierung hatten Lenins Landdekret vom Oktober 1917 als das gezeigt, was es war: ein Mittel, der Partei den Weg zur Macht zu ebnen. Gleichzeitig ließen sie endlich das wahre Verhältnis der Bolschewiki zur Bauernschaft erkennen. Offiziell blieb das Regime ein »revolutionäres Bündnis der Arbeiter und Bauern« – von Lenin als *smytschka* bezeichnet – im Zeichen des omnipräsenten Symbols von Hammer und Sichel. Doch selbst im Oktober waren die Bauern nicht viel mehr gewesen als der Benjamin der erweiterten universellen Klasse der Revolution. Aus bolschewistischer Sicht konnten sie in einem »Bündnis« mit den Arbeitern nur darum als erwünschter Partner in Erscheinung treten, weil sie eine ausgebeutete Gruppe und daher ein potentiell explosives Element darstellten; im übrigen betrachteten die Bolschewiki sie als rückschrittliche Klasse, der jedes Flair für konstruktive, sozialistische Visionen abging. Als Träger des Fortschritts kam nur der Vertreter der technischen Moderne, das Proletariat, in Frage.

Unter nachrevolutionären Bedingungen also mußte sich der Weg beider Partner der *smytschka* zwangsläufig trennen. Das zeigte sich zunächst in der Praxis: im Besitz des Landes, verloren die Bauern das Interesse an Lenins Revolution. Wie sie es im Frühling 1918, als die Partei ihren Namen änderte und mit den Getreiderequisitionen begann, so oft ausdrückten: »Wir sind für die Bolschewiki, aber gegen die Kommunisten.« Es zeigte sich aber auch am politischen Kurs, den die Bolschewiki gegenüber dem »Verbündeten« einschlugen. Die Partei unterschied jetzt zwischen mehreren bäuerlichen Klassen, von denen nur die ganz unterdrückten weiterhin dem Bündnis zugerechnet wurden.

Dieses neue Verfahren bedeutet den vielleicht größten Triumph bolschewistischer Ideologie über die Wirklichkeit. In der marxistischen Geschichtstheorie ist für die Bauern kein Platz von Bedeutung vorgesehen; sie sind die hoffnungslos »schwierige« Klasse, die beseitigt werden muß, damit die Geschichte ihr Ziel, die Moderne, erreichen kann. Die russischen Marxisten lösten das Problem dieser unbequemen Klasse, indem sie deren Besonderheit unter einem Raster von Klassenkampf-Kategorien aufhoben, die sie der Soziologie der urbanen Welt entnahmen. Dieser Prozeß begann in den neunziger Jahren, als die Marxisten den Narodniki entgegenhielten, der Kapitalismus habe in Rußland bereits Einzug gehalten, auf dem Land eine neue Klassenstruktur geschaffen und damit die alte Dorfkommune zerstört. Eine Schlüsselrolle in der Debatte spielte Lenins *Entwicklung des Kapitalismus in Rußland* aus dem Jahr 1899.

Die Entwicklung des Kapitalismus hatte es Lenin zufolge mit sich gebracht, daß das bäuerliche Rußland in drei Klassen zerfiel: Die obere Schicht, das funktionale Äquivalent der Bourgeoisie, waren die Kulaken (abgeleitet vom Wort »Faust« – die traditionelle Bezeichnung für den dörflichen Wucherer); zur mittleren Schicht zählten als Abbild des Kleinbürgertums die Mittelbauern, oder *srednjaki;* die ärmsten, von den Kulaken als Lohnarbeiter ausgebeuteten Bauern, *bednjaki,* stellten das dörfliche »Proletariat«. Die Kulaken wurden damit zur Speerspitze des »Kapitalismus« im ländlichen Rußland.

Anders als Marxisten verfassen Bauern nur selten Bücher über die Soziologie des Dorfes. Soviel jedoch wissen wir: Mit der nicht zu leugnenden, doch minimalen sozialen Differenzierung innerhalb der Bauernschaft haben dergleichen Theorien wenig zu tun; ebensowenig mit der Selbsteinschätzung der Bauern. Ein Kulak war nach 1917 ein einfacher *mushik* mit einem Pferd und drei Kühen, der monateweise ein paar ärmere Bauern in Lohn nahm. Die Bauern betrachteten diese Form der Abhängigkeit als normal; ein Bauer mit Unternehmergeist erschien der Masse der mittleren Bauern nicht als Klassenfeind, sondern als Vorbild. Für die Bauern aller Schichten war der wirkliche Feind die Welt außerhalb des Dorfes: der Staat, die Großstadt und nach 1917 die Partei.

So absurd Lenins Soziologie des Bauerntums an sich erscheinen mag, sie hatte dennoch eine wichtige Funktion beim Aufbau dessen, was die Partei den Sozialismus nannte. Sie lieferte die unentbehrlichen politischen Instrumente, die es der Partei erlaubten, die Dörfer auszubeuten und schließlich zu unterjochen – denn das, und nicht nur die Requirierung des Getreides, war der Sinn des Klassenkampfes auf dem Land, ein Kampf, der von einem neuen »Bündnis«, dem ländlichen Proletariat – den *bednjaki* – und dem Big brother in den Städten – der Partei – geführt wurde. Nur dieses ideologische Trugbild ermöglichte es der Partei, gegen den größeren, bäuerlichen Flügel seiner *smytschka* in der Überzeugung vorzugehen, die »wirklichen« Interessen der Bauern zu vertreten.

Im Sommer 1918 also war der Markt im landwirtschaftlichen Sektor durch ideologische, politische und polizeiliche Mechanismen ersetzt. Bis Anfang 1921, das heißt noch über das Ende des Bürgerkrieges hinaus, fungierten krude ideologisch-politische und sogar militärische Maßnahmen in wechselnder Gestalt als Marktsubstitute. Das Schema wurde unterbrochen, wenn es zweckdienlich schien. So erwies sich auf dem Land die Plünderung der »Kulakenüberschüsse« durch die *Dorfarmen* unter dem Deckmantel des Klassenkampfes als so produktionshemmend und bewirkte eine derart starke politische Entfremdung der Bauern, daß die Regierung Anfang 1919 auf dieses Vorgehen verzichten mußte. Es wurde allerdings durch ein nicht weniger primitives Verfahren ersetzt: die staatliche Requisition des Getreides durch Arbeiterdetachements oder die Tscheka, als *podraswerstka* bekannt. Manchmal wurde im Tausch gegen Konsumgüter requiriert, dann wieder mit vorgehaltenem Bajonett nackte Konfiskation betrieben, in beiden Fällen aber war die Ablieferung erzwungen.

Doch noch war das letzte Ziel der bolschewistischen Agrarpolitik nicht erreicht – die Aufhebung des Gegensatzes von Stadt und Land durch die Einführung »rationaler«, mechanisierter Massenproduktion auf dem Dorf. Als erster roher Entwurf dieser zukünftigen Landwirtschaft wurde eine Anzahl ehemaliger herrschaftlicher Landgüter in staatliche Großbetriebe, Sowchosen (»Sowjetwirtschaften«), umgewandelt, auf denen die Bauern als bezahlte Arbeiter angestellt waren. Das Experiment war damals ein eklatanter Fehlschlag, zeigte aber, wohin die Absichten der Bolschewiki mit den widerstrebenden Bauernmassen gingen, sollten sie jemals die Möglichkeit haben, ihr Ideal einer rationalen Agrarorganisation durchzuführen. Unterdessen setzten sie zur Überlebenssicherung auf die *podraswerstka.* Aber auch diese Maßnahme war kein durchschlagender Erfolg: Sie sicherte der Partei zwar den Weiterbestand, doch die geringen Mengen an Überschußgetreide fanden den Weg vermehrt auf den schwarzen Markt. Größer war der Schaden für die Landwirtschaft. Die Ernteerträge gingen stark zurück, so daß neben der Dürre die *podraswerstka* einer der Hauptgründe der katastrophalen Hungersnot von 1921–22 wurde.

Unter den damaligen Umständen wäre jede russische Regierung in gewissem Umfang zu politischen Zwangsmaßnahmen genötigt gewesen, um Ersatz für einen Markt zu schaffen, dessen Verfall nicht aufzuhalten war. Die Weißen griffen in den von ihnen kontrollierten Gebieten zu vergleichbaren, wenn auch weniger drastischen Praktiken. Beachtenswert an der Aktion der Bolschewiki ist jedoch ihr ideologischer Charakter; er machte sie systematisch und umfassend und verband sie logisch mit dem Endziel der Regierung, dem Sozialismus. Es ging nicht einfach darum, in einer Situation verzweifelter Not die Wählerschaft zu ernähren; die Beschaffungsmaßnahmen, die faktisch an Diebstahl grenzten, wurden als notwendiger Schritt in Richtung auf eine Neue Welt interpretiert und damit auf höherer Ebene angesiedelt. Was verschlug es, daß die abwegige Praxis des dörflichen Klassenkampfes die Versorgungslage nur verschlimmerte: Sie gab dem Glauben Nahrung und hielt die rote Bewegung in Gang. Wenn also die Bolschewiki den Kriegskommunismus auf den Dörfern vordergründig zwar mit dem Ziel durchexerzierten, den Rückzug der Bauern vom Markt zu kompensieren, dann führten sie mit dem Ersatz des Marktes durch politische Beschlagnahmung der Rohstoffe doch nur das aus, was auf der sozialistischen Tagesordnung stand.

In vergleichbarer Weise begann der Kriegskommunismus im industriellen Sektor als Reaktion auf den Störfaktor Arbeiter-»Spontaneität«. Im Lauf des Frühjahrs gingen die Arbeiter angesichts der Getreidekrise dazu über, die Produktion auf die Herstellung von Bedarfsartikeln umzustellen, die sie bei den Bauern gegen Lebensmittel eintauschen konnten. So dehnte sich die »Arbeiterkontrolle über die Industrie« häufig von der bloßen Managementüberwachung zur eigentlichen Übernahme der Betriebe und weiter bis zu lokalen »Nationalisierungen« aus. Da einige dieser Betriebe in deutschem Besitz waren, konnten die Zwischenfälle der deutschen Armee den Vorwand für weitere Interventionen liefern. Ebenso bedrohlich waren die von der Basis ausgehenden Verstaatlichungen für den Machtanspruch der Bolschewiki, den sie faktisch dementierten.

Am 12. Juni 1918 wurde daher per Dekret die generelle Verstaatlichung der Schwerindustrie angeordnet. Im Verlauf der nächsten sechs Monate folgte eine Flut von Erlassen zur Verstaatlichung der Leichtindustrie, des Groß- und Kleinhandels, der Kooperativen und schließlich jedes Handwerks- und Handelsunternehmens des Landes mit mehr als fünf

Beschäftigten. Wieder hatte ein Prozeß, der als Antwort auf den Druck der Ereignisse entstanden war, eine aufs Ganze gehende ideologische Eigendynamik entwickelt, in deren Verlauf das Land, dem Grundsatz nach zumindest, in ein einziges, staatlich gelenktes Unternehmen umgewandelt wurde.

Wie sich denken läßt, zeitigte der dirigistische Overkill gemischte Resultate. Einerseits konnte die Rote Armee ausgerüstet und ernährt werden, obwohl die schwindende Stadtbevölkerung kaum mit dem Lebensnotwendigen versorgt war. Gleichzeitig trug die Hyperzentralisierung des Systems im Verein mit ruinösen Auseinandersetzungen zwischen den *glawki* zur industriellen Zerrüttung bei. Außerdem blieb die Distributionskontrolle des Staates ohne jede Wirkung: Der Markt wurde nicht beseitigt, sondern lediglich in den Untergrund und die Illegalität abgedrängt.

Wie zuvor blieben die Begleiterscheinungen unbeachtet. Denn etwas weitaus Wichtigeres war erreicht worden: Das Privateigentum in Industrie und Handel war ausgerottet, der Profit abgeschafft und damit der »Ausbeutung des Menschen durch den Menschen« der Boden entzogen. Nicht weniger wichtig war, daß der Markt in der politischen Kommandostruktur des WSNCH einen sozialistischen Nachfolger gefunden hatte. Aus diesem Gremium heraus entstand in den Jahren bis 1920 eine Spezialabteilung für langfristige Wirtschaftskoordination, *Gosplan,* die Staatliche Plankommission. Damals noch wenig beansprucht, war sie für eine zentrale Rolle im System vorgesehen, denn letzten Endes strebte der Sozialismus, auch wenn kein Bürgerkrieg zu führen war, eine »rationale« Ordnung der Wirtschaftstätigkeit an, die sich an den »wirklichen Bedürfnissen« orientierte und nicht am Profit oder am Vertrauen auf die »Anarchie des Marktes«.

Wenn aber Privateigentum, Profit und Markt beseitigt waren, wurde auch das Geld überflüssig. Da Rußland damals gerade die höchste Inflation durchmachte, die Europa je erlebt hatte, sorgte die Dynamik der Ereignisse von sich aus dafür, daß mit dem Geldwert aufgeräumt wurde. Darin sah man infolgedessen ein Zeichen, daß Rußland sich mit dem Ablauf der Geschichte vom Kapitalismus zum Sozialismus entwickelt hatte, und Ende 1920 trafen die Bolschewiki formale Vorbereitungen zur Abschaffung des Geldes.

Tatsächlich jedoch war das russische Leben in einer beispiellosen Regression auf die außerordentlich primitive Stufe einer Natural- oder Tauschwirtschaft zurückgefallen, worüber die Papierflut der Erlasse aus dem WSNCH und seinen *glawki* nur notdürftig hinwegtäuschte. Als vielleicht deutlichstes Anzeichen dieses Rückgangs auf primitive Verkehrsformen kann wohl das Programm Trotzkis gelten, der nach Beendigung des Bürgerkrieges vorschlug, den Wiederaufbau der Wirtschaft mit denselben Methoden durchzuführen, die im Bürgerkrieg zum Sieg geführt hatten. Er plädierte für eine »Militarisierung der Arbeit«, eine Idee, die auch Bucharin vertrat. Dieses Programm sah vor, die Industrie buchstäblich nach dem Muster der Roten Armee zu führen; eine Zeitlang kamen bei der Wiedereröffnung von Betrieben und Bergwerken und der Instandsetzung von Eisenbahntrassen tatsächlich Militäreinheiten zum Einsatz. Lenin und die meisten Mitglieder der Parteiführung glaubten noch Monate nach Ende des Bürgerkrieges, die allgemeinen Methoden des Kriegskommunismus seien geeignet, den Sozialismus zu verwirklichen, und könnten für den Wiederaufbau der Nachkriegszeit übernommen werden. So wurde der imposanteste Zusammenbruch, den unser Jahrhundert erlebt hat, in einem veritablen ideologischen Delirium zum real existierenden Kommunismus verklärt, zum Anbruch der strahlenden Zukunft, eine Vision, die in Bucharins und Preobrashenskis einst berühmtes *ABC des Kommunismus* einging.[12]

DAS ERSTE VIERTEL – EIN RESÜMEE

Zu welchem Schluß kommt man also in der Frage, inwieweit Umstände und inwieweit Ideologie am Zustandekommen dieses bizarren Ergebnisses beteiligt waren?[13] Zunächst sollte daran erinnert werden, daß die Praktiken des Kriegskommunismus schon vor dem Konflikt zum Einsatz kamen und nach seiner Beendigung fortgesetzt wurden. Die Verstaatlichung des Kreditwesens und das Rahmenwerk der Staatskontrolle der WSNCH, gingen Brest-Litowsk voraus; Programme des ökonomischen Klassenkampfes sowie die Ernährungsdiktatur traten in Kraft, bevor die kriegerischen Auseinandersetzungen eskalierten. Auch die Krönung des kriegskommunistischen Modells, seine extremen und utopischen Maßnahmen – die volle Verstaatlichung der Industrie, der Klassenkampf auf den Dörfern und die »Komitees der Dorfarmut« – ergingen im Frühjahr 1918, einer Zeit ernsthafter Krisen, doch noch vor der Zuspitzung des Konflikts mit den Weißen. Das Jahr der anhaltenden militärischen Bedrängnis, das Jahr der Koltschak, Denikin und Judenitsch, war 1919 und brachte dann die *podraswerstka* sowie die Verstaatlichung der gesamten städtischen Ökonomie. Der militärische Notstand kann somit allenfalls für den kleineren Teil des Kriegskommunismus verantwortlich gemacht werden, für seine Intensivierung eher als für seine Anfänge. Zumindest also müßte man sich für die wenig überzeugende Lösung des »Sowohl-Als-auch«, das heißt für die sichere Kompromißvariante entscheiden.

Doch diese Methode der doppelten Buchführung in der Frage historischer Kausalität kann keine wirkliche Lösung sein, denn reales Geschehen läuft nicht in Rubriken ab. Eher dürften wir es beim Kriegskommunismus mit einem Beispiel dessen zu tun haben, was die Marxisten die »Einheit von Theorie und Praxis« nennen. Daß heißt, Ideologie und Aktion, oder Praxis, sind zwei Facetten, zwei Momente, desselben Prozesses. Jede praktische Aktion hat ihr leitendes Konzept, und die Ideologie ist vom politischen Leben nicht zu trennen. Aus dieser Marx-Hegelschen Perspektive – die schließlich das Credo der in Rede stehenden Akteure war – läßt sich deren politische Praxis der Jahre 1918–21 am besten beurteilen.

Es wäre mithin ein großer Irrtum, anzunehmen, daß der Marxismus während des Kriegskommunismus nur als Rationalisierung ex post facto für Maßnahmen diente, die der militärischen Notlage entsprangen, oder mit E. H. Carr zu behaupten, daß die Bolschewiki sich nur von Taktiken der Machterhaltung leiten ließen. Daß sie ihre Macht geradezu obsessiv zu behaupten suchten, ist schwerlich zu leugnen. Doch die eigentliche Frage ist die, warum sie so leidenschaftlich danach verlangten, denn Lenins Partei war keine Renommier-Diktatur, der Macht als Selbstzweck galt. Für die Bolschewiki bedeutete die Macht den Weg zum leuchtenden Ziel des Sozialismus. Und ihre Kämpfe für die Erhaltung dieser Macht orientierten sich stets an dem Zweck, dem sie dienen sollten. So war der Klassenkampf auf den Dörfern gleichzeitig ein Mittel zur Versorgung der Armee und eine Möglichkeit, dem Ziel des Sozialismus näher zu kommen. Während eine Notmaßnahme die andere ablöste, setzte sich in den Köpfen der Verantwortlichen allmählich die Überzeugung fest, daß in der »Hitze des Klassenkampfes« gleichzeitig und dialektisch der Kapitalismus vernichtet und die Institutionen der künftigen sozialistischen Ordnung geschmiedet würden. Auf diese Weise konnte der allgemeine Kollaps des Bürgerkriegs in bolschewistischer Logik als großer Sprung nach vorn erscheinen.

Alles das ist gut marxistisch, wenn man unter Marxismus mehr versteht als einen scholastischen Katalog von Programmpunkten. Ideologien sind nicht gesammelte Richtlinien, die man von Fall zu Fall nachschlägt und anwendet, sondern eine ganzheitliche geistige Einstellung, die bis in Handlungen und Entscheidungen hineinwirkt, die aus nichtideologischer Warte als disparat und partikular erscheinen. Der Kriegskommunismus wird denn auch gerne als Entgleisung abgeschrieben – mit dem Argument, im Marxschen Werk, das nur eine Kritik des Kapitalismus geben wolle, sei eine solche explizite Wegleitung zum Sozialismus nicht zu finden. Daß der Begründer der Lehre sich geweigert hat, in der unbesonnenen Art der Sozialisten, die er als »utopisch« brandmarkte, Planspiele für die künftige Ordnung vorzulegen, trifft zu. Dennoch sind die Grundzüge seines Sozialismus in der kritischen Darstellung des Kapitalismus deutlich erkennbar.

Eines vor allem – Privateigentum und Markt sollten verschwinden, desgleichen das Geld, denn »wenn das *Geld...*, mit natürlichen Blutflecken auf einer Backe zur Welt kommt, so das *Kapital* von Kopf bis Zeh, aus allen Poren, blut- und schmutztriefend«. Ganze Bevölkerungsgruppen, vom »feudalen« Adel bis zu den »kleinbürgerlichen« Demokraten und selbst Sozialisten auf Abwegen sollten vom Wahlrecht ausgeschlossen und auf die eine oder andere Art unterdrückt werden, denn sie waren Reaktionäre, die versuchten, sich gegen das Gesetz der Geschichte zu stemmen. Insbesondere sollte der rückschrittlichen »Arbeitsteilung zwischen Stadt und Land« durch Beseitigung dem »Idiotismus des Landlebens«, das heißt der Bauernschaft, ein Ende gemacht werden, dieses großen »Sack[s] von Kartoffeln« auf den Schultern der Menschheit. Konkret bedeutete das die Verstädterung der ruralen Gebiete durch die Verwandlung der Bauern in Arbeiter, die in Agrarfabriken oder auf Kollektivfarmen Lohnarbeit verrichten würden.[14]

Das alles wird von Marx und Engels ausdrücklich dargelegt, und viele ihrer deutschen und österreichischen Nachfolger in der zweiten Internationale wurden noch deutlicher und sprachen im Detail über Kollektivfarmen und zentralistische Planung.[15]

Auch die Tatsache, daß Marx von der »Diktatur des Proletariats«, bei Lenin ein so zentraler Begriff, nur sporadisch spricht, ist hier von untergeordneter Bedeutung. Sein Ja zur Repressalie hat er in Bildern wie der »Revolutionen als Lokomotive der Geschichte« und der »Gewalt als Geburtshelfer jeder alten Gesellschaft, die mit einer neuen schwanger geht« wiederholt und beifällig bekräftigt. Die Grundlinien seines Programms für die Zukunft sind somit kaum in Zweifel zu ziehen: Es war ein allumfassendes Projekt der Verstaatlichung, Kollektivierung und Planung, für dessen Ausführung vermutlich die gesetzmäßige historische Entwicklung sorgen würde, die revolutionären Zwang selbstverständlich einschloß.

Ein solches Programm totaler Vergesellschaftung versuchten die Bolschewiki mit dem Kriegskommunismus in die Tat umzusetzen. Was die Logik der Geschichte angeht, überließen sie das Vertrauen auf deren formale Aspekte den Menschewiki und westlichen Sozialdemokraten, während sie selbst verstärkt auf die zwingende Kraft des Klassenkampfs setzten. So eskalierten sie den militärischen Kommunismus des begrenzten Kriegsnotstandes zu einem militanten und chiliastischen Endzeitkommunismus mit Ewigkeitscharakter. Und trotz der scharfen Kritik von Karl Kautsky und Juli Martow muß das Unternehmen im Sinne der marxistischen Tiefenstruktur als legitim gelten. Lenin und seine Parteikollegen waren mit dieser Annahme völlig im Recht und machten sich der Täuschung schuldig, als sie ihr Werk verleugneten, um unter dem Druck der Umstände die NÖP einzuführen. Und von Druck, ja Zwang, muß tatsächlich die Rede sein, denn ihre Utopie in Aktion hatte ein nationales Desaster herbeigeführt, dessen Ausmaß die Macht der Partei zu vernichten drohte. Aus diesem Grund wurde das Programm zeitweilig fallengelassen, damit der Partei die Macht erhalten bliebe und mit ihr die Möglichkeit, den Kampf eines Tages neu aufzunehmen.

Der spektakuläre Sprung in die Zukunft, zu dem der Kriegskommunismus ansetzte, ergab sich zwar aus der Ideologie, wurde aber in allen praktischen Belangen erst durch die ebenso ungewöhnliche soziale Revolution der Bürgerkriegszeit möglich gemacht: den nahezu vollständigen Zerfall der alten Sozialstruktur, ein Prozeß, der 1917 begonnen hatte, sich in den folgenden drei Jahren mit unverminderter Kraft fortsetzte und erst mit dem Abschluß der Feindseligkeiten im Herbst 1920 sein Ende erreichte.

Das Ergebnis bedeutet eine radikale Abkehr vom Muster der vorangegangenen europäischen Revolutionen. In diesen älteren Revolutionen
zeigte sich in der Regel, wenn die alte Ordnung einmal gestürzt war und
der Staub sich gelegt hatte, daß einige soziale Gruppen höhere Sprossen
auf der sozialen Leiter erklommen hatten, andere abgestiegen waren;
doch der Gesamtbestand hatte sich beinahe ungeschmälert erhalten, und
die Gesellschaft war nach wie vor bunt und stratifiziert. Nach 1789 zum
Beispiel hatten in Frankreich Adel und Geistlichkeit ihre beherrschende
Stellung verloren, der Mittelstand und die Bauern hingegen an sozialer
Bedeutung gewonnen; der Status aller Gruppen hatte sich verändert,
keine war indessen vollständig eliminiert worden.

In Rußland jedoch trat nach 1917 der außergewöhnliche Fall ein, daß
alle sozialen Gruppen über dem »einfachen Volk« oder den »werktätigen
Massen« als Gruppen beseitigt waren. Adel, Klerus, die freien Berufe, die
Mittelschicht, oder »Bourgeoisie«, existierten nicht mehr. Von den Klassen
der altrussischen Gesellschaft hatten sich als einzige die Gruppen der
Handarbeiter, die städtischen Arbeiter und Bauern, erhalten. Geblieben
waren in ihrer Mehrzahl auch die individuellen Angehörigen der enteigneten Gruppen, doch die Identität und Kohäsionskraft der Gruppe oder
Klasse war zerstört, und sie fanden sich im neuen System durch Entzug
des Wahlrechts und reduzierter Lebensmittelzuteilungen rechtlich benachteiligt. Kurz, die »bürgerliche Gesellschaft« Rußlands war abgeschafft und übrig blieb eine weitgehend atomisierte Masse von »Werktätigen«.

Diese beispiellose gesellschaftliche Nivellierung verdankt sich der
Tatsache, daß anders als in den früheren Revolutionen Europas das
Privateigentum abgeschafft wurde. Möglich war das zum Teil darum, weil
dessen Umfang sich vor 1917 in Grenzen gehalten hatte, die wenigsten
Bauern zum Beispiel waren Grundbesitzer. Auch die elementare Kraft der
sozialen Revolution in Stadt und Land erleichterte die Abschaffung von
Privatbesitz. Entscheidender aber trug das gezielte politische Handeln der
Bolschewiki zum Verschwinden privaten Eigentums bei.

In letzter Konsequenz war damit erreicht, daß die Massen nicht weniger als ihre ehemaligen Herren jeden politischen Einfluß auf den Staat
verloren hatten. Die Gewerkschaften bestanden zwar noch, wurden aber
nach dem Sommer 1918 immer stärker der Partei unterstellt, und als die
sogenannte Arbeiteropposition nach dem Ende des Bürgerkrieges ver-

suchte, die Gewerkschaften als tragende Kraft des wirtschaftlichen Wiederaufbaus neu zu beleben, erlitt sie mit diesem Vorhaben auf dem X. Parteitag von 1921 eine klare Niederlage. Die Kontrolle über die Wirtschaft verblieb bei der Partei, der die Gewerkschaften endgültig als ausführendes Werkzeug untergeordnet wurden. Auch die traditionellen bäuerlichen Landkommunen existierten noch; ihre Stellung hatte sich nach der Agrarrevolution von 1917 verstärkt, und die Bauern konnten ihre Angelegenheiten weitgehend selbständig organisieren. Im Verhältnis zum Staat indessen war ihre einzige Einflußmöglichkeit die mißmutige Verweigerung der Kooperation bei der Getreideablieferung oder die Revolte. Die Arbeiter- und Bauernsowjets, nominell Träger des Sowjetstaates, waren de facto nur die »Transmissionsriemen«, die den Willen der Partei weiterleiteten.

Nie zuvor war es in der europäischen Geschichte zu einer derart radikalen sozialen Nivellierung gekommen. Noch nie war eine Gesellschaft auf das Niveau vergleichbarer Rechtlosigkeit gegenüber dem Staat herabgesunken. Und dieser außerordentliche Bravourakt konnte den Bolschewiki nur unter Voraussetzung der Unreife und Labilität der vorrevolutionären russischen Gesellschaft gelingen. Anders als die meisten westlichen und zentraleuropäischen Staaten verfügte das alte Rußland nicht über den soliden Aufbau einer altehrwürdigen bürgerlichen Gesellschaft mit einer Vielfalt verwurzelter Interessen und breiten Volkskreisen, die mehr zu verlieren hatten als ihre Ketten. Vor allem gab es zu viele Bauern, für die zuwenig auf dem Spiel stand. Aus diesen Gründen war das zaristische Rußland so widerstandslos zusammengebrochen und die Provisorische Regierung zu keiner Zeit mehr gewesen als ein Phantom. Aus denselben Gründen konnten die Bolschewiki mühelos an die Macht gelangen und dem Land so schnell das surreale Phantasma des Kriegkommunismus aufnötigen. Es fehlten ganz einfach die Strukturen, die eine wirksame Opposition ermöglicht hätten – das heißt einen Klassenkampf, der diesen Namen verdiente.

Die spezifisch russische Komponente des komplexen Phänomens Kommunismus ist die Schwäche der bürgerlichen Gesellschaft Rußlands. Der totalitäre Charakter des Kommunismus läßt sich nicht aus der Verlängerung eines traditionellen russischen oder orientalischen Despotismus erklären. Und der kollektivistische Charakter der Sowjetgesellschaft ist nicht aus der traditionellen russischen Sozialkultur, Bauernkommune und Leibeigenschaft, abzuleiten. In der von den Bolschewiki nach 1917 verfolgten Politik lassen sich keine derartigen Schaltstellen zwischen dem alten und neuen Rußland feststellen. Dagegen sind die Ursprünge dieser Politik in den sozialistischen Zielen der Partei Lenins ohne weiteres ersichtlich. Was aus russischer Überlieferung im leninistischen Projekt wirksam wurde, war das Fehlen widerstandsfähiger sozialer und kultureller Antikörper, ein Beitrag negativer Natur. Und so fand die erste sozialistische Gesellschaft ihren Ort in dem europäischen Land, von dem man allgemein annahm, es sei am wenigsten darauf vorbereitet, ihr zum Durchbruch zu verhelfen. Die sozialistische Idee war damals überall in Europa heimisch, doch nur Rußland bot das soziale Vakuum an, in dem ideologisch inspirierte Politiker sich erlauben konnten, sie zum Gesetz ihres Handelns zu machen.

Dieses in seiner Art beispiellose Vakuum erklärt einen weiteren Aspekt des bolschewistischen Coup d'état. Keine Gesellschaft kann als undifferenzierte, egalitäre Masse existieren. Jede Gesellschaft, so demokratisch ihr Ethos auch sei, verlangt eine funktionelle Differenzierung, eine soziale und ökonomische Arbeitsteilung, um funktionieren, ja um existieren zu können. Und Differenzierung bringt notwendig ein gewisses Maß an Hierarchie, Unterordnung und Ungleichheit mit sich, das annäherungsweise dem Niveau, der Nützlichkeit und der Gefragtheit vorhandener Fähigkeiten entspricht. Und dieser funktionelle und soziale Pluralismus bildet die Grundlage der bürgerlichen oder Zivilgesellschaft. Er ist auch die Grundlage eines Rechtsdenkens, dem zufolge jeder Teil des sozialen Ganzen das erhält, was ihm zukommt, eine Theorie, die zu der heute dominierenden Auffassung von Gerechtigkeit als Gleichheit in ständiger Spannung steht.

In Rußland jedoch war infolge der Amputation aller oberen Echelons der alten Ordnung das – man könnte sagen – Manager-Korps der Nation verschwunden. In dieses Vakuum traten die Kader der allzuständigen Partei. Das geschah nicht überall auf direktem Weg, sondern, wie dargelegt, vermittelt durch die neuen Mechanismen der bolschewistischen Doppelregierung. So setzte sich der Parteistaat, zumindest auf dem Papier, an die Stelle der lahmgelegten bürgerlichen Gesellschaft.

Das Resultat war ein enormer Zustrom an Parteimitgliedern im Verlauf des Bürgerkrieges. Von 115 000 im Januar 1918 wuchs die Partei bis

zum März 1921 auf 576 000 oder 775 000 Mitglieder an, je nachdem, auf
wessen Zählung man sich verläßt, jedenfalls aber auf etwa das Sechsfa-
che in drei Jahren.[16] Anders gesagt, die Partei, die das erste Modell des
Sowjetsozialismus schuf, war weder ein Produkt der industriellen Verhältnisse unter dem »Kapitalismus« der alten Gesellschaft noch des
proletarischen und revolutionären Überschwangs von 1917, sondern ging
aus dem Chaos und der Gewalt des Bürgerkriegs hervor. Das zeigte sich
auch an ihrer Zusammensetzung: Nur eine Minderheit ihrer Mitglieder,
41 Prozent, kam 1921 aus der Arbeiterschaft, 28,2 Prozent waren Bauern,
und 30,8 Prozent gehörten als »Angestellte und andere« den kleinbürgerlichen Schichten an.

Wichtiger aber als die soziale Herkunft war die Motivation für den
Parteieintritt. Wer in dieser Zeit auf die Partei und ihren Sieg setzte, ging
ein rückhaltloses Risiko ein. Sie wurde damit in erheblichem Maß eine
Organisation der Wagemutigen und Engagierten, die den Idealisten und
fanatisierten Schwärmer ebenso an sich zog wie den Opportunisten, den
Schlägertyp und alle, die es dem *burschui* heimzahlen wollten. Es war
aber auch eine Organisation der sozialen Aufsteiger, der Gewerkschafts-
leute und Unteroffiziere des alten Systems, die sich der Revolution
sowohl aus Überzeugung wie auch aus Ehrgeiz anschlossen – ein Typus,
den die künftigen Marschälle Michail Tuchaschewski und Semjon Budjonny verkörperten. Außerdem bildete sie in den chaotischen Zeiten mit
prekären Überlebenschancen ein bequemes Auffangbecken für ideologisch indifferente Überlebenskünstler, von denen die Partei 1921 etwa
200 000 aus ihren Reihen ausschloß. Und schließlich mußte die Partei,
deren Hauptbeschäftigung damals der Krieg war, eine willkommene
Heimstatt für alle diejenigen sein, die gerne kämpften oder einfach
plünderten wie der Partisanenführer Tschapajew oder die Protagonisten
in Isaak Babels »Reiterarmee«.

Vor allem aber war sie das Werkzeug zur Schaffung eines neuen
Menschentyps aus dem sozialen Rohmaterial der vorrevolutionären Klas-
senstruktur. Mit dem Eintritt in die Partei erhielten die Arbeiter und
Bauern eine neue soziale Identität – sie wurden *partinyi,* Angehörige der
Partei, die mit einem besonderen Geist getränkt waren, der keine konkur-
rierenden Verpflichtungen gegenüber anderen Autoritäten gleich welcher
Art zuließ. Ein typisches Beispiel ist Nikita Chruschtschow, der 1894 im
Gouvernement Kursk als Bauernsohn zur Welt kam, mit sechzehn Arbei-

ter wurde, als Zwanzigjähriger in die Rote Armee und kurz darauf in die Partei eintrat. Fast alle Männer, die in den zwanziger und dreißiger Jahren zur sowjetischen Führung gehörten, ausnahmslos alle Baumeister des Sozialismus der dreißiger Jahre, waren aus dem Bürgerkrieg hervorgegangen, wo sie sich als Kommissare die ersten politischen Sporen verdienten. Die Liste, mit Stalin an der Spitze, ist beeindruckend: Wjatscheslaw Molotow, Lasar Kaganowitsch, Kliment Woroschilow, Sergej Kirow, Walerian Kuibyschew, Sergo Ordshonikidse und Andrej Shdanow.

Und schließlich war die Partei dieser Jahre eine Schule sowohl des größten Heroismus wie der Gewalt. Sie prägte das damalige Bild des echten Bolschewiki – der zähe, entschlossene Kämpfer mit Lederjacke und »Genosse Mauser« an der Hüfte. Der russische Bürgerkrieg war wohl eine der brutalsten Episoden in einem Jahrhundert, das deren nur allzu viele erlebt hat. Den dreieinhalb Jahren Weltkrieg im Vorfeld des Oktober fügte der Kriegskommunismus weitere dreieinhalb Jahre hinzu. Die Brutalisierung der Bevölkerung durch den Weltkrieg war eine Vorbereitung auf die Brutalität des Bürgerkrieges, der die Barbarisierung des Landes fortsetzte – in den Worten des Sozialrevolutionärs Viktor Tschernow: Der Krieg »vernichtete den Wert des menschlichen Lebens – des eigenen ebenso wie fremden Lebens. Er machte die Menschen unempfindlich für den Tod von Millionen. Das Recht, Blut zu vergießen und Leben zu nehmen, hatte seine problematischen, seine tragischen Dimensionen verloren. Eine neue Gattung Mensch, der Sadist, hatte die Macht übernommen.«[17]

Der Bürgerkrieg kostete schätzungsweise 15 Millionen Menschen das Leben, die teils Opfer der direkten Kriegshandlungen wurden, teils den Folgen von Epidemien und Hungersnöten erlagen. Aber auch Seuchen und Hunger waren weitgehend durch die Zerstörungen des Krieges verursacht, wie im Westen die weltweite Grippeepidemie von 1919, die fast 20 Millionen Menschenleben forderte, etwa doppelt so viele wie der Erste Weltkrieg. Während des Bürgerkriegs jedoch hatte Rußland allein halb so viele Menschenleben zu beklagen wie die Welt infolge der Kriegsjahre 1914 bis 1918. Zu diesem Verlust an Menschen, den Rußland erlitt, ist auch die Emigration von circa 1 500 000 Angehörigen der ehemaligen Oberschichten zu rechnen, in ihrer Mehrzahl nicht »Weißgardisten«, sondern bürgerliche Intellektuelle, deren berufliche Fähigkeiten während des Wiederaufbaus nach dem Krieg bitter nötig gewesen wären.

Angesichts von Katastrophen dieses Ausmaßes ist es eine Farce, den Triumph des »Proletariats« über die »Bourgeoisie« oder die Folgen einer »Polarisierung« der Industriegesellschaft zum Herzstück der russischen Revolution zu erklären. Der gigantische Abstieg ins Chaos, dessen die Partei nur mit knapper Not Herr wurde, wird in seiner Eigenart von den geradezu dezenten marxistischen Kategorien zur Unkenntlichkeit entstellt.

Die Ereignisse dieser Jahre lassen sich am besten mit dem alten und unverwechselbar russischen Begriff der *smuta* fassen, der im allgemeinen mit »Zeit der Wirren« übersetzt wird. Er wurde zum ersten Mal gebraucht, um den nahezu endgültigen Zusammenbruch des alten Moskauer Zarenreichs von 1604–13 zu bezeichnen. Damals stand die autokratische Monarchie vor dem Abgrund; die Sozialstruktur des Moskowitischen Reiches, bestehend aus einer angestammten Aristokratie, einem neuen Dienstadel und einer leibeigenen Bauernschicht, löste sich weitgehend auf, und neben anarchischen Kosakenbanden versuchten ausländische Mächte die Reste des Landes unter ihre Kontrolle zu bringen. Mutatis mutandis stellen die Ereignisse der Jahre 1917–21 eine vergleichbare politische und soziale Implosion dar, wenn auch mit radikal anderem Ergebnis – es folgte nicht wie 1613 die Restauration der vorher geltenden Ordnung, sondern der Triumph einer Ordnung radikal anderer Art, einer ideokratischen Partokratie.

Zur Bezeichnung des neuen Sowjetregimes bietet sich der von Abdurrachman Awtorchanow geprägte Begriff der »Partokratie« oder Parteiherrschaft an, weil das Leben der Nation uneingeschränkt den politischen Imperativen der allzuständigen Partei unterstand.[18] Das Sowjetregime war aber auch eine »Ideokratie« – Nikolai Berdjajews Bezeichnung für eine säkulare Theokratie.[19] In einer traditionellen Theokratie herrscht Gott nicht direkt, sondern durch seine Priester. Entsprechend herrschte in der weltlichen Ideokratie Sowjetstaat die Idee des Sozialismus indirekt durch ihre »Vorhut«, die Partei, in einer Diktatur des Proletariats, die de facto eine Diktatur des Apparats war. Nicht Arbeiter und Bauer schaffen ideokratische Parteiherrschaften, sondern Politiker im Banne einer Ideologie.[20]

So waren nach dem Ende der großen revolutionären Smuta von 1917–21 alle fundamentalen Institutionen des Sowjetsystems entweder vollständig oder in Umrissen geschaffen: der Parteistaat mit seinem

Machtmonopol (oder der »Führungsrolle«, wie es später hieß), die Doppelregierung der Räte und des Apparats, das universelle Überwachungssystem der Tscheka und endlich, in Ansätzen, die zentrale Planwirtschaft und das landwirtschaftliche Kollektiv. Es fällt schwer, ein System von so starker innerer Kohärenz und funktionaler Logik als kriegsbedingtes Notstandsregime von beschränkter Dauer zu betrachten. Tatsächlich blieb es denn auch das Modell, an dem sich die sowjetische Entwicklung von Stalin bis zum Vorabend der Perestroika in ihren Grundlinien orientierte. Und das war, wie die Sowjetbürger über all diese Jahre hin belehrt wurden, zweifellos »kein Zufall«.

KAPITEL 5

DER WEG, DEN SIE NICHT GINGEN: NÖP
1921-1928

Schritte hallen im Erinnern
Über den Weg, den wir nicht gingen,
Zur Tür, die wir nie durchschritten
In den Rosengarten ...

T. S. Eliot,
Four Quartets. Burnt Norton

S. Cohen nennt ihn [Bucharin] in seiner Monographie den »letzten Bolschewik«. Ob diese Bezeichnung richtig ist, hängt davon
ab, wie man den Ausdruck »Bolschewik« definiert. Angebracht
ist sie, wenn man unter »Bolschewik« diejenigen versteht, die
sämtliche Grundsätze des neuen Systems - die unumschränkte
Herrschaft der einen Partei, die »Einheit« innerhalb der Partei,
das Monopol einer Ideologie, die ökonomische Diktatur des
Staates - akzeptierten und gleichzeitig glaubten, man könne im
Rahmen dieser Prinzipien jene Werte erhalten, welche die Bolschewiki während des Kampfes um die Macht zu verwirklichen
versprachen - Herrschaft des »werktätigen Volkes« oder zumindest des Proletariats, Entfaltung der Kultur, Freiheit und Pflege
nationaler Traditionen und Achtung vor Wissenschaft und Kunst
- ... So verstanden wären die Bolschewiki jedoch lediglich in-
konsequent und unfähig, aus den eigenen Prämissen Schlußfol-
gerungen zu ziehen. Wenn dagegen die bolschewistische Ideologie nicht nur allgemeine Deklarationen umfaßt, sondern auch
bereit ist, die unausweichlichen Konsequenzen ihrer Grundsätze
anzuerkennen, dann war Stalin, wie er sich rühmte, in der Tat
der konsequenteste Bolschewik und Leninist.

Leszek Kolakowski,
Die Hauptströmungen des Marxismus

Kaum hatten die Bolschewiki sich im Bürgerkrieg behauptet, als sich bereits eine neue Überlebenskrise ankündigte. An der internationalen Front war unübersehbar geworden, daß ihnen keine Weltrevolution zu Hilfe kommen würde, und an der inneren Front bröckelte, von der Bedrohung durch die Weißen befreit, unversehens ihre »Arbeiter- und Bauernbasis«. So sahen sich die Bolschewiki nach drei Jahren revolutionären Kampfes als belagerte Minderheit in einem feindlichen Land, das von einer feindlichen Welt umringt war.

Seit dem Machtwechsel vom Oktober waren die Hoffnungen der Partei auf eine Weltrevolution in jedem Jahr neu aufgeflackert, nur um innerhalb von Monaten wieder enttäuscht zu werden. Die Hoffnungen, die der Oktober selbst geweckt hatte, zerstoben in Brest-Litowsk. Dem Kollaps der Mittelmächte zu Ende des Jahres 1918 waren im folgenden Jahr die kurzlebige bayerische und ungarische Räterepublik sowie Lenins Kommunistische, oder Dritte Internationale gefolgt. Die westliche Revolution indes blieb immer noch aus. Die größten Hoffnungen brachte das Jahr 1920. Als die Hauptstreitmacht der Weißen geschlagen war und in Moskau die Kommunistische Internationale tagte, drangen sowjetische Truppen nach Westen vor, »über den Leichnam Weißpolens zur Weltrevolution«. Doch dem polnischen Proletariat war diese Befreiung unerwünscht, und Marschall Pilsudski hielt die Sowjets vor den Toren Warschaus auf. Obwohl die Hoffnung auf eine deutsche Revolution noch bis zum Jahr 1923 lebendig blieb, bedeutete die Niederlage vor Warschau im Grunde das Ende der Illusion vom revolutionären Aufbruch des Westens. Seit dieser Zeit war klar, daß die Diktatur des Proletariats auf absehbare Zukunft in einem rückständigen Agrarland isoliert sein würde. In der sowjetischen Politik wurde darum ein allseitiger Rückzug aus den chiliastischen Hoffnungen des Kriegskommunismus unumgänglich.

WEHE DEN SIEGERN!

Die Zurückstellung der Heilserwartung machte es erforderlich, sich in einer stabilen Staatsstruktur zu verschanzen. Nach 1922 war dieser neue Staat als Sowjetunion organisiert und als Territorium im wesentlichen identisch mit dem alten russischen Imperium, das inzwischen allerdings um einige seiner westlichen Grenzlande ärmer geworden war. Obwohl diese Lage der Dinge nicht den Absichten der Bolschewiki entsprach, wurde sie als Ersatz für die bislang nicht realisierte weltweite Union von Räterepubliken akzeptiert, und der neue Staat erhielt demgemäß eine revolutionäre Struktur. Auch die Sowjetunion kam also als eine der großen bolschewistischen Improvisationen der Gründerjahre zustande, das heißt im Detail experimentell, doch insgesamt auf den Ausbau der Parteimacht gerichtet.

Die Ursprünge der sowjetischen Nationalitätenpolitik liegen in der Zeit des Machtstrebens, den Jahren vor 1917. Nationalismus ist bekanntlich keine der fortschrittlichen Kräfte im marxistischen Kanon. Lenin aber trat nach 1912, zumindest vorläufig, für das Selbstbestimmungsrecht der Minderheiten des Zarenreichs ein, in dem er eine gegen das herrschende System gerichtete revolutionäre Kraft unterstützte – ebenso provisorisch hatte er sich für die nichtmarxistische Kraft eines bäuerlichen Radikalismus stark gemacht.

Nach dem Zusammenbruch des alten Reichs hatten die Bolschewiki zunächst erwartet, mit dem Ausbruch der weltweiten Revolutionen werde Rußland aufhören, als selbständiger Staat zu existieren, und Mitglied einer größeren Föderation sozialistischer Staaten werden. In der ersten sowjetischen Verfassung von 1918 war daher die Möglichkeit einer solchen Föderation vorgesehen, die den voraussichtlichen neuen Mitgliedern offenstand, und die Bolschewiki erwarteten, die befreiten Minderheitsnationalitäten des alten Reichs würden die ersten sein, die sich dem neuen Bund anschlossen – Aussichten, die ebenso fehlschlugen wie die bolschewistische Hoffnung auf eine Weltrevolution. Die sozialistische Revolution von 1917 blieb, wie sich zeigte, eine rein großrussische Veranstaltung, und alle Grenznationalitäten optierten für Unabhängigkeit unter »bürgerlichen« Regierungen.

Im Verlauf des Bürgerkriegs gingen die Bolschewiki also dazu über, die proletarische Selbstbestimmung als »höhere« politische Form gegen die bürgerliche Unabhängigkeit auszuspielen und zu unterstützen (nicht anders als sie nach der Revolution die ärmeren Bauern als »höhere« soziale Kraft der Bauernschaft als ganzer gegenübergestellt hatten). Das bedeutete in den meisten Grenzstaaten einen Bürgerkrieg mit russisch-bolschewistischer Intervention auf seiten der schwächeren, der »proletarischen« Fraktion. Bei diesen Kämpfen gewannen die Weißen in Finnland und in den baltischen Staaten, die daraufhin unabhängig wurden, während in der Ukraine, in Transkaukasien und später in Zentralasien die Roten triumphierten, womit diese Regionen in den frühen zwanziger Jahren ihre Unabhängigkeit verloren. Im Hinblick auf eine solche Entwicklung war die Sowjetunion gebildet worden. Noch keineswegs die erwartete Weltföderation, war sie dennoch mehr als das ethnische Rußland und hatte darum dem Prinzip der nationalen Selbstbestimmung für alle ihre Mitglieder formelle Reverenz zu erweisen. Sie kam dieser Verpflichtung durch eine Föderalstruktur nach, die nominell eine ethnische Autonomie sowie den offiziellen Gebrauch der Landessprachen vorsah, Regelungen, die das russische Kaiserreich niemals gekannt hatte.

Später bestimmte der offizielle Sprachgebrauch, daß die »konstituierenden« Republiken »der Form nach national, dem Inhalt nach aber sozialistisch« waren. Konkret bedeutet das eine Politik der *korenisazija*, der »Implantierung« sowjetischer Institutionen in die nichtrussischen Kulturen. Doch diese »Union« sozialistischer Sowjetrepubliken war nicht weniger Fiktion als die »Macht der Räte« in den einzelnen Republiken – hinter der ethnischen Fassade hatte überall die Partei die Zügel fest in der Hand. So wurde die Sowjetunion zunächst durch Eroberungszüge der Partei geschaffen und seit ihrer ersten leninistisch-stalinistischen Verfassung aus dem Jahr 1923 weiterhin als einheitlicher Parteistaat regiert.[1]

Es wäre darum ein Irrtum, den Sowjetstaat, wie es häufig geschieht, als unmittelbare Fortsetzung der abgelösten zaristischen Herrschaft oder der traditionellen Hegemonie Rußlands über seine Nachbarn im neuen sozialistischen Gewand zu betrachten. Obwohl nicht ohne imperiale Ambitionen, unterschied sich die Sowjetunion in wichtigen Belangen von ihrem Vorgänger. Sie war ein Partei-Imperium, das nicht nationalrussische Interessen im Auge hatte, sondern seinen Sinn in der internationalistischen Aufgabe sah, den Sozialismus aufzubauen. Hinsichtlich der Behandlung seiner Bürger ergab sich aus dieser Mission ein großer praktischer Unterschied. Einerseits verhalf es ihnen zu der neuen Würde von Nationalstaaten, andererseits unterwarf es sie einer neuen, drückenden Knechtschaft – der Massenmobilisierung für Parteizwecke, ein ähnlich zweideutiges Los, wie es den Arbeitern und Bauern Rußlands zufiel.

Doch barg die pseudoföderalistische Tarnstruktur des Sowjetstaates die Gefahr, daß Minderheitseliten versuchen könnten, mit ihrer »Autonomie« ernst zu machen. Die Förderung der Nationalsprachen, der Aufbau republikinterner politischer Institutionen, eingeschlossen separate Kommunistische Parteien, statteten die nichtrussischen Ethnien mit einer Grundstruktur aus, die die Entwicklung einer echten nationalen Identität erlaubte. Die Geschichte eines Imperiums, das nicht wagte, sich als solches zu bekennen, verlief also als Kette wiederholter Kampfansagen der »Peripherie« an das »Zentrum«, gefolgt von der administrativen Rückeroberung der Republiken durch Moskau.

Das größte Problem, das sich der bolschewistischen Regierung nach dem Ende des Bürgerkriegs stellte, war jedoch weder das Scheitern der Weltrevolution noch die Wiedergewinnung der Grenzgebiete, sondern eine drohende innenpolitische Krise. Innerhalb der sowjetischen Bastion selbst schien der Parteimacht jählings der Boden entzogen, als Anfang 1921 beide Seiten von Lenins *smytschka,* dem revolutionären Bündnis der Arbeiter und Bauern, gleichzeitig Verrat übten. Im März weiteten sich Streiks in Petrograd zu einer Rebellion im Flottenstützpunkt Kronstadt aus. Hinter den Unruhen stand die Überzeugung, daß nun, nach dem Ende der militärischen Bedrohung, die Macht von der Partei ans Volk zurückgehen müsse.[2] In der Wiege der Revolution war jetzt die Losung: »Räte ohne Kommunisten«, und die Rebellen verlangten eine Rückkehr zur Utopie des Kommunestaates aus dem Jahre 1917. Dem Programm wäre zwar auch im Jahr 1921 nicht mehr Erfolg beschieden gewesen als in den Tagen, bevor der Bürgerkrieg es zurechtstutzte; nichtsdestoweniger verstieg sich die Partei zu einer Reaktion, deren bis dahin unübertroffener Zynismus das wahre Verhältnis der Regierung zur Arbeiter»basis« anzeigte. Die überheblichen empirischen Kronstadt-Proletarier wurden als »Weißgardisten« und Lakaien der Entente denunziert und vom metaphysischen Proletariat, das gerade zum X. Parteitag zusammengetreten war, mit militärischer Gewalt niedergeworfen. Der Kongreß unterbrach seine Session und entsandte eine Kohorte Abgeordnete, darunter die Arbeiteropposition, die unter dem Kommando von Trotzki die Festung stürmten und die Anführer hinrichteten. Doch vielleicht ist Zynismus nicht das passende Wort, denn diese kampferprobten Bolschewiki waren aufrichtig davon überzeugt, daß jeder Feind, der ihnen entgegentrat, *a priori* auch ein Feind des Volkes war.

Gleichzeitig begannen die Bauern der zentralen Gouvernements, nun da die weiße Gefahr gebannt war, gegen die Kommunisten aufzubegeh-

ren. Obgleich die Landbevölkerung weniger auf eine Räteregierung ein-
geschworen war als die städtischen Arbeiter, stimmten die Ziele beider
Gruppen im wesentlichen überein: Sie wollten die von der Partei konfiszierte Revolution zurück und ihre Angelegenheiten im Rahmen selbstge-
schaffener Institutionen eigenverantwortlich regeln. Unter diesen Bauernerhebungen war der Partisanenkrieg des Bauern und Sozialrevolutionärs
Alexander Antonow im Gouvernement Tambow nur die gefährlichste.[3]
Die Partei ließ die aufständischen »Banditen« von Tuchatschewski und
Budjonny, den siegreichen Marschällen des Bürgerkriegs, niederschlagen.
Doch erst 1924 waren die Landregionen vollständig unter Kontrolle
gebracht.

Der Schock dieses zweifachen Treuebruchs befreite die Bolschewiki
unverhofft von der Illusion, der Kriegskommunismus könne sich als
gangbarer Weg zum Sozialismus erweisen. Plötzlich ernüchtert, sahen
sie die menschewistische Behauptung bestätigt, daß ihre bisherige Politik die Wirtschaft an den Rand des Ruins getrieben hatte. Es ist daran zu
erinnern, daß die Produktion der Bergwerke und Fabriken im Jahr 1921
auf 21 Prozent des Volumens von 1913 gesunken war und die Agrarproduktion bei 38 Prozent des Durchschnittswertes lag. Entsprechend massiv war der Schwund der Arbeiterklasse, die 1920 noch 1,2 Millionen
zählte. Die Diktatur hatte ihr Proletariat verloren, wie ein Menschewik
spöttelte.

Kurz, als 1921 der X. Parteitag zusammentrat, stand das Regime am
Rande des Zusammenbruchs. Der direkten Bedrohung durch organisierten bewaffneten Widerstand hatte die Rote Armee zwar ein Ende gemacht, doch konnten die Bolschewiki ihren gegenwärtigen Kurs nicht
fortsetzen, ohne daß sich die menschlichen und materiellen Strukturen
des Landes auflösten. Ein Ausweg hätte sich freilich geboten: die Einberufung einer neuen, demokratisch gewählten Verfassunggebenden Versammlung – sie hätte die Scherben aufsammeln und einen Neubeginn
einleiten können, wie es in Frankreich 1871 oder 1919 in Deutschland
beim Untergang abgewirtschafteter Herrschaftsformen geschehen war.
Doch lag in Rußland der Fall insofern anders, als die Bolschewiki zwar
politisch auf der ganzen Linie versagt hatten, militärisch aber ungeschla-
gen waren und der Sieg im Bürgerkrieg das ihnen von der Geschichte
übertragene Mandat nur zu bekräftigen schien. Also blieben sie, wo sie
waren, warfen das wirtschaftspolitische Steuer herum und retteten damit

dem Sozialismus das Machtmonopol, das von Anfang an ihre Raison
d'être gewesen war.

Das Krisenmanagement der Partei wies dementsprechend eine doppelte Stoßrichtung auf: einerseits wurden dem Markt und den Bauern
bedeutende Zugeständnisse gemacht, um den Markt neu zu beleben.
Dieser Rückgriff auf marktwirtschaftliche Verhältnisse erhielt bald den
Namen Neue Ökonomische Politik, NÖP, eine Bezeichnung, die später für
die zwanziger Jahre allgemein in Gebrauch kam.

Andererseits aber verstärkte die Partei sowohl die Disziplin in den
eigenen Reihen als auch die politische Kontrolle über das Land, so daß
die NÖP-Zeit im weitesten Sinn auch den Aufbau einer »monolithischen«
Partei und den Führungswechsel von Lenin zu Stalin bedeutet.

Der Kampf der Lenin-Erben um die Nachfolge sowie der Streit um den
ökonomisch wahren Weg zum Sozialismus – Leninscher Kriegskommunismus oder Leninsche NÖP im engeren Sinn – beides fiel in die Jahre der
Neuen Ökonomischen Politik. Spektakulärer und besser bekannt – kaum
weniger als das Drama von 1917 – ist der Kampf um die Leninnachfolge,
die darum im folgenden nur flüchtig skizziert wird, bevor die Untersuchung sich dem komplexeren Thema des wirtschaftlichen Dilemmas der
NÖP und schließlich den Strömungen und Prozessen zuwendet, die dem
politischen Machtkampf zugrunde lagen.

Die Frage der Erbfolge stellte sich unerwartet bereits ein Jahr nach
Einleitung des neuen Wirtschaftskurses. 1922 erlitt Lenin zwei Hirnschlä-
ge, die ihn bis zu seinem Tod im Januar 1924 von der Ausübung seiner
politischen Ämter fernhielten. Nach der unmittelbar folgenden »kollektiven Führung« durch das Politbüro würde, so die allgemeine Erwartung,
früher oder später ein einzelner die höchste Staatsmacht übernehmen.
Als wahrscheinlichster Nachfolger galt der große Zweite des Oktober und
Oberbefehlshaber der siegreichen Roten Armee, Trotzki. Und genau das
war der Grund, der zu einem gegen Trotzki gerichteten Dreierbündnis,
dem »Triumvirat« seiner Politbürokollegen – Sinowjew, Kamenew und
des neu bestellten Generalsekretärs der Partei, Stalin – führte. Anlaß zu
dieser Distanzierung gab, der damaligen offiziellen Lesart zufolge, Trotzkis Unzufriedenheit mit der Neuen Ökonomischen Politik, der er die
schnelle Industrialisierung Rußlands und ein verstärktes Engagement für
die revolutionäre Bewegung im Ausland entgegensetzte. Die Bestrebun-

gen nach einer »Superindustrialisierung« wurden 1924 am XIII. Parteitag als »linke« Abweichung verurteilt und Trotzki damit aus dem Rennen um die Macht ausgeschlossen.

Unterdessen waren die Triumvirn Kamenew und Sinowjew beunruhigt über die zunehmende Machtfülle, die Stalin als neuer »Gensek« (Generalsekretär), das heißt Direktor des Parteiapparats, in seiner Hand vereinigte. Anlaß zur Sorge gaben ihnen darüber hinaus die wachsenden Konzessionen an Bauern und Markt, zu denen sich die Regierung von Bucharin gedrängt sah, der inzwischen politisch mit Stalin liiert war. Im unklaren darüber, wie gründlich Stalin den Parteiapparat beherrschte, formierten die beiden sich also 1925 zu einer neuen »linken Opposition«, die auf dem Ende 1925 zusammengetretenen XIV. Parteitag prompt verurteilt wurde. 1926 schlossen sie sich verspätet mit Trotzki zu einer »Vereinigten Opposition«, einer Plattform linker Kritik an der NÖP, zusammen. Als sie im November 1927, am zehnten Jahrestag der Revolution, ihre Kritik in die Öffentlichkeit trugen und damit die Parteidisziplin verletzten, schloß die Partei sie aus ihren Reihen aus.

Zu diesem Zeitpunkt war das Scheitern des Wirtschaftsprogramms der NÖP (dazu im folgenden) bereits abzusehen, und Stalin wandte sich Maßnahmen zu, die bisher als Programm der Linken gegolten hatten. Bucharin, soeben noch engster Verbündeter, widersprach, mit ihm Ministerpräsident Alexej Rykow und Michail Tomski, Führer der Gewerkschaften, beide Mitglieder des Politbüros. Anders als die Linke wagten sie jedoch nicht, ihre Kritik publik zu machen. 1929 folgte ihre Amtsenthebung und Brandmarkung als »Rechtsabweichler« durch Stalin und seine Verbündeten im Politbüro – Molotow, Woroschilow und Kirow.

Die beiden großen Fragen der zwanziger Jahre – Wer wurde der neue Lenin? Welche politische Linie Lenins war der rechte Glauben? – hatten somit zugunsten Stalins und einer Rückkehr zum Kriegskommunismus ihre Entscheidung gefunden. Nach Überwindung aller Abweichungen und fraktionellen Spaltungen schritt der neue Lenin zur Tat und machte das Jahr 1929 zum »Jahr der großen Wende«, dem Beginn der zweiten sozialistischen Offensive.

DAS ÖKONOMISCHE DILEMMA

Was aber waren die Inhalte der Neuen Ökonomischen Politik, die im Mittelpunkt der politischen Kämpfe der zwanziger Jahre stand?

Den ersten Schritt in die neue wirtschaftspolitische Richtung tat der X. Parteitag 1921 mit dem Beschluß, die aufgrund der *podraswerstka* festgesetzten, mit Waffengewalt erzwungenen Getreiderequisitionen durch eine in Ernteprozenten berechnete fixe Naturalsteuer zu ersetzen und den Bauern das Recht zu belassen, über ihre Überschüsse zu verfügen. Ursprünglich sollten die freien Verkäufe auf den lokalen Rahmen beschränkt bleiben, eine Restriktion, die sich nicht durchsetzen ließ, so daß Ende des Jahres ein freier Markt für landwirtschaftliche Produkte entstanden war. Wenn aber die Bauern über den Markt operierten, mußte für den Rest der Wirtschaft dasselbe gelten. Und wie zuvor unter dem Kriegskommunismus hatten die Bolschewiki mit einer als vorläufig geplanten Maßnahme einen Prozeß eingeleitet, der sich verselbständigte. Diesmal allerdings war die entfesselte Logik nicht die ihres eigenen endgültigen Programms, sondern die der kleinbürgerlichen »Spekulation«, kurz des »Kapitalismus«.

Bald herrschte im Land das Gesetz des Marktes. Die Geldwirtschaft kehrte zurück, der Rubel wurde stabilisiert, und 1924 trat an die Stelle der bäuerlichen Naturalsteuer eine Geldsteuer. Außer den Abgaben hatten die Bauern einen bestimmten Prozentsatz ihrer Ernte dem Staat zur Verfügung zu stellen – zu Preisen, die der Staat festsetzte; was über das *sagotowka,* das »Beschaffungs«quantum hinausging, durfte auf dem freien Markt verkauft werden. In der Landwirtschaft existierten also während der NÖP faktisch zwei Marktsysteme nebeneinander.

Nach dieser Umwandlung des größten Wirtschaftssektors, der Agrikultur, wurden auch die staatseigenen Industriebetriebe auf die Produktion für den Markt und damit auf die Erwirtschaftung von Profit umgestellt. Dasselbe galt bald für Einzelhandel und Dienstleistung, Sektoren, die uneingeschränkt reprivatisiert wurden. Schließlich wurde auch das Staatsbudget ausgeglichen. Rußland vollzog also eine partielle Rückwendung zur ökonomischen Orthodoxie. Lenin ermunterte seine Kommunisten »die kommerziellen Beziehungen und den Handel verstehen zu lernen«, und sich in der Wirtschaftsführung gemäß *chosrastschot,* kundig zu machen, ein Begriff, der im allgemeinen mit »wirtschaftliche Rech-

nungsführung« oder »kaufmännische Kalkulation« übersetzt wird, sich
aber zutreffender mit dem Begriff »Gewinn- und Verlust-Methode« wie-
dergeben ließe.

Somit hatte Sowjetrußland beim Tod seines Gründers im Januar 1924
eine neuartige Mischwirtschaft entwickelt. Landwirtschaft, Dienstleistungen und Kleinhandel wurden zur Domäne der Privatbauern und einer
neuen Unternehmerklasse, des »NÖP-Mannes« *(nepman)*, während das
Kreditwesen und die Schwerindustrie in der Hand des sozialistischen
Staates blieben und als bevorrechtigte »Kommandohöhen« des Gesamtsystems sicherstellten, daß sich keine »Restauration des Kapitalismus«
anbahne. Obwohl der Kompromiß zugunsten des Staates ausfiel, erholte
sich das Land in kürzester Zeit von den Schrecken des Bürgerkrieges und
den Katastrophen des Kriegskommunismus, und 1924 erfreute sich Rußland zum ersten Mal seit dem Vorkriegsjahr 1913 eines soliden, wenn
auch bescheidenen Wohlstands.[4]

Wir stehen damit vor der grundlegenden Frage, in welcher Weise sich
diese Neue Ökonomische Politik mit der Logik eines Herrschaftssystems
vereinbaren läßt, dessen Ziel unverändert der endgültige Sozialismus
blieb. Vollzog sich in ihr der Verrat am sozialistischen Traum, die
Kapitulation vor dem bäuerlichen Kleinbürger und den NÖP-Spekulan-
ten, wie Trotzki behauptete? Ist Lenin zu glauben, der sie offenkundig als
»ökonomisches Brest-Litowsk«, als temporären »Rückzug« verstand, der
dem Land die nötige »Atempause« verschaffte, bevor es den nächsten
Vorstoß zum Sozialismus in Angriff nahm? Oder war die NÖP, der
späteren Auslegung Lenins durch Bucharin entsprechend, mehr als ein
Brest-Litowsk und tatsächlich der wahre Weg eines allmählichen, evolutionären »Hineinwachsens in den Sozialismus« – eine Position, aus der
sich natürlich als logische Folge ergäbe, daß Stalins brutale »große
Wende« von 1929 nicht nur unnötig war, sondern ein unstreitiger Verrat
am echten Leninschen Sozialismus. Welche Folgerung ihrerseits auf die
Frage zurückführt, was der Parteigründer im Innersten von dem janus-
köpfigen Vermächtnis hielt, das er seiner Organisation in Form von
Kriegskommunismus und NÖP hinterlassen hatte.

Diese Fragen wurden seinerzeit in der Partei heftig diskutiert, und
unter Historikern ist die Diskussion bis heute nicht abgeschlossen. Einem
bestimmten Muster folgend, wiederholen sich die verschiedenen Stand-

punkte aus den zwanziger Jahren im Zusammenhang späterer politischer Konstellationen. Für alle, die davon ausgehen, daß die Sowjetunion in den dreißiger Jahren den Sozialismus endlich erreicht hatte – mochte er noch so mangelhaft sein –, kann die NÖP nicht das letzte Wort des Leninismus bedeuten, sondern bestenfalls einen zeitweiligen »Rückzug«. Und nicht alle Verfechter dieser These sind oder waren Stalinisten – neben vielen gemäßigten Sozialisten teilte auch Trotzki diese Auffassung. Wer aber Stalins Methoden als Kompromittierung des sowjetischen Sozialismus betrachtet, dem bedeutet die NÖP, interpretiert als sanfte Revolution einer schrittweisen Selbsttranszendierung, den wahren leninistischen Weg und darum die große verpaßte Gelegenheit der sowjetischen Geschichte. Und nicht alle Verfechter dieser These waren Leninisten. Unter ihnen finden sich Sozialdemokraten und Linksliberale wie John Kenneth Galbraith und der jüngere Andrej Sacharow, für die eine geläuterte sozialistische Sowjetunion und ein Westen auf Sozialisierungskurs konvergente Entwicklungslinien darstellten.

Anhänger der NÖP also betrachteten diese Phase keineswegs nur als eine von vielen Episoden der sowjetischen Vergangenheit, sondern als bleibende Alternative zum Stalinismus, als Modell, zu dem die Sowjetunion eines Tages zurückkehren könnte. Nach Stalins Tod wurden in verschiedenen quasi-marktwirtschaftlichen Initiativen unter Chruschtschow und Ministerpräsident Alexej Kossygin wiederholt solche Rückkehrversuche diagnostiziert.[5] Natürlich wurde auch Gorbatschows Perestroika zur endgültigen, triumphalen Restauration einer Neo-NÖP und damit zur Rettung und Rechtfertigung des gesamten sowjetischen Experiments erklärt. Mit gutem Grund läßt sich annehmen, daß Gorbatschow selbst dieser Ansicht war und diese Ansicht nicht unbeeinflußt von der westlichen NÖP-freundlichen Sowjetologie zustande kam.[6]

Die NÖP also wurde zum Kriterium der Beurteilung des Sowjetsystems und damit des Sozialismus. Je länger Stalins Tod zurücklag, desto schwieriger wurde es, das Wirken des Parteiführers öffentlich zu verteidigen (was auf Umwegen allerdings immer noch möglich blieb, indem man die Triumphe der Industrialisierung, Urbanisierung und des sozialen Aufstiegs in den dreißiger Jahren diskutierte – doch davon später). Der überwiegende Teil der westlichen Literatur schloß Stalin darum faktisch aus dem Kanon der authentischen Sowjetgeschichte aus und degradierte seine politischen Vorstellungen und seine Methoden zur »Abweichung«.

An seine einstmals überragende und zentrale Stelle rückten als Herzstück und neue Reliquie der Sowjetgeschichte die NÖP und mit ihr der späte Lenin sowie Bucharin. So erschien der Weg zum Sowjetsozialismus, den das Land nicht ging, rückblickend als Königsweg des Leninismus.

Im zeitlichen Horizont ist diese Umwertung absurd. Die acht Jahre der NÖP fallen neben der fünfundzwanzigjährigen Herrschaft Stalins wenig ins Gewicht, und wenn man auf Stalins Seite die drei Jahre des Kriegskommunismus und die achtzehn Jahre der Breshnew-Ära ergänzt, dem NÖP-Lager wiederum gewisse Chruschtschow-Etappen konzediert, dann ist der stalinistische Sozialismus eindeutig als die empirische Norm, die NÖP hingegen als »Abweichung« zu betrachten – oder wenn man will, als metaphysische Norm eines »realen« Leninismus. Zieht man weiterhin in Betracht, daß die institutionellen Auswirkungen des Stalinismus enorm und anhaltend waren, die strukturellen Spuren der NÖP-Zeit indessen schon nach kurzer Zeit ausgelöscht, dann erscheint die Asymmetrie zwischen den beiden Spalten im Hauptbuch der Geschichte überwältigend. In unserer Darstellung des periodischen NÖP-Kults begegnen wir also zunächst einer merkwürdigen Umkehrung der sowjetischen Realität.

Einer der modernen Hauptvertreter dieses Kults feiert in seinen Schriften die NÖP-Zeit – zurecht – als »goldene Ära des marxistischen Denkens in der UdSSR« und darüber hinaus als Goldenes Zeitalter des sowjetischen Experiments überhaupt, als Periode des »Pluralismus«, der »Vielfalt« und »Buntheit«, eine Behauptung, die, je nachdem was man darunter versteht, falsch oder richtig ist.[7]

Sie trifft zu, wenn man als Goldenes Zeitalter die Periode der Sowjetgeschichte bezeichnet, die am meisten zum Wohlergehen der Bevölkerung beitrug. So gesehen war sie dem Chaos und Elend des Kriegskommunismus, den sie ablöste, ebenso vorzuziehen wie dem Terror und Elend des Stalinismus, der ihr folgte. Der Wohlstand während der Blütezeit der NÖP in den Mittzwanzigern war nicht nur der größte, den das Land seit 1913 erlebt hatte – er dürfte für den durchschnittlichen *mushik* bis heute unübertroffen sein. Bei den sehr unterschiedlichen Bedingungen für einen befriedigenden Lebensstandard im Jahr 1913 oder 1924 und im Jahr 1993 ist ein solcher Vergleich zwar schwer quantifizierbar, aber er leuchtet ein, wenn man bedenkt, daß die Versorgung mit Lebensmitteln und tatsächlich gewünschten Konsumgütern damals ebenso gewährleistet war wie die persönliche Freiheit. Aus diesem Grund erschien die Zeit der NÖP dem Durchschnittsrussen noch lange als legendäres Goldenes Zeitalter, wie es die Erzählungen von Michail Soschtschenko, die Novellen von Ilf und Petrow, die Dichtungen Sergej Jesenins oder die satirischen Stücke von Wladimir Majakowski zeigen.

Die meisten Loblieder auf die sowjetischen zwanziger Jahre sind allerdings nicht auf diese zwanglose, hedonistische NÖP gemünzt – sie besingen die »goldenen« Jahre, weil die Maßnahmen der NÖP, wären sie weiter verfolgt worden, zu dem Sozialismus geführt hätten, der sich unter dem Kriegskommunismus immer mehr verflüchtigt hatte. Die NÖP wurde somit zum »korrekten« Kurs des Kommunismus. Über die Berechtigung dieses Anspruchs sollen die konkreten ökonomischen Daten dieser Zeit entscheiden, die wir im folgenden ins Blickfeld rücken.

Von 1921 bis 1924 war die russische Wirtschaft hektischen Schwankungen zwischen Industrie- und Agrarpreisen ausgesetzt, bevor sie in einem funktionierenden System vorübergehende Stabilität erreichte. Der neue Markt litt 1922 zunächst unter einem Mangel an landwirtschaftlichen Produkten und einer Absatzkrise der Industrie, so daß die Staatseinkünfte drastisch absackten. Dann kehrte sich in der »Marktschere« von 1923 die Lage um, als einer Agrarüberproduktion ein verknapptes Konsumgüterangebot zu Höchstpreisen gegenüberstand, das die Bauern um ihre Profite brachte und ihnen den Anreiz nahm, für die Städte zu produzieren. 1924 schloß sich die Schere, als der Staat durch Kreditmanipulationen Preiskorrekturen zugunsten der Bauern erzwang. Infolgedessen erlebte das Land von 1924 bis 1926 drei »normale« Jahre – man könnte von einer Blüte der NÖP sprechen –, ein Goldenes Zeitalter von kurzer Dauer.

Der Winter 1927–28 brachte die nächste Krise, die von der Regierung als Ansatz zu einer neuen, diesmal offenbar anhaltenden Marktschere eingeschätzt wurde. Tatsächlich hatten sich die Handelsbedingungen zuungunsten des Dorfs verändert: Die Agrarpreise sanken, während die Preise für die staatlich produzierten Konsumgüter in die Höhe gingen. Auf den entstehenden »Warenhunger« antworteten die Bauern mit einem »Produktionsausstand«, wie die Regierung es nannte. Statt der Regierung die festgesetzten Getreidequoten zu Staatspreisen zu liefern, verkauften die Bauern auf dem freien Nebenmarkt zu höheren Preisen an die NÖP-Leute oder produzierten Hochpreisgetreide für den Staat. Oder sie verfütterten ihr Getreide an das Vieh und brachten das gemästete Kalb auf den eigenen Tisch.

Diese sogenannte Beschaffungskrise wurde für das Regime darum so dramatisch, weil sie mit dem Beginn des ersten Fünfjahresplans zusammenfiel, der auf einen Beschluß des XV. Parteitages vom Dezember 1927 zurückging und im April 1928 formell in Kraft treten sollte. Im Sommer dieses Jahres hatte sich die Situation so weit verschlechtert, daß in den Städten die Rationierung eingeführt wurde, und 1929 kam der Agrarstaat Rußland nicht mehr ohne Getreideimporte aus. In der Praxis also mußte die NÖP zumindest aus der Sicht der Partei im Jahr 1929 als gescheitert gelten.

So sah sich die Sowjetherrschaft wie schon im Sommer 1918 und im Frühjahr 1921 vor einer Überlebenskrise. Und wie 1921 bedeutete diese Krise keinen direkten Anschlag auf ihre Macht durch einen Aggressor, sondern den drohenden Zusammenbruch der Wirtschaft und des Landes im Fall einer unveränderten Fortsetzung des aktuellen politischen Kurses. Das Ende der NÖP glich somit dem Ende des Kriegskommunismus: Die gescheiterte Politik der Partei hatte die Macht der Partei in Frage gestellt. Ein Kurswechsel war unabwendbar und dringlich geworden.

Vor dem Hintergrund des sich verschärfenden Konflikts zwischen Bauernschaft und »Plan«, der an den Bürgerkriegsnotstand erinnert, beschloß die Sowjetführung unter Stalin Ende 1929 die Aufhebung der NÖP zugunsten der abrupten Umstellung auf die Zwangskollektivierungen und den forcierten Aufbau der Industrie. Der Entscheidung ging eine parteiinterne Debatte voraus, in der Bucharin gegen Stalin dafür plädierte, eine Anpassung der NÖP vorzunehmen und es dem Markt und den Bauern zu überlassen, einen Ausweg aus der Krise zu finden und den Fünfjahresplan zu finanzieren. Diese »Bucharin-Alternative« steht im Mittelpunkt der Debatte über die Frage, was als der wahre Glaube oder unverfälschte Leninismus zu betrachten sei – die NÖP oder der Stalinismus.

Um jedoch die Aussichten auf eine Realisierung des Bucharinschen Konzepts unter den damaligen Umständen einschätzen zu können, ist auf die grundlegenden Widersprüche der Sowjetherrschaft zurückzukommen. Paradox war erstens, daß ein »proletarisches« Regime in einem überwiegend bäuerlichen Land die Macht behauptete. Heute wissen wir, daß diese Situation für marxistische Regime der Normalfall ist, damals indessen erschien sie als Anomalie, als verkehrte Welt. Lenin schien mit Marx verfahren zu sein wie dieser seinerzeit mit Hegel, denn die erste siegreiche proletarische Partei der Welt war eine Art »Überbau« geworden, der ohne die notwendige industrielle »Basis« zur Erfüllung seiner welthistorischen Mission quasi in der Luft hing.[8]

Ursprünglich hatte man die erwartete proletarische Revolution Europas dazu ausersehen, Rußland für die Dauer dieser Zwangslage die erforderliche ökonomische Hilfe zu leisten. Als diese Unterstützung ausblieb, stand die Partei mangels anderer Lösungen vor der Notwendigkeit, sich den nötigen industriellen Halt unter den Füßen selbst zu schaffen. Wahlweise hätte sich angeboten, das Fehlen der geeigneten Voraussetzungen für eine Revolution in Rußland anzuerkennen und das Unternehmen eines russischen Sozialismus abzublasen. Im Land von Andrej Platonows *Tschewengur,* bei den Erben des Oktober und Siegern des Bürgerkriegs, konnte diese Alternative keine Begeisterung wecken. Es blieb für die Partei mithin unerläßlich, sich auf die eine oder andere Art eine brauchbare Basis zu zimmern. Da der Kriegskommunismus sich in dieser Hinsicht als kontraproduktiv erwiesen hatte, war nach 1921 die Frage, ob die NÖP das Kunststück fertigbringen würde.

Paradox war weiterhin die Tatsache, daß die Revolution im Sowjetstaat entgegen der Marxschen Theorie keine dynamischen Produktivkräfte entband, sondern das Land in jeder Hinsicht wirtschaftlich zurückgeworfen hatte. Seit 1913 war die Produktion massiv gesunken, das Anlagevermögen des Landes hatte in sieben Kriegsjahren empfindlich gelitten, und strukturell war die Ausgangslage für Entwicklungen weit schlechter als vor der Revolution.

Unter der zaristischen Herrschaft war Rußland Teil des Weltmarkts, der Rubel war in Gold konvertierbar, und das Ausland investierte in großem Umfang in seine Industrialisierung. In den neunziger Jahren, unter Finanzminister Sergej Witte, hatte die Industrieproduktion eine jährliche Zuwachsrate von 8 Prozent erreicht, damals vor der japanischen und der deutschen die höchste der Welt.[9] Nach der Revolution fehlten Rußland diese Mittel zur Entwicklungsförderung. Es hatte sich vom Weltmarkt in eine provinzielle Autarkie zurückgezogen, in welcher der Staat ein eifersüchtig gehütetes Außenhandelsmonopol ausübte. Eine Erholung, verbunden mit weiterem industriellen Wachstum, würde es also aus eigener Kraft in die Wege leiten müssen.

Auch im Inneren hatte sich die Lage infolge der Revolution verändert. Die russischen »Kapitalisten« und Intellektuellen waren in großer Zahl emigriert, die verbliebenen »bürgerlichen Spezialisten« zu Bürgern zweiter Klasse geworden und per Dekret als Klassenfeinde verdächtigt. Den Ausschlag gab jedoch der veränderte Status der Bauern. Vor der Revolution hatte sich Rußland, damals der führende Getreideexporteur der Welt, das Kapital für seine industrielle Produktion durch seine Agrarausfuhren verschafft. Die Grundlage dafür bildete die Massenproduktion durch die adligen Großgrundbesitzer und ein Steuersystem zu Lasten der Bauern, das viele dazu zwang, auf den Adelsgütern Lohnarbeit zu verrichten. Nach Stolypins Agrarreform von 1906, die auf »die Starken« setzte, bildete sich eine Klasse von wohlhabenderen Bauern – später von den Sowjets als »Kulaken« gebrandmarkt –, die ebenfalls Überschüsse für den Markt produzierten.

Die Revolution machte alldem ein Ende, und zwar weniger durch das Zutun der Bolschewiki, deren Einflußmöglichkeiten begrenzt waren, als durch die großen Bauernaufstände von 1917-18.[10] Die adligen Ländereien wurden von den Bauernrebellen liquidiert und die »Kulaken« in die Dorf- und Feldgemeinschaft zurückgezwungen. Damit waren auch die Überschuß produzierenden Einheiten der russischen Landwirtschaft vernichtet. Die Nivellierung nach unten trug ferner dazu bei, den primitiven Charakter der russischen Landwirtschaft, so die Dreifelderwirtschaft und den Holzpflug, zu erhalten. Und schließlich hatte die Revolution das ländliche Rußland in ein egalitäres Meer von Kleinbauernhaushalten verwandelt, die Subsistenzwirtschaft betrieben. Die Zahl solcher Höfe war nach der Revolution von 14 auf 25 Millionen gewachsen. Während der NÖP-Zeit entstand zwar eine neue Schicht von »Kulaken«, doch blieb ihre Ertragsleistung weit hinter der marktfähigen Surplusproduktion zurück, wie sie vor der Revolution zur Verfügung gestanden hatte. Die Bauern, die nach ihren Erfahrungen mit der *podraszwerstka* den kommunistischen Machthabern mit chronischem Argwohn begegneten, konnten sich unter diesen Umständen, sobald die Handelsbedingungen ungünstig waren, vom Markt zurückziehen und ihre bescheidenen Überschüsse zu Schnaps destillieren. In dieser Lage blieb der Diktatur des Proletariats, die auf dem Land so gut wie keine institutionelle und politische Vertretung besaß, nichts anderes übrig, als vor den bäuerlichen Ansprüchen zu kapitulieren, damit die städtischen Arbeiter und die Rote Armee zu Brot kamen.

Unter derartigen Einschränkungen, internationalen wie hausgemachten, mußte das Programm der Neuen Ökonomischen Politik durchgesetzt werden, und an ihnen müssen seine Aussichten gemessen werden, die Partei mit einer soliden industriellen Basis zu versehen. Was wundert es, daß viele Parteimitglieder der neuen Politik skeptisch gegenüberstanden. Während die wirtschaftlichen Maßnahmen des Kriegskommunismus in der Partei beinahe einhellige Zustimmung gefunden hatten, weckte die NÖP durchgehend Zweifel und Unbehagen.

In ihren Anfängen, von 1921–22, wurde die Neue Ökonomische Politik in der Partei überwiegend als harte Notwendigkeit und »erzwungener Rückzug« betrachtet und damit auch als Niederlage für den Sozialismus, ja als Scheitern der Revolution. Dieser Sachverhalt ist nachdrücklich zu betonen, weil er vom späteren Enthusiasmus für die »Bucharin-Alternative« verdunkelt zu werden droht. Als praktische Maßnahme indessen wurde die NÖP von der Partei wenn auch ungnädig akzeptiert, weil die Alternative eine Rückkehr zu den Gefahren und chaotischen Wirren des Bürgerkriegs bedeutet hätte. So hielt die Furcht vor der Instabilität die NÖP für den Rest des Jahrzehnts am Leben.

Das Jahr 1922 gab der Partei neuen Grund zur Vorsicht: Lenin erlitt zwei Gehirnschläge und war seit Anfang 1923, also bereits zwölf Monate vor seinem Tod im Januar 1924, an den politischen Geschäften praktisch nicht mehr beteiligt. Die Partei hatte den Mann verloren, der in jeder ihrer Existenzkrisen mit der richtigen Lösung zur Hand gewesen war. Gleichzeitig begann unter seinen Erben der unvermeidliche Kampf um die Nachfolge, und größere Veränderungen in der Wirtschaftspolitik mußten zurückgestellt werden, bis dieses Problem geregelt war. Das dauerte bis 1927/28.

Es war Lenin selbst, der kurz vor seinem Tod erste ideologische Begründungen für die Verlängerung der Neuen Ökonomischen Politik lieferte. Der Kriegskommunismus, erklärte er, sei ein vom militärischen Notstand provozierter Irrtum gewesen, die NÖP hingegen ein Wiedereinschwenken auf den ursprünglichen, korrekten Kurs der Partei: den Staatskapitalismus von Anfang 1918. Die Behauptung traf zwar nicht unbedingt zu – der Staatskapitalismus in seiner älteren Form hatte die Duldung von Großindustriellen verteidigt, während es bei der Neuauflage um den kleinen bäuerlichen Agrarunternehmer ging; sie taugte jedoch dazu, der harten Notwendigkeit gute Gründe zu unterschieben, weil sie die NÖP als Übergangsmoment innerhalb eines logischen Prozesses darstellte, der zum Sozialismus führen würde. Darum, so hielt Lenin fest, sei die Neue Ökonomische Politik »ernsthaft und auf lange Zeit« geplant. Den Zeitraum schätzte er unterschiedlich auf »mindestens ein Jahrzehnt, wahrscheinlich mehr«, maximal jedoch auf fünfundzwanzig Jahre.[11]

Noch unbestimmter blieb die Natur dieses Übergangs. Aus den warnenden Appellen, die Lenin während seines letzten Lebensjahres bei schwindenden Kräften an die Partei richtete, sprach eine tiefe Bestürzung über das paradoxe Fazit der Revolution. Bekanntestes Dokument dieses Unbehagens ist sein politisches »Testament« vom Dezember 1922, ein Brief an den Kongreß, in dem er seinen Besorgnissen hinsichtlich der künftigen Parteiführung Ausdruck gibt. Nicht weniger aufschlußreich sind seine letzten fünf Artikel, diktiert im Januar 1923, die oft als sein ökonomisches und soziales »Testament« betrachtet werden und um zwei Befürchtungen kreisen.[12]

Als erstes wird die wachsende Bürokratisierung und Korruption der Partei sowie des Staatsapparats bemängelt, die Lenin nicht als Konsequenz der neuen Partokratie selbst, sondern fälschlich als Überbleibsel des Zarismus diagnostiziert. Um diese Bürokratisierung zu bekämpfen, hatte er zu Ende des Bürgerkrieges parallele bürokratische Überwachungsorgane geschaffen – das Arbeiter- und Bauerninspektorat *(Rabkrin)* für den Sowjet und die Zentrale Kontrollkommission (ZKK) für die Partei. Diese multiple Bürokratie hatte natürlich nicht funktioniert; doch noch Anfang 1923 sah Lenin die einzige Lösung darin, das Verfahren zu intensivieren, das heißt, zusätzlich Arbeiter von der Werkbank in die Kontrollkommission abzuordnen und damit deren Umfang zu verdoppeln.

Seine zweite Sorge galt der »halbasiatischen Kulturlosigkeit«[13], der aus dem alten Rußland überlieferten *nekulturnost,* welche die Revolution zu ersticken drohe. Um das zu verhindern, müsse die Partei und mit ihr das Land sich zum Ziel setzen »erstens zu lernen, zweitens zu lernen und drittens zu lernen«. Insbesondere sollten die Bolschewiki bei der Bourgeoisie in die Schule gehen und die Erfahrung bürgerlicher Experten benutzen, »um den Kommunismus mit nicht-kommunistischer Hand zu bauen« und »über den Staatskapitalismus zum Sozialismus« zu gelangen. Zum Thema *smytschka* hielt Lenin mit Nachdruck fest, von nun an sei

Überzeugungsarbeit der einzig korrekte Weg, den Sozialismus auf die Dörfer zu bringen. In diesem Zusammenhang wies er darauf hin, daß das ehemals ausgedehnte Netz der ländlichen Genossenschaften, die während des Kriegskommunismus in staatliche Distributionsstellen umgewandelt worden waren, mit der NÖP neu erstanden sei. Diese Kollektiveinrichtungen böten die Möglichkeit, Privatinteresse mit sozialistischen Zielen zu verbinden. Ob es sich aber bei diesen neuen Einheiten um Konsumenten- oder Produzentengenossenschaften handeln sollte und wie ihr Beitrag zur Industrialisierung aussehen könnte, blieb ungesagt. So beschloß Lenin seine Laufbahn mit der Versicherung, für Rußland gelte: »ein System zivilisierter Genossenschaftler ... das ist das System des Sozialismus« – eine Definition, die Gorbatschow gern wiederholte, als die Erfolgs- geschichte des Sowjetkommunismus bereits zu Ende ging.

Was ist von diesem sozioökonomischen Testament zu halten? Die Frage hat insofern akademischen Charakter, als die Worte Lenins, im besonderen die seiner letzten Tage, seit je eine biblische Autorität genos- sen, und das nicht nur in den Diskussionen innerhalb der Partei, sondern bizarrerweise auch bei westlichen Historikern. Die fragmentarischen Erklärungen des sterbenden Parteigründers wurden im Westen darum so hochgehalten, weil auf ihnen der Glaube an einen ursprünglich und zukünftig demokratischen Leninismus beruht. Mit ihrer Hilfe läßt sich der Kriegskommunismus ausklammern und dem Sowjetexperiment eine Richtung geben, die auf Bucharin statt Stalin verweist. Wenn wir versu- chen, Lenins letztes Urteil über seine Revolution zu bewerten, haben wir es faktisch mit einem der Wege zu tun, die die sowjetische Geschichte nicht einschlug. »Hätte Lenin länger gelebt« – daran bestand in weitesten Kreisen kein Zweifel –, dann wäre der Partei und den Bauern das, was Stalin ihnen antat, vermutlich erspart geblieben. Müßig ist die Frage nicht – Lenin war 53, als er starb, und die Projizierung eines weiteren Jahrzehnts aktiver Tätigkeit ist versicherungsstatistisch durchaus plausi- bel.

Politisch gesehen jedoch dürfte die zutreffende Antwort die sein, daß ein weniger kurzlebiger Leninismus an der Sache nichts Merkliches geändert hätte. Rußlands Alternativen waren nicht Stalin oder ein fortge- setztes Wirken Lenins; grundsätzlich entscheidend war vielmehr, ob man den Bauern entgegenkommen oder ihre Fügsamkeit erzwingen wollte. Lenins Kooperativen waren ein Versuch, das Problem zu umgehen. Daß

Lenins letzte theoretische Äußerungen in ihrer Konfusion just dieses Dilemma artikulieren, macht ihre wahre Bedeutung aus. In seiner Gleichsetzung des Sozialismus mit bäuerlichen Genossenschaften geht Lenin ausdrücklich auf Robert Owen zurück, wenn auch mit dem erklärenden Zusatz, erst der siegreiche russische Klassenkampf verhelfe dem alten »Genossenschaftssozialismus«, dem »etwas Romantisches, ja sogar Abgeschmacktes« anhafte, zur Legitimation.[14] Für einen großen marxistischen Revolutionär und angesichts der in Aussicht stehenden überwältigenden Probleme eine klägliche »Lösung«.

Sie paßte überdies nicht ganz ins Konzept: Lenins Befürwortung von Kooperativen stand im Widerspruch zu anderen Erklärungen, in denen er als getreuer Schüler von Marx vor dem »privaten Prinzip« auf dem Land warnte. »Die kleine Warenproduktion« – das war seine feste Überzeugung –, »erzeugt Kapitalismus und Bourgeoisie – andauernd, täglich, stündlich, spontan und im großen Rahmen«.[15] Mit dieser Ansicht wurde das Dorf zum Feind stigmatisiert, der beseitigt werden mußte. Lenins letzte Worte zum Fetisch zu machen erscheint aber vor allem darum so bizarr, weil sie als höchste Errungenschaft der Oktoberrevolution die Entdeckung der Qualitäten des Marktes und der Genossenschaft feiern. Eine Entdeckung, die erst nach 1921 gemacht wurde und zwei Einrichtungen betraf, die Rußland bereits unter dem alten Regime besessen hatte.

Ergänzt man den Vorschlag, die Parteibürokratie durch Aufstockung zu bekämpfen, entsteht das Bild eines Führers, den Verwirrung und ratlose Enttäuschung bedrängten, weil das Resultat der Revolution die ursprünglichen Prämissen des Unternehmens widerlegt hatte. Und selbst wenn Lenin sich dieser Einsicht verschlossen hätte, die Menschewiki ließen es sich nicht nehmen, ihn daran zu erinnern. Sie verstiegen sich gar zu der Behauptung, seine Neue Ökonomische Politik sei nichts als der Vollzug ihres eigenen politischen Programms. So wurde der leidende Parteiführer von ständigem Zorn über diese Kritik geplagt, weil er im Innersten argwöhnen mußte, daß sie recht haben könnten. Es scheint kaum abwegig, Lenins vorzeitigen physischen Verfall nicht nur als Folge der zwei Geschosse zu betrachten, die er seit 1918 mit sich herumtrug, sondern auch als »Somatisierung« seiner Enttäuschung durch die Revolution.

Seinen ungleichen Erben, die an der Führung der Revolution weniger unmittelbar beteiligt waren, mußte es leichter fallen, aus den enttäuschenden Ergebnissen etwas für die Zukunft zu retten. Trotzki, der Mitbegründer des Oktober, verfolgte einen Kurs, der sich eng an den ursprünglichen Leninismus anlehnte, und drängte somit darauf, den NÖP-Rückzugs möglichst schnell zu beenden.

Seit 1922/23 wies er warnend daraufhin, daß von allzu weitgehenden Konzessionen an die Bauern die eigentliche Gefahr für den Sowjetstaat ausgehe, und rief nach einer neuen »sozialistischen Offensive« durch eine staatlich geplante Industrialisierung – innerhalb marktähnlicher ökonomischer Rahmenbedingungen –, damit Rußland proletarisch und progressiv bleiben könne. Weil er gleichzeitig darauf beharrte, daß der endgültige Sozialismus in Rußland dennoch nur zusammen mit einer Revolution in den fortschrittlicheren Ländern möglich sei, wurde seine Gesamtlinie unter dem Namen der »permanenten Revolution« bekannt. Dieses Etikett machte es seinen Gegnern leicht, zu unterstellen, er wolle die russische Revolution der Weltrevolution unterordnen, ja opfern, und dadurch seine Position als abweichende Lehre, als »Trotzkismus« zu diskreditieren. In Wahrheit ging es Trotzki um eine Verbindung beider Revolutionen.

Doch das kann hier außer acht bleiben – Rußland war kaum in der Lage, Revolutionen im Ausland zu schüren (an Versuchen hat es während der Ruhr-Krise 1923 und 1926 in China allerdings nicht gefehlt). In praktischer Hinsicht sah Trotzkis Programm eine sofortige Industrialisierung nach planwirtschaftlichen Methoden und damit eine Zurücknahme der NÖP vor. Wie oben gezeigt, wurden diese Vorschläge – das spätere Programm der Linken Opposition von Sinowjew und Kamenew –, in den Jahren 1924 bis 1927 von der Partei beharrlich zurückgewiesen.

Der originellste Theoretiker dieser linksdissidenten Richtung, der »Ultralinken«, war indes keiner der großen politischen Namen, sondern Bucharins einstiger Mitstreiter bei der Verteidigung des Kriegskommunismus Jewgeni Preobrashenski. 1924 veröffentlichte Preobrashenski seine Theorie der »ursprünglichen sozialistischen Kapitalakkumulation« zur Industrialisierung des rückständigen Rußland. Marxistischen Grundkategorien folgend, ging er davon aus, daß alles Kapital durch Enteignung des Mehrwerts akkumuliert werde, das heißt durch »Ausbeutung« und »Plünderung« unterdrückter, nichtkapitalistischer Gruppen – seien dies exterritoriale Kolonien oder einheimische Bauern. Rußland habe keine andere Wahl, als seine Entwicklung aus inländischen Quellen, mit anderen Worten, durch die »inländische Kolonie« der Bauernschaft zu finanzieren, wie Preobraschenski es einmal unbedacht formulierte. Er zog ausdrücklich die Parallele zu Marx' Analyse der ursprünglichen kapitalistischen Akkumulation über die *Inclosures of Common,* die Einhegungen des Gemeindelandes durch angrenzende Landlords in England.[16]

Analog dazu werde die ursprüngliche sozialistische Akkumulation in Rußland darin bestehen, mit dem Mittel des von Preobraschenski so genannten »nichtäquivalenten Tauschs« zwischen dem sozialistischen Staat und den privaten bäuerlichen Produzenten Kapital von der Bauernschaft zum Staat »hinüberzupumpen«. Es war nicht daran gedacht, daß dieser Druck auf die Bauern die gewalttätigen Formen eines neuen Kriegskommunismus annehmen sollte. Wie alle sowjetischen Führer in den zwanziger Jahren trat auch Preobraschenski im Gegenteil nachdrücklich dafür ein, daß die Umgestaltung der ländlichen Verhältnisse friedlich und auf freiwilliger Grundlage zu erfolgen hätte. Entsprechend sah er vor, die notwendige Ausbeutung des Dorfes mit fiskalischen und finanziellen Mitteln innerhalb eines quasimarktwirtschaftlichen Rahmens zu erreichen. Konkret bedeutete das eine Überbesteuerung der Bauern, insbesondere staatliche Eingriffe zur Senkung der Agrarpreise und Anhebung der Preise für die Industrieproduktion. Auf diese Weise würde das Maximum des Kapitals in die industrielle Entwicklung gepumpt, in erster Linie in die Schwer- und Metallindustrie, die von der Sowjetmacht als Eckstein einer modernen Volkswirtschaft betrachtet wurden. Für Preobraschenski wie für die Parteimehrheit war die industrielle Expansion praktisch zum Synonym für den Aufbau des Sozialismus geworden.

Preobraschenskis realistische Einschätzung der Schwierigkeiten einer Industrialisierung des bäuerlichen Rußlands hatte auch ihre politische Bedeutung in den innerparteilichen Flügelkämpfen dieser Jahre. Sofern die Linke den Akzent auf die industrielle Entwicklung legte, stellte sie das Proletariat, nicht den bäuerlichen Genossenschafter in den Mittelpunkt des Parteiinteresses. Sie zog also ihren Nutzen aus der anhaltenden Unterbeschäftigung in den Städten, einer Folge der durch die NÖP geschaffenen Marktverhältnisse.[17] Auch schien im Ruf der Linken nach Planungsmaßnahmen etwas von der sozialistischen Verve des Kriegskommunismus mitzuschwingen, die während der NÖP-Zeit erlahmt war. Da von der Linken der freiwillige Charakter der agrikulturellen Umgestaltung unterstrichen und gleichzeitig die fortgesetzte Bürokratisierung der Partei attackiert wurde, konnte man den Eindruck gewinnen, den

Warnungen in Lenins letzten Artikeln sei voll Rechnung getragen. *Last but not least* rief die Linke, die auf den Parteitagen dank der Intransigenz des Stalinschen Apparats in der Partei eine Niederlage nach der anderen erlitt, mit wachsender Dringlichkeit nach mehr Demokratie innerhalb der Partei. Um die Erfahrungen der dreißiger Jahre klüger geworden, ließ sich rückblickend aus alldem ein hoffnungsvolles Versprechen ablesen: Die Linke hätte, wenn sie an die Macht gekommen wäre, einen menschlicheren Sozialismus geschaffen als Stalin.

Dieses vermeintlich linke Versprechen, das einmal vielen als die große versäumte Gelegenheit der sowjetischen Geschichte erschien, wurde in der Folge unter dem Namen Trotzkismus bekannt. Diese Überzeugung konnte in Lenins politischem Testament ihre Bestärkung finden – es ließ sich leicht, wenn auch nicht ganz zu Recht, als Ablehnung Stalins und Investitur Trotzkis in die Nachfolge lesen. Von den dreißiger bis zu den sechziger Jahren galt der Trotzkismus als die zweite und wichtigste der ausgeschlagenen kommunistischen Marschrouten, als die ideale Alternative, an der ein echter sowjetischer Sozialismus sich zu messen hatte. Aus diesem Glauben gingen eine Vierte Internationale und diverse, weltweit verstreute trotzkistische Parteien hervor. Ein Zeugnis dieses Glaubens ist auch Isaac Deutschers monumentale Trotzki-Trilogie aus dem Geist von Marx und Milton, die den Mitgestalter des Oktober und Erzrivalen Stalins als verstoßenen Propheten und wahren Helden der sowjetischen Tragödie darstellt. Der Trilogie folgte eine im wesentlichen positive Biographie Stalins.[18] In Form dieser zwei Werke erhielt das westliche Publikum die vielleicht einflußreichste Gesamtdarstellung und -deutung des sowjetischen Experiments.

Die trotzkistische Auffassung der Sowjetgeschichte beginnt mit der Voraussetzung, daß die Isolierung der ersten sozialistischen Revolution der Welt in einem rückständigen Agrarland »ein Zufall« war: Rußland blieb ohne Hilfe auf eigene Kräfte verwiesen, da die erwartete Revolution im Westen ausblieb. Weil das verarmte Rußland nicht über den für einen Sozialismus erforderlichen materiellen Reichtum verfügte, verwandelte sich die Arbeiterpartei in eine halbkorrupte Bürokratie, die sich die mageren Ressourcen des Landes aneignete. Der Stalinismus als Ausdruck dieser degenerierten Partei war somit auf ein soziologisches Faktum reduziert. In diesem Sinne also wurde die Revolution »verraten«. Sie war jedoch nicht zerstört – Sowjetrußland blieb ein Arbeiterstaat, denn mit der entscheidenden Forderung des Sozialismus hatte man Ernst gemacht: Das Privateigentum war abgeschafft. Aus alldem folgte, daß das System erneut aufblühen und die sowjetische Revolution sich endlich weltweit entfalten konnte, wenn Stalin und seine Helfershelfer beseitigt waren. Trotzki hat Stalins Tod und die erwartete Erfüllung seiner Prophezeiung einer sozialistischen Renaissance in Rußland bekanntlich nicht mehr erlebt. Deutscher indes überlebte Stalin und prophezeite nun seinerseits, mit Chruschtschows Politik stehe Trotzkis Vision unmittelbar vor ihrer Verwirklichung.

Als die Erfüllung weiter auf sich warten ließ, verlor der Trotzkismus allmählich an Boden, und die verschiedenen trotzkistischen Parteien verkümmerten zu unbedeutenden Sekten. Unbeschadet dessen hinterließ die Episode Trotzki, wie sie von Deutscher dargestellt wurde, ihre prägenden geistigen Spuren. Erstens in der Vorstellung, daß das Scheitern, oder die »Tragödie«, der russischen Revolution nicht in den Leninschen Prämissen, sondern in Rußlands Rückständigkeit zu suchen war. In Deutschers Lesart hatte »Mütterchen Rußland« den Sozialismus und nicht etwa der Sozialismus Rußland ruiniert. Damit war stillschweigend vorausgesetzt, daß ein leninistischer Sozialismus unter günstigeren Bedingungen, in Deutschland etwa, realisierbar gewesen wäre. Weit wahrscheinlicher jedoch ist, daß eine kommunistische Revolution – besser, eine vorübergehende Machtergreifung – in Deutschland zu einem Bürgerkrieg und wirtschaftlichem Niedergang geführt hätte, ein Prozeß, der im Verlauf der kommunistischen Erhebungen in Bayern und Ungarn von 1919 tatsächlich auch einsetzte. Der Erfolgsfall, ist zu vermuten, hätte nicht Rußland von seiner Rückständigkeit befreit, sondern die russische Katastrophe zu einer europäischen gemacht.

Dennoch dominiert die trotzkistische Sicht in der einen oder anderen Version einen Großteil der westlichen Literatur über Sowjetrußland. Ein augenfälliges Beispiel ist das zweite Monumentalwerk der westlichen Sowjetforschung, E. H. Carrs umfangreiche *History of Soviet Russia*. Der Autor geht von der Voraussetzung aus, daß die Bolschewiki das fraglos realistische Ziel des Sozialismus in Angriff nahmen, durch die Ungunst der russischen Verhältnisse indes von der Verfolgung einer konsequent sozialistischen Politik immer wieder abgehalten wurden. Sie verschwendeten also ihre Energien damit, die Macht zu behaupten, bis sie ihr widerspenstiges Rohmaterial endlich zu beherrschen lernten und die große »sozialistische Offensive« von 1929–30 einleiteten, mit der sie »die Grundlagen einer Planwirtschaft« schufen[19] – womit wir nichts anderes vor uns haben als Sowjetgeschichte aus sowjetischer Perspektive, erzählt in der nüchternen Sprache des Westens, die auf Wertungen verzichtet. Fragt man jedoch nach der besten Methode, ein Land zum Sozialismus zu führen, geht es nicht mehr um Geschichte, sondern um Ideologie und Politik.

Dennoch hat sich die empirische historische Sowjetforschung stillschweigend immer wieder von eben dieser Frage leiten lassen und damit die erwähnte »verkehrte« Darstellung geschaffen: eine Umkehrung, die wesentlich auch dem Paradigma Trotzki zugrunde liegt.

Daher die ständige Wiederkehr ein und desselben Themas: Die Revolution wurde »verraten« – verraten durch Rußland, oder seine Rückständigkeit, oder Stalin … durch alles nur mögliche, nicht aber durch die Ziele der Revolution selbst. Woraus folgt, daß mit Trotzki, hätte er sich durchgesetzt, die Revolution nach Wunsch verlaufen wäre. Noch lange nach Trotzkis Tod tauchte darum das Deutungsmuster mit wechselnden Details und verschiedenen »Trotzkis«, Bucharin zum Beispiel oder Gorbatschow, erneut auf.

In gleicher Weise konnte der Marxismus, der die Grundlage des Erklärungsschemas bildete, aktualisiert und mit der Modernisierungstheorie oder den sozialgeschichtlichen Methoden der Annales-Schule gekreuzt werden. Zur Zeit des Zusammenbruchs lautete die gültige Form des Paradigmas wie folgt: Lenin hatte im Oktober vom Rätekongreß ein sozialistisches »Mandat« erhalten, doch unter dem Einfluß einer feindlichen Umwelt verhärtete sich seine Partei zu einer Diktatur. Hinzu kam der widrige Umstand, daß in einem bäuerlichen Rußland der Partei der Arbeiter die »Basis« entzogen war, so daß sie im unhaltbaren Zustand eines »politisch fortschrittlichen … Überbaus in der Luft« hing. Unter Stalin machte sich dieser Überbau folglich selbständig, um sich die geeignete »Basis« zu schaffen. Doch die von Aberglauben und Knechtschaft geprägte »Mentalität« der bäuerlichen Massen wirkten ebenso wie das autoritäre zaristische Erbe als ungesundes Ferment in der neuen Gesellschaft, aus welcher darum das Geschwür des Stalinkults hervorging. Da die neue Gesellschaft jedoch eine städtische Industriegesellschaft mit gutem Bildungsstand war, bestand die Möglichkeit, daß der Parteiüberbau von seiner entwickelten Basis gezähmt und das Oktobermandat endlich eingelöst wurde.[20] So fanden Trotzki, Deutscher und Carr fortlaufende Wiederverwertung.

Desgleichen überlieferte sich von Jahrzehnt zu Jahrzehnt beharrlich die immer gleiche Frage: »Warum stießen die Sowjets bei der Verwirklichung ihres Ziels auf so unüberwindliche Schwierigkeiten?« Während diese Schwierigkeiten doch ganz unmißverständlich eine andere Frage nahelegten: »Was folgt aus dem Versuch, das an sich unmögliche Ziel einer gerechten und humanen Gesellschaft durch Konzentration der politischen, ökonomischen und kulturellen Macht in den Händen eines einzelnen zu erreichen?«

Eine bleibende Spur hinterließ der Trotzkismus auch darin, daß sich an jeden sowjetischen Führungswechsel neu die Erwartung knüpfte, jetzt endlich werde die Revolution wieder ins Gleis kommen. Trotzki selbst wurde ein Opfer dieses von ihm inaugurierten Syndroms, denn mit dem unmerklichen Verblassen seines Namens zur Zeit der Neuen Linken in den sechziger Jahren ging der Aufstieg der dritten großen Alternative zum Stalinismus einher: der Glaube an Bucharin und die Blüte der NÖP als den wahren Weg zum Sozialismus, der nicht beschritten wurde.

Der verbannte Prophet, der 1920 als Anführer der Linken Opposition für die Militarisierung der Arbeit und die »Superindustrialisierung« eingetreten war, erschien aus dieser neuen Sicht als ein gescheiterter Stalin. Genauer gesagt, allmählich wurde klar: »Stalin wurde der Trotzki *in actu*.«[20] Kołakowski, von dem die Formulierung stammt, schreibt in seinem Kapitel über Trotzki: »Deutscher behauptet, daß Trotzkis Leben die ›Tragödie eines Vorläufers‹ gewesen sei … es ist unklar, wovon Trotzki eigentlich ein Vorläufer gewesen sein soll … Trotzki war von nichts ein ›Vorläufer‹, sondern ein Splitter der Revolution, der aus der Bahn, welche diese Revolution in den Jahren 1917–1921 nahm, herausgeschleudert wurde, einer Bahn, die sich aufgrund innerer und äußerer Umstände ändern mußte. Der Ausdruck ›Tragödie eines Epigonen‹ erscheint daher treffender …« Und dieser Nachruf schließt mit den Worten: »Es gab keine trotzkistische Theorie; es gab lediglich einen gestürzten Führer, der verzweifelt versuchte, seine Rolle wiederzuerlangen, der nicht einsehen konnte, daß seine Bemühungen hoffnungslos waren, und der nicht die Verantwortung für das übernehmen wollte, was er für eine seltsame Entartung hielt, was aber tatsächlich die unmittelbare Folge der

Grundlagen war, die er selbst zusammen mit Lenin und der gesamten
bolschewistischen Partei für den Sozialismus errichtete.«[21]

Das bringt uns zum dritten und überzeugendsten der Wege, den die
sowjetischen Geschichte nicht ging. Bucharins Verteidigung der Neuen
Ökonomischen Politik konnte tatsächlich als überzeugende Alternative
zu den Programmen Trotzkis und Stalins erscheinen und lieferte darüber
hinaus Klartext gegenüber den dürftigen Hinweisen Lenins auf die Genossenschaften. Zu dieser Verteidigung stimulierte ihn Preobrashenskis
Theorie der ursprünglichen sozialistischen Akkumulation, in der er zu-
treffenderweise den Keim einer Rückkehr zum tödlichen Hader des
Kriegskommunismus und das Ende der Leninschen *smytschka* erkannte.
   Die *smytschka* war ohne Zweifel eine Fiktion, die nur in den
Vorstellungen der Partei existierte. Ebensowenig wie Klassen herrschen,
gehen sie Bündnisse ein. Bündnisse werden von politischen Parteien
geschlossen, und keine politische Partei, nicht einmal die damals
bereits verschwundenen Linken Sozialrevolutionäre hatten die russischen Bauern jemals ernsthaft auf die Unterstützung von Lenins Partei
verpflichtet. Für die Erhaltung der *smytschka* zu plädieren bedeutete
im damals aktuellen bolschewistischen Sprachgebrauch, daß die Partei
es sich nicht länger leisten konnte, die Bauern aufs Korn zu nehmen,
wenn sie nicht das eigene Überleben aufs Spiel setzen wollte. Dieser
Gefahr war sich Bucharin angesichts dessen, was er als neues Abenteu-
rertum der Parteilinken diagnostizierte, klar bewußt. Andererseits hatte
er das ebenso akute Problem zu berücksichtigen, das die Linke zur
Sprache brachte: wie in einem Agrarland die industrielle Entwicklung
zu finanzieren sei.
   Bucharin legte darum 1925 seine erste, nur allgemeine Theorie einer
NÖP vor. Ausgangspunkt dieser Theorie war der Gedanke, daß industrielles Wachstum und damit ein sozialistischer Fortschritt von einer Expansion des Verbrauchermarkts abhing, der zu einer privatkapitalistischen
bäuerlichen Akkumulation führen würde. Auf diese Weise ließe sich das
Kapital für den industriellen Aufbau schaffen und ein paralleler Entwick-
lungsschub für beide Wirtschaftssektoren, Agrikultur und Industrie, erreichen, die »durch Äquivalententausch in den Sozialismus hineinwachsen«
würden. Bucharin mußte jedoch anerkennen, daß dieser Prozeß langwie-
rig sein werde, eine Frage von Jahrzehnten vermutlich, ein Fortschritt »im

Schneckentempo«, »eine Fahrt in den Sozialismus im Gespann eines Bauernkleppers«.

Er war sich ebenfalls darüber im klaren, daß seine Politik eine Begünstigung der starken, produktiven Bauern bedeutete, mit andern Worten, des Klassenfeindes der *smytschka,* des Kulaken. Dennoch scheute er nicht davor zurück, die NÖP noch weiter zugunsten der Großbauern auszudehnen, und sprach sich 1925 dafür aus, ihnen eine Landpacht auf unbestimmte Frist und die Anstellung von bis zu zwölf Lohnarbeitern zu erlauben – beides war bis dahin als Ausbeutung verurteilt worden. Er ging so weit, die Bauern mit den Worten des bürgerlichen Ministers der Julimonarchie, Guizot, aufzufordern: »Bereichert euch!«, ein Fauxpas, von dem er sich eiligst distanzieren mußte.

Das Programm hinter der Losung jedoch blieb: Der wachsende Wohlstand der stärkeren Bauern und ihrer Kooperativen sollte Kapital zum Staat hinüberlenken, sowohl durch die Besteuerung der Bauern als auch durch die Gewinne der Staatsbetriebe, die Konsumgüter für den bäuerlichen Bedarf produzierten. Dieses Kapital würde die Expansion des sozialistischen Industriesektors und damit die Schaffung mechanisierter Kollektivfarmen ermöglichen. Diese Musterkollektive würden auf die große Masse der Bauernschaft eine Sogwirkung ausüben, so daß der private Sektor durch den Mechanismus des Wettbewerbs allmählich vom sozialistischen verdrängt würde. Auf diese Weise hätte sich der offene, revolutionäre Klassenkampf der Jahre 1917–21 in einen friedlichen Wettbewerb des Marktes verwandelt, und Rußland würde durch den Markt »in den Sozialismus hineinwachsen«. Dieses Programm bildete von 1925 bis 1926, während der zweijährigen Allianz Bucharins mit Stalin, praktisch die offizielle Linie der sowjetischen Regierung.

Es darf jedoch nicht übersehen werden, daß Bucharins Sozialismus, war er einmal erreicht, keine Ähnlichkeit mit einer gemischten Ökonomie aufweisen würde. Bucharins Endziel unterschied sich nicht von dem der anderen bolschewistischen Führer, das die Abschaffung des Privateigentums und des Marktes, ein Planungssystem für die Ökonomie und eine lückenlos kollektivierte Landwirtschaft vorsah. Hätte sein Programm einen integralen Sozialismus dieser Art in die Wege leiten können? Hätte es überhaupt in die Tat umgesetzt werden können – oder war es nichts als ein Tschewengur des Marktes für marxistische Ideologen und ihre Mitläufer?

Voraussetzung für die Beantwortung dieser Fragen ist eine eingehendere Betrachtung der Krise, die der Neuen Ökonomischen Politik nach 1927 den Boden entzog. Die russische Wirtschaft hatte in diesem Jahr ihre nachrevolutionäre Erholungsphase so gut wie abgeschlossen und etwa 90 Prozent ihrer Vorkriegsproduktion im Agrarbereich sowie 75 Prozent im industriellen Sektor erreicht. Allerdings hatte dieser Teil des wirtschaftlichen Wiederaufbaus keine besonderen Anstrengungen verlangt. Das überaus niedrige Ausgangsniveau mußte zwangsläufig zu einem schnellen Fortschritt und zu hohen Wachstumsraten führen. Außerdem war es bisher nur darum gegangen, bestehende Produktionsanlagen wieder in Betrieb zu nehmen, was einen relativ geringen Kapitalaufwand erforderte.

Im Jahr 1927 war die Zeit gekommen, den veralteten Produktionsapparat, der seit 1913 ohne Investitionen geblieben war, zu erneuern und zu ersetzen. Vor dieser Notwendigkeit hätte jede Regierung Rußlands gestanden, gleichgültig ob sie den Aufbau des Sozialismus im Auge hatte oder nicht. Ein solches Unternehmen erforderte in jedem Fall immense Kapitalmengen. Da diese nicht mehr wie zu Zeiten des Zaren aus dem Ausland kamen, mußte immer mehr Kapital aus der Konsumgüterproduktion in die Schwerindustrie umgelenkt werden. Und das bedeutete, daß die Industrialisierung so oder so auf Kosten der Bauern gefördert wurde – alles, wie Preobraschenski vorausgesagt hatte. Der Unwille der Bauern, unter den herrschenden Bedingungen zu produzieren, führte Ende 1927 zur »Beschaffungskrise«, die sich mit der Durchführung des Fünfjahresplans Jahr um Jahr verschärfte. Die Regierung sah sich also in einem strukturellen Dilemma: Sie hatte nach 1927 keine andere Wahl, als das Tempo der Industrialisierung zu beschleunigen, würde sich aber, wenn sie dazu überging, unausweichlich die Bauern entfremden.

Warum aber tat sich die Regierung so schwer damit, die bäuerliche Produktion zu sichern? Die Neue Ökonomische Politik war schließlich eigens zu diesem Zweck eingeführt worden und hätte die Möglichkeit zu abermaligen Anpassungen bieten können, um die neue »Marktschere« zu beseitigen. Der Grund liegt darin, daß die NÖP letztlich nie die Mischwirtschaft war, als die sie später angesehen wurde, sondern ein unwillig geduldeter Quasi-Markt, der einem unablässigen Kleinkrieg mit staatlichen Stellen ausgesetzt war.

Erstens war nach 1921 keine der wirtschaftlichen Schlüsselinstitutionen des Kriegskommunismus aufgelöst worden. Nach wie vor existierte der Oberste Wirtschaftsrat, WSNCH, mit dem Schwarm seiner *glawki* und versah die Aufsicht über die nach wie vor staatlichen »Kommandohöhen« der Wirtschaft, wenn auch viele Fabriken inzwischen eine begrenzte Autonomie besaßen und sich zum Zweck der »wirtschaftlichen Rechnungsführung« im Produktionsbereich zu »Trusts«, im Verkauf zu »Syndikaten« organisierten. Auch die Staatsbank war weiterhin in Betrieb und handhabe nach Geheiß der Partei ein kaum eingeschränktes Kreditmonopol. Verstärkt in Erscheinung trat die Staatliche Plankommission, die seit 1923 sogenannte Kontrollziffern, Jahreswirtschaftspläne, herausgab und immer genauere Pläne entwarf für die Zeit, in der die »sozialistische Offensive« wieder aufgenommen würde. Diese Organisation wurde zu einer natürlichen Basis der Parteilinken und aller Menschewiki, die sich dem Regime anschlossen, das letzten Endes eben doch ein sozialistisches war. In ihrem Gesamt entwickelten diese Institutionen eine planwirtschaftliche Dynamik, die sich von Anfang bis Ende der NÖP unvermindert fortsetzte.

Da gleichzeitig ungefähr 80 Prozent der Wirtschaft außerhalb des Agrarbereichs in staatlicher Hand war, beschränkte sich der städtische Privatsektor auf den Kleinhandel, das handwerkliche Kleingewerbe, marginale Kreditinstitute und ein paar kleinere Fabriken. Vor allem aber umfaßte dieser Privatsektor eine Vielfalt von Zwischenhändlern, Mittelsmännern aller Art, die in den Nischen des staatlichen Distributionssystems operierten und zu höheren als den staatlichen Preisen knappe Ware organisierten – die von der Partei als »Spekulanten« gebrandmarkten und auch bei der Bevölkerung nicht unbedingt beliebten NÖP-Leute, die aber unentbehrlich waren, wenn überhaupt so etwas wie ein Markt zustande kommen sollte. Den Rest des Privatsektors stellten die Bauern. Hier hatte sich aus der Sicht der Partei der Kulak zum Herrn über die Dörfer gemacht, ein weiterer »Ausbeuter« und damit ein Klassenfeind.

Dieser Privatsektor der NÖP-Leute und Kulaken, die sich im Schatten der »Kommandohöhen« zusammendrängten und vom Regime ausdrücklich zur späteren Liquidierung vorgesehen waren, konnte für den sozialistischen Sektor der Partei keine wirkliche Herausforderung darstellen. Wir haben es hier also nicht mit einer Mischökonomie in dem Sinn zu tun, wie der Begriff, sei es für das sozialistische Skandinavien, sei es für den Staatsdirigismus Japans, allgemein Anwendung findet.

Unter diesen Umständen kann es kaum überraschen, daß die Partei

sich als Wirtschaftspartner auch im Rußland der NÖP-Zeit nie an die
Spielregeln des Marktes hielt. Ihre bevorzugte Methode im Management
war, eigenem Wortlaut gemäß, »administrativer« Art, das heißt politische
Anordnung oder unverhohlener Zwang. Es versteht sich, daß alle Regierungen bis zu einem gewissen Grad in die Marktvorgänge eingreifen,
doch die Interventionen der sowjetischen Regierung während der zwanziger Jahre waren anhaltend, ubiquitär und vor allem unberechenbar. Diese
Eingriffe waren weder »Zufälle« noch die Folge einer bornierten Führung,
sondern gleichbleibend politisch motiviert, das heißt dazu bestimmt,
durch die Bekämpfung vermeintlich feindlicher sozialer Klassen die
Macht der Partei zu stärken, auch wenn dadurch die reale Produktion und
Verteilung der Güter beeinträchtigt wurde.

Obwohl die NÖP-Leute die Dörfer mit Konsumgütern versorgten,
wenn die staatlichen »Syndikate« sich als unfähig erwiesen, obwohl sie
den Bauern zu höheren als den staatlich festgesetzten Preisen das Getreide abkauften, wenn keine Aufkäufe anstanden, wurden sie Steuern und
Kontrollen unterworfen und sogar als »Spekulanten« inhaftiert.[22] In der
zweiten Hälfte des Jahrzehnts ging darum Zahl der NÖP-Leute stark
zurück, und die volkswirtschaftliche Bedeutung des Marktes in dieser
nominell gemischten Wirtschaftsform schwand zusehends. Auch die produktiven, wohlhabenden Großbauern, oder Kulaken, wurden übermäßig
besteuert und gegängelt, was Produktionseinbußen und Einbrüche bei
der staatlichen Nahrungsmittelbeschaffung zur Folge hatte.

Mit anderen Worten – die Krise von 1927 war nicht ökonomischer Art
im Sinne eines Marktversagens oder sinkender Produktionsleistungen.
Die Bauern waren willens und in der Lage, Überschüsse zu produzieren,
wenn man ihnen die erwünschten Tauschwerte anbot, doch der unter
dem Druck des Staates schrumpfende NÖP-Markt ließ einen solchen
Tausch von Äquivalenten nicht zu. Denn nach 1927 bestand eine Form
»administrativer« Intervention darin, die Preise für Industriegüter anzu-
heben, um den Druck der bäuerlichen Nachfrage auf die Investitionen zu
lockern, und gleichzeitig die Ankaufspreise für Getreide herabzusetzen,
damit der Staat zu billigen Lebensmitteln kam. Der Grund für diese
Politik lag natürlich in der politischen und ideologischen Bevorrechtung
der Industrialisierung als Basis eines proletarischen Regimes, die mit der
NÖP nicht zu vereinbaren war. Wie unserer ergiebigsten Quelle zu
entnehmen ist: »Die [1927] festgelegte [Preis]Politik war prinzipiell

marktfeindlich in jedem Bereich – ob Industrie, Handel oder Landwirtschaft. Entweder die Politik mußte geändert werden oder der Markt und
seine Manifestationen wurden zerstört.«[23] Kurz, nicht die Kulaken schafften Probleme, sondern die Partei. Die Krise des ausgehenden Jahrzehnts
war folglich politischer Art, und in der Großen Wende von 1929 sollte sie
ihre politische Lösung finden.

Im übrigen lebte die Bevölkerung infolge des staatlichen Drucks auf
den Markt in ständiger Ungewißheit darüber, was als nächstes zu erwarten sei. Und dieses Klima nährte das Mißtrauen gegenüber der Sowjetmacht, besonders auf dem Land, wo es seit den Erfahrungen mit dem
Kriegskommunismus bereits tief verwurzelt war. Unter solchen Umständen zeigte die Bevölkerung begreiflicherweise wenig Neigung zu akku-
mulieren, geschweige denn, in den Sozialismus ihrer Regierung zu investieren, und verdarb auf diese Weise sowohl Bucharin wie auch Preobrashenski das Konzept.

So lagen die Umstände, als Bucharin seine ursprüngliche Theorie der
Neuen Ökonomischen Politik 1927 an die Erfordernisse des künftigen
»Plans« anpaßte und sie in der revidierten Fassung vorlegte, die als
Bucharin-Alternative bekannt wurde.[24] Lassen wir fürs erste die Frage
beiseite, ob die Bucharin-Alternative unter günstigeren Umständen Zukunft gehabt hätte – festzuhalten bleibt, daß sie in der damaligen
Situation vor allem ein Versuch zur Schadenbegrenzung war. Sie kam im
wesentlichen Preobrashenski und der Linken entgegen, da sie einräumte,
daß der Staat »einen gewissen Druck« auf die Bauern ausüben müsse, um
zu seinem Kapital für die Industrialisierung zu kommen; allerdings
betonte Bucharin dabei die Notwendigkeit eines sehr behutsamen Vorgehens. Als sich 1928 die Verhältnisse noch weiter zuspitzten, konzedierte
er sogar »ein wenig« Zwang, ohne sich darauf festzulegen, wieviel »ein
wenig« sein dürfe. Er wich mit anderen Worten auf eine weiche Version
des bolschewistischen *»administrirowanie«* aus, statt die NÖP in Richtung
auf den Markt zu verstärken. Im übrigen plädierte er für eine Erhöhung
der Getreideimporte, um den Städten über die staatliche Beschaffungs-
flaute hinwegzuhelfen.

Es ist sehr zu bezweifeln, ob diese Maßnahmen geeignet waren, die
bestehende Situation nachhaltig zu verändern, denn 1927–28 sah sich die
Regierung mit zwei entscheidenden Tatsachen konfrontiert: Jeder noch so
geringe Druck auf die Bauern hätte die Versorgungskrise nur verschlim-

mert – der Rückgang der Marktverkäufe hatte unmittelbar nach dem
»Warenhunger« von 1927 begonnen. Eine schleppende Lösung des Problems konnte sich das Regime, das sein Plansystem bereits in Arbeit
hatte, indessen nicht leisten. Und kompromißlos auf den Markt zu setzen
– wie es die Logik der NÖP verlangte – wäre im damaligen Augenblick
ein Experiment von unabsehbarer Dauer gewesen, ohne die Gewähr für
absehbare quantitative Resultate zu bieten. Damit war es bei weitem zu
riskant, um in Betracht zu kommen, und Bucharin hat den Vorschlag
nicht einmal gemacht. So blieb als reelle Alternative zum sanften administrativen Druck der NÖP nur das harte physische Zwangsregiment nach
dem Vorbild des Kriegskommunismus. Und diesen Kurs schlug Stalin
1929 schließlich ein.

Die Wahl der neuen Marschroute war weder die persönliche Kaprice
Stalins noch ein taktischer Irrtum, der vermeidbar gewesen wäre, wenn in
den letzten Tagen der NÖP klügere oder mildere oder lenintreuere Führer
am Ruder der Partei gestanden hätten. Problematisch war nicht der
Steuermann, sondern das Fahrzeug. Die Partei war keine Maschine, die
sich im Gespann eines Bauernkleppers jahrzehntelang durch rückständige Landprovinzen ziehen ließ, bevor sie den Sozialismus erreichte. Die
Partei war zum Kämpfen und Führen geschaffen worden, mit dem
Auftrag, den Klassenfeind herauszufordern und der Geschichte Dampf zu
machen. Ein Brest-Litowsk, diplomatisch oder wirtschaftlich, konnte nur
ein strategisches Kalkül sein, das erlaubte, Kraft für eine neue Offensive
zu sammeln. Ende der zwanziger Jahre war die Partei bei Kräften. Als
wichtigste »soziale« Auswirkung der NÖP-Zeit ergibt sich, daß die Partei
Lenins zur Organisation einer noch neueren Art gereift war: zu einer
echten Kriegsmaschine, mit der sich die Eroberung Rußlands vollenden
ließ, die der »Rückzug« von 1921 unterbrochen hatte.

Politische Lösungen

Die Weichen für diese Entwicklung wurden schon 1921 gestellt. Auf dem
X. Parteitag hatte Lenin klargemacht, daß aus der Neuen Ökonomischen
Politik keine politischen Lockerungen folgen würden. Die Disziplin in-
nerhalb der Partei wurde gestrafft und die Kontrolle der Partei über das

Land verstärkt. Das Vorgehen gehorchte dem bekannten militärischen Denkschema der Bolschewiki: Für eine Partei im doppelten Belagerungsring eines feindlichen Landes und einer feindlichen Welt wurde bei jeder Spaltung in den eigenen Reihen der Dissident »objektiv« zu einem Agenten der gegnerischen Kräfte im Inland und im Lager der Imperialisten jenseits der Grenzen. Kronstadt hatte es gelehrt.

Deshalb wurde die innerparteiliche Disziplin durch das Verbot von »Fraktionen« gesichert und als Strafe für »fraktionelles Verhalten« der Parteiausschluß angedroht.[25] Als Demokratie galt in der Partei fortan nur noch der »demokratische Zentralismus«, das heißt die nichtfraktionelle Diskussion vor jeder größeren Entscheidung und die Konformität mit der neuen Parteilinie danach. So wurde das Prinzip der »monolithischen Einheit der Partei« festgelegt. In der Praxis wurde das Fraktionsverbot während der zwanziger Jahre zwar nicht beachtet, doch die Entwicklung der Partei ging unbeirrbar in Richtung Fraktionsausschaltung, und 1929 waren auch die letzten Gruppierungen verschwunden. Wenn Trotzki und andere später behaupteten, daß das Verbot nur vorübergehende Geltung haben sollte, sehen sie die Sache zu formalistisch an. Logisch geht ein solches Verbot bereits aus der Parteistruktur hervor, die in *Was tun?* skizziert ist. Trotzki selbst hatte das 1903 erkannt, als er warnte: »Zuerst tritt die Parteiorganisation an die Stelle der ganzen Partei; dann nimmt das Zentralkomitee die Stelle der Organisation ein, und schließlich ersetzt ein einziger ›Diktator‹ das Zentralkomitee.«

Gleichzeitig festigte Lenin die politische Kontrolle über das Land. Diesem Ziel dienten 1922 die zwei ersten Schauprozesse in der sowjetischen Geschichte. Ihre Angeklagten waren Sozialrevolutionäre und Menschewiki. Die Sozialrevolutionäre wollte Lenin anfänglich erschießen lassen, erklärte sich jedoch auf Einspruch ausländischer Sozialdemokraten schließlich bereit, das Todesurteil in Verbannung umzuwandeln. Die Menschewiki wurden kurzerhand ins Ausland abgeschoben, auch dies eine konziliante Geste, um westliche Emotionen zu beschwichtigen. Damit waren die letzten politischen Unregelmäßigkeiten des Ein-Parteien-Staates beseitigt.

Gleichzeitig wurde die Partei erweitert und straffer gegliedert. Im Jahr 1929 hatte die Partei vier Entwicklungsphasen hinter sich. Bis 1917 war sie eine Untergrundorganisation, genauer eine Verschwörung von Berufsrevolutionären, mit dem Ziel, bei einem Sturz der Zarenherrschaft die

Macht zu ergreifen. Während des Revolutionsjahres 1917 hatte sie sich vorübergehend zu einer Massenpartei oder doch zu einer Partei mit Massengefolgschaft gewandelt, obwohl ihre Führung weiterhin dem Ziel der konspirativen Machtergreifung anhing. Im Bürgerkrieg wurde diese Partei zu einer staatstragenden Institution, die durch eine allzuständige und allgegenwärtige Bürokratie unter Kontrolle einer Doppeladministration regierte, beziehungsweise zu regieren versuchte. Doch konnte die Partei während des Kriegskommunismus in diese staatstragende Rolle nicht voll hineinwachsen, weil die dringenden Aufgaben des Kriegsnotstandes die Kräfte ihrer Mitglieder band. Erst nach 1921 gewann sie ihre endgültige Form und wurde zur Staatsregierung auf Dauer, das heißt zum voll etablierten Parteistaat.

Dieser Prozeß spiegelt sich in den wachsenden Mitgliederzahlen. 1921 hatte die Partei zwischen 600 000 und 700 000 Mitglieder, von denen neun Zehntel in der Zeit des Bürgerkriegs beigetreten waren, viele aus selbstloser Überzeugung, andere, Mitläufer von zweifelhafter Verläßlichkeit, aus Opportunitätsgründen. Alle aber waren sie für die langfristigen Ziele der Partei ideologisch nur dürftig ausgerüstet. 1921 hatte man eine erste »Säuberung« der Partei durchgeführt, was damals lediglich Ausschluß bedeutete, und etwa 200 000 Parteiangehörigen die Mitgliedschaft entzogen. Weitere 200 000 folgten bis 1924, und damit war der Gesamtbestand auf rund 350 000 gesunken. Zugleich aber wurden intensive Anstrengungen unternommen, neue, überwiegend proletarische Mitglieder zu gewinnen, namentlich im großen »Lenin-Aufgebot« von 1924 zu Ehren des Toten. Nach weiteren Rekrutierungskampagnen war die Mitgliederzahl 1929, im letzten Jahr der NÖP, auf 1 090 000 gestiegen.[26]

Diese neuen Mitglieder gehörten nicht mehr zur Kategorie der Zufallsfreiwilligen aus den Jahren des Bürgerkriegs; die Partei selbst hatte sie ausgewählt und die Spreu vom Weizen gesondert. Alle hatten außerdem eine gründliche Schulung in der laufend vereinfachten Katechismusversion des Marxismus durchgemacht, die seit 1924 unter dem Namen Marxismus-Leninismus bekannt war und in Stalins »Fragen des Leninismus« ihre bekannteste Darstellung fand.

Der Typ des neuen Parteimitarbeiters läßt sich wiederum am Beispiel Nikita Chruschtschows illustrieren. Nachdem er der Roten Armee im Bürgerkrieg als Jungkommissar gedient hatte, erhielt er zu Beginn der NÖP-Zeit eine Ausbildung an der dem Donez-Technikum angegliederten

Arbeiterfakultät. 1924, im Alter von dreißig Jahren, wurde er Sekretär des lokalen Bezirksparteikomitees und damit vollamtlicher Parteiarbeiter. 1925 nahm er als stellvertretender Delegierter am XIV., 1927 als stimmberechtigter Delegierter am XV. Parteitag teil, den Kongressen, die sich mit der Ausschaltung der Linken Opposition befaßten. Mit einer Million Männer dieses Schlages stand Stalin ab 1929 eine verläßlichere politische Armee zur Verfügung, als Lenin sie je besessen hatte, eine Armee, die ohne Wenn und Aber zum Kampf bereit war, wenn der Führer rief.

Die innere Organisation der Partei hatte sich seit den Tagen des Kriegskommunismus weitgehend verändert. Als die Partei an Umfang zunahm und zum Organ der Staatsverwaltung wurde, bildete sie ihre eigene Bürokratie von vollamtlichen Apparatschiks aus, während die gewöhnlichen Mitglieder als »Transmissionsriemen« fungierten, die den verschiedenen Verwaltungsdiensten und der Masse der Bevölkerung die Linie der Partei vermittelten. Diese interne Bürokratie setzte sich aus einer Hierarchie von Partei»komitees«, oder Exekutivorganen, zusammen, die von den lokalen Komitees bis hinauf zum Zentralkomitee der Union mit seinem ständigen Exekutivorgan, dem Politbüro, reichte, das nach 1921 zum eigentlichen Machtzentrum des Landes wurde. Ein weiteres ständiges Organ – ein Sekretariat – brauchte das Zentralkomitee nun zur Leitung dieser neuen Bürokratie. Zum Vorsitzenden oder Generalsekretär, der nur dem Politbüro und dem Zentralkomitee verantwortlich war, wurde auf Lenins Betreiben im Jahr 1922 Stalin ernannt. Stalin war damit faktisch Personalchef der Partei. Er setzte die Parteifunktionäre nach eigenem Gutdünken ein; und unter einem Regime des demokratischen Zentralismus gingen die Arbeiter der Partei dorthin, wohin sie befohlen wurden.[27]

In der Praxis lief diese Tätigkeit darauf hinaus, daß der Generalsekretär die Sekretäre der untergeordneten Lokalkomitees bestellen konnte, die dann die Delegierten der Parteitage wählten, die ihrerseits Stalin als Generalsekretär bestätigten. Auf diesem Weg drängte Stalin mit Hilfe seiner Triumviratsgenossen Sinowjew und Kamenew den Rivalen Trotzki 1924 aus der Leninnachfolge. 1925 schaltete er mit Hilfe Bucharins die früheren Verbündeten Sinowjew und Kamenew aus und hatte damit die Liquidierung der gesamten Linksopposition von 1927 eingeleitet. Danach war es ein Kinderspiel, Bucharin und seine Verbündeten Tomski und Rykow auflaufen zu lassen, sie als »Rechtsabweichler« zu brandmarken

und aus dem Politbüro zu entfernen. So war Stalin 1929, im Jahr der
»Großen Wende«, der unangefochtene Herr der Partei. Noch kein absolu-
ter Diktator stand ihm innerhalb der Parteistrukturen jedoch das absolute
Initiativrecht zu.

Daß Stalin diese Macht wollte, ebenso wie er Lenins alleiniger Nachfolger werden wollte, kann nicht bezweifelt werden. Es wäre indessen höchst
oberflächlich, seinen Aufstieg im wesentlichen persönlichem Ehrgeiz
zuzuschreiben. Erst die Parteistrukturen gaben ihm die Möglichkeit,
seinen Ehrgeiz auszuleben, und diese Strukturen verlangten geradezu
nach einer Personifizierung in der Gestalt eines einzigen Führers. Eine
»korrekte« Lehre mit Ausschließlichkeitsanspruch, eine Kampf- und Belagerungsmentalität und eine Ämterbestallung durch gremieninterne Ernennung und Akklamation von der Spitze zur Basis – insgesamt konnten
solche Strukturen nur eine militärische Kommandoorganisation hervorbringen, die durch Befehle eines einzigen Zentrums funktionierte. Das
Verbot der Gruppenbildung war eine formale Konsequenz dieser Situation, begründet hatte es sie nicht. Nur weil Stalin die innere Form der
Partei besser erfaßt hatte als seine Gegenspieler, konnte er diese so
wirkungsvoll ausschalten. Während sie in den Jahren 1922 bis 1927 über
hohe Politik diskutierten, war Stalins Interesse darauf gerichtet, sich die
Kontrolle über den Parteiapparat zu sichern. Er manövrierte dabei so
umsichtig wie Lenin zwischen 1903 und 1912 in seinem Kampf gegen die
Menschewiki innerhalb der sozialdemokratischen Partei Rußlands. Erst
als seine Macht gesichert war, betrieb Stalin seine eigene Politik. Bis
dahin unterstützte er die Linie Bucharins.

Doch die Bürokratisierung der Partei war nicht der einzige Schlüssel
zu Stalins Erfolg. Seine überragende Position erwuchs aus der ideokratischen Natur der Partei, auf die er sich ebenfalls geschickt einzustellen
wußte. Diese Partei war ja kein politisches Organ wie andere, sondern ein
Medium, in dem sich das Gesetz der Geschichte verwirklichte, und seine
Gegner waren davon so tief überzeugt, daß sie sich in jeder Krise selbst
vor ihm entwaffneten. Trotzki selbst sagte es 1924 im Augenblick seiner
Niederlage auf dem XIII. Parteitag: »In der letzten Instanz hat die Partei
immer recht, weil sie das einzige geschichtliche Werkzeug ist, das die
Arbeiterklasse zur Lösung ihrer fundamentalen Aufgabe besitzt … Ich
weiß, daß man nicht gegen die Partei recht haben sollte. Man kann nur
mit und durch die Partei recht haben, weil die Geschichte keinen anderen

Weg zur Bestätigung des eigenen Rechthabens geschaffen hat.«[28] Brauchte Stalin Verbündete, wenn er solche Gegner hatte? Wie Trotzki dachten alle seine Opponenten, ob »rechts« oder »links«, ob Bucharin oder Sinowjew. Also kapitulierten sie alle und widerriefen (alle, mit der alleinigen Ausnahme Trotzkis, dem sich nach 1929 keine Gelegenheit zum Widerruf mehr bot, da man ihn des Landes verwiesen hatte).

Und alle dienten dem neuen Führer, bis er sie in den Säuberungen liquidierte. Bucharin schwieg pflichtbewußt und gehorsam während der Kollektivierung in den dreißiger Jahren und war sogar maßgeblich am Entwurf der Stalinschen Verfassung von 1936 beteiligt, die er für die Krönung des neuen Sozialismus und seiner eigenen Karriere hielt. Die historische Feder präsentierte er noch im selben Jahr stolz einem emigrierten Freund in Paris.[29] *Parteinost*, die Bindung an die Partei, bedeutet für ihn wie für alle anderen mehr als Wirtschaftsprogramme oder Agrarpolitik.

Im Lauf der zwanziger Jahre wurde zudem alles dafür getan, daß dieser Geist der Partei über die Partei hinaus auch die Bevölkerung ergriff. Die Jahre der Neuen Ökonomischen Politik sind bisweilen als eine Zeit des kulturellen Pluralismus, der künstlerischen Avantgarde, sozialer Experimentierfreudigkeit und kühner Spekulationen über die erhoffte sozialistische Zukunft beschrieben worden.[30] Und tatsächlich war es eine Phase oft kühner sozialer Experimente, einer radikalen Gesetzgebung, die die Ehescheidungen erleichterte und Abtreibungen gestattete, eine Zeit moderner, »progressiver« Erziehungsreformen.[31] Noch waren Nichtkommunisten, wenn sie die Revolution akzeptierten, der Partei als »Mitläufer« beim Aufbau einer neuen Kultur willkommen. So kam es, ein paar Jahre lang auf einigen wenigen kulturellen Gebieten tatsächlich zur Fortsetzung der großen vorrevolutionären Blüte, des »Silbernen Zeitalters«, der russischen Kultur. Die allgemeine Entwicklung indessen verlief in entgegengesetzter Richtung, hin zu wachsender Konformität und staatlicher Kontrolle von Bildung, Kunst und Kultur.

So wurden alle kulturellen Strömungen, die als revolutionsfeindlich galten, aktiv verfolgt und alle politischen Richtungen vom Menschewismus bis zum Monarchismus verboten. Eine Kampagne massiver Verunglimpfung, angeführt von der »Liga militanter Gottloser«, richtete sich gegen die Religion.[32] Und die Partei betrieb beispiellos intensiv und gründlich die ideologische Indoktrination der Bevölkerung mit der einen und einzigen »korrekten« Weltanschauung, ein Unternehmen, das zutreffend als »Geburt des Propagandastaates« bezeichnet wurde.[33]

Im Lauf dieses Unternehmens entstand eine neue Art des Marxismus. Waren dessen Theorien einmal für einen Lenin und Trotzki, Preobrashenski oder Bucharin das ideologische Werkzeug gewesen, mit dem der politisch aktive Intellektuelle seine Welt zu analysieren versuchten, um sie beherrschen zu können, wurden sie jetzt zu einem scholastischen System, das der Staat nach Gutdünken so einsetzte, daß es die jeweilige Politik rechtfertigte. Stalins Doktrin des »Sozialismus in einem einzelnen Land« markiert den Übergang – sie ist halb Analyse der Isolation des bolschewistischen Rußland, halb ein Mittel, der Partei in derlei trostlosen Zeiten Hoffnungen einzuflößen.

Die Sprache dieses neuen »Marxismus-Leninismus« wurde vereinheitlicht und ritualisiert; man kennt das Ergebnis als »Parteijargon« oder *newspeak*. Alle Gruppen und Individuen erhielten ihr feststehendes Etikett – vom gierigen Kulaken zum verräterischen Kleinbürger, zu den Haien des Imperialismus und dem verwegenen Stoßarbeiter; die Welt war in manichäisches Schwarz-Weiß, in Freunde und Feinde eingeteilt; kein aktuelles Ereignis im In- und Ausland, das nicht durchs Prisma des Klassenkampfes betrachtet wurde.

Auf dem Weg über die Tagespresse, die neue Kunst des Kinos und bald auch durch das allgegenwärtige Medium des Rundfunks gingen die neuen Kategorien prägend ins Bewußtsein der Bevölkerung ein. Von der Presse sagte Lenin: »Eine Zeitung ist nicht nur ein kollektiver Propagandist und kollektiver Agitator, sondern auch ein kollektiver Organisator.« Also wurde das Land mit Agitprop überschwemmt, um die je aktuelle Parteilinie unter die Leute zu bringen und die Bevölkerung für die in Aussicht stehende Verwirklichung ges Sozialismus zu mobilisieren.

In diesem Ausmaß und dieser Totalität hatte es im Bereich der »Kultur« dergleichen bisher nie gegeben. Die neue Sprache war auch keineswegs bloßer Schmuck oder rhetorischer Schnörkel. Sie war unerläßlich für die Macht des Regimes. Wie alle anderen Lebensbereiche hatte auch die Sprache der Sache des Sozialismus zu dienen. Und gerade die Sprache mußte politisiert werden, denn sie war das Mittel der gesellschaftlichen Mobilisierung und der Weg ins Bewußtsein der Bevölkerung. Auch die Bedeutung alltäglicher Wörter mußte so geändert werden, daß sie ideologischen Grundsätzen entsprach.

Die ideokratische Parteiherrschaft war also notwendig, auch eine Herrschaft durch Sprache, eine Logokratie, und als solche mit der monopolistischen Struktur des jetzt monolithischen Systems verschweißt. Ohne die Suggestivkraft dieser Sprache hätte das System nicht funktionieren können, hätten Trotzki und Bucharin nicht glauben können, es sei unmöglich, gegen die Partei recht zu behalten, hätte Stalin nicht jedermann auf seine »Generallinie« einschwören und in die Große Wende hetzen können.

Der politische und kulturelle Entwicklungstrend der Neuen Ökonomischen Politik mit seinem anschwellenden Parteiapparat und dem Entstehen von *newspeak* lief also keineswegs auf eine Liberalisierung hinaus, sondern auf das, was unter Stalin dann tatsächlich geschah.

Nur vor diesem politischen und kulturellen Hintergrund läßt sich die hypothetische Frage nach der Durchführbarkeit der »Bucharin-Alternative« beantworten. Eine Frage, die der Titel eines berühmten Aufsatzes über das zentrale Thema der sowjetischen Geschichte auf seine Weise stellt: »War Stalin unvermeidlich?« *(Was Stalin Really Necessary?)*[34]

Die Frage läßt sich, gleichgültig wie sie gestellt wird, bejahen oder verneinen, je nachdem, was man unter der Alternative verstehen will. Ist damit nur ein Wirtschaftsprogramm gemeint, das Rußland den Übergang zum entwickelten Industriestaat ermöglichen sollte – und so wird sie im allgemeinen verstanden –, dann hätte Bucharins Rezept für eine staatlich gelenkte Marktwirtschaft respektable Ergebnisse zeitigen können, ohne den Preis zu fordern, mit dem Stalins Planziele erkauft wurden. In Ländern wie Südkorea, Taiwan oder Brasilien ist eine in etwa vergleichbare Lösung seither wiederholt zur Anwendung gekommen.

Eine solche Deutung läßt indes außer acht, wie Bucharin selbst diese Alternative verstand, die seinen Namen trägt. Der langjährige Verbündete Stalins zielte mit seinem Wirtschaftsprogramm auf den Übergang zum vollen Sozialismus unter dem politischen Monopol der Partei, ohne daß er die Einzelheiten dieses Übergangs ausgearbeitet hätte. Die Durchführung seines Programms, »über den Markt in den Sozialismus hineinzuwachsen«, hätte viel Zeit beansprucht, ein oder zwei Jahrzehnte vielleicht, und das bei jährlich wachsendem Getreidedefizit. Hätte der revolutionäre Elan der Partei einen so langen Übergang zum Ziel überdauert? Bucharins Strategie war überdies an zwei Zugeständnisse gebunden, die nur beiläufig erwähnt sind: entscheidungsbefugte Bauernsowjets, um der ländlichen Hälfte der *smytschka* ein gewisses Maß an Vertrauen in den sowjetischen Staat einzuflößen, und die partielle Öffnung des Landes für ausländisches Kapital zu Bedingungen, die normale Gewinne erlaubten, um Rußland aus der kritischen Phase zu helfen, in die es durch das Mißmanagement der NÖP hineingeraten war.

Jedes der beiden Zugeständnisse hätte jedoch das Machtmonopol der Partei angetastet, mit anderen Worten, sie in ihrem Kern in Frage gestellt; in den Begriffen der unterdessen ausgefeilten Sprache der Parteiideologie hieß das: Kapitulation vor dem »kleinbürgerlichen Kulaken« im Inneren und vor dem ausländischen »Imperialismus«. So kamen die Männer, die in den Krisenjahren 1928–29 an den Hebeln des expandierten Parteiapparats saßen, sehr schnell zu dem Schluß, daß keine Zeit war, Jahre oder auch Monate auf eine Beendigung der bäuerlichen »Sabotage« zu warten, da mit dem »Plan« auch das Endziel der Partei, der Aufbau des Sozialismus, bereits seiner Verwirklichung entgegenging. Für diese Partei war die NÖP nie der Versuch einer »Übergangswirtschaft« gewesen, sondern eine Strategie, genauer eine Taktik der Annäherung an den Sozialismus, die in dem Augenblick aufgegeben wurde, als sie diesem Ziel im Weg stand.

Aus dieser Sicht ist die endgültige Antwort ein Nein: Bucharins »andere Möglichkeit« war im Keim zum Scheitern verurteilt. Von einer Partei dieser Art ließ sich nicht erwarten, daß sie unter dem Druck einer Krise vor den Klassenfeinden kapitulieren würde, zu deren Vernichtung sie angetreten war. Ihre Führung lag nicht zufällig in den Händen von Männern wie Stalin und den übrigen Kriegskommissaren – Molotow, Kaganowitsch, Woroschilow, Ordshonikidse, Kirow und Andrejew –, die jetzt das Politbüro dominierten. Eine solche Partei und ihre Führer konnten in der Krise der NÖP plausiblerweise nur eine politische, keine ökonomische Entscheidung treffen – eine politisch-militärische Entscheidung, um genau zu sein, denn so ist der Rückgriff auf die Zwangsmethoden des Kriegskommunismus zu nennen, die bei der Kollektivierung zum Einsatz kamen.

Bucharins Alternative war angesichts des Hegemonialanspruchs der Partei, den er selbst akzeptierte, zu einseitig wirtschaftlich ausgerichtet, um sich in einer Existenzkrise durchsetzen zu können. Dagegen entsprach Stalins Entscheidung, einer militarisierten Politik Priorität einzuräumen, völlig dem Grundkonzept des Leninismus. Dieser hatte im wesentlichen nie für dieses oder jenes ökonomische Programm gestanden. Sein Ziel war seit je die bewaffnete Machtergreifung und die Behauptung des Machtmonopols der Partei als Wegbereiterin des Sozialismus. Den Leninismus in der Nähe des »Ökonomismus« oder Menschewismus anzusiedeln war Bucharins großer Irrtum in den zwanziger Jahren, dem seine Anhänger bis heute unterliegen. Für eine bolschewistische Partei hieß es 1929 also nicht, zwischen dem Weg Stalins und dem Bucharins zu wählen, sondern ungefähr das zu tun, was Stalin tat, oder das ganze leninistische Unternehmen aufzugeben.

Man wird hier zweifellos einwenden, daß dieser Erklärungsversuch die Entscheidung Stalins zu einer unvermeidlichen oder notwendigen mache, mit anderen Worten »deterministisch« sei. Der Vorwurf ist darum nicht triftig, weil die Argumentation von einer bestimmten Voraussetzung ausgeht – daß nämlich mit einer Partei der leninistischen Art, ist sie einmal zur Macht gekommen, eine Reihe von Möglichkeiten automatisch dahinfällt und ein anderes, schmaleres Spektrum als möglich oder machbar übrig bleibt. So wurden mit dem Oktober der Markt und das Privateigentum strukturell ausgeschlossen, während die »befehlsadministrativen« Maßnahmen des Parteistaates, wie sie von der Opposition unter Gorbatschow später genannt wurden, strukturell gegeben waren. Die Bucharin-Alternative ging zu weit in Richtung der vom Oktober bereits ausgeschlossenen Optionen, um als langfristige Lösung für den wahren Bolschewismus noch tragbar zu sein. Sie wurde also ausgemustert, bevor sie die Fundamente der Partei selbst angreifen konnte, und diese kam auf ihr erstes Programm, den Kriegskommunismus, zurück.

Trotz allem hat die Neue Ökonomische Politik ihre Spur hinterlassen: Sie wurde zur bleibenden Alternative dieses ersten Grundsatzprogramms der Partei, eine Alternative, die immer dann neue Aktualität gewann, wenn ein Schub des Kriegskommunismus die menschlichen und materiellen Ressourcen des Landes an den Rand der Erschöpfung getrieben hatte. Damit war bereits 1929 der Verlauf der Sowjetgeschichte in ihren Grundzügen abgesteckt – als periodischer Wechsel zwischen einem »harten« und einem »weichen« Kommunismus, zwischen einem vollen Verzicht auf den Kapitalismus und dem erzwungenen Kompromiß mit dem ewigen »Klassen«-Feind, der Realität. So wurde »das historische Drama Sowjetunion zum Schauspiel in zwei Akten, das in wechselnder Ausstattung und wechselnder Besetzung verschiedene Male über die Bühne ging.«[35] Die Wiederholungen nahmen ihr Ende, als nach der letzten NÖP,

Perestroika, über der ganzen schäbigen Inszenierung endgültig der Vorhang niederging.

1929 aber war die Partei Lenins im Vollbesitz ihrer revolutionären Kräfte, und damals öffnete sich der Vorhang zum großen Akt des Triumphes, zum Aufbau des Sozialismus durch Stalins Fünfjahresplan. Diesmal gab es kein Zurück kurz vor dem Ziel und keine Kompromisse mit dem Klassenfeind. Auch die letzte jammernde Opposition wurde beiseitegefegt, und unter der Führung des »Lenin von heute« marschierte die endlich perfektionierte Parteiarmee nach der Losung: »Keine Festungen gibt es, die Bolschewiki nicht stürmen«.

KAPITEL 6

SIE BAUTEN DEN SOZIALISMUS
1929–1935

Wir gehen mit Volldampf den Weg zur Industrialisierung – zum Sozialismus, unsere uralte, »reußische« Rückständigkeit hinter uns lassend.

Wir werden zu einem Lande des Metalls, einem Lande der Automobilisierung, einem Lande der Traktorisierung. Und wenn wir die UdSSR aufs Automobil und den Bauern auf den Traktor gesetzt haben – mögen dann die ehrenwerten Kapitalisten, die sich mit ihrer »Zivilisation« brüsten, uns einzuholen versuchen. Wir werden noch sehen, welche Länder man dann unter die rückständigen und welche unter die fortgeschrittenen wird »einreihen« können.

J. W. Stalin, 7. November 1929

Nein, das [Tempo der Industrialisierung verlangsamen] kann man nicht, Genossen! ...

Das Tempo verlangsamen, das bedeutet zurückbleiben. Und Rückständige werden geschlagen. Wir aber wollen nicht die Geschlagenen sein ... Die Geschichte des alten Rußlands bestand unter anderem darin, daß es wegen seiner Rückständigkeit fortwährend geschlagen wurde. Es wurde geschlagen von den mongolischen Khans. Es wurde geschlagen von den türkischen Begs. Es wurde geschlagen von den schwedischen Feudalen. Es wurde geschlagen von den polnisch-litauischen Pans. Es wurde geschlagen von den englisch-französischen Kapitalisten. Es wurde geschlagen von den japanischen Baronen. Es wurde von allen geschlagen wegen seiner Rückständigkeit. Wegen seiner militärischen Rückständigkeit, seiner kulturellen Rückständigkeit, seiner staatlichen Rückständigkeit, seiner industriellen Rückständigkeit, seiner landwirtschaftlichen Rückständigkeit. Es wurde geschlagen, weil das einträglich war und ungestraft blieb. Erinnern Sie sich der Worte des vorrevolutionären Dichters [Ne-krassow]: »Du bist armselig und reich, mächtig und ohnmächtig zugleich, Mütterchen Rußland.«

… Darum sagte Lenin am Vorabend des Oktober: »Entweder Tod oder die fortgeschrittenen kapitalistischen Länder einholen und überholen.« Wir sind hinter den fortgeschrittenen Ländern um 50 bis 100 Jahre zurückgeblieben. Wir müssen diese Distanz in zehn Jahren durchlaufen. Entweder bringen wir das zuwege, oder wir werden zermalmt.

J. W. Stalin, 4. Februar 1931
(Rede auf der ersten Unionskonferenz
der Funktionäre der sowjetischen Industrie)

Der Sozialismus, der in den dreißiger Jahren nach Stalins Fünfjahresplänen aufgebaut wurde, war die Klimax des sowjetischen Experiments. Die lange Phase bolschewistischen Suchens und Sondierens erreichte ihren Höhepunkt. Es entstanden die grundlegenden Institutionen, die dem sowjetischen System die Form gaben, in der es bis zum Zusammenbruch von 1991 existierte. Der Rohentwurf einer zukünftigen Ordnung, der sich mit Lenins Kriegskommunismus anbot, erhielt seine Feinstruktur durch die neue *Offensive* des Mannes aus Stahl. 1929 wurde die Diskussion über die *Generallinie* ein für allemal beendet: Die Bolschewiki hörten auf über künftige Vorhaben zu reden und schritten endlich zur Tat.

Das Problem Stalin

Stalins Herrschaft während dieses entscheidenden Jahrzehnts wird zutreffend als Zweite Russische Revolution bezeichnet. Noch zutreffender ist ihre Charakterisierung als »ursprüngliche sozialistische Akkumulation mit den Methoden Tamerlans«[1]. An der Quintessenz der Ereignisse aber gehen beide Formeln vorbei. Die Dimensionen der Umgestaltung Rußlands in den dreißiger Jahren waren beispiellos und die benutzten Mittel einzigartig darin, wie sich in ihnen Wahn und Verbrechen mit einer unleugbar grandiosen epischen Monumentalität verband.

Damit tut sich ein weiteres Problem der historischen Deutung auf.[2] In Kapitel 6 wurde gezeigt, daß die Entscheidung, den sozialistischen Fortschritt mit Repressionen zu bewerkstelligen, nicht zufällig zustande kam, sondern sich einer bolschewistischen Partei, die um ihr Überleben kämpfte, als logischer Schritt aufdrängen mußte. Daraus folgt jedoch nicht automatisch, daß auch die exzeptionelle Brutalität, mit welcher Stalin diese Entscheidung in die Tat umsetzte, vom Parteiethos getragen war. Das Tempo, in dem Kollektivierung und Industrialisierung durchgepeitscht wurden, ergab sich nicht zwangsläufig; es entsprang wohlüberlegten Entschlüssen. Nach 1929 war Stalins Einfluß so weit gewachsen, daß die wichtigsten Entscheidungen von ihm persönlich, jedenfalls aber mit seinem Wissen getroffen wurden.

Die Frage, ob die Logik des Systems oder die Persönlichkeit Stalins das Gesicht der Epoche bestimmte, zielt also über die Große Wende hinaus und schließt die dreißiger Jahre von der Kollektivierung bis zu den Säuberungen ein. Wie weit haben Stalins kriminelle Energien den Verbrechen der Kollektivierung Vorschub geleistet? Wieviel vom Irrsinn der Säuberungen hat seinen Ursprung in Stalins möglicherweise tief gestörter Persönlichkeit? Zweifellos – so wird argumentiert – hätten weder Lenin noch Trotzki die Bauern planmäßig in den Hungertod getrieben oder ihre Genossen aus den Reihen der alten Revolutionäre ermordet – obwohl beide bolschewistische Hardliner waren, die 1929 unter Umständen eine vergleichbare Repressionspolitik eingeleitet hätten. Nur in der Paranoia und im Sadismus des Menschen Stalin könne das entscheidende Element liegen, das seine Herrschaft, in Bucharins Worten, wie eine Rückkehr Tschingis Khans erscheinen ließ.[3]

Dieses Erklärungsmuster wird häufig durch den Hinweis ergänzt, daß Stalins Zweite Revolution, anders als die erste von 1917, eine Revolution von oben war und damit der altbewährten russischen Methode folgte, dem Land den Anschluß an den fortschrittlichen Westen zu sichern.[4] Der Stalinismus läßt sich somit als Rückwendung zu ausgeprägt autokratischen Herrschaftsformen der russischen Vergangenheit wie der Regentschaft Iwans IV. oder Peters I. verstehen. Auf den ersten Blick erscheint diese Deutung eminent einleuchtend.

Stalin selbst verglich seine unsanften Methoden beim Aufbau der Nation gern mit dem Wirken dieser formidablen Herrscherpersönlichkeiten, mit Peter, was den »Plan«, mit Iwan, was den Terror anging. Es wäre allerdings ratsam, ein Urteil zurückzustellen, bis auch die Akte Stalin geprüft ist, und die Ursprünge des Stalinismus vorläufig weniger in verflossenen Jahrhunderten zu suchen als in den Umständen, aus denen die Revolution von oben hervorging. Im Zusammenhang dieser Frage kommt Stalins Persönlichkeit zweifellos größere Bedeutung zu als den Geistern verblichener Zaren.

In jedem Fall aber ist Vorsicht geboten. Wie sich der Nationalsozialismus allzu leicht an das makabre Bild Hitlers bindet, ist auch Stalins düstere Gestalt besonders geeignet, den Blick auf die Zeit und das von ihm repräsentierte System zu verstellen. Im allgemeinen Sprachgebrauch versteht man unter »Stalinismus« in erster Linie einen Regierungsstil: extreme persönliche Tyrannei, eine Periode ausgeprägter Despotie oder eine Superdiktatur, geschaffen und getragen vom Individuum Stalin. Doch diese griechischen und römischen Begriffe werden der historischen Besonderheit des Phänomens Stalin ebensowenig gerecht wie die Beschwörung Tschingis Khans.

Der Stalinismus ist zum Beispiel auch als hyperbürokratisches Kontrollsystem zu betrachten. Aber selbst dort, wo dieser Gesichtspunkt zur Geltung kommt, wird das System allzu häufig auf den schrankenlosen Ehrgeiz des Tyrannen zurückgeführt. Daraus läßt sich dann folgern, daß mit dem Verschwinden des Bösewichts, an dessen Namen sich der »-ismus« heftet, auch das System als überwunden gelten kann. Wir erinnern uns – der Stalinismus wurde im Westen zeitweise als ein vom Bolschewismus und Leninismus grundverschiedenes Phänomen betrachtet.[5] Die sowjetische Version dieser Einstellung fand ihren Ausdruck in der Rede vom »Persönlichkeitskult«, das hieß, ein grundsätzlich akzeptabler Sozialismus war durch die übermäßige, doch zufällig erworbene Machtfülle eines einzelnen Führers »entstellt« worden. So wurden die Thesen der Rückständigkeit, der monolithischen Partei, der ursprünglichen sozialistischen Akkumulation oder der ideokratischen Partokratie durch die These der absoluten Tyrannei, des »Kults« überwölbt oder sogar ersetzt.

Man könnte diese Deutung als Theorie vom Schurken in der Geschichte bezeichnen. Sie empfiehlt sich, weil mit ihrer Hilfe eine unerquickliche Vergangenheit durch Personalisierung und Konzentration auf einen einzigen Brennpunkt des Bösen vereinfacht werden kann.* Gegen diese ver-

---

* Doch nicht nur negative Erscheinungen provozieren eine Personalisierung der Geschichte. Ein schlagendes Beispiel für den positiven historischen Helden ist der westliche Kult um

breitete Vorliebe spricht, daß, wie gesagt, das System hinter dem Menschen unkenntlich wird, zumindest in den Schatten seiner beherrschenden Erscheinung tritt. So kann alles, was voranging und folgte, als System anderer Art betrachtet werden. In ihrer Anwendung auf Stalin ist die Theorie vom Schurken mit der These von der »Abweichung« verknüpft, ja, sie kann als deren eigentlicher Kern gelten – wie ließe sich anders erklären, daß ein im übrigen gesunder politischer Organismus soweit aus dem Gleichgewicht geraten konnte. Stalin schwang sich zum Diktator auf, weil er, so Bucharin, »ein prinzipienloser Intrigant [war], der alles seiner Machtgier unterordnet«.[6]

Stalin war unleugbar eine durch und durch unerfreuliche Persönlichkeit, und seine Bösartigkeit nahm mit den Jahren zu. In die Begründung der politischen Leitlinien seiner fünfundzwanzigjährigen Regierungszeit ist indes sehr viel mehr eingegangen. Zunächst mußte der institutionelle und ideelle Rahmen gegeben sein, in dem er arbeiten und die dunklen Seiten seiner Psyche ausleben konnte. Ferner ist anzunehmen, daß zahlreiche Russen und Parteigenossen eine vergleichbar harte Kindheit und einen grausamen Vater hatten, neurotisch und machthungrig waren wie er, ohne darum zu politischen Leitfiguren zu werden. Nur über ursprünglich politisch begründetes Handeln werden psychische Gegebenheiten politisch wirksam. Bei dem Versuch, die Politik eines Staatsmannes, gleich welcher Art, zu erklären, müssen wir den Vorrang der politischen Motivation genauso anerkennen wie er selbst es tut, wenn er entscheidet und handelt. Politischen Führern, die ihre Macht nur zur Darstellung ihrer Psychosen benutzen, bleibt diese Macht nicht lange erhalten, die Fälle Peters III., Pauls I. und anderer bis zurück zu Kaiser Commodus können als Beispiel dienen. Stalin hielt sich ein Vierteljahrhundert lang an der Macht und ist profaner Einschätzung nach als weltgeschichtlicher Erfolgsfall zu werten: Er war der Architekt des russischen Sozialismus, er hat den Faschismus besiegt und ein sowjetisches Imperium geschaffen. In der Geschichtswissenschaft greift weder ein psychologischer noch ein sozioökonomischer Reduktionismus. So macht sich denn das Kapitel zur Aufgabe, Stalins politisches Handeln in Umkehrung des üblichen Vor-

Gorbatschow, der sechs Jahre den illusionären Glauben an einen Reformkommunismus nährte, während das System bereits zusammenbrach. Diese Personalisierung, von Romulus bis George Washington, ist nahezu universell verbreitet. Sie scheint das Verständnis der Realität zu erleichtern.

gehens nicht als Ursprung, sondern als Funktion des sowjetischen Systems zu betrachten.

Im Kontext des Kommunismus freilich zählt die persönliche Lebensgeschichte. Die biographischen Daten, soweit sie hier interessieren, sind folgende. Als einziges Mitglied in Lenins Politbüro kam Stalin »aus dem Volk«. Der Vater, Dorfschuster und Alkoholiker, suchte später sein Auskommen als Arbeiter in einer Schuhfabrik; seine Mutter, eine fromme, des Lesens und Schreibens unkundige Frau, war die Tochter leibeigener Bauern. Der vorzeitig abgebrochene Bildungsgang im orthodoxen Priesterseminar von Tiflis gab Stalin das Rüstzeug, sich zum belesenen Autodidakten der russischen – nicht aber europäischen – Literatur zu bilden, entließ jedoch keinen Intellektuellen, den man der Intelligenzia zurechnen könnte. Gedanken als solche – geschweige denn ihre moralische Bedeutung, das große Thema der russischen Intellektuellen – interessierten ihn nicht. Als Bolschewik erhielt er jedoch eine solide Grundausbildung in marxistischer Ideologie. Es besteht kein Anlaß, an der Aufrichtigkeit seiner marxistischen Überzeugungen zu zweifeln, so krude er sie auch in die Tat umsetzte: Sie blieben bis zu seinem Ende die Grundlage seiner Weltanschauung. Seine Umgangsformen waren zeitlebens ungehobelt und plebejisch, doch gehörte er nicht, wie viele Russen glauben, zu einer sozialen Kategorie, die in seiner Heimat Georgien als *kinto,* im Russischen als *schpana*, bezeichnet wird – ein Gauner- und Schlägertyp, der unter günstigen Umständen leicht zum Verbrecher wird.

Er wurde zum harten, kompromißlos realistischen Revolutionär und hatte damit eine Tätigkeit gefunden, die seinen ichzentrierten dissozialen Energien ein »legitimes« Ventil bot. Dasselbe läßt sich allerdings auch von zahlreichen anderen Bolschewiki sowie von Mitgliedern des terroristischen Flügels der Sozialrevolutionäre sagen, die später nicht selten in der Tscheka ihre Bestimmung fanden. (Die Menschewiki neigten im großen und ganzen zu intellektuellen Strategien und sahen Gewaltanwendung ungern.) Im Kaukasus war die Gewohnheit des jungen Stalin-Dschugaschwili, Streiks und Demonstrationen in Krawalle ausarten zu lassen, aktenkundig. Und doch war es kein unglücklicher Zufall, daß eine Persönlichkeit seines Typs zum Vorsitzenden der Kommunistischen Partei avancierte. Die essentiell konspirative Ausrichtung dieser Partei in der Mitgliederwahl, in ihrem Aufbau und militanten Ethos brachte viele

Männer seinesgleichen in führende Positionen – Stalins Tafelrunde in den Jahren seiner Revolution von oben, die er ohne verwandte Geister nicht hätte durchführen können.

Seine politische Karriere verdankte er ausschließlich Lenin. 1912 brauchte Lenin einen Vertreter der nationalen Minderheiten, den er als Sprachrohr für seine neuesten Gedanken über das revolutionäre Potential des Nationalismus einsetzen konnte. Für diese Aufgabe holte er sich Stalin und brachte ihn noch im selben Jahr für das Zentralkomitee in Vorschlag – bei derselben Gelegenheit übrigens, als er einer zweiten Randfigur, dem Polizeispitzel Roman Malinowski, Eingang in dieses Gremium verschaffte. So war Stalin, als er im März 1917 aus seinem sibirischen Verbannungsort nach Petrograd zurückkehrte, der oberste Bolschewik der Stadt. Seit dieser Zeit gehörte er zum engsten Führungskreis der Partei.

Anfänglich beschränkte sich seine Rolle auf die des treuen Sekundanten Lenins. Und tatsächlich hatte er als einziger der hochrangigen Bolschewiki niemals eine ernsthafte öffentliche Auseinandersetzung mit Lenin. Trotzki, Bucharin, Sinowjew und die meisten Mitglieder des Zentralkomitees waren in der Zeit vom Oktober bis Brest und danach in der einen oder anderen Streitfrage mit »dem Alten«* aneinandergeraten. Für das Publikum aber blieb er während der Ereignisse von 1917, wie ein menschewistischer Chronist dieses Jahres bezeugt, »eine schattenhafte Figur«. Im Oktober spielte er keine erkennbare Rolle, eine Lücke in seiner revolutionären Biographie, die peinlich ins Auge fiel und ihm in späteren Jahren zu schaffen machte. Der Mangel konnte indes behoben werden – in den Besitz der Macht gelangt, schrieb er seine Biographie um, erhob sich selbst neben Lenin zum Revolutionsgründer und usurpierte damit Trotzkis Rang.[7]

In Wahrheit aber kam er erst im Bürgerkrieg als Volkskommissar für Nationalitätenfragen zum Zug, vor allem aber als politischer Kommissar an den verschiedenen Frontabschnitten, so 1918 während der entscheidenden Schlacht um Zarizyn – das spätere Stalingrad (heute Wolgograd) – und 1920 im Krieg mit Polen. In dieser Zeit knüpfte er das weitverzweigte Netz von Beziehungen zu Kameraden und Bundesgenossen,

---

* *starik* – Lenins Geheimname in der Zeit seiner illegalen revolutionären Tätigkeit in St. Petersburg [A. d. Ü.].

Amtsbrüdern meist, die später in der Partei seine Gefolgschaft bildeten und nach 1929 in seinem Auftrag das Oberkommando im neuen Bürgerkrieg des sozialistischen Aufbaus übernahmen: Molotow, Kaganowitsch, Woroschilow, Mikojan, Kirow, Shdanow, Andrejew, Ordshonikidse und Kuibyschew. Der Aufbau einer solchen Klientel war Parteiusus. Auch die anderen bolschewistischen Führer hatten ihren Anhang, die spätere Opposition der zwanziger Jahre. Doch auch mit wachsendem Prestige blieb Stalin bemüht, zumindest in der Öffentlichkeit als Lenins loyaler Adjutant für Administratives zu erscheinen, und das war einer der Gründe für seine bereits erwähnte Ernennung zum Generalsekretär. Für seine Kollegen hatte er auch dann noch nicht an Statur, geschweige denn an Bedrohlichkeit gewonnen. Trotzki bezeichnete ihn als »mittelmäßig«.

Der sterbende Lenin gehörte zu den ersten, denen der neue *Gensek* Bedenken einflößte. 1922 kam es zwischen den beiden Männern zu einer Auseinandersetzung über die Form der entstehenden Sowjetunion, deren Verfassung Stalin damals entgegen Lenins Wünschen eine stark zentralistische Richtung gab. Dieser Zusammenstoß führte zu Lenins »Testament«, das gewöhnlich als Beweis dafür betrachtet wird, daß Stalin den »Kaftan« des Alten usurpiert habe und der Stalinismus darum nicht der wahre Bolschewismus sei. Doch so einfach liegen die Dinge nicht. Lenin sah nur zwei seiner Adjutanten, Trotzki und Stalin, als mögliche Nachfolger und beurteilte sie als »die beiden herausragenden Führer des derzeitigen Zentralkomitees«. Der Diskussion ihrer Charaktereigenschaften ist der größte Teil des Dokuments gewidmet. Sinowjew und Kamenew werden in einer Zeile gemeinsam abgetan, Bucharin kommt kaum besser weg, und Pjatakow, der damals wenig prominent war, scheint nur der Vollständigkeit halber erwähnt zu sein. Nachdem er Stalin und Trotzki herausgehoben hat, folgt die Schelte. Stalin, der als Generalsekretär »eine unermeßliche Macht in seinen Händen konzentriert« habe, sei »zu grob«. Lenin riet dazu, ihn aus seiner Stellung zu entfernen – nicht jedoch aus dem Führungskreis der Partei. Anders als einige Kommentatoren behaupten, war es nicht Lenins Absicht, »Stalin politisch zu erledigen«. Unparteiisch wird sodann auch Trotzki kritisiert, der »eine übermäßige Leidenschaft für rein administrative Maßnahmen besitzt«, was im Klartext bedeutete, daß er zu selbstherrlich sei. Noch weniger schmeichelhaft waren die Bemerkungen an die Adresse von Sinowjew und Kamenew, deren Zögern vor dem Oktoberputsch von 1917 »kein Zufall« gewesen sei. Bucharin wird als schlechter Marxist getadelt.

In diesem seltsamen Dokument brachte Lenin es fertig, alle seine Statthalter zu verunglimpfen, zweifellos in dem Bemühen, die Ambitionen jedes einzelnen soweit zu dämpfen, daß keiner sich Hoffnungen auf die alleinige Nachfolge machen konnte. Vermutlich hoffte er damit Rivalitäten auszuschließen, die die Partei spalten könnten, und eine kollektive Führung anzuregen. Wie auch immer – seine Absichten gingen ins Leere, denn die Erben weigerten sich einmütig, den Anregungen des Dokuments zu folgen. Es gelangte zu später Anerkennung, als die Anhänger Trotzkis und Bucharins versuchten, die Legitimität des Generalsekretärs anzufechten – zu diesem Zeitpunkt hatten Trotzki und Lenins Witwe es allerdings schon als Fälschung erklärt. Für Stalin war das Schriftstück zweifellos eine bleibende Peinlichkeit, zumal der Marxismus-Leninismus inzwischen als Glaubenslehre von religiösem Rang etabliert war. Seine reale Macht indessen konnte er behaupten, und bis 1929 hatte er sie dazu benutzt, sich wie beschrieben zum alleinigen Führer einer Partei von einzigartiger Geschlossenheit zu machen.

1929 war für Stalin damit der Moment gekommen, eigene Politik zu betreiben. Solange er gegen Trotzki und die Linke Opposition kämpfte, hatte er sich im großen und ganzen Bucharins Linie angeschlossen, sie allerdings leicht ins Praktische gewendet. Das bedeutete eine stärkere Akzentuierung der Idee vom »Sozialismus in einem einzelnen Land«, ein Schlagwort, das bereits Bucharin benutzt hatte, von Stalin aber 1924 zum theoretischen Prinzip erhoben wurde, um der Partei anzuzeigen, daß sie die im Oktober übernommene Aufgabe zu Hause und in eigener Regie zu Ende führen könne. Damit war die Weltrevolution keineswegs aufgegeben – nur der endgültige Sturz des Kapitalismus konnte dem Sowjetstaat andauernde Sicherheit garantieren. In der Zwischenzeit allerdings ließ sich auch in einem isolierten Rußland der vollständige Sozialismus aufbauen. Da seinerzeit außer Rußland kein anderes Land für dieses Unternehmen in Frage kam, war der obsessiven Begeisterung der Linken für die Weltrevolution damit ein wirksamer Dämpfer aufgesetzt.

Ein konkretes Programm für den Aufbau des Sozialismus in Rußland präsentierte Stalin jedoch erst 1928–29. Es war das Programm der Linken Opposition, die er kurz zuvor liquidiert hatte. Bis dahin hatte er für die Probleme der Industrialisierung wenig erkennbares Interesse gezeigt und sogar noch 1926 gegen den Bau des Großkraftwerks am Dnjepr oppo-

niert, den er damals als Torheit eines Bauern bezeichnete, der ein Gram-
mophon kaufte, statt mit dem Geld seinen Pflug zu reparieren. Die
Industrialisierung gewann für Stalin in dem Augenblick zentrale Bedeutung, als sie mit dem Start des ersten Fünfjahresplanes im Jahr 1928 für
die Partei von zentraler Bedeutung wurde. Auch der »Plan« war keine
Inspiration Stalins und seiner Umgebung: Er hatte sich aus dem allgemeinen technokratischen Drift der Partei in den zwanziger Jahren ergeben,
und sofern er überhaupt von einer »fraktionellen« Basis getragen wurde,
bestand diese aus der Parteilinken, verschiedenen Ex-Menschewiki, ehemaligen Sozialrevolutionären und bürgerlichen Spezialisten.

Dieser Plan war das Medium der Stalinschen Revolution von oben.
Stalin annektierte ihn nach 1928 und machte daraus das Programm für
eine zweite sozialistische Offensive mit dem Ziel eines Kriegskommunismus als permanenter Institution. Dieser mutierte »Plan« gibt uns den
Schlüssel zu einem Stalinismus, der nicht nur Terror und Tyrannei oder
Hyperbürokratie ist, sondern ein totales System. Als Schöpfer der zwei
großen Säulen der vollentwickelten sowjetischen Ordnung, Planwirtschaft und Kollektivierung, sollte Stalin in die Geschichte eingehen.

Der Fünfjahresplan, der seinerzeit nicht nur Rußland, sondern auch
weite Teile der Weltöffentlichkeit in Bann zog, war nicht weniger als der
historisch erste Versuch zur Planung einer nationalen Ökonomie und
leitete damit eine neue Phase in der Entwicklung des Sozialismus, aber
auch in der Geschichte der wirtschaftlichen Theorie und Praxis ein.

Der klassische Marxismus als Oppositionsbewegung hatte seine Kritik
des Kapitalismus auf Privateigentum und -profit sowie deren Folge, das
Krebsübel der Ausbeutung, konzentriert. Er war gegen die Arbeitsteilung,
gegen die Kapitalakkumulation durch Aneignung des Mehrwerts und
gegen den Wettbewerb als Verschwendung zu Felde gezogen. Die Anarchie des Marktes indessen und die blinde Irrationalität von Angebot und
Nachfrage als Mittel der Ressourcenzuteilung waren nie ausdrücklich als
Fragen von zentraler Bedeutung behandelt worden. Es verstand sich von
selbst, daß mit der Abschaffung des Privateigentums, des Profits und des
Geldes im Sozialismus notwendig auch der Markt verschwinden würde.
An seine Stelle sollte eine nicht näher bestimmte rationale Planung
treten. Das alles aber blieb beiläufig und vage.

Erst die deutsche Wirtschaftsdebatte kurz vor der Jahrhundertwende,
die auch das Bewußtsein für den Systemcharakter des Kapitalismus

weckte, zog die logischen Folgen aus dem Marxismus. Sozialdemokraten wie Karl Kautsky traten mit Spekulationen über Planung und die rationale Organisation des Lebens im Sozialismus hervor. Das beginnende Interesse für Wirtschaftsplanung nahm im Gefolge des Ludendorff-Rathenauschen Kriegssozialismus weiter zu. Und dieser links wie rechts auflebende mitteleuropäische Planungsdrang rief die österreichischen Ökonomen auf den Plan. Ihre vom Laissez-faire-Prinzip geleitete Kritik stellte die Planung als sachlich undurchführbar dar: Die in jeder Situation erforderliche Informationsmenge und die Zahl der Variablen seien zu groß, um eine Vorauskalkulation zuzulassen.[8] Nur der Marktpreis, stellte Ludwig von Mises 1920 vor dem Hintergrund des russischen Kriegskommunismus fest, könne die Ressourcen dorthin bringen, wo sie tatsächlich gebraucht würden.[9]

Doch erst mit der russischen Erfahrung eines Marxismus an der Macht zeichneten sich die institutionellen Auswirkungen des Sozialismus ab, die keineswegs nur Rußland betrafen. Die Verstaatlichungen unter dem Kriegskommunismus hatten zum ersten Mal zu einer Ausschaltung des Marktes geführt, was seinerseits die ersten Planungsansätze nach sich zog. Umgekehrt ließ die Proklamation der Neuen Ökonomischen Politik den Markt und nicht das Privateigentum als zentrale Institution des Kapitalismus erscheinen. Nach 1926 machte der entstehende erste Fünfjahresplan die Wirtschaftslenkung zur zentralen Institution des Sozialismus.

Seit dieser Zeit ist die Antithese Kapitalismus-Sozialismus vor allem gleichbedeutend mit der Antithese Markt-Planung. Man spricht von »Marktwirtschaft« und »Planwirtschaft« als den zwei Ordnungsmöglichkeiten des menschlichen Lebens. Der sowjetische Fünfjahresplan durfte also weit mehr gewesen sein als ein Mittel, die Rückständigkeit zu überwinden – die Planer ebenso wie das Ausland sahen darin das Pilotprojekt zur Schaffung einer neuen wirtschaftlichen Gesamtordnung.

Er war jedoch mehr als nur ein Wirtschaftsprojekt. Letztlich schreibt sich der »Plan« von der saint-simonistisch-technokratischen Seite des Marxismus her, die ihrerseits auf die Enzyklopädisten – und das heißt auch *philosophes* – des achtzehnten Jahrhunderts zurückgeht. Von dort aus zieht sich der Überlieferungsstrang von D'Alembert über Turgot, Condorcet, Saint-Simon und Comte – Sozialtheoretiker sie alle – bis in die moderne Sozialwissenschaft. Zu dieser Tradition gehörte in jeder

Phase der mit beinahe religiöser Inbrunst vertretene Glaube, eine vernünftige, wissenschaftliche Ordnung der menschlichen Verhältnisse werde eine neue Gesellschaft und einen neuen Menschen schaffen. Nicht zufällig prophezeite Condorcet die »unbegrenzten Möglichkeiten einer Vervollkommnung des Menschengeschlechts«, nannte Saint-Simon seine technokratische Lehre das »Neue [säkulare] Christentum«. In der Zeit von Saint-Simon und Comte führte diese Überlieferung insbesondere zu dem Glauben, daß die moderne, auf technischen Fortschritt begründete Industrie die prometheische Verwandlung der *conditio humana* bewirken werde – eine Überzeugung, die Marx vorbehaltlos teilte.

Der Marxsche Glaube an den Prometheus Industrie hatte sein Pendant in einer russischen Tradition, die von Tschernyschewskis Kristallpalast zu Majakowskis Futurismus und Nikolai Fjodorows technologischem Chiliasmus führte. Nach seiner Ankündigung im Jahr 1928 wurde der »Plan« von den Hoffnungen und Erwartungen dieser diversen Traditionsströme besetzt und löste in der Partei wie auch in der breiteren städtischen Gesellschaft eine von starker Emotionalität getragene Zustimmung aus. Für die radikale Intelligenzia schien endlich der große Durchbruch in Sicht, der Rußland aus seiner unausrottbar scheinenden Rückständigkeit reißen würde.

Diese Welle des Enthusiasmus enthielt auch ein gerütteltes Maß an latenter Feindseligkeit gegenüber der Bastion dieser Rückständigkeit, dem »schwarzen Volk«, den unverständigen russischen Bauern. Nicht nur in der russischen Gesellschaft, deren überwältigende Mehrheit sie darstellten, sondern auch in der nationalen Mythologie nahmen die Bauern seit je einen wichtigen Platz ein. Seit Peter I. seinem Land das vielzitierte Fenster zum Westen geöffnet hatte, war Rußland kulturell zweigeteilt: in den europäisierten, säkularen Adel und die noch immer dem alten Moskauer Reich verhaftete orthodoxe Bauernschaft. Das hieß, je nach Blickwinkel, die Oberschichten hatten sich unter ausländischem Einfluß dem eigenen Land entfremdet und die Bauern waren die echten Russen, oder es konnte bedeuten, daß der Adel die Kraft der Vernunft und des Fortschritts darstellte, der Bauer aber den toten Ballast des Aberglaubens, der asiatischen Barbarei und Stagnation.

Diese zwei Perspektiven spielten eine Rolle in den Auseinandersetzungen von Slawophilen und Westlern, zwei konträre weltanschauliche Lager, die sich in den vierziger Jahren des neunzehnten Jahrhunderts herausbildeten. Später war Dostojewski der Vertreter eines extrem slawophilen Standpunkts; Lenin, wie wir sahen, verfocht noch kompromißloser die Gegenposition. Beide Lager aber definierten Rußland im wesentlichen über das Bauerntum. In keiner anderen großen Nation Europas hat die ländliche Bevölkerung jemals in vergleichbarem Maß zur nationalen Identitätsbildung beigetragen, nicht einmal wenn sie wie 1789 in Frankreich – und den meisten Ländern Europas – 80 Prozent der Landesbewohner ausmachte. Da der »Plan« das Versprechen enthielt, diese Prävalenz der Bauern im russischen Leben zu beenden, stellte er damit eine radikale Neudefinition der Nation in Aussicht. In diesem Sinn bedeutete er eine revolutionäre Westorientierung, den Hebel zur endgültigen Europäisierung Rußlands.

Die Partei deklarierte ihr Unternehmen zwar nicht in diesen konventionellen Begriffen, doch ihre marxistischen Kategorien drückten Ähnliches aus. Sie enthielten darüber hinaus einen wahrhaft tödlichen Sprengstoff. Denn der Marxismus ist prinzipiell und aggressiv antiagrarisch. Das zeigte sich bereits während des Kriegskommunismus und trat mit der Durchführung des ersten Fünfjahresplans in den Vordergrund. In marxistischer Vorstellung sind die Bauern nicht nur leistungsschwache Produzenten, die lernen müssen, sich modernen Zeiten anzupassen. Sie sind eine hoffnungslos archaische Klasse, die von der Logik der Geschichte zum Untergang, ja zur »Vernichtung« bestimmt ist. Wenn Marx in seinem Zusammenhang der Idiotie des Landlebens oder hoffnungslos rückschrittlicher Nationen wie der Tschechen das Wort »vernichten« benutzt, ist damit allerdings keine physische Vernichtung gemeint, sondern eine Urbanisierung im Fall der Bauern und, was die Tschechen betrifft, eine Germanisierung, in jedem Fall aber die Beseitigung ganzer sozialer Gruppen. Zwar hatte Lenin die ärmere Schicht der Bauern von Marx' pauschaler Verdammung der Ländlichkeit ausgenommen, im wesentlichen aber aus taktischen Gründen und situationsbedingt.

Im Marxismus wurde die Logik der Geschichte außerdem vom Klassenkampf bestimmt. Und daraus folgte, daß der Zivilisierungs- und Urbanisierungsprozeß der Bauern die Form einer ökonomischen Auseinandersetzung annehmen würde, an dessen Ende ihre Eliminierung stand. Dasselbe Schicksal hatte die englische Bauernschaft in den Anfängen des

Kapitalismus erlitten, und obwohl Marx die bürgerlichen Ausbeuter anprangerte, hielt er unbeirrt daran fest, daß ihr Vorgehen als Teil der gesetzmäßigen Entwicklung, die zum Sozialismus führte, notwendig und progressiv sei.[10] Laut Marx waren alle rückständigen Nationen der Welt dazu bestimmt, den dornenvollen Weg Europas gehen.

Diese Denkweise lag, wie wir sahen, der russischen Planungsdebatte zugrunde. Die Beseitigung der bäuerlichen Schichten durch den Klassenkampf war also sowohl eine Voraussetzung wie auch eine endgültige Konsequenz des Plans, gleichgültig welche Kollektivierungsquoten konkret festgesetzt wurden. Sie ergab sich faktisch aus der Absicht, die »Arbeitsteilung zwischen Stadt und Land« aufzuheben, die für den Marxisten die erste und elementare Form der menschlichen Entfremdung darstellt.

Der Partei und dem Land wurde Stalins »Generallinie« nicht in dieser Form präsentiert. Dennoch knüpfte sie unterschwellig an die Traditionen der Westler und ausdrücklich an den Marxschen Grundsatz an, daß alle Politik Klassenkampf ist und ihr Ziel die Erfüllung der Geschichte im Sozialismus. Nur im Kontext dieser Eschatologie wird das phantastisch riskante Projekt des ersten Fünfjahresplanes verständlich: Es ging den Bolschewiki, das kann nicht deutlich genug unterstrichen werden, nicht nur um die Entwicklung eines rückständigen Landes; ihr Ziel war der Aufbau des Sozialismus.

Der »Plan«, wie er im April 1929 endlich beschlossen wurde, versuchte diese allgemeinen Ziele »wissenschaftlich« in exakte quantitative Vorgaben für Industrie und Landwirtschaft umzusetzen. Die Methoden waren seit einigen Jahren in Arbeit. Seit 1924 gab die Staatliche Plankommission, *Gosplan*, »Kontrollziffern«, jährlich projektierte Planungsziele, heraus. 1925 erschienen die ersten detaillierten Pläne für die zukünftige Entwicklung. 1926, als sich das Land von den Kriegsfolgen weitgehend erholt hatte, wurde die Planung der industriellen Entwicklung unaufschiebbar. 1927 war die Expansion angebahnt, und auf dem XV. Parteitag im Dezember, demselben Kongreß, der den Ausschluß der Linken bestätigte, wurde *Gosplan* mit dem Entwurf eines Fünfjahresplanes beauftragt.

Gleichzeitig beschloß der Parteitag, daß auf dem Land nicht Lenins schmächtige Kooperativen, sondern kollektive Großbetriebe zur Norm werden sollten: Es war das Jahr der großen Getreidekrise, und die Pläne für Landwirtschaft und Industrie brannten auf den Nägeln. Im Laufe des Jahres 1928 steigerte sich diese Spannung in der Partei zu einem enthusiastischen Hochgefühl angesichts einer neuen Sozialistischen Offensive, die den Demütigungen und Kompromissen der NÖP endlich ein Ende setzen würde. Aus dieser Stimmung heraus kam es Anfang 1929 zum ersten Fünfjahresplan mit rückwirkender Geltung ab 1. Oktober 1928, der weiter ging als alles, was die Parteilinke seinerzeit zur Diskussion gestellt hatte.

Selbst für ein Land, dessen Städten nicht der Hunger drohte, wäre das Programm mehr als optimistisch gewesen. Der Plan ging von einer Tandementwicklung, der wechselseitigen Stimulierung von Industrie und Landwirtschaft aus. Innerhalb des industriellen Sektors sollte außerdem der Wachstumsfortschritt von Leicht- und Schwerindustrie koordiniert werden. So würden Investition und Konsum gleichzeitig zunehmen, der Kapitalstock des Landes vervielfacht und gleichzeitig bessere Lebensbedingungen für die Bevölkerung geschaffen, von denen Arbeiter und Bauern im gleichen Maß profitieren konnten. Von den zwei Versionen, einer »Ausgangsform« und einer »Optimalform«, in denen der Plan der Partei vorlag, wurde selbstverständlich die letztere gewählt, die unter anderem vorsah, die Roheisen- und Stahlproduktion bis 1933 um 233 Prozent bzw. 160 Prozent und das Volkseinkommen um 50 Prozent zu steigern!

Es wird häufig behauptet, der ursprünglich angenommene Plan sei, wenn auch in Detailprojektierungen übertrieben, im ganzen nicht unrealistisch gewesen, besonders in Anbetracht des sehr maßvollen Ziels einer Kollektivierungsziffer von 15 Prozent bis 1933; daß der Erfolg ausblieb, konnten darum nur Stalins verzerrende Eingriffe verschuldet haben.[11] Solcher Einschätzung des Plans ist mit Skepsis zu begegnen. Für eine Genauigkeit, wie sie der Plan für sich in Anspruch nahm, fehlte damals ganz einfach das nötige Datenmaterial. Auch gegen eine Vorausplanung, die mit einem Jahrfünft vergleichsweise langfristig angesetzt war und sich überdies auf alle Wirtschaftszweige erstreckte, erheben sich ernsthafte Einwände. Nach jahrzehntelangen Versuchen ist es bisher keiner Wirtschaft des sowjetischen Typs gelungen, einen Plan vorzulegen, den sie tatsächlich erfüllen konnte. Aus diesen und ähnlichen Gründen reagierten vorsichtige Sozialisten im Westen damals auf Stalin und die Österreicher mit ihrer Alternative des Marktsozialismus – ein Theorieentwurf, dessen praktische Umsetzung noch aussteht.

Der Plan läßt sich demnach, auch in seiner von Stalin unangetasteten Form, am besten als Höhenflug eines technokratisch-utopischen Denkens verstehen, das die damals akuten Entwicklungsprobleme Rußlands im Verbund mit den beschriebenen ideologischen Strömungen provozierten. Anfänglich ließen Stalin und seine Mitarbeiter diesem Elan seinen Lauf und schürten ihn. Dann schritten sie ein und funktionierten ihn zum Sturmangriff um.

Stalin übernahm das politische Management dieses der Absicht nach technokratischen Unternehmens, mit anderen Worten, er verband den Wirtschaftsplan mit einer politisch-militärischen Kampagne zur Beendigung der Beschaffungskrise durch die umfassende Zwangskollektivierung. Das wiederum zog eine Politisierung und Militarisierung des industriellen Plans nach sich, dessen Entwicklungs»tempo« laufend beschleunigt wurde. Diese Umformung des Plans durch Stalin und seine Verbündeten rief den Widerspruch der »Rechtsopposition« hervor und wurde so zum Anlaß ihrer Ausschaltung.

DER TOTALE KLASSENKAMPF

Auf zum letzten Gefecht!
Die »Internationale«, 1888

Das in der Folge entstehende stalinistische System läßt sich nur begreifen, wenn man die Sequenz der Ereignisse betrachtet, aus denen Schritt für Schritt die neue Ordnung hervorging. Stalin und seine engsten Mitarbeiter besaßen, obwohl sie im Rahmen eines »Plans« agierten, keine auch nur annähernd klare Vorstellung von ihrem Ziel und dem Weg, auf dem es erreicht werden sollte. Ihre einzige Orientierung war das allgemeine Ziel eines Sozialismus, verstanden als Industrieplanung und umfassende Kollektivierung. Innerhalb dieses Rahmens entstand *ex tempore* das konkrete Programm und führte zu unvorhergesehenen Ergebnissen. Die Partei entfesselte also die Zweite Revolution auf dieselbe Weise, die sie zum Kriegskommunismus und zur NÖP geführt hatte – sie tat einen ersten, scheinbar begrenzten Schritt, und danach lief der eingeleitete Prozeß im Alleingang ab; somit führte ein Verbrechen notwendig zum nächsten, jedes geboren aus dem Zwang, ein Scheitern der Gesamtoffensive abzuwehren.

Der Prozeß begann mit dem berühmten Getreidedefizit vom Dezember 1927. Stalin reagierte umgehend und wählte ein Vorgehen, das einem parteiinternen Staatsstreich nahekam. Nachdem er die Zustimmung des Politbüros und Zentralkomitees zu einer begrenzten dringlichen Beschaffungsaktion eingeholt hatte, führte Stalin eine *podraswerstka*-Kampagne größeren Umfanges durch: Er zog mit seinen engsten Mitarbeitern – Molotow, Kaganowitsch, Shdanow, Andrejew – in die Gebiete, wo die Bauern dem Vernehmen nach Überschüsse horteten und erzwang die Herausgabe mit den Mitteln des Kriegskommunismus. Stalin selbst nahm sich des Urals und Westsibiriens an, weshalb diese neueste Version der *podraswerstka* als »Westsibirische Methode« bekannt wurde.

Die Einschüchterungskampagne hatte Erfolg: Das Getreide kam zusammen. Als Bucharin und seine Verbündeten protestierten, daß damit die *smytschka* aufs Spiel gesetzt werde, wiegelte Stalin ab – es handle sich nur um eine Notaktion, nicht um eine neue Marschrichtung. Dennoch war ein Präzedenzfall geschaffen, und Stalin kam 1928 und 1929 darauf zurück, um den neu lancierten »Plan« zu stützen. Allerdings wurden von Mal zu Mal nur minimale Getreidemengen requiriert, das Verfahren konnte also offensichtlich keine Lösung für das langfristige Problem der Versorgung der Städte und der Roten Armee darstellen. Stalin beschloß deshalb, die einmal erprobte Methode auf die Landwirtschaft als ganze anzuwenden, das heißt, eine sofortige und vollständige landesweite Kollektivierung einzuleiten und damit das Getreidedilemma endgültig aus der Welt zu schaffen.

Diese Absicht ließ sich jedoch nur ausführen, wenn die übrigen Fronten gesichert waren. Erstens konnten die zu »Schädlingen« gewordenen bürgerlichen Spezialisten die industrielle Offensive gefährden. Als warnender Hinweis an die Adresse dieser unentbehrlichen, doch zweifelhaften Hilfskräfte russischer und ausländischer Herkunft wurde im Frühjahr 1928 gegen etwa fünfzig Ingenieure aus dem ukrainischen Kohlebecken von Schachty ein Schauprozeß wegen Sabotage im Dienst des internationalen Kapitals eröffnet. Andrej Wyschinski, der spätere Generalstaatsanwalt der großen Schauprozesse, vertrat die Anklage. Alle Angeklagten bekannten sich schuldig, fünf wurden hingerichtet. Die Schachty-Affäre bewirkte einen Rückschlag im industriellen Aufbau, brachte aber ihren politischen Nutzen ein: Den Arbeitern wurde vor Augen geführt, daß sie ihre jämmerliche Lage den fortgesetzten Machinationen des Klassenfeindes zu danken hatten und folglich endlose Wachsamkeit und Kampfbereitschaft vonnöten war. Mit dem Prozeß war eine ordnungspolitische Steuerungsformel gefunden, die bis zum großen Crescendo der Säuberungen von 1936–38 wiederholt wurde, mit deren Durchführung wiederum Wyschinski betraut war.[12]

Gleichzeitig mußte für Geschlossenheit in der Partei gesorgt werden. Bucharin hatte zwar »ein wenig« Druck auf die Bauern durch Anziehen der Steuerschraube und gelegentliche Zuflucht zur Westsibirischen Methode akzeptiert, mit seiner Zustimmung zu einer erzwungenen Kollektivierung aber war kaum zu rechnen. Unterstützung konnte er dabei von Ministerpräsident Alexej Rykow und Gewerkschaftsführer Michail Tomski erwarten. Bucharin und seine Verbündeten wurden also zur »Rechtsoppositon« erklärt und im folgenden Jahr ihrer Ämter in Partei und Staat enthoben.

Danach setzte sich das Politbüro aus Anhängern Stalins zusammen. Kaum weniger homogen war das Zentralkomitee, und zum ersten Mal gewann Stalin auch unmittelbaren Einfluß auf den Staatsapparat. Zwar hatten auch alle bisherigen Staatsführer enge Bindungen an die Partei, doch als Molotow von Rykow das Amt des Ministerpräsidenten, den Vorsitz im *Sownarkom,* übernahm und ein stalintreues Komitee den relativ unabhängig agierenden Tomski an der Spitze der Gewerkschaften ablöste, waren beide Institutionen Stalin direkt unterstellt. Gleichzeitig verlor der Planungsapparat seine relative Unabhängigkeit, als die WSNCH unter Kuibyschew – dem Stalins Unterstützung sicher war – seit Anfang 1928 Druck auf *Gosplan* ausübte, die Planziele zu radikalisieren. In der Folge trat an Stelle der äußerst optimistisch konzipierten »Ausgangsfassung« des Fünfjahresplans die utopische »Optimalvariante«. In ex-menschewistischen Mitarbeitern des Planungsstabes wurden daraufhin ungemütliche Befürchtungen wach, ihr moderates Vorgehen könne als Sabotage erscheinen, während Stalin aufrichtig davon überzeugt war, daß jeder Appell zum Maßhalten des Spießertums verdächtig sei und darum ignoriert werden dürfe.

Mit Blick auf die bevorstehende Offensive fanden schließlich auch ideologische Korrekturen statt. Stalin erklärte, daß mit der Annäherung des Landes an den Sozialismus der Widerstand des Klassenfeindes und die Intensität des Klassenkampfes zunehmen würden. Diese These ist häufig als unmarxistisch verspottet worden (und galt als weiterer Beweis für Stalins Verrat am Erbe Lenins), da der Klassenkampf doch logischerweise nachlassen müsse, wenn der Sieg des Sozialismus näher rückt. Die Kritik geht auf die Debatte der zwanziger Jahre zurück – Bucharin hatte Stalins Ansichten als »idiotisch und vollkommen ahnungslos« qualifiziert. Sie trifft im Rahmen marxistischer Lehrmeinung vollkommen zu, und geht eben darin fehl. Denn solcher Kritik liegt der Glauben an den Buchstaben des marxistischen Entwurfs vom gesetzmäßigen Verlauf und sozialistischen Ziel der Geschichte zugrunde, und ein derartiges, wörtliches Ideologieverständnis muß die tatsächliche Wirkungsweise von Ideologie in der Geschichte verdunkeln.

Die Partei sah sich im Jahr 1929 vor dem Dilemma, daß der reale Geschichtsverlauf sich nicht an die ihm unterstellte Gesetzmäßigkeit hält, war jedoch ihrerseits als ideokratisches Regime unwiderruflich dazu verpflichtet, diesem Gesetz dennoch zu folgen. Die Marxsche Lehre wurde darum Opfer der eigensinnigen List der Parteivernunft. Da es im damaligen Rußland keinen Klassenkampf gab, sondern nur den Kampf der Partei gegen eine bäuerliche Nation, diente Marx' Theorie als Rechtfertigung für einen Fünfjahresplan, der die Macht der Partei festigen sollte. Ja, die Korrumpierung von Ideologien beim Kontakt mit der politischen Wirklichkeit scheint der Logik realer Geschichte inhärent zu sein; je höher die Ansprüche der Ideologie und je drastischer die vorgesehenen Maßnahmen, desto wahrscheinlicher ist die Profanierung der Ideologie in der Praxis. Auf diesem Umweg paßte Stalins vielverspottetes Theorem das Prinzip des Klassenkampfes schöpferisch an die desperate Parteipolitik an und machte es damit zum Schlüsselverfahren des sozialistischen Aufbaus.

Die konkrete Bedeutung des Theorems lag auf der Hand: Je näher das Land der Kollektivierung rückte, desto heftiger würden die Bauern sich wehren; und je rücksichtsloser die Industrialisierung voranschritt, desto wahrscheinlicher würden die Krisen auf Sabotage durch bürgerliche Spezialisten abgeschoben. Da die Regierung sich auf den Einsatz von Zwangsmitteln rüstete, war sie umsichtig genug, auch heftige Abwehrreaktionen in die Vorbereitungen einzubeziehen. Stalins ideologischer Stellungswechsel diente der psychologischen Mobilmachung für den bevorstehenden sozialen Krieg.

Ausschlaggebend für die Planung von Stalins neuem Kurs waren indessen die Erfahrungen mit der Westsibirischen Methode. Die Partei hatte Zwang angewandt, und der Zwang hatte gewirkt: Es war nicht zu einer Bauernrebellion und einer Wiederholung der Unruhen des Kriegskommunismus gekommen, wie ängstliche »Rechte« es vorausgesagt hatten. Einem massiven, organisierten Druck der Parteimaschinerie, so Stalins Kalkül, würden die weit im Land zerstreuten Bauern keinen ernsthaften Widerstand entgegensetzen können. Stalin verrechnete sich, und aus der Kollektivierungkampagne des Plans wurde ein Feldzug des Regimes gegen die Bauern.

Der organisierte Druck begann im Sommer 1929, als Parteiaktivisten unter der Leitung von Stalins engsten Beratern insgeheim versuchten, in ausgewählten Gebieten Massenkollektivierungen durchzuführen; die Wahl der Mittel war ihnen freigestellt. Am 1. Oktober hatte sich daraufhin die Zahl der Kolchosmitglieder etwa von einer auf zwei Millionen erhöht. Stalin erhob die Zahlen zum Beweis dafür, daß die »Mittelbauern« für die Sache des Sozialismus gewonnen waren und freiwillig in die Kolchose strömten. Er konnte somit die von oben durchgeführte Revolution der Partei als Reaktion auf einen Druck von unten darstellen. Und man darf annehmen, daß er seiner Propaganda auf weite Strecken selbst Glauben schenkte.

Dafür spricht die erstaunliche Tatsache, daß Stalins Beschaffungsexkursionen in die Region des Urals und Westsibiriens vom Januar 1928 seine einzigen Besuche der ländlichen Regionen geblieben sind. Von Anfang bis Ende der Kollektivierungsoffensive und bis zu seinem Tod hat er keinen roten Kolchos besichtigt. Die Fotos, die ihn zusammen mit lächelnden Bäuerinnen zeigen, waren gestellt. Stalins Blick auf das bäuerliche Rußland war bestimmt durch die Kategorien »Kulak«, »Mittelbauer«, »armer Bauer«. Auch das neue städtische und industrielle Rußland hat er höchst selten in Augenschein genommen, und sein einziger Ausflug an die Front während des Krieges war ein im Eiltempo absolvierter Offizialanlaß.

Seit 1928 betrieb Stalin die Regierungsgeschäfte und den sozialistischen Aufbau Rußlands ausschließlich von Moskau aus: vom Büro des Zentralkomitees am Staraja Ploschtschad, dem Alten Platz in unmittelbarer Nähe des Kreml, und vom Regierungssitz im Kreml. 1930 war seine

Ausgangsbasis, das Sekretariat, zu einer Partei innerhalb der Partei geworden; den sechs Abteilungen oblag die Aufsicht über die Mitglieder und die Überwachung der gesamten Regierungstätigkeit. Stalin hatte sich Ende der zwanziger Jahre darüber hinaus ein persönliches Sekretariat unter der Leitung von Alexander Poskrjobyschew geschaffen, das so sinistre Persönlichkeiten wie Jeshow, den späteren Chef der Geheimpolizei, beschäftigte. Er verließ diese Moskauer Festungen nur, um seine Villa *Blischni* im Moskauer Vorort Kunzewo oder im Sommer ähnlich gesicherte Rückzugsorte in Sotschi oder auf der Krim aufzusuchen. Vom Lebensalltag der Nation abgeschnitten, erlebte er das Land im Medium von Parteiberichten und Parteipolitk. So kann es nicht überraschen, daß er zu Beginn seiner zweiten Offensive davon überzeugt war, sie werde sich im Blitztempo durchpeitschen lassen.

Am 7. November verkündete Stalin in seiner Grußadresse zum zwölften Jahrestag der Revolution, Rußland habe das Jahr der »Großen Wende«, 1929, hinter sich und sei bereit, »mit voller Kraft voraus« zum Sozialismus vorzustoßen. Darunter wurde bald auch das Ziel der »durchgängigen« *(sploschnaja)* oder Massenkollektivierung verstanden. Diese Revision des Plans für den Agrarsektor zog indes unvermeidlich Korrekturen für die Industrie nach sich, so daß die Partei im Dezember erklärte, das Ziel des Fünfjahresplans werde in vier Jahren erreicht sein. Damit hatte Stalin klar gemacht, daß dem Land eine zweite Revolution bevorstand.

Um die symbolische Kraft dieser Zäsur zu verstärken, wurde am 21. Dezember mit gewaltigem Aufwand sein fünfzigster Geburtstag begangen. Stalin wurde vom Parteichef *(chosjain),* seiner bisherigen Rolle, zum *woschd,* zum »Führer« der Nation. Er ließ sich als »Lenin von heute« feiern, eine Losung mit deutlicher Botschaft: Lenin hatte die erste, die Revolution des Oktober ins Werk gesetzt; Stalin würde mit der zweiten und endgültigen Revolution den Aufbau des Sozialismus vollenden. Mit dem Leninkult, den die Partei in den zwanziger Jahren sich selbst zum Ruhm inauguriert hatte, war bereits das Bild des weisen und allwissenden Führers entstanden.[13] Stalin brauchte nur noch in die Rolle zu schlüpfen. Ende Dezember war das Terrain für den sowjetischen »Großen Sprung nach vorn« vorbereitet. Die Attacke konnte beginnen.

Die Kampf wurde an zwei »Fronten« geführt, um die damals gängige militärische Terminologie zu benutzen: in der Landwirtschaft und in der

Industrie. Jede Front hatte ihre einzelnen Abschnitte: die Weizenfront und die Baumwollfront, die Kohlefront und die Stahlfront. Es gab eine dritte große Front – die »Kultur«. Ihr Kampf richtete sich gegen den Analphabetismus, die technische Unwissenheit und die allgemeine *nekulturnost,* die schon Lenin zu schaffen machte, Rußlands generelle Untauglichkeit zu moderner Lebensart, Eigenschaften, die offenkundig vor allem mit dem *mushik* verknüpft waren. An jeder Front konnten darüber hinaus Engpässe oder andere unvorhergesehene Notstände auftreten, in denen »Stoßbrigaden« zum Einsatz kamen. Der *udarnik* oder »Stoßarbeiter« wurde zu einem der höchsten Ehrentitel der Arbeiterschicht. Im selben Geist wurden Arbeitergruppen aufgefordert, sich im »sozialistischen Wettbewerb« zu messen, ein psychologisches Stimulus zur Produktionssteigerung, da die Mittel für finanzielle Anreize fehlten.

Wo Fronten sind, müssen auch Feinde sein. Neben dem Hauptgegner, dem Kulaken, gab es die NÖP-Leute, die Spekulanten, die bürgerlichen Spezialisten, die in der Staatlichen Plankommission oder als Ingenieure arbeiteten, die in der Partei verbliebenen Rechts- und Linksabweichler, und alle konnten zu »Schädlingen«, zu »Saboteuren« werden, konnten jederzeit mit Ausländern und Imperialisten in Verbindung treten. Der Krieg war also an jeder Front mit dem nötigen wachen Klassenbewußtsein und im Geist des Klassenkampfes zu führen.

Die Kämpfe an den verschiedenen Fronten wurden außerdem in engstem Zusammenhang gesehen. Ein lokaler Einbruch schien die Niederlage auf breitester Front anzukünden. Dieser Glaube an die umfassende oder totale Natur der Großen Sozialistischen Offensive erklärt zumindest partiell die Überstürzung, mit der sie im Januar 1930 fast improvisierend angebahnt wurde. Namentlich die radikale Beschleunigung der industriellen Entwicklung im Dezember 1929 weckte bei der Parteiführung die unumstößliche Überzeugung, ohne die sofortige Agrarkollektivierung werde ein Mangel an Nahrungsmittel im Jahr 1931 zum Zusammenbruch der industriellen Front führen. Dieser Umstand wies der Agrarfront bei Beginn der Offensive die höchste Priorität zu.[14]

Als erster Schritt erging im Januar 1930 folgerichtig die Aufforderung, »das Kulakentum als Klasse [zu] liquidieren«. Brigaden von Parteiaktivisten, Arbeiterbataillone, Studenten des Kommunistischen Jugendbundes *Komsomol* und Detachements der GPU, wie die Tscheka inzwischen genannt wurde, strömten in die Dörfer. Die Berühmtesten unter ihnen waren die »Fünfundzwanzigtausender«, Parteiarbeiter, deren Eifer die Kollektivierungskampagne als spontane Initiative des Proletariats erscheinen ließ.[15] Vorgeblich war es die Mission dieser Gruppen, im »Bündnis« mit den armen Bauern, den *bednjaki*, die Kulaken aus den Dörfern zu vertreiben und die Mittelbauern oder *srednjaki* für die Kolchose zu gewinnen. In der Praxis verloren die vagen Klassifizierungen indessen jede Bedeutung. Die Dörfer wurden mit Gewalt dem Willen der Partei unterworfen: Als »Kulak« galt jetzt jeder Bauer, der sich der Kollektivierung widersetzte und damit zum »Feind« machte. Mit Hilfe der ärmeren Bauern wurden diese »Kulaken« enteignet, man nahm ihnen Land und Vieh, verjagte sie aus den Dörfern oder deportierte sie in Güterwaggons in menschenleere Gegenden Sibiriens. Der Eintritt in die Kolchose war ehemaligen »Kulaken« verwehrt. Im Lauf der Kollektivierung wurden laut Zahlen des Politbüros ungefähr fünf bis sechs Millionen Menschen Opfer der »Entkulakisierung«. Die Kampagne von 1930 ging nach dem taktischen Prinzip vor, die Bauern zu überraschen und die Dorfbevölkerung zu spalten, bevor Widerstand organisiert werden konnte. Die Aktion sollte vor der Frühjahrsaussaat abgeschlossen sein.

Darüber hinaus lag die Planung im argen. Es standen weder Traktoren in ausreichender Zahl noch Mähdrescher bereit. Die Partei hatte nicht einmal die Organisationsform der neuen Kolchose im einzelnen festgelegt. Sollte es das »TOZ« *(towarischtschestwo po sowmestnoi obrabotke semli* – Gesellschaft zur gemeinsamen Bearbeitung des Bodens) sein, eine lose Verbindung von Produzenten, die sich den Besitz der Produktionsmittel teilten? Ein Artel, die Genossenschaft mit vergesellschaftetem Produktionsprozeß? Oder die »höchste« und rein sozialistische Form der Kollektivwirtschaft, die Kommune, eine Lebensgemeinschaft auf der Grundlage konsequenter Güterteilung?

Vor der verschärften Zwangskollektivierung waren die meisten Kolchose als TOZ organisiert. Nach Beginn der Kampagne steuerten die Parteiaktivisten das Artel und sogar die Kommune an; lebendes und totes Inventar, Kühe, Schweine, Hühner, die Gartenparzellen, ja Haushaltgeräte wurden vergemeinschaftet. Ferner wurde die Dorfkirche geschlossen, die Glocke vom Turm geholt und der Priester verjagt. Die jahrhundertealte traditionelle Lebensweise des russischen Dorfes war mit einem Schlag weithin zerstört. Von »planmäßigem Handeln« kann bei diesen Operatio-

nen nicht mehr gesprochen werden. »Plan« und »Liquidierung des Kulaken« waren zum Schlachtruf geworden, mit dem die Partei zur Erstürmung des traditionellen bäuerlichen Rußland schritt.

Acht Wochen nach Beginn der Offensive wurde bekanntgegeben, daß
55 Prozent der russischen Landwirtschaft kollektiviert seien. In der Praxis
existierte die Hälfte dieser Kollektive nur auf dem Papier; den restlichen,
meist instabilen Betrieben fehlten ein Organisationsplan und die maschinelle Ausrüstung. Unerwartet begannen auch die Bauern Widerstand zu
leisten. Sie benutzen das einzige Mittel, das ihnen geblieben war, die
Selbstliquidierung, und vernichteten ihren Besitz, um seinen Einzug
durch die Kolchose zu verhindern. Vier Millionen Pferde wurden ge-
schlachtet und vierzehn Millionen Rinder getötet, die auf den Tisch der
Bauernhaushalte kamen. Dem Staat fehlten Traktoren, um das Zugvieh
zu ersetzen, und die vorhandenen Maschinen wurden nur unzureichend
genutzt, weil die wenigsten Bauern sie bedienen konnten. Die Parteiführung erkannte, daß für die bäuerliche Provinz substantiellere Pläne
erforderlich waren, wenn die Kampagne nicht zu einem Debakel werden
sollte.

Stalin rief also am 2. März mit dem bekannten Artikel »Vor Erfolgen
von Schwindel befallen« zu einer vorläufigen Einstellung der Aktionen
auf. Seinem Grundgedanken zufolge hatten die Genossen vom Land die
Parteidirektiven mißverstanden und die Kollektivierung allzu exzessiv
betrieben, so daß jetzt eine Drosselung des Tempos angebracht sei. Der
Artikel wird im allgemeinen als Beispiel für Stalinsche Heuchelei zitiert:
Da er selbst die Genossen angestiftet hatte, lag die Verantwortung bei
ihm. Doch der Sachverhalt war komplizierter. Stalin und seine Berater
hatten die Partei zwar angespornt und in den Kampf geschickt, doch die
Truppen hatte sich selbständig gemacht, teils von ehrlichem Eifer be-
feuert, teils aus Furcht, sich der »Rechtsopposition« schuldig zu machen,
wenn sie es am rechten Eifer fehlen ließen. Die Aktivisten vor Ort waren
also nicht selten erbost über Stalin, der ihnen zu milde schien. Der
eigentlich Schuldige aber war, im Fußvolk ebenso wie an der Spitze, das
Ethos der Partei, das sich in den Jahren der Machtausübung entwickelt
hatte.

Stalins »Halt« galt jedoch nur für die Dauer der Frühjahrsbestellung.
In den folgenden drei Monaten sank die Kollektivierungsrate auf 23
Prozent, da die schwachen Kolchose aufgelöst wurden. Im Herbst 1930

lief die Kampagne erneut an, und diesmal ging man methodischer vor. Das Regime erprobte die Möglichkeiten für eine neue Agrarordnung. Zunächst wurde die Produktionsgenossenschaft, das Artel, zum verbindlichen Betriebstyp erklärt. Ferner schien es angezeigt, den Bauern ihr Haus, eine Gartenparzelle und ein paar Stück Vieh als Individualbesitz zuzugestehen. Allmählich standen mehr Maschinen zur Verfügung, die in MTS, Maschinen-Traktoren-Stationen, konzentriert waren, denen eine politische Abteilung angegliedert wurde. Damit erhielt die Partei zum ersten Mal eine feste Vertretung in den Landregionen. Und die Bauern, denen jetzt die Zugtiere fehlten, konnten ohne die MTS weder säen noch ernten, so daß dem Staat sein Ernteanteil endlich gesichert war.

Diese Maßnahmen führten 1931 zu einer zweiten Kollektivierungswelle. Am Jahresende betrug der Anteil der kollektivierten Höfe und Erntefläche 52,7 bzw. 67,8 Prozent. Die Kämpfe, mit denen diese Steigerungen erkauft wurden, waren noch wilder als die des Vorjahres. Erneut und in größerem Ausmaß griffen die Bauern zur Waffe der Selbstliquidierung, zerstörten ihr Eigentum, schlachteten Vieh und Zugtiere. Im Verlauf der Zwangskollektivierungen verlor Rußland rund die Hälfte seines Viehbestandes, bei Ziegen und Schafen rund zwei Drittel. Die Zerschlagung der alten bäuerlichen Welt, aus der die neue Ordnung des Kollektivs hervorgehen sollte, trieb die Dörfer an den Rand des Chaos. Als Begleiterscheinung der Kollektivierung und der Deportationen von Kulaken wurde damals der Gulag, unter Lenin eine Einrichtung von beiläufiger Bedeutung, zu einem der Hauptpfeiler des Sowjetsystems – doch davon später.[16]

Die zweite Kollektivierungsoffensive gipfelte in einer Hungersnot, die nach der Ernte von 1932 begann und bis in den Herbst des folgenden Jahres anhielt. Sie ging nicht auf gesunkene Ernteerträge zurück, obwohl diese 1932 leicht unter dem Durchschnitt lagen. Der Grund lag vielmehr darin, daß der bäuerliche Widerstand gegen die Absichten der Regierung anhielt und die Regierung entschlossen war, diesen Widerstand ein für allemal zu brechen. Auslösendes Moment war die Zulassung von Agrarmärkten im Mai 1932. Diese Maßnahme war im Vertrauen darauf getroffen worden, daß das neue Kolchossystem hinreichend gefestigt und die Deckung des Staatsbedarfs gesichert sei. Doch die Getreidelieferungen gingen erneut markant zurück, und alle Kontrollmittel der Partei blieben wirkungslos. Wie in den Tagen der Westsibirischen Methode ging Stalin davon aus, daß die Bauern Nahrungsmittel versteckt hielten und die lokalen Parteifunktionäre nicht hart genug durchgriffen. Die Partei setzte folglich härtere Druckmittel ein, um den Bauern eine wirksame Lektion zu erteilen: Der Staat trieb seine Anteile ein ohne Rücksicht darauf, was übrigblieb, wohlwissend, daß eine Hungersnot die Folge sein konnte. So ist die Hungersnot von 1932–33, die besonders das Gebiet der unteren Wolga und die Ukraine heimsuchte, auch als »Hungerterror« bezeichnet worden.[17] Sie forderte, je nach Art der Zählung, sechs bis elf Millionen Menschenleben. Eines der größten Verbrechen des Jahrhunderts konnte zu seiner Zeit der Außenwelt und selbst den nicht unmittelbar betroffenen Teilen der Sowjetbevölkerung weithin verschwiegen werden. Der Hunger tat seine Wirkung. Er verhalf der Partei zum späten Sieg über die Dörfer. Mit dem Widerstand der Bauern brauchte die Sowjetmacht in Zukunft nicht mehr zu rechnen.

1934 umfaßte das Kollektivsystem 71,4 Prozent der russischen Bauernwirtschaften, 1936 waren es 90 Prozent. 240 000 Kolchose nahmen die Stelle von 25 Millionen bäuerlichen Haushalten ein. Die zahllosen zersplitterten Subsistenzbetriebe im Rußland des *mushik*, mit denen der Staat in der NÖP-Zeit zu kämpfen hatte, waren zu »rationalen«, das heißt überschaubaren und leicht lenkbaren sozialistischen Produktionseinheiten zusammengefaßt.

Parallel zum Kolchossystem baute die Regierung ein weniger umfangreiches Netz von Sowchosen, oder Staatsgütern, auf, mechanisierten Riesenbetrieben, auf denen die Bauern wie in Agrarfabriken als Lohnarbeiter beschäftigt wurden. Diese Sowchose machten zwar nur einen kleinen Anteil der sowjetischen Landwirtschaft aus, wurden aber als ideale Form des Sozialismus auf dem Land betrachtet – eine Vorwegnahme der Zukunft, in welcher der »Gegensatz von Stadt und Land« endlich aufgehoben sein würde.

Doch dürfen die materiellen Veränderungen des ländlichen Rußlands nicht übertrieben werden. Als das neue System sich eingespielt hatte und seine Organisationsform im Musterstatut von 1935 festgeschrieben war, standen wie vorzeiten Tjutschews bescheidene russische Dörfer mit ihren schiefen, ungestrichenen Holzhäusern, mit Krämerladen und Schulstube. Der Alltag war so traditionell geblieben, daß noch 1939 nur 4,5 Prozent der Kolchose über Strom verfügten. Die Lebensmittelversorgung dagegen war schlechter als 1929 und sogar 1913.

Geändert hatte sich die politische und ökonomische Organisation der Dörfer. Der *mushik* hatte zwar den Holzpflug mit dem Traktor vertauscht, saß aber nicht auf dem eigenen Traktor, wie Stalin es versprochen hatte. Die Landmaschinen waren in der Hand einer MTS, die eine größere Zahl von Kolchosen bediente. Die MTS waren somit zum Zentrum der Parteipräsenz auf dem Land geworden, das sich bis zur Kollektivierung einer effektiven Kontrolle durch die Partei entzogen hatte. Die bolschewistische Eroberung Rußlands, die 1921 an den Toren der großen Städte haltgemacht hatte, war mit der Besetzung des ganzen Landes endlich abgeschlossen.[18]

Das Regime hatte freilich ein nicht unwichtiges Zugeständnis machen müssen: die Gewähr von persönlichem Eigentum in Form einer beschränkten Hoflandparzelle samt Hausvieh und kleinem Inventar. Die Konzession war widerwillig ergangen, und solange sie existierte, ließ das Regime nichts unversucht, die Rolle der Hofparzelle einzuschränken. Sie ganz zu beseitigen gelang ihm jedoch nicht, so daß in Rußland ein privates Unternehmertum und ein Markt in marginalem Umfang bestehen blieben. Diese privaten Parzellen, die kaum 5 Prozent der Gesamtanbaufläche umfaßten, erbrachten 1937 den erstaunlich hohen Anteil von rund 25 Prozent an der Nahrungsmittelproduktion des Landes.

Das Haupterzeugnis Getreide indessen blieb unangefochten unter der Kontrolle des Stabes. Die Kollektivierung hatte ihren Zweck erfüllt: Seit 1933 verfügte der Staat über einen garantierten Vorrat an Grundnahrungsmitteln, für den er den Bauern keinen ins Gewicht fallenden Gegenwert in Konsumgütern anzubieten – kurz, nichts zu bezahlen brauchte. Abermals war ein ökonomisches Problem mit politischen Mitteln gelöst worden, die Stelle des Marktes nahm das *administrirowanie*, die bürokratische Verfügung, ein. Die einzige Bastion der russischen bürgerlichen Gesellschaft, die der Revolution widerstanden hatte, die Bauern, war als unabhängige und autonom tätige Kraft beseitigt. Die Klasse, deren Rebellion einer kleinen Gruppe von Fanatikern 1917 den Zugang zur Macht verschafft hatte, war zum Hauptopfer dieses Fanatismus geworden.

Das traditionelle russische Dorf gehörte der Vergangenheit an. Genauer gesagt, es war, noch ehe die Bauernbefreiung von 1861 auch nur ein Jahrhundert zurücklag, unter dem Parteistaat erneut in Leibeigen-

schaft geraten. Die Partei aber konnte sich nun dem Hauptgeschäft des
sozialistischen Aufbaus zuwenden – der Aufgabe, eine Hochleistungsin-
dustrie aus dem Boden zu stampfen.

Im Gegensatz indessen zur Kollektivierung, die sich für ganz Rußland als
uneingeschränkte Katastrophe erwies, war Stalins Industrialisierung trotz
abenteuerlicher Kosten, Brutalität und Unwirtschaftlichkeit eine historische Großtat ersten Ranges –, wenn nicht die einzige wirkliche Leistung,
die das sowjetische Experiment zu verzeichnen hat.

Für den Großteil der städtischen Bevölkerung war sie ein Grund
berechtigten Stolzes. Sie trug wesentlich zum zweiten großen Erfolg des
Regimes, dem Sieg im Zweiten Weltkrieg, bei. Sie sorgte für eine eine
erste, rudimentäre Modernisierung des Landes, die aus dem bäuerlichen
Rußland unwiderruflich eine urbane Gesellschaft, zumindest aber deren
Simulacrum machte. Und schließlich stellte sie einen Triumph der Wil-
lenskraft, die Meisterleistung sowjetischen Voluntarismus dar.

Der große Sprung in den Kristallpalast war nicht zum wenigsten auch
ein Ergebnis des Kampfes, den die Partei gegen die russischen Bauern
führte. Denn das beschleunigte Tempo der Industrialisierung war eine
Folge der forcierten Kollektivierung, die ihren Antrieb wiederum aus den
hektischen Industrialisierungsschüben bezog. Beide Prozesse entwickelten sich im Gleichschritt und verstärkten einander, wenn auch nicht so,
wie der Plan es vorsah. Plangemäß sollte durch wechselseitige Bereiche-
rung eine wechselseitige Unterstützung erreicht werden; faktisch provozierte die Einführung der »Fronten« durch überspringende Panik auf
beiden Seiten einen fieberhaften, frenetischen Taumel.

Als Ende 1929 die Entscheidung zugunsten der durchgängigen Kollektivierung gefallen war, hielt man es für geboten, den Plan zu beschleunigen, um die Kolchose mechanisieren zu können. Die Zielsetzungen der
optimalen Planvariante wurden am l. Dezember nach oben »verbessert«.
Wenige Tage später rief ein Kongreß der Stoßbrigadisten dazu auf, den
Fünfjahresplan in vier Jahren zu erfüllen, ein Vorschlag, den die Regierung sogleich aufgriff (das Ende des Planjahrfünfts wurde offiziell auf
den 31. Dezember 1932 verlegt). Der Plan in seiner technokratischen
Ursprungsversion, die selbst bereits utopische Züge hatte, war damit
praktisch aufgegeben. »Plan« bedeutete jetzt, daß bestimmte Projekte
höchster Dringlichkeit, ausgewählte strategische Planziele der Industrie,

um jeden Preis verwirklicht werden mußten. Darüber hinaus war er ein Mittel zur psychologischen Mobilisierung von Partei und Volk, mit dem man die Truppen zum Vormarsch an der »industriellen Front« anhielt. Eine genaue Schlachtordnung fehlte indessen ebenso wie an der gleichzeitig eröffneten Agrarfront, und die anfänglichen Resultate waren kaum weniger katastrophal als auf dem Land.

Der Angriff stand unter dem Motto: »Die Technik entscheidet alles«, worunter zu verstehen war, bereits die technische Ausrüstung verbürge moderne Leistungsfähigkeit und den Erfolg des Sozialismus. Der simplifizierende Leitspruch bezeugte nicht nur Stalins begrenztes Marxismusverständnis; er entsprach dem technologischen Determinismus, der schon bei Marx zu beobachten ist. Die Feststellung zum Beispiel, handbetriebene Produktion bringe eine Feudalgesellschaft, die Dampfmaschine eine Gesellschaft von Industriekapitalisten hervor, findet ihre Fortsetzung in Lenins Diktum »Sozialismus gleich Sowjetmacht plus Elektrifizierung«. Stalin gab der Gleichung lediglich ihre zeitgemäße Form, wenn er erklärte, daß der Hochofen eine sozialistische Gesellschaft produziere. Zur Marxschen Überlieferung kam das Beispiel der USA, die nach dem Ersten Weltkrieg in ganz Europa als das große Modernisierungvorbild galten, eine Vorstellung die durch Taylors Theorie rationeller Arbeitsabläufe und Fords Fließbandwunder verstärkt wurde. Und tatsächlich lassen sich die technischen Grundlagen des ersten Fünfjahresplanes mit denen vergleichen, die in Amerika wenige Jahre zuvor aktuell waren. Der Aufbau des marxistischen Sozialismus in Rußland wurde somit gleichbedeutend mit dem Ziel, »Amerika einzuholen und zu übertreffen«.

Die Partei konzentrierte ihre Planziele folglich auf die Schwerindustrie, das heißt auf die Produktion von Investitionsgütern, und erschöpfte ihre Investitionen in Projekten, die der Industrialisierung weiteren Auftrieb gaben. Dabei blieb außer acht, wie sich diese planerischen Gewaltmethoden auf die restliche Industrie, den Staatshaushalt, die Arbeitskräfte und die Konsumenten auswirken würden. Das Ergebnis war die »Planungsorgie«[19] von 1930–33, die ein Krisenkarussel in Gang setzte und um Haaresbreite in einem wirtschaftlichen Kollaps geendet hätte.

Die Anstrengungen konzentrierten sich auf zwei Bereiche: die Hüttenindustrie – Eisen, Kohle, Stahl – und die Werkzeugmaschinenindustrie mit ihrem Produktionsausstoß Turbinen, Traktoren, Lastwagen, Automobile.[20] Zur Unterstützung dieser Bemühungen wurde auch die Planungs-

bürokratie erweitert: Der WSNCH gliederte sich in verschiedene Volkskommissariate, oder Ministerien, für Industrie. Das Volkskommissariat
für Schwerindustrie, die erste dieser neu gegründeten Behörden, unterstand dem Politbüromitglied Ordshonikidse, der vornehmlich als politischer Troubleshooter fungierte und die technische Leitung seinem fach-
lich besser qualifizierten Stellvertreter Pjatakow überließ. Größtes Einzel-
projekt des Plans wurde das Ural-Kusnezker-Kombinat. Es verband die
Eisenerze der neuen Ural-Stadt Magnitogorsk mit dem westsibirischen
Steinkohlebecken des rund 2200 Transportkilometer entfernten Kusnezk
nahe der chinesischen Grenze. Damit erhielt die Sowjetunion ihr zweites
Hüttenkombinat neben dem vorrevolutionären Kombinat von Kriwoi Rog
und Donezbecken in der Ukraine, dessen technischer Standard und
exponierte Lage an der Westgrenze Bedenken erregten.

Gleiche Priorität genossen das Stalingrader Traktorenwerk und die Au-
tomobilwerke »Molotow« in Nishni-Nowgorod (1932 in Gorki umbenannt)
sowie die Kaganowitsch-Metro in Moskau. Große Anstrengungen wurden
in der Energiewirtschaft unternommen. Das Dnjepr-Kraftwerk entstand
(es war die Zeit des Hoover-Dam und der Tennessee Valley Authority). Erst
dann folgte das Transportwesen – die Turkestanisch-Sibirische Eisenbahn
(Turksib) sollte Sibirien mit Mittelasien verbinden; der Weißmeer-Ostsee-
Kanal wurde von Sträflingen gebaut und erwies sich als zu seicht, weil die
Fahrrinne mit Handschaufeln ausgehoben worden war.

Die Regierung finanzierte dieses Programm selbst während der Hungersnot mit Getreideexporten. Sie kaufte westliche Ausrüstung und verpflichtete Ingenieure für Magnitogorsk und andere Pilotprojekte, auf
deren Basis die Regierung sodann mit eigenen Ressourcen im ganzen
Land weitere Fabriken baute, in denen Automobile, Traktoren und andere benötigte Erzeugnisse des Schwermaschinenbaus produziert wurden.
Trotz allem blieb sie noch in den dreißiger Jahren von ausländischen
Vorbildern abhängig: Die stolze SIS/SIL-Limousine ist im wesentlichen
ein sowjetischer Buick. Die Traktorenwerke von Stalingrad waren buchstäblich eine Kopie der Caterpillar Traktorenfabrik und die Automobil-
werke in Gorki die Kopie eines Fordbetriebs.[21] Doch die Nachahmung,
mochte sie auch auf schnellstem Weg zum Wachstum führen, hatte ihren
Preis: Bei aller quantitativen Ergiebigkeit zeichnete sich die sowjetische
Industrie zu keiner Zeit durch qualitative oder auffallend schöpferische
Leistungen aus.

Während der Durchführung dieser Unternehmungen rissen die Krisen nicht ab, und das Land stand am Rand des Chaos. Die erste Krise brachte der Sommer 1930 mit einem Einbruch bei der Konsumgüterindustrie, der es an Investitionskapital mangelte. Es war die Zeit, als das Potential an Arbeitskräften zunahm, weil die enteigneten Kulaken und andere Neuarbeiter in die Städte strömten. Plötzlich fehlten Konsumgüter, Nahrungsmittel, Wohnungen, Transportmöglichkeiten. Die Preise schnellten in die Höhe, und ein nahezu umfassendes Rationierungssystem ersetzte den Markt. Die Lage verschlimmerte sich mit fortschreitender Durchführung des Plans, so daß »1933 ein Niedergang des Lebensstandards erreicht wurde, wie Rußland ihn in Friedenszeiten seit Menschengedenken nicht erlebt hatte«.[22] Wenn sich denn von diesen Jahren als einer Zeit des Friedens sprechen läßt.

Im Herbst 1930, bei schwindenden Konsumgütern und steigenden Preisen, ließ sich nicht übersehen, daß die industrielle Produktion insgesamt zurückging.[23] Da dieser Rückgang in die Zeit nach dem ersten Kollektivierungsfiasko fiel, wurden in der Partei Stimmen laut, die eine Verlangsamung des Industrialisierungstempos forderten. Stalin indessen war in den Städten ebensowenig zu einem Rückzug bereit wie auf dem Land. Er verschloß sich jedem Appell, die festgesetzten Fristen zu lockern und so mit der sich abzeichnenden neuesten Krise fertigzuwerden – den Unzulänglichkeiten der Arbeiterschaft.[24] Es hatte sich unterdessen gezeigt, daß die Technik nicht das allein Entscheidende war und die so teuer erkauften neuen Maschinen ohne kompetente Arbeiter nutzlos blieben.

In seiner Rede vom Juli 1931 versuchte Stalin die Ziele des Regimes an die Gebrechlichkeiten des »menschlichen Faktors« anzupassen. Wie bei der Konzession einer bäuerlichen Privatparzelle verstand er sich beim Industriearbeiter zu einer Kompromißtaktik. Sie betraf die Lohngestaltung. Bisher war die Lohnpolitik der Partei egalitären Bestrebungen gefolgt, die Stalin jetzt als unmarxistische und »kleinbürgerliche« »Gleichmacherei« *(urownilowka)* anprangerte. Die eigentliche sozialistische Lohnform, erklärte er, sei der Stücklohn, die Bezahlung nach der Quantität der Arbeitsleistung. Mit anderen Worten, in einer Situation unvorhergesehenen und nahezu universalen Mangels griff Stalin zu Lohndifferenzierungen, um die Produktionskraft zu steigern. Das war sein Zuckerbrot.

Die Peitsche ließ er sehen, als er sich gleichzeitig gegen die »Fluktuation« der Arbeitskräfte, die Nomadengewohnheiten der Arbeiter wandte, die auf der Suche nach kleinen Verbesserungen in der neuen Welt des endemischen Mangels von Ort zu Ort zogen. Als Gegenmaßnahme wurden in Verbindung mit der polizeilichen Meldepflicht zunächst der Inlandpaß eingeführt, die Zuweisung von Wohnungen und Rationen an eine feste Anstellung gebunden und chronische Arbeitsversäumnisse für strafbar erklärt. Am Ende dieses Prozesses, der die Bindung des Arbeiters an seinen Betrieb festigen sollte, standen 1939 die Wiedereinführung des Arbeitsbuchs, einer polizeilichen Erfindung des neunzehnten Jahrhunderts, sowie die Androhung von Lagerhaft. Diese Maßnahmen waren zwar weniger einschneidend als die Neu-Versklavung durch die Kolchose – die Bauern besaßen nicht einmal Pässe –, unterwarfen jedoch die Bevölkerung in gleicher Weise dem Willen des Regimes.

Stalins Blick ging bereits über die Gegenwart hinaus, wenn er auf die Notwendigkeit hinwies, eine von Grund auf neue Arbeiterklasse zu schaffen.[25] Den neuen Werktätigen, namentlich den frisch ins urbane Umfeld verpflanzten Bauern, fehlte die »Kultur« für die moderne industrielle Ordnung, und die kultivierten bürgerlichen Spezialisten waren politisch so unzuverlässig wie die kaiserlichen Offiziere in den Reihen der Roten Armee während des Bürgerkrieges. Die Industrialisierungskampagane war mit zwei öffentlichen Prozessen gegen »Schädlinge« eröffnet worden; 1930 saß die »Industriepartei«, 1931 das Büro der Menschewiki (das heißt die Planer der ersten Stunde) auf der Anklagebank.[26] Der dringende Bedarf an Fachkräften zwang Stalin jedoch, im Sinne einer temporären Notlösung auf seine »Spezialistenhatz« zu verzichten. Eine langfristige Wirkung versprach man sich von einer massiven Offensive an der kulturellen Front. Durch eine verbesserte technische Berufsausbildung sollte eine sozialistische »Arbeiterintelligenzia« herangezogen werden. Im Gleichzug sollten verläßliche Proletarier geschult und auf leitende Posten befördert werden, ein allgemeines soziales »Aufrücken« *(wydwischenie)*, das der Diktatur des Proletariats ihre eigenen Kaderleute verschaffen würde. Wie am Ende des Bürgerkrieges die Offiziere der Zarenarmee allmählich den neu ausgebildeten roten Offiziersanwärten Platz machten, sollten jetzt die frisch trainierten roten Manager der Industriearmee das bürgerliche Führungskorps ablösen.

1935 erreichte die Arbeit am »menschlichen Faktor« ihren Höhepunkt.

Auf der Ebene des industriellen Fußvolks wurden in der Stachanow-Bewegung die Prinzipien der Stoßarbeit und des sozialistischen Arbeitswettbewerbs institutionalisiert.[27] Ein Bergmann namens Stachanow schaffte sich, unterstützt von der Betriebsleitung, ideale Arbeitsbedingungen und brachte es dadurch zur Übererfüllung der für die Kohleförderung festgesetzten Normen. Er wurde zum Helden der Arbeit ernannt, und die Arbeiter aller Wirtschaftszweige sahen sich angehalten, es ihm gleichzutun. Die damals sehr niedrige russische Arbeitsproduktivität machte solche Rekordleistungen möglich, doch darf nicht übersehen werden, daß sich zahlreiche Arbeiter mit glühendem Eifer für den Aufbau der sozialistischen Industrie einsetzten. Jeder individuelle Sprung nach vorn wurde für die gesamte Arbeiterschaft zur Norm, die sich danach im Akkord noch härter abrackern mußte. Die »Helden der sozialistischen Arbeit« bildeten im vollendeten stalinistischen System die Aristokratie der Werktätigen.

Noch größere Sorge ließ Stalin dem industriellen Offizierskorps angedeihen; von dessen Fähigkeiten hing der Erfolg des Systems ab. Nach 1931 förderte das Regime somit das Ausbildungsprogramm für eine technische Elite, das allerdings nur dem vielversprechenden Nachwuchs offenstand. Nach erfolgter Ausbildung kamen die »Kader« in den Genuß von materiellen und sozialen Privilegien, die ihren Funktionen entsprachen.

Die Verantwortlichkeiten wurden von Parteikomitees verschiedener Ebenen nach Ernennungslisten, *nomenklatury,* zugeteilt, ein Begriff, der sich mit der Zeit als Kollektivbezeichnung für die neuen Kader einbürgerte. Die Ämterbestallung nach *nomenklatura* war in den zwanziger Jahren als administrative Maßnahme üblich geworden, doch erst nachdem mit Stalins Industrialisierung eine Unzahl neuer Stellen geschaffen wurden, konnte dieses System zur Entstehung einer Kaste führen. Spätestens 1935 war diese Gruppe zur hierarchischen Spitze der neuen Gesellschaft geworden. Stalin revidierte die »Generallinie« und erklärte: »Das wertvollste Kapital ist der Mensch«, und die neue Losung lautete: »Die Kader entscheiden alles.«

Auch in anderen Wirtschaftsbereichen wurden die ursprünglichen Zielsetzungen der Offensive umgeschrieben. Als das Land 1930 vom Semi-Markt der NÖP zur Ressourcenverteilung nach dem Fünfjahresplan überging, stand wie im Kriegskommunismus die Rolle des Geldes zur Diskussion. Allgemein rechnete man damit, daß der »Produktenaustausch« zwischen den Unternehmen mit der Zeit an die Stelle des Geldes treten werde, auch Stalin teilte diese Ansicht. Schließlich aber blieb die Geldwirtschaft erhalten, denn es zeigte sich, daß der direkte Produktenaustausch, faktisch eine Handelsbeziehung, für das großdimensionierte industrielle Netz zu schwerfällig gewesen wäre. Um also den Fremdfaktor Geld uneingeschränkt dem Plan zugute kommen zu lassen, wurde das Kreditwesen in der Staatsbank konzentriert. Weil aber das industrielle Wachstum immer chaotischer wurde, nahmen die Planer ihre Zuflucht schließlich zur Finanzierung über die Notenpresse, was in Verbindung mit der herrschenden Warenknappheit zu einer sechsfachen Inflationssteigerung im ersten Planjahrfünft führte. Berechnungen und Koordination wurden damit erschwert, und von Planung war nach Lage der Dinge kaum mehr zu sprechen. Da die Industrielöhne mit der Inflation nicht Schritt hielten und die Bauern keinen nennenswerten Lohn erhielten, konnten auch über den sinkenden Wert des Rubels Mittel aus der Bevölkerung abgeschöpft und in die Erweiterung der Industrie geleitet werden.

Das Ergebnis war eine neue Spielart sozialistischer Wirtschaft. Zugunsten der politisch gelenkten Ressourcenverteilung wurde der Markt unterdrückt. Da aber anders als im auslaufenden Kriegskommunismus der Geldverkehr bestehen blieb, erhielt das Geld die neue Funktion, die politischen Zielvorstellungen des Regimes an alle Wirtschaftssubjekte weiterzugeben. Das Geld wurde nach wie vor benutzt, doch wesentlich anders als während der NÖP. Löhne und Preise richteten sich nicht nach Angebot und Nachfrage, sondern wurden vom Staat festgesetzt. Mit einer Umsatzsteuer auf alle Produkte und auf jeder Produktionsstufe ließen sich die Preise außerdem dort, wo es erwünscht war, anheben und mit Subventionen nach Belieben senken. Das schaffte zwar keinen dynamischen Ausgleich von Angebot und Nachfrage doch ein für staatliche Zwecke notwendiges Gleichgewicht. Preise, Löhne und Steuern folgten somit einer politischen, nicht einer ökonomischen Logik.

Eine neue Form von Produktion und Verteilung war entstanden, eine Geldwirtschaft ohne Markt, die nicht dem Rezept des ursprünglichen Kriegskommunismus entsprach. Der damals zumindest auf dem Papier bestehende wirtschaftliche Zentralismus funktionierte ohne einen Plan und praktisch ohne Geld. Das System Stalins verband Plan- und Geldwirtschaft, eine Form die sich logischerweise nicht mit den Mechanismen der Weltwirtschaft vereinbaren ließ. Durch den nicht konvertierbaren Rubel blieben fremde Marktkräfte ausgeschaltet. Kurzfristig bot diese Abschottung den Vorteil einer besseren Kontrolle der inländischen Wirtschaftsentwicklung. Mit der Zeit jedoch schnitt sie die Sowjetunion vom Stimulus der internationalen Entwicklungen ab und trug damit zum Untergang des Systems bei.

Ein zweiter Unterschied zwischen Stalinismus und Kriegskommunismus sorgte für eine Anomalie im neuen System. Der Markt lebte weiter. Neben dem legalen Kolchosmarkt existierte ein illegaler schwarzer Markt, eine »Sekundärökonomie« von beträchtlicher, nie genau erfaßter Ausdehnung, die sogenannte Schattenwirtschaft. Der Handel wurde zum Teil mit Geld abgewickelt, zum Teil wechselten Güter die Hand gegen politische Vergünstigungen. Jedenfalls aber war die legale, geplante Ökonomie auf ihren zwielichtigen Doppelgänger angewiesen. Fabrikleitern und Durchschnittskonsumenten sicherte sie das Überleben. Die Verdrängung dieser vitalen wirtschaftlichen Energien in den Untergrund und in die Illegalität schwächte jedoch das Gewebe des Gesamtsystems, was seinerseits die Erosion des stalinistischen Kommandosystems begünstigte.

Auch an der monetären Front hatten die Bolschewiki also zu einer improvisierten Notlösung für ein unvorhergesehenes Problem gefunden. Und wieder bot diese Lösung einen kurzfristigen Vorteil um den Preis einer strukturellen Krise von unabsehbarer Dauer.

1933 hatte Stalins »Großer Sprung nach vorn« mit dem Aufbau und der Reorganisation von Landwirtschaft, Industrie und Finanzsystem sein Ziel erreicht. Ein zweites Planjahrfünft mit realistischeren, wenn auch kaum »wissenschaftlich« zu nennenden Zielen war eingeleitet, und 1935 konnten die Ergebnisse der Zweiten Revolution als gesichert gelten. Aus den Trümmern der NÖP war ein neues sowjetisches System erstanden. Wie sah die Grundstruktur dieses Systems aus, und welche Kräfte hielten es in Gang?

Das Regime sah sich am Ziel seiner vorrangigen ökonomischen Wünsche. Die großen Projekte der Schwerindustrie waren abgeschlossen, wenn nicht plangemäß, so doch in sehr kurzer Zeit. Darüber hinaus hatte sich das Schwergewicht der russischen Wirtschaft unumkehrbar vom Agrarsektor auf die Industrie, vom Land in die Städte verlagert. Um die dreißig Millionen Bauern waren entwurzelt – sie wurden im Lauf der dreißiger Jahre, häufig aufgrund von Verträgen zwischen Kolchosen und Fabriken, an städtische Arbeitsplätze versetzt, ein Urbanisierungsprozeß von geschichtlich einzigartigem Umfang und Tempo.

Eine derart massive Landflucht läßt sich nicht mit der Anziehungskraft von Rußlands brandneuen, unwirtlichen Industriestädten erklären. Sie wurde vom Regime durch das System des *trudoden,* des Tagewerksystems, organisiert, der Grundlage für eine Leistungsmessung und -bewertung. Die Lohnsätze für die vom Einzelhaushalt zu leistenden Arbeitstageinheiten waren bewußt so tief angesetzt, daß sie weitgehend von Frauen, Kindern und alten Leuten erbracht wurden. Dieses System war zweifellos einer der Hauptgründe für die niedrige Produktivität der kollektiven Landwirtschaft. Daß es die gesunden Männer praktisch dazu zwang, in den Industriegebieten Arbeit und Verdienst zu suchen, war im Sinne des Regimes. Dem ökonomischen Druck konnten Kontrakte zwischen Kolchosen und Fabriken zum Transfer lebender Seelen zur Seite treten. In den Städten angekommen, erhielten die ehemaligen Bauern eine summarische berufliche, »kulturelle« und ideologische Ausbildung.

Rußland war damit am Ende des Jahrzehnts zu einem »modernen« Industriestaat und zum ersten Mal wirtschaftlich autark geworden. Die frühere Abhängigkeit des Sowjetsystems von ausländischen Prototypen, Plänen und Experten hatte ein Ende. Es erzeugte aus eigenen Ressourcen das Gesamtspektrum des industriellen Produktionsapparats – vom Stahlwerk bis zu Werkzeugmaschinen und Turbinen sowie Kohle und Öl, Traktoren und Panzer, Automobile und Flugzeuge; es hatte die ökonomische Unabhängigkeit der USA erreicht und die Volkswirtschaft Japans und jeder andern europäischen Macht überflügelt, ein Umstand, der zählte, da die internationale Lage in den dreißiger Jahren von wachsender Unsicherheit geprägt war.

Die Steigerung der Verteidigungskraft des Landes war von Beginn an ein Motiv der Industrialisierung. Stalins berühmt gewordene Worte von 1931, Rußland dürfe nie mehr geschlagen werden, sind Hinweis genug. Das treibende Motiv war indessen nicht der Verteidigungswille, sondern die Notwendigkeit, der Partei eine industrielle und proletarische Basis und Existenzgrundlage zu verschaffen, das heißt, hinter dem Industrialisierungsprogramm stand vor allem das Ziel, die russische Realität mit der marxistischen Theorie in Einklang zu bringen.

In den Jahren von 1929 bis 1932 ging vom Nationalsozialismus keine Bedrohung aus, und die Besetzung der Mandschurei durch Japan brauchte Sowjetrußland nicht übermäßig zu beunruhigen. Ebensowenig ist die damals akute Sorge um die internationale Sicherheit als Ausdruck des Nationalismus zu betrachten. Sie galt der Verteidigung der Revolution und des Parteistaates gegen den Weltkapitalismus, der die sozialistische Insel Rußland einschloß. Als Stalin 1928 davon sprach, daß sich der Kapitalismus nach einer Phase revolutionärer Spannungen stabilisiert habe, wappnete er sich offensichtlich gegen einen vermuteten Angriff von seiten des anglo-französischen Imperialismus. Die internationale Lage hat also nicht durch eine wie immer geartete reale Brisanz zur sowjetischen Industrialisierungshektik beigetragen. Bedrohlich erschien sie einzig im Licht der paranoischen Ängste Sowjetrußlands vor seiner »kapitalistischen« Umwelt.

Erst 1936, als Hitler das Rheinland besetzte und Japan in China eindrang, erhielt die anhaltende Besorgnis ihre Berechtigung und die sowjetische Industrie damit zum ersten Mal einen realitätsnäheren Daseinszweck als den Sozialismus. Seit Vollendung der industriellen Aufbauphase im Jahr 1935 ließ sich die sowjetische Industrie im wesentlichen auf folgende Formel bringen: Im Gegensatz zu den erklärten Absichten des Regimes war sie alles andere als ein System, das für die Bedürfnisse der Bevölkerung produzierte; durch umfassenden und andauernden Druck holte sie vielmehr aus der Bevölkerung das letzte heraus mit dem Ziel, Produktionsmittel herzustellen, damit industrielle Macht akkumuliert und in der Folge weitere Produktionsmittel zur weiteren Stärkung der industriellen Macht hergestellt werden konnten. Dieser Dynamik gehorchte das reife Sowjetsystem.

Die Konzentration auf die Schwerindustrie, die anfänglich eine Grundlage für wirtschaftliche Diversifikation hatte schaffen sollen, war damit zum Selbstzweck geworden. Als Rüstungsproduktion hatte sie endlich zu ihrem wahren Zweck und Endziel gefunden, und ihre befehlsadministrativen Strukturen kamen diesem Ziel entgegen. Seit 1937 verlegte sich die sowjetische Industrie in wachsendem Maß auf die Produktion von Kriegsmaterial. Sie sollte die industrielle Basis des Systems bleiben, solange es bestand.

Eine Begleiterscheinung dieser Entwicklung war die starke, doch uneingestandene soziale Differenzierung der neuen stalinistischen Gesellschaft. Offiziell wurde die neue Sozialordnung 1936 als »sozialistisch« deklariert und beruhte auf drei nicht antagonistischen Klassen: Arbeitern, Bauern und »Intelligenz« – das hieß die neuen Manager –, die in ihrer Einheit das »Volk« bildeten. In der Praxis allerdings wurden Lohn und Macht entsprechend dem Nutzen und der politischen Loyalität zugeteilt. Und alles wurde, soweit möglich, auf dem Befehlsweg von der Spitze zur Basis geregelt.

Stalin verglich sein System wiederholt – und den neuen russischen Verhältnissen angemessen – mit »einer Maschine und ihren Rädchen«.[28] Noch lieber griff er zu militärischen Bildern, verglich vor allem die Partei gern mit einer »Armee«:

> In den oberen Rängen gibt es etwa drei- bis viertausend erstrangige Führungspersönlichkeiten, die ich als das Generalskorps unserer Partei bezeichnen möchte. Die dreißig- bis vierzigtausend im Mittelfeld sind das Offizierskorps unserer Partei. Die hundert- bis hundertfünfzigtausend in den unteren Befehlsrängen sind sozusagen die Unteroffiziere.[29]

Er war damit lediglich einen Schritt weiter gegangen als Lenin, der 1917 Ludendorffs Kriegssozialismus zum Vorbild des Kriegskommunismus gemacht hatte, und auch Trotzkis Programm einer »Militarisierung der Arbeit« aus dem Jahr 1920 fand hier seine Fortsetzung. Noch die NÖP hatte mit ihren »Kommandohöhen« dem militärischen Geist ihren Tribut entrichtet.

Mit Recht bezeichneten darum amerikanische Sowjetologen das voll entwickelte System Stalins nach dem Zweiten Weltkrieg als »Kommandowirtschaft«. Die Bezeichnung war eine Übersetzung der deutschen *Befehlswirtschaft**, ein Begriff, mit dem deutsche Flüchtlinge Hitlers Vierjahresplan charakterisierten, den der *Führer** in Anlehnung an das sowjetische Vorbild aber auch im Gedenken an seinen einstigen Kommandeur und früheren politischen Verbündeten Ludendorff entwickelt hatte.[30] Der Begriff wurde schließlich in den späten achtziger Jahren von der demokratischen Opposition hinter dem Eisernen Vorhang aufgegriffen und mit dem alten sowjetischen Euphemismus für Zwangsverfügung, *administri-*

---

* im Orig. deutsch.

rowanie, zum Begriff des »bürokratischen Befehlssystems« verschmolzen. Man benötigte eine Umschreibung für »Totalitarismus«, bis das Wort seit dem beginnenden Zusammenbruch des Systems nicht länger tabu war. Doch unabhängig davon, welches Etikett von Lenin über Stalin bis in die jüngste Zeit benutzt wurde – das sowjetische System war nie etwas anderes als eine politische Ökonomie militärischen Zuschnitts. So war es im Kriegskommunismus entstanden, so hatte es im Sturm der zweiten sozialistischen Offensive den Sieg errungen.

HALBZEIT-BEFUNDE

Wie aber ist Stalins Revolution als Übergangswirtschaft oder Pilotprojekt der Modernisierung unter den Bedingungen der Rückständigkeit zu bewerten? Die Frage läßt sich sicherlich nicht losgelöst von den politischen Verhältnissen der damaligen Zeit betrachten, namentlich von dem Umstand, daß Hitler als Bedrohung wirkte, unter deren Einfluß sich der Schwerpunkt der Sowjetwirtschaft zunehmend auf unproduktive Rüstungszwecke verlagerte. Das ändert jedoch nichts an der Tatsache, daß Stalins Rußland allein durch eigene Anstrengungen von imponierendem Ausmaß zu einer industriellen Großmacht wurde; und nur dieses Industriepotential ermöglichte das politisch so überaus produktive Ergebnis seines Überlebens im Zweiten Weltkrieg.

Zu ihrer Zeit und bis weit in die achtziger Jahre wurde die wirtschaftliche Leistung des Stalinismus nie anders als »sehr gut« bewertet. Die frühen dreißiger Jahre waren die Zeit der großen Wirtschaftskrise mit sechs Millionen Arbeitslosen in Deutschland und elf Millionen in den Vereinigten Staaten, deren Bruttosozialprodukt während der russischen Planperiode um durchschnittlich 8 Prozent zurückging. In Magnitogorsk loderten die Feuer der Hochöfen, während in Pittsburgh und an der Ruhr die Produktion heruntergefahren wurde. Stalin und seine Genossen bauten den Sozialismus, Hitlers Braunhemden und Sturmtruppen den Faschismus. Die Anarchie des Marktes schien den Westen zu zerstören, während im Osten dank rationaler Planwirtschaft eine neue Welt entstand.

Während der Kriegsjahre und des Wiederaufbaus blieb diese Sicht des Westens unverändert. Im Krieg hatte die Koalition einer Volksfront von

Demokraten und Kommunisten gegen den Faschismus gekämpft; das sowjetische Plansystem schien diesen Kriegserfolg zu erklären und einen Marshall-Plan für den Wiederaufbau in Osteuropa entbehrlich zu machen. So kam es, daß in der traumatischen Zeitspanne, die von der Wirtschaftskrise bis weit in die Nachkriegszeit reichte, im liberalen westlichen Bewußtsein ein bipolares Vorstellungsmuster fixiert wurde: An den Begriff des Kapitalismus band sich die Vorstellung von ökonomischer Krise und Krieg, mit der Planung wurde Wachstum und Frieden assoziiert – eine Zwillingskonstellation, die schon 1914, am Vorabend des Ersten Weltkriegs, ihren Schatten vorauswarf.

Ihren reinsten Ausdruck fand diese Mentalität 1924 in »Die große Umgestaltung« des Österreichers Karl Polanyi, der den Markt als »unnatürlich« und als Quelle aller modernen Übel geißelte. Unmittelbar nach dem Krieg übernahmen in Großbritannien die Sozialisten die Regierung, Frankreich erfand seine eigene Art der »indikativen« Planung, und kurz darauf beschrieb Deutschland sein Wirtschaftswunder als »soziale Marktwirtschaft«. Vor diesem Hintergrund konnte das sowjetische Experiment leicht Respekt und manchenorts wohl auch Billigung finden.

In den dreißiger Jahren erreichte die sowjetische Wirtschaft laut offiziellen Angaben jährliche Wachstumsraten von etwa 16 bis 20 Prozent, was den bisherigen Leistungshöchststand bedeutete. Eingehende Nachprüfungen wurden damals im Westen nicht in Erwägung gezogen. Die Berechnungsmethoden waren ungenau und die Wirtschaftstheoretiker an Rußland nur mäßig interessiert. In der journalistischen Berichterstattung dagegen – Vorgänger der wissenschaftlichen Sowjetologie – herrschte vorbehaltloser und einmütiger Konsens darüber, daß Rußland einzigartige und spektakuläre Leistungen aufzuweisen habe. Nach dem Krieg, als die westliche Sowjetforschung das Bruttosozialprodukt erstmals mit den im Westen üblichen wissenschaftlichen Methoden errechnete, kam man für die Jahre 1929–40 auf ein jährliches Wachstum von 12 bis 14 Prozent, mit wesentlich geringeren Zahlen für die Landwirtschaft und das Pro-Kopf-Einkommen. Die aufwendige Rekalkulation von Stalins Gesamtleistung ergab für 1955 das 3,5fache der Bruttoproduktion von 1928, das heißt einen Jahresdurchschnitt von 4,7 bis 6,7 Prozent, mit einem noch höheren Durchschnitt für die dreißiger Jahre, weil die Gesamtzahlen während des Krieges sanken.[31] Diese Ergebnisse lagen zwar unter den offiziellen russischen Angaben, bedeuteten aber immer noch einen der großen Triumphe der Weltwirtschaftsgeschichte, und sie gingen im Verlauf der folgenden vier Jahrzehnte in zahllose Lehrbücher und Pressedarstellungen ein.

Dann traten mit Beginn der Perestroika russische Wirtschaftswissenschaftler in die Debatte ein und übten vernichtende Kritik an den russischen Statistiken der dreißiger Jahre. Insider wie Nikolai Schmeljow schätzen die Steigerung des sowjetischen Volkseinkommens für die Jahre 1928–40 auf lediglich 3,4 Prozent, andere sprechen von maximal 5 Prozent.[32] Die Mehrzahl der westlichen Spezialisten reagierte mit Schweigen. Heute erhält man als einzige Antwort, daß die Unvollständigkeit der sowjetischen Angaben und die horrende Schwierigkeit, ein begriffliches Instrumentarium festzulegen, eine genaue Bestimmung des Wirtschaftsvolumens für die dreißiger Jahre nicht zuließen. Und tatsächlich macht die maßgebliche Wirtschaftsgeschichte der UdSSR für den gesamtem sowjetischen Zeitraum keine Zahlenangaben über das ökonomische Wachstum. Was bleibt, ist also das journalistische Fazit der frühen Jahre, das industrielle Wachstum der Sowjetunion unter Stalin sei »beträchtlich« gewesen.

Daß uns eine exakte Bestimmung der sowjetischen Wirtschaftsleistung in klassischen BSP-Werten tatsächlich fehlt, soll nicht bestritten werden. Doch die Konturen des Gesamtvolumens lassen sich aus dem Schlußkapitel der sowjetrussischen Wirtschaftsgeschichte mit hinreichender Genauigkeit ablesen. Die Kritik an den älteren, aufgeblähten Zahlen hat deutlich gemacht, daß dieses Wachstum nie welthistorische Größe erreichte. Mit einer achtprozentigen Steigerung der Industrieproduktion in den neunziger Jahren des letzten Jahrhunderts, die zudem über die weitaus glimpflicheren Methoden des Marktes erreicht wurde, schneidet Witte vermutlich nicht schlechter ab als Stalin. Mehr wurde mit 6 Prozent für das Gesamtvolumen im Japan der Meiji-Zeit erreicht, ganz zu schweigen vom Weltrekord der 16 bis 18 Prozent in der japanischen Nachkriegszeit oder Deng Xiaopings 10 bis 12 Prozent in den achtziger Jahren.

Wachstumsraten sind indessen nicht der einzige Maßstab für wirtschaftliche Erfolge. Zur Bilanz gehören auch die Kosten von Stalins Industrialisierung. Wenn die Menschen, wie er behauptete, das wertvollste Kapital sind, dann stellen die sechs bis elf Millionen Opfer der Kollektivierungskampagnen eine exorbitante Verschwendung nationaler Ressourcen dar.

Dazu kommen die Kollektivierungsverluste im Viehbestand. Diese »Investitionen« führten außerdem nicht zu einer Produktionssteigerung im Agrarbereich, sondern zu einer der größten ökonomischen Katastrophen des zwanzigsten Jahrhunderts. 1939 war der Lebensstandard der ländlichen Bevölkerung weit unter das Niveau von 1929, ja unter das von 1913 gesunken. In den Städten sah es kaum anders aus.

Eine Besserung der Verhältnisse trat erst nach Stalins Tod ein, blieb indessen marginal, obwohl unter Chruschtschow und Breshnew enorme Investitionen in die Landwirtschaft flossen. Der irreparable Mangel des Kolchossystems steckt in seiner Struktur – mit Kollektivarbeit ist kein Produktionsanreiz zu erzielen. Rußland, vor 1914 einer der Hauptlieferanten auf dem Weltgetreidemarkt, war in den siebziger und achtziger Jahren regelmäßig zu Nahrungsmittelimporten gezwungen, während sowohl China wie Indien Lebensmittel exportieren konnten. Im menschlichen Bereich blieben die Kosten hoch: Der russische Bauer war Teil einer demoralisierten, lethargischen, oft alkoholabhängigen Arbeiterschaft geworden, die den Staat mit Argwohn betrachtete und jede Eigeninitiative scheute.

Die Degradierung der Klasse, in der man einst die Seele Rußlands zu erkennen glaubte, wurde eines der wichtigen Themen der russischen Literatur von Scholochows »Neuland unterm Pflug« (Podnjata zelina, 1932) bis zu Solshenizyn »Matrjonas Hof« (*Matrjonin dwor*, 1963) und den »Dorfschriftstellern« der siebziger Jahre, deren Botschaft lautet: Die Kollektivierung war nicht nur ein ungeheuerlicher ökonomischer Mißgriff. Sie war ein ebenso ungeheuerliches Verbrechen, mit dessen Makel das ganze System, für das der russische Bauer mit Leib und Leben bezahlte, auf ewig behaftet bleibt.

Ökonomisch gesprochen war das Kapital für die russische Industrialisierung in der Tat aus der Bauernschaft herausgeholt und »hinübergepumpt« worden, wie Preobrashenski es vorgesehen hatte. Doch diese Finanzierungsmethode erwies sich aufgrund ihres weitgehend ideologischen Ursprungs als wenig wirksames Modernisierungsinstrument. Die sowjetische Analogie zur ursprünglichen Akkumulation durch die Enteignung der Bauern im frühmodernen England ist aus der Luft gegriffen, weil die Bildung des Kapitals in England nicht auf diesem Weg zustande gekommen war.[33] Kein ernstzunehmender moderner Wirtschaftshistoriker würde das kapitalistische System auf so simple Verfahren wie die

Expropriierung bäuerlichen Landes durch die Arrondierungsmethoden von Gutsherren zurückführen oder behaupten, daß es seine Arbeitskräfte aus der Masse derart enteigneter Bauern bezog. Sieht man vom Fall England ab, ist nie die Ansicht vertreten worden, daß die Anhäufung von Kapital auf diese Weise erfolgt sei. Die Ursprünge waren im Westen vielfältig und komplex, während der Marxismus eine einfach gestrickte und zwingende historische Logik der Ausbeutung verlangte, wie sie sich ihm im Enteignungsmechanismus der *Inclosures of Common* anbot. Auch die Finanzierung der sozialistischen Industrialisierung durch Enteignung des *mushik* verlangte eine simple, plakative Logik, die zu Taten trieb, und so wurde diese ursprüngliche Akkumulation, die in England nie stattgefunden hatte, in Rußland unter Stalin zu einer Realität, die Marx' Schilderungen an Brutalität übertraf. Das Ergebnis war die sterile Institution des Kolchos, die das Wachstum mehr gehemmt als gefördert hat.

In jedem entwickelten Land ist die traditionelle Bauernschicht von den Auswirkungen der Urbanisierung betroffen. Schematisch dargestellt, steht am Beginn dieses Prozesses eine Landflucht – die Bauern ziehen in die Stadt und werden Arbeiter; in einer zweiten Phase wird das Dorf mechanisiert und die Parzellenbauern erweitern ihr Höfe zu Großbetrieben. Der Prozeß endet – mehr oder weniger übereinstimmend mit der Marxschen Formel – in der zunehmenden Verwischung des Stadt-Land-Unterschiedes. Das Schwergewicht verlagert sich dabei auf die Städte, da die bäuerliche Bevölkerung der Industrieländer im Schnitt auf 5 Prozent oder weniger zurückgeht. Die allmähliche Schrumpfung des Bauernstandes ist somit ein allgemeiner Vorgang.

Variabel ist hingegen der Modus. Im »Kapitalismus« nahm der Prozeß Jahrzehnte in Anspruch und wurde im großen und ganzen vom Markt gesteuert – die damalige Europäische Gemeinschaft allerdings förderte ihn in den sechziger und siebziger Jahren bewußt durch den Meinhold-Plan. Das Ergebnis war, daß 5 Prozent der Bevölkerung nicht nur den Bewohnern ihres Landes Nahrung in geradezu sündhaftem Überfluß lieferten, sondern außerdem Nahrung in großen Quantitäten exportieren konnten. In Sowjetrußland wurde die Mehrheit der Bauern – auf Stalins Geheiß – innerhalb von zehn Jahren und mit staatlichen Machtmitteln in die Städte verpflanzt. Die Folgen waren ein organisatorisches Fiasko in der Landwirtschaft und ein nationales Trauma. Beides kann als Grund gelten, den Begriff der »Modernisierung« für Stalins Werk abzulehnen, das vielmehr eine ideologie- und parteizentrierte Revolution radikaler Ausprägung darstellt. Zwar erlaubte diese Revolution der jungen russischen Industrie einen mächtigen Spurt, ließ aber eine auf Dauer strukturell verkrüppelte Wirtschaft zurück.

Aber, so wurde eingewendet, nur darum, weil Stalin überstürzt vorging. Hätte er sich an das ursprüngliche Planziel: 15 Prozent Kollektivierung in fünf Jahren gehalten, wäre mit Hilfe einer langsam aber sicher bekehrten Bauernschaft eine sozialistische Landwirtschaft entstanden, die die alten isolierten Einzelhöfe an Produktivkraft übertroffen hätte. Solche Vermutungen sind reine Spekulation. Lange Erfahrungen weisen mechanisierte Großfarmen nur für bestimmte Produkte und bei bestimmten klimatischen und geographischen Gegebenheiten als geeignete Produktionsform aus. Sie sind kein Patentrezept für die Bauernschaft als Klasse, wie die Planwirtschaft voraussetzte.

Auch der Kult des Agrarkollektivs als der bestmöglichen aller sozialen Organisationsformen wurzelt nicht in ökonomischen, sondern ideologischen Rücksichten, genauer, in einer Verschmelzung sozialistischer Überzeugung von der moralischen Überlegenheit des Kollektivs über das Individuum mit dem idealisierten Bild der mechanisierten Superfarmen der amerikanischen Prärie – die, was die Bolschewiki übersahen, in aller Regel Familienbesitz waren. Aus diesem Grund wurde das Agrarkollektiv, das unter den sowjetischen Institutionen die kümmerlichsten Erfolge vorzuweisen hatte, zum Hätschelkind der offiziellen Sowjetmythologie. Als Idealform der sozialistischen Arbeit gepriesen – und im Vergleich zur normalen Fabrik tatsächlich stärker vom Kollektiv geprägt –, wurde der Kolchos also zur Matrix des Sowjetsystems erklärt. Stalin errichtete ihm einen Tempel in Form der riesig dimensionierten ständigen Landwirtschaftsausstellung, der über Jahrzehnte jeder Besucher Moskaus den fälligen Tribut der Bewunderung zu entrichten hatte. Diese Kanonisierung des Kolchos machte es fortan unmöglich, ihn aufzugeben, selbst angesichts erdrückender Beweise seiner Ineffizienz; es wäre einer Absage an das ganze System gleichgekommen.

Der Kolchos war wie der Sowchos nicht darum problematisch, weil er zu schnell und unter Zwang eingeführt wurde, sondern weil er dem Modell einer Agrarfabrik entsprechen sollte, das heißt, er ist im wesentlichen eine Projektion der städtisch-industriellen Perspektive des Marxismus auf die Welt des Bauern. In ihrer feindseligen Abneigung gegen die Rückständigkeit des Bauerntums haben die sowjetischen Marxisten nie den Versuch gemacht, die bäuerliche Welt zu verstehen. Sie haben sie immer nur verändern wollen. So wurde ihre abgründige Ahnungslosigkeit zur treibenden Ursache der Katastrophe von 1930–33.

An warnenden Stimmen hat es auch damals nicht gefehlt. Andrej Tschajanow, Ökonom aus dem Lager der Sozialrevolutionäre, vertrat die These, die natürliche bäuerliche Produktionseinheit sei nicht das weitläufige Kollektiv, sondern der Einzelhaushalt, der zwei oder drei Generationen unter einem Dach vereint. Das von Anfang bis Ende der Sowjetgeschichte anhaltend hohe wirtschaftliche Leistungsvermögen der privaten Hofparzelle ist der beste Beweis. Als natürliche Form der Gemeinschaftsproduktion auf dem Land sah er die klassische Produzentenkooperative, in der jeder Haushalt seine wirtschaftliche Identität bewahrte und die von den Bauern in Eigenregie verwaltet wurde. In Rußland hatte sich unter Mitwirkung der sozialrevolutionären Intelligenzia schon vor der Revolution eine der größten Kooperativen-Bewegungen Europas entwickelt.

Außerdem stieß die von der Partei vorgenommene Einteilung des Dorfs in drei antagonistische Klassen, die Klein-, Mittel- und Großbauern (Kulaken), bei der Bauernschaft im großen und ganzen auf Ablehnung. Eine Anzahl ärmerer Bauern ließ sich unter dem Druck der Partei zur Plünderung von Kulaken anstacheln. Im allgemeinen aber überwog ein Solidaritätsgefühl des Dorfes gegenüber der Außenwelt, Stadt und Staatsmacht, das die Kulaken einschloß, die vom Gros der Bauern nicht als Ausbeuter gesehen wurden, sondern als die natürlichen Wortführer der Gemeinschaft.

Ihre Bindung an diese dörfliche Solidargemeinschaft trieb die Bauern zur Ablehnung der von der Kommunistischen Partei organisierten Großbetriebe, die sie nicht akzeptierten. Mit der Partei hatten sie von Anfang an schlechte Erfahrungen gemacht, die Gewalttätigkeiten des Kriegskommunismus waren ebenso unvergessen wie die manipulative Preispolitik der NÖP-Zeit. Die unablässigen Warnungen der Partei vor den Kulaken in den zwanziger Jahren klangen in den Ohren der Bauern wie eine Drohung gegen die Dorfgemeinschaft, und die nach 1927 beginnende Kollektivierungskampagane mußte ihnen folglich als Vorspiel einer institutionalisierten *podraswerstka* erscheinen.

Angesichts der bäuerlichen Sinnesart war die kommunistische Hoffnung auf eine freiwillige Kollektivierung utopisch. Engels und Kautsky hatten bei ihrer Erwähnung künftiger Agrarkollektive in den neunziger Jahren deren freiwilligen Charakter nachdrücklich hervorgehoben. Lenin, Trotzki, Bucharin und selbst Stalin waren ihnen nach 1921 darin gefolgt. Doch kein bolschewistischer Führer hatte je offen zur Debatte gestellt, was zu tun sei, falls die Bauern sich einer Kollektivierung widersetzten und die Partei vor der Wahl stand, zu kapitulieren oder Zwang auszuüben. Noch als Stalin sich für den Zwang entschied, wurde die Realität bemäntelt und die Repression als Klassenkampf des Proletariats und der armen Bauern gegen die Kulaken getarnt, denen man eine Restauration des »Kapitalismus« unterstellte. Ohne die ideologische Camouflage, verstärkt durch eine kräftige Dosis Ignoranz, wäre ein Zwangsregime in diesem gigantischen Ausmaß unmöglich gewesen. Stalin und seine Mannschaft glaubten außerdem fest an die These vom Klassenkampf; die Partei hatte seit ihrem Machtantritt keine andere Sprache geführt.

Betrachten wir im Zusammenhang dieser Überlegungen die einleitenden Fragen nach der Kontinuität der autokratischen Tradition und der Revolutionen von oben in der russischen Geschichte. Das Phänomen selbst steht außer Zweifel, problematisch ist seine Erklärung und die Verknüpfung der einzelnen revolutionären Perioden. Dabei werden allzuoft Analogie und Kausalität verwechselt, so als sei von Iwan über Peter zu Stalin eine einheitliche metaphysische Substanz wirksam gewesen.[34] Auch Stalins Faible für diese Denkweise hat hier wenig zu sagen. Seine Selbstvergleiche mit Peter I. und Iwan IV. dienten der Illustration und Rechtfertigung dessen, was aus anderen Gründen für ihn längst beschlossene Sache war; als Inspiration seiner Beschlüsse kommen sie kaum in Betracht. Hier waren der Marxismus und Sozialismus, namentlich der Vorsitzende Lenin, ideologisch richtungweisend.

Es zeigt sich, daß Stalins Politik mühelos aus bolschewistischen Traditionen herzuleiten ist; schwierig, wenn nicht unmöglich ist es, Scharniere zu finden, die sie an die Politik der beiden Selbstherrscher anschließen. Zugunsten der These vom russischen Erbteil im Stalinismus ließe sich allenfalls festhalten, daß ähnlich rückständige Verhältnisse zu ähnlich gewalttätigen Reaktionen führten. Was nicht gleichbedeutend ist mit der Behauptung, daß die frühere Situation die spätere verursacht oder sich auf mysteriöse Weise in ihr wiederholt habe. Die industrielle Rückständigkeit Rußlands in den dreißiger Jahren ist mit der militärischen Rückständigkeit des Landes im achtzehnten oder sechzehnten Jahrhundert ebensowenig vergleichbar wie die Politik der ideokratischen Partokratie mit der eines Absolutismus von Gottes Gnaden.

Die Stärkung der Autokratie war außerdem nicht das einzige Leitmotiv der russischen Geschichte. Vor allem seit Peter I. ging die Entwicklung bis 1917 stetig in entgegengesetzter Richtung, hin zu einer pluralistischen und »europäischen« Ordnung. Die Entlassung der russischen Gesellschaft aus der universellen Dienstverpflichtung *(raskreposchtschenie)* hatte begonnen: Auf die Befreiung des Adels vom obligatorischen Staatsdienst im Jahr 1762 folgte 1861 die Aufhebung der Leibeigenschaft, 1864 die lokale Selbstverwaltung durch die *semstwa* und eine weitgehend unabhängige Gerichtsbarkeit sowie schließlich 1905 die Duma als Legislativorgan – ein Weg, mit anderen Worten, zur Entstehung einer bürgerlichen Gesellschaft.

Ein Blick von den vagen Analogien zum genauen Vergleich zeigt weiterhin, daß eine Revolution von oben in der titanischen Größenordnung des Stalinismus in Rußland – und nicht nur dort – präzedenzlos ist. Iwan IV. und Peter I. stützten sich auf die allgemeine Dienstpflicht.[35] Mit seiner schwach entwickelten Landwirtschaft, einer verschwindend kleinen Stadtbevölkerung und einem Territorium ohne natürliche Grenzen war der Moskauer Staat auf die umfassende Mobilisierung seiner materiellen und menschlichen Ressourcen angewiesen, um als unabhängiges Gebilde zunächst überleben und später expandieren zu können. Das bedeutete eine leibeigene Bindung der Bauern an den adligen Grundherrn, damit dieser in den Heeren des autokratischen Zaren dienen konnte, eine Verpflichtung, mit der der Adel seinerseits die eigenen Besitzrechte abzugelten hatte. Es war das härteste System allgemeiner Dienstpflicht in ganz Europa, wenngleich partiell vergleichbare Einrichtungen im Westen, besonders in Preußen, nicht fehlten.

Peter I. spannte alle Klassen, vom Adligen bis zum Leibeigenen, noch stärker in den Staatsdienst ein, um Rußlands erstes stehendes Heer nach westlichem Muster aufzubauen. Die Grundstrukturen des Herrschaftssystem ließ er im wesentlichen unangetastet. Er gab, könnte man sagen, dem alten Moskowitischen Staat die Form des europäischen Ancien régime; der Unterschied zwischen den militarisierten Subsystemen der russischen Autokratie und des westlichen Absolutismus hatte sich damals

weit genug vermindert, um diesen Übergang zuzulassen. Indessen hat
Peter nie versucht, die alte russische Herrschaftsform durch eine politische Neuordnung nach eigenem Muster zu ersetzen. Revolutionär war
seine Regierung, weil sie westliche Kultur nach Rußland verpflanzte; eine
soziale und politische Reorganisation fand nicht statt.

Iwan IV. entfaltete zweifellos ein größeres soziales Destruktionspotenti-
al. Die alte Erbaristokratie der Bojaren wurde als Gruppe zerschlagen und
durch einen Dienstadel ersetzt. Iwans »politische Polizei«, die *opritschni-
na*, errichtete ein eigenes territoriales Reich im Reich, in dem die autokratische Willkür zum obersten Gesetz wurde. Das gesamte Moskowitische
Staatswesen war einem Druck ausgesetzt, der kurz nach Iwans Tod mit der
großen *smuta* von 1605–13 zum Zusammenbruch führte. Über die Motive,
die das politische Handeln des Zaren leiteten, besteht Unklarheit; somit
läßt sich nichts darüber sagen, ob es wie das Werk Peters I. als »Modernisierung« und Antwort auf die europäische Herausforderung zu verstehen
ist. Die Ergebnisse waren zudem in letzter Konsequenz nicht revolutionär
– nach der *smuta* konnten die Romanows die Restauration des Moskauer
Reichs betreiben, das vor Iwan IV. bestanden hatte.

Anders Stalins Revolution von oben, die sich in kein Kontinuum
vorangehender Ordnungen einbetten läßt, sei es die NÖP oder das Zarenreich. Unverwechselbar ist der Stalinismus auch durch seinen ideologischen Rahmen, der den totalen Zugriff des Systems ebenso erklärt wie
seine ungeheuerlichen Kosten. Peter und Iwan griffen als Ideologen der
Autokratie auf die konventionellen Autoritätsbegründungen des Christentums und des Naturrechts zurück. Auch Stalin, so läßt sich zusammenfassend feststellen, reagierte auf ökonomische Rückständigkeit und
militärische Schwäche, doch sein umfassender Ehrgeiz, die Geschichte in
der neuen, sozialistischen Welt ihrem Höhepunkt zuzuführen, ist mit den
begrenzten, rein nationalen Projekten seiner Vorgänger schlechthin un-
vergleichbar.

Auch Stalins Persönlichkeit kommt bei der Erklärung seines Systems
eine sekundäre Rolle zu. Vor 1929 gipfelten mögliche Bedenken gegen
den Charakter des Generalsekretärs in Lenins Verdikt: »zu grob«, um an
verantwortlicher Stelle die Geschicke des Landes zu leiten – und für
Lenin gehörte Grobheit nicht zu den bolschewistischen Todsünden. Blickt
man heute auf Stalins Laufbahn zurück, ergibt sich zweifellos der Eindruck einer an Sadismus grenzenden Grausamkeit und einer Neigung

zum Argwohn, die an Verfolgungswahn grenzte, Züge, die am Anfang seiner Großen Offensive noch nicht in Erscheinung traten. Man tut daher wohl am besten, sie nicht als Konstanten seiner Persönlichkeit zu betrachten, sondern als Charaktermerkmale, die sich unter dem Druck der unvorhergesehenen Risiken dieser Offensive herausbildeten.

1932 nahm sich seine Frau das Leben, unmittelbar nach einem heftigen Wortwechsel, der dem Vernehmen nach Stalins Bauernpolitik betraf. Stalin war kein übermäßig empfindsamer Mensch. Aber das Erlebnis kann nicht ohne psychische Auswirkungen geblieben sein und dürfte ungünstige Tendenzen verstärkt haben. Das Blutbad der Kollektivierungskampange hat zweifellos zu einer weiteren Verhärtung geführt. Churchill gegenüber soll er später einmal geäußert haben, die Vorgänge seien nicht minder quälend gewesen als die Torturen des Krieges.[36] Hat man sich auf rohe Gewaltausübung so weit eingelassen wie der Stalin des Hungerterrors, fällt jedes neue Verbrechen leichter. Auch bei regelmäßigem Rauschmittelkonsum wird die Wirkung trotz steigender Dosis nur schwächer. Mord kann so beiläufig werden wie eine Routinehandlung. Stalins kriminelles Tun läßt sich nicht geradlinig aus einer kriminellen Veranlagung herleiten. Zu vermuten ist, daß erst die Ausübung von Gewalt eine wachsende Deformation seiner Persönlichkeit bewirkte.

Entscheidender als Geschichte und Psychologie ist die Bedeutung des institutionellen Umfeldes, in dem Stalin agierte. Die Partei schürte ein Klima von Aggression und Verfolgungsängsten. Sie war, wie ihre Agitationspropaganda unablässig verkündete, in einen Klassenkampf auf Tod und Leben verstrickt. Feinde bedrohten sie nicht nur von außen, sondern auch in den eigenen Reihen – von den Kräften des internationalen Kapitals, den kleinbürgerlichen Kulaken und bourgeoisen Schädlingen bis zu den Resten der Abweichler in der Partei.

Stalin hat dieses Klima andauernder Wachsamkeit und Kampfbereitschaft zweifellos verstärkt, geschaffen hat er es nicht: Es gehört zum ältesten Überlieferungsgut einer Partei, mit deren Geist seine »grobe« Natur leicht amalgamieren konnte.

Hinter der Großen Wende steht somit nichts anderes als die Kraft, die den Kommunismus bewegte, seit er 1918 im Taumel der militärischen und sozialen Aggressionen erstmals zu seiner Bestimmung fand. Die zweite bolschewistische Offensive hatte keinen anderen Beweggrund als die erste: die Berufung der Partei, mit militärisch-politischen Mitteln den

Sozialismus herbeizuführen und damit ihren einzigen Daseinszweck zu erfüllen. 1929, nach zwölf Jahren vergeblichen Wartens auf den Anbruch des Sozialismus, schien die Zeit gekommen, gestaltend in den Lauf der Geschichte einzugreifen und den Aufbau zu erzwingen. Die Alternative war nicht Bucharins »Hineinwachsen in den Sozialismus«, sondern ein allmähliches Erlöschen des ideologischen Enthusiasmus der Partei im endlosen Geduldsspiel mit dem *mushik*. Und mit dem Aufweichen der Ideologie wäre auch der Wille der Partei zur Behauptung des Machtmonopols erlahmt.

Die zweite Episode des Kriegskommunismus war nicht nur ausgedehnter und intensiver als die erste, auch die Atmosphäre hatte sich geändert: 1918 war in glühende Hysterie getaucht, verlief ohne Plan und Vorsatz. Über den Ereignissen der dreißiger Jahre lag eine kalte Hysterie, der vorbereitete Ablauf war weitestgehend kanalisiert, die Aufgabe komplizierter als 1918, die Parteiarmee zahlreicher, diszipliniert und stärker. Erinnern wir uns an den Ablauf der Ereignisse, die Schritt für Schritt zur zweiten Offensive führten.

Nach der Revolution und dem Kriegskommunismus war Rußland rückständiger als zuvor. Dann wurden die Bauern in der Marktlage von 1921 zum Herrn der wirtschaftlichen Geschicke des Landes. 1926 blieb dem Regime keine Wahl, als in die Industrie zu investieren, wenn auch nur, um einen veralteten und verfallenden Produktionsbetrieb zu erneuern. Außerdem aber verfolgte die Partei den sozialistischen Aufbau. Das ideologisch begründete Mißtrauen gegenüber dem Markt und dem »Kapitalismus« der Kulaken veranlaßte sie zu einer Preispolitik, die die bäuerliche Produktion hemmte. Infolgedessen kam es 1927 zu einer Nahrungsmittelknappheit in den Städten, gerade zu dem Zeitpunkt, als die industrielle Expansion anlief. Der Vorschlag, die Preise zu heben und sich auf die Marktmechanismen zu verlassen, fand keine Zustimmung, weil er die Partei und ihr industrielles Programm zum Faustpfand unkontrollierbarer, »anarchischer« kapitalistischer Kräfte gemacht hätte. Statt dessen wurde beschlossen, sich durch eine sofortige und vollständige Kollektivierung den Zugriff auf das Getreide zu sichern. Aus dieser Entscheidung ergab sich die Notwendigkeit, die industrielle Expansion aufs äußerste zu beschleunigen. Und beide Beschlüsse bedeuteten eine Unterdrückung des Marktes sowie aller Klassen, die von ihm lebten, vom Kulaken zum NÖP-Mann.

Damit aber war durch Unterwerfung des gesellschaftlichen Ganzen unter den Parteistaat auf einen Schlag die »Lösung« aller Probleme erreicht. Ein Schritt hatte mit scheinbar unbezwinglicher Logik zum nächsten geführt, und am Ende des Weges stand die neue, totalitäre Ordnung. Eine Gesetzmäßigkeit der russischen Geschichte als ganzer läßt dieser Prozeß nicht erkennen, wohl aber eine dem Bolschewismus innewohnende Gesetzmäßigkeit, die wirksam wurde, sobald die Umstände der Partei erlaubten, ihre Phantasien voll in die Tat umzusetzen. In den Jahren 1918–21 erwies sich der wirtschaftliche Zusammenbruch als Hindernis. 1929–33 konnte eine gestärkte Partei bei – anfangs – leidlich gesunder Wirtschaft ihr Ziel mit letzter Konsequenz verfolgen.

Damit ist nicht gesagt, daß alles, was am Ende dieses Weges stand, bewußten Zielsetzungen oder Erwartungen entsprach. Die Partei hatte wie 1918 versucht, durch Improvisationen zu ihrem wahren Programm zu finden. Der Aufbau des sowjetischen Sozialismus ging nicht aus einem Plan hervor – er scheint ein Produkt der Hegelschen »List der Vernunft«, das heißt, die sozialistische Offensive gehorchte der Logik des Systems, deren Wirken die Parteiführung nicht voll durchschaute. Stalin und seine Mannschaft steuerten im Trial-and-error-Verfahren von einer Krise zur anderen, bis sie schließlich vor dem unproduktiven System der Kolchose und dem 1935 geschaffenen Komplex der Rüstungsindustrie standen. Was konnten sie tun, als das endlich Erreichte nun auch zu dem seit je erstrebten »sozialistischen« Ziel zu erklären?

Eine Zeitlang schien zweifelhaft, ob sie ihr Ziel tatsächlich erreichen würden. Stalin wußte, daß er mit seinem Vorhaben das Überleben des Systems riskierte. Auch Lenin hatte im Oktober und mit Brest-Litowsk alles aufs Spiel gesetzt, doch das war weniger als 1929 – jetzt ging es um einen sowjetischen Staat. 1931–32 sah es in der Tat so aus, als würde Stalin sein Spiel verlieren. Die anfänglichen Mißgriffe in Landwirtschaft und Industrie hatten das Land in ein Chaos gestürzt, das erneut den Zusammenbruch des ganzen Systems herbeizuführen drohte. Erst 1933, nach erfolgreichem Ernteabschluß, als auch in Projekten wie Magnitogorsk endlich die Produktion anlief, war Stalins Spiel gewonnen. Im Januar 1934, auf dem XVII. Parteitag, konnte die Partei nach genau vier Jahren zum ersten Mal aufatmen und den »Sieg« ihrer Offensive verkünden.

Eine weitere Überlebenskrise war gemeistert. Der Erfolg wurde möglich, weil die Partei im Augenblick höchster Gefahr reflexartig die Reihen schloß und sich hinter ihren Führer stellte. Preobraschenski und die Mehrzahl der Parteilinken sammelten sich um Stalin, weil er, wenn auch in primitiver Lesart, ihre Plattform vertrat und weil sie es nicht ertrugen, vom Aufbau des Sozialismus ausgeschlossen zu sein. Einer aus ihren Reihen, Juri Pjatakow, wurde nicht nur Sergo Ordshonikidses Stellvertreter im Industrieministerium, sondern zum Kopf der gesamten industriellen Kampagne. Obwohl sie sich ausdrücklich zum Markt und zu den Bauern bekannten, vermieden Bucharin und die Mehrheit der Rechten den Bruch, weil auch sie es nicht ertrugen, von der Großen Offensive ausgeschlossen zu werden, mochte die Durchführung auch Stümperei und ihr Anführer ein rüder Banause sein. Es ist bemerkenswert, daß nicht ein einziger unter den prominenten Bolschewiki der Partei den Rücken kehrte oder öffentlich gegen ihre Verbrechen protestierte. Nur Trotzki, der unterdessen des Landes verwiesen war, zog gegen Stalins »Irrtümer« zu Felde, allerdings nur insofern sie von seiner, Trotzkis, korrekten politischen Linie abwichen.

Entscheidend für die Überwindung der Krise war indessen nicht dieser problematische Rückhalt in der »alten Garde«, sondern der schlichtere Glaube von Männern wie Nikita Chruschtschow. Der Genosse aus Kursk hatte sich während des Schachty-Prozesses in seiner Heimatregion, dem Donezbecken, aktiv am Kampf gegen die »Schädlinge« beteiligt und kurz darauf in Kiew den Vorsitz des Organisationsbüros der Ukrainischen KP eingenommen. 1929 gehörte er zu den ersten Studenten der neu gegründeten Moskauer Industrieakademie, die Parteikader aus der Arbeiterklasse für verantwortliche Positionen in der jetzt revolutionären Wirtschaft ausbildete. Dort spielte er eine Rolle bei der Relegierung einer Gruppe von Kommilitonen als »Rechtsabweichlern«. 1931 wurde er auf Vorschlag des früheren Generalsekretärs der Ukrainischen KP, Kaganowitsch, Bezirksparteisekretär in Moskau und half bei der Ausschaltung der Anhänger seines rechten Amtsvorgängers Rjutin, von dem im folgenden die Rede sein wird.

Der Lohn ließ nicht auf sich warten. 1934 wurde der damals Neunundreißigjährige auf dem »Parteitag der Sieger« ins ZK gewählt. Kurz darauf übernahm er von Kaganowitsch (der zu Höherem berufen wurde) das Amt des Ersten Sekretärs der Parteikomitees der Stadt und des Gebiets Moskau und damit die Oberaufsicht über den Bau der Moskauer

Metro. Stalin nannte sie das »Salz der Erde«, diese zu Parteifunktionären aufgerückten Proletarier-Bauern, deren Typ Chruschtschow vertrat. Wie der Führer selbst verstanden sie sich zutiefst überzeugt als Proletariat an der Macht und waren ebenso aufrichtig des Glaubens, daß sie das angestammte Recht besaßen, ihre Klassendiktatur auszuüben, um den Aufbau des Sozialismus und die Verbesserung der Menschheit zu fördern.

Zu fragen bleibt, ob das, was aus ihren Bemühungen hervorging, tatsächlich als »Sozialismus« gelten kann. Ein kapitalistisches System war es eindeutig nicht. Hatte es sich damit aber bereits als sozialistisches qualifiziert? Unter den Sozialisten außerhalb Rußlands schieden sich an dieser Frage die Geister, und an ihr laboriert die Sozialismusdebatte bis heute. Mit Stalins Errungenschaften trat der sozialistische Diskurs weltweit in eine neue Phase.

Von den dreißiger Jahren des neunzehnten Jahrhunderts bis in die Zeit des ersten Fünfjahresplans galt der Sozialismus als Staatsform der Zukunft. Seit Stalins Sieg konnte zum ersten Mal behauptet werden, er sei Gegenwart geworden, die in Aussicht stehende Utopie sei ins Stadium greifbarer Realität gerückt und habe den Status der Bewegung mit dem der Gesellschaft vertauscht – nach Darstellung der sowjetischen Führung zumindest. Seither mußte jeder Sozialist seine Position nicht mehr nur unter Berücksichtigung eines sowjetischen »Experiments«, sondern hinsichtlich der »Errungenschaften« seiner erfolgreichen Durchführung definieren. Nach welchen Kriterien aber läßt sich die Seinsart des sowjetischen Sozialismus bestimmen?

Der Kapitalismus war zweifellos überwunden. Das Privateigentum, der Profit und der Markt waren abgeschafft, wie es das volle Programm des Sozialismus vorsieht. Die positiven moralischen Wirkungen dagegen, die mit der Verwirklichung des Programms einhergehen sollten, blieben weitgehend aus. Statt dessen zeigten sich unerwartete Mängel. Der materielle Wohlstand wuchs nicht, sondern die Armut nahm zu. Ein Rückfall in die Verknechtung schränkte die Freiheit der Menschen ein, statt sie zu erweitern. Nicht die Gleichheit triumphierte, sondern eine neue, auf Parteizwecke ausgerichtete Stratifikation der Bevölkerung. Die Ausbeutung des Menschen durch den Menschen war nicht beendet, sondern hatte sich in die Ausbeutung aller durch den Parteistaat verwandelt.

Die Partei hatte, kurz gesagt, einen Sozialismus aufgebaut, der keiner war. Genauer, sie hatte das instrumentelle Programm des Sozialismus verwirklicht, das moralische hingegen war Utopie geblieben. Die neue Gegenwart schnitt im Hinblick auf eine sozialistische Ethik schlechter ab als die alte kapitalistische Vergangenheit.

Es gibt verschiedene Möglichkeiten, mit dieser unerwartet widerspruchsvollen Lage fertig zu werden. Man kann den Widerspruch leugnen und behaupten, daß die moralischen Konsequenzen des Sozialismus sich konkret aus dem praktischen Programm ergäben. Diesen Kurs verfolgte zwangsläufig das Regime, dem keine andere Wahl blieb, es sei denn zuzugeben, daß sein Versuch gescheitert und das System ein Schwindel war.

Als Alternative bleibt die These, daß die sowjetische Revolution im wesentlichen die Verwirklichung des praktischen Programms, die Einführung eines nichtkapitalistischen Systems, zum Ziel hatte und die resultierende Ordnung somit ein wirklicher, wenn auch unvollständiger Sozialismus sei. Dieser Interpretation Trotzkis und Bucharins folgten russische und ausländische Kommentatoren bis hin zu Roy Medwedew, Gorbatschow und ungezählten westlichen Autoritäten, deren Namen sich in den Anmerkungen finden. Diese Lösung umfaßt natürlich die Irrweg-These, die Theorie vom Schurken in der Geschichte und/oder die Theorie vom schweren Erbe der russischen Autokratie, Bürokratie und Rückständigkeit. Dazu kam bis 1991 der Glaube, daß sich die Zeit erfüllen und nach dem praktischen auch das moralische Programm des Sozialismus zur Durchführung kommen werde. Diese *via media* der Hoffnung und des Trostes hat sich in Ost und West als die bei weitem populärste Lesart des sowjetischen Vexierbilds erwiesen.

Freilich wäre da die dritte Lösung, die zu bedenken gibt, daß das instrumentelle Programm des Sozialismus logisch zur Perversion seines moralischen Programms führen muß. Mit anderen Worten, nicht die zufällige erste Verwirklichung am falschen Ort, Rußland, ist der Grund für das Scheitern des integralen Sozialismus, sondern die sozialistische Idee als solche. Der Sozialismus als konsequenter Anti-Kapitalismus ist schlechthin unausführbar. Eine Aufhebung von Privateigentum, Profit und Markt ist gleichbedeutend mit der Zerstörung der Zivilgesellschaft und des autonomen Individuums. Eine Annäherung an diesen Zustand kann zeitweilig erreicht werden, verlangt aber einen massiven Gewalteinsatz, dem zeitliche Grenzen gesetzt sind.

Praktisch gesprochen führt der Sozialismus also nicht zum Angriff auf die Mißbräuche des »Kapitalismus«, sondern zum Angriff auf die Realität schlechthin. Er wird faktisch zu dem Bemühen, die Wirklichkeit auszuschalten, was auf lange Sicht scheitern muß. Möglich ist ein begrenzter Erfolg, die Schaffung einer surrealen Welt, die sich durch das Paradox definiert, daß Ineffizienz, Armut und Brutalität offiziell zum *summum bonum* des Gemeinwohls erklärt werden und die Gesellschaft dennoch unfähig ist, der Täuschung wirksam zu begegnen.

Diese dritte Deutung ist die Entgegnung der osteuropäischen Dissidenten auf das sowjetische Verwirrspiel, seit ihre Stimmen nach Stalins Tod erstmals laut werden durften. Für diese Deutung entschieden sich auch die Völker Osteuropas in den Jahren 1989-91, als sie erklärten, das System sei unreformierbar und müsse abgeschafft werden; nur mit der Wiederherstellung von Privateigentum, Markt und Profit werde es dem Osten gelingen, den Ausweg aus der gescheiterten Surrealität des »real existierenden« Sozialismus zu finden.

Doch mußte ein halbes Jahrhundert vergehen, ehe das alles deutlich wurde. Seine größten Erfolge hatte das Regime noch vor sich. Von 1934-35 gewährte Stalin dem Land erneut eine Atempause, eine in ihrer allgemein entlastenden Wirkung der NÖP vergleichbare, doch weit kürzere Entspannungsphase. Das zweite, nüchternere Planjahrfünft war angelaufen, und die Rationierungen konnten aufgehoben werden. In einer neuen Losung ließ der »Führer« verkünden: »Das Leben ist besser geworden, das Leben ist freudiger geworden.« Doch die Freude war kurz. Nach einer Ruhepause ging Stalin daran, sein Werk durch die Säuberungen zu vollenden.

KAPITEL 7

SÄUBERUNG UND KONSOLIDIERUNG
1935–1939

Wir [Bolschewiki] sind keine Durchschnittsmenschen. Wir sind Menschen einer Partei, die das Unmögliche möglich macht ... Und wenn die Partei es verlangt, wenn es für die Partei notwendig oder wichtig ist, sind wir imstande, uns entschlossen und willensstark Ideen aus dem Kopf zu schlagen, die wir jahrelang vertreten haben ... Jawohl, ich werde Schwarz sehen, wo ich Weiß zu sehen meinte, es vielleicht noch sehe, denn für mich gibt es kein Leben außerhalb der Partei oder im Bruch mit ihr.
Das Gespenst der Revolution geht um in Europa ... Und ich sollte nicht daran teilnehmen? Glaubt ihr wirklich, ich würde bei dieser großen, weltweiten Umgestaltung, in der unserer Partei die entscheidende Rolle zukommt, am Rande stehen und zuschauen?

Juri Pjatakow, 1928

Wir leben und spüren den Boden kaum.
Wir sprechen – die Worte verlieren sich lautlos im Raum.
Wer zwei Worte wechselt, wird immer auch jenen Sohn der Berge im Kreml erwähnen.
Seine Finger sind fett und madengrau,
Sein Wort trifft zentnerschwer und genau.
Der Schabenschnauzbart sträubt lachend die Spitzen.
Spiegelnde Stiefelschäfte blitzen.

Ossip Mandelstam, November 1933
(aus den Moskauer Heften)

In der ersten Hälfte der dreißiger Jahre hatte Stalin im Körper Rußlands eine Baugrube ausgehoben, wie Andrej Platonow es ausdrückte, und darin die materiellen Fundamente für das entwickelte Sowjetsystem gelegt. In der zweiten Hälfte des Jahrzehnts führte er den Überbau der kulturellen Werte auf, die unentbehrlich waren, wenn das System funktionieren sollte. Doch Stalins Pläne gingen weiter: Er wollte einen der neuen ideologischen Zivilisation entsprechenden Menschentyp, *homo sovieticus,* den »neuen Sowjetmenschen« schaffen. Damit hatte das sowjetische System sein totalitäres Potential im Jahr 1939 endlich bis ins letzte verwirklicht.

Das Kernstück dieses Konsolidierungsprozesses bildeten die Säuberungen, der »Große Terror« von 1936–39, Ereignisse, die als Gipfel stalinistischer Verbrechen und als stalinistische Großtat von einzigartiger Phantastik bleibend ins nationale Bewußtsein eingingen. Namentlich den sowjetischen Eliten, ihren bevorzugten Opfern, sind sie als Zeit mythischer Bedrohung in Erinnerung. Wie bei der Kollektivierung und beim Aufbau des Lagersystems wurde der Öffentlichkeit auch während der Säuberungen das wahre Bild der Vorgänge und ihr Ausmaß verschwiegen. Der Versuch, in das Geheimnis der Säuberungen einzudringen, wurde zum Ansatzpunkt der späteren Demaskierung des Stalinismus überhaupt.

So rückt das Thema Säuberungen in der historischen Debatte alte Probleme in neues, schärferes Licht. Für alle Kommentatoren, die zwischen dem Kommunismus Lenins und Stalins streng unterscheiden, und das heißt die Mehrzahl, ist das trennende Element die Kollektivierung; die Säuberungen indessen sind das entscheidende Argument für die Annahme zweier von Grund auf verschiedener Sowjetgeschichten, denn erst seit 1936 wandte sich Stalin gegen den Bolschewismus selbst und zerstörte die Partei Lenins. In der Säuberung sehen denn auch einige Historiker ein schlimmeres Verbrechen als in der Ausrottung der Kulaken, und die Jahre des Säuberungsterrors haben entschieden mehr Aufmerksamkeit auf sich gezogen als die Entkulakisierung. So wurden die Säuberungen zum maßgeblichen Argument der »Abweichungs-« und »Schurken«-Theorie in der Sowjetgeschichte. Sie schienen Grund genug, die Schuld für diese Verirrung in Stalins Charakter zu suchen. Hier, wenn irgendwo, bot sich der unwidersprechliche Beweis für die bestimmende Rolle von Stalins Machthunger oder Wahnsinn oder gar beider Faktoren. Stand dieser Sachverhalt aber für eine so entscheidende Episode fest, färbte er auf Stalins Gesamtbild ab, und besiegelte seinen Ausschluß aus dem Kanon des Sowjetsozialismus. Ließ sich hingegen zeigen, daß Stalins Verhalten unter politische, nicht unter psychopathologische Kategorien fällt, blieb er dem System als qualifizierter Teil erhalten, und der »Schurke« in unserem Drama ist das System selbst. Denn 1939 hatte er den Aufbau des Systems abgeschlossen, das in seinen Grundzügen bis zum Zusammenbruch von 1989–91 unverändert blieb.

Die Säuberungen lassen sich jedoch auch als Zäsur innerhalb des Stalinismus sehen – sie fallen in die Zeit zwischen den frühen, konstruktiven Jahre des sozialistischen Aufbaus und der Spätphase mit ihrem destruktiven Vorgehen gegen die Partei.[1] Aus dieser Sicht erscheint der größere Teil von Stalins Wirken als authentischer Sozialismus und Fortschritt, und einzig der »Kult« wäre aus dem Kanon zu löschen. Chruschtschow entschied sich in seiner »Geheimrede« auf dem XX. Parteitag im Jahr 1956[2] für diese Version, die noch von Gorbatschow am siebzigsten Jahrestag der Revolution im Jahr 1987 vertreten wurde. Eine ähnlich selektive Bewertung Stalins war auch unter westlichen Historikern und Kommentatoren nicht selten, in Kreisen vor allem, für die eine »Bucharin-Alternative« bereits zuviel Sowjetisches preiszugeben schien.[3]

Diese Gewichtungsversuche waren unerläßlich, solange der sowjetische Staat existierte. Sein Fundament war in den ersten Jahren nach Stalins Machtantritt gelegt worden und konnte nicht als kriminell gelten, wenn das Regime nur reformiert, nicht aber ersetzt werden sollte. Mit dem Kollaps der Sowjetherrschaft müßte sich – so meint man schließen zu dürfen – das Bedürfnis, an eine kreative Phase des Stalinismus zu glauben, erledigt haben. Doch man tut wohl gut, nicht darauf zu rechnen; der Wunsch, den Stalinismus wenigstens partiell zu retten, wird ebenso lange lebendig bleiben wie der Glaube an das instrumentelle Programm des vollständigen Sozialismus – das heißt an das Ende des Privateigentums, das unter Stalin zum ersten Mal in der Geschichte verwirklicht wurde.

Die Konsolidierung des reifen Sowjetsystems umfaßte mehr als die Säuberungen. Der Parteistaat übernahm die Herrschaft über das kulturelle Leben und unterstellte es den politischen Befehlen des Regimes. Der Kampf gegen den Analphabetismus an der »Kulturfront«, der 1929 begonnen hatte, gipfelte in der Verstaatlichung, der »Nationalisierung« des Denkens und der Kunst und trieb die Logik des Systems auf die Spitze.[4] Die Säuberungen lassen sich nur im Kontext dieser neuen Kultur verstehen. Sie ging ihnen voran und bereitete den Boden für die Inszenierung der Gewalt, die den »neuen Sowjetmenschen« auf die Szene brachte.

DIE SOWJETKULTUR

Die Politisierung der sowjetischen Kultur hatte lange vor Stalin und unabhängig von allen Vereinnahmungsversuchen der Partei begonnen. Seit 1917 waren weit über Parteikreise hinaus utopische und chiliastische Hoffnungen aufgebrochen. Die Bewegung erfaßte alle Schichten der Bevölkerung. Künstlern und Intellektuellen wie Alexander Blok oder Wladimir Majakowski erschien die Revolution als säkulare Manifestation der Lehre Christi und seiner Apostel bzw. als Anbruch einer futuristischen Zivilisation; Arbeiter und sogar Bauern sahen sie als Befreier in ihrer Menschlichkeit und ihres schöpferischen Potentials. Ihren wichtigsten Ausdruck fand diese populistische Form irdischer Heilserwartung in der Organisation *Proletarskaja kultura,* kurz *Proletkult*.[5] Hinter der Organisation stand die plausible Marxsche Idee, zu einem Proletarierstand gehöre eine besondere proletarische Kultur, die sich von der vorangegangenen bürgerlichen radikal unterschied. *Protetkult* sollte die Arbeiter dazu anregen, diese neue Kultur aus eigenen Erfahrungen heraus zu schaffen. 1920 hatte *Proletkult* rund 700 000 Mitglieder, das heißt mehr als die Partei. Lenin betrachtete die Organisation daraufhin als Konkurrenzeinrichtung, da ihre Attraktivität für die Massen und ihre »subjektivistische« Ideologie zu zeigen schienen, daß die proletarische Spontaneität nicht auf die Führung durch das Parteibewußtsein angewiesen war. Nach Beendigung des Bürgerkrieges unterstellte er *Proletkult* deshalb der Partei und machte damit der Organisation als Bewegung ein Ende.

Erst während der NÖP-Zeit wandte sich die Partei aus eigenem Antrieb dem Problem der Kultur in einem sozialistischen Staat zu. Die bolschewistischen Führen waren sich darin einig – hatten es als Marxisten zu sein –, daß die neue Gesellschaft früher oder später eine neue Kultur brauche. Die meisten allerdings meinten, daß sie nicht künstlich zu schaffen sei, wie es *Proletkult* angestrebt hatte, sondern im Wandel der Gesellschaft spontan entstehen werde. Bis dahin solle die Gesellschaft von der bürgerlichen Kultur lernen.

Aus diesem Geist heraus entstand die relativ vitale Kultur der zwanziger Jahre. Nichtproletarische Schriftsteller und Künstler – Trotzkis sprichwörtlich gewordene »Mitläufer« (poputschiki) – wurden daher, vorausgesetzt sie standen der Revolution nicht feindlich gegenüber, wie andere Spezialisten der Bourgeoisie geduldet. Desgleichen ließ man sich auf reformpädagogische Versuche ein und übernahm die populären Theorien John Deweys. Ganz allgemein waren die zwanziger Jahre eine Zeit utopischer Denkentwürfe der kollektiven und technisch perfektionierten *conditio humana* der Zukunft. Obwohl sie nicht der Parteilinie entsprachen, legte die Regierung diesen »revolutionären Träumen«[6] nichts in den Weg, schufen sie doch ein Klima, das radikalen sozialen Wandel begünstigte. Offizielle Richtlinien der Partei zur Ästhetik fehlten, und die aktuelle Situation wurde von Trotzki und Bucharin aktiv unterstützt, während Stalin sich ausschwieg. Kurz, es gab so etwas wie eine »Neue Politik« der Kultur in Form eines stark eingegrenzten Rumpfmarktes für Ideen.

Im Vergleich zum Stalinismus kann diese kulturelle Variante der NÖP als die schöpferisch reichste Periode im geistigen Lebens des Sowjetstaats bezeichnet werden. Verglichen mit dem Alten Regime stellt sie einen Niedergang dar: Sie war ihrem Wesen nach zweideutig und barg den Samen des Stalinismus, das heißt ihrer Vernichtung.

Ein Aspekt dieses Vorspiels zum Stalinismus war die Geburt des Propagandastaates und die Entstehung seines Denk- und Sprachgewohnheiten prägenden logokratischen Idioms. Nicht weniger wichtig waren die damals neu geschaffenen kulturellen Institutionen und die ideologische Durchdringung der Schlüsselbereiche des intellektuellen Lebens. Wie die NÖP existierte auch diese »Neue Kulturpolitik« im Schatten der Kommandohöhen der Partei.

Eine neu gegründete »Rote Akademie« sollte zum Wettbewerb gegen die offizielle Akademie antreten und ein »Institut der Roten Professur« den Lehrkörper ausbilden, der die »bourgeoise« Universität übernehmen würde. Bucharin setzte sich für beide Institutionen ein. Die bourgeoise Philosophie wurde abgeschafft, einige ihrer führenden Vertreter ins Exil geschickt, und der dialektische Materialismus als einzige Denkschule zugelassen. Auch die bürgerliche Rechtsprechung wurde aufgehoben und der Juristenstand, eine der Hauptstützen des russischen Liberalismus vor 1917, aufgelöst. Die Wirtschaftswissenschaften gaben sich – wie über Diskussionen, die den Plan belegen – eine marxistische Grundlage. Hier war das Ergebnis allerdings keine Regression, denn die außergewöhnlichen Umstände, die die russische Entwicklung bestimmten, erwiesen sich als Stimulus für innovatives Denken. Die Geschichtswissenschaft unterlag zwar nicht direkter Parteikontrolle, war aber praktisch von der

marxistischen Pokrowski-Schule beherrscht. Die Naturwissenschaften dagegen blieben von Eingriffen weitgehend verschont; sie konnten als
mögliche ideologische Konkurrenz für das Regime ausgeschlossen werden.

Vor 1930 war diese Mobilmachung an der ideologischen Front nur in
geringem Maß unmittelbar vom Staat gesteuert. Sie war das Werk
selbsternannter marxistischer Führungsgruppen, die sich nach dem Vorbild von Proletkult zur Aufgabe machten, die bürgerliche Kultur auf
diesem oder jenem Feld zu verdrängen.

Die Pokrowski-Schule der zwanziger Jahre zeigte ein verwandtes Bemühen im Hochschulbereich.[7] Der Historiker Pokrowski, wie Miljukow
ein Schüler des großen Wassili Kljutschewski, doch überzeugter Marxist,
erklärte die russische Geschichte als mechanisches Produkt der Entwicklung der Produktionsmittel und des Klassenkampfes. Sein unzweifelhaf-
ter Respekt vor Quellen und Urkunden hinderte ihn nicht daran, an die
Wahrheit seiner Methoden zu glauben, und bürgerliche Historikerkolle-
gen, die seine Ansicht nicht teilten, verloren ihren Lehrstuhl. So konnte
eine Ad-hoc-Gruppierung ideologischer Eiferer ihrem intellektuellen Fun-
damentalismus eine Monopolstellung sichern.

Ähnlich verlief die Entwicklung in der Philosophie. Hier agierte als
Wortführer Abram Deborin, Fachphilosoph und Marxist. In der sowjetischen Philosophie der zwanziger Jahre wogte der Streit der Meinungen
zwischen dem Lager der »Mechanizisten« und den von Deborin vertrete-
nen »Dialektikern«. Die »Mechanizisten« grenzten die Philosophie von
den Naturwissenschaften ab, während das Lager Deborins die Dialektik
in der Tradition von Engels und Plechanow als Universalwissenschaft
begründen wollte, die alle Wissensgebiete unter sich faßt. Am Ende des
Jahrzehnts behaupteten Deborin und seine Anhänger das Feld und errichteten ihr geistiges und personelles Hegemonialregime.[8]

Der vielleicht denkwürdigste Fall unter diesen kulturellen Milizen war
die 1929 gegründete »Russische Assoziation Proletarischer Schriftsteller«,
RAPP, unter der Führung des Literaturkritikers Leopold Auerbach.[9] In
doktrinärer Weiterentwicklung älterer Ansätze der Ultralinken verlangte
das Programm der *RAPP*, die Literatur habe sich unmittelbar »sozialem
Kommando« zu unterstellen und müsse folglich von Proletariern, zumindest aber Marxisten dominiert werden. Die Mitglieder der *RAPP* waren
denn auch in der Mehrzahl nicht Arbeiter, sondern Parteiaktivisten. Für

bürgerliche »Mitläufer« war Marginalisierung angeordnet; Federführung und Verdienst sollten an die »proletarischen« Schriftsteller gehen. Die *RAPP* entstand zur Zeit der Schachty-Prozesse und des ersten Fünfjahresplans. Im Zentrum der Tätigkeit stand folglich die Feier des »Plans« im Geiste des Klassenkampfes. Ein Zeichen für den Wandel des Zeitgeists ist Majakowskis Selbstmord im Jahr 1930, an dem der Druck, den diese konformistischen Bestrebungen ausübten, keinen geringen Anteil hatte.

Die Phalanx Pokrowski-Deborin-Auerbach war Teil einer militanten Linksströmung, die in der Startphase des ersten Fünfjahresplans von 1928–31 besonders von Komsomolzen und Stoßarbeitern getragen wurde. Diese Bewegung wird gelegentlich als Kulturrevolution bezeichnet, als sei sie eine sowjetische Vorwegnahme des Maoismus.[10] Sie wurde ebenfalls als Ursprung von Stalins Großer Offensive dargestellt, was den ersten Fünfjahresplan zumindest in seinen Anfängen als Revolution von unten erscheinen ließ. Das Bild einer Kulturrevolution, als spezifische Periode der Sowjetgeschichte verstanden, ist mit anderen Worten eine Möglichkeit, das Problem Stalin zu entschärfen: Seiner Offensive wird die demokratische Herkunft und somit sozialistische Legitimität gesichert.

So einfach ist der aufflammende Linksaktivismus von 1928–31 indessen nicht zu erklären. Ein periodisch auftretender Radikalismus von links gehörte seit Bucharins Linkskommunismus und den Anfängen von *Proletkult* im Jahr 1918 zum Bild der sowjetischen Gesellschaft. Nach einer kurzzeitigen Flaute während der NÖP hatten die Plankampagne und die Expansion der Partei zu einer Neubelebung geführt. Der Keim der Schachty-Affäre lag – bevor die Tscheka-Nachfolgerin GPU sich einschaltete – tatsächlich in einem Mißtrauen der Arbeiterschaft gegenüber den bürgerlichen Ingenieuren. Diese radikalen Kräfte wurden von Stalin und der Parteiführung in den Jahren 1928–31 geschürt und für den Angriff auf die Bauern und den Industrialisierungsfeldzug nutzbar gemacht. Die Offensive war also keineswegs von einer linksmilitanten Welle ausgelöst worden; sie fachte den aufkeimenden Enthusiasmus zunächst an, um ihn sodann in Dienst zu nehmen. Als aber die radikale Erregung außer Kontrolle geriet, wurde sie nach dem Muster von »Schwindel angesichts der Erfolge« warnend in die Schranken verwiesen. Die Anfänge der Stachanow-Bewegung waren die letzte Lebensäußerung der sowjetische Linken. Danach brach der Enthusiasmus von unten nur noch auf Direktiven von oben aus.

Ähnliche Maßnahmen zur Zähmung und »Verstaatlichung« der Ultralinken Bewegung wurden an der kulturellen Front vorgenommen, ein Prozeß, der mit der Einführung des Plans begann. Auch die Kultur wurde der »Generallinie« untergeordnet und zentral gelenkt. In den Jahren 1930 bis 1932 annektierte der Staat, wie erwähnt, alle sensitiven Bereiche und unterstellte sie direkt dem Primat seiner unmittelbaren politischen Zwekke. In jedem einzelnen Fall bahnte Stalin persönlich den Wechsel an, Eingriffe, die nicht von persönlichen Neigungen bestimmt waren – der kulturellen Neuordnung der dreißiger Jahre liegt ein bestimmtes Schema, ja eine eigene Gesetzmäßigkeit zugrunde.

Wie in Anerkennung der Marxschen Doktrin vom Proletariat als dem Träger der philosophischen Entwicklung wurde als erstes die Philosophie »nationalisiert«.[11] Im Dezember 1930, auf der Höhe der industriellen Krise, bezeichnete Stalin in einem Gespräch mit dem Exekutivkomitee der Parteiorganisation am Institut der Roten Professur die Deborinisten als »menschewisierende Idealisten«. Das Komitee verabschiedete daraufhin eine Resolution, die diesen Idealismus als »Semi-Trotzkismus« verdammte und gleichzeitig den »Mechanizismus« zur ideologischen Grundlage der »rechten Abweichung« erklärte. Als Ergebnis dieses abstrusen Manövers war zunächst eine orthodoxe Version des dialektischen Materialismus entstanden, der jetzt nicht mehr an den Namen des Menschewiki Plechanow geknüpft war, sondern an Marx, Engels, Lenin und – auf Stalins Intervention hin – auch an den neuen Führer, der sich damit unter die großen Apostel des Weltsozialismus einreihte. Weiter konnten diese neue Orthodoxie und die Neuregelung der Apostolischen Nachfolge dazu dienen, politische Abweichungen nicht nur als Meinungsstreit unter Kommunisten zu deklarieren und zu verdammen, sondern als nichtmarxistische, folglich antisowjetische Verräterbewegungen, die der Vernichtung anheimfallen mußten. Drittens war ehrgeizigen jüngeren Philosophen ein autorisierter Maßstab in die Hand gegeben, mit dem sie Deborinisten verurteilen und in ihre akademischen Positionen nachrücken konnten. Und schließlich besaß der Parteistaat damit ein rigoroses ideologisches Kriterium zur Überprüfung der Loyalität seiner Truppe.

Die Schule Deborins ging indessen nicht vollständig unter. Ihr kruder dialektischer Materialismus wurde lediglich um einiges vergröbert und in eine katechetische Standardform gegossen. So rezykliert und verfremdet konnte er, zumal auch Stalin ihn in einem berühmten Kapitel des *Kurzen*

Lehrgangs von 1938 darstellte, bis zum Ende der Sowjetherrschaft überleben. Es war also das Schicksal Deborins wie auch anderer Linker der späten zwanziger Jahre, nicht nur die ideologischen Waffen zu liefern, mit denen man sie in die Enge trieb, sondern auch die grundlegenden Voraussetzungen für die entstehende stalinistische Kultur zu schaffen.[12]

Im Jahr darauf wiederholten sich die Vorgänge in der Geschichtswissenschaft. Diesmal kündigte ein Brief Stalins an die Herausgeber der Zeitschrift *Proletarskaja Rewoljuzija,* »Proletarische Revolution«, die Wende an. Es ging um die Geschichte der Partei. Die Zeitschrift hatte in einem Artikel bestimmte Fehler Lenins im Verhalten zur Zweiten Internationale analysiert. Stalin schrieb, Lenin habe niemals Fehler gemacht, und hielt damit fest, daß es nur *eine* zutreffende Beurteilung der Parteigeschichte, der Bedeutung Lenins für diese Geschichte und damit auch seiner, Stalins, Rolle als Lenins Nachfolger gebe. Der neue Kanon schrieb vor: Lenin und seine Partei hatten immer recht gehabt; Stalin war beim Aufbau der Partei und während der Oktoberrevolution Lenins engster Mitarbeiter gewesen; Stalin würde mit dem gegenwärtigen sozialistischen Aufbau die Revolution vollenden. Daraus ergab sich, daß der Trotzkismus und andere Abweichungen kein Teil der Parteigeschichte waren, sondern ideologiefremde, feindliche Manifestationen wie der Menschewismus und die übrigen, von Lenin schon früher bekämpften Formen der Sozialdemokratie.

Zur Domestizierung der Geschichtswissenschaft gehörte als nächster Schritt die Verbindung der Parteigeschichte mit der vorrevolutionären Geschichte Rußlands, und das bedeutete die Eliminierung der Schule Pokrowskis. In Pokrowskis an Marx orientierter Darstellung erschien der russische Staat der Vergangenheit als kompromißlos negativer Agent der herrschenden Klassen bei der Ausbeutung des russischen Volkes. Rußlands Vergangenheit präsentierte sich ohne positive Helden und glanzvolle Taten. Seit 1934 jedoch, als sich die neue Ordnung ihrer Vollendung näherte, betrachtete man in Kreisen der Führung eine derartige Herabsetzung der nationalen Vergangenheit als demoralisierend für die Bürger des neuen Staates. Die erste sozialistische Gesellschaft der Welt sollte ihren Ursprung einem ruhmreichen Rußland verdanken: Das heißt, das Ancien régime wurde nicht als russische Vergangenheit aufgefaßt, sondern als Vergangenheit eines radikal neuen Gebildes, der Sowjetunion. Pokrowskis Ansichten wurden zu »abstrakten soziologischen Schemata«

erklärt, und die Partei verlangte eine Geschichte der Namen, Daten und
Ereignisse zugunsten eines lebendigen Geschichtsunterricht im neuen
Erziehungssystem für die Massen. Der neuen Geschichtsschreibung war
vor allem aufgegeben, die Entstehung eines zentralistischen russischen
Staates als progressive Entwicklung darzustellen. Peter I. und Iwan IV.
wurden folglich in ihrer Eigenschaft als Staatengründer zu Helden stili-
siert.

Die partielle Rehabilitierung der russischen Vergangenheit fiel zusammen mit der Wiedereinführung der militärischen Rangabzeichen in der
Armee, der Schuluniformen und Schuldisziplin sowie der Restauration
traditioneller Werte und des traditionellen Familienrechts. Das alles
wurde bisweilen als »großer Rückzug« von der revolutionären Utopie und
Hinwendung zum russischen Nationalismus betrachtet[13] und konnte
damit als weiterer Aspekt von Stalins Verrat an der Revolution und am
sozialistischen Internationalismus erscheinen. Kurz gesagt, zusammen
mit der NÖP galten diese Veränderungen als Anzeichen für einen sowjetischen »Thermidor«, das heißt das Ende der wahren Revolution.

Einen sowjetischen Thermidor hat es indes nie gegeben; die russischen Jakobiner blieben an der Macht. Auch ist das Wort Nationalismus
zur Bezeichnung der Vorgänge bei der Entthronung Pokrowskis und
beim großen Rückzug ganz allgemein ein sehr irreführender Begriff. Die
Rehabilitierung der nationalen Symbole war sowohl höchst selektiv als
auch zweckgebunden. Rehabilitiert wurde einzig die starke Hand des
Staates beim Aufbau eines geeinten Reichs, zweifellos ein wesentliches
Ingredienz des traditionellen russischen Nationalismus. Die Kirche aber
und die kulturelle Eigenart des ruralen, bäuerlichen Rußlands, die
beiden anderen Grundelemente des nationalen Selbstbewußtseins, blieben in Acht und Bann. Überdies wurde der russische Staat der Vergangenheit nur als Vorläufer des völlig neuen und andersartigen Sowjetstaates dargestellt, der sozialistisch, multinational und natürlich ein
Parteistaat war. Nach wie vor wurden der Autokratie die revolutionären
Bewegungen im Zarenreich als die progressiveren Kräfte gegenübergestellt, da sie in Lenin und im Oktober gipfelten: Diese »soziale Bewegung«, mehr noch als Peter und Iwan, machte die wahre nationale
Größe Rußlands aus. Sie bewies augenfällig, daß Rußland dem Westen
in Sachen der Revolution überlegen war und machte es damit zum
fortschrittlichen Führer der Menschheit. Die Situation ist in der alten

Formel des Regimes für seine »Teilrepubliken« am zutreffendsten beschrieben: Nach 1934 war Sowjetrußland »national der Form und
sozialistisch dem Inhalt nach«.

Die Ansprüche des Regimes an die Geschichtsschreibung nach Pokrowski betrafen einen sowjetischen Patriotismus, der die neue sozialistische Ordnung verherrlichen und in den neuen Bildungsschichten Gefühle
des Stolzes und der Loyalität wachrufen sollte. Ein spezifisch russischer
Nationalismus war dabei nur eine Teilkomponente. In Wahrheit ging es
darum, durch Annexion und Ausbeutung des russischen Nationalgefühls
das noch künstliche und brüchige sowjetsozialistische Amalgam zu stärken. Was also Mitte der dreißiger Jahre gefördert wurde, war der Staats-
patriotismus des Sozialismus in einem einzelnen Land. Daß Stalin als
Nichtrusse möglicherweise zu einer kompensatorischen Unterstreichung
des indigen Russischen neigte, dürfte diese Entwicklung erleichtert haben. Vor allem aber war dieser Patriotismus aus der Notwendigkeit
geboren, der Bevölkerung gegenüber die unvorhergesehene Tatsache zu
rechtfertigen, daß die Große Sozialistische Offensive zur Bildung eines
zentralistischen Staates geführt hatte.

Grundlage der neuen Geschichtsschreibung war ferner unverändert
der historische Materialismus. Hinter einer Garde von Helden der revolutionären Bewegung, ergänzt um diesen oder jenen Selbstherrscher, stützte sich die sowjetische Historiographie nach wie vor auf das alte soziologische Modell von Basis und Überbau plus Klassenkampf, das unterdessen noch simpler und mechanistischer geworden war. So lebten Pokrowskis methodischer Ansatz wie Deborins dialektischer Materialismus
in der neuen stalinistischen Kultur weiter. Den Höhepunkt der Entwicklung brachte das Jahr 1938 mit der Publikation von Stalins *Geschichte der
KPdSU (B),* besser bekannt als *Kurzer Lehrgang,* die nicht nur in Rußland
zum Bestseller des zwanzigsten Jahrhunderts wurde.

Das Werk ist Abriß und Apotheose der neuen Sowjetkultur, die trium-
phale Heilige Schrift der Entwicklungen von der Bauernbefreiung im Jahr
1861 bis zur Kodifizierung des Sozialismus in der Stalinschen Verfassung
von 1936 und ein Katalog aller Verräter, die der Sache des Volkes
feindlich gegenüberstanden, von den *Narodniki* und Menschewiki zu den
Trotzkisten. Kapitel IV, Abt. 2 »Über den dialektischen und historischen
Materialismus« enthält Stalins Erläuterung der Grundlagen des Marxismus-Leninismus. Mit diesem Dokument lag erstmals ein Kompendium

der »geistigen« Hauptströmungen der dreißiger Jahre vor, eine Antwort auf alle wichtigen Fragen des Lebens und Denkens. Es war der verbindliche Kanon des Sowjetismus der Reifephase und die geistige Zwangsjacke des kulturellen Lebens einer Nation bis weit über Stalins Tod hinaus. Von einigen späteren Emendationen abgesehen, blieb seine Grunddoktrin in Geltung, solange das Sowjetregime existierte.

Ein analoger Konsolidierungs- und Nationalisierungsprozeß wurde an der literarischen Front eingeleitet. Als der Plan auf Hochtouren lief, konnte die Darstellung seiner Bedeutung nicht länger den freischaffenden Ideologen von RAPP überlassen bleiben. 1932 wurde die Organisation aufgelöst und der neue, staatlich geförderte Schriftstellerverband *(Sojuz pisatelei)* geschaffen, in dem Maxim Gorki als Pate ehrenhalber und das Politbüromitglied Andrej Shdanow als Chefideologe fungierten.[14] Auf dem ersten Schriftstellerkongreß von 1934 gestanden verschiedene »Mitläufer« ihre Irrtümer ein, und Shdanow verkündete die Doktrin des sozialistischen Realismus. Künftig hatten die Schriftsteller Stalins Devise zu folgen und als »Ingenieure der menschlichen Seele« zu wirken. Konkret verlangt war die leicht faßliche realistische Darstellungsweise des neunzehnten Jahrhunderts und eine entschiedene Abgrenzung von den »Formalisten« und Modernisten der zwanziger Jahre. Gleichzeitig aber sollte die Wirklichkeit nicht mechanisch widergespiegelt werden, sondern eine heroische, idealisierte Vorbildliteratur Modelle sozialistischer Hingabe und Leistungskraft schaffen. Zur Themenwahl wurde auf die unmittelbaren, praktischen Aufgaben verwiesen, die die Partei stellte, und auf den Alltag der Arbeiter und Parteikader, die sie zu erfüllen versuchten. Mit dem sozialistischen Realismus war also faktisch ein parteitragender Idealismus gemeint, und aus der ursprünglichen, »proletarischen« Kunst der Linken war das direkte »soziale Kommando« des Parteistaates geworden. Auch hier jedoch überlebte der Linkskurs seine vordergründige Niederlage, denn die Grundidee der Ästhetik als Politikvermittlung war in vereinfachter Form in die Kultur des Stalinismus eingegangen.

Nach demselben Rezept wurde mit den übrigen Künsten verfahren. 1936 entstand eine Union der Filmschaffenden, es folgte der Verband der Komponisten und der Bildenden Künstler. Für alle Bereiche galt die Doktrin des sozialistischen Realismus. Jede Union besaß auf ihrem Gebiet das Monopol, wurde nach *nomenklatura* besetzt und faktisch von

Parteifunktionären beherrscht. Wie alle anderen Kader war auch die »schöpferische Intelligenzia« gut honoriert und zählte zur sozialen Elite. Schöpferische Persönlichkeiten, die sich dem sozialen Kommando nicht fügten, riskierten Sanktionen, die wie im Fall von Ossip Mandelstam und Isaak Babel bis zur Lagerhaft gehen konnten.

Auf diese Weise wurden alle ideologisch sensiblen Kulturbereiche unmittelbar der Partei unterstellt. Doch die Ideologisierung griff schließlich auch auf die »harten« Naturwissenschaften über, deren Gegenstand und Methode traditionellerweise als Inbegriff einer Objektivität gelten, die gegen soziale Einflüsse immun ist.

Zum Bilderbuchfall wurde die Genetik. Trofim Lyssenko, ein Agronom und Autodidakt im Fach Biologie, attackierte die Mendelsche Vererbungslehre und vertrat einen Neolamarckismus, den er nach einem älteren russischen Wissenschaftler als Mitschurinismus bezeichnete.[15] Dieser neuen Genetik zufolge wurden biologische Eigenschaften weitestgehend erworben und konnten folglich durch Veränderungen in der Umgebung des Organismus gezielt beeinflußt werden. Lyssenko verwarf die Genetik Mendels als reaktionär und pries Mitschurins Theorie als perfektes Komplement der marxistischen These von der Formbarkeit der menschlichen Natur durch Veränderungen der sozialen Umwelt. Das Ganze knüpfte außerdem an die Umgestaltung der Gesellschaft durch den Fünfjahresplan an, besonders an die Hoffnung auf die Entwicklung neuen Saatguts zur Kompensierung der katastrophalen Produktionsergebnisse in der kollektiven Landwirtschaft. Lyssenkos Experimente waren wenig beweiskräftig, doch konnte er sich diesem Mißerfolg zum Trotz die Aufmerksamkeit eines anderen Autodidakten sichern, auf den das Versprechen mirakulöser Ertragssteigerungen der Kolchose seinen Eindruck nicht verfehlte. Mit Hilfe Stalins und der Partei war die sowjetische Biologie am Ende der dreißiger Jahre von allen Mendelschen Genetikern gesäubert, und die Lyssenko-Schule nahm eine Monopolstellung ein, die bis weit in die Chruschtschow-Ära unangefochten blieb.

Die härtesten der harten Disziplinen, Chemie und Physik, entgingen im großen und ganzen der unmittelbaren ideologischen Reglementierung.[16] Bestimmte Aspekte der theoretischen Physik, vor allem Einsteins Relativitätstheorie und später die Kybernetik, wurden als »Idealismus in der Physik« verurteilt, und als theoretische Grundlage aller natürlichen Erscheinungen hatte im Prinzip der dialektische Materialismus zu gelten.

In der Praxis aber blieben Chemie und Physik von allzu direkter staatlicher Einmischung verschont, nicht zuletzt darum, weil die sowjetischen Physiker, die das militärische Potential des Atoms erkannt hatten, Stalin während der Kriegsjahre deutlich vor den praktischen Folgen ideologischer Interventionen auf ihrem Gebiet gewarnt hatten. Und hier, wo es um Fragen der Macht ging, hatte Stalin zugestimmt, mit der Folge, daß die Sowjetunion nach dem Krieg die Entwicklung der Nuklearwaffen mit einer Schnelligkeit vorantreiben konnte, die im Westen ungläubiges Staunen erregte.

Nach 1938 und der Veröffentlichung des *Kurzen Lehrgangs* war das gesamte russische Kulturleben im doppelten Sinn zur Funktion des Staates und der Ideologie geworden. Erstens hatten sämtliche Bereiche geistiger Tätigkeit ein methodologisches und philosophisches Fundament aus dem Geist des Marxismus-Leninismus erhalten; zweitens war die praktische Ausübung aller Wissenschaften und Künste direkt den Anweisungen der Parteibürokratie unterstellt.

Das totalitäre sowjetische System hatte damit den äußersten Perfektionsgrad erreicht: Jeder Lebensbereich, von der Wirtschaft bis zur Kultur, war in die Politik integriert, die ihrerseits von den ideologischen Zielen des Parteistaates bestimmt wurde. Das Leben im Sowjetstaat war ohne Einschränkung auf ein einziges Ziel ausgerichtet: den Aufbau und die Verteidigung des Sozialismus. Der Wert ausnahmslos aller Dinge bemaß sich danach, ob und wie weit sie diesem Ziel dienten. Was sich diesem Funktionsmechanismus entzog, galt als feindliches Element, von dem das System gesäubert werden mußte. Das Prinzip der ideokratischen Parteiherrschaft hatte seine logische Vollendung gefunden. Zumindest was die formalen Strukturen betraf.

Zu fragen bleibt, wie weit das Regime erreichen konnte, daß sich die Bürger auch in der Praxis ganz an seinem Willen ausrichteten. Der Einfluß der Partei hatte offensichtlich seine Grenzen, und durch einen Befehl des Kreml ließ sich nicht die ganze Nation nach Gutdünken lenken. Obwohl eine staatsunabhängig strukturierte Gesellschaft in Rußland nicht mehr existierte, gab es in der Bevölkerung dennoch Elemente einer Gruppenbildung, in denen sich unterhalb der formalen staatlichen Herrschaftsstrukturen eine Art Schattengesellschaft konstituierte. Diese Schattengesellschaft fand immer ihre versteckten Mittel und

Wege, sich den Ansprüchen des Staates zu entziehen oder zu widersetzen, wodurch sie zugleich die Bewegungsfreiheit des Staates einschränkte und ihn zwang, seine politischen Zielsetzungen zu revidieren. So konnte bäuerlicher Widerstand Stalin das Zugeständnis der Familienparzelle und des Kolchosmarktes abringen. Das beste Beispiel aber ist die »Schatten-wirtschaft«, das illegale doch unentbehrliche Privatunternehmertum, eine Begleiterscheinung des Plans von der Stalinzeit bis zum Ende des Sowjet-reichs. Weitere Beispiele sind die Anfänge der Stachanow-Bewegung, Konzessionen an historische Überlieferungen sowie die wachsende Privi-legierung der Kader. Ja, der Gesamtprozeß laufender Improvisationen, durch den das Regime unter Stalin sich den Weg zu einer entstellten Version seines ursprünglichen Ziels erkämpfte, ist eine Illustration des hartnäckigen Widerstrebens der Schattengesellschaft. Und es ist ein Ver-dienst des sozialgeschichtlichen »Revisionismus«, in dieser Interaktion von Staat und Gesellschaft eine wichtige Entwicklungslinie des Sowjetis-mus erkannt zu haben.

Diese Wechselwirkung ist indessen weder mit »Verhandlungen« gleichzusetzen, wie verschiedentlich behauptet wird, noch besaß die Gesellschaft eine der staatlichen entsprechende Handlungsfreiheit. Die Bevölkerung bewegte sich in einem sozialen Raum, in dem Politik, Wirtschaft und Kultur unterschiedslos in die »Mono-Organisation« des Parteistaates eingegangen waren. Und dieser strukturelle Faktor machte das System zu einem totalitaristischen; daß eine totale gesellschaftliche Kontrolle sich praktisch als undurchführbar erwies, ändert an diesem grundsätzlichen Sachverhalt wenig. Keine Gesellschaft ist vollständig beherrschbar; durch eine auf Terror gestützte Ideologie mit Ausschließ-lichkeitsanspruch läßt sich jedoch ein total umgreifender staatlicher Rahmen sozialer Regulierungsmechanismen schaffen.

Allerdings war der Parteistaat auch im praktischen Alltag von er-drückender Präsenz. Neben der staatlichen Verfügungsgewalt über den gesamten Agrarbereich nimmt sich die Konzession von Privatparzellen an die Bauern lächerlich aus. Auch die Möglichkeiten der Arbeiter zur Rationalisierung ihrer Arbeitsleistung konnten am Vorrang des Plans nichts ändern. Und neben den sozialen Tatsachen ist zu berücksichtigen, daß jedem – ob Bauer, Arbeiter oder Kader –, die geisttötende Forderung auferlegt war, sich, und sei es vorgeblich, zum Glauben an den Sozialis-mus als höchsten Sinn des Lebens zu bekennen. Für das soziale Tauziehen im Sowjetstaat die Begriffe »Pluralismus« oder beginnende »Demokratie« so zu verwenden, wie sie für Gesellschaften ohne ideologischen Staatsapparat gelten, käme einem Mißbrauch dieser Begriffe gleich. Denn das soziologische Unikum Sowjetsystem wurde durch dessen ideologischen Anspruch definiert. Das Ergebnis war eine historisch beispiellose Präsenz des Staates in allen Lebensbereichen.

Zum Triumph der ideologiegelenkten Parteiherrschaft gehörte der Stalinkult. Seit dem »Parteitag der Sieger« von 1934 wurde es üblich, Stalins Namen nicht mehr ohne glorifizierende Epitheta zu nennen – vom Genius zum Lumen der Künste und Wissenschaften, zum besten Freund der Kinder, Vater der Völker, Führer des Weltproletariats usf. Die Feier seines sechzigsten Geburtstags gestaltete sich zur Apotheose. Da die entscheidenden Beschlüsse der wirtschaftlichen Revolution und der Verstaatlichung der Kultur tatsächlich auf Stalin selbst zurückgingen, könnte sich der Schluß nahelegen, daß alle diese Aktionen im Dienst seines persönlichen Machtstrebens standen und daß ein Regime, das im Kult einer Persönlichkeit gipfelte, im wesentlichen die Schöpfung dieser Persönlichkeit gewesen sein müsse.

Plausibler scheint die gegenteilige Folgerung – der Stalin des Personenkults war eine Manifestation des Systems und nicht dessen Schöpfer. Für diese Version spricht, daß alle Interventionen Stalins an der Kulturfront ein existierendes System und eine fertige Ideologie voraussetzten. Die NÖP-Zeit hatte in jedem Sektor bereits einen »Verband« oder eine »Gesellschaft« von Fachleuten geschaffen, ob proletarische Schriftsteller oder marxistische Historiker, und jede Gruppe hatte ihre marxistische Rechtfertigung parat, mit der die Unterordnung ihres Faches unter die unmittelbaren Parteiziele und die Ausschaltung von Nonkonformisten begründet wurde. Stalins Einvernahmung dieser Gruppierungen ist daher kaum als politischer Quantensprung zu betrachten: Er unterstellte sie lediglich allesamt der zuständigen Abteilung des ZK und seinem persönlichen Willen. Mit dieser Zentralisierung der gesamten Kultur in einem einzigen staatlichen Organ wurden die Verhältnisse zwar brutaler und für die Unorthodoxen auch gefährlicher, sie stellt aber eher eine logische Weiterführung als einen »Verrat« dar.

Stalin verfuhr mit der Kultur der NÖP-Zeit, wie er mit dem trotzkistisch-menschewistischen Ökonomieentwürfen verfahren war: Er eignete sie sich an und gestaltete sie um, indem er sie den aktuellen, gegenwärtigen – nicht den voraussichtlichen Aufgaben des sozialistischen Aufbaus – dienstbar machte. Dieselbe Funktion übernahmen die Restformen der Ultralinken und übrigen »revolutionären Träume« der zwanziger Jahre. Da die Brutalität des sozialistischen Aufbaus jedoch selbst die brutalsten theoretischen Klassenkampf-Prognosen hinter sich ließ, nahm die assoziierte stalinistische Kultur ähnlich brutale Züge an.

Entsprechendes kann für den Führerkult gelten. Stalin hat die Devotion zweifellos genossen, sich allerdings nie bis ins letzte davon einnehmen lassen; ganz ohne Mitwirken seiner Persönlichkeit kann sie also nicht zustande gekommen sein. Daneben aber hatte sie ihre wichtige Funktion innerhalb des Systems. In der Stalin-Literatur findet sich die Hypothese, daß der rückständige russische Bauer im Zaren von alters her eine geheiligte Vaterfigur verehrte und der Stalinkult der Bevölkerung eine Ersatzikone für ihre regressiven Gefühle anbot.[17] Der Kult wäre somit kein Merkmal des Sozialismus oder der *partinnost*, sondern eine Fortsetzung der autokratischen und orthodoxen Erblast russischer Rückständigkeit. Den Bauern nach alldem, was Stalin ihnen antat, das Bedürfnis zu seiner Vergötterung zu unterstellen, mutet allerdings, milde gesagt, bizarr an. Der Kult ging außerdem eindeutig von der Partei und nicht vom Volk aus.

Die kultische Verehrung Stalins hatte ihren Ursprung, es wurde gesagt, im Leninkult der NÖP-Zeit, der ebenfalls auf die Partei zurückging.[18] Lenin, das steht außer Zweifel, hätte sich gegen die Idolatrie verwahrt, wie Nadeshda Krupskaja wiederholt beteuerte; Aufmerksamkeit, die seiner Person galt, war ihm immer unerwünscht, ein Hinweis, der insofern unerheblich ist, als Lenin auf den Gebrauch, den man von seiner Person machte, ebensowenig Einfluß hatte wie auf die Verwaltung seines politischen Erbes. Das schließt jedoch nicht aus, daß der Personenkult die logische Folge dieses Erbes war, das, wie Trotzki es ausdrückte, »die Partei zum einzigen historischen Werkzeug machte, über welches das Proletariat verfügte«. So war der Leninkult mit Mumie, Mausoleum und marxistisch-leninistischer Orthodoxie die kultische Überhöhung nicht des Führers, sondern seiner Partei. Der Führer, der immer recht gehabt hatte, war der notwendige Talisman der Partei, die immer recht haben würde. Auf seine Art hatte es Majakowski gesagt: »Lenin lebte, Lenin lebt. Er wird immer leben!«

Stalin als der Lenin seiner Zeit und als neue Inkarnation der Unfehlbarkeit und Unsterblichkeit der Partei mußte den Kult unvermeidlich auf die eigene Führerschaft lenken. Alles andere wäre angesichts der entscheidenden Rolle, die er tatsächlich spielte, sogar politisch unklug gewesen. Richtet sich kultische Verehrung aber auf ein lebendes Objekt, steigert sich die Emphase. Und wenn dieser Führer die Bevölkerung von einem qualvollen revolutionären Durchbruch zum nächsten zwingt, verstärkt sich der Eindruck quasi-magischer Persönlichkeitskraft. In einer permanenten Krisenlage wird die Theorie des politischen Helden selbst in nichttotalitären Gesellschaften zum Bestandteil einer natürlichen Überlebensstrategie, wie die Biographien zahlreicher führender Politiker der USA, Churchills oder de Gaulles belegen. In totalitären Gesellschaften aber muß das Bild des vorgeblichen Heroen übermenschliche, gottähnliche Züge annehmen. So wurde Stalin, der mit der Bevölkerung seines Landes nur sehr selten persönlich in Berührung kam, durch die Allgegenwart seines Bildes in Gips, Farbe und auf Zelluloid zum charismatischen Symbol für die Massen.

In einem solchen System ist diese patente Absurdität jedoch funktionsbedingt: Der Führer verkörperte die ideologische Achse, die das ideokratische Phantasma zusammenhält. 1939, als Stalins innenpolitisches Werk einen vorläufigen Abschluß erreichte, war er zum Führungsrädchen der eigenen Maschine geworden. Ein absolutes System wird sich notwendig den absoluten Führer schaffen – der arme russische Bauer kann hier aus dem Spiel bleiben. Ohne dieses System hätte sich ein Jossif Dchugaschwili alias Stalin eine Extravaganz wie den Stalinismus nicht leisten können.

DER GROSSE TERROR

Er hätte auch die Großen Säuberungen nicht unbeschadet überstanden. Da Stalin es war, der die Dinge in Fluß brachte, ist die Versuchung groß, die Geschichte der Säuberungen zu seiner persönlichen Geschichte zu machen. Wieder liegt jedoch ein komplexeres Muster zugrunde, und wieder ist der Schlüssel im System zu suchen. Doch sind in diesem Fall die einzelnen Entwicklungsschritte schwieriger auszumachen. Die sowjetische Führung hat ihre Spuren auf diesem Terrain so gut verwischt, daß

sich nicht einmal der Handlungsablauf rekonstruieren läßt. Die Kollektivierung ist in ihren Grundzügen allmählich bekannt geworden; die
Säuberungen werden sich wohl nie ganz begreifen lassen. Jede Darstellung der Vorgänge ist darum in ungewöhnlichem Maß auf Vermutungen
und Theorien angewiesen. Wo Beweise fehlen, müssen Glaubhaftigkeit
und Plausibilität genügen, eine Methode, auf die auch wir uns im folgenden notgedrungen beschränken werden.

Es ginge zu weit, die Säuberungen zu einer im gewöhnlichen Wortsinn
rationalen politischen Maßnahme zu erklären. Sie hatten dennoch ihre
guten Gründe, die in der Natur des entwickelten sowjetischen Systems
und in den damaligen Verhältnissen lagen – generell gesagt in der
Tatsache, daß die dreißiger Jahre, wie angedeutet, die Grenze zwischen
dem Sozialismus als Utopie und Möglichkeit und seiner Realisierung in
actu markierten. Das instrumentelle Programm des vollständigen Sozialismus war verwirklicht, doch seine Folgen erwiesen sich als Travestie des
erwarteten neuen Lebensgefühls. Und diese unannehmbare Tatsache
mußte um jeden Preis geleugnet, aus der Welt oder doch aus dem
Bewußtsein geschafft werden.

Die Säuberungen wurzeln im nationalen Trauma des ersten Fünfjahresplanes, namentlich der Kollektivierung. In *Doktor Schiwago* stellt
Pasternak fest:

> Die Kollektivierung war eine falsche und erfolglose Maßnahme, und
> der Irrtum ließ sich nicht zugeben. Um den Fehlschlag zu verbergen,
> mußte man die Menschen mit jedem Mittel des Terrorismus von der
> Gewohnheit heilen, selbständig zu denken und zu urteilen; mußte sie
> zwingen, zu sehen, was es nicht gab, das Gegenteil dessen zu behaup-
> ten, was sie vor Augen hatten. Das führte zu der beispiellosen Grau-
> samkeit der Jeschowschtschina, zur Proklamation einer Verfassung,
> die nicht zur Anwendung vorgesehen war, und zur Durchführung von
> Wahlen, die nicht auf dem Wahlprinzip beruhten.[19]

Die Realität mußte also durch die Schaffung einer neuen Kultur, oder
Surrealität, geleugnet und die Bevölkerung durch Terrormaßnahmen
dazu gebracht werden, diese Kultur als die Wahrheit des neuen Sozialismus anzuerkennen. Das ist die logische Verbindung, die vom Plan zur
den Säuberungen führt.

In diesem allgemeinen Prozeß kamen drei Teilprobleme zum Austrag, denen sich das System in der Zeit von 1932, als das erste Planjahrfünft auslief, und 1936, dem Jahr des ersten Säuberungsprozesses, gegenübersah: die prekäre Position Stalins, der noch nicht die absolute Diktatur ausübte, der ebenso instabile Status der Partei in einer Gesellschaft, in der die zweite Revolution soeben das unterste zuoberst gekehrt hatte, sowie die internationale Lage, die unmittelbar nach Beendigung der zweiten Revolution plötzlich bedrohliche Züge annahm.

Das Zusammenwirken dieser drei Kräfte führte 1936 zum ersten der drei spektakulären Schauprozesse, die weltweite Aufmerksamkeit erregten und im Zentrum aller Säuberungstheorien stehen. Die drei Prozesse richteten sich gegen bekannte Mitglieder der längst entmachteten alten Oppositiongruppen, die nicht mehr genug Einfluß besaßen, um Stalin gefährlich zu werden. Weit bedeutsamer als das öffentliche Melodram waren indessen die unsichtbaren Massensäuberungen im Hintergrund, die extensiv sämtliche Ränge der Partei erfaßten, die Verwaltungskader, das Offizierskorps und in den Jahren 1937 und 1938 die Sicherheitsdienste selbst. Diese großangelegte Vernichtungsaktion aber richtete sich nicht gegen Oppositionelle, sondern gegen vertrauenswürdige Parteigänger Stalins, loyale Genossen aus den Anfängen des sozialistischen Aufbaus. Sie war faktisch ein von Stalin und der Führungsspitze inszenierter gigantischer Staatsstreich gegen die Mehrheit der Parteimitglieder in den Schlüsselpositionen des eigenen Systems – Stalins zweite Revolution von oben.

Das erste Problem im Hintergrund dieses Staatsstreichs ging auf den risikoreichen Generalplan zurück, der das Land 1932–33 an den Abgrund getrieben hatte. Trotz dem Schulterschluß der Partei im Augenblick der Bedrohung wurden Stalins Fehler unter den Genossen herb kritisiert. Nicht zuletzt von der alten Opposition. In der Partei verbliebene Trotzki-Anhänger schickten belastendes Material nach Paris, das Trotzki in seinem *Bjulleten Opposizii* (Bulletin der Opposition) veröffentlichte. In Moskau scheint 1932 sogar eine kleine, organisierte, kaum aber terroristische Gruppe existiert zu haben, die mit Trotzkis Sohn in Verbindung stand.[20] Bedrohlicher war, daß eine »rechte« Plattform um Martemjan Rjutin, den Chef der Propagandaabteilung, in demselben Jahr den Abbruch der forcierten Industrialisierung und Kollektivierung sowie die

Absetzung Stalins forderte. Diese Unzufriedenheit fand ein Echo bei der Linken und selbst bei einigen bis dahin stalintreuen Parteiaktivisten.[21]

Das war Verrat an der Sache und am Führer im Augenblick höchster Gefahr. Stalin schloß die achtzehn Unterzeichner der Rjutin-Plattform aus der Partei aus. Mit seiner Forderung der Hinrichtung Rjutins aber verstieß er gegen eines der ganz großen Tabus der Partei: Den Terror der Jakobiner vor Augen, waren die Bolschewiki entschlossen, es nie so weit kommen zu lassen, daß die russische Revolution ihre Kinder verschlang. Tödliche Machtkämpfe innerhalb der Partei konnten deren Ende bedeuten. Das Politbüro, mit Kirow als Wortführer der Opponenten, lehnte die Todesstrafe für Rjutin ab. Die Niederlage wurmte Stalin, der beschloß, das Tabu zu brechen, sollte er je die Partei beherrschen. Da er seinen Willen in diesem Fall nicht durchsetzen konnte, zog er sich kampflos zurück und wartete auf eine günstigere Gelegenheit, wie er es in früheren Konfliktsituationen gehalten hatte.

Stalins Autorität ist auf dem XVII. Parteitag von 1934 offenbar auch von anderer Seite in Frage gestellt worden.[22] Zwar überhäufte der Kongreß seinen *Gensek* mit öffentlichem Lob, doch wurde nicht nur vereinzelt Kritik an seiner Führung während der jüngsten Offensive laut. Einige Kritiker scheinen sich für Kirow als einen gemäßigteren und berufeneren Nachfolger ausgesprochen zu haben: Als Leningrader Parteichef führte Kirow die zweitwichtigste Parteiorganisation des Landes; er war nicht durch eine tragende Rolle beim Großen Sprung kompromittiert; kein Kriecher vom Schlag Molotows, trat er eher als Verbündeter Stalins auf; und schließlich war er kein gerissener Kaukasier, sondern ein kerniger, geradliniger Russe. Bei der Wahl fürs Zentralkomitee erhielt Kirow überdies mehr Stimmen als Stalin.

Indessen fehlt jeder Hinweis auf ein Kirow-Programm oder auf Ambitionen Kirows, sich als Oppositionsführer oder gar möglichen Nachfolger Stalins ins Gespräch zu bringen. Er war ein Mann Stalins, seit er im Jahr 1926 den Leningrader Parteivorsitz von Sinowjew übernommen hatte. Seine Reden aus dieser Zeit zeigen ihn als überzeugten Hardliner. Dennoch ist es begreiflich, daß Stalin an Kirows Popularität und an Anzeichen eines Wunschdenkens Anstoß nahm, das sich an die Person des jüngeren Mannes geknüpft haben mochte. Dies um so mehr, als er sich darüber im klaren sein mußte, daß seine fatalen Fehlentscheidungen beim Großen Sprung in jedem normalen politischen System seine Absetzung nach sich gezogen hätten. Das kommunistische System hatte genügend Spuren des Parlamentarismus bewahrt, um eine solche Aktion technisch möglich zu machen.

Reichen diese Indizien aber aus, um die Annahme zu stützen, daß Stalin hinter dem Anschlag stand, dem Kirow am 1. Dezember 1934 zum Opfer fiel? Wenn Stalin die Säuberungen wollte, brauchte er zunächst den Ausnahmezustand, mit dem sich die Ausübung von Sondervollmachten rechtfertigen ließen. Und für den Ausnahmezustand brauchte er eine Greueltat, mit der sich demonstrieren ließ, daß dem Land Gefahr drohte. Ein Jahr zuvor hatte der Reichstagsbrand (von dem damals fälschlicherweise jeder glaubte, er sei das Werk der Nationalsozialisten) Hitler einen gleichartigen Vorwand geliefert, was Stalin nicht entgangen sein konnte. War der Mord an Kirow Stalins Reichstagsbrand?

Das Rätsel um diesen »Mord des Jahrhunderts« wird wohl nie gelöst werden. Chruschtschow scheint von Stalins Schuld überzeugt gewesen zu sein, wie die Hinweise in der Geheimrede belegen.

Zahlreiche Indizienbeweise sprechen für diese These. Die Leichtigkeit, mit der sich der Attentäter Leonid Nikolajew Zugang zu Kirows Büro verschaffte sowie die mysteriösen Unfälle, von denen die Schlüsselpersonen des Dramas unmittelbar nach dem Attentat betroffen wurden, verweisen auf eine Täterschaft aus Kreisen des NKWD, wie die politische Polizei seit 1934 genannt wurde. Verdächtig ist auch die Promptheit von Stalins Reaktionen. Innerhalb von zwölf Stunden hatte er ein Ad-hoc-Gesetz erlassen, das Schnellverfahren für die Aburteilung terroristischer Akte vorsah, und sich per Sonderzug nach Leningrad begeben, um Nikolajew zu verhören. Ein direkter Hinweis auf eine Verwicklung Stalins indessen liegt nicht vor, und überzeugende Gründe sprechen dagegen. So konnte er es kaum darauf anlegen, einen Präzedenzfall für Terroristenmorde an sowjetischen Parteiführern zu schaffen oder sich dem Risiko eines mißglückten Anschlags aussetzen.

Wie auch immer – mit Kirows Tod war »bewiesen«, daß Opposition gegen die Parteilinie logisch zum Verbrechen führte. Mit der moralischen Verantwortung für Kirows Tod wurden daher 1935 Sinowjew und Kamenew belastet, und von dort zog das »Komplott« immer weitere Kreise. Zunächst wurden beide 1936 als Direktverantwortliche des Anschlags vor Gericht gestellt. 1937 folgte der Prozeß gegen Pjatakow und Radek, und schließlich saßen 1938 in einem letzten Prozeß Bucharin, Rykow und

Jagoda auf der Anklagebank. Die früheren Mitglieder der Parteiführung wurde als »Volksfeinde« gebrandmarkt, ein Etikett, das für alle Opfer der Säuberungen in Gebrauch kam. Die theoretische Rechtfertigung für ihre Ausschaltung war dieselbe, die Stalin bereits zur Begründung der Revolution des ersten Fünfjahresplanes benutzt hatte: Je näher der Sozialismus rückte, desto erbitterter wurde der Widerstand seiner Feinde, desto härter mußte folglich der Klassenkampf gegen sie geführt werden. Der Schlüsselbegriff des Marxismus wurde damit endgültig zur leeren Hülse. An den Säuberungen war keine soziale Klasse beteiligt: Es war ein Kampf der Führung gegen das Gros der Partei.

Diese Verfahren gegen Verräter an höchster Stelle entfalteten ihre volle Wirkung jedoch erst in Verbindung mit anderen Entwicklungen, die auf den großen Coup d'état hinführten und mit Veränderungen in der Partei während der Zweiten Revolution in Zusammenhang standen.[23]

Stalin hatte seine Offensive mit einer Partei begonnen, die rund eine Million Mitglieder zählte, die meisten von ihnen ideologisch bestens geschulte Anhänger der Generallinie. Durch Beitritte überwiegend aus Kreisen der Arbeiterschaft und der ärmeren Bauern wuchs die Partei in den Jahren 1930 bis 1933 auf mehr als das Zweifache – das war die rasanteste Ausweitung seit dem Kriegskommunismus und brachte den stärksten proletarischen Zustrom. Und wie in der letzten großen Beitrittswelle war man bei Auslese, Indoktrination und Integration der Neulinge in die Parteihierarchie läßlich verfahren. Die Strukturen selbst waren durch die wachsende Bedeutung der Partei bis auf äußerste gefordert. In der jüngst eroberten bäuerlichen Provinz und in den neugebauten industriellen Zentren mußte praktisch aus dem Nichts eine Parteiorganisation auf die Beine gestellt werden. Außerdem wurden an die neuen Funktionäre höhere Anforderungen gestellt: Es genügte nicht mehr, sich als politischer Agitator und fähiger Bürokrat auszuweisen. Da die Partei sich die ökonomische Entwicklung zur Hauptaufgabe gemacht hatte, waren statt roter Referenzen technische Fähigkeiten im Agrar- oder Industriebereich gefragt. Trotz Anstrengungen an der Kulturfront fehlte es nach wie vor an systemkonformen Spezialisten. Selbst die ideologische Zuverlässigkeit der neuen Mitglieder war keineswegs sichergestellt. Leninisten lassen sich nicht von heute auf morgen heranziehen.

Schließlich blieben die halbanarchischen Verhältnisse, in denen sich

1930–33 das gesellschaftliche Ganze bewegte, nicht ohne Auswirkung auf die Partei. Die andauernde, landesweite »Fluktuation«, die Stalin gegeißelt hatte und die später der Sowjetschriftsteller Wassili Grossman in seinem Roman *Alles fließt ...* (Wsjo tetschot) schilderte[24], ergriff auch die Partei, und ein Teil des Treibguts einer Gesellschaft im Umbruch hatte den Weg nach oben gefunden. 1933 waren die Kader, die Amtsinhaber im Herzen des Systems, in der Partei, für Stalin zum akuten Problem geworden.

Er reagierte mit einer Säuberung im üblichen Parteisinn des Wortes, einer radikalen Durchforstung des gesamten Mitgliederbestandes, wie sie nach dem Bürgerkrieg durchgeführt worden war. 1933 wurden also zunächst 400 000 aus den Reihen der Inkompetenten, der Unmotivierten und der »Nicht-Klassenzugehörigen« ausgeschlossen.[25] Da der Parteiapparat die notwendige Zuverlässigkeit noch immer vermissen ließ, ergingen 1935 anläßlich einer »Überprüfung« der Parteidokumente weitere rund 200 000 Ausschlüsse, und ein Jahr darauf wurden Parteidokumente »ersetzt« und noch einmal 200 000 Namen gestrichen. Das heißt, daß die Partei 1936, bevor der eiserne Besen zum Einsatz kam und Verhaftungen, Deportation und Erschießung an Stelle des Ausschlusses traten, in vier Jahren um 750 000 auf 1 450 000 Mitglieder geschrumpft war. Im nächsten Jahr, dem ersten der großangelegten Vernichtungssäuberungen, fehlten in den Parteilisten weitere 500 000 Namen von Mitgliedern, die Opfer von Exekutionen und Verbannungen. Die Verbindung zwischen den Säuberungen als Aderlaß und als Blutbad liegt auf der Hand. Auf jeder Stufe der Parteihierarchie, Stab oder Truppe, sollten nicht nur verläßliche, sondern ergebene Mitglieder einrücken. Kurz, Stalin war daran, sich die perfekt zusammengesetzte Armee, die Maschine gehorsamer Rädchen, zu schaffen, von der er in jener Zeit sprach.

Er wußte, daß er sich diesen Coup erlauben konnte. Er hatte – wie ein Zyniker es formulierte – im Jahr 500 000 neue Stellen zu vergeben, die Parteiausweise der Säuberungsopfer. Und siehe da, bevor das Jahr 1938 zu Ende ging, hatten 450 000 neue Männer die leer gewordenen Stellen eingenommen – der erste Neuzuwachs seit 1932. Mit den je rund 500 000 Neuzugängen des nächsten und übernächsten Jahres wurde also ein Total von 1 500 000 neuen Mitgliedern erreicht. Einige werden den Weg ihrer Vorgänger angetreten haben, so daß man sagen kann, von den Mitgliedern, die der Partei bei Kriegsbeginn angehörten, waren mehr als die Hälfte nach den Säuberungen beigetreten.

Die neuen Leute, Stalins Yuppies sozusagen, repräsentierten den sozialen Aufsteiger der Zweiten Revolution der dreißiger Jahre. Fast alle hatten eine der neuen technischen Hochschulen besucht – Metallurgie war der große Renner.[26] Diese Gründungen aus den Anfängen des ersten Planjahrfünfts wurden in den Mittdreißigern, als Stalin die vitale Bedeutung des Menschen als »wertvollstes Kapital« erkannte, vermehrt professionalisiert. Der Zugang zu den Hochschulen war nicht mehr an die »demokratische« Klassenzugehörigkeit gebunden, und wieder einmal waren die bürgerlichen Spezialisten als Lückenbüßer für technische Stellen willkommen. Als die technischen Institute in größerem Umfang gut ausgebildete Absolventen entließen, stiegen die neuen Fachleute in leitende Stellungen auf und gelangten im Zug der 1938 beginnenden Neuaufnahmen in die Partei. Im Offizierskorps der Streitkräfte lief eine analoge Entwicklung ab.

Nach Abschluß der Säuberungen verfügte Stalin über eine Partei, deren Mitglieder von der Zeit nach der Großen Offensive geprägt, Kinder des neuen sozialistischen Systems, seiner Institutionen und seiner Kultur waren. Obwohl der Coup ebensowenig wie die ökonomische Revolution von 1939 generalstabsmäßig geplant war, müssen Stalin und seine engsten Vertrauten die drastischen Ziele, die sie tatsächlich erreichten, seit spätestens Anfang 1937 anvisiert haben. Die Resultate entsprechen überdies denen der Parallelaktion, der Verstaatlichung der Kultur, die zur gleichen Zeit ihrem Höhepunkt entgegenging. In diesem Kontext betrachtet, sind die Säuberungen Teil einer *Gleichschaltung** aller Aspekte des sowjetischen Lebens in der zweiten Hälfte der dreißiger Jahre.

Das Revirement der Kader und die gleichzeitig betriebene Ablösung der alten Partei durch eine neue waren das taktische Ziel des großen Staatsstreichs. Der entscheidende Zeitpunkt war 1937, das Jahr, in dem die Zahl der Parteimitglieder ihren Tiefpunkt erreichte. In diesem Augenblick wurde die »Bereinigung« der Parteilisten plötzlich zu einer Vernichtungsaktion gegen die parteischädigenden »Verräter«. Es war das Jahr, das für die Elite des Landes die Zeit eines legendären Grauens blieb und das die Unterscheidung einer stalinistischen von einer sowjetischen Geschichte begründete.

Daß diese Erneuerung der Partei im Zentrum des Staatsstreichs stand,

---

*   im Orig. deutsch.

läßt sich kaum bezweifeln. Zu fragen bleibt anderes: Warum fühlte sich Stalin zu einem solchen Unternehmen gedrängt? Wie führte er es aus? Und warum erst 1937, zwei Jahre nach der Ermordung Kirows, dem Ereignis, das ihm als Vorwand diente?

Der Aufschub dürfte zum Teil auf den Widerstand zurückgehen, den Politbüro und Zentralkomitee Stalins Wunsch nach der Liquidierung aller alten Oppositionellen und neuen Zauderer weiterhin entgegensetzte. Eine Abwehr, die Stalins Wut und seine Entschlossenheit, sich zu gegebener Zeit durchzusetzen, nur verstärkt haben konnte. Ferner ist zu vermuten, daß Ordshonikidse, Kuibyschew und andere die frühere Rolle Kirows übernommen hatten und zur Mäßigung rieten. Die besondere Feindseligkeit, die Stalin ihnen in ihren letzten Tagen bewiesen haben soll, legt diesen Schluß nahe. Desgleichen der spätere – und einzig dokumentierte – Fall Pawel Postyschews, der 1937 im Zentralkomitee mit Stalin in eine heftige Auseinandersetzung geriet, bei der es um ein künftiges Säuberungsopfer ging.

Stalins Wut muß um so größer gewesen sein, als die Einwände nicht aus dem Lager der alten Opposition, sondern von gestandenen Stalinisten kamen. Im Widerspruch zu den Behauptungen Deutschers und anderer Kommentatoren brauchte Stalin die Aussicht auf ein mögliches Zusammengehen der alten Rechts- und Linksopposition, mit dem Ziel, ihn in einer Krisensituation auszubooten, nicht zu beunruhigen.[27] Den Exponenten solcher Bestrebungen fehlte für solche Aktionen der Rückhalt in der Partei. Eine Bedrohung seiner Macht konnte nur von Stalinisten ausgehen, die etwa wünschen mochten, einen untragbaren Führer abzulösen, sein System jedoch zu erhalten, ein System, an dessen Aufbau sie mitgewirkt hatten und in dem sie genügend Unterstützung und politische Autorität besaßen, um führende Funktionen auszuüben. Die alten Oppositionellen standen nur in den Schauprozessen im Vordergrund, ein Umstand, der die signifikante Tatsache verdunkelte, daß Stalins Opfer in den Großen Säuberungen überwiegend Männer seiner eigenen Gefolgschaft waren.

Ein drittes Problem, das sich 1936 zuspitzte, verstärkte Stalins schwelende Unzufriedenheit mit der Partei. Die internationale Lage, die dem System so lange als Projektionsfläche für seine paranoiden Ängste gedient hatte, wurde nun in der Tat bedrohlich.[28] Hitler, von den Sowjets bis dahin als deutscher Kornilow verkannt, hatte seine Position im Inneren

gefestigt, 1936 erneut die allgemeine Wehrpflicht eingeführt und das
Rheinland besetzt. Japan war von der Mandschurei ins chinesische Kernland vorgestoßen und forderte die Sowjetmacht am Amur heraus. Von
dieser Zeit an war für den Sowjetstaat die Möglichkeit eines Krieges in
naher Zukunft nicht mehr auszuschließen. Und ein Krieg konnte, das
hatten die Erfahrungen von 1914–17 jeden Sowjetbürger gelehrt, besonders dann, wenn er unglücklich verlief, sehr schnell eine fatale Krise im
eigenen Haus auslösen.

1936 braute sich im Ausland darüber hinaus ein neuartiges Gefahren-
potential zusammen. Der Faschismus führte international zu einer
Rechts-Links-Polarisierung, und Rußland als ideologische Supermacht
wurde mitten in diesen Strudel gerissen. In Frankreich hatte 1934 ein
Angriff des rechten Flügels auf die Republik zur Bildung der ersten
Volksfront von Liberalen, Sozialisten und Kommunisten gegen den Fa-
schismus geführt. Im Jahr darauf wurde die Volksfront-Formel zur Politik
der Komintern, mehr um den Sowjetstaat vor Hitler zu schützen als in der
Absicht, die Revolution im Westen zu fördern. 1936 jedoch geriet die
Volksfront-Bewegung aus sowjetischer Sicht außer Kontrolle. In Frank-
reich hatte ein Sieg der Volksfront bei den Mai-Wahlen im Juni zu einer
Reihe von Sitzstreiks geführt – seinerzeit ein Novum –, die zeitweise den
Charakter einer allgemeinen Erhebung anzunehmen schienen. Einen
Monat später erhob sich in Spanien das Heer unter General Franco gegen
die *Frente Popolar* und löste einen dreijährigen Bürgerkrieg aus, in dem
Franco von Deutschland und Japan unterstützt wurde. Die französischen
Ereignisse erlaubten es Trotzki, von einer neuen Revolution zu sprechen,
und Spanien bescherte den Trotzkisten und anderen militanten Linken
einen echten Revolutionskrieg.[29] Die Welle des Radikalismus, die der
Erste Weltkrieg ausgelöst hatte und die in den zwanziger Jahren zu
verebben schien, brandete erneut auf. Wieder schien die permanente
Revolution im Anmarsch, diesmal, um eine neue Variante des »höchsten
Stadiums des Kapitalismus« – den Faschismus zu bekämpfen.

Das Auftreten dieser neuen Kraft hatte entscheidenden und bleibenden
Einfluß auf die internationale Stellung der Sowjetunion. Der erste Arbeiterstaat der Welt konnte sich fortan als Gegenpol zum Faschismus und
somit als die weltweit einzige unerschütterlich antifaschistische Kraft
darstellen – und wurde von anderen Nationen nicht selten als solche
betrachtet. Der Faschismus war für die gesamte Linke das Böse schlecht-

hin, und damit fiel dem Kommunismus *ex contrario* die Rolle des unentbehrlichen Wächters und Hüters zu, der für das Gute stritt. Seit Mitte der dreißiger Jahre erhielt der alte Grundsatz »Keine Feinde in der Linken« eine neue, radikalere Bedeutung. Die Liberalen schienen von der Geschichte zu einer nicht ungefährlichen politischen Entscheidung aufgerufen – sich mit der antiliberalen Linken gegen die neue Ultrarechte zu verbünden.

Der Begriff Faschismus als Bezeichnung für eine neue Spielart des Imperialismus ist allerdings kommunistischer Provenienz. (Die faschistischen Staaten betrachteten sich, bevor sie 1937 politische Allianzen eingingen, nicht als Exponenten einer gemeinsamen geistigen Bewegung.) Als Kollektivbegriff wurde das Wort erstmals 1922, beim Machtantritt Mussolinis, von der Komintern verwendet und bald darauf zu einer allgemeinen Theorie erweitert, in welcher der politische Faschismus als Fassade des »Finanzkapitals« erschien. Es bot sich mithin an, um Hitlers Machtergreifung zu erklären und fortan jede antikommunistische Richtung als Spezies des Faschismus darzustellen – so die Sozialdemokraten, die in den frühen dreißiger Jahren von den Kommunisten als »Sozialfaschisten« bezeichnet wurden. Ausgehend von dieser Theorie des Faschismus als geschlossener Bewegung wurde der militante Antifaschismus zum beherrschenden Thema der internationalen kommunistischen Propaganda in aller Welt. Nach 1935 war die antifaschistische Volksfront die außenpolitische Trumpfkarte der Sowjetunion und das geeignete Mittel, dem Kommunismus weit über die Arbeiterklasse hinaus Einfluß zu verschaffen.

Da dieser Einfluß aber weniger der Revolution im Ausland als der Sicherheit des Sowjetstaates dienen sollte, war der »Kampf gegen den Faschismus« seit 1935 immer mit dem »Kampf für den Frieden« verbunden. An konkreten kämpferischen Maßnahmen gegen den Faschismus war Stalin darum wenig gelegen. Jede Unterstützung der Revolution im Westen hätte ihn die Sympathie der bürgerlichen Mächte England und Frankreich gekostet, potentielle Partner einer Anti-Hitler-Allianz. Nicht weniger wichtig waren Bedenken, daß ein substantielles sowjetisches Engagement auf seiten des antifaschistischen Kampfes im Ausland den immer noch instabilen sowjetischen Staat gefährden könnte. Für Stalin war Spanien daher weniger eine Chance als eine Gefahr, und hinter seiner Beteiligung an den spanischen Ereignissen stand nicht so sehr die

Bereitschaft, die Republik zu stützen, als das Bemühen, sie aus einer sozialistischen Revolution herauszuhalten. Sein NKWD liquidierte die Trotzkisten in Spanien so unbarmherzig wie in Rußland.

Unter diesen Umständen mußten die antiimperialistischen und antifaschistischen Parteitraditionen dem sowjetischen Parteistaat, der im eigenen Land die Panik der Konsolidierung durch Säuberung entfacht hatte, allmählich als Sicherheitsrisiko erscheinen. Dennoch gehörten diese Traditionen zu den schrillsten Parolen der Parteirhetorik, seit Stalin als Parallele zum Klassenkampf in einem einzelnen Land 1928 die linksmilitante außenpolitische Linie »Klasse gegen Klasse« inauguriert hatte. Diese Rhetorik entsprach überdies tiefgehenden Gefühlen eines Großteils der Parteimitglieder, die trotz allem emotional in der Linken verwurzelt waren. Ein prononciertes Verständnis der Volksfront als antifaschistisch-revolutionär war nicht nur im Sinne der letzten Trotzkisten in der Partei; auch Männer wie Bucharin und Marschall Tuchatschewski hingen dieser Auffassung an. In dieser Frage war die nationale Spaltung zwischen »rechts« und »links« aufgehoben. In Zeiten einer internationalen Krise konnten dergleichen unbesonnene ultralinke Emotionen in der Partei den sowjetischen Staat leicht in gefährliche internationale Konflikte verwickeln. Besser war es, solche Tendenzen auszuschalten, bevor sich die Weltlage weiter zuspitzte, und die Verantwortung für Innen- wie Außenpolitik in eine Hand zu legen. Neue Männer brauchte das Land, die kein Ballast obsoleter Linksparolen daran hindern würde, dem Wink dieser Hand zu gehorchen. Zufall war es wohl nicht, daß die Säuberungen im international bedeutsamen Sommer 1936 ihren Anfang nahmen.

Freilich mußte der Coup an einen konkreten Anlaß geknüpft sein. Der beharrliche Widerstand einer zu milde bestraften Opposition in der Partei bot sich an. Seit der Rjutin-Affäre – vielleicht auch wegen der gleichzeitigen Bildung einer kleinen trotzkistischen Gruppe – lag Stalin die Opposition im Magen. Daß er gerade jetzt auf die Sache zurückkam, mochte auch daran liegen, daß unterdessen Hitler ein Beispiel erfolgreich verlaufener blutiger Säuberungen geliefert hatte, als er im Juni 1934 in der Nacht der langen Messer Ernst Röhm und dessen SA liquidierte. Glaubt man einem hochrangigen NKWD-Überläufer, hat sich Stalin in einer Sitzung des Politbüros bewundernd über diese Aktion geäußert. Er soll ferner erklärt haben, mit Hitlers Coup sei der Nationalsozialismus aus der revolutionären in die staatsbildende Phase übergegangen, und für die Sowjetunion sei es an der Zeit, denselben Schritt zu tun.[30] Um den Prozeß der sowjetischen Staatsbildung zu vollenden, versuchte Stalin also im zweiten Anlauf, das Parteitabu zu brechen, das den engsten Führungskreis vor dem Todesurteil schützte.

Er wählte als erste Opfer die verwundbarsten der alten Oppositionellen, Sinowjew und Kamenew, die bereits einen Parteiausschluß, Widerruf, und wiederholte Inhaftierung hinter sich hatten, kurz, als Politiker gründlich diskreditiert waren. Das Gerichtsverfahren folgte einem Muster, das aus dem Schachty-Prozeß und aus dem älteren Verfahren gegen die Sozialrevolutionäre im Jahr 1922 bekannt ist – Verhängung des Todesurteils aufgrund von Geständnissen. Als Staatsanwalt trat erneut Andrej Wyschinski, der Ankläger von damals, auf. Im August 1936 also ließ Stalin gegen Sinowjew, Kamenew und vierzehn weitere Parteifunktionäre das Verfahren eröffnen. Die Anklage lautete auf Bildung eines »trotzkistisch-sinowjewschen terroristischen Zentrums«, das Kirows Ermordung und weitere Attentate auf Stalin und Mitglieder des Politbüros geplant hatte, alles in der Absicht, mit Hilfe der deutschen und japanischen Faschisten den Kapitalismus wiederherzustellen.

Doch der Prozeß verlief nicht nach Wunsch. Gennrich Jagoda, Chef des NKWD und Organisator des Verfahrens, scheint sich seines unappetitlichen Auftrags nur widerwillig entledigt zu haben. Teile des Beweismaterials, bei denen es um Treffen der Oppositionellen mit Trotzkis Sohn im Ausland ging, waren offensichtlich gefälscht, worauf die westliche Presse sogleich hinwies. Der »Schuldige« legte das fällige Geständnis ab, dem das fällige Todesurteil folgte, doch der pädagogische Effekt war dahin. Stalin traf folglich Anstalten, sich für die Organisation zukünftiger Prozesse ein ergebeneres NKWD zu schaffen. Am 25. September schickten Stalin und Shdanow aus ihrem Feriendomizil Sotschi eine telegraphische Anweisung an das Politbüro, Jagoda sei unverzüglich durch Nikolai Jeschow, ein Mitglied von Stalins persönlichem Sekretariat, zu ersetzen; die Politische Polizei hinke »bei der Entlarvung des trotzkistisch-sinowjewschen Blocks« um »vier Jahre hinterher«. Der genannte Zeitraum bezog sich deutlich auf die Affäre Rjutin von 1932. Mit dieser Maßnahme wurde aus den Säuberungen ein Staatsstreich, der in atemberaubendem Tempo ablief. Er begann im September 1936 mit dem Prozeß gegen Sinowjew und Kamenew und endet im Juni 1937 mit der Hinrichtung der sowjetischen Marschälle.

Als erstes mußte das NKWD unter Stalins direkte Kontrolle gebracht werden. Obwohl nie ganz unabhängig, hatte die Behörde unter ihren wechselnden Leitern von Dzierżiński bis Jagoda ihre Amtsgeschäfte relativ unbehindert ausüben können. Diese Situation änderte sich mit der Ernennung Jeshows: Der Sicherheitsapparat, die sogenannten Organe, wurde massiv ausgebaut, und seine Hauptaufgabe bestand jetzt darin, Stalin als Waffe gegen die Partei zu dienen. Stalin hatte damit seinen Einflußbereich von der Partei, die er in den zwanziger Jahren erobert hatte, über die Regierung, die er 1930 übernahm, bis auf das umfassende Überwachungssystem, die politische Polizei, ausgedehnt.

Als nächstes waren die durch den August-Prozeß angerichteten Schäden zu beheben und neue, narrensichere Strafverfahren gegen alte Oppositionelle einzuleiten. Viele von ihnen wie der frühere Linke Juri Pjatakow, wie Bucharin und Rykow, waren bereits als Zeugen in den ersten Prozeß verwickelt gewesen. Doch wieder scheint das Zentralkomitee, dem die drei angehörten, sich einem Rundumschlag gegen die alte Opposition widersetzt zu haben. Aus der Weigerung spricht sowohl die Sorge um die Stabilität der Partei als auch ein im Lauf der Jahre gewachsenes Solidaritätsgefühl. Das Ergebnis war ein Kompromiß: Stalin verzichtete auf die Anklage gegen die beiden Rechtsabweichler, ließ aber im Januar 1937 Pjatakow und fünfzehn weitere Mitglieder eines »trotzkistischen Zentrums« vor Gericht stellen und zum Tode verurteilen. Die Anklage betraf die üblichen Vergehen: Beteiligung an der Ermordung Kirows bis hin zur Wiederherstellung des Kapitalismus im Einverständnis mit den Faschisten.

Gleichzeitig wurde ein neuer Anklagepunkt vorbereitet: Industriesabotage. Mit Pjatakow, dem Kopf der sowjetischen Industrialisierung, war das gesamte Managerkorps des Landes bedroht. Dieser Schritt brachte Stalin in Konflikt mit einigen seiner engsten Mitarbeiter, namentlich mit Ordshonikidse, Pjatakows Vorgesetztem, der offenbar einwandte, die neuerliche Erweiterung der Säuberungen gefährde das ganze System. Der Konflikt führte zu einem heftigen Streit und Ordshonikidses Selbstmord (oder Ermordung?) im Januar 1937. Der Vorfall dürfte Stalin klargemacht haben, daß er mit letzter Konsequenz vorgehen und jedes potentielle Widerstandsnest ausräumen mußte, bis die absolute, zentralistische Herrschaft erreicht war.

Der Coup gipfelte in einer Mammutsession des Zentralkomitees im Februar/März.[31] In stürmischen Debatten behaupteten sich Stalin, Jeshow und Molotow gegen die Befürworter eines maßvollen Kurses, meist Vertreter der Industriebetriebe. Stalin bekam, was er wollte – den Kopf von Bucharin und Rykow. Beide wurden noch während der Sitzung verhaftet. (Ihr einstiger Bundesgenosse Tomski hatte sich nach seiner Verwicklung in den August-Prozeß das Leben genommen.) Im März 1938 standen Bucharin, Rykow und der abgesetzte NKWD-Chef Jagoda zusammen mit achtzehn anderen Oppositionellen vor Gericht, angeklagt der üblichen pauschalen Verschwörung eines »antisowjetischen Blocks der Rechten und Trotzkisten«. Doch dieser Prozeß, der wegen der Persönlichkeiten der Angeklagten am meisten Aufsehen erregte, war in dem Augenblick, als er über die Bühne ging, eher das Nachspiel des politischen Gewaltstreichs als sein Brennpunkt.

Der eigentliche Höhepunkt fiel in den Juni 1937. Nachdem Stalin das NKWD zwischen dem August-Verfahren und dem Februar/März-Plenum auf die Partei angesetzt hatte, blieb eine einzige Institution, die ihm gefährlich werden konnte: die Armee. Gerade durch seine Attacke auf die Partei und die Industriekader konnten die Streitkräfte sich erstmals veranlaßt sehen, einen Führer auszuschalten, der, wie schon Ordshonikidse gefürchtet hatte, das Systemganze einem ernsthaften Risiko auszusetzen schien, und das zu einem Zeitpunkt als die internationale Lage sich zuspitzte. Selbst weniger argwöhnische Gemüter als Stalin hätten sich angesichts dieser Umstände mit gutem Grund nach Flankendeckung umgesehen. Es kam hinzu, daß die Armee, obwohl sie am straffen Zügel des Nomenklaturasystems gehalten wurde, wie die politische Polizei gleichzeitig eine gewisse Autonomie besaß und sich durch einen auf Bürgerkriegszeiten zurückgehenden soldatischen *esprit de corps* hervortat. Sie wurde zudem von Männern befehligt, deren Namen, allen voran der des Marschalls Tuchatschewski, seit den heroischen Kämpfen von damals Legende waren.

Stalin verlor keine Zeit mit der Inszenierung von Schauprozessen für diese potentiell so bedrohlichen Männer, die sich auf die Farce ohnehin nicht eingelassen hätten. Tuchatschewski und mit ihm sechs weitere Marschälle und Generale wurde in einem Schnellverfahren *in camera* verurteilt und ohne Aufschub erschossen. An die Öffentlichkeit gelangte nicht mehr als die knappe Mitteilung ihres Verrats. Es scheint unbegreiflich, daß diese Männer, die über Waffen verfügten, so leicht zu beseitigen waren. Die Frage drängt sich auf, weil sie nicht ungewarnt blieben: Stalin hatte bereits Wochen zuvor eine Reihe von ihnen degradiert – sie selbst waren Zeuge gewesen, wie er diese moralische Abwertung in Raten an Pjatakow, Jagoda und so vielen anderen durchexerziert hatte. Die einzig überzeugende Antwort dürfte die sein, daß sie nicht nur Soldaten und Helden, sondern auch, und zwar vor allem anderen, Männer ihrer Partei waren, und wie ihr einstiger Kommandeur Trotzki, wie Pjatakow und so viele andere wußten sie, daß gegen die Partei niemand recht behielt, weil die Partei nie irrte. Stumm und klaglos war damit das letzte halb autonome Segment des Systems beseitigt.

Die sowjetische Machtpyramide hatte jetzt ihre absolute Spitze – Stalin, den Diktator in der pervertierten modernen Bedeutung des gut römisch-republikanischen Begriffs. Die Plenarsitzung des ZK vom Februar/März und ihr Nachspiel in Militärkreisen hatten jedem Widerstand gegen Stalin das Rückgrat gebrochen. Der Coup auf den höchsten Ebenen war abgeschlossen und die letzte Regung eines Parlamentarismus in der Partei für die Dauer seiner Herrschaft erloschen. Der Weg war frei für einen extensiven Coup mit Breitenwirkung, das Großreinemachen auf allen Ebenen der Partei, auf die Stalin seit 1932 hinsteuerte. Jeder Versuch, diesen Drang zu vereiteln – sei es durch Kirow, Jagoda oder Ordshonikidse –, hatte Stalins Leidenschaft nur geschürt. So nahm nach dem März 1937 der Große Terror der *Jeshowtschina* bis Ende 1938 ungehindert seinen Lauf.

Stalin führte die Oberaufsicht über die Operation, und häufig findet sich seine Unterschrift zusammen mit der anderer Politbüromitglieder auf Listen mit den Namen von Personen, die liquidiert werden sollten. Die praktische Durchführung der Säuberung aber lag bei Jeshow und seinen Leute vom NKWD, denen bei der Bestimmung von Art und Ausdehnung weitgehend freie Hand gelassen wurde. Die Aktionen entwickelten sehr bald eine eigene Dynamik. Jedes erzwungene Geständnis führte zur Inkriminierung weiterer »Verschwörer«, deren Geständnisse wiederum neue Personen in den Kreis der Beschuldigten einbezogen, der sich sprunghaft ausweitete. Wenn die Beschuldigten an ihren Arbeitsplätzen verhaftet wurden, kam es vor, daß die Kollegen andere Mitarbeiter denunzierten, teils um ihre Wachsamkeit zu demonstrieren, teils aber auch, um die berufliche Karriere zu pflegen. Neue Verhaftungen zogen also in einer endlosen Spirale panischer Angst neue Geständnisse und neue Denunziationen nach sich. Nach einem Jahr hatte sich dieser Prozeß so weit verselbständigt, daß es selbst Stalin schwer fiel, ihn zu bremsen.

In den Strudel der Säuberungswellen geriet die überwiegende Mehrheit des Zentralkomitees, mit wenigen Ausnahmen Delegierte des »Parteitags der Sieger«, die oberen Ränge des Offizierskorps und die meisten lokalen und regionalen Parteisekretäre mitsamt Personal und Familie. Die Opfer wurden entweder ohne öffentliche Verfahren erschossen, oder sie verschwanden im Lager. Da die Partei jetzt alle gesellschaftlichen Bereiche, ob Wirtschaft, Ministerien oder Kunst, in eigene Regie genommen hatte, verschwand auch ein großer Teil der leitenden Fachleute aller Berufe. 1939 hatte Stalin sich also nicht nur eine neue Partei, sondern auf jedem Feld nationaler Tätigkeit neues Kaderpersonal geschaffen. Diese Konsolidierung des Systems war die »ultima ratio« des Säuberungsterrors, so irrational er im übrigen erscheint. Stalin aber verfügte jetzt über eine Mannschaft aus dem Geist des Sozialismus, den er geschaffen hatte.

Es war das hervorstechende Merkmal dieser neuen Revolution, daß fast alle Männer, die nach 1937 in den Vordergrund traten, dem nach 1930 geschaffenen System entstammten. In verantwortlichen Positionen fanden sich nur noch verschwindend wenige der »Damaligen« – ob aus der alten Bourgeoisie oder der »alten Garde« der Bolschewiki (d. h. Parteimitglieder seit 1903), ob alte Oppositionelle oder alte militante Linke. Die neuen Kader waren Aufsteiger der zweiten Revolution, die *wydwischenie* der Fünfjahrespläne. Sie hatten wenig Erinnerungen an die Welt vor dem erbauten Sozialismus, waren im neuen System aufgewachsen und ausgebildet worden, Schüler der kulturellen Welt des dialektischen Materialismus und sozialistischen Realismus und ergebene Gefolgsleute des großen Führers. Das System hatte sie zu dem gemacht, was sie waren. Dem Architekten des Systems, Genossen Stalin, verdankten sie alles. Diese Männer verwalteten das System nach dem Tod ihres Führers, bis es in den späten achtziger Jahren zerfiel.

Sie alle waren die unmittelbaren Nutznießer der Säuberungen, wie ein weiterer Blick auf den kontinuierlichen Aufstieg Nikita Chruschtschows erkennen läßt.[32] Für den Beginn seiner Karriere im Zentrum zunächst Kaganowitsch verpflichtet, der ihn von Kiew nach Moskau holte, hatte er sein weiteres Fortkommen ausschließlich Stalin zu verdanken. Als Erster Sekretär des Moskauer Parteikomitees amtete er seit 1934 im wesentli-

chen als Stalins Stellvertreter in der Regierung der Kapitale. Begreiflicherweise unterstützte er seinen Chef auf dem Februar/März-Plenum von
1937, das den Jeshow-Terror auslöste, und organisierte später Straßendemonstrationen gegen die Verbrechen Marschall Tuchatschewskis.

Sein steiler Aufstieg begann 1938 als Folge der Sondersäuberungen in
der Ukraine. Die Ukrainische KP hatte wie die Armee im Rahmen der
kommunistischen Gesamtunion immer einen quasi autonomen Status,
halb Lehen, halb Fürstentum, genossen. Die Ukraine war zwar von den
Bolschewiki erobert worden und ihre Regierung, zunächst mit Pjatakow
an der Spitze, durch Parteidiktat entstanden, doch wurde der lokale
Apparat mit der Zeit zum Träger nationalukrainischer Stimmungen und
Interessen. Von Zeit zu Zeit schickte Moskau neue Leute, um Kiew wieder
auf zentralistischen Kurs zu bringen, worauf die ukrainischen Genossen
unweigerlich in ihre früheren Irrtümer zurückfielen. Zu den Satrapen der
zwanziger Jahre gehörte Kaganowitsch. In den dreißigern schickte Stalin
Pawel Postyschew, einen unbarmherzigen Verfechter des Zentralismus,
der sich auf dem Februar/ März-Plenum dennoch für eine Einschränkung
der Säuberungen aussprach, was ihm ebenso wie der ukrainischen Partei
und Regierung zum Verderben wurde.

Chruschtschow, Molotow, Jeshow und ein Eisenbahnzug mit NKWD-
Truppen wurden nach Kiew entsandt, um den lokalen Parteiapparat
zurechtzustutzen, doch die ukrainische Führung verweigerte den Gehorsam. Moskau beschloß daraufhin, tabula rasa zu machen und die ukrain-
schen Strukturen von Grund auf zu erneuern: 1938 waren der Staats- und
Parteiapparat der Ukraine wie auch die kulturelle Elite auf allen Ebenen
nicht nur einmal, sondern zwei- oder dreimal ersetzt worden. Im Januar
dieses Jahres hatte Chruschtschow mit der Aufgabe, diesen Neuaufbau
einzuleiten, die Führung der »Ukrainischen« Partei übernommen. Gleichzeitig erhielt er Postyschews Sitz als Kandidat fürs Politbüro und im Jahr
darauf die Vollmitgliedschaft. Die zweite, jüngere Generation der Stalinisten hatte in ihm ihre Führerfigur – neben Schdanow, Kulturzar seit 1934,
gehörte dazu Lawrenti Berija, der zukünftige Chef der Politischen Polizei.

Hinter dieser Gruppe und im Zuge ihrer Bemühungen, die Befehle von
oben auszuführen, drängte bereits die nächste stalinistische Generation
nach vorn. Unter den Novizen, die Chruschtschow für seine neue Ukrainische Partei aufbot, war Leonid Breshnew.[33] 1906 geboren, Sohn eines
Arbeiters aus der Stahlstadt Kamenskoje am Dnjepr, kam er wie Chru-

schtschow aus einer großrussischen Familie, die es am Ende des alten
Regimes in die neuen Industriegebiete der Ukraine verschlagen hatte.
Revolution und Bürgerkrieg erlebte er als apolitischer Halbwüchsiger;
eine rudimentäre höhere Schulbildung erhielt er an der lokalen Mittel-
schule. Mit Beginn der NÖP wurde das Stahlwalzwerk, Arbeitgeber der
Familie, geschlossen. Er ging zurück ins russische Gouvernement Kursk,
woher die Familie stammte, trat 1923 als Siebzehnjähriger dem Komsomol bei und ließ sich in einer Berufsschule zum Landvermesser ausbilden. Nach mehrjähriger beruflicher Tätigkeit kehrte er 1931 nach Kamenskoje zurück, belegte einen Lehrgang am neu gegründeten Institut
für Metallurgie und arbeitete nachts im wieder eröffneten Stahlwerk, das
unterdessen nach Dzierżiński benannt war. Kurz, er war einer von Stalins
wydwischenzy, ein aufstrebendes Mitglied der neuen sowjetischen Arbei-
terintelligenz. Der Fünfundzwanzigjährige trat in die Partei ein und
übernahm die Komsomol-Organisation seines Instituts. Da in dieser Zeit
die Parteiaktivisten regelmäßig aufs Land geschickt wurden, um die
Kollektivierung voranzutreiben, dürfte auch Breshnew sich dort seine
Sporen verdient haben.

1934 verließ er das Institut als ausgebildeter Ingenieur und wurde
1936 Direktor der lokalen Berufsschule. 1937 begannen die ukrainischen
Säuberungen. Im Mai dieses Jahres übernahm er den vakant gewordenen
Posten des Stellvertretenden Vorsitzenden des Stadtsowjets von Kamenskoje, das jetzt Dnjeprodzierzinsk hieß. Als der Erste Sekretär der Ukrainischen KP im Jahr darauf 1600 Parteimitglieder benötigte, um freie Stellen
im Apparat der Sowjetrepublik zu besetzen, übernahm Breshnew die
Leitung der Abteilung für Ideologie im Regionalkomitee des weit größeren Dnjepropetrowsk. Hier gehörte es zu seinen Aufgaben, alle Spuren
der faschistischen Verschwörung trotzkistisch-bucharinscher Provenienz
und natürlich des »ukrainischen bürgerlichen Nationalismus« zu bekämpfen. So trat im Laufe der Säuberungen eine neue stalinistische
Generation hervor, um die Arbeit der schrumpfenden Zahl von Altstalinisten fortzusetzen, deren Laufbahn noch in die Zeit vor dem Großen
Sprung zurückging.

Diese neue Gruppe jüngerer Stalinisten wird zutreffend als »Bre-
shnew-Generation« bezeichnet.[34] Hier finden sich die Namen von Andrej
Gromyko, Alexej Kossygin, Michail Suslow, Juri Andropow, Konstantin
Tschernenko, das heißt die Namen der Männer, die Rußland nach Chru-

schtschow etwa drei Jahrzehnte lang regierten, bis Gorbatschow an die Spitze trat. Die bescheidene Herkunft und der kometenhafte Aufstieg dieser Gruppe sind als Triumph des sozialen Aufstiegs dargestellt worden, der bekanntlich ein Merkmal von Demokratien ist. Da auch Stalins »Kulturrevolution von unten« im Glanz einer demokratischen Aura erscheinen kann, gewinnt seine revolutionäre Modernisierungspolitik ein insgesamt progressives Aussehen. Das sowjetische Experiment läßt sich also in der Formel »Terror, Fortschritt und sozialer Aufstieg« zusammenfassen.[35] Und sie erfuhren es in der Tat als ein barbarisch-elementares Stück sozialer Demokratie, diese Arbeitersöhne, die durch Stalins politisches Wirken bis an die Spitze der *nomenklatura* gelangten und dort während dreißig Jahren der Stagnation verharrten. Diese wohlwollende Einschätzung beruht indes auf einer sehr begrenzten Sicht der dreißiger Jahre. Sie berücksichtigt Stalins Leistungen in den Bereichen Industrialisierung, Urbanisierung und Volksbildung, ignoriert jedoch die Kollektivierung und die Säuberungen praktisch ebenso wie die Vergewaltigung der Kultur, die mit der sowjetischen Modernisierungsmethode zwangsläufig einherging. Auch die Version der Modernisierungs-Theorie, die den sozialen Aufstieg ins Zentrum stellt, läuft letzten Endes auf einen weiteren Versuch hinaus, das Problem Stalin zu entschärfen. Wenn unter dem Stichwort *wydwischenie,* sozialer Aufstieg, ein in der Tat sehr realer Aspekt herausgelöst und der Rest amputiert wird, erhalten wir ein gereinigtes Stalinbild, das sich unbedenklich in einen Kanon des Fortschritts einreihen läßt, ein Kunstgriff, der scheitern muß, weil der Aufstieg der Breshnew-Generation allzu bedenklich an die große soziale Abstiegsbewegung, die Welt des Lagers, gebunden ist.

Das Vierteljahrhundert nach 1929 war auch die Epoche des sowjetischen Lagersystems, einer Folge der Kollektivierung und Säuberung. Seit Solshenizyns *Archipel Gulag* ist allgemein bekannt, daß die Einrichtung von Konzentrationslagern nicht unter Stalin, sondern mit einer Reihe von Vorposten am Weißen Meer schon 1918 unter Lenin begann. Während der zwanziger Jahre dehnten die Anlagen sich aus und nahmen vor allem zahlreiche religiöse Dissidenten auf. Zu einem gigantischen Unternehmen wurden sie erst nach 1930 durch die Kulakendeportationen. Gleichzeitig erhielten sie auch größere wirtschaftliche Bedeutung. Mit der Zwangsarbeit wurden die natürlichen Ressourcen – Holz, Kohle, Diamanten, Gold – im unwirtlichen Norden und in anderen sibirischen Regionen erschlossen, in denen der Einsatz von Lohnarbeit für die Regierung zu kostspielig gewesen wäre. Außerdem wurden die Lagerhäftlinge, die *seki*, in einigen von Stalins Lieblingsprojekten wie dem Ostsee-Weißmeer-Kanal und dem Moskau-Wolga-Kanal eingesetzt. *Seki* arbeiteten hinter Stacheldraht sogar an bestimmten Projekten direkt in Moskau. Seit 1930 hatten die Lager ihren festen Platz in den Fünfjahresplänen.

Während der Stalin-Zeit wuchsen die Lager kontinuierlich. Die zweite große Welle kam mit den Säuberungen, eine dritte brachte die »bürgerlich-nationalistischen Elemente« aus den 1939–40 annektierten westlichen Territorien, die vierte der Krieg selbst: Drückeberger und kritische Geister in der Truppe (Solshenizyn ist nur der bekannteste Fall) und Angehörige der nationalen Minderheiten. Die fünfte Welle brachte der Sieg: Sowjetbürger, die in den besetzten Gebieten mit dem Feind kollaboriert hatten oder in Gefangenschaft geraten waren und sich damit als Deserteure qualifiziert hatten. Weitere Wellen folgten in den Nachkriegsjahren. Die Todesrate lag hoch, und die Ausfälle mußten laufend ergänzt werden.

Wie viele Insassen hatten die Lager? Wie viele starben oder wurden während der Säuberungen getötet? Verläßliche Zahlen fehlen hier ebenso wie für das sowjetische Wirtschaftswachstum dieser Zeit. Offizielle Angaben liegen nicht vor, und Schätzungen sind auf die Berichte früherer Häftlinge und Extrapolationen aus Volkszählungen angewiesen. Beide Quellen sind ungenau und lassen breiten Raum für berechtigte Diskussionen und Meinungsverschiedenheiten – hinzu kommt die unterschwellige politische Neigung, die Zahlen je nach der Beurteilung des Sowjetsystems als ganzem höher oder tiefer anzusetzen.

Im Lauf der Jahrzehnte wurde ein gewisser Konsens hinsichtlich der geschätzten Größenordnung erreicht. In den dreißiger Jahren war jenseits der Grenzen über die Dimensionen der Säuberungen und die Existenz des Gulag so gut wie nichts bekannt. Die ersten Berichte früherer Häftlinge, die nach dem Zweiten Weltkrieg im Ausland erschienen,[36] setzten den Westen in Verlegenheit. Ihre Glaubwürdigkeit anzuerkennen bedeutete, die Sowjetunion mit dem nationalsozialistischen Deutschland gleichzusetzen. Erst als Chruschtschow 1956 in der »Geheimrede« die ersten Andeutungen über den Umfang der Säuberungen machte und 1962 durch die Publikationserlaubnis für Solshenizyns Erzählung *Ein*

Tag im Leben des Iwan Denissowitsch die Existenz der Lager faktisch
bestätigte, ließen sich bestimmte grundlegende Tatsachen nicht länger
leugnen. Bald stellte sich die Frage nach dem Ausmaß der Säuberungen
und dem Umfang der Lager. Doch erst nach 1968, als zunächst Robert
Conquests *The Great Terror*, dann, 1973–75, Solshenizyns *Archipel Gulag*
erschienen, wurde es zur Gewißheit, daß Säuberungen und Lager nicht
nur Begleiterscheinungen gewesen waren, sondern zum Wesen des Systems gehörten. Dennoch ließ sich im Westen noch bis in die achtziger
Jahre ein deutlicher Widerwille beobachten, die Tatsachen in ihrer vollen
Tragweite anzuerkennen; wieder war zu hören, die ganze Geschichte sei
weidlich aufgebauscht worden. Und einer der extrem »revisionistischen«
Einschätzungen zufolge waren während der Säuberungen »Tausende«
getötet und »viele Tausende« inhaftiert worden.[37]

Nach dem Zusammenbruch des Regimes wurden frühere pessimistische Einschätzungen von russischen Wissenschaftlern im wesentlichen
bestätigt. Es bleibt dennoch schwierig, verläßliche und genaue Zahlen
anzugeben. Ein erstes Problem beim Versuch, den Umfang der Säuberungen realistisch einzuschätzen, stellt sich mit der Frage: Wie soll man
definieren, was unter Säuberungsopfern zu verstehen ist?

Keine Fragen gibt die eindeutige Kategorie der Hinrichtungen auf. Sie
wurden häufig summarisch verfügt – durch Sondergremien, gerichtliche
Sonderverfahren und durch die »Troikas«, Dreiergruppen, die keine
Rechtsbefugnis besaßen und aus dem Ersten Sekretär des lokalen Parteikomitees, einem NKWD-Beamten und dem Bezirksanwalt bestanden.
Dazu kamen die Massenexekutionen, deren Opfer in die Tausende gingen, wie das Massaker an polnischen Offizieren im Wald von Katyn oder
die Ermordung sowjetischer Zivilisten in Kuropaty bei Minsk im Jahr
1939.

Unschärfer ist die Kategorie der Todesfälle als Folge von Gefängnis-
und Lagerhaft, ähnlich schwierig die Frage nach der Zahl der Inhaftier-
ten. Das Strafmaß war unterschiedlich und reichte von Schwerstarbeit in
den Lagern der Arktis oder an der Kolyma (deren Insassen oft in Bergwerken oder als Holzfäller für den Plan arbeiteten) bis zu Deportationen
ganzer Nationen – so der Ingusch-Tschetschenen – nach Zentralasien und
den milderen Formen der Verbannung in offene »Siedlungen« Sibiriens,
wie sie zuweilen über Kulaken verhängt wurde. Es stellt sich ebenfalls die
Frage nach der Lebensdauer und folglich der Fluktuation der Lagerbevöl-

kerung und den jährlichen Veränderungen. Bis zu einer seriösen Überprüfung des allenfalls noch vorhandenen Archivmaterials bleiben wir auf
die literarischen Zeugnisse angewiesen – Solschenizyns *Gulag* oder Warlaam Schalamows *Erzählungen von der Kolyma*. Von den Lagern sind
keine physischen Spuren als Gedenkstätten an die Toten zurückgeblieben. Das gesamte Lagergelände wurde unter Chruschtschow von Bulldo-
zern dem Erdboden gleichgemacht.

Problematisch ist schließlich auch die Frage nach dem Geburtendefizit,
mit dem als Folge der Hinrichtungen und des Lagersystems zu rechnen ist.
Und damit wiederum stellt sich die Frage nach dem demographischen Bestand bei Beginn der Säuberungen. Die Volkszählung von 1937, die erste
seit 1926, ergab einen Bevölkerungsrückstand von 6 Millionen gegenüber
dem angenommenen demographischen Wachstum, der offenbar auf die
Kollektivierung und die Säuberungen zurückging. Stalin ließ daraufhin die
Ergebnisse verschwinden, die Zähler erschießen und gab eine neue Zählung
in Auftrag, die 1939 durchgeführt wurde und zu »befriedigenderen«, doch
offensichtlich gefälschten Resultaten führte. Inzwischen ist die Zählung von
1937 publiziert worden, doch bleibt die Aufgabe einer Rekonstruktion der
demographischen Entwicklung dieser Periode schwierig.

Dennoch läßt auch die verworrene und unzureichende Quellenlage
erkennen, daß kein Land und keine Epoche in unserem Jahrhundert ein
so trostloses Bild bietet wie das Rußland der Stalinzeit. Der demographi-
sche Rückgang für die Jahre 1926–39 dürfte etwa 15 Millionen, vor allem
auf dem Land, betragen. Für die Jahre 1939–50 (ein Zeitraum, der den
Zweiten Weltkrieg einschließt) liegt die Zahl vermutlich bei 55 Millionen
und umfaßt zur Hälfte den Geburtenausfall, zur Hälfte die exorbitante
Todesrate. In die Berechnung des totalen Bevölkerungsverlustes müssen
darüber hinaus auch die ein bis zwei Millionen Emigranten der Kriegszeit
einbezogen werden.

Was die Todesfälle in Lagern betrifft, geht Conquest von 8 Millionen
Lagerinsassen für 1938 aus und legt dieselbe Zahl als Durchschnitt für die
Jahre 1936 bis 1950 zugrunde. Er rechnet mit einer jährlichen Todesrate
von mindestens 10 Prozent und kommt damit auf eine Zahl von etwa 12
Millionen Toten. Ergänzt man die rund eine Million Hinrichtungsopfer auf
dem Höhepunkt des Großen Terrors von 1937–39 und die geschätzte Mini-
malzahl der Kollektivierungsopfer – 6 Millionen, so ergibt sich für Stalins
Regierungszeit ein vorsichtig veranschlagtes Total von 20 Millionen Toten

als Opfer politischer Verfolgung. Der Wirtschaftswissenschaftler Alec Nove kommt in seinen vorsichtigeren Berechnungen zu ähnlichen Ergebnissen. Die Zahl von 20 Millionen ist heute in Rußland weithin akzeptiert.[38]

Das bedeutet: die doppelte Zahl der Gesamtverluste des Ersten Weltkriegs und die ungefähre Zahl der sowjetischen Verluste im Zweiten Weltkrieg, eine Bilanz des Terrors, die im zwanzigsten Jahrhundert und vermutlich weltgeschichtlich unübertroffen ist. Dem menschlichen Schrecken ist die materielle Erwägung zur Seite zu stellen, daß der Gulag als wirtschaftliches Verlustunternehmen von monumentalem Ausmaß möglicherweise noch die Kollektivierung in den Schatten stellt: Die 8 Millionen Häftlinge von 1938 repräsentierten 9 Prozent der erwachsenen sowjetischen Bevölkerung.

1938, als die Deportationen ihren Höhepunkt erreichten, erkannte auch die Regierung die Gefahren des Terrors. Jeshow erhielt einen Stellvertreter, Lawrenti Berija, und die Säuberungswut schwächte sich ab. Berija suchte insbesondere die Unwirtschaftlichkeit des Gulag zu steuern – er führte die *Scharaschka* ein, ein Elitelager, in dem hochqualifizierte Kräfte an militärischen Forschungsprojekten arbeiteten. Jeshow wurde kurz danach ins Kommissariat für Schiffsverkehr versetzt und verschwand im Jahr darauf, als Berija die Leitung der Geheimpolizei übernahm, aus der Öffentlichkeit, ohne daß es zu einem Prozeß oder auch nur einer öffentlichen Verurteilung gekommen wäre. Doch der Wechsel an der Spitze des NKWD zeigte das Ende des Großen Terrors an.

Unter Berija ging der Terror im üblichen Rahmen weiter, er wurde wie die Lager zur Routineeinrichtung und zum festen Bestandteil des Systems. Vor 1936 hatte die sowjetische Gesellschaft mit der Drohung polizeilicher Gewalt gelebt, war aber kein Polizeistaat im Sinne allgegenwärtiger Polizeipräsenz, dessen Bürger in Angst und Schrecken lebten – ein Grund unter anderen, warum Stalin die Säuberungen ungehindert durchführen konnte. Eine *Jeshowtschina* hätten weder die Partei noch die Bevölkerung für möglich gehalten; beide wurden von den Ereignissen völlig unvorbereitet getroffen. Nach 1937 dagegen war die Sowjetunion ein Polizeistaat im Zeichen des Terrors. Obwohl über die vollen Kompetenzen des NKWD offiziell nichts bekannt wurde und über die Lager Stillschweigen herrschte, war jeder sich ihrer Bedeutung bewußt und ließ die nötige Vorsicht walten. Das Land hatte eine eindrückliche Lektion erhalten, und seit dieser Zeit regierte weithin die Angst.

Die List der Unvernunft

Welche plausiblen Einsichten in die tieferen Gründe dieser gesellschaftlichen Erschütterungen sind zu gewinnen, wenn wir die Gesamtszene der Stalinschen Säuberung und Konsolidierung überblicken – von der Verstaatlichung der Kultur über die Schauprozesse, die Ersetzung der Parteikader, den Schlag gegen die Ukraine bis zu den sibirischen Lagern? Läßt sich erkennen, welche Rolle in diesem Prozeß dem Menschen Stalin, welche der Dynamik des Systems zukam?

Obwohl Stalin in jedem Fall fraglos als Urheber des Umbruchs zu betrachten ist, war er nicht der *diabolus ex machina* des Dramas, kein externer Agent, der das System von seinem natürlichen Kurs abbrachte. Es lassen sich, vor 1937 zumindest, keine Anzeichen dafür erkennen, daß er je die Herrschaft über sich oder über die Situation zu verlieren drohte. Erst 1937–39 schien sein Mißtrauen die Grenze des Pathologischen zu streifen, wenn er öffentlich erklärte, daß niemandem zu trauen sei oder daß die eifrigsten Entlarver der Feinde des Volkes sich verdächtig machten, den eigenen Verrat zu verbergen. Doch griff er auch in diesen Paroxismen des Argwohns nie den harten Kern der Unentwegten an der Parteispitze an, die er brauchte, um den Schlag gegen die Partei als ganze zu führen. Seine alten Getreuen aus dem Politbüro, Molotow, Kaganowitsch, Woroschilow oder die neuen Männer Shdanow, Chruschtschow oder Berija hatten kaum etwas zu fürchten.[39] Ohne sie waren seine Pläne nicht durchzuführen. Die einzigen aus dieser Gruppe, gegen die er vorging, hatten sich dem Staatsstreich widersetzt – Ordshonikidse, vielleicht auch der Leiter von *Gosplan,* Walerian Kuibyschew, dessen Tod im Jahr 1935 verdächtig gelegen kam. 1938 allerdings geriet er in Gefahr, Kommandostrukturen auf höchster Ebene zu zerstören, als er fünf Politbüro-Mitglieder aus dem zweiten Glied hauptsächlich in Verbindung mit den ukrainischen Säuberungen ausschaltete. Nach diesem Schritt und den Kahlschlägen in Industrie und Militär sah er sich, vielleicht auf sanftes Drängen seiner Hauptstatthalter, schließlich veranlaßt, einzulenken und den Terror durch den Wechsel von Jeshow zu Berija zu stabilisieren.

Das Unternehmen hatte zu diesem Zeitpunkt außerdem seine politischen Zwecke erreicht – denn, wie gesagt, es gab durchaus politische Zwecke, die der nunmehr surrealen Welt der damaligen Sowjetunion ihren perversen Sinn gaben. Das Endziel wurde bereits erwähnt: Der

Partei waren Mitarbeiter zu verschaffen, die ganz der sozialistischen Welt
entstammten, die diese Partei aufgebaut hatte. Gewiß, die überwältigende
Mehrheit der Säuberungsopfer von Ordshonikidse und Pjatakow bis
hinunter zu den zahllosen lokalen Parteisekretären und dem Offizierskorps waren loyale Stalinisten, die dem Führer und seiner Politik auf
ewig gedient hätten. Sie *en masse* zu ersetzen war für ein besseres
Funktionieren des Systems in der Praxis nicht nur unnötig, es war vor
allem im Blick auf die drohende Kriegsgefahr ausgesprochen bedenklich.
Doch alle diese Männer zeichneten sich durch eines aus: Sie waren
jahrelanger Indoktrination zum Trotz noch nicht zu passiven Rädchen
des Systems geworden; sie hatten es während seiner Entstehung aus
Überzeugung gestützt und sich, wie das Beispiel Postyschews zeigt, rudimentäre Fähigkeiten zu kritischem Denken und Widerspruch bewahrt.
Sie waren, kurz, noch nicht die »neuen Sowjetmenschen«, die das reife
System verlangte – sie zu schaffen war Sinn und Ziel der Verstaatlichung
der Kultur gewesen. Nicht umsonst hatte Stalin den *Kurzen Lehrgang*
vollendet, während er Bucharin den Prozeß machte.

Dieser Umstand erklärt ein weiteres politisches Ziel der Säuberung:
Wo die Macht der neuen Kultur sich als unzureichend erwies, fand sie
ihre Stütze im institutionalisierten Terror und in der Herrschaft durch
Angst. Zur Erklärung dieser Taktik brauchen wir indessen nicht auf die
Besonderheit des Sowjetsystems, geschweige denn auf Stalins Psyche
zurückzugreifen. Eine bewußte Politik der sozialen Machtausübung
durch Terrormethoden war nur allzu häufig ein »rationales« Ziel im
politischen Leben des zwanzigsten Jahrhunderts. Das sowjetische System
ging darin lediglich weiter als andere.

Auf einen spezifisch sowjetischen Aspekt des Großen Terrors weisen
dagegen zwei zunächst mysteriös erscheinende Besonderheiten bei seiner
Durchführung hin. Unverständlich erscheint erstens, daß von allen Opfern verlangt wurde, Verbrechen zu gestehen, die sie nicht begangen
hatten, was auch den jeweiligen Untersuchungsbeamten beim NKWD
bekannt war, und zweitens, daß keiner der unzweifelhaft zurechnungsfä-
higen Angeklagten aller Rangstufen den Versuch machte, sich gegen die
ganze phantastische Scharade zur Wehr zu setzen.

Wie die Geständnisse erreicht wurden, ist kein Geheimnis: durch
Folter und durch Drohungen gegen Familienangehörige. Verständlich ist
auch, warum das Regime diese Methoden benutzte, um die Angeklagten

der drei Schauprozesse zu einem öffentlichen Geständnis zu zwingen. Die Schuldbekenntnisse waren nötig, um die Bevölkerung über die allenthalben drohende Verschwörung der Verräter und Schädlinge aufzuklären und eine nationale Kampagne der Wachsamkeit zu entfachen. Rätselhafter und bedeutsamer ist die Tatsache, daß Zehntausende, ja wahrscheinlich Hunderttausende von »Volksfeinden« auch hinter den verschlossenen Türen der NKWD-Gefängnisse dazu gezwungen wurden, Geständnisse zu unterschreiben, die nie öffentlich bekannt gemacht wurden und deren Autoren in aller Stille erschossen oder in die Lager deportiert wurden. Ungezählte Mannstunden Arbeit gingen an eine Tätigkeit ohne pädagogischen Wert für die Bevölkerung. Die Verantwortlichen im NKWD hätten die Dokumente fälschen und die »Feinde« ohne Geständnis erschießen können.

Das Geheimnis dieses scheinbar absurden Vorgehens enthüllt sich im Vergleich mit den Methoden des Nationalsozialismus, der auf Reuebekenntnisse verzichtete und seine Feinde mit brutaler Gewalt vernichtete. Beide Regime beruhten faktisch auf Gewalt, die sie indessen verschieden einsetzten. Die Lager der Nationalsozialisten waren im großen und ganzen für Nichtdeutsche bestimmt, und die Aggressionen des Regimes richteten sich gegen fremde Nationen. In den sowjetischen Lagern saßen vor allem Sowjetbürger, und das Regime bekämpfte in erster Linie den Klassenfeind im eigenen Haus. Die relativ simple, um Kraft und Willen kreisende Ideologie der Nationalsozialisten konnte aggressive Strafmaßnahmen zum öffentlichen Programm machen. Die komplexere Ideologie der Sowjets räumte der Gewalt im Klassenkampf zwar breiten Raum ein, stellte sie aber rhetorisch und pro forma in den Dienst der Beförderung von Fortschritt und Humanität; man konnte sich also nicht öffentlich zur Gewalt als dem unentbehrlichen Instrument der Herrschaft bekennen. Darum mußten die »Feinde« veranlaßt werden, fiktive verbrecherische Umtriebe zu gestehen und die eigene Liquidierung auf diese Weise als gerecht und verdient anzuerkennen. Auch die Beweggründe ihres Handelns waren damit herabgewürdigt.

Dieser unumgängliche Zwang zur Selbstentlastung steckt hinter den Tiraden des Anklägers Wyschinski gegen die »tollwütigen Hunde« und hinter den unablässigen Warnungen der sowjetischen Presse vor der großen Verschwörung einer »Restauration des Kapitalismus«. Dieselbe Sprache wurde aber auch hinter verschlossenen Türen von den Vernehmungsbeamten des NKWD geführt, die ebenso wie ihre Opfer wußten, daß alles Gesagte reine Fiktion war. Die Absurdität dieser Inszenierung darf indessen nicht dazu verführen, sie als bedeutungslos abzutun. Sie verfolgte den politischen Zweck, die Bevölkerung zu einer kompromittierenden Bindung an die ideologischen Ziele des Regimes zu nötigen[40], die Opfer der Zweiten Revolution mußten also zwangsweise zu Komplizen des an ihnen begangenen Verbrechens gemacht werden, womit sie das Regime von diesen Verbrechen exkulpierten und zugleich seiner Politik huldigten. Obwohl diese Mystifikationen keine Publizität erlangten, war man sich in der Partei und in der sowjetischen Elite darüber im klaren, daß an der Existenz der großen Verschwörung kein Zweifel erlaubt war. Zu glauben brauchte man nicht daran, doch der Schein mußte gewahrt bleiben.

Dasselbe Kalkül war auch in anderen sowjetischen Einrichtungen wirksam. In allgemeiner Form bestimmte es die Institution der »Selbstkritik«, die Selbstbezichtigungsrituale delinquenter Genossen, die vor der Parteiversammlung ihre Irrtümer gestanden und die Rückkehr zur »korrekten« Parteilinie gelobten. Ähnlich sahen sich während der Kollektivierung die Bauern dazu getrieben, auf den Dorfversammlungen die »Kulakengefahr« zu denunzieren, als ob dergleichen als Gefahr für die Bauern tatsächlich existierte. Ein analoges Verfahren war schließlich die Einrichtung regelmäßiger, bedeutungsloser Wahlen nach der Stalinschen Verfassung, in denen 99 Prozent der Bevölkerung für die »Liste der Parteikandidaten und der Parteilosen« stimmten. Das alles ist, an den Vorstellungen von rationalem politischen Verhalten gemessen, sinnlos, erhält indes in der ideologiebeherrschten Welt des verwirklichten Sozialismus seinen guten Sinn. Man kann sich fragen, ob Stalins Verhalten nach 1937 wahnhafte Züge annahm; daß das System sie besaß, bedarf keiner Frage.

Das zweite große Rätsel der Säuberungen ist die völlige Widerstandslosigkeit der Partei. Außerhalb der Partei hatte es an Widerstand gegen Stalins Revolution nicht gefehlt: Die sogenannten Kulaken hatten sich gewehrt, wenn auch mehr aus hoffnungsloser Verzweiflung; oft wurden Stachanow-Arbeiter von Kollegen umgebracht, weil sie die Normen in die Höhe trieben. In einem Jahrzehnt des Terrors von oben war Nikolajews Attentat auf Kirow der einzige Anschlag auf einen Führer des Regimes. Die Hilflosigkeit der breiten Bevölkerung ist leicht erklärt: Gegen die uneingeschränkte Verfügungsgewalt des Regimes über Militär und Polizei war jede Gesellschaftsgruppe chancenlos. Damit stand die Sowjetunion nicht allein – auch in anderen totalitären Staaten war die Organisation eines aktiven Widerstands ausgeschlossen. Weniger verständlich ist, warum Partei, Polizei und Militär, die den Zugang zu militärischem Potential besaßen, sich so lammfromm ergaben, ja zu ihrer eigenen Zerstörung beitrugen.

Die Ursache ist eine Lähmung, die das System seiner Art nach und durch die mit den Jahren gewonnene Eigendynamik bewirkte. Alle waren Gefangene der Logik, deren sich Pjatakow mit Worten rühmte, in denen Trotzkis Bekenntnis nachklingt: »... wenn die Partei es verlangt ... werde [ich] Schwarz sehen, wo ich Weiß zu sehen vermeinte ... denn für mich gibt es kein Leben außerhalb der Partei.« In den späten dreißiger Jahren hatte ihnen diese Denkweise jede Fähigkeit zu gemeinsamem Planen und Handeln genommen. Außerdem hatte sich diese Partei ebenso wie Polizei und Militär seit Jahren an systematischen Gewaltakten gegen die Bevölkerung beteiligt. Worauf hätten sie ihren Einspruch gründen können, als sie selbst zu Opfern der Gesetzlosigkeit wurden?

Sie waren darüber hinaus zu aktiven oder passiven Beteiligten an politischen Säuberungen geworden, die das Spektrum abweichender Meinungsbildung allmählich auf den Nullpunkt reduziert hatten. Nach den Monarchisten und Liberalen kamen zunächst die Menschewiki und Sozialrevolutionäre, später die Anhänger Trotzkis und Bucharins in Acht und Bann, und mit dem Verschwinden jeder Gruppe wurde es leichter, die nächste zu eliminieren. Am Ende dieses Prozesses ließ sich kein Grund mehr erkennen, warum nicht auch stalinistische Bolschewiki unter die Säuberung fallen sollten, wenn die einzig verbliebene Autorität der Partei, ihr Führer, sie zu »parteifeindlichen« Kräften erklärte. Die Säuberungen sind somit nur die letzte Konsequenz der Gesetzmäßigkeit des Systems, die Lenin festgelegt hatte, als er alle nichtbolschewistische Politik als »kleinbürgerlich«, das heißt als Politik eines Klassenfeindes verurteilte, der vernichtet werden mußte.

Diese Zuspitzung führte jedoch nicht dazu, daß die Sicherheitspolizei die Stelle der Partei im Herzen des Systems einnahm, wie Stalins Erben später behaupteten, um das Ausbleiben des Widerstandes zu erklären.[41] Stalin benutzte die Polizei, um die Partei zu beherrschen, wie er die Partei stets dazu benutzt hatte, das Land zu beherrschen. Doch trat er dabei als Repräsentant der Partei auf, nicht als Chef des Sicherheitsdienstes. In dieser Funktion dienten ihm Jeshow und Berija. Stalin mußte der Partei die Oberhoheit erhalten, denn sie verkörperte die ideologische Stoßrichtung des Regimes und damit das Prinzip ihrer Legitimität. Warum hätte er sich sonst die Mühe machen sollen, ein Kapitel über den dialektischen Materialismus zu schreiben und es an allen Schulen des Landes zur Pflichtlektüre zu machen? Das neue Rußland war kein Paraguay unter General Stroessner, das man der unkontrollierten Herrschaft der Geheimpolizei ausliefern konnte. Es mußte die ideokratische Einparteienherrschaft bleiben, als die es entstanden war.

Die Säuberungen und der institutionalisierte Terror vollendeten die Zerstörung selbständiger gesellschaftlicher Strukturen durch die Partei und die weitgehende Atomisierung der Bevölkerung. Der Parteistaat hatte sich ein Gegenüber geschaffen, das der bloße Schatten einer Gesellschaft war und nur noch aus isolierten Individuen bestand, die jeden Versuch zum Zusammenschluß fürchteten und denen die neue Kultur des triumphierenden Sozialismus noch den Gedanken daran austrieb. Als einer der ersten hat Mandelstam diese Welt beschrieben: »Wir leben und spüren den Boden kaum, Wir sprechen – die Worte verlieren sich lautlos im Raum.«

Die Bevölkerung paßte sich der neuen Situation an und entwickelte ein doppeltes Bewußtsein, eine permanente Schizophrenie. Das galt vornehmlich für die Intellektuellen, schloß aber auch Teile der Arbeiterschaft ein, während die Bauern vermutlich am wenigsten betroffen waren. Im allgemeinen nahmen die Jugendlichen die Mythen des Regimes für bare Münze, und die Älteren wagten gewöhnlich nicht, sie eines besseren zu belehren. Mit zunehmendem Alter erkannte man die Kluft zwischen Mythos und Realität und wußte gleichzeitig auch, daß man die Tatsache nicht öffentlich zugeben durfte. So vertrat man als soziales Wesen und Teil der Gesellschaft die offizielle Weltanschauung, sprach ihre gestanzte, »hölzerne« Sprache und glaubte sogar ein Stück weit daran. Im Privatleben indessen machte das Individuum von der normalen Logik und menschlichen Sprache Gebrauch, ohne dabei die offizielle Weltsicht ganz aufzugeben. Nur um den Preis dieser geistig-seelischen Aufsplitterung, Orwells *doublethink,* konnte der einzelne in einem System bei Verstand bleiben, das den triumphierenden Gipfel des Deliriums erreicht hatte. Dieser Triumph aber hatte auch die Bedingungen für die Zerstörung des Systems geschaffen. Nach den Säuberungen klaffte der

Abgrund zwischen Realität und Ideal noch breiter als Mitte der dreißiger Jahre bei Erreichen des sozialistischen Ziels. Die Kluft ließ sich nur noch durch andauernden Terror im Dienst einer surrealen Verschwörungstheorie überbrücken. Gleichzeitig war die ideologische Legitimität vollständig von der Person des Führers aufgesogen worden. Das ganze Gebäude stellt eine einzigartige, stupende Leistung dar, die allerdings auf tönernen Füßen stand.

Mit der Reduktion der ideologischen Zwecke des Regimes auf diese elementar vereinfachten Ausdrucksformen zerfiel die Basis des Regimes. Als letzte Folge der außergewöhnlichen Transformationsprozesse des Hochstalinismus hatte sich ihre Quelle, der sozialistische Mythos, in die sowjetische Lüge verwandelt, ein Ausdruck, der durch Solshenizyn bekannt wurde, aber lange vorher zum Vokabular osteuropäischen Selbstverständnisses gehörte. Der sowjetische Sozialismus der Wirklichkeit war ein Betrug auch nach Maßgabe des Mythos. Solange die Inkarnation des Lügenmythos an der Macht blieb, hielt das erstaunliche Gebilde zusammen. Doch gerade der Triumph des Führers wurde für seine Partei und mehr noch für seine Bürger zu einer ungeheuren Hypothek, die beide auf Jahrzehnte belastete.

TEIL III

DAS IMPERIUM

KAPITEL 8

KRIEGSGESCHICK
1939–1953

Als der Krieg ausbrach, waren der wirkliche Schrecken, die wirklichen Gefahren und die Bedrohung durch den wirklichen Tod ein Segen verglichen mit der unmenschlichen Herrschaft der Fiktion; sie brachten Erleichterung, weil sie die Macht des bösen Zaubers einschränkten, den der tote Buchstabe [der Ideologie] ausübte.

Nicht nur … in den Lagern, sondern überall, ob im Hinterland oder an der Front, atmeten die Menschen freier, aus tiefer Brust, und warfen sich voller Begeisterung, mit einem Gefühl tiefen Glücks ins Feuer des furchtbaren Kampfes, der tödlich war und doch befreiend.

Der Krieg bildete ein besonderes Glied in der Kette der Revolutionsjahrzehnte: der fortdauernde, direkt aus dem [Oktober]umsturz hervorgehende Kausalzusammenhang der Ereignisse war durchbrochen.

Boris Pasternak, Doktor Schiwago

Als der Zweite Weltkrieg ausbrach, gehörte die Sowjetunion zum Kreis der sieben Großmächte; nach Kriegsende war sie eine von zwei Weltsupermächten. Vor dem Krieg hatte sie weder Freunde noch Verbündete und war der Paria der internationalen Gemeinschaft. Nach dem Krieg stand sie an der Spitze eines euroasiatischen »sozialistischen Lagers«, das sich gegen die von den USA geführten »imperialistischen« Kräfte formiert hatte. Wer hätte vor dem Krieg und nach der großen Säuberungskrise damit gerechnet, daß sich das Sowjetsystem über längere Zeit würde halten können? Nach dem Krieg erschien es als die große Alternative zum Kapitalismus, weil man ihm jetzt den Sieg über den Faschismus zugute halten konnte. Der Erste Weltkrieg hatte den Kommunismus ins Leben gerufen, der Zweite machte ihn zur Weltmacht und eröffnete ihm seine große Zukunft.

Durch den Zweiten Weltkrieg erhielt die sowjetische Geschichte also einen neuen Sinn. Wie Pasternak bemerkte, war das Ende der Kausalkette erreicht, die vom Oktober über die Wirren der NÖP und des Fünfjahresplans bis zu Stalins Konsolidierung der neuen Ordnung im Vorfeld des Kriegsausbruchs geführt hatte. Mit dem vollendeten Ausbau des Systems wurde die Sowjetunion im Inneren ein wesentlich konservatives Unternehmen. Außenpolitisch dagegen eröffnete der Sieg Möglichkeiten für einen neuen Radikalismus. Das Schwergewicht der sowjetischen Politik verlagerte sich folglich in die internationale Arena. Die Ära der Experimente war abgeschlossen; es begann die Ära des Imperiums Sowjetunion.

Der internationale Erfolg trug erstens entscheidend zur Stärkung des Systems im eigenen Lande bei. Vor dem Krieg konnte sich das Regime einzig auf das angebliche Mandat des gesetzmäßigen historischen Fortschritts berufen; nach Ende des Krieges bezog es eine handfestere Legitimität aus seiner Rolle als Urheber des nationalen Sieges. Während des Krieges standen Regime und Bevölkerung zum ersten Mal vor einer gemeinsamen Aufgabe und einem gemeinsamen Ziel. War die Bevölkerung bisher das Objekt von Plänen und Maßnahmen des Regimes gewesen, hatten jetzt beide ein gemeinsames Ziel und eine gemeinsame Aufgabe. Auch wenn diese neue Legitimität wie der Krieg allmählich Geschichte wurde, war das Band, das sie gestiftet hatte, stark genug, das Regime weitere 45 Jahre am Leben zu halten – die Tugenden des Systems allein hätten dazu nicht ausgereicht.

In den ersten Nachkriegsjahren schritt die Sowjetunion von Erfolg zu Erfolg. Die östliche Hälfte des Kontinents fiel in ihren Machtbereich. Alle »Volksdemokratien« dieser Weltregion übernahmen das sozialistische System des großen Bruders, während in Nordkorea ein ähnliches Regime entstand. 1949 kam der Kommunismus in China zur Macht, und damit erstreckte sich ein geschlossener roter Block von der Elbe bis zum Pazifik. Gleichzeitig erschütterten kommunistische Aufstände Vietnam, Malaysia und die Philippinen. Als Stalin seinen siebzigsten Geburtstag feierte, war er der »Vater der Völker« für rund ein Drittel der Menschheit. Erstmals schien der globale Triumph des Kommunismus möglich zu sein, wenn nicht sogar unmittelbar bevorzustehen. Im folgenden Jahr ließ der Ausbruch des Koreakrieges Befürchtungen aufkommen, Stalin könne im Schutz der neu entwickelten Atombombe versucht sein, diesen Triumph mit militärischen Mitteln herbeizuführen.

Rückblickend wird klar, daß sich die westliche Welt nicht nur von Moskaus Stärke, sondern auch von der Geschlossenheit des kommunistischen Blocks in den Jahren 1945-53 stark übertriebene Vorstellungen machte. Dennoch hatte die kommunistische Macht in dieser Zeit tatsächlich ihren eindrucksvollen Gipfel erreicht. Es sah so aus, als biete sich der Bewegung endlich die Möglichkeit, die Hoffnungen einzulösen, die sie im Oktober an die Macht gebracht hatten. Wie der Oktober verdankte sich dieser Erfolg nicht einer sozialen Dynamik, sondern dem Krieg, der brutalen Logik militärischer Stärke und dem Zufall.

Der Krieg war auch der entscheidende Härtetest des Systems. Stalin und die sowjetische Führung waren sich dessen bewußt, daß ihr Regime seine Existenz der Niederlage Rußlands im Ersten Weltkrieg verdankte. Mit schwindender Hoffnung auf eine Revolution im Westen wuchs die Einsicht, daß man gut daran täte, sich für die nächste derartige Bewährungsprobe zu rüsten und sie zu gewinnen - daß sie kommen würde, sagte ihnen nicht nur ihre Ideologie, sondern auch der gesunde Menschenverstand. Wir erinnern uns, daß aus dem Aufbau des Sozialismus sehr bald der existenzsichernde Aufbau des Staates geworden war. Der Konsolidierung des Staates für den militärischen Notfall dienten auf ihre Art auch die Säuberungen. Seit 1939 war die große Frage, ob dieser zusammengeschusterte Sozialismus die Landesverteidigung besser garantieren könne als der Zarismus.

Bekanntlich konnte er es - das und einiges mehr. Die sowjetische Führung durfte also in den folgenden Jahrzehnten diese Leistung den Verdiensten des Systems gutschreiben und schloß daraus, daß es keiner fundamentalen Änderungen bedürftig sei. Dennoch bleibt die Frage nach der Leistung des Systems in den Kriegsjahren aktuell, denn die Sowjetunion hatte den Krieg bereits halb verloren, bevor sie sich endlich anschickte, ihn zu gewinnen. Und das bringt uns auf die Frage zurück, inwieweit dieser Wandel des Kriegsglücks dem System zuzuschreiben ist und inwieweit das System anderen Faktoren, der Geographie, dem russischen Patriotismus oder dem Zufall, seine Rettung verdankt.

DER GROSSE VATERLÄNDISCHE KRIEG

Stalin hat die Möglichkeiten des Systems, sich in einem mit modernen technischen Mitteln geführten Krieg zu behaupten, nie optimistisch eingeschätzt. Seine Revolutionen von oben waren darum auch weitgehend auf das Ziel gerichtet, diese Möglichkeiten zu schaffen. Er hatte seit Beginn seiner politischen Laufbahn bezweifelt, daß Rußland in der Lage sei, eine weltpolitisch bedeutende Rolle zu spielen – ein Grund für seine vorsichtige Politik des »Sozialismus in einem einzelnen Land«. Und darin hatte er recht: Die Revolution war Rußlands Status als Großmacht nicht weniger abträglich gewesen als seiner wirtschaftlichen Entwicklung.

Stalin betrachtete es darum als seine historische Aufgabe, Rußland durch eine Politik forcierter ökonomischer Entwicklung in den Kreis der Großmächte zurückzuführen. Sein Sozialismus stand diesem Ehrgeiz durchaus nicht im Wege. Der Sozialismus war für ihn ein wirksameres Instrument ökonomischer Entwicklung als der Kapitalismus. Gleichzeitig erwog er, den militanten revolutionären Eifer der Trotzkisten zu zügeln, der unter Umständen ein Sicherheitsrisiko für den kommunistischen Staat darstellen konnte. Erst Mitte der dreißiger Jahre verband Stalin diese einzelnen Erwägungen unter dem Druck der wachsenden internationalen Krise zu einem System, an das er sich bis zum Ende seiner Regierungszeit hielt. Er hatte sich bis dahin um internationale Angelegenheiten ebensowenig gekümmert wie vor 1928 um Wirtschaftsfragen, übernahm indessen 1939 ebenso selbstverständlich die Leitung der Außenpolitik, wie er 1941 als Oberbefehlshaber die gesamte Kriegsführung bestimmte. Damit war auch der letzte Bereich des nationalen Lebens unter seine direkte Aufsicht gebracht und, wie Pasternak bemerkte, die Kausalkette geschlossen, die mit dem Oktober begonnen hatte.

Unmittelbar nach der Oktoberrevolution glaubten die Bolschewiki daß die Beförderung der Weltrevolution die für sie einzig relevante Außenpolitik sei.[1] Nachdem diese Politik in Brest-Litowsk als Verteidigungsinstrument versagt hatte, kehrten sie zum nationalen Alltag zurück und gründeten ihren Staat. Die Revolution jenseits der Grenze blieb jedoch die internationale Aufgabe dieses Staates. Sie fand 1919 ihren institutionalisierten Ausdruck in der Gründung der Dritten oder Kommunistischen Internationale (Komintern), in der sich die zentralistische Struktur der bolschewistischen Partei wiederholte. Das große Abenteuer dieser Institution war der Krieg mit Polen und die erhoffte Revolution in Deutschland im Jahr 1920 sowie die Unterstützung von Tschiang Kai-scheks Kuomintang. Der europäische Teil dieser Offensive scheiterte kläglich, der asiatische brachte Tschiang mehr als dem Kommunismus.

Das Ergebnis war eine außenpolitische Spielart der NÖP: 1922 nahm die Sowjetunion erstmals diplomatische Beziehungen zu einem fremden Staat auf: Sie schloß mit Deutschland den Vertrag von Rapallo, der Handelsbeziehungen und – illegalerweise – militärische Zusammenarbeit zwischen den beiden Verlierer-Staaten Europas in die Wege leitete. Im folgenden Jahr bot sich mit der Ruhr-Krise die letzte Chance einer Revolution in Deutschland. Die Kommunisten wußten sie indessen nicht zu nutzen, und die Sowjetunion mußte einsehen, daß sich der Weltkapitalismus auf unabsehbare Zeit »stabilisiert« hatte.

Seit dieser Zeit, so ist wiederholt bemerkt worden, spielte die Sowjetunion eine außenpolitische Doppelrolle: Sie war Mitglied der Staatengemeinschaft und doch das Zentrum einer internationalen revolutionären Bewegung.[2] Da aber mit einer Revolution nicht zu rechnen war, erhielten die Interessen des sowjetischen Staates unvermeidlich Vorrang vor denen der Komintern. Doch das Weiterbestehen der revolutionären Bewegung kompromittierte den sowjetischen Staat als internationalen Gesprächspartner, was den Handelsbeziehungen im Weg stand und die diplomatische Isolation förderte. 1926 überfiel Tschiang Kai-schek seine kommunistischen Verbündeten, und als 1927 die Sowjetunion den Generalstreik der britischen Gewerkschaften unterstützte, brach Großbritannien die diplomatischen Beziehungen ab und provozierte damit die »Kriegsfurcht« dieses Jahres. Bis 1928 hatte die Komintern also nur die Sicherheit des sowjetischen Staates gefährdet, ohne der Revolution neue Impulse zu verleihen.

Stalin schrieb daraufhin die »Neue Internationale Politik« ab und schwenkte auf einen Ultralinkskurs ein. Er gab die Losung aus, die Stabilisierung des Kapitalismus sei vollendet und appellierte an die kommunistische Bewegung im In- und Ausland, sich auf Krisis und Kampf zu wappnen. Das führte zu einer unübertroffen bizarren und destruktiven Phase abstrakter Ideologie in der Geschichte der sowjetischen Außenpolitik. Die Sozialdemokraten wurden zu objektiven Verbündeten des Faschismus erklärt und die ausländischen kommunisti-

schen Parteien angehalten, dem Kampf gegen die »Sozialfaschisten«
erstrangige Bedeutung zuzuweisen. Diese Haltung war zum Teil ein
Reflex der alten bolschewistischen Einstellung, daß moderate Sozialisten
wie die Menschewiki gefährlicher seien als Reaktionäre. Mehr noch
bedeutete sie eine Übertragung der linken Militanz des ersten Fünfjahresplanes in die Außenpolitik. So oder so aber war sie von einer grotesken
Unkenntnis der Verhältnisse jenseits der Grenzen geprägt und hat den
Interessen des sowjetischen Staates außerordentlich geschadet.

Es war die Zeit, als sich im Gefolge der Weltwirtschaftskrise in
Deutschland eine neuartige revolutionäre Situation herausbildete. Während der zwanziger Jahre waren die kommunistischen Parteien Europas
ohne Ausnahme politisch bedeutungslos gewesen. Jetzt entstand in
Deutschland die erste kommunistische Massenpartei gleichzeitig mit
einer zweiten Massenpartei, dem Nationalsozialismus. Die neue Politik
der Komintern zielte darauf ab, die neue deutsche Partei häufig in
taktischer Allianz mit den Nationalsozialisten gegen die Sozialdemokraten auszuspielen, um die Weimarer Republik zu destabilisieren: Sollte
Hitlers Partei an die Macht kommen, war die Überlegung, würde sie sich
nicht lange halten können, jedoch die Massen radikalisieren und nach
links treiben, eine Entwicklung, wie sie Kornilow in Rußland bewirkt
hatte. So wenig Stalin eine unabhängige kommunistische Regierung in
Deutschland gewünscht haben dürfte, seine bizarre Politik scheint dennoch keine andere Erklärung zuzulassen – es sei denn, man möchte
annehmen, daß seine ultralinke Attitüde jeder Vernunft entbehrte und
nur ein unwillkürlicher Reflex des »Klassenkampfes« war, den er zu
Hause vom Zaun gebrochen hatte.

Es wird oft behauptet, daß ein Zweckbündnis der Kommunisten mit
den Sozialisten und vielleicht auch mit dem Zentrum die Machtergreifung Hitlers unter Umständen verhindert hätte.[3] Das heißt, eine Volksfront in Deutschland hätte den Lauf der Geschichte ändern können, und
nur Stalins Engstirnigkeit habe das vereitelt. Es war jedoch mehr im Spiel
als Stalins kurzsichtige Politik. Die Klassenkollaboration einer Volksfront
war in der leninistischen Tradition immer ein Anathema. Die kurze
Mäßigung der Komintern Mitte der zwanziger Jahre stellt eine Abweichung von der sowjetischen Überlieferung dar, und Stalins radikaler
Linkskurs nach 1928 war die Rückkehr zur leninistischen Norm. Erst der
Schock von Hitlers Machtkonsolidierung ließ Moskau erkennen, daß die

leninistische Tradition in diesem Fall eine Gefährdung des leninistischen Staates bedeuten könnte.

Mehr noch – wäre 1933 eine deutsche Volksfront gewählt worden, hätte sie aller Wahrscheinlichkeit nach nicht regieren können. Volksfronten sind instabile, flüchtige Verbindungen, denn anders als sozialdemokratische Parteien sind kommunistische Parteien nichtparlamentaristisch. Die zwei Partner kommen also unvermeidlich in Konflikt, und einer von beiden wird aus der Regierung gedrängt. Eine deutsche Volksfront hätte sich also allem Vermuten nach ebensolange gehalten wie die Kommunisten es irrtümlicherweise von Hitler annahmen, das heißt lange genug, um eine größere Krise heraufzubeschwören. Außerdem hätte das Gespenst des Kommunismus an der Macht oder in ihrem Umkreis das Zentrum verprellt und die Rechte gestärkt, die in einer Krise immerhin auf die Armee zählen konnte. Auch eine deutsche Volksfront hätte somit zu einer Machtergreifung durch die Nationalsozialisten führen können. Wenig realistisch wäre die Annahme, eine leninistische Partei hätte sich selbstlos damit begnügt, zur Rettung der Republik beizutragen und sodann beiseite zu treten und den Sozialisten das Ruder zu überlassen. Das war die Haltung der Menschewiki der Provisorischen Regierung gegenüber, und daß die Komintern sie sich 1933 nicht zu eigen machte, kann nicht überraschen. Wie auch immer, faktisch hatte die Politik der Komintern ihren Anteil daran, daß Hitler zur Macht kam. Sie konfrontierte die Sowjetunion zum ersten Mal mit einer wirklichen »imperialistischen« Gefahr, ein Schock, der die sowjetischen Führer immerhin soweit ernüchterte, daß sie ihren Linkskurs auf Realpolitik umstellten.

Der Anstoß zu diesem Richtungswechsel kam von der nächsten Herausforderung der äußersten Rechten in einer der »bürgerlichen« Republiken Europas. Wie bemerkt[4], entstand die französische Volksfront als Reaktion auf die Ereignisse vom 6. Februar 1934, und 1935 schloß sich die Komintern dieser Politik an. Ziel dieser neuen Richtung der Komintern war nicht die Machtergreifung im Ausland. Durch die Unterstützung »bürgerlicher« Regierungen, die willens waren, gegenüber dem Faschismus eine Politik »kollektiver Sicherheit« zu betreiben, sollte vielmehr die Sicherheit des sowjetischen Staates gefördert werden. Zu dieser Strategie gehörte, daß sich die UdSSR 1934 dem Völkerbund anschloß und 1935 ein militärisches Bündnis mit Frankreich einging, die Internationale danach aber nicht mehr zusammentrat. Nachdem 1936 die franzö-

sische Volksfront unter Leon Blum die Regierung übernommen hatte,
ging die kommunistische Politik dahin, die Militanz der Arbeiterklasse
soweit möglich einzuschränken, um die Wiederbewaffnung Frankreichs
nicht zu gefährden. Der eindeutige Fall einer Volksfront, die im Dienst
der sowjetischen Sicherheit dazu benutzt wurde, die Revolution im Ausland zu unterdrücken, war Spanien, wo sogar ein importiertes NKWD
dieser Politik Nachdruck verlieh.

Damals verlor die internationale revolutionäre Bewegung jede Selbständigkeit und wurde zum Werkzeug der UdSSR bei der Durchsetzung
eigenstaatlicher Interessen. Die europäischen kommunistischen Parteien
standen – anders als die asiatischen – unter direkter Kontrolle Moskaus
und gehorchten den Anweisungen so skrupulös wie regionale russische
Parteikomitees. Frappanterweise gehorchten sie freiwillig, aus blinder
ideologischer Hingabe; Strafandrohungen waren überflüssig. Die ausländischen Kommunisten akzeptierten die Gleichsetzung der Interessen ihrer lokalen Arbeiterklasse mit den Interessen des einzigen Arbeiterstaates
der Welt, dessen Überleben der Garant ihres künftigen Sieges war. Der
»Kult« wirkte weltweit und florierte; Zwang oder Weisungen waren
entbehrlich. Die expandierende Bewegung des internationalen Kommunismus der dreißiger Jahre wurde ins Stadium der Staatsbildung integriert, das die russische Revolution inzwischen erreicht hatte – eine
internationale Waffe, wie sie keiner anderen Macht zur Verfügung stand.

Neben der im Verein mit bürgerlichen Staaten betriebenen Politik der
Volksfronten und der kollektiven Sicherheit hatte der sowjetische Staat
eine zweite Verteidigungslinie errichtet – eine Politik der Verständigung
mit Deutschland, dem Staat, der Rußland am gefährlichsten werden
konnte. Stalin erwog diese Möglichkeit ganz eindeutig schon in den
dreißiger Jahren, während er noch seine Politik der kollektiven Sicherheit
verfolgte. Wie die übrigen bolschewistischen Führer, Trotzki eingeschlossen, schätzte Stalin die Demokratien aus moralischen oder ideologischen
Gründen keineswegs mehr als den Faschismus. »Imperialisten« und also
Todfeinde der Sowjetunion waren beide, ein Konflikt stand in Zukunft
deshalb unvermeidlich bevor. Offen blieb einzig, von welchem der beiden
imperialistischen Lager in bestimmten Momenten die größere Gefahr
ausging, und die Annäherung an das eine oder das andere Lager war
immer nur eine Frage der Zweckdienlichkeit.

Innerhalb dieses ideologischen Rahmens war Stalins vorrangige Sorge, dem großen Härtetest des Krieges so lange wie möglich auszuweichen. Da er sich über die Unvermeidbarkeit eines Krieges in Europa illusionslos im klaren war, setzte er alles daran, sich aus den Händeln nach Möglichkeit herauszuhalten oder, sollte er hineingezogen werden, Kampfhandlungen auf russischem Boden zu verhindern: Er kannte die Schwäche seines neuen sowjetischen Staates nur allzu gut – die Mängel der Industrie, den Haß der Bauern auf die Kolchose und die Unruhe unter den Grenznationalitäten.

Von den zwei diplomatischen Lösungsmöglichkeiten zog Stalin die Verständigung mit Deutschland gerade darum vor, weil es als benachbarter Staat die größere Gefahr darstellte: Die Lektion von Brest-Litowsk war nicht vergessen. Außerdem würde ein friedliches Verhältnis zu Deutschland einen Zweifrontenkonflikt ausschließen, falls Japan in Sibirien angriff. Und schließlich fürchtete Stalin, die anglofranzösischen Imperialisten, ränkevoll und unverläßlich, wie sie waren, könnten die Sowjetunion in einen Konflikt mit Hitler hineinmanövrieren. So steckte er also während der Periode der »kollektiven Sicherheit« die Fühler nach Berlin aus. Nur weil Hitler, damals um die Festigung seiner Position im Westen bemüht, kein Interesse zeigte, blieben die Versuche folgenlos.

Hitler reagierte erst 1939, als er sich für seinen Überfall auf Polen die sowjetische Neutralität sichern wollte. Am 23. August unterzeichneten Molotow und Ribbentrop den berüchtigten Nichtangriffspakt. Wenige Tage darauf begann der Zweite Weltkrieg. Dieser Wirtschafts- und Nichtangriffsvertrag wurde als zynischer Verrat Stalins an der Linken verdammt, doch auch als verständliche Selbstschutzmaßnahme verteidigt, die überdies vom hasenfüßigen Auftreten der Westmächte in München provoziert worden sei: Es habe Stalin zu der Annahme verleitet, sie würden Polen im Angriffsfall nicht zu Hilfe kommen und ihm die Konfrontation mit Hitlers Armeen überlassen. Stalin hier des Zynismus zu beschuldigen ist naiv. Seit Brest-Litowsk war es kommunistische Doktrin, daß die Verteidigung des sowjetischen Staates der Verteidigung der sozialistischen Bewegung in aller Welt gleichzusetzen sei. Die Frage kann nur sein, ob Stalins Entscheidung im Sinne der sowjetischen Verteidigung vernünftig war, und die Antwort ist nein.

Zunächst trifft es keineswegs zu, daß ihn die Ränke der Bündnispartner zu dem Handel mit Hitler getrieben hatten. Die ungeschickte Ver-

handlungstaktik Frankreichs und Großbritanniens gab Moskau zwar
Anlaß genug, die beiden Länder *ex post facto* des Doppelspiels zu
beschuldigen, sie waren indessen auf sowjetische Hilfe angewiesen, um
Druck auf Hitler auszuüben. Das eigentliche Hindernis war Polen, das
sich begreiflicherweise dem von Stalin geforderten Durchmarschrecht
widersetzte, aus der Befürchtung heraus, die sowjetischen Truppen könnten sich im Land festsetzen. Die Verbündeten konnten den Wünschen
Stalins somit nicht entsprechen, dem die Verhandlungen dennoch gelegen kamen, um Hitler, der unter Zeitdruck stand und darum in der
schwächeren Position war, Zugeständnisse abzupressen. Hitler konnte
Rußland nicht nur die gewünschte Kriegsverschonung, sondern auch ein
territoriales Glacis in den baltischen Staaten und in Ostpolen sowie
schließlich auch Finnland und Bessarabien anbieten, und das bedeutete
ein Gebiet im annähernden Umfang der westlichen Grenzlande des alten
Zarenreichs. Stalin wies daraufhin die Alliierten ab und gab Hitler grünes
Licht für den Einmarsch in Polen am 1. September.[5]

Ob diese Entscheidung klug war, erweist nur ein Vergleich mit den
Alternativen. Hätte Hitler den Einfall in Polen auch im Fall einer russischen Allianz mit Frankreich und England gewagt, wohl wissend, daß er
einen Angriff im Westen provozierte und im Osten bald auf die sowjetischen Linien getroffen wäre? 1939 war Deutschland auf einen potentiellen Konflikt an zwei Fronten nicht im entferntesten gerüstet, und Hitler
dachte die Alliierten durch kräftiges Bluffen so weit zu bringen, daß sie
von ihren Garantien für Polen abrückten. Doch selbst wenn Stalin ein
Zusammengehen mit den Alliierten nicht wünschbar schien, hätte er ein
Bündnis mit Hitler vermeiden können. Die Neutralität Rußlands allein
hätte genügt, vor Hitlers polnisches Abenteuer ein großen Fragezeichen
zu setzen. Und hätte sich Hitler dennoch hineingestürzt – eine Tollkühn-
heit zwar, seiner Spielernatur indes zuzutrauen –, und Stalin sich ihm
stellen müssen, wären die Kräfteverhältnisse für ihn weit günstiger
gewesen als 1941.

Stalin zog diese Möglichkeiten nicht ernsthaft in Betracht, weil ihm
vor allem daran lag, den gefürchteten Tag des Kriegseintritts so weit wie
möglich hinauszuschieben. Er nahm ferner an, der Krieg werde etwa so
verlaufen wie der begrenzt technisierte Krieg von 1914–18. Mit anderen
Worten, er erwartete eine sich hinziehende Pattsituation im Westen, die
ihm Zeit zur Aufrüstung und später die Möglichkeit geben würde, das

Zünglein an der Waage zu spielen, ein Irrtum, wie sich zeigte. Der Vertrag vom August befreite Hitler von einem Zweifrontenkonflikt, wie er das kaiserliche Deutschland in die Knie gezwungen hatte, und ermöglichte Hitlers atemberaubende, unaufhaltsame Eroberung des Kontinents während der folgenden zwei Jahre. Stalin war gewiß nicht der einzige, den Frankreichs jäher Kollaps vom Juni 1940 überraschend traf, doch mußte in jedem Fall offensichtlich sein, daß Hitler in der Zange eines Zweifrontenkriegs am sichersten in Schach zu halten war.[6]

Stalin verschenkte diesen Trumpf und hatte in der Folge die schlechteren Karten. Durch sein neugewonnenes Glacis war ihm die Pufferzone und damit der Schutz vor einem deutschen Überraschungsangriff verloren gegangen. Hitler konnte Bevölkerung und Ressourcen des eroberten Kontinents in den Dienst seiner Kriegsanstrengungen stellen, und drittens trug auch Stalins vertragliche Zusicherung vom 23. August, Deutschland mit strategischen Rohstoffen wie Erdöl, Kupfer und anderen Nicht-Eisen-Metallen sowie Nahrungsmitteln zu versorgen, zu Hitlers Siegen im Westen bei. Da Stalin diese Lieferungen, die Schutzgeldern gleichkamen, auch nach dem Fall Frankreichs gewissenhaft fortsetzte, half er Hitler praktisch dabei, den Überfall auf die Sowjetunion vorzubereiten. Im Juni 1941 war Deutschland ein weit stärkerer militärischer Gegner als 1939.

Außerdem benutzte Stalin die Atempause, die ihm der Pakt gewährte, einzig dazu, seine Lage zu verschlechtern. Der Verteidigungsgürtel entlang der alten Grenze wurde zerstört, ehe die neuen Befestigungsanlagen gebaut waren. In den annektierten Gebieten machte er sich mit der Einführung sowjetsozialistischer Verwaltungsstrukturen die einheimischen Bevölkerungen zum Feind. Vor allem aber offenbarte Stalins Winterkrieg 1939/40 gegen Finnland schwere Unzulänglichkeiten der sowjetischen Truppen, was Führung, Moral und Ausrüstung betraf. Durch diese Entwicklungen ermutigt, entschloß Hitler sich im Sommer 1940 zum Angriff im Osten, und Ende des Jahres lagen die Pläne vor. Am 22. Juni begann die ursprünglich für Mitte Mai geplante Invasion.

In den ersten fünf Kriegsmonaten entging die Sowjetunion nur knapp einer militärischen Niederlage, und erst ein Jahr später, nach der Schlacht von Stalingrad, war die Gefahr eines unabwendbaren militärischen Zusammenbruchs gebannt. Die Völker der Sowjetunion stürzte dieser Krieg in ein Grauen, das über alles hinausging, was die Bevölkerung im Westen erlebte, die ersten achtzehn Monate jedoch waren die schlimmsten. Die verheerenden Rückschläge dieser Periode lassen die Frage nach Stalins Verantwortung für diese Katastrophe und für die Mängel seines Systems aufkommen. Tatsächlich hat kein anderer Teil von Stalins Amtsführung in der ehemaligen Sowjetunion so leidenschaftliche Kommentare hervorgerufen wie seine Leistung als Oberbefehlshaber der Armee im Zweiten Weltkrieg. Von der drohenden Vernichtung der Nation und den Millionen Gefallener war jeder einzelne betroffen.

Stalins Pakt-Poker mit Hitler steht am Beginn einer ganzen Reihe von Irrtümern, die Rußland an den Rand einer Niederlage führten. Verhängnisvoller waren seine militärischen Entscheidungen von 1941. Trotz zahlreichen, sehr detaillierten Hinweisen nicht nur des sowjetischen, sondern auch des britischen und amerikanischen Nachrichtendienstes, daß Hitler im Mai oder Juni angreifen würde, lehnte Stalin es ab, Vorsichtsmaßnahmen zu treffen – er fürchtete, Hitler »zu provozieren«. Mit dem Abschluß der sowjetischen Kriegsvorbereitungen wurde erst für 1942 gerechnet, und Stalin, auf den die Abhängigkeit von Hitler offensichtlich lähmend wirkte, wiegte sich in der Überzeugung, diesen Aufschub riskieren zu können. Als deutsche Truppen bereits die Grenze überschritten, gab Stalin Befehl, das Feuer nicht zu erwidern, diesmal aus Angst, eine größere Attacke zu provozieren. Die Folge war, daß an diesem Kriegstag die sowjetischen Kampfflugzeuge am Boden fast vollzählig zerstört wurden. Die Erschütterung über das Scheitern seiner Politik scheint bei Stalin eine Schockwirkung ausgelöst zu haben. Es blieb Molotow überlassen, die Bevölkerung im Rundfunk über den Angriff ins Bild zu setzen. Stalin ließ sich zwei Wochen lang nicht öffentlich vernehmen und griff offenbar erst nach dieser Zeit wieder aktiv ins Geschehen ein.

Sein erster Befehl lautete, die sowjetischen Streitkräfte hätten anzugreifen oder die Stellung zu halten, auf keinen Fall aber je zurückzuweichen. Angesichts des Tempos, in dem die Deutschen vorstießen eine Absurdität, die zur Folge hatte, daß immer wieder sowjetische Truppenteile eingeschlossen und manchmal zu Hunderttausenden gefangen genommen wurden. In den ersten sieben Monaten des Krieges gerieten insgesamt 3 900 000 russische Soldaten, das heißt etwas mehr als die Anzahl der in Rußland stationierten deutschen Truppen, in Kriegsgefangenschaft.[7] Stalins Befehle waren indessen nicht der einzige Grund für diese Katastrophe. Die extrem zentralisierte Befehlsstruktur der sowjetischen Armee, Reflex des extremen Zentralismus des Gesamtsystems, hatte eine lokale Entscheidungsunfähigkeit auf allen Ebenen der militärischen Hierarchie zur Folge: Armee- und Divisionskommandeure scheuten selbst in äußersten Notsituationen davor zurück, eigenverantwortlich zu handeln.

Dazu kam, daß die Truppen, Kinder des Systems, sichtlich weder leidenschaftlichen Verteidigungswillen noch Angst vor einer Gefangennahme durch die »kultivierteren« Deutschen an den Tag legten. Ihren mangelnden Einsatz einer Desertion gleichzusetzen, wäre zwar übertrieben, doch unter kampfmotivierten Truppen hätte es kaum zu Gefangennahmen dieser Größenordnung kommen können. Stalin jedenfalls faßte ihr Verhalten so auf. Für Moskau existierten von Anfang bis Ende der Kriegshandlungen keine legitim in Feindeshand geratenen sowjetischen Gefangenen: Befreite Kriegsgefangene wurden als Deserteure betrachtet und hingerichtet. Nichts könnte das mangelnde Vertrauen des Regimes in die Verläßlichkeit des eigenen Werks deutlicher machen. Es ist die traurige Wahrheit, daß dieser Argwohn gerechtfertigt war. Noch nie in der europäischen Kriegsgeschichte hat ein so hoher Truppenanteil einer Armee im Feld sich so widerstandslos geschlagen gegeben.

Noch eindeutiger waren die Anzeichen des Zusammenbruchs bei der Zivilbevölkerung. Als die Deutschen im Baltikum, in Weißrußland und der Ukraine einmarschierten, wurden sie von der Bevölkerung nicht selten als Befreier begrüßt. Gewöhnt, die Wahrheit der russischen Propaganda in Zweifel zu ziehen, hatte man den Schilderungen nationalsozialistischer Brutalität keinen Glauben geschenkt und erwartete von den Deutschen ein »kultivierteres« Verhalten als von der eigenen Obrigkeit. Insbesondere erhoffte man sich in der ländlichen Bevölkerung die Auflösung der Kolchose und die Wiedereröffnung der Kirchen und in den Grenzregionen darüber hinaus die nationale Befreiung. In Großrußland stießen die vordringenden Deutschen auf ähnliche Reaktionen. So machte das System auf militärischer wie ziviler Ebene eine fünfmonatige Auflösung durch, bis die erste erfolgreiche russische Gegenoffensive die deutschen Truppen im Dezember an den Toren Moskaus zum Stehen brachte.

Stalins schlimmste Zweifel an der Stabilität des Systems, das er errichtet hatte, schienen bestätigt. Wäre die Sowjetunion ein Land von der Größe oder auch mehrfachen Größe Frankreichs, hätte das sowjetische

Experiment 1941 sein Ende gefunden. Das System überlebte Stalins Irrtümer in erster Linie darum, weil das Land dank seiner ungeheuren Weite und seiner großen Bevölkerung Verluste verkraften konnte, die jeden anderen europäischen Staat zerstört hätten. Mit diesem exorbitanten Preis erkaufte sich das System die Zeit, die Hitler brauchte, um die Fehler zu machen, die schließlich dazu führten, daß das Blatt sich wendete.

Die Irrtümer des Gegners waren der zweite Rettungsanker des Systems. Nicht die Invasion Rußlands war Hitlers verhängnisvoller Fehler – das Land war trotz seiner riesigen Ausdehnung schon vorher entscheidend geschlagen worden, zuletzt von Deutschland im Jahr 1918. Die moderneren technischen Mittel hätten ein solches Vorhaben 1939 erleichtert. Doch für jeden Feldzug gegen Rußland mußte gelten, daß er nur unter sorgfältiger Abwägung von Mitteln und Zwecken geführt werden konnte – Hitlers Ziel, sich den gesamten Osten zu unterwerfen, um den Deutschen *Lebensraum** zu verschaffen, überstieg die ihm verfügbaren Mittel bei weitem.

Erstens zeigte sich, daß das Ziel, den entscheidenden Schlag gegen Rußland noch 1941 zu führen, durch die einmonatige Verzögerung der Offensive vereitelt worden war. Statt wie geplant Mitte Mai begann die Offensive Ende Juni, weil Hitler zunächst Jugoslawien angriff, um Mussolini in Griechenland aus der Patsche zu helfen. Die deutschen Truppen erreichten also Moskau erst mit Einbruch des Winters, und der *Blitzkrieg** kam zum Stillstand. Das gab den Russen die Möglichkeit, frische Truppen für eine Gegenoffensive heranzuführen, die die Stadt rettete. Damit war zum ersten Mal demonstriert, daß die Deutschen geschlagen werden konnten; die Moral der Russen erhielt Auftrieb, und Hitler war gezwungen, die nächsten Schlachten auf den Frühling zu verschieben. Praktisch und symbolisch war indessen das Wichtigste, daß Moskau gerettet war. Den Verlust der Hauptstadt hätte ein so stark zentralisiertes und gleichzeitig so brüchiges System kaum überstanden.

Wenigstens *ein* weiterer Fehler Hitlers hatte zu diesem Ergebnis beigetragen. Die deutschen Generäle wollten ihre Kräfte auf den mittleren Frontabschnitt konzentrieren, der nach Moskau führte. Dem widersetzte

* im Orig. deutsch.

sich Hitler. Er war durch seine brillanten Siege im Westen und auf dem Balkan, an denen er tatsächlich keinen geringen Anteil hatte, selbstüberheblich geworden, ignorierte die Pläne seiner Generäle und befahl den Vorstoß auf der ganzen Linie von Leningrad im Norden bis zur Ukraine. Diese Zersplitterung der Kräfte führte dazu, daß Moskau nicht beim ersten Versuch genommen werden konnte.

Die zweite Offensive von 1942 trug den Stempel weiterer Fehlentscheide Hitlers als Oberbefehlshaber. Wieder ließ er den Rat der Generäle unbeachtet und rückte an Moskau vorbei nach Süden auf die Ukraine, die Wolga und den Kaukasus vor. Sein Ziel war das Land zu teilen und sich die Kontrolle über Getreide und Erdöl der Südregionen zu sichern. Der schnelle Vorstoß auf breiter Front geriet im Herbst in Stalingrad an der Wolga ins Stocken. Die Stadt war ohne größere strategische Bedeutung, wurde aber für beide Seiten zum Ort einer symbolischen Kraftprobe. Hitler verweigerte darum den Rückzug auch dann noch, als klar wurde, daß er die Wolga nicht überschreiten konnte. Die Sowjets schlossen die Stadt ein und erzwangen die Kapitulation der deutschen Armeen. Damit war zwar nicht die deutsche Schlagkraft gebrochen, ein Sieg über Rußland aber ausgeschlossen. Im Schutz dieser neuen Sicherheit konnten die Russen jetzt sämtliche Kräfte für den späteren Sieg mobilisieren. Als im folgenden Jahr die letzte große Panzeroffensive der Deutschen bei Kursk zusammenbrach, begann der unaufhaltsame russische Vorstoß nach Westen.

Der größte Fehler Hitlers indes entsprang der nationalsozialistischen Ideologie. Ein Sieg im Osten wäre erreichbar gewesen, doch nicht allein mit militärischen Mitteln. Hitler hätte sich die Unzufriedenheit der sowjetischen Bevölkerung zunutze machen müssen, und gerade das lief dem Wesen seines Regimes zuwider. Alle slawischen Völker waren als *Untermenschen** zu behandeln und hatten für die neuen Herrn zu arbeiten. Die Kolchose blieben als willkommene Quelle der Lebensmittelbeschaffung erhalten. An einer Wiedereröffnung der Kirchen waren die heidnisch gesonnenen Hitler-Anhänger nicht interessiert. Vor allem standen sie jedem östlichen Nationalismus, ob ukrainischer oder russischer Provenienz, feindlich gegenüber, mochte er noch so antisowjetisch sein.[8]

Es läßt sich ohne Übertreibung behaupten, daß während der ersten unseligen Kriegsmonate ein großer Teil der sowjetischen Bevölkerung

---

* im Orig. deutsch.

neutral zwischen den Fronten stand: Die Menschen glaubten nicht an die von ihrer Regierung verbreiteten Berichte über nationalsozialistische Brutalität.[9] Als die sowjetischen Streitkräfte im Lauf ihrer ersten Offensiven besetzte Gebiete zurückeroberten, fand man die schlimmsten Annahmen bestätigt, und die Bevölkerung schloß: »besser unsere Bestien als ihre«. 1942 hatte diese Einstellung Verbreitung gefunden, und die Bevölkerung trat aktiv an die Seite ihrer Führung. Ohne Zweifel hat diese emphatische emotionale Parteinahme, die sich aus Residuen des russischen, nicht aus sowjetischem Patriotismus nährte, den Sieg über Hitler herbeigeführt. Kein noch so ausgedehnter geographischer Raum kann ein Volk retten, das nicht kämpft. Doch der neue Wille konnte erst in der Schlacht um Stalingrad wirksam werden; solange blieb die militärische Initiative bei Hitler, während Rußland seine schweren Verluste erlitt.

Ein letzter Fehler Hitlers fiel mit einem der grellsten Schwächesymptome des Sowjetsystems zusammen – der von General Andrej Wlassow geführten Bewegung des sowjetischen Widerstandes gegen Stalin.[10] Wlassows Karriere war der Inbegriff alles Sowjetischen. In einer bäuerlichen Familie geboren, hatte er den Bürgerkrieg mitgemacht und wurde später einer der neuen »Roten Kommandeure«. Sein Vater war Opfer der Entkulakisierung, was ebenso wie bei Gorbatschow und vielen anderen die Loyalität des Sohnes dem System gegenüber nicht trübte, der 1930 der Partei beitrat. Er war einer der Helden der Schlacht vor Moskau im Jahr 1941. Als seine Armee im Sommer 1942 von den Deutschen eingeschlossen wurde und Stalin keine Einsatztruppen schickte, traf ihn das Unglück, in Gefangenschaft zu geraten. Er hatte die schlimmsten Auswüchse des Systems erlebt, von der Kollektivierung bis zur Säuberung der Armee und Stalins inkompetenter Kriegsführung. Als deutsche Offiziere, die auf die Karte des inneren Widerstandes gegen Stalin setzten, mit ihm in Verbindung traten und ihm den Vorschlag machten, an die Spitze eines Russischen Nationalkomitees zu treten, nahm er an. Hitler aber konnte sich nicht dazu überwinden, einen slawischen und sowjetischen Verbündeten zu akzeptieren. Die Wlassow-Bewegung erhielt also nicht die Erlaubnis, das beträchtliche Reservoir der damals etwa 2 Millionen russischen Kriegsgefangenen zu mobilisieren und zu bewaffnen. Sie blieb bis fast gegen Kriegsende militärisch bedeutungslos und gleichzeitig durch ihre Verbindung zum Nationalsozialismus politisch hoffnungslos kompromittiert. Doch Wlassows Bewegung war antisowjetisch, ohne hitlerfreundlich zu sein; in der Endphase des Krieges versuchte er, sich den vorrückenden westlichen Alliierten anzuschließen, denen allerdings keine Wahl blieb, als ihn und bald auch die über 2 Millionen sowjetischen Kriegsgefangenen im Westen an Stalin auszuliefern. Wlassow wurde erschossen; die Gefangenen wurden hingerichtet oder in die Lager deportiert.

Die tragische Episode beleuchtet wie keine andere das unlösbare Dilemma des Zweiten Weltkriegs. Der Konflikt hatte zwei unvereinbare Aspekte. Einerseits fand im Osten eine bewaffnete Auseinandersetzung zwischen zwei Regimen statt, von denen jedes einer Ideologie verpflichtet war. Auf beiden Seiten fachte die Ideologie die Kampfhandlungen an und behinderte dennoch ihre Durchführung. Hitlers Rassentheorie nahm ihm die Möglichkeit, sich des antisowjetischen Widerstandes zu bedienen, der für einen Sieg unentbehrlich war; Stalin wiederum hatte sich durch seine Ideologie des Klassenkampfes einen Teil seiner Bürger entfremdet und so weit zu Gegnern gemacht, daß sie um weniges zum Urheber seiner Niederlage geworden wären. Andererseits stand im Zweiten Weltkrieg eine Volksfront aus Demokraten und Kommunisten dem Faschismus gegenüber. Die Koalition offenbarte die Schwäche aller Volksfronten – die Bündnispartner hatten zwar einen Feind, doch kein Ziel gemeinsam. Darum konnte sie nur in der moralischen Zweideutigkeit enden, deren Exempel die Wlassow-Affäre ist, das heißt in der Wahl, die keine war: entweder die Interessen Hitlers oder diejenigen Stalins zu fördern. Einzig den Finnen gelang es, den ganzen Krieg als Verbündete Hitlers zu kämpfen und doch nicht als Gefangene Stalins zu enden, sondern mit bester Reputation an der Seite der Demokraten.

Nach der Schlacht bei Stalingrad, zu Beginn des Jahres 1943, hatten es Hitlers anhaltende Fehlleistungen den Sowjets ermöglicht, den endgültigen Siegeszug anzutreten. Rußland war Deutschland hinsichtlich der personellen und materiellen Ressourcen deutlich überlegen; dazu kam der Vorteil des geographischen Raums. Diese Vorteile ins Spiel zu bringen, erforderte Zeit, die um den ungeheuren und bitteren Preis der ersten Verluste erkauft wurde.

Dazu kamen weitere Faktoren. Stalin und seine Kommandeure hatten aus ihren Fehlern gelernt. Es gehörte zu den Merkwürdigkeiten des deutsch-sowjetischen Krieges, daß die Oberkommandierenden beider Seiten Amateure waren: Hitler hatte im Ersten Weltkrieg als Korporal den niedrigsten Dienstrang bekleidet, während Stalin zur gleichen Zeit als Verbannter in Sibirien lebte. In seinen Westfeldzügen hatte Hitler sich als glänzender Stratege erwiesen. Stalin war nach anfänglichem Versagen seit 1943, als Hitler zu scheitern begann, zum Experten seines neuesten Handwerks geworden. Vor allem hatte Stalin gelernt, seinen Generälen zu trauen; er schränkte die Kompetenzen der politischen Kommissare ein und delegierte operationelle Verantwortung. Das Ergebnis war ein methodisch geordneter Einsatz der natürlichen Vorteile der Sowjetunion und ein umsichtiger Vorstoß nach Westen in Richtung Polen, Berlin, und nach Südwesten ins Donautal, keine militärische Meisterleistung, doch der ausschlaggebende Faktor für Hitlers Niederlage. In Europa wurde der Zweite Weltkrieg im Osten gewonnen. Als die Alliierten 1943 in Sizilien und 1944 in der Normandie landeten, war das Schicksal des Nationalsozialismus bereits besiegelt. Ob die Invasionen der Alliierten allein genügt hätten, Hitler endgültig zu schlagen, ist zu bezweifeln.

Ebenso wichtig war Stalins Eingehen auf die Stimmung in der Bevölkerung. Die Losung des Tages hieß nicht mehr: Kampf für den Sozialismus. Stalin appellierte statt dessen an den russischen Patriotismus und beschwor die Helden der russischen Vergangenheit von den Zeiten Alexander Newskis bis zum Napoleonischen Krieg. Der Konflikt wurde denn auch nicht als antifaschistischer Krieg bezeichnet, sondern nach dem Muster von 1812 als »Großer Vaterländischer Krieg«. Es war tatsächlich weit mehr ein russischer als ein gesamtsowjetischer Krieg. Die westlichen Grenzrepubliken standen für fast die gesamte Kriegsdauer unter deutscher Besatzung, während die Hauptlast der Kämpfe und Opfer vom russischen Kernland getragen wurde. In Anerkennung dieser Tatsache erlaubte Stalin 1943 die Wahl eines neuen orthodoxen Patriarchen und benutzte die Kirche dazu, dem Kriegsleid moralische Bedeutung zu geben. Einem westlichen Diplomaten gegenüber gab er unumwunden zu: »Für uns Kommunisten würde die Bevölkerung nicht kämpfen; aber sie wird für Mütterchen Rußland kämpfen.«[11]

Die Konzessionen an die Bevölkerung erstreckten sich auch auf die alltäglichen Bedürfnisse. Um die Volksernährung sicherzustellen, duldete die Regierung eine erhebliche Ausdehnung der bäuerlichen Privatparzellen auf Kosten der Kolchose. Sogar auf dem kollektiv bestellten Land führten viele Kolchose das *sweno* oder »Gruppen«System ein, das faktisch, dem Einzelhaushalt die Verantwortung für die Produktion überließ, für die Belieferung des Staates ebenso wie für den Privatverkauf. Das bedeutete eine Ausdehnung des Marktes, und wieder war die Regierung klug genug, beide Augen zuzudrücken. Gleichzeitig führte die invasionsbedingte Anpassung des Verwaltungsapparats zur Bildung lokaler Verteidigungskomitees unter Führung eines Dreierteams aus Partei, Sowjet und NKWD, die Freiwillige zum Kampf- und Produktionseinsatz mobilisierten. Ein Kriegswirtschaftsplan stellte die gesamte Industrie auf den Kriegsbedarf um. Die Fabriken wurden angehalten, nahegelegenes Land zu bebauen und selbst für die Ernährung der Belegschaften aufzukommen. Ganz allgemein lockerten sich inmitten von Aufruhr und Unsicherheit die rigiden Lebensbedingungen der dreißiger Jahre, und die Bevölkerung fand Gelegenheit, Unabhängigkeit und Tatkraft zu entwickeln. Rußland »fluktuierte« wieder. Wenn auch nicht von einer neuen NÖP gesprochen werden kann, so liefen die Zustände doch auf eine erhebliche Erosion des Systems hinaus. Kurzfristig dienten die Lockerungen den Kriegszielen, langfristig stellten sie eine Bedrohung des Systemcharakters dar.[12]

Was aber hatte das sowjetische System zum Sieg beigetragen? Seine Leistung war beträchtlich und konnte es sein, denn das System war im wesentlichen eine politisch-militärische Form gesellschaftlicher Ordnung und bewegte sich jetzt in seinem natürlichen Element. Unmittelbar nach der Invasion übernahm ein Staatliches Verteidigungskomitee, bestehend aus Stalin und der bekannten Gruppe seiner engsten Mitarbeiter, die Leitung der politischen Verwaltung, um die Tätigkeit von Partei, Polizei, Armee und Wirtschaft auf die militärischen Aufgaben zu konzentrieren. Während der ersten fünf Monate war eine seiner wichtigsten Leistungen die Evakuierung von rund 1500 kompletten industriellen Produktionsanlagen samt Belegschaft in den Osten – an die Wolga, zum Ural und nach Sibirien. Während der Kriegszeit wurden auf diese Weise etwa 10 Millionen Menschen zeitweilig umgesiedelt, und am Ende der militärischen Auseinandersetzungen kam über die Hälfte des sowjetischen Metalls aus den Ostgebieten – bei Kriegsbeginn war es ein Fünftel gewesen. Dank dieser ungewöhnlichen industriellen Verlagerung hatte die russische Flugzeug-, Panzer- und Artillerieproduktion im Jahr 1943 die deutsche weit hinter sich gelassen. Überhaupt war die Fähigkeit der Partei, unter kritischen Bedingungen Menschen und Material in großem Umfang zu mobilisieren und an strategischen Punkten zu konzentrieren, unzweifelhaft einer der Hauptgründe für den sowjetischen Sieg.

Das bedeutet allerdings nicht, daß das System entscheidend war, wie Stalin nach dem Krieg behauptete und seine Nachfolger bis in die siebziger Jahre glaubten – eine Überzeugung, die ihren schüchternen Reformwillen dämpfte. Einzig die Geographie und der Zufall gaben dem System die Zeit, die es brauchte, und seine eigentliche Leistungskraft zeigte sich erst beginnend mit Stalingrad, als es vom Patriotismus und beispiellosen Einsatz der Bevölkerung unterstützt wurde. Überdies stand der Umfang der sowjetischen Mobilisierungskraft nicht einzigartig da – die amerikanische Mobilmachung von rund 15 Millionen Mann mit Ausrüstung und deren Verschiebung über zwei Ozeane, ein Unternehmen, das außerdem bei Null begann, war ein weit eindrucksvollerer Beweis »moderner« Leistungskapazität.

Gleichzeitig setzte das System unter großem Energieaufwand seine klassische Repressionstätigkeit fort. Bei Kriegsbeginn zog der Staat alle privaten Rundfunkempfänger ein, und die Bürger wurden über öffentliche Lautsprecher informiert. Das NKWD verhaftete und deportierte weiter: »Defätisten« und andere verdächtige Elemente hinter den Linien, später, als die besetzten Gebiete befreit wurden, wirkliche und vermeintliche Kollaborateure. Unterstützt wurde es dabei von der neu eingerichteten Gegenspionageabteilung SMERS (für »Tod den Spionen«), deren Wachsamkeit unter anderen Alexander Solschenizyn zum Opfer fiel. Zu den Funktionen der neuen Organisation gehörte es, in Krisensituationen im Rücken der kämpfenden Truppe Bataillone aufzustellen, die Schießbefehl hatten, so daß der Rückzug gefährlicher wurde als ein Vorstoß.

Aber auch neue Repressionsfunktionen wurden erforderlich. Durch Umsiedlung ganzer Nationalitäten – aus Sicherheitsgründen, wie es hieß – wurde die ethnische Landkarte der Sowjetunion umgestaltet.[13] 1941 wurden die Wolgadeutschen nach Zentralasien deportiert, obwohl sie seit beinahe zweihundert Jahren in Rußland ansässig und durch und durch loyal waren. Nach dem Abzug der Deutschen aus dem Nordkaukasus und der Krim folgte 1944 die Zwangsumsiedlung der Ingusch-Tschetschenen, der Krimtataren und anderer nationaler Minderheiten. Kleinere Gruppen hatten die Deutschen tatsächlich als Befreier willkommen geheißen, die große Mehrheit indes war loyal geblieben. Dennoch wurden ganze Ethnien und sämtliche Altersgruppen in Güterzugtransporten unter großen Verlusten ebenfalls nach Zentralasien deportiert. Die Operation übertrug das Prinzip der Säuberungen auf die Nationalitäten; sie sollte in sensiblen Regionen durch Schaffung einer homogenen Bevölkerungsstruktur jede Möglichkeit zum Verrat ausschalten und ist damit den gegen Juden und Slawen gerichteten ethnischen Säuberungen Hitlers in Osteuropa verwandt. Dieselbe Technik wandte Stalin im Baltikum an, wo ein großer Teil der einheimischen Bevölkerung deportiert und gleichzeitig die russische Einwanderung gefördert wurde, in der Hoffnung, die Annexionen irreversibel zu machen. In Polen schließlich vollendete Stalin das Werk Hitlers auf seine Weise und siedelte Polen aus dem Osten in die früheren deutschen Gebiete entlang der Oder-Neiße-Linie um, wodurch die Ukraine, Weißrußland und Polen eine nie gekannte ethnische Einheitlichkeit erhielten. Das alles ist ebenso ein Ausweis der organisatorischen Leistungsfähigkeit des Parteistaats wie die Verlagerung von Fabriken samt Arbeitern in die Uralregion.

Doch unabhängig davon, wie hoch man die Verdienste des Systems und ihren Anteil am Triumph von 1945 einschätzt – daß dieser Sieg eine unermeßliche Aufwertung und Stärkung dieses Systems bedeutete, steht außer Frage. Er machte den Kommunismus zur politischen Weltmacht und damit seine Position zumindest auf heimatlichem Boden unangreifbar. Gleichzeitig wuchs der Nimbus des Stalinkults, nicht nur für die Bürger der UdSSR, sondern auch für die Anhängerschaft des Systems, inzwischen einer weltweiten kommunistischen Bewegung. Die letzten sieben Jahre von Stalins Regierungszeit sahen das Regime auf der Höhe seines Erfolges und seiner Geschlossenheit. Der übrigen Welt jedoch erschienen der Kommunismus und sein Führer in diesen sieben Jahren in ihrem bedrohlichsten Licht, so daß Stalins letzte Jahre die ersten und zugleich spannungsreichsten Jahre des Kalten Krieges wurden.

DER KALTE KRIEG

Der Vaterländische Krieg hatte die Sowjetunion zu einem Imperium gemacht, sie im Inneren jedoch um beinahe ein Jahrzehnt zurückgeworfen. Was nach 1945 auf die Außenwelt eindrucksvoll, ja bedrohlich wirkte, erschien den politischen Führern des Reichs als äußerst verletzliches Gebilde, zu gefährdet, um Entspannung zuzulassen oder dem Volk eine Ruhepause zu gönnen und die Restriktionen zu lockern.

Trotz der erfolgreichen Verlagerung von großen Teilen der Industrie in

den Osten lag die Gesamtwirtschaft danieder. Der Erfolg des zweiten und
dritten Fünfjahresplans war weitgehend zunichte gemacht, die Agrarproduktion um etwa die Hälfte zurückgegangen; die Stahlproduktion, für
1941 auf 23 Millionen Tonnen berechnet, betrug noch 10 Millionen
Tonnen. Die alten administrativen Strukturen in den westlichen, vormals
besetzten Landesgebieten waren zerschlagen, und Teile der sowjetischen
Bevölkerung – die Truppen, die jenseits der Grenzen gekämpft hatten,
aber auch die Zivilisten in den Besatzungszonen – hatten den höheren
Lebensstandard und das freiere Denken des Auslands kennengelernt.
Was in den dreißiger Jahren erreicht worden war, mußte darum größtenteils neu aufgebaut werden.

Darin bestand denn auch die Quintessenz der Politik Stalins in seinen
letzten Jahren: Er stellte alles das wieder her, was der Krieg im politischen, ökonomischen und kulturellen Leben teilweise zerstört hatte.
Doch Ton und Stil dieses sozialistischen Wiederaufbaus hatten sich von
Grund auf gewandelt. Die dreißiger Jahre waren bei allem Schrecken ein
Abenteuer gewesen; die späten vierziger brachten eine zähe, schwerfällige Restauration ohne eine Spur der linken Militanz, der grimmigen Härte
des Neuen im ersten Fünfjahresplan. Keine Jahre des Stahls, war die
Nachkriegepoche eine bleierne Zeit, ihre Farbe grau, nicht rot. Im Inneren
bedeuteten Stalins letzte Jahre die Eiszeit des Sowjetstaats, wie sie
außenpolitisch den Höhepunkt des Kalten Krieges bildeten.

Politisch war die Kriegs- und Nachkriegszeit durch das Entstehen einer
Massenpartei gekennzeichnet, die den neuen Aufgaben des Großreichs
entsprach.[14] Während des Krieges war die Mitgliederzahl von rund 2,5
Millionen auf 4 Millionen gestiegen (oder, bei Einschluß der Kandidaten,
von 3 400 000 auf 5 760 000). Diese beispiellose Expansion sollte der Partei
zu einer Massenbasis in der Schlüsselinstitution, den Streitkräften, verhelfen. Wie nach den früheren rapiden Ausdehnungen in Krisenzeiten wurde
auch nach dem Krieg ein bedeutender, nicht exakt zu beziffernder Teil
dieser überstürzt rekrutierten und minimal indoktrinierten Neumitglieder
ausgesiebt, wenn auch in der Regel nicht mit den extremen Methoden der
Jeshowtschina. Die Abgänge wurden nach 1947 wie in den früheren Kon-
solidierungsperioden nach 1921 und 1933 nur langsam wieder ersetzt und
sehr viel sorgfältiger selektioniert. Unmittelbar vor Stalins Tod zählte die
Partei 6 Millionen Mitglieder (6 880 000 einschließlich der Kandidaten),
das heißt nicht viel mehr als in der ersten Nachkriegszeit.

Die Mitglieder dieser stark vergrößerten Partei gehörten wie in den späten dreißiger Jahren fast ausschließlich zum Typ des neuen Sowjetmenschen. Noch deutlicher war es eine Partei der Kader; die Zahl der Arbeiter und Bauern ging zurück. Die meisten Mitglieder kamen aus der technischen und militärischen Elite und aus den Spitzen der staatlichen und wirtschaftlichen Verwaltung des vollendeten Sowjetsystems. Die Partei war mit anderen Worten zum Verband der Nomenklatura geworden. Dieses riesige Gremium war kein autonomes Gebilde, sondern das Regierungsinstrument ihres Führers, des Genossen Stalin, und jederzeit den Eingriffen durch Berijas Sicherheitsorgane ausgesetzt. Daneben aber hatte die Partei einen merklichen Wandel durchgemacht. Sie wurde, obwohl sie weiterhin wichtige Verwaltungs- und Propagandafunktionen übernahm, zunehmend im Wirtschaftsmanagement eingesetzt, und die hierfür erforderliche Fachkompetenz verlangte eine relative Stabilität im Kaderbereich, wenn das System wirksam funktionieren sollte. Dieser Umstand engte den Spielraum der Führungsspitze für politische Manöver fortschreitend ein.

1946 wurde das industrielle System der dreißiger Jahre durch einen neuen Fünfjahresplan, den vierten, revitalisiert: Er zeigte das frühere Übergewicht der Schwerindustrie, besonders der Metallurgie, auf Kosten der Produktion von Leicht- und Konsumgütern für die Bevölkerung. Auch das Wachstum ließ sich mit dem der dreißiger Jahre vergleichen – es erreichte die absoluten sowjetischen Spitzenwerte.

1950 hatte das Land die Vorkriegsproduktion seiner Haupterzeugnisse Kohle, Eisen, Stahl, Erdöl und Elektrizität überschritten. Doch das System blieb auf den Rüstungsbedarf eingestellt. Während zwar in großem Umfang demobilisiert und die Produktion konventioneller Waffen dementsprechend massiv gekürzt wurde, entstand ein neuer Prioritätssektor: Atomwaffen, Raketen und Weltraumforschung. Die Investitionen waren enorm und die Fortschritte rasant: 1949 besaß die Sowjetunion die erste, noch rudimentär entwickelte Atombombe, 1953 die erste Wasserstoffbombe.

Alles das ging zu Lasten der Bauern. Nikolai Wosnessenski, Chef der Staatlichen Plankommission und effizienter Leiter der sowjetischen Kriegswirtschaft, wollte die kriegsgebundene Politik der Konzessionen an die Bauern fortführen und erweitern. Das hätte eine größere Bedeutung der bäuerlichen Hoflandparzellen und des Marktes mit sich gebracht und den Bauern überdies den Zugang zum staatlichen Kleinhandelsnetz verschafft. Vor allem beabsichtigte er, das Kollektivland der Kolchose auf der Basis des »Gruppen-Systems« zu nutzen. Alles das jedoch hätte eine entschiedene Rückwendung zur NÖP bedeutet, und so wurden 1950 sämtliche Zugeständnisse der Kriegsjahre aufgehoben und, ein Trend zur Stärkung des Kolchos eingeleitet. *Sweno* kam in Verruf; Felder, die während des Krieges in Privathand geraten waren, fielen an den Staat zurück, und die MTS samt angeschlossener Parteiorganisation wurde erneut zum Herrn der Agrarproduktion. Mehr noch, Chruschtschow legte ein Programm zur revolutionären Umgestaltung der Landregionen durch den Bau von »Agrostädten« vor, Landwirtschaftsfabriken im urbanen Umfeld. In der Praxis gediehen die Pläne zwar nicht so weit, doch die Kolchose wurden neu gestärkt und aufgewertet; ihre Zahl sank von 250 000 auf 97 000, und einige konnten in Sowchose umgewandelt werden – die Produktion von Traktoren hatte sich im Vergleich zu 1940 verdreifacht. Wosnessenski fiel in der sogenannten Leningrader Affäre einer Säuberung zum Opfer und wurde erschossen; unklar blieb indes, ob seine Landwirtschaftspläne die Ursache für seine Liquidierung bildeten. Zum ersten Mal seit den dreißiger Jahren traf dieses Schicksal wieder ein Mitglied des Politbüros, und der Fall diente als Warnung vor jedem Umdenken im sowjetischen Wirtschaftssektor.

Infolge dieser politischen Grundsätze lebte jedermann, in erster Linie aber die Bauern, weiterhin schlecht. 1946 brach erneut eine Hungersnot aus, weil der Staat sich die Nahrungsmittelvorräte der ukrainischen Bauern aneignete, um seine Versorgungsquoten einzuhalten. 1947 konnte – früher als in den anderen europäischen Ländern – das Kartensystem aufgegeben werden, doch wurden gleichzeitig die Preise erhöht. In der Währungsreform desselben Jahres galt für den Rubel eine Umtauschquote von zehn zu eins. Das lief auf eine Konfiszierung der Ersparnisse hinaus, die sich »Spekulanten«, vor allem Bauern, während des Krieges auf dem schwarzen Markt angelegt hatten, und war mit anderen Worten ein weiterer Schlag gegen die keimende NÖP dieser Zeit. Nach dieser Stabilisierung konnte die Regierung die Preise für Lebensmittel von 1948–54 jedes Jahr geringfügig senken, eine Politik, die im Bewußtsein der Allgemeinheit die zählebige Vorstellung vom stetigen Fortschritt unter Stalin schuf. In Wahrheit lagen die städtischen Reallöhne 1952 etwa auf dem Niveau von 1928, das heißt kaum höher als 1913. Auf dem Land sah es schlimmer aus. Es wurde noch immer weniger Getreide geerntet als 1940, also nicht mehr als 1929 und weniger als 1913. Ein ähnlich unerfreuliches Bild ergab sich im städtischen Wohnsektor. Ein Stiefkind der Planungen schon in den dreißiger Jahren, wurde er in der Nachkriegszeit bei rapide wachsenden Einwohnerzahlen weiter vernachlässigt. Alles das war der Preis dafür, daß Stalins Parteistaat es der Bevölkerung zur Pflicht machte, der Union den neuen Weltmachtstatus zu erhalten.

Teil dieses Preises war schließlich eine beispiellose kulturelle Stagnation. Während des Krieges war auch im Bereich der Kultur eine gewisse Entspannung eingetreten. Die Schriftsteller hatten sich mit halbwegs realistischen und entschieden patriotischen Werken zu Wort gemeldet, die einem wirklichen Bedürfnis der Bevölkerung entsprachen. Intellektuelle und Künstler hofften, daß diese Entspannung sich nach dem Krieg fortsetzen würde, ebenso wie die Bauern auf eine Lockerung des Kolchossystems hofften. Doch unmittelbar nach Kriegsende ließ das Regime in der Person Shdanows wissen, in den Künsten werde die Ordnung wiederhergestellt. 1946 wurden die Lyrikerin Anna Achmatowa und der Satiriker Michail Soschtschenko als dekadent und unsowjetisch verurteilt. Bald weiteten sich die individuellen Attacken zur Kampagne eines einfältigen kulturellen Nationalismus und einer gegen den Westen gerichteten Xenophobie aus. Eine unwahrscheinliche Anzahl von Erfindungen und Entdeckungen, vom Rundfunk bis zur Rakete, wurde russischen und sowjetischen Forschern zugeschrieben. Westlichen Einfluß anzuerkennen – und sei es Hegels Bedeutung für Marx – war verpönt. Der »Kotau vor dem Westen« galt als »Kosmopolitentum«, wofür mehr oder minder »jüdischer Einfluß« zu lesen war. Der Zionismus galt darüber hinaus als das Trojanische Pferd für die globalen Herrschaftsbestrebungen der USA. Der Kulturkampf der Nachkriegszeit stand also in engster Verbindung mit dem neuen Feind Nr. 1 der Sowjetunion, dem »amerikanischen Imperialismus«, der das Feindbild des trotzkistisch-bucharischen Faschismus ablöste.

Das sowjetische System hatte sich von jeher auf die Vorstellung einer Verschwörung innerer und äußerer Widersacher gestützt; nun da die Kulaken und Abweichler fehlten, wandte sich das Regime, um die notwendige Wirkung des nicht endenden Kampfes zu erzielen, mit seinem »antikosmopolitischen« Köder an einen traditionellen Antisemitismus und beutete daneben den im Krieg wachgewordenen Patriotismus aus.

Der politische Zweck der Schdanowtschina war die Abschottung einer
erschütterten, noch kaum gefestigten Gesellschaft vor jedem störenden
Fremdeinfluß; ferner sollte die Bevölkerung so weit eingeschüchtert
werden, daß sie die Opfer brachte, die der Wiederaufbau der sowjetischen
Machtstrukturen erforderte. Daneben wurde versucht, dem System im
Hinblick auf die kommenden internationalen Herausforderungen das
Gefühl emotionaler Autarkie und Kampfbereitschaft zu vermitteln. Die 6
Millionen Parteimitglieder, die Kaderleute des Sowjetimperiums der
Nachkriegszeit, sollten das Überlegenheitsgefühl gewinnen, das der neu-
en Bedeutung des Systems angemessen war.

Der Sowjetkommunismus war in sein drittes geschichtliches Stadium
getreten: Auf die revolutionären Anfänge war mit dem ersten Fünfjahresplan die Phase des Staatsaufbaus gefolgt, die nach 1945 in der imperialen
und zugleich letzten Phase des Systems gipfelte. Die »Internationale«
wurde durch eine neue Nationalhymne abgelöst, die sowjetische Macht
und Größe pries: »Ein unzerstörbarer Bund freier Republiken, von Großrußland für die Ewigkeit vereint.« Die Diplomaten erhielten ihre Unifor-
men zurück, das Militär seine Ränge, Epauletten und Orden – ganz wie in
alten Zeiten. Die Kommissariate wurden zu Ministerien umbenannt, wie
es der Administration eines reifen Staates zukam. Vor allem aber hatte
die Sowjetunion ihren Herrschafts-, zumindest aber Einflußbereich auf
riesige Territorien jenseits der alten Grenzen ausdehnen können.
    Dieser Prozeß hatte 1939 mit dem Nichtangriffspakt begonnen. Die
ihm für den Fall einer »territorial-politischen Umgestaltung« in Osteuropa zugestandenen Gebietsteile Finnlands, des Baltikums, Polens und
Bessarabiens hatten Stalin unter anderem zum Abschluß des Vertrags
bewogen: Die meisten dieser Territorien waren Teile des alten russischen
Reichs gewesen. Noch in den dunkelsten Tagen des Krieges erhielt er den
Anspruch auf diese Gebiete unbeirrt aufrecht. Als er 1941 eine Vereinbarung mit der polnischen Exilregierung in London traf, verweigerte er
unverblümt eine Rückkehr zu den polnisch-sowjetischen Grenzen von
1939, und er verfocht seine Ansprüche mit wachsender Härte, als sich das
Kriegsglück zu seinen Gunsten wandte. 1943 entdeckten die Deutschen
im Wald von Katyn unweit Smolensk ein Massengrab polnischer Offiziere
und behaupteten, die Morde seien 1940 von den Sowjets begangen
worden. Die polnische Regierung in London verlangte eine Untersuchung

durch das Internationale Rote Kreuz. Stalin wies die Beschuldigung empört zurück, brach die Beziehungen zu den Londoner Polen ab und gründete eine »Union polnischer Patrioten« in Rußland. Ende des Jahres zeigte sich an der Konferenz von Teheran, daß Großbritannien und die USA bereit waren, ihren polnischen Verbündeten preiszugeben. Sie gestanden Stalin im Austausch gegen spätere Kompensationen durch deutsche Gebiete im Westen die polnischen Ostgebiete zu.

Im nächsten Jahr wurde die Preisgabe perfekt.[15] 1944 marschierte die sowjetische Armee in Polen ein, und Stalin installierte *seine* Polen als neue Regierung in Lublin. Am 1. August hatte die Rote Armee die Weichsel erreicht, und die Truppen der Exilregierung lösten einen Aufstand aus, um Warschau zu befreien, bevor die Sowjets die Stadt erreichten. Die Sowjets blieben jenseits der Weichsel und ließen die Deutschen handeln, die den Aufstand niederschlugen und die Hauptstadt zerstörten. Im folgenden Februar mußten die westlichen Alliierten in Jalta den Status quo in Polen und die neue Regierung in Lublin anerkennen, in die pro forma ein paar Repräsentanten der Exilpolen aufgenommen wurden. Stalin verpflichtete sich, nach dem Krieg demokratische Wahlen zuzulassen.

Jalta wurde später im Westen zum Symbol naiver westlicher Gutgläubigkeit, die Osteuropa an Stalin ausgeliefert habe – ein Vorwurf, der eine grobe Vereinfachung darstellt. Ein naives Vertrauen in Stalins demokratische Absichten war damals infolge der Volksfront-Allianz im Westen zweifellos vorhanden. Polens Schicksal indessen entschieden militärische Faktoren, die der Kontrolle des Westens entzogen waren. Man machte sich wenn auch geringe Hoffnungen darauf, Stalin werde die wenigen Zugeständnisse, die er sich abringen ließ, auch einlösen. Diese Versprechen auf dem Papier machten es dem Westen späterhin möglich, die sowjetische Präsenz in Osteuropa für legitim zu erklären.

Daß die Zusagen nicht gehalten wurden, erklärt sich aus der einfachen Tatsache, daß Stalin, wie sich nach 1939 erwarten ließ, keiner politischen Absprache traute, auf deren Einhaltung er nicht direkten Einfluß nehmen konnte. Polen als Querriegel des Invasionskorridors Moskau-Berlin war geopolitisch zu bedeutend, um seinen Status einem Zufall zu überlassen. Jede polnische Regierung, die aus freien Wahlen hervorging, würde antisowjetisch sein. Und selbst wenn Polen auf eine Zwangsallianz nach dem finnischen Muster einging, war es immer noch kein todsicheres

Element des sowjetischen Sicherheitssystems. Etwas anderes als eine kommunistisch beherrschte Regierung Polens konnte also für Stalin nicht in Frage kommen, und er erreichte sein Ziel durch die manipulierten Wahlen von 1947. Noch sein großes Kompensationsgeschenk an die Polen war ein Mittel, sie auf Dauer fest an Rußland zu binden: Die dem polnischen Territorium mit Zustimmung der Westmächte einverleibten früheren deutschen Gebiete bedeuteten auch, daß Polen in Zukunft einen russischen Verbündeten gegen einen möglichen deutschen Revanchismus brauchte. So entwickelte sich zwischen 1939 und 1947 am Beispiel Polens das Modell, auf dessen Grundlage das künftige sowjetische Großreich entstand und das darüber hinaus zur Wurzel der Interessenkonflikte und des beiderseitigen Argwohns wurde, der die Große Allianz in den Kalten Krieg führte.

Wie weit beabsichtigte Stalin 1945 zu gehen? War der russische Expansionismus in Osteuropa die eigentliche Ursache des Kalten Krieges? Oder hätte ein verständnisvolleres Eingehen des Westens auf Stalins Ängste die Begehrlichkeiten Moskaus und damit die internationalen Spannungen eindämmen können? Die Antworten auf diese Fragen reichen von Churchills besorgter Diagnose einer traditionellen russisch-sowjetischen Aggressivität, mit der er 1946 in seiner Rede vom »eisernen Vorhang« hervortrat, bis zur salomonischen Schuldzuweisung an Ost und West zu gleichen Teilen und den an den Haaren herbeigezogenen »revisionistischen« Behauptungen, Stalin habe sich lediglich gegen die atomare Erpressung der Amerikaner verteidigt.

Für die Dauer des Kalten Krieges spiegelten diese Positionen nicht nur die Bandbreite des Geschichtsverständnisses; sie dienten auch als Argument für mehr oder weniger große militärische Wachsamkeit und diplomatische Festigkeit gegenüber der Sowjetunion. Seit dem Ende des Kalten Krieges ist die Leidenschaft aus diesen Debatten gewichen, und damit sollte eine nüchternere Beurteilung des Vergangenen möglich sein.

Soviel in Kürze: Während der kritischen Zeitspanne des Kalten Krieges, 1946–48, wußte Stalin nicht, wie weit er gehen würde. Zufall jedoch war sein späteres Verhalten nicht, und als er die Linie des eisernen Vorhangs erreichte, setzte unausweichlich eine Dauerperiode kalter Feindseligkeit ein. [16] Mit anderen Worten, der Kalte Krieg wurzelte nicht in Irrtümern oder Mißverständnissen der einen oder anderen Seite, sondern banal genug in der strukturellen Unvereinbarkeit zweier politischer Ordnungen – der kommunistischen und der verfassungsdemokrati-schen. Er ergab sich aus der bloßen Existenz der Sowjetunion und endete automatisch mit ihrem Zerfall. Entsprechend gehen die Spannungen in den Jahren des Kalten Krieges nicht auf angestammte russische Expan-sionsgelüste zurück – Rußland existiert noch immer, macht aber heute einen Schrumpfungsprozeß durch. Der Kalte Krieg hatte seinen Grund in den spezifischen sowjetsozialistischen Methoden der Organisation von Macht und der Übertragung dieser Methoden auf die weltpolitische Bühne.

Hinzuzufügen bleibt, daß die westlichen Versuche, Stalins Expansions-bestrebungen in Schranken zu halten, in den Jahren 1946–48 zu einer Beschleunigung und Verhärtung des sowjetischen Vorgehens führten. Das generelle Ergebnis der Situation war die sowjetische Eroberung des Kontinents bis zur Elbe und Adria. Einerseits die unvermeidliche Folge von Hitlers Niederlage, sind die Vorgänge aber auch als Teil einer bewußt betriebenen sowjetischen Politik zu sehen.

Schon 1940 war Stalin wegen des Balkans, der nicht Gegenstand des Vertrags von 1939 gewesen war, an Hitler herangetreten, und 1944 hatte er, statt direkt nach Berlin zu marschieren, den Umweg über den Balkan nach Budapest und Wien genommen, mit dem eindeutigen Ziel, ein umfangreiches Territorium als sowjetische Einflußzone abzustecken – und außerdem Churchills Interessen in dieser Region zuvorzukommen. Damit soll nicht gesagt sein, daß er plante, in der gesamten Region wie in den 1939 erworbenen polnischen und baltischen Territorien das sowjeti-sche System einzuführen. Er verfolgte kein festes machtpolitisches Kon-zept, sondern ließ sich von Gegebenheiten leiten, wie seine Nachsicht gegenüber Finnland zeigt, das 1944 um Friedensverhandlungen nach-suchte. Eine bereits geschaffene Karelo-finnische Sozialistische Sowjetre-publik war bereit, ganz Finnland zu absorbieren, doch Stalin ließ den Plan fallen und begnügte sich mit kleineren territorialen Abfindungen als Schutzgürtel für Leningrad und Murmansk. Er vermied es, die Alliierten zu verärgern, solange der Krieg noch nicht gewonnen war und er ihnen in der wichtigeren polnischen Frage zusetzte. Auch nach dem siegreichen Kriegsende ging er relativ behutsam vor, um in der Schlüsselfrage Deutschland soviel wie möglich auf diplomatischem Weg für sich zu erreichen.

Natürlich wurden wie in Polen auch in Rumänien, Ungarn und Bulgarien Volksfront-Koalitionen eingesetzt. Die wichtigen Ministerien des Inneren und der Verteidigung kamen in kommunistische Hand; den sozialistischen Parteien wurde die Zustimmung zur Fusion mit den lokalen Kommunisten abgepreßt, und es entstanden die sogenannten Vereinigten Arbeiterparteien. In der Tschechoslowakei ging eine kommunistisch dominierte Volksfront aus freien Wahlen hervor, während in Jugoslawien Josip Broz Titos einheitlich kommunistisches Regime durch einen militärischen Sieg die Macht erlangte. 1947 hatte also das chronisch instabile Modell der Volksfronten in ganz Osteuropa durch eine Taktik der kleinen Schritte – Mátyás Rákosis »Salamitaktik« – gegenüber den gemäßigteren »Front«-Partnern einer uneingeschränkt kommunistischen Machtübernahme den Boden bereitet.

Der endgültige Bruch trat ein, als Stalin sich davon überzeugt hatte, daß keine Diplomatie ihm Deutschland einbringen werde und die westlichen »Imperialisten« überdies alles daransetzten, seine hart errungene Machtposition im Osten zu untergraben. Ein Drittel Deutschlands war von den Sowjets besetzt, und dennoch konnte dieser Brückenkopf nicht zu einer volksdemokratischen Herrschaft über das ganze Land ausgeweitet werden. Im Juli 1945 hatte die Potsdamer Konferenz bestimmt, daß Deutschland als Einheit regiert werden sollte. Die Alliierten widersetzten sich einer Volksfront, die sie im Fall Polens hatten konzedieren müssen, weil sie den sowjetischen Einfluß im Westen bis an Rhein und Ruhr ausgedehnt hätte. Die Sowjets mußten sich darum mit einem auf Dauer neutralen und demilitarisierten Deutschland zufrieden geben. Da dieser Zustand nach Abzug ihrer Truppen nicht mehr wirksam garantiert werden konnte, gingen sie 1947 dazu über, ihre Zone als gesonderten Herrschaftsbereich zu verwalten, was ihnen den Verbleib an der Elbe sicherte. Die Alliierten antworteten mit dem festeren Zusammenschluß ihrer drei Zonen zur späteren Bundesrepublik.

Nachdem die Zusammenarbeit der Kriegskoalition am Zankapfel Deutschland gescheitert war, begann der Westen Kräfte zu mobilisieren, um seine ihm bedroht erscheinenden Positionen zu verteidigen. Anfang 1947 leitete die Truman-Doktrin eine Politik der Beschränkung russischer Machtausdehnung ein: Nordamerika übernahm die Rolle Großbritanniens und stärkte Griechenland und die Türkei gegen sowjetische Bedrohung. Doch der entscheidende westliche Gegenschlag war der Marshall-Plan, der 1947 vorgestellt wurde und ab 1948 zur Ausführung kam.

Das Programm der amerikanischen Wirtschaftshilfe für Westeuropa sollte einer sozialen Instabilität wehren, die den Raum für kommunistische Tendenzen anfällig machen könnte. Der Marshall-Plan richtet sich zunächst an die Länder Osteuropas einschließlich der Sowjetunion, zum Teil in aufrichtiger Hilfsbereitschaft, zum Teil in taktischer Absicht. Stalin schien eine Zeitlang geneigt, die Hilfe anzunehmen, und die Tschechoslowakei hatte ihre Zustimmung bereits angekündigt, als Moskau zu dem keineswegs irrigen Schluß kam, daß diese Hilfe eine kapitalistische Unterwanderung seiner Einflußzone bedeuten würde. Moskau und seine »Satelliten« wiesen den Plan folglich unter lautstarken Verunglimpfungen zurück, und Europa zerfiel in zwei disparate sozioökonomische Zonen.

So scheiterte die Große Allianz zunächst in Polen, dann in Deutschland und schließlich in Gesamteuropa an der prinzipiellen Unverträglichkeit der sowjetischen und westlichen Organisationsform von Gesellschaft. Ein Mittelweg war undenkbar: Der eine Modus erforderte ein Mehrparteiensystem und einen Markt, der andere eine einzige Partei und eine Kommandowirtschaft. Um Deutschland als Einheit zu regieren, hätten die Alliierten ihre Zonen sowjetisieren oder die Sowjets auf eine Sowjetisierung ihrer Zone verzichten müssen. Das Problem wurde also durch die militärischen Demarkationslinien auf der Basis *cuius regio eius societas* entschieden. Der Teilung Deutschlands folgte die Teilung Europas: Jenseits der sowjetischen Linien herrschte der Sozialismus und diesseits das, was die Sowjets »Kapitalismus« nannten und der Westen »Demokratie«.

Diese ungewöhnliche Teilung Europas nach 1945 ist oft als Wiederholung des geschichtlichen russischen Imperialismus in sozialistischer Form erklärt worden. In diesem Zusammenhang wird auf eine historische Parallele verwiesen – das revolutionäre Sendungsbewußtsein Moskaus als Sitz der Dritten Internationale und die religiöse Bedeutung, die das alte Moskowiterreich für »Moskau, das Dritte Rom« in Anspruch nahm. Der russische Imperialismus erscheint hier als der nach außen gewendete Despotismus und Stalins imperiale Karriere nach 1945 folgerichtig als Entsprechung seiner Rolle eines russischen Autokraten in der Tradition von Iwan IV. und Peter I.

Die Annahme einer linearen Kontinuität zwischen dem alten Rußland und der Sowjetunion erklärt außenpolitisch so wenig wie innenpolitisch.

Die mächtige Expansion des alten Rußland vollzog sich auf dem traditionellen Weg einer europäischen Großmacht. Im Verlauf von vier Jahrhunderten wuchs das Großfürstentum Moskau zu einem Imperium, das von der Ostsee bis zum Pazifik reichte – doch in demselben Zeitraum expandierte das kleine England so weit, daß es zum Herrscher über ein Viertel der Landoberfläche des Planeten wurde, und Frankreich ließ nichts unversucht, es ihm gleichzutun. Und in Englands Idealisierung des Empire zur »Bürde des weißen Mannes« oder Frankreichs Dünkel, daß sein Großreich den Ideen von Freiheit, Gleichheit und Brüderlichkeit zur Ausbreitung verhelfe, steckt nicht weniger Messianismus als in Rußlands Panslawismus und seinem Drang nach Konstantinopel und in die Straße von Malakka.

In jedem Fall liegt jedoch diesem Expansionsstreben weit stärker ein geopolitisches als ideologisches Interesse zugrunde. Nicht anders als die übrigen europäischen Mächte ging Rußland nur so weit, wie seine militärischen und ökonomischen Kräfte es zuließen. Und das hieß, daß es seinen politischen Einfluß nicht wie die stärkeren Länder des Westens nach Übersee ausdehnen konnte, sondern sich mit den angrenzenden Gebieten rund um Eurasien, von Polen über den Kaukasus und Turkestan bis zur Mandschurei zufriedengeben mußte. Und nirgendwo versuchte das alte Rußland von seiner autokratisch-militärischen Oberhoheit abgesehen, ein neues System zu oktroyieren.

Die Sowjets hingegen verfügten nicht nur über die traditionellen Machtmittel, sondern auch über die Waffe der sozialistischen Idee. Unter Stalin also verhalfen sie, soweit ihre Waffen reichten, auch ihrem System zur Durchsetzung und ergänzten jenseits des militärischen Machtbereichs die sozialistische Idee um den Antifaschismus-Reflex, so daß der sowjetische Einfluß durch Volksfronten und »Kampf für den Frieden« weltweite Geltung erlangte. Um vorzugreifen – unter Stalins Nachfolgern gewannen die Sowjets kraft ihrer ideologischen Dominanz darüber hinaus stellvertretenden Einfluß durch »nationale Befreiungskämpfe« gegen den europäischen Kolonialismus und den amerikanischen Imperialismus. So war die Sowjetunion in der Lage, die Gewerkschaften westlicher Länder zu manipulieren, Mandanten in Ostasien, Mittelost, Afrika und Lateinamerika zu finden und Intellektuelle in aller Welt zu mobilisieren. Es fällt schwer, sich ein zaristisches Rußland vorzustellen, das Brückenköpfe in Kuba oder Angola errichtet oder unter den Intellektuellen des Westens

Bewunderer seines Gesellschaftssystems rekrutiert. »Wie viele Divisionen hat der Papst?« fragte Stalin einst spöttelnd und offenbarte damit eine zynische Einschätzung geistiger Macht, die in seinem Mund unglaubwürdig anmutet. Er selbst befehligte Legionen ideologischer Kämpfer, und die präzedenzlose Teilung Europas nach 1945 sowie der Kalte Krieg, zu dem sie führte, gehen auf diese ideologische Kampftaktik in der Politik zurück. 1947–48 lösten sich also die beidseits des Eisernen Vorhangs bestehenden Volksfront-Bündnisse auf. Aus der französischen und italienischen Widerstandsbewegung waren die Regierungskoalitionen aus Christdemokraten, Sozialisten und Kommunisten hervorgegangen. In beiden Ländern stellten die Kommunisten die stärkste politische Gruppierung und hatten ein gutes Drittel der Wählerschaft hinter sich. Moskau verfügte hier faktisch über eine stärkere Basis als in den meisten osteuropäischen Staaten. Diesen Rückhalt zur Machtergreifung zu nutzen wäre indessen zu gefährlich gewesen, zum Teil weil die Sowjets auf heimischem Boden zu schwach waren, um direkte Unterstützung anzubieten, zum Teil wegen der zu befürchtenden Reaktionen der USA. Die Aktivitäten der kommunistischen Parteien beider Länder gingen beim Zerfall der Großen Allianz folglich nicht über eine scharfe »antimperialistische« Agitation hinaus, Grund genug zur Beunruhigung für die politischen Partner, die sie Anfang des Jahres 1947 in beiden Ländern aus der Regierung drängten. Es folgte eine Welle quasi-aufständischer Streiks gegen den Marshall-Plan, die amerikanische »Kriegshetze« und den »Faschismus« – ein Ablenkungsmanöver, um die westlichen Regierungen beschäftigt zu halten, während die Sowjetunion ihre Position im Osten festigte.

Kurz, Stalin verfolgte erneut seine Politik der dreißiger Jahre: Er benutzte eine genuin revolutionäre Bewegung im Ausland, um die Interessen des sowjetischen Staates zu fördern. Wieder mußte das revolutionäre Feuer geschürt und gleichzeitig verhütet werden, daß es zum Großbrand aufflammte. Eine neue »Friedensbewegung« ergänzte die Technik. Sie nahm sich des Themas Atomwaffen an und war gegen die amerikanische und westeuropäische Wiederbewaffnung gerichtet. Für die Dauer des Kalten Krieges und der Sowjetunion gehörten der »Antifaschismus« und der »Kampf für den Frieden«, in Verbindung mit dem nachwirkenden moralischen Nimbus der Volksfront, zu den wirksamsten Waffen im sowjetischen Arsenal.

In derselben Zeit versagte in den Volksdemokratien die Volksfront-Formel. 1945 unter kommunistischer Führung eingesetzt, hatten diese Regierungen ihre nationale Herrschaft bis 1947 noch nicht ausreichend gefestigt. Außer in Jugoslawien und der Tschechoslowakei fehlte die kommunistische Basis für die Regierung und Verwaltung: 1945 gab es in Polen nur 10 000 Parteimitglieder, in Rumänien 1000. (Es schwer vorstellbar, daß aus diesem winzigen rumänischen Kern eine alles umfassende Tyrannei wie die Ceauşescus entstehen konnte – andererseits hatte es ja auch in Rußland zur Zeit der Machtübernahme im Oktober nur 120 000 Bolschewiki gegeben.) Eine Koalition mit anderen Parteien zur Führung der Staatsgeschäfte war darum unvermeidlich, während die Partei mit Hilfe russischer Berater ihre eigenen Kader anwarb und ausbildete. Vorsicht war auch darum geboten, weil fast überall antisowjetische Gefühle dominierten und die neuen Regierungen als Besatzungsmacht betrachtet wurden.

Als aber 1947 die »Bedrohung« des Marshall-Plans auftauchte, der nicht nur die Tschechoslowakei, sondern auch Polen in Versuchung führte, wurde die kommunistische Hegemonie absolut. In Polen wurden nach manipulierten Wahlen die Sozialisten mit den Kommunisten endlich in einer einzigen Partei zwangsvereinigt. Dramatisch gestalteten sich die Vorgänge in der Tschechoslowakei. Aus Protest gegen die schleichende Übernahme der Staatsgewalt durch ihre kommunistischen Kollegen traten im Februar 1948 zwölf nichtkommunistische Minister zurück. Sie hofften damit Neuwahlen zu provozieren, die zu gewinnen sie gute Aussichten hatten. Mit Hilfe der linken Sozialdemokraten kündigten die Kommunisten daraufhin die Volksfront auf und übernahmen die Regierung. Dieser Staatsstreich, das muß betont werden, war eine rein innertschechische Angelegenheit, denn damals standen keine sowjetischen Truppen im Land. Die geographische Nähe Rußlands sorgte zwar für indirekten Druck auf die Tschechen, mit einer Intervention hätte sich Stalin im Fall einer nichtkommunistischen Regierungsbildung jedoch stark exponiert. Die kommunistische Tschechoslowakei entstand durch die gefährliche Dynamik der Volksfront.

Jede Volksfront ist mit ihren inkompatiblen politischen Elementen – den Anhängern der Verfassungsdemokratie und den Kandidaten für eine Diktatur nach leninistischem Muster – ein wesentlich instabiles und flüchtiges Bündnis. Die Partner treffen sich, vorübergehend zumindest, in der Vorstellung, daß sie »links« stehen, das heißt in Opposition zu einer »Rechten«, die bestrebt ist, die konstitutionelle Regierung durch ein autoritäres Regime zu ersetzen. Das ermöglicht zwar eine Vernunftehe, doch kein Bündnis auf dem Boden gemeinsamer Überzeugungen. Dazu kommt die Belastung durch weitere Ambivalenzen. Ihre liberalen oder christlich-demokratischen Mitglieder wollen keinen Sozialismus, sondern nur soziale Reformen; ihre sozialistischen und kommunistischen Partner bekennen sich zwar beide zum Sozialismus, meinen damit aber nicht dasselbe: Während die Sozialisten einen erweiterten Wohlfahrtsstaat im Auge haben, erhoffen die Kommunisten den vollen Sozialismus nach dem sowjetischen Modell.

Keine der beiden Seiten einer solchen »Front« kann mit dem Partner einen ehrlichen Handel eingehen. Jede muß versuchen, den anderen für seine Zwecke einzuspannen: Die Liberalen und die Sozialisten suchen wie 1936 in Frankreich kommunistische Unterstützung, um eine schwierige Phase zu überstehen und bestimmte soziale Reformen durchzusetzen. Die Kommunisten benutzen ihre zeitweiligen Verbündeten, um zur alleinigen Macht zu gelangen, wie sie es 1948 in der Tschechoslowakei demonstrierten. Das Verhältnis zwischen beiden Seiten ist jedoch nicht ausgewogen: Für die Liberalen, besonders die Sozialisten und einige Christdemokraten, ist die Zauberformel der linken Einheit ein Dauerproblem. Die Kommunisten sind frei von dergleichen Anfechtungen: Sie wissen seit Lenin, daß sie die wahre Linke sind und können darum rücksichtsloser und zynischer auftreten als ihre skrupulöseren Kollegen – und haben es in den Volksdemokratien nach 1945 auch getan. Diese Ambivalenzen kommen in internationalen Angelegenheiten zum Tragen. So war es in den Verhandlungen der Großen Drei über Polen oder in den westlichen Diskussionen über die sowjetischen Pläne während der Vorbereitungsphase des Kalten Krieges in den Jahren 1946 bis 1948.

Angesichts dieser inneren Widersprüchen sind jeder Volksfront zwei Möglichkeiten für ein relativ schnelles Ende mitgegeben: Entweder die Nichtkommunisten stellen mit Schrecken die starke Position der Kommunisten fest und drängen sie aus der Regierung wie 1947 in Italien und Frankreich geschehen, oder die Kommunisten nutzen diese Stärke, um wie im Coup von Prag die ehemaligen Bündnispartner auszuschalten. Nur eines kann die Volksfront nicht – in einen demokratischen Sozialismus auf Dauer münden, eine Verbindung von Planwirtschaft mit einem humanen Konstitutionalismus, die als »dritter Weg« oder »Annäherung« oder »Sozialismus mit menschlichem Gesicht« bezeichnet wurde. Doch der illusionäre Glaube an die Möglichkeit dieses Weges begleitete trotz evidenter Beweise des Gegenteils den Kommunismus bis an sein Ende.

Seit 1948 mehren sich die Beweise. Die nächste Volksfront entstand 1970 in Chile. Sie endete drei Jahre später, als die Christdemokraten zögerten, ihren einstigen Verbündeten Salvador Allende auf seinem Weg zu einem Castro-Sozialismus zu bremsen, und von General Pinochet rechts überrannt wurden. 1975 erlebte Portugal seine Volksfront-Phase, die nach einem dezidierten Linksschwenk unter der Führung eines revolutionären Militärrats und der Kommunistischen Partei von den Sozialisten und Liberalen beendet wurde. Zum letzten Mal lebte das Volksfront-Syndrom in den Avancen des Eurokommunismus an Sozialisten und Christdemokraten in den späten siebziger Jahren auf. François Mitterrands sehr gemäßigte Volksfront-Koalition bestand von 1981–84 und ging zu Ende, als die Sozialisten von ihrer Verpflichtung auf einen integralen Sozialismus zurücktraten und ihre kompromittierenden Partner fallenließen.

Die Volksfront-Formel, die ein halbes Jahrhundert zuvor in Frankreich entstanden war, verlor ihre politische Wirksamkeit und ihren Platz in der politischen Geschichte, weil der Kommunismus seine Glaubwürdigkeit als progressive Kraft eingebüßt hatte. Doch der Nimbus einer vereinigten Linken, der in den Jahren von 1945 bis 1948 in Ost- und Westeuropa den Höhepunkt seiner praktischen Wirksamkeit erreichte, wird zweifellos auch das Ende des Kommunismus überstehen. Er ist so sehr zum natürlichen Element moderner Politik geworden, daß er, politisch abgewandelt, früher oder später erneut in Erscheinung treten dürfte.

Der Kalte Krieg und die Polarisierung des Planeten in ein »sozialistisches Lager« und eine »freie Welt« erreichte in den Jahren 1948 bis 1950 ihren Höhepunkt. 1948, als die Kommunisten in Prag die Macht übernahmen, gaben die Alliierten den Weg frei für ein vereinigtes Westdeutschland mit einer neuen, starken Deutschen Mark. Die Sowjets sahen darin das Vorspiel zu einer geplanten deutschen Wiederbewaffnung und antworteten im Sommer mit der Blockade Berlins. Es ging ihnen dabei weniger um verstärkten Einfluß auf Berlin als um den Versuch, Sand ins Getriebe der alliierten Deutschland-Pläne zu streuen. Das Vorhaben schlug fehl, und ein Jahr später war die Gründung der Bundesrepublik Deutschland zur Tatsache geworden. Im Gegenzug gaben die Sowjets ihrer Besatzungszone im selben Jahr den Status der »ersten Arbeiter- und Bauernrepublik auf deutschem Boden« und den Namen »Deutsche Demokratische Republik«. 1949 entstand auch die NATO, vorderhand noch ohne die deutsche Mitgliedschaft.

In derselben Zeit verfolgten die Sowjets ihre Konsolidierung des östlichen »Blocks«. Schon 1947 hatten sie eine Nachfolgeorganisation der Komintern, das Kommunistische Infomationsbüro, Kominform, gegründet. Die kommunistische Bewegung Europas war seit 1945 enorm gewachsen: Zum ersten Mal hatten sich in Frankreich und Italien Massenparteien entwickelt, sechs Länder des Ostens waren kommunistisch regiert. Zweck der Kominform war es, den Kampf dieser Länder gegen den Imperialismus und Kosmopolitismus zu koordinieren – »im Interesse eines dauernden Friedens, für eine Demokratie der Völker«, wie es im Nachrichtenblatt der Organisation hieß.

Die zentralistische Stoßrichtung der Initiative führte jedoch bald zum Konflikt mit Jugoslawien, der einzig unabhängigen unter den neuen kommunistischen Regierungen.[17] Ihr charismatischer Führer Tito war ein ergebener Anhänger Stalins und des sowjetsozialistischen Modells, hatte indes seine eigene Revolution durchgeführt und faßte nun in der Euphorie des Sieges eine Balkanföderation mit Albanien und Bulgarien ins Auge. Stalin legte gegen diese ehrgeizigen Pläne sein Veto ein. Konkurrierende Machtzentren im neuen kommunistischen Großreich waren ihm unerwünscht. Nach einem scharfen Briefwechsel zwischen den beiden Parteiführern erfolgte im Sommer Titos öffentliche Verurteilung durch die Kominform. Die Erwartung, Titos Kommunisten würden sich dazu verleiten lassen, ihren Führer zu stürzen, blieb indes auch nach einer anschließenden Verleumdungskampagne unerfüllt. Die jugoslawische Partei war gewissermaßen autokephal, mit einem eigenen Apparat, der die Anweisungen vom eigenen Zentrum entgegennahm.

Nur drei Jahre nachdem die ersten kommunistischen Regierungen außerhalb der UdSSR die Macht übernommen hatten, stellte sich also heraus, daß ihre zentralisierten leninistischen Strukturen die Möglichkeit boten, dem original leninistischen System ein Konkurrenzsystem zur Seite zu stellen. Und damit hatte sich gezeigt, daß die globale sozialistische Bewegung ihre Einheit nur dann bewahren würde, wenn sie der direkten Kontrolle Moskaus unterstand. Obwohl die neue Lage Stalin beunruhigen mußte, blieb das überwältigende sowjetische Prestige im Weltkommunismus erhalten. Der Verrat Jugoslawiens wurde also nicht mit einer Militärintervention geahndet; man begnügte sich damit, Tito als Outcast und Häretiker zu behandeln, der früher oder später in provinzieller Isolierung zur Bedeutungslosigkeit herabsinken würde.

Ein Stachel aber blieb: Der Kommunismus hatte im Sommer 1948 seine erste Häresie seit dem Trotzkismus entwickelt. Stalin reagierte, wie es von einem derartigen Führer in einem derartigen System zu erwarten war, mit einer umfassenden Säuberung in seinem Zugriffsbereich. Im Verlauf des folgenden Jahres wurde Osteuropa *gleichgeschaltet.*[*] Parteiführer, die sich des Titoismus, des Nationalismus oder geringster Neigungen zur Insubordination gegen Moskau verdächtig machten, wurden ersetzt. In Polen wurde Władysław Gomułka, Partisan der Kriegsjahre, verhaftet; seinen Platz nahm der »moskautreue« Bolesław Bierut ein; Konstantin Rokossowski, der polenstämmige Sowjetmarschall, übernahm das Verteidigungsministerium. In Ungarn ging man drastischer vor: Außenminister Làzló Rajk, ein Veteran des Spanischen Bürgerkrieges, wurde in einem Schauprozeß nach dem Muster von 1937 der Verschwörung mit Tito, mit dem Zionismus und dem amerikanischen Geheimdienst angeklagt. Rajk bekannte sich aller Sünden für schuldig und wurde hingerichtet. Auch in Bulgarien endete der Prozeß gegen den früheren Generalsekretär Traitscho Kostoff mit der Todesstrafe. Den Prager Schauprozeß gegen Rudolf Slánský von 1952 bestimmten die antisemitischen Töne, die damals in der Sowjetunion im Schwang waren.

Die Kollektivierung, die bis dahin, um bäuerlichem Widerstand vorzubeugen, sehr gemächlich angelaufen war, wurde vorangetrieben, eine Kampagne, die überall außer in Polen erfolgreich verlief. Ehrgeizige Fünfjahrespläne mit dem üblichen Schwergewicht auf der Schwerindustrie wurden verabschiedet wie in Nowa Huta bei Krakau, dem polnischen Magnitogorsk. Die Kirchen wurden verfolgt, manche ihrer Vertreter, wie Kardinal Mindszenty in Ungarn, vor Gericht gebracht. Jeder Kontakt zum Westen war abgebrochen, das kulturelle Leben nach dem Shdanowschen Kanon geregelt. Die »Bruderparteien« des Ostens waren auf dem besten Weg, zu Kopien des Big Brother zu werden – die Konsoli-

---

[*]   im Orig. deutsch.

dierung des sowjetischen Imperiums zum »Block« konnte 1950 als abgeschlossen gelten. Zur gleichen Zeit brachte die »internationale Arbeiterbewegung«, wie der Kommunismus sich unverändert nannte, noch reichere Gewinne ein, als im Oktober 1949 die chinesische KP die Macht ergriff. Hier hatte nicht Moskau die Hand im Spiel; der Erfolg war ein unverhofftes Geschenk Mao Zedongs und seiner Genossen, das nicht ohne Tücken war.[18]

Bei Kriegsende hatte Stalin einen Sieg der chinesischen Kommunisten zweifellos nicht erwartet. Nach dem sowjetischen Sieg über die japanische Armee in der Mandschurei sicherte er durch die Aneignung der ostchinesischen Eisenbahnstrecke nach Wladiwostok und der eisfreien Häfen von Dairen und Port Arthur seine Interessen in der Region. Zur Bestätigung dieser Ansprüche unterschrieb er 1945 einen Freundschafts- und Bündnisvertrag mit Tschiang Kai-schek, in dem er versprach, nicht im chinesischen Bürgerkrieg zu intervenieren. Er hielt sich nicht an das Versprechen und benutzte die sowjetische Basis in der Mandschurei, um die chinesischen Kommunisten mit erbeutetem japanischen Militärmaterial zu versorgen. Im Jahr darauf übernahmen die Kommunisten, nicht die Nationalchinesen, die Mandschurei von der abziehenden sowjetischen Besatzungsmacht. Dennoch erwartete Stalin nicht, daß Mao ganz China erobern werde. In der Annahme, daß die USA eine solche Entwicklung niemals dulden würden, rechnete er offenbar mit einer kommunistisch beherrschten Zone in Nordchina, die von sowjetischem Schutz und Beistand abhängig wäre – einer Situation also, wie er sie in Korea geschaffen hatte, wo er den ihm zugestandenen Teil besetzt und eine kommunistische Regierung eingesetzt hatte, die kaum unabhängiger war als ihre osteuropäischen Parallelen.

1949 hatte die chinesische Partei ihre »Zone« jedoch wider Erwarten auf das ganze chinesische Festland ausgedehnt. Und damit war eine Situation geschaffen, die in Osteuropa kein Vorbild besaß. Die Beziehung zwischen den beiden kommunistischen Giganten konnte trotz fehlender Gleichrangigkeit nur eine Partnerschaft sein. Überdies herrschten auf beiden Seiten gemischte Gefühle. Bei aufrichtiger Bewunderung für die Sowjetunion und die persönliche Leistung Stalins, in denen er sein Vorbild sah, nahm Mao es dennoch übel, daß die sowjetische Unterstützung während des jahrzehntelangen Kampfes der chinesischen Kommunisten namentlich in den entscheidenden letzten Jahren so mager ausgefallen war. Stalin fand Befriedigung in dem enormen Zuwachs an Macht und Prestige, den die chinesische Revolution sowohl für die kommunistische Bewegung wie auch für seine persönliche Stellung als höchster kommunistischer Führer bedeutete; gleichwohl beunruhigte ihn der Gedanke an ein nicht direkt von Moskau beherrschtes Zentrum revolutionärer Autorität. Beide Parteiführer aber wußten, daß der Mythos – im übrigen auch die Realität – eines einheitlichen Weltkommunismus für ihre persönliche Stärke und für den Fortschritt der Gesamtbewegung unentbehrlich war.

Stalin ließ also, anders als im Fall Titos, Vorsicht walten. Als Mao Ende 1949, unmittelbar nach seinem Machtantritt, zur Feier von Stalins siebzigstem Geburtstag in Moskau weilte, erklärte sich Stalin bereit, die 1945 gewonnenen Gebiete in der Mandschurei aufzugeben. Außerdem schloß er einen Vertrag über wirtschaftliche und militärische Hilfeleistungen ab. Diese Hilfe, wenn auch bescheiden dimensioniert, bedeutete, daß China sich dem sowjetischen Entwicklungsmodell anschloß, an das die Chinesen ohnedies glaubten. Mao zeigte sich bemüht, Stalins überlegenem Rang die fällige Achtung zu erweisen, verlangte aber seinerseits, daß man chinesischer Würde Genüge tat. Es wurden, kurz gesagt, bereits zu Beginn der neuen sowjetisch-chinesischen Beziehung Spannungsmomente sichtbar, die sich unter Umständen verschärfen konnten. Daß die Situation zu Stalins Lebzeiten relativ entspannt blieb, verdankte sich der gemeinsamen unerschütterlichen Einsicht beider Parteiführer: Spaltung war verderblich. Und das bedeutete, daß alle Kommunisten sich Stalin zu beugen hatten. Für Mao war Tito nicht weniger Häretiker als für Stalin.

Rückblickend ist unübersehbar, daß die chinesische Revolution den Gipfelpunkt des kommunistischen Erfolges darstellte: Eine politisch und weltanschaulich-moralisch, wenn auch nicht organisatorisch geeinte Staatengemeinschaft erstreckte sich von der Elbe bis zum Chinesischen Meer, und ihre weitere Ausdehnung schien unaufhaltsam. Für den Westen war damit Grund zu ernsthafter Besorgnis gegeben. Stalin scheint vom Sieg des Kommunismus in Eurasien überzeugt gewesen zu sein, denn eine weitere Folge der chinesischen Revolution war sein Entschluß, die früheren Gewinne in Korea abzurunden. Diese Überschätzung seiner Möglichkeiten führte zum ersten bewaffneten Konflikt zwischen den westlichen und den kommunistischen Streitkräften.[19]

Zu den Gästen bei Stalins siebzigstem Geburtstag gehörte auch Nordkoreas Staats- und Parteichef Kim Il Sung. Es war das Jahr 1949, und die amerikanischen und sowjetischen Besatzungstruppen hatten die Halbinsel verlassen. Kim schlug darum vor, durch eine militärische Besetzung des Südens dort eine Revolution auszulösen und auf diesem Weg, der sich als Bürgerkrieg darstellen ließe, ein kommunistisch geeintes Korea zu schaffen. Stalin stimmte zu und versprach, Nordkorea mit modernen Waffen auszurüsten. Er ließ sich dabei offenbar von der Annahme leiten, daß die Amerikaner, die soeben ganz China dem Kommunismus überlassen hatten, wegen des unbedeutenden Korea kaum intervenieren würden. Auch Mao Zedong wurde konsultiert, dessen zornige Verachtung für den »Papiertiger« keine Einwände aufkommen ließ.

Wieder drängt sich die Frage auf, wie weit Stalin gehen, was er mit diesem Abenteuer erreichen wollte. Seine Vorhaben in Europa waren soeben durch den Ausgang der Blockade Berlins vereitelt worden. Gleichzeitig hatten die Ereignisse in China die Aussichten auf revolutionäre Siege in ganz Ostasien eröffnet. Es mußte darum für ihn naheliegen, sein Glück im Pazifikraum zu versuchen. Stalin und Mao hatten denn auch 1948 Ho Chi Minhs Provisorische Regierung anerkannt; einem kommunistischen Aufstand in Malaysia folgte ein kommunistischer Staatsstreichversuch in Indonesien. Es ist vorstellbar, daß sich der für gewöhnlich vorsichtige Stalin unter diesen Umständen von der Militanz Maos anstecken ließ und auf einen allgemeinen kommunistischen Vormarsch in Asien setzte. Ins Gewicht fielen die starken kommunistischen Aktivitäten in Japan, die sich gegen die amerikanische Besatzungsregierung richteten. Die Pläne für ein kommunistisches Korea konnten aus Stalins Sicht ein Vorspiel zur Entstehung eines roten Japans werden, eine Möglichkeit, die den Amerikanern eine neue Belastung und China einen starken Nachbarn bringen würde. So phantastisch das klingt, man darf nicht vergessen, daß Stalins klares Urteil sich möglicherweise zu trüben begann und er auf heimischem Boden ähnlich Phantastisches plante. Das Abenteuer des Koreakrieges ist also vermutlich ein Zeichen dafür, daß Stalin versuchte, Großmachtambitionen in ganz Asien durchzusetzen. Der Appetit kommt beim Essen, wie die Franzosen sagen, und Stalins außenpolitischer Ehrgeiz war in seinen letzten Jahren mit nachlassender Furcht vor den »Imperialisten« zweifellos gewachsen.

Das Abenteuer Korea wurde zu einer eklatanten Fehlkalkulation. Die letzten westlichen Zweifel an den aggressiven Absichten des Kommunismus schwanden, und obwohl man den Koreakrieg eher Mao als Stalin zur Last legte, galt der Kommunismus jetzt allgemein als unmittelbare Bedrohung. Die USA erhielten das UNO-Mandat zur Intervention in Korea. Der Krieg endete mit einer Pattsituation, doch es war klar geworden, daß die Amerikaner vor militärischen Aktionen gegen den Kommunismus nicht zurückscheuten. Im Westen wurde die Wiederbewaffnung der Bundesrepublik Deutschland unumgänglich, und die NATO vergrößerte ihr Militärpotential. Die Amerikaner betrieben den systematischen Aufbau der konventionellen und nuklearen Rüstung, die Sowjetunion hielt mit. Der Koreakonflikt bedeutet also den Höhepunkt und gefährlichsten Moment des ersten Kalten Krieges, dessen Urheber, Marschall Stalin, inmitten der Kriegshandlungen von der historischen Bühne abtrat.

DER ROTE KHAN TRITT AB

In den letzten vier Jahren von Stalins Regierungszeit erlebte das Regime eine neue Krise. Die Institutionen und Verfahren, die Stalin in den zurückliegenden zwei Jahrzehnten geschaffen hatte, wurden gegen das System selbst gerichtet. An dieser letzten Revolution von oben läßt sich zeigen, daß der Wahn die Grenze zum Wahnsinn streifte.[20]

In den Nachkriegsjahren regierte Stalin, indem er mit zwei Cliquen alter Gefolgsleute jonglierte. Die ältere Garde der Molotow und Kaganowitsch, die seit den zwanziger Jahren im Politbüro saß, verlor ihren Einfluß zunehmend an Männer, die seit 1939 nachgerückt waren. Unter ihnen war bei Kriegsende Georgi Malenkow im Aufstieg. 1945–47 wurde er von Shdanow und dessen Leningrader Anhang verdrängt, zu dem unter anderen der begabte Ökonom Nikolai Wosnessenki gehörte. Nachdem Shdanow 1948 eines frühen, doch vermutlich natürlichen Todes starb, rückte Malenkow zusammen mit Berija erneut ins erste Glied; 1949–50 arbeiteten beide auf die Verhaftung und Hinrichtung Wosnessenskis und anderer Shdanow-Anhänger hin. Dieser seit einem Jahrzehnt erstmalige Schlag gegen ein Mitglied des Politbüros zeigte den Beginn einer neuen Krise an. 1949 verloren Molotow, Woroschilow und Mikojan ihre Ministerposten, Molotows Frau wurde verhaftet und deportiert, und

Stalin beschuldigte sowohl Molotow wie Woroschilow, seit 1918 für den britischen Geheimdienst zu arbeiten. Gleichzeitig wurde ein weiterer Jungkandidat, Chruschtschow, als Gegengewicht zu Malenkow, aus Kiew nach Moskau geholt.

Diese und ähnliche Geburtstagsvorbereitungen machten hinlänglich klar, daß Stalin eine neue große Wachablösung innerhalb der Partei plante. Diesmal ging keine Säuberung unter dem Gros der Kaderleute voraus; er zielte direkt auf den Kern der engsten Mitarbeiter, mit denen er die Große Säuberung durchgeführt hatte. Mag sein, daß er annahm, langer Machtbesitz habe sie träge gemacht und ihre bolschewistische Wachsamkeit erlahmen lassen; mag sein, daß ihn nichts anderes zum Handeln trieb als die paranoiden Ängste des Alters, die Furcht, man warte nur noch auf sein Ableben, versuche gar, es zu beschleunigen. In jedem Fall war der Angriff auf den Führungskern des Systems ein noch deutlicheres Zeichen nachlassender Geisteskraft als die gegen Molotow gerichtete Verdächtigungen.

Seine engsten Berater kamen zu dem Schluß, es sei Zeit zu handeln. Sie drängten Stalin, einen Parteitag einzuberufen – seit 1938 hatte keiner getagt –, um der Parteiverfassung Genüge zu tun. Stalin ging auf den Vorschlag ein, nutzte ihn jedoch dazu, seine neueste Säuberung einzuleiten. Als Ende 1952 der XIX. Parteitag zusammentrat, vergrößerte er das Zentralkomitee und verdoppelte den Umfang des Politbüros, das zum Präsidium umbenannt wurde, mit der Absicht, beide Generationen der alten Garde durch eine Gruppe Neuarrivierter, die ihm allein verpflichtet wären, zu neutralisieren. Es war die Technik der Großen Säuberungen der dreißiger Jahre, angewandt auf ihre Nutznießer. Die Partei, in der diese Technik neu zum Einsatz kam, hatte sich indessen gewandelt: Die fest etablierten Nomenklatura-Kader konnten nicht gestürzt werden, ohne das System in Mitleidenschaft zu ziehen. Der Angriff richtete sich außerdem gegen eine alte Garde, deren Angehörige anders als einst Ordshonikidse oder Postyschew wußten, wie der ausgereifte stalinistische Mechanismus funktionierte, und darum versuchen würden, sich zu verteidigen.

Die nächste Phase der beabsichtigten Säuberung war die sogenannte Ärzteverschwörung vom Januar 1953. Eine Reihe von Kreml-Ärzten, die meisten mit jüdischen Namen, wurden in Haft genommen. Der Verdacht lautete auf Mord an Shdanow sowie andere antisowjetische Verbrechen. Die unterstellten Greuel konnten wie einst das Kirow-Attentat als Vor-

wand für ausufernde Säuberungen der Partei von »Verrätern« dienen, die
für den amerikanischen Imperialismus, den Zionismus und an der Zerstö-
rung des internationalen Kommunismus arbeiteten. In der gespannten
Situation des Koreakrieges und der bevorstehenden deutschen Wieder-
bewaffnung wäre einer Säuberung dieses Umfangs unweigerlich auch die
Funktion der Säuberungen des Jahres 1937 zugekommen: die psychische
Mobilisierung der Nation für eine größere internationale Krise – einen
Dritten Weltkrieg? Auszuschließen ist es nicht.[21]

Inmitten dieser hysterischen und gefährlichen Turbulenzen erlitt Stalin einen Schlaganfall, dessen Folgen er am 5. März erlag. Denkbar, daß
eine angsterfüllte Entourage Hand geliehen hatte, möglich aber auch, daß
die geistige und körperliche Gesundheit des Dreiundsiebzigjährigen den
Strapazen der neuesten Unternehmung nicht standhielt. Seine Erben
jedenfalls annullierten unverzüglich die Beschlüsse des XIX. Parteitages,
übernahmen ihre früheren Positionen im Politbüro und erklärten die
Ärzteverschwörung für eine Machenschaft der Geheimpolizei. So fand die
Stalinära in dem Augenblick ihr Ende, als ihr Schöpfer daran ging, das
eigene Werk zu zerstören.

Die zentrale Epoche der Sowjetzeit war damit Geschichte geworden.
Stalin starb genau fünfundzwanzig Jahre nach seinen ersten Versuchen,
Rußland durch die Westsibirische Methode umzugestalten. Keiner der
großen Staatsführer des zwanzigsten Jahrhunderts außer Mao Zedong
war länger im Amt. Und keiner, nicht einmal Mao, hat die Macht eines
Führers wirksamer genutzt. Denn Stalin hat das Modell einer kommunistischen Gesellschaft geschaffen, das andere kommunistische Führer
nachahmten und gelegentlich zu revidieren versuchten. Lenins innen- wie
außenpolitische Wirksamkeit war daran gemessen bedeutend schwächer.
Aus Lenins Revolution sind zwar die Partei und der Kriegskommunismus
als Entwurf der neuen Gesellschaft hervorgegangen; die erste Revolution
indessen endete mit einem Fehlschlag, als sie zunächst ihre internationalen Ambitionen und 1921 den Sozialismus im Inneren aufgeben mußte.
Bei einer Fortführung der gemäßigten NÖP, wie Bucharin sie vorsah,
hätte sich Rußland bestenfalls im Gleis einer Quasi-Sozialdemokratie mit
schleppendem Wachstum festgefahren, die kaum Nachahmer gefunden
hätte und nicht zum Protagonisten der internationalen Staatengemeinschaft avanciert wäre. Erst Stalins Revolution von oben schuf das radikal

neue Modell und orientierte das System in Richtung Weltmachtanspruch. Lenins gescheiterte Revolution wurde wiederbelebt und ihr Einfluß auf ein Drittel des Planeten ausgedehnt.

Daß Stalins System weder dem entsprach, das Lenin entworfen noch dem, das Marx in Aussicht gestellt hatte, schmälert seine marxistisch-leninistische Grundsubstanz nicht. Ideologien sind keine Planskizzen, die von den Anhängern Punkt für Punkt umgesetzt werden mit dem Ergebnis, daß sich sauber ablesen läßt, wie weit ein bestimmtes System seine theoretischen Grundlagen erfüllt oder sie verraten hat. Ideologien sind Weltbilder, die politisches Verhalten innerhalb weitgefaßter Parameter auf allgemeine Ziele ausrichten. Im Fall des Marxismus war das Ziel der »Sozialismus« als Nichtkapitalismus und der Rahmen der unaufhaltsame Fortschritt der Geschichte, die im Kampf der universellen Klasse der Ausgebeuteten gegen ihre »bürgerlichen« Ausbeuter diesem Ziel zustrebt. Der Leninismus übernahm diese Grundsätze, ergänzt um die Rahmenbedingung, daß die Geschichte ihr sozialistisches Ziel durch die Partei erreicht, die das Proletariat vertritt.

Wie alle menschlichen Absichten unterliegen auch Ideologien Hegels List der Vernunft, das heißt, alle menschlichen Handlungen dienen unausweichlich Zwecken, deren sich die Akteure nicht bewußt sind. Stalins barbarisches Unternehmen, den Marxschen Sozialismus mit dem Instrumentarium von Lenins Partei aufzubauen, läßt sich schlüssig als Beispiel eines derart verkehrten Prozesses begreifen. Daß das Ergebnis monströs und absurd war, will nicht heißen, Stalin habe Marx oder Lenin verraten. Vielmehr weisen diese Auswüchse darauf hin, daß das marxistisch-leninistische Unternehmen inhärent unmöglich war, daß jeder Versuch, es zu verwirklichen, sich darum auf massive Gewaltanwendung stützen mußte und daß solche Gewaltanwendung nur eine groteske Realität hervorbringen konnte. Die umfangreiche satirische Prosa der Sowjetzeit – von Samjatins, »Wir«, erschienen 1920, über Platonows »Baugrube« von 1934 bis zu Alexander Sinowjews »Gähnende Höhen« von 1974 – hat diesen Sachverhalt aufgegriffen, die List der Unvernunft, die als Triebfeder des sowjetischen Abenteuers wirkte.

Anders gesagt, Marx' Utopie des vollständigen Sozialismus konnte nicht zwangsläufig aus der Logik der Geschichte hervorgehen, und der Geschichte mußte folglich durch die leninistische Partei nachgeholfen werden. Ohne die Leninsche Machtergreifung wäre der Kapitalismus in keinem Land verdrängt worden, und der Marxismus der Zweiten Internationale wäre im Laufe sukzessive entstehender Wohlfahrtsstaaten sang- und klanglos abgestorben. Genau so geschah es in ganz Europa nach dem Zweiten Weltkrieg: Jeder nichtkommunistische Marxismus findet früher oder später in Godesberg sein Canossa. Ebensowenig hätte sich der Leninismus ohne die Stalinsche Revolution von oben zum vollen Sozialismus weiterentwickelt; er wäre als »kleinbürgerliche« NÖP mit halbfreiem Markt zur Bedeutungslosigkeit verkommen. Kurz, der einzig gangbare Weg, das Ziel den Marxismus zu erreichen, war der Leninismus, dessen Projekt nur auf dem Weg des Stalinismus vollendet werden konnte.

Die andere Möglichkeit war der Verzicht auf den Traum des marxistischen Sozialismus. Angesichts der Entschlossenheit, mit dem das zwanzigste Jahrhundert zur vollkommenen Demokratie drängte, bestand auf einen solchen Verzicht kaum Aussicht – nicht bevor man versucht hatte, den Traum einmal zu verwirklichen. Rußlands Unstern machte es zum Schauplatz dieses ersten Versuchs. Doppelt unheilvoll, daß der Mann, der ihn durchführte, Stalin war, dessen lange Regierungszeit eine weitere Komplikation darstellte. Nach fünfundzwanzig Jahren unter der Herrschaft Stalins waren Rußland und die übrigen kommunistischen Länder der Lüge des Systems soweit verfallen, daß vier weitere Jahrzehnte nötig waren, sich daraus zu befreien.

KAPITEL 9

REFORMKOMMUNISMUS I:
CHRUSCHTSCHOWS MOSKAUER FRÜHLING
1953–1964

Die gefährlichste Zeit für eine schlechte
Regierung ist eine Reformphase.

Alexis de Toqueville über Turgot und Louis XVI.

Wir hatten Angst, große Angst. Wir befürchteten, das Tauwetter
könnte zu einer Überschwemmung führen, gegen die wir macht-
los wären, in der wir alle untergehen würden. Wie wir untergehen konnten? Sie hätte die Ufer des sowjetischen Flußbettes
überfluten und in einer gewaltigen Flutwelle alle verbliebenen
Schranken und Mauern unserer Gesellschaft niederreißen können.

Nikita Chruschtschow zur Wachablösung von 1953

Majakowskis Wort über Lenins ewige Gegenwart im Leben der Sowjetunion gilt mit größerem Recht für Stalin, dessen moralischer und politischer Einfluß über sein Ableben hinaus lebendig blieb, bis das System
abdankte. Ohne Übertreibung läßt sich sagen, daß die vier Jahrzehnte der
Sowjetgeschichte nach seinem Tod von dem einem alles beherrschenden
Problem bestimmt waren, Stalin zu begraben. Seine drei wichtigsten,
Nachfolger im Amt des Generalsekretärs – Chruschtschow, Breshnew und
Gorbatschow – hatten in erster Linie mit Problemen zu kämpfen, die
ihnen sein Erbe aufgab. Alle ihre politischen Bemühungen waren darauf
gerichtet, es entweder zu verbessern und zu reformieren oder aber zu
schützen und zu erhalten, genauer, ihre Politik schwankte zwischen dem
einen und dem anderen Anspruch. Doch welche Richtung sie auch

einschlugen, die Schwierigkeiten des Systems wuchsen, und alle drei hinterließen nichts als eine neue Version der Krisenlage.

Damit kehrte die poststalinistische Sowjetgeschichte nach der langen Periode augenscheinlicher Stabilität unter Stalin zum periodischen Wechsel von Kriegskommunismus und NÖP, von »hartem« und »weichem« Leninismus zurück, der die ersten zwölf Jahre nach dem Oktober bestimmt hatte. Dem en suite gespielten Drama in zwei Akten folgten als Fortsetzung jetzt das Chruschtschow-Jahrzehnt mit einer abgeschwächten Neuauflage der Leninschen NÖP, die achtzehn Jahre eines formalisierten Kriegskommunismus oder Neo-Stalinismus unter Breshnew und schließlich die kurzen, doch folgenreichen sechs Jahre von Gorbatschows NÖP. Die ewige Wiederkehr der elementaren Modi des Sowjetsozialismus war jedoch keine wirkliche Wiederholung des ersten Zyklus, der vor 1929 zu Ende ging.

Der Routine-Stalinismus Breshnews blieb ein lebloser Abdruck des Originals, das sich wie alle geschichtlichen Vorbilder der Wiederholung entzieht: Der Stalinismus war ein Produkt des sozialistischen Aufbaus. Nur dieser Prozeß eines revolutionären Umbruchs konnte ein Zwangsregime im stalinistischen Maßstab rechtfertigen; denn der Stalinismus ist nicht, wie noch immer häufig unterstellt wird, Terror um des Terrors willen, sondern Terror zur Erzwingung der sozialistischen Wende. Eine »Neue Ökonomische Politik« nach Stalins Vierteljahrhundert eines institutionalisierten Kriegskommunismus konnte nicht die NÖP sein, die sich an den improvisierten und kurzlebigen Kriegskommunismus erster Hand anschloß. Lenins Kriegskommunismus hatte zum Scheitern geführt und der Partei zur künftigen Administration nur eine bescheidene Zahl von Institutionen zurückgelassen. Stalins Kriegskommunismus war insofern erfolgreich, als er ein Bollwerk starker Institutionen schuf, die durch militärische Macht und internationales Prestige abgesegnet waren und durch den »Kult« verklärt wurden. Mit dem Stalinismus hatte die Sowjetgeschichte ihren Gipfel erreicht. Die vier Jahrzehnte nach 1953 kennzeichnet ein langsamer, doch stetiger Niedergang.

Die Neo-NÖP dieses zweiten, absteigenden Zyklus faßt man darum mit Vorteil unter dem Namen des »Reformkommunismus« gesondert zusammen und bezeichnet damit den Versuch, das stalinistische Erbe zu humanisieren und zu liberalisieren, ohne den uneingeschränkt sozialistischen Inhalt – das heißt Plan, Kollektivbesitz und die Führungsrolle der Partei –

anzutasten. Chruschtschow, der Gründungsvater des Reformkommunismus, nannte sein Programm eine Rückkehr zu den »wahren Grundsätzen Lenins«. Seine Gegner sprachen von »Revisionismus«, der vielleicht schwersten Sünde im leninistischen Katechismus. Chruschtschows Anhänger bezeichneten die nostalgischen Stalinisten als »Dogmatiker«. In der Tschechoslowakei wurde dieser Reformkommunismus als »Sozialismus mit menschlichem Gesicht« zum Slogan des Jahres 1968. Marschall Tito meinte dasselbe mit »sozialistischer Selbstverwaltung«, Deng Xiaoping bezeichnete seine Version als »die vier Modernisierungen«. Das bekannteste Synonym für den Reformkommunismus dürfte Gorbatschows *perestroika* sein. Die Beispiele zeigen, daß die Erscheinung nicht auf Sowjetrußland begrenzt ist, sondern nach dem Aufbau des Sozialismus alle kommunistischen Systeme erfaßte. Bei unterschiedlichen Akzenten, die der nationale Kontext und das erreichte Stadium kommunistischer Entwicklung diktierten, weisen alle Versuche dennoch gemeinsame Merkmale auf.

Sie ergeben sich aus der stalinistischen Ordnung, gegen die der Reformkommunismus sich richtet. Sie läßt sich beschreiben als das in einer zentralen Autorität geeinte und vereinheitlichte Leben. Es gibt *einen* Führer, *eine* wahre Lehre, *eine* »korrekte« politische Linie und *eine* alles umfassende Institution, die durch die Subinstitutionen des Plans, des Militärs und der Polizei operiert. Diese unitarisch-sozialistische Welt sieht sich in andauerndem Antagonismus zu einer feindlich-kapitalistischen Außenwelt. So zumindest wollen es Theorie und Anspruch des Systems, und während Stalins letzten Jahren war die Realität in Rußland, Osteuropa, China und, wenig später, in Kuba und Vietnam nicht weit von diesem Anspruch entfernt. Das Programm des Reformkommunismus versuchte dieses System zu lockern, ohne die moralische und funktionale Einheit zu zerstören, die das Fundament der sozialistischen Gesellschaft ist.[1]

Zum Rahmenprogramm des Reformkommunismus gehört erstens das Bemühen, einen Teil der Wahrheit über die stalinistische oder maoistische Vergangenheit bekannt zu machen, die Lüge zu durchdringen und das kritische Denken wiederzubeleben, um die Funktionsweise des Systems zu verbessern. Damit ist unausweichlich ein gewisses Maß an kultureller und intellektueller Liberalisierung verknüpft. Zweitens gehört dazu der Versuch einer wirtschaftlichen Dezentralisierung, um die Leistungsfähigkeit zu steigern und für größeren materiellen Komfort der

Bevölkerung zu sorgen. Im Zusammenhang damit sollen drittens für den Einzelnen und die Unternehmen Anreize geschaffen werden, zu arbeiten, zu produzieren und Gewinne zu machen, ohne den Plan durch den Markt zu ersetzen. Und schließlich wird außenpolitisch eine Détente angestrebt, um die Spannungen abzubauen, die in den kommunistischen Systemen eine permanente Belagerungsmentalität und einen psychischen Alarmzustand schaffen. Den ersten Versuch mit dem Reformkommunismus machte Rußland, das Ursprungsland des Systems, und in Anbetracht der Bedeutung des sowjetischen Modells für die Legitimierung des Weltkommunismus ließ die Krise des sowjetischen Systems in Rußland eine Ausbreitung des Reformkommunismus in der gesamten kommunistischen Welt erwarten.

Die Entstalinisierung

Als erste Bezeichnung für den Reformkommunismus kam der Begriff »Entstalinisierung« in Umlauf, da die Bewegung mit der Zerschlagung des persönlichen diktatorischen Machtapparats des verstorbenen Parteiführers begann. Unmittelbar nach seinem Tod wurde das frühere Politbüro, inzwischen »Präsidium«, neu in die Rechte eingesetzt, die es vor 1937 innehatte, und die alte, verfassungsähnliche Parteistruktur unter dem Namen der »kollektiven Führung« reaktiviert. Innerhalb dieser Gruppe schien die Macht zunächst an das Dreiergespann Molotow-Berija-Malenkow zu gehen. Malenkow, auf dem XIX. Parteitag zum Nachfolger Stalins bestimmt, wurde Regierungschef, Chruschtschow, den seine Kollegen unterschätzten, übernahm den, wie sie meinten, zweitrangigen Posten des »Ersten Sekretärs des Zentralkomitees«, eine Funktion, die Stalin am Ende seiner Laufbahn dem Amt des Ministerpräsidenten untergeordnet hatte. Alle Mitglieder der Führungsgruppe waren sich der Brisanz der Situation und der dringenden Notwendigkeit von Konzessionen an die Bevölkerung bewußt. Sogar Berija wurde zum Befürworter des Liberalismus.

In Berija und seiner Politik sahen die Kollegen jedoch das Haupthindernis für eine solche Liberalisierung. Der Chef der politischen Polizei hegte unverkennbare Absichten auf eine alleinige Machtübernahme und verfügte im Apparat der Sicherheitsorgane über die nötigen Mittel zur Durchsetzung seines Anspruchs. Zuungunsten Berijas fiel indes vor allem ins Gewicht, daß Stalin die Partei seit 1937 durch die Geheimpolizei regiert hatte. Der erste Schritt zu einer Erneuerung des Systems mußte es folglich sein, die Polizei erneut der Partei zu unterstellen. Chruschtschow ergriff die Initiative zur Vorbereitung von Berijas Sturz. Er versicherte sich der Unterstützung Marschall Shukows, des Helden der Schlachten um Moskau und Berlin, und ließ Berija während einer Sitzung des Politbüros verhaften. Nach einem Geheimprozeß folgte im Dezember die Hinrichtung. Damit wurde zum letzten Mal aus politischen Gründen gegen eine hochrangige Persönlichkeit die Todesstrafe verhängt. Gleichzeitig wurde das Ministerium für Staatssicherheit zum Komitee für Staatssicherheit, KGB, herabgestuft und dem Ministerrat unterstellt – ein Signal für die Nomenklatura und die übrige Bevölkerung, daß der Massenterror zu Ende war und zukünftig die Partei die höchste Macht im Staat ausübte.

Die Reformen konnten bei diesem Selbstverteidigungsakt der Oligarchie nicht Halt machen. Das Ende des Terrors hatte im ganzen Land eine Flut von Erwartungen geweckt. Unter den Intellektuellen, deren Hoffnungen auf eine Liberalisierung nach dem Krieg durch die *Shdanowtschina* enttäuscht worden waren, ließen sich die ersten vorsichtig optimistischen Stimmen hören, die von einer allgemeinen Entspannung des Systems, einem »Tauwetter« sprachen, um den Titel eines mittelmäßigen Romanwerks von Ilja Ehrenburg zu zitieren. Folgenreicher war, was damals in der Öffentlichkeit weniger deutlich wurde: Der Tod Stalins, vor allem aber der Sturz Berijas, hatte die alte Ordnung des Gulag ausgehöhlt. Die Lager wurden von Revolten erschüttert, die nur noch von der Armee unterdrückt werden konnten.[2] Die politische Führung erkannte bald, daß sich das Lagersystem nur um einen politisch wie ökonomisch gefährlich hohen Preis aufrecht erhalten ließ. Seine Abschaffung und damit die Befreiung von Millionen Inhaftierter drängte sich auf. Gleichzeitig überschwemmten die Angehörigen verstorbener und lebender Lagerinsassen die Regierung mit einer Flut von Rehabilitationsgesuchen.

In dieser Situation entschloß sich Chruschtschow 1956 in seiner »Geheimrede« auf dem XX. Parteitag zum direkten Angriff auf Stalin.[3] Er hatte mehrere Gründe für diesen Schritt, zu denen zweifellos auch seine politischen Ambitionen zu rechnen sind. Bereits 1955 hatte er Malenkows Rücktritt vom Amt des Ministerpräsidenten und seine Ablösung durch Nikolai Bulganin, einen langjährigen Verbündeten, durchgesetzt. Griff er Stalin an, würden Altstalinisten wie Molotow und Kaganowitsch diskreditiert, vermutlich sogar auszuschalten sein, und sein Einfluß auf die Partei nahm zu. Ein weiterer Beweggrund, so versichern seine Bewunderer, waren elementarer menschlicher Anstand und ein Abscheu vor Stalins Verbrechen.[4] Dazu gesellte sich Einsicht in die Notwendigkeit: Wenn Millionen Häftlinge aus den sibirischen Lagern ins bürgerliche Leben zurückkamen, konnte die Wahrheit nicht lange verborgen bleiben. Es empfahl sich darum, das Gesetz des Handelns nicht aus der Hand zugeben, der Entwicklung zuvorzukommen und sie im Interesse der Partei zu lenken.

Ein letztes, vielleicht das entscheidende Motiv ist mit den drei genannten durchaus vereinbar. Chruschtschow mochte der Partei noch so lange als Stalins gefügiges Werkzeug gedient haben, er hatte dem Leninismus seiner Jugendjahre die Treue gehalten, wußte sich unverändert dem Glauben an eine »leuchtende« sozialistische Zukunft verpflichtet, den Stalin in seinen Säuberungen durch blinden Gehorsam und dumpfe Ergebenheit in den »Kult« der bestehenden Verhältnisse zu ersetzen versuchte. Einer der Gründe dürfte in seiner Stellung im Altersgefüge der Führungselite zu suchen sein: Jünger als Molotow und Kaganowitsch zählte er nicht zu Stalins alter Garde aus dem Bürgerkrieg, den späteren Generälen der Großen Offensive, war aber auch nicht wie sein jüngerer Nachfolger Breshnew ganz das Produkt des stalinistischen Systems. Anders als der etwa gleichaltrige Malenkow ein Apparatschik aus dem ZK, hatte er den Bürgerkrieg als Parteiarbeiter der unteren Stufe, die Große Offensive als Leutnant mitgemacht und seine Laufbahn außerdem größtenteils unter dem Fußvolk der Partei in der Provinz absolviert, in enger Berührung mit den praktischen Problemen der Arbeiter und Bauern.

Für die Generation Chruschtschows hatte die Revolution ihre Faszinationskraft bewahrt. Im harten Spiel um die Macht konnte es Chruschtschow dennoch mit jedem Leninisten aufnehmen. Wie er die ideologische Überzeugung mit seiner Dienstbereitschaft für Stalin auf der Höhe der Säuberungen in Moskau und in der Ukraine in Einklang brachte, ist unbekannt. Er selbst machte Nichtwissen geltend – der wahre Stand der Dinge sei ihm weitgehend unbekannt gewesen. Doch selbst wenn er weniger direkt involviert war als Molotow oder Kaganowitsch die prinzipiellen Verhältnisse konnten ihm unmöglich verborgen bleiben. Vermutlich half er sich mit dem altüberlieferten bolschewistischen Grundsatz durch die Jahre: Die Partei hatte recht, und damals war Stalin die Partei und außerdem ein sehr gefährlicher Mann. Wie auch immer – Stalin war nicht mehr, und Chruschtschow machte es sich zum Ziel, die Partei von stalinistischen *peregiby,* »Entstellungen«, zu säubern und sie zu ihren ursprünglichen leninistischen Prinzipien zurückzuführen.

Chruschtschow verstand sich (ohne daß er die Losung jemals benutzt hätte) auf eigene Art als »Lenin seiner Zeit«, der es den Strukturen des Systems endlich ermöglichen würde, ihre volle menschliche und wirtschaftliche Kraft zu entfalten. Es war sein Ziel, den Übergang vom schon erreichten »Sozialismus« zum vollständigen »Kommunismus« vorzubereiten, der seit Marx' »Kritik des Gothaer Programms« das Szenario für die Entwicklungsgeschichte der proletarischen Diktatur darstellte. Gleichzeitig würde das System mit dieser Befreiung seines schöpferischen Potentials endgültig seine Überlegenheit über den »Kapitalismus« erweisen. Diese Zuversicht und nicht etwa hemmungslose Angriffslust bewegte Chruschtschow, als er 1959 seinen alarmierten amerikanischen Gastgebern kundtat: »Wir werden Sie alle begraben«, und ihnen in Aussicht stellte, ihre »Enkel [würden] im Kommunismus leben«. Dieselben Gründe veranlaßten ihn, Stalins alte Garde auszuschalten und die alleinige Führung anzustreben.

Diese Mischung verschiedenster Motive führten Chruschtschow dazu, seine Kollegen im Politbüro unter Druck zu setzten und den ersten Parteitag nach Stalin dazu zu benutzten, die Entstalinisierung einzuleiten. Sie muß als die bedeutendste Leistung in Chruschtschows politischer Karriere gelten, und ihre Folgen waren nicht weniger zweideutig als die Motive. Einerseits gewannen die Völker der Sowjetunion fast ein Jahrzehnt Fortschritt und Hoffnung und das Land seine beste Zeit seit der NÖP und vor Glasnost. Andererseits hatte der Stalinkult sowohl für den sowjetischen wie für den Weltkommunismus eine so immense Bedeutung erlangt, daß sich mit dem Angriff auf Stalin auch die mythischen Fäden lösten, die das Gesamtgewebe des Systems zusammenhielten.

Die Rede allerdings bildete nur den Beginn dieses Zerfallsprozesses, denn sie enthielt kein umfassendes Geständnis der trüben Vergangenheit: Chruschtschow klärte nur über ausgewählte Verbrechen Stalins auf, solche, die sich – nach 1936 – gegen die Partei gerichtet hatten. Dennoch, der oberste Führer der Sowjetmacht hatte zugegeben, daß es im Zentrum dieser Macht zu Verbrechen gekommen war; dergleichen Behauptungen konnten also nicht länger als bourgeoise Verleumdung abgetan werden. Der Inhalt des Berichts war bald landesweit bekannt; jenseits der Grenzen wurde er in voller Länge publiziert – Chruschtschow wäre naiv gewesen, hätte er das nicht vorausgesehen. Die Rede schlug wie eine Bombe ein – seit dem Hitler-Stalin-Pakt hatte keine Nachricht aus Moskau ähnliche Erschütterung hervorgerufen. Viele der Gläubigen im In- und Ausland wurden irre an ihren Überzeugungen, andere, mit ihnen die moralischen Erben der Volksfront, kamen zu dem Schluß, Stalin sei ein »Irrweg« gewesen und in der Sowjetunion bahne sich der Übergang zur Sozialdemokratie an. Gewiß, vier Monate später veröffentlichte das ZK auf Druck sowjetischer Stalinisten und kommunistischer Führer des Auslands eine Resolution mit dem Ziel der Schadensbegrenzung: Stalin erschien als großer »Theoretiker und Organisator«, dem der »Sieg des Sozialismus« zu danken war; nur in vereinzelten Fällen habe er sich, erklärbar durch charakterliche Mängel, des Machtmißbrauchs schuldig gemacht. Der »Kult« indessen war im alten Geist nicht zu reintegrieren, und die ruinösen Folgen für das System machten sich am schwächsten Glied der Kette, Osteuropa, alsbald bemerkbar.[5]

Die Gründe liegen auf der Hand: In den osteuropäischen Ländern war der Stalinismus nicht ein Vierteljahrhundert, sondern keine zehn Jahre alt. Die Arbeiter erinnerten sich an eine pluralistische Ordnung, in einigen Ländern an die Sozialdemokratie; die Kollektivierung der Bauern stand noch vor dem Abschluß. Entscheidend war indessen, daß der Kommunismus als politische Fremdbestimmung, als Herrschaft mit Legitimitätsdefizit erlebt wurde. Die Schwierigkeit hatten bereits 1953, unmittelbar nach Stalins Tod angefangen: mit Unruhen im tschechoslowakischen Plzeń (Pilsen), denen, ausgelöst durch eine Erhöhung der Produktionsnormen, eine Arbeitererhebung in Ostberlin folgte, die mit russischen Panzern niedergeschlagen wurde. Mit der Geheimrede erreichte die Instabilität Osteuropas ihre kritische Grenze.

Die Krise begann in Polen, dem größten und unruhigsten der Satellitenstaaten.[6] Der auslösende Funke war eine Arbeiterrevolte in Poznań (Posen), gegen die Panzer zum Einsatz kamen. Die Unzufriedenheit breitete sich landesweit aus, und Gomulka, seit 1954 aus dem Gefängnis entlassen, agierte als Kandidat der Reform mit Aspirationen auf die

Parteiführung. Diese Aussicht versetzte Moskau so nachhaltig in Unruhe, daß Chruschtschow in Begleitung der Altgardisten Molotow und Kaganowitsch im Oktober nach Warschau flog, um sie zu vereiteln, wenn nötig, mit Hilfe von Rokossowskis Armee. Als Gomułka drohte, eher werde er Warschau mit Waffengewalt verteidigen, als aufzugeben, lenkten die Sowjets ein. Rokossowski wurde von seinem Posten entfernt, und Chruschtschow akzeptierte den Grundsatz der »verschiedenen Wege zum Sozialismus« gegen Gomułkas Loyalitätsbekenntnis zum proletarischen Internationalismus. In der Praxis bedeutete Polens »Nationalkommunismus« volle Selbstverwaltung, das Ende der Kollektivierung und weitgehende Autonomie der katholischen Kirche. Dafür regelte sich die Selbstbestimmung unter der Führung der Partei und im Rahmen strikter Bündnistreue. Die Situation in Polen war damit für ein Jahrzehnt stabilisiert, einer der wenigen Fälle eines halbwegs erfolgreichen Reformkommunismus. Doch der polnische Oktober war zugleich schuldloser Anlaß für den tragischen Ausgang einer vergleichbaren Krise in Ungarn.

Die Unzufriedenheit unter den Arbeitern und Intellektuellen und ein nationales Aufbegehren in der Bevölkerung entsprachen der Situation in Polen. In Ungarn fehlte indes ein Gomułka mit der Fähigkeit, diese Kräfte zu repräsentieren und gleicherweise zu lenken[7] und damit das Vertrauen der Sowjets zu gewinnen. Als in Ungarn das Tauwetter begann, trat der allgemein verhaßte Generalsekretär Rákosi für Repressionsmaßnahmen ein, was Chruschtschows Politik zuwiderlief. Moskau griff daraufhin ein und löste Rákosi durch Gerö ab, der kaum gemäßigter auftrat. Die Spannungen verschärften sich, und Moskau brachte nun seinen Reformkommunisten Imre Nagy ins Spiel, zu spät allerdings, denn inzwischen hatte das polnische Beispiel Schule gemacht: In Massendemonstrationen wurde das Ende der russischen Besetzung gefordert. Nagy geriet unter Druck und ging eine Koalition mit nichtkommunistischen Parteien ein, das heißt, *die* Partei verlor ihre führende Rolle. Am Ende standen Forderungen nach dem Rückzug der sowjetischen Truppen und dem Austritt Ungarns aus dem Warschauer Pakt.

Damit hatte Nagy die zwei Grundsätze verletzt, auf die sich das kommunistische System Osteuropas stützte, und Moskau kam in Zugzwang, wenn es Moskau bleiben wollte. Die Intervention war sicher nicht Chruschtschows bevorzugte Wahl; nachdem die Entscheidung jedoch gefallen war, zögerte er nicht, den Budapester Widerstand mit Panzern zu brechen und – ganz Lenin im Fall Kronstadt – Nagy geraume Zeit später hinrichten zu lassen. Die gesamte Regierung wurde erneuert und der von Rákosi nicht lange zuvor inhaftierte János Kádár als Regierungschef eingesetzt mit der Aufgabe, zunächst die Restauration des Kommunismus und sodann eine Reform des Systems innerhalb der Grenzen durchzuführen, die Nagy verletzt hatte. Aus dem Wechsel zu Kádár ging mit der Zeit ein Reformkommunismus hervor, der den polnischen an Erfolg und Stabilität übertraf und bis 1989 Bestand hatte.

Weder in Polen noch in Ungarn war jedoch eine lebensfähige Ordnung geschaffen worden. Die Abhängigkeit beider Regierungen von Sowjetrußland und von der lokalen Partei beraubte sie der nationalen Legitimität. Unter Stalin war Osteuropa die Schwachstelle des sowjetischen Imperiums, weil das Gleichgewicht von Zwang und zentraler Kontrolle, auf dem es beruhte, nicht endlos aufrechtzuerhalten war, wie der polnische und ungarische »Oktober« von 1956 gezeigt hatten. Nach diesen Eruptionen und der Einigung auf die »verschiedenen Wege zum Sozialismus« blieb das System in Osteuropa weiterhin unberechenbar, weil sein Bestand jetzt von der Mitarbeit der lokalen Bevölkerungen abhing. Da sie durch die Angst vor Moskauer Vergeltungsmaßnahmen erpreßt wurde, war Moskaus Vermögen, diese Mitarbeit zu erzwingen, der einzige Garant für die Stabilität. Insgesamt also hatte sich durch die Reformen von 1956 der Zusammenhalt der Blockkräfte gelockert. Die Reformgegner in der Sowjetunion aber hielten eine Trumpfkarte in der Hand, die sich bei Gelegenheit gegen Chruschtschows Politik – und gegen seine Person ausspielen ließ.

In der Sowjetunion wirkte die Geheimrede nicht annähernd so explosiv wie im übrigen Osteuropa; es entstanden jedoch die Ansätze der Dissidentenbewegung. Noch 1956 ging eine Anzahl von Historikern, unter ihnen J. N. Burdschalow, über Chruschtschows umsichtige Überprüfung der sowjetischen Vergangenheit hinaus und nahmen in einer Flut von Veröffentlichungen den *Kurzen Lehrgang* gründlich auseinander, beginnend im Jahr 1917. Burdschalow verlor daraufhin seinen Job. Wichtiger wurde Boris Pasternak, der in *Doktor Schiwago* eine Umwertung der Revolution vernahm, die einer Verdammung nahekam.[8] Als die sowjetische Zeitschrift *Nowy mir* das Manuskript ablehnte, ließ Pasternak es 1957 im Ausland erscheinen und begründete damit die Tradition des

Tamisdat. Der Roman wurde in alle größeren Sprachen übersetzt und umgehend zum Weltbestseller. Als Pasternak 1958 den Nobelpreis erhielt, war in Moskau der Skandal perfekt. Das Regime zwang Pasternak, den Preis abzulehnen, und die Mehrzahl seiner Kollegen im Schriftstellerverband, ihn zu verurteilen. Immerhin war bewiesen, daß das Tauwetter in Rußland ebenso außer Kontrolle geraten konnte wie in Osteuropa.

Eine weitere negative Folge der Rede waren die ersten Risse im Verhältnis zu China und die sich daraus ergebende Schwächung der »internationalen Arbeiterbewegung«.[9] Die Bewegung des Weltkommunismus verdankte ihre Geschlossenheit einzig Stalins persönlicher Autorität. Seine weltgeschichtliche Erfolgsleistung hatte es jedem kommunistischen Führer außer Tito undenkbar erscheinen lassen, seine Führerschaft anzuzweifeln. Etwas völlig anderes war es, sich Malenkow, Chruschtschow und ihresgleichen unterzuordnen, namentlich für die Chinesen, deren Führer, Mao, jetzt der dienstälteste Revolutionsheld der internationalen Bewegung war. In der Post-Stalin-Ära also wünschten die Chinesen als Partner und Gleichgestellte behandelt zu werden, und waren empört, daß Chruschtschow einen so entscheidenden Schritt wie die Entweihung der kommunistischen Ikone Stalin unternahm, ohne sie zu konsultieren. Überdies hegten sie alten Groll gegen die Sowjets, vor allem wegen der Mandschurei, der noch in die Stalinzeit zurückging. Sie übernahmen es deshalb, Stalin gegen Chruschtschows »Revisionismus« zu verteidigen, um ihrer Unabhängigkeit, ja ideologischen Überlegenheit gegenüber den Sowjets Ausdruck zu geben. Es war noch kein offener Bruch, doch ein äußerst gespanntes Tauziehen.

Zur Sündenliste der neuen Moskauer Führung zählte sodann Chruschtschows Annäherung an den Erzrevisionisten Tito.[10] 1955 reiste Chruschtschow nach Belgrad. Seine Erklärungen liefen praktisch auf eine Entschuldigung an die Adresse der Gastgeber hinaus – ein Vorgehen, das der Hoffnung entsprang, das Land ins »sozialistische Lager« heimzuholen, und sich als internationalistischer Reflex seines naiven Leninismus verstehen läßt. Die Jugoslawen hatten keineswegs vor, ins Lager zurückzukehren, nahmen jedoch die sowjetische Anerkennung, daß sie trotz allem ein »sozialistisches Land« seien, als Zeichen der Billigung ihres laufenden Experiments der »Selbstverwaltung« der Arbeiter.

Tito war überdies dabei, seinen eigenen Reformkommunismus zu entwickeln.[11] Die Jugoslawen waren wie die Chinesen mit dem von Stalin fertig übernommenen Modell in den Sozialismus gestartet. In den frühen fünfziger Jahren begannen sie, um den Bruch mit Moskau zu rechtfertigen, ein alternatives Gesellschaftsmodell auszuarbeiten, das Tito gelegentlich als »realen Sozialismus« bezeichnete – ein Ausdruck, den Breshnew Jahre später im gegensätzlichen Sinn benutzte. Für die Jugoslawen bedeutete er, daß Moskaus Sozialismus der wahre nicht sei. Echter Sozialismus bedeute die Delegierung der Macht vom zentralisierten Parteistaat an Volksorgane der »Selbstverwaltung« – ein Echo der frührevolutionären »Räte« und des »Kommunestaats«. Konkret gemeint waren der Verzicht auf Kollektivfarmen zugunsten von gewöhnlichen Kooperativen; gewählte Arbeiterräte in der Leitung der Industrie, und eine föderale Struktur für die sechs ethnischen Republiken. Als einziges zentralistisches Element des alten Systems blieb die Partei erhalten (in »Kommunistische Liga« umbenannt) und mit ihr die Armee.

Das reichte hin, die demokratischen Elemente dieser Reform zu neutralisieren. Um vorzugreifen – die Bauern gingen weithin ihre eigenen Wege; die Arbeiterräte standen bald wie zuvor unter der Kontrolle des Staates, und der Föderalismus teilte die Wirtschaft in unkoordinierte Segmente, ohne den sechs Regionalrepubliken echte Autonomie zu bringen. Anstelle der früher zentralen entstand in der Folge eine lokale Parteikontrolle über die Wirtschaft; das Entwicklungstempo verlangsamte sich; mit dem Tourismus und dem Export von *Ostarbeitern** nahm die Abhängigkeit des begrenzten Wohlstands vom Westen zu. Der Föderalismus hatte nur so lange Bestand, wie der charismatische und despotische Marschall sein Reich zusammenhielt, und das war, da er erst 1980 starb, eine lange Zeit, doch nicht lang genug, um die Entwicklung des jugoslawischen Reformkommunismus in ein Verfassungssystem, eine echte Marktwirtschaft und eine echte Föderation möglich zu machen. Titos radikaler Reformkommunismus so gut wie Chruschtschows vorsichtigere Version versäumten es, die Gußform des Parteistaates zu zerbrechen, und führten somit statt auf eine Transformation schließlich auf den Zusammenbruch hin.

In den fünfziger Jahren brachte Chruschtschows Rapprochement an Tito der sowjetischen Reform nur wenig Vorteile. Tito gab 1956 sein

---

*   im Orig. deutsch.

Einverständnis zu Chruschtschows Schlag gegen den ungarischen Sezessionismus als notwendiger Verteidigung des Sozialismus – kritisierte später aber auch die Härte der Repressionen. Ins sozialistische Lager kehrte er nicht zurück. Statt dessen gründete er zusammen mit Nehru, Nasser und Sukarno die »Bewegung blockfreier Staaten« als dritte internationale Kraft neben NATO und Sowjetblock. Obwohl dieses Bündnis zum Westen mehr Distanz hielt als zum Osten, war das jugoslawische Regime mit seiner Unabhängigkeit und seinem Selbstverwaltungssozialismus ein schlechtes Vorbild für die osteuropäischen Satelliten der Sowjets. Jugoslawien blieb außerdem ein Reibungspunkt zwischen Peking und der Sowjetunion. Auf internationalen kommunistischen Treffen in den fünfziger Jahren kritisierten die Chinesen den jugoslawischen Revisionismus und nahmen damit Chruschtschow aufs Korn, während die Sowjets Chinas Verbündeten und Titos Feind Albanien attackierten, um Chinas »Dogmatismus« zu geißeln. Alles das trug zum weiteren Verfall des Weltkommunismus bei.

Der große Stein des Anstoßes für Peking war jedoch Chruschtschows wichtigste außenpolitische Initiative – die Politik der »friedlichen Koexistenz« mit dem Westen, besonders mit den Vereinigten Staaten[12], die auf zwei Umstände zurückging. Nach Stalins Tod war es dringlich geworden, durch Verbesserung des allgemeinen Lebensstandards die innere Stabilität zu sichern, während das mißglückte Korea-Abenteuer zugleich begründete Ängste um die internationale Sicherheit aufkommen ließ. Beide Probleme wiederum berührten ein drittes: die Möglichkeiten eines »internationalen Klassenkampfes« im neuen Zeitalter der Kernwaffen.

Die Sowjets ließen sich also auf einen Waffenstillstand in Korea und einen Staatsvertrag ein, der die Viermächte-Besetzung Österreichs beendete, und sie streckten Fühler aus in Richtung Verhandlungen über ein wiedervereinigtes, doch neutrales Deutschland. Diese Entspannung führte zum ersten Gipfelgespräch zwischen sowjetischen und westlichen Spitzenpolitikern nach 1945. 1955 trafen sich Chruschtschow und Bulganin in Genf mit Eisenhower und den Regierungschefs von Großbritannien und Frankreich. Obwohl der »Geist von Genf« damals als Ende des Kalten Krieges ausgegeben wurde, war dieses Treffen der Beginn einer langen und stürmischen Beziehung zwischen den beiden Supermächten, in deren Mittelpunkt bald das nukleare Wettrüsten stand.

Ein Entspannungsverhältnis zu den Vereinigten Staaten war für die Chinesen ein noch größeres Anathema als die sowjetische Annäherung an Tito, denn Amerikaner und Chinesen standen sich in der Meerenge von Taiwan direkt als Widersacher gegenüber. Wenn Chruschtschow also daran ging, seine Probleme mit dem Westen zu lösen, betrieb er zugleich die weitere Auflösung des internationalen Kommunismus. Das monolithische Vermächtnis seines Vorgängers war also ebenso starken äußeren Spaltungskräften wie inneren Erosionsprozessen ausgesetzt. Es fehlte auch nicht an Stalinisten in der höheren Führung, die, alarmiert von Chruschtschows Innovationen, versuchten, die alte Ordnung wiederherzustellen. Dieses Bemühen führte zur ersten Krise der Chruschtschow-Zeit. Im Juni 1957 versuchte eine Mehrheit des Politbüros ihn abzusetzen.

Im Mittelpunkt der Vorwürfe standen die Geheimrede und die von ihr ausgelösten Aufstände in Polen und Ungarn. Doch auch das Werben um Tito, die wachsenden Spannungen mit China und die Entspannungsübungen waren der alten Garde Grund zur Sorge. Als ebenso gefährlich galten Chruschtschows bevorstehende Pläne für eine Wirtschaftsreform – dazu im folgenden. Molotow, Malenkow und Kaganowitsch traten als Wortführer der Attacke auf. Bulganin, Woroschilow sowie die Planexperten Maxim Saburow und Michail Perwuchin schlossen sich an. Chruschtschow lehnte es ab, sich der Mehrheit zu beugen und zurückzutreten. Er zog sich auf seine Verantwortung vor dem Zentralkomitee zurück, das ihn wie seine Gegner gewählt habe. Ferner gelang es ihm, die Session lange genug hinzuziehen, um, unterstützt von Marschall Shukows Luftwaffe, seine Anhänger aus der Provinz aufzubieten. Damit hatte er sich durchgesetzt, und die Kritiker wurden als »Anti-Partei-Gruppe« abgestempelt. Bezeichnend jedoch ist, daß die meisten von ihnen noch einige Jahre im Präsidium verblieben. Chruschtschow war nicht stark genug, sie im Stil früherer Säuberungen kurzerhand aus der Partei auszuschließen. Und die Partei hätte eine fristlose Entlassung prominenter Führungsmitglieder nicht mehr hingenommen – wenn Chruschtschow sich das erlauben konnte, waren ihm wie früher seinem Vorgänger keine Grenzen gesetzt. Mit dieser alles andere als eisernen Kontrolle über den Parteiapparat nahm Chruschtschow sein großes Reformwerk in Angriff.

Chruschtschows »New Deal«

Chruschtschows Reformen gingen an die Wurzeln der alten Ordnung, denn der Angriff auf Stalins Persönlichkeit war Teil des Bemühens, das gesamte sowjetische Leben zu entstalinisieren und neu zu gestalten – die Landwirtschaft, die Industrie, die internationalen Beziehungen und selbst die Funktionsweise der Partei. Dabei verfügte Chruschtschow keineswegs über einen großangelegten Reformplan; viele seiner Unternehmungen waren Reaktionen auf Krisen und auf die Maßnahmen seiner Gegner. Doch ebensowenig tastete er sich, wie häufig behauptet wird, improvisierend von einem kühnen Programm zum nächsten. Seine Experimente hatten Methode und eine erkennbare allgemeine Stoßrichtung.[13] Sein Kurs wird oft als »populistisch« bezeichnet; es handelte sich jedoch um einen Populismus besonderer Art, der nur mit der Partei und durch die Partei verwirklicht werden sollte.

In Chruschtschows Version des Leninismus kam der Partei und dem System die Aufgabe zu, das materielle Leben der einfachen Bevölkerung zu verbessern, der Arbeiter und Bauern, in deren Namen die Partei regierte. In der Erfüllung dieser Aufgabe hatte sich der Sozialismus als das überlegene System zu erweisen. Stalin waren nicht nur Verbrechen zur Last zu legen; er hatte die Partei von ihrem wahren Weg abgebracht und das Volk in Armut gestürzt. Chruschtschow war mit dem Alltag des Volks und seinen armseligen Lebensbedingungen vertraut, er hatte sie in Moskau, in den Kolchosen der Ukraine, als Soldat an der ukrainischen Front kennengelernt – die Divergenz zu Stalin, der den Kreml und seine stadtnahe Datscha kaum je verlassen hatte, konnte nicht größer sein. Chruschtschow war sich dieses Unterschiedes wohl bewußt und sichtlich entschlossen, einen anderen Führungsstil zu pflegen. Wenn es für Chruschtschow die vornehmste Aufgabe des Systems bedeutete, materiellen Wohlstand für das Volk zu schaffen, mußte die traditionelle sowjetische Priorität der Schwer- über die Leichtindustrie und der Produktions- über die Konsumgüter umgekehrt werden. Das wiederum zog eine Einschränkung der Rüstungsproduktion nach sich und damit eine Politik entspannter Beziehungen zum Westen. Dieses Paket zusammenhängender Maßnahmen bildete das Programm, das Chruschtschow während seiner elfjährigen Amtszeit beharrlich verfolgte.

Die Prioritätenumkehr in der Wirtschaft war allerdings bereits 1953

von Malenkow öffentlich vorgeschlagen worden, und damals hatte Chruschtschow zu den Opponenten gehört – aus politischen, nicht aus grundsätzlichen Erwägungen: Malenkows Initiative beunruhigte das Militär
und die Planexperten, und Chruschtschow schloß sich ihnen an, um einen
Rivalen loszuwerden. Danach übernahm er, ganz wie Stalin es mit
Trotzki gehalten hatte, das Programm seines Rivalen.

Als erstes intervenierte Chruschtschow im hinfälligsten Sektor der Sowjetökonomie, in der Landwirtschaft.[14] Stalin hatte den Kolchos im wesentlichen als Mittel betrachtet, den Bauern ohne Bezahlung Nahrungsvor-
räte abzupressen. Chruschtschow plante die Umwandlung des Kolchos in
ein echtes Wirtschaftsinstrument zur stetigen Produktivitätssteigerung.
Schon 1953 waren von ihm die ersten unzweideutigen Urteile über die
Folgen der Kollektivierung zu hören. Er wies vor allem daraufhin, daß der
Viehbestand niedriger war als 1929 und sogar vor der Revolution. Materielle Erleichterungen für die Bauern folgten: Die Steuern für das Land
und die Kuh, die dem Familienunterhalt dienten, wurden gesenkt, die
Preise für staatliche Lieferungen erhöht, mehr Traktoren produziert und
die Verwendung chemischer Düngemittel eingeführt.

Diese Maßnahmen würden jedoch erst nach geraumer Zeit erkennbare
Resultate zeigen, und Chruschtschow wollte eine schnelle Verbesserung
des Lebensstandards. 1954 lancierte er darum eine Offensive im altbol-
schewistischen Stil, um in Nordkasachstan und Südsibirien rund 35
Millionen Hektar Neuland für die Weizenproduktion zu gewinnen.[15]
Chruschtschows langjähriger Schützling Breshnew leitete die Kampagne
vor Ort – sie wurde sein Sprungbrett ins Moskauer Zentralkomitee.
Komsomolzen aus den Städten organisierten Sowchose in halb-ariden
Steppengebieten. Im Lauf der Zeit wurden 300 000 Personen angesiedelt,
und 1956 war ein Gebiet von der Größe der Gesamtanbaufläche Kanadas
erschlossen. Die Kampagne verlief erfolgreich: Gegen Ende der fünfziger
Jahre kam jährlich durchschnittlich ein Drittel der sowjetischen Weizenproduktion aus den Neulandgebieten. Nachteilig fiel ins Gewicht, daß der
Risikofaktor Dürre und zunehmende Bodenerosion das Programm äußerst unwirtschaftlich machten.

Der Erfolg der Neulandkampagne ermöglichte Chruschtschow den
zweiten Vorstoß. Der niedrige sowjetische Viehbestand und die entsprechend dürftige Fleischproduktion waren teilweise durch Futtermangel
bedingt. Dank der neuen sibirischen Getreidevorräte ließ sich mehr

Land in den west- und zentralrussischen Gebieten für den Futteranbau verwenden, und der hohen Ertragsdichte wegen entschied Chruschtschow sich für Mais. 1955 ging Zentralrußland per Dekret zur Maisproduktion über, mit mageren Ergebnissen, weil der größte Teil des nördlich gelegenen Anbaugebiets gerade für Maiskulturen nicht die besten Voraussetzungen bot. Chruschtschow sah keinen Grund zurückzustecken, und 1957 lief eine Kampagne an, die dazu aufrief, in der »Fleisch, Milch- und Butter-Produktion« zu den USA aufzuschließen. Das bedeutete nicht weniger als eine Verdreifachung der Produktion in drei bis vier Jahren, ein aussichtsloses Unterfangen. Chruschtschow verließ sich dabei auf die unseriösen Theorien Lyssenkos, der damals auf der Höhe seines Einflusses stand.

1957–58 gipfelten Chruschtschows Agrarexperimente in einer tiefgreifenden Reorganisation des Kollektivsystems. Er kam damit auf sein altes Lieblingsprojekt, die Agrostädte, zurück, mit denen endlich das alte marxistische Ziel, die Aufhebung des Gegensatzes von Stadt und Land, erreicht werden sollte. Zu diesem Zweck wurden die Kolchose zum Zusammenschluß angehalten, und 1958 war ihre Zahl von 125 000 auf 69 000 gesunken. Gleichzeitig wurden Kolchose in Sowchose umgewandelt, deren Anbaufläche sich in dieser Zeit verdoppelte. Diese Veränderungen standen im Widerspruch zu Chruschtschows früherer Begünstigung der Hofparzellen, entsprachen aber der traditionellen bolschewistischen Vorstellung vom mechanisierten Großkollektiv als der agrargerechten Organisationsform und waren somit der logische Ausdruck von Chruschtschows Parteipopulismus. Gegen Ende seiner Regierungszeit wurde denn auch die Größe der Familienparzelle konsequenterweise beschnitten.

Chruschtschows letzte Reform im Landwirtschaftssektor schlug bisher unantastbaren Prinzipien ins Gesicht: 1958 wurden die Maschinen-Traktoren-Stationen (MTS), die Basis der Parteikontrolle auf dem Land, aufgelöst und die Maschinen an die Kolchose verkauft. Die vergrößerten Kolchose und Sowchose sollten damit die Mittel in die Hand bekommen, die modernen sozialistischen Produktionseinheiten zu werden, als die sie am grünen Tisch entworfen waren. Wegen der Anschaffungskosten und Unterhaltsprobleme erwies sich die Maßnahme in der Praxis indes als neue Bürde für die Kolchose; die Facharbeiter der MTS wehrten sich gegen die Degradierung zum Kolchosarbeiter und weigerten sich in

vielen Fällen, den Umzug ihrer Maschinen mitzumachen. Die Ergebnisse
der Reform mußten darum enttäuschen: Die vergrößerten Kolchose ließen sich leichter kontrollieren, konnten ihre Maschinen jedoch nicht
besser nutzen als unter dem alten System.

Was also hatte Chruschtschows Einsatz für die Landwirtschaft letzten
Ende bewirkt? Der trostlose Zustand der sowjetischen Landwirtschaft
war endlich allgemein bekannt geworden, und hier Abhilfe zu schaffen,
gehörte seither zu den vorrangigen Aufgaben des Regimes. Die konkreten
Ergebnisse hingegen blieben bescheiden. Die Situation hatte sich zwar
schon 1958 nicht unbeträchtlich verbessert: Die bäuerlichen Einkommen
sowie der Konsumstandard für Land- und Stadtbewohner waren gestiegen, danach allerdings stagnierte die Produktion, um bald darauf zurück-
zugehen. 1963 mußte die Sowjetunion nach einer katastrophalen Ernte
erstmals Getreide aus den Vereinigten Staaten importieren; die Rede vom
Mais als dem Wundermittel im Produktionswettlauf mit den USA gehörte
der Vergangenheit an. Woran war Chruschtschow gescheitert?

Vornehmlich an der eigenen Impulsivität und Ungeduld: Die Umstruk-
turierungsversuche folgten einander in einem Tempo, das schließlich zu
einer Destrukturierung der Kolchose führte. Dazu kam, daß er zu oft alles
auf eine Karte setzte – ob es darum ging, Mais anzubauen, Klee unterzu-
pflügen oder Neuland zu gewinnen. Sein Aktivismus hatte weiterhin zur
Folge, daß die Kolchosverwaltungen ein strengeres Regiment über die
Bauern führten und sie vor allem stärker in die Kollektivverpflichtungen
einbanden als in den Jahren der stalinistischen Vernachlässigung, die
Bedeutung des individuellen Hoflandes also entsprechend zurückging.
Besonders erschwerend dürfte sich ausgewirkt haben, daß Chruschtschows Reformen per Erlaß von oben eingeführt und mit den Sturm-
taktiken der Parteiaktivisten verwirklicht wurden. Initiativen von seiten
der Bauern waren verdächtig; von den Kolchosniks wurde erwartet, daß
sie auf Befehle reagierten, nicht auf Anregungen.

Kurz, Chruschtschows verbesserte und erweiterte Kollektivwirtschaf-
ten waren lediglich eine neue Version des üblichen kommunistischen
Rezepts, ökonomische Probleme mit politischen Mitteln zu lösen. Seine
Kampagne zur Transformierung des Kolchos in eine ökonomische Institution bewirkte nicht viel mehr als eine Verpolitisierung der ländlichen
Verhältnisse, da alle Initiative von der Partei ausging statt vom Volk, für
das sich Chruschtschow zweifellos ehrlichen Herzens zu engagieren

glaubte. Dabei war der Nutzen eines verstärkten Bevölkerungseinsatzes inzwischen unübersehbar geworden: Der anhaltende Leistungserfolg der Hofparzelle und des *sweno*-Systems während der Kriegsjahre hatten gezeigt, daß sich die Agrarproduktion nur über den Anreiz individueller Gewinne verbessern ließ. Für den gläubigen Leninisten Chruschtschow war ein so unsozialistischer Mechanismus jedoch rückschrittlich und unannehmbar. Der Kolchos blieb folglich als sakrosankte sowjetische Institution erhalten, und in Moskau wurde ihm zu Ehren eine neue und noch stolzere Landwirtschaftsausstellung eingerichtet.

Nicht weniger energisch und radikal verfuhr Chruschtschow im industriellen Sektor.[16] Wegen der engen Verflechtung von Industrie und Militär mußte er hier allerdings behutsamer vorgehen. Schließlich war Malenkow durch Chruschtschows Zusammengehen mit Militärs und Planexperten gestürzt worden, weil er die Konsumgüterindustrie über die Schwerindustrie gestellt hatte. Und Chruschtschow war dem Militär und insbesondere Marschall Schukow persönlich verpflichtet. Der Marschall hatte dem Ersten Sekretär nicht nur bei der Ausschaltung Berijas geholfen, sondern auch bei seiner Überlebensübung im Politbüro während der Krise von 1957, von der im folgenden zu reden sein wird. Schukow hatte daraufhin als beratendes Mitglied im Präsidium Einsitz genommen. Er war der erste militärische Führer, dem diese Ehre zuteil wurde. Dennoch – den »Metallfressern«, wie Chruschtschow die Spitzenleute aus der Schwerindustrie nannte, mußte die Vorherrschaft entwunden werden, wenn die Konsumbedürfnisse der Bevölkerung endlich zu ihrem Recht kommen sollten. Das bedeutete personelle Reduktionen und Ausgabenkürzungen bei den Streitkräften. Chruschtschow löste das Dilemma, indem er das Militär mit der Aussicht auf Nuklear- und Raketenwaffen beschwichtigte – die weniger kostenintensiv sind als konventionelle Waffen – und ermöglichte sich damit die Investitionsverlagerung von der Schwer- auf die Leichtindustrie. Marschall Schukow wurde wenige Monate, nachdem er Chruschtschow gegen die Anti-Partei-Gruppe beigestanden hatte, während eines Aufenthalts in Albanien aus dem Politbüro entfernt und in den Ruhestand geschickt, um jeder Gefahr eines Bonapartismus vorzubeugen.

Chruschtschow hatte jedoch mit weiteren möglichen Opponenten einer Umkehrung der industriellen Prioritäten zu rechnen – den Planexperten. In dem Vierteljahrhundert, seit Stalin den industriellen Aufbau in

Gang gebracht hatte, waren die sowjetische Industrie und ihr Planungs-
apparat größer und komplexer geworden. In Stalins System, das einer
Kriegsökonomie gleichkam, hatte *ein* Sektor den absoluten Vorrang – der
Komplex Kohle, Eisen, Stahl, Produktionsgüter- und Schwerindustrie. Das
ganze Unternehmen war 1930 von einer einzigen Behörde, dem Obersten
Volkswirtschaftsrat, WSNCH, auf die Beine gestellt worden. 1932 war die
Behörde in drei spezialisierte Industrieministerien aufgegliedert, aus denen Ende des Jahrzehnts zwanzig geworden waren. Der Krieg sowie der
Nachkriegsaufbau machte, namentlich im Militärbereich, eine Auf-
stockung nötig, und 1948 war die Zahl der Industrieministerien auf
zweiunddreißig angestiegen.

Unter Chruschtschow wuchs der Koloß weiter. Man bemühte sich, mit
der technologischen Entwicklung des Westens, der Elektronik zum
Beispiel, Schritt zu halten, und nach 1953 ging diese Expansion zusätzlich auf die Bemühungen der Regierung zurück, die maschinelle Ausrüstung der Landwirtschaft zu erneuern und weitere Verbraucherbedürf-
nisse, nach Kleidung zum Beispiel oder Haushaltsgeräten, zu befriedigen. Chruschtschow erließ unter anderem ein aufwendiges Wohnbaupro-
gramm, um mit Fertighausüberbauungen einen der schlimmsten Mängel
der Stalinzeit zu beseitigen. Zugeständnisse an die Verbraucherbedürf-
nisse waren für die Stabilität des Systems unerläßlich geworden. Diese
neuen Prioritäten erforderten die Schaffung neuer Ministerien – rund
vierzig waren es in den späten fünfziger Jahren – und ein komplizierte-
res System der Ressourcenzuteilung, Koordination und Planung. Für den
Planungsapparat mit seinem unterdessen personell üppig dotierten Ex-
pertenkorps stand jedoch nach wie vor der Schwermetallbereich im
Mittelpunkt.

Darum beschloß Chruschtschow 1957, das System aufzulockern. Er
löste die meisten Zentralministerien auf und verteilte ihre Funktionen
auf etwa 150 regionale Wirtschaftsräte, die *sownarchosy (sowety narod-
nogo chosjaistwa* – »Volkswirtschaftsräte«). Zentral kontrolliert blieben
Rüstungs-, Chemie- und Elektrizitätswirtschaft. Diese Auflösung ministe-
rieller Machtbereiche verstieß gegen gewohnheitsrechtliche Nomenkla-
tura-Interessen in der Zentrale und in den höheren Rängen des Systems,
wurde indes von den regionalen Parteifunktionären unterstützt, aus denen sich von jeher Chruschtschows Hauptanhängerschaft rekrutierte. Die
Reform schaffte außerdem administrative Konfusionen, denn der Zentral-

plan blieb, doch fehlten jetzt die Mittel zur Koordinierung der Tätigkeiten der lokalen Wirtschaftsräte.

Chruschtschow jedoch setzte seine Innovationen nicht nur unbeirrt fort – er hatte mitsamt dem System zum Höhenflug angesetzt: 1957 erlebte eine überraschte Welt den ersten sowjetischen Sputnik, ein Ausweis des technologischen Fortschritts der Sowjetunion und ein demonstrativer Hinweis auf die ausgereifte Raketentechnik. Die Eroberung des Weltraums wurde 1959 mit der ersten unbemannten Mondlandung fortgesetzt, der 1961 Juri Gagarin, der erste Mann im Weltraum, folgte. Chruschtschows Glaube an die immanente Überlegenheit des sowjetischen Systems war nur bestärkt worden; im Westen erschien sie vielen zum ersten Mal als überzeugende Möglichkeit.

Auch Chruschtschows persönliche Machtstellung festigte sich.[17] 1958 stellte er Bulganin kalt, der mit der Anti-Partei-Gruppe gemeinsame Sache gemacht hatte, und übernahm das Amt des Ministerpräsidenten, so daß wie unter Stalin die Aufgaben des Parteivorsitzenden und des Regierungschef in einer Hand lagen. Gleichzeitig ließ er den laufenden sechsten Fünfjahresplan fallen und ersetzte ihn durch einen grandiosen Siebenjahresplan. Um sich für diese Abweichung von der sowjetischen Regel freie Hand zu verschaffen, griff er zu einer nicht weniger radikalen Maßnahme: Er berief einen Außerordentlichen XXI. Parteitag ein, den ersten in der sowjetischen Geschichte. Im selben Jahr schloß er eine Reihe von Auslandsbesuchen, die ihn nach Indien, China, Jugoslawien und Westeuropa geführt hatte, mit einem Besuch in den USA ab und traf sich zu neuen Gipfelgesprächen mit Eisenhower in Camp David. Der Kontrast dieser emsigen politischen Reisetätigkeit zum Einsiedlerhabitus seines Vorgängers beeindruckte die Weltöffentlichkeit und schien die Aufrichtigkeit sowjetischer Bekenntnisse zur einer friedlichen Koexistenz zu beweisen. Der »Geist von Camp David« löste den »Geist von Genf« ab, und alles sah danach aus, als gehe der Kalte Krieg allmählich dem Ende entgegen.

Indessen zeigte sich bald, daß Chruschtschows Minirevolution von oben in den Jahren 1957-60 ihren Höhepunkt erreicht hatte. Danach ging der Leistungszuwachs, den er aus dem System herausgeholt hatte, zurück. Er erlitt eine Reihe außenpolitischer Rückschläge, und in der Partei wuchs die Opposition gegen seine unermüdlichen Kampagnen für die Neuordnung im Inneren.

Anfang der sechziger Jahre scheiterte mit dem Zerfall der industriellen Reorganisation zwangsläufig auch Chruschtschows Agrarprogramm. Es zeigte sich, daß die regionalen Wirtschaftsräte ohne zentrale Anweisungen weder innerhalb der eigenen Regionen noch interregional effektiv operieren konnten. Eine regionale Traktorenfabrik zum Beispiel benötigte Stahl und Produktionsmaschinen, beides Erzeugnisse einer anderen Region, und beide Regionen benötigten Kredite und Lieferungen von der Zentrale. Ein umfassender nationaler *Gosplan* arbeitete weiterhin die zukünftige Planung aus, während die Staatspläne der Republiken mit der Durchführung der gesamtsowjetischen Pläne betraut waren. Die Koordination zwischen den verschiedenen administrativen Ebenen und den Regionen fand auf dem Weg einer schleichenden Rezentralisierung statt: Sektorale Staatskomitees übernahmen in etwa die Funktionen der alten Ministerien, oft mit dem früheren Personal. 1963 wurden die *sownarchosy* zusammengefaßt, auf die Hälfte reduziert und gleichzeitig zwecks Koordination einer Superbehörde unterstellt, die den alten bolschewistischen Namen eines Obersten Wirtschaftsrats führte. Damit hatte sich die Reform praktisch erledigt. Die Gesamtproduktionsordnung aber war unterdessen empfindlich gestört, und mit dem sowjetischen Wirtschaftswachstum ging es fortan bergab, ein Verfall, der bis zum Zusammenbruch von 1991 anhielt.

Daß die *sownarchos-Reform* mißlang, lag nicht allein an Chruschtschows wie gewohnt ungestümem Vorgehen. Sie lief dem Wesen des Systems zuwider. Wo kein Markt existiert, wird die Ressourcenzuteilung unvermeidlich über eine direktive Planung erfolgen müssen, das heißt, daß die derart administrativ gesteuerten Produktionsentscheidungen politischen und nicht ökonomischen Kriterien unterliegen. Eine direktive Planung aber muß Direktiven geben, sonst bricht die Ordnung zusammen, sie muß, mit anderen Worten, zentralistisch sein, um überhaupt funktionieren zu können. Die Aufteilung ihrer Aktivitäten auf verschiedene Gebiete oder Ebenen zerstört die notwendige Kettenstruktur des Zuweisungssystems. Man stelle sich vor, den Divisionen einer Armee würde während einer Schlacht die Entscheidungsautonomie gewährt – und der sowjetische Planungsdirigismus ist, wie gezeigt, im wesentlichen eine institutionalisierte Kriegsökonomie. Das sowjetische System reagierte und leitete als Selbstverteidigungsreflex gegen die Chruschtschowschen *sownarchosy* eine spontane Rezentralisierung ein.

Dabei hat Chruschtschow es keineswegs versäumt, die einer Kommandowirtschaft inhärenten Mängel zu attackieren. Zu diesen Mängeln ist vor allem zu rechnen, daß die in jedem Produktionsprozeß anfallende große Zahl von Entscheidungen keine Vorausberechnungen und keine zentrale Lenkung zuläßt. Jeder Plan, gleich welcher Art, wird daher immer von kläglicher Unzulänglichkeit bleiben und auf zusätzliche Input-Werte von unten angewiesen sein. In einer normalen, das heißt marktwirtschaftlich geführten Ökonomie werden diese Inputs über die echten Preise, nicht über die politischen Preise eines Systems vom sowjetischen Typ, geliefert. Wo solche Preise fehlen, drängt sich als naheliegendes Korrekturinstrument des rigiden Plans die Dezentralisierung auf – auch sie allerdings eine administrative oder politische, nicht wirtschaftliche Maßnahme, die das Übel, das sie verbessern sollte, nur weiterführt oder auf eine andere Ebene des Apparats verschiebt. Die meisten sowjetischen Wirtschaftsreformen in der Zeit nach Stalin gingen im Grunde über Scheinmanöver dieser Art nicht hinaus.

Ein weiterer Mangel des ökonomischen Staatsdirigismus ist die vorprogrammierte Stagnationstendenz. Der Plan erfordert zentrale, monopolistische Ministerien, die dazu neigen, sich imperial zu verselbständigen. Er baut außerdem im wesentlichen auf den Erfahrungswerten der Vorjahre auf, die, zu Statistiken geronnen, per Recycling neue »Kontrollziffern« als Richtwerte liefern. Daraus ergibt sich die Tendenz, jedes Jahr in leicht erhöhter Zahl dasselbe zu produzieren; die Betonung liegt entsprechend auf der Quantität statt auf der Qualität. In einer solchen Welt wirken neue Produkte oder Modelle hinderlich, weil ihre Einführung einen verzögerten Anstieg der Planprozente und den Verlust von Leistungsprämien bedeutet.

Dieser Geist der Routine brachte es mit sich, daß die äußerst rudimentären, auf die Schwerindustrie berechneten stalinistischen Planungsmechanismen so gut wie keine technischen Neuerungen hervorbrachten oder neue Erzeugnisse entwickelten. Als in der Nachkriegszeit neue Verfahrensweisen und Produkte aus dem Westen übernommen wurden, ging die Anpassung an die fortschreitende industrielle Entwicklung – von chemischen Produkten über Plastik und Elektronik zur Computertechnik – unter wachsenden Schwierigkeiten vor sich. Jedesmal wurde ein neues Ministerium gegründet, eine neue »Kampagne« lanciert, und in wenigen Jahren hatte das System den Westen mehr oder minder eingeholt, doch bis dahin war die Front des technologischen Fortschritts ein weiteres Stück vorgerückt. Einzig im Rüstungsbereich, vor allem bei den Nuklear- und Raketenwaffen, waren die politischen Methoden der Sowjetökonomie wirksam und wettbewerbsfähig. In den übrigen Wirtschaftszweigen nahmen die ökonomischen Leistungen mit der Entfernung vom militärischen Sektor ab.

Die Krise der letzten Regierungsjahre Chruschtschows war somit systemgemacht. Ihr Grund lag in der institutionellen Rigidität und dem konservativen Charakter des Plansystems und den ständig wachsenden Ansprüchen, die nach dem Krieg an das System gestellt wurden. Entsprechend ging das früher eindrucksvolle sowjetische Wachstum nach 1958 stetig zurück. Obgleich die Sowjetunion gemeinhin noch immer als »zweitstärkste Wirtschaftsmacht der Welt« galt, wurde dieser Status zunehmend in Zweifel gezogen. Chruschtschow mühte sich also weiter ab, seine ökonomischen Probleme mit neuen politischen Mitteln zu lösen.

Seit der Neulanderschließung waren Chruschtschows Reformbestrebungen darauf gerichtet gewesen, ökonomische Gesichtspunkte über politische und die Interessen der Konsumenten über die der »Metallfresser« zu stellen, die auf ein Wachstum um des Wachstums willen aus waren.[18] Es ließe sich von einer Chruschtschowschen NÖP sprechen, einer NÖP ohne Markt und im poststalinistischen Kontext, ihrem revisionistischen Geiste nach aber dennoch eine NÖP. »Revisionismus« war denn auch das Schmähwort, das Chruschtschow in Peking anhing und in Moskau sotto voce wiederholt wurde. Denn seine Politik war nicht nur eine Umkehrung geltender stalinistischer Prioritäten; sie kam einer Kampfansage an die Gewohnheiten und Überzeugungen einer unterdessen ins Uferlose gewachsenen und fest etablierten Bürokratenkaste von Planern und Managern gleich.

1961 sah Chruschtschow seine Agrar- und Industriereformen von zunehmendem Widerstand seitens des Parteiapparats bedroht, ein Widerstand, der auf die Affäre um die Anti-Partei-Gruppe des Jahres 1957 zurückging. Einer der auslösenden Faktoren dieses gescheiterten Coups war Chruschtschows damals zwei Monate zurückliegender Versuch gewesen, die *sownarchosy* einzuführen. Und seine Kampagne mit dem Ziel »die USA in der Fleisch-, Milch- und Butter-Produktion einzuholen und zu überholen« – und das in der lächerlich kurzen Zeit von vier Jahren – hatte das Faß zum Überlaufen gebracht. Einen neuen Gipfel erreichte die

Feindseligkeit der Orthodoxen bei der Auflösung der MTS, der heiligen Kuh der sowjetischen Landwirtschaft, und beim Wechsel zum Siebenjahresplan. Diese Gegnerschaft war um so bedrohlicher, als Chruschtschow sich zwar behauptet hatte, die Gruppe jedoch nicht zerschlagen war, da sich ein Parteiausschluß der Mitglieder nicht erreichen ließ. In Chruschtschows Augen war daher das Haupthindernis für Reformen der nach wie vor stalinistische Zuschnitt der Partei. Am ordentlichen XXII. Parteitag im Herbst 1961 machte er darum den Versuch, seinem Wirtschaftsprogramm durch eine politische Revolution in der Partei und durch die Einleitung einer zweiten Entstalinisierung die Wege zu ebnen.

Dem Parteitag sollte ein neues Parteiprogramm unterbreitet werden. Es war das dritte seit 1903, das erste seit 1919, und da die beiden früheren das Werk Lenins gewesen waren, kam der Gelegenheit eine symbolische Bedeutung zu, die Chruschtschow entschlossen war zu nutzen: Sein Entwurf proklamierte nicht weniger als das Ende der »Diktatur des Proletariats« und den »Übergang zum Kommunismus«. Ursprünglich hatte Chruschtschow einen detaillierten Zukunftsentwurf vorgesehen, in dem sogar vom »Absterben des Staates« die Rede war, dessen Stelle die Partei einnehmen würde. Endlich zur »Partei der gesamten Bevölkerung« geworden, sollte sie die einzige Institution gesellschaftlicher Selbstverwaltung bilden. Der Widerstand seiner Kollegen im Führungskreis nötigte ihn dazu, diese utopischen Zielsetzungen fallenzulassen, was seine Irritation über eine Haltung verstärkte, die er als planmäßigen Widerstand empfand.

Den Einschränkungen zum Trotz verkündete die Losung des Parteitags: »Die Sowjetbürger von heute werden im Kommunismus leben«, und die Grundsatzerklärung enthielt das voreilige Versprechen, im Jahr 1980 werde der Neubeginn »im großen und ganzen« abgeschlossen sein. Das Programm umfaßte außerdem Pläne für eine jährliche Wachstumsrate von 10 Prozent im Verlauf der nächsten zwanzig Jahre und prognostizierte auf dieser Basis, die UdSSR werde die Vereinigten Staaten, deren jährliches Wachstum bei 2,5 Prozent lag, bis 1970 übertroffen haben. Einflußreiche westliche Zeitungen wie die *New York Times* und *Le Monde* nahmen die Ankündigungen ernst, wenn auch nicht buchstäblich. Chruschtschows Ziele waren indes bescheidener, als die Zahlen vermuten ließen. Die kommunistische Gesellschaft und ihr Gesetz »Jeder nach seinen Fähigkeiten, jedem nach seinen Bedürfnissen« sollten nicht die

Kristallstadt visionärer Zukunftsträume sein. Gemeint war ganz prosaisch, daß Wohnraum und öffentliche Dienste wie Transport und Verkehr unentgeltlich zur Verfügung stehen würden – ein Utopia der vollen sozialen Sicherheit und Gleichheit für den Durchschnittsbürger. Vorausgesetzt war dabei ein gleichbleibendes Bedarfsniveau, das nach dem Aufbau der modernen industriellen Basis ein weiteres wirtschaftliches Wachstum entbehrlich machen würde. In der Überzeugung, daß diese Basis im sowjetischen System weitgehend geschaffen sei, konnte Chruschtschow ehrlichen Glaubens behaupten, die Zeit des vollständigen Kommunismus sei nahegerückt und sein Land verdiene bereits, ein »Paradies« genannt zu werden. Ein ähnlich naives Bild der »leuchtenden Zukunft« war in der sowjetischen Bevölkerung weit verbreitet.

Dieser Zukunft stand der Apparat als unverrückbares Hindernis im Wege, und es wurde zum Hauptgeschäft des Parteitages, die Mittel zur Verfügung zu stellen, mit denen sich der Widerstand der Kader aushebeln ließ. Chruschtschow boxte also eine Revision der Parteistatuten durch, die die Amtszeit für Mitglieder des Zentralkomitees und seines Präsidiums auf dreimal fünf Jahre begrenzte. Auf regionaler und lokaler Ebene sollten dreimal zwei Jahre gelten. Obwohl die neue Regelung Ausnahmen für hervorragend qualifizierte Funktionäre vorsah, hätte ihre Anwendung das Ende der praktisch lebenslangen Amtsführung mit sich gebracht, die seit Stalins Tod allen Apparatschiks gesichert war. Bedroht waren in erster Linie die regionalen Parteichefs der mittleren Hierarchieebenen, das heißt die bisherige Basis von Chruschtschows Hausmacht. Sie stimmten zwar pflichtbewußt für die neuen Statuten, standen der Neuerung jedoch feindlich gegenüber. Und dieses Ergebnis macht ein weiteres strukturelles Dilemma des Systems deutlich: Eine Ämterrotation war das einzige Mittel, die Verantwortlichkeit für den Apparat zu streuen, mußte jedoch einen unvermeidlichen Konflikt zwischen dem Apparat und dem höchsten Parteiführer heraufbeschwören, dessen Amtszeit zudem unbegrenzt blieb.

Im Herbst 1962 sorgte Chruschtschow für weiteren Konfliktstoff, als er die Parteihierarchie spaltete und der einen Hälfte die Verantwortung für die Landwirtschaft, der anderen die Verantwortung für die Industrie zuteilte. Mit dieser Änderung sollten die Parteifunktionäre veranlaßt werden, die Fabriken und Kolchose zu Produktivitätssteigerungen anzutreiben, und ihrerseits für Mißerfolge verantwortlich gemacht werden können. In allen »Gebieten« und Kreisen, den Verwaltungseinheiten der Republiken, gab es somit zwei Funktionärshierarchien mit überlappenden Zuständigkeiten und kollidierenden Funktionen, denn industrielle und agrikulturelle Vorhaben ließen sich nirgendwo säuberlich trennen. Hinzu kam, daß die Funktionäre sich jahrzehntelang primär politisch und ideologisch betätigt hatten und in der Produktion einzig als allgemeines Aufsichtsorgan, Vermittler in Krisensituationen und Regimepolizisten fungierten. Sie waren Auge und Ohr des Systems in den Unternehmen und die Fürsprecher der Unternehmen im System. Jetzt hingegen wurde von ihnen verlangt, direkt auf die Produktion Einfluß zu nehmen, was ihre Qualifikationen überstieg und ihnen prinzipiell gegen den Strich ging. Sie gewannen den Eindruck, die Partei sei auf den Kopf gestellt worden und die Wirtschaft liefe der Politik auf skandalöse Weise den Rang ab. Das Ergebnis der Neuordnung waren Betriebsstörungen im System und ein weiterer Produktionsabfall.

Wieder war das strukturelles Dilemma des Systems sichtbar geworden: Chruschtschow hatte, da unter sowjetischen Bedingungen Politisches mit Ökonomischem untrennbar verflochten war, zur Lösung eines ökonomischen Problems auf politische Mittel zurückgegriffen und damit wiederum nichts anderes erreicht als eine kontraproduktive Pseudoreform. Die ökonomischen Kräfte waren nicht durch rein administrative Restrukturierung, sondern nur durch eine Entlastung von politischer Kontrolle schlechthin freizusetzen. Was nicht anging, weil es die Partei ihrer *raison d'être* beraubt hätte. Und das zogen weder der Apparat noch Chruschtschow in Erwägung.

Das Revirement in den Parteistrukturen war von einer zweiten Entstalinisierungskampagne begleitet, die auf dem XXII. Parteitag begann und sich über das folgende Jahr hinzog. Der erste Angriff auf Stalin während des XX. Parteitages war vor allem für die internationale kommunistische Bewegung und das Ausland bedeutungsvoll gewesen. Die neue Kampagne wirkte sich am stärksten innerhalb der Sowjetunion aus, wo sie einen bleibenden Klimawechsel herbeiführte.

Auf dem XXII. Parteitag wich Chruschtschow vom vorbereiteten Programm ab und holte erneut zu einer vehementen Attacke auf die Stalinschen Verbrechen aus, diesmal öffentlich, über den nationalen Rundfunk, von einer Reihe gleichgesinnter Redner sekundiert. Der Kongreß stimmte daraufhin für die Entfernung von Stalins Leichnam aus dem Leninmausoleum. Er wurde an der Kremlmauer unter einer Ladung Beton begraben. Überall in der Sowjetunion wurden die Stalindenkmäler niedergerissen und Institute und Städte, die seinen Namen trugen, umbenannt, sogar die geheiligte Stätte Stalingrad, aus dem ein bescheidenes Wolgograd wurde.

Im Land herrschte tiefe Bestürzung, der Parteiapparat blieb, was er war. Chruschtschow holte sich also im Jahr darauf für eine nächste, noch kühnere Attacke die Intelligenzia zu Hilfe. In der *Prawda* erschien Jewgeni Jewtuschenkos Gedicht »Die Erben Stalins«, das die vielen kleinen Despoten des gegenwärtigen Apparats aufs Korn nahm und dazu aufrief, dem neuen »Grabstein an der Kremlmauer« eine aufmerksame Wache zu bestellen. Das Poem war eine der zentralen programmatischen Erklärungen der innerhalb der sowjetischen Gesellschaft aufkeimenden Schattenpolitik.

Eine wichtigere folgte: Im November 1962 veröffentlichte die Monatschrift *Nowy mir* das Werk eines noch unbekannten Gulag-Rückkehrers, Alexander Solshenizyns Erzählung *Ein Tag im Leben des Iwan Denissowitsch,* die erste Schilderung des Lageralltags.[19] Umgehend wurde bekannt, daß »Er« die Veröffentlichung autorisiert hatte, die »nicht nur eine Kampagne, sondern eine neue Politik« einleiten sollte. Chruschtschow allerdings hatte sich mehr eingehandelt, als erwartet. Sein Ziel war beschränkt: eine Auffrischung der Partei und eine Säuberung des Systems durch Aufarbeitung der Vergangenheit. Solshenizyns Förderer in der Intelligenzia hatten weiter gesteckte Ziele. Sie reichten bis zur Befreiung der Kultur von der Beherrschung durch die Partei und zur definitiven Zerstörung der stalinistischen Lüge. Seit dem Tauwetter von 1953 und besonders nach dem Erscheinen von Pasternaks *Doktor Schiwago* ließen die sowjetischen Schriftsteller bei der Darstellung der Stalinära die Rücksichten fallen. Problematisch blieben indes die Publikationsmöglichkeiten. Alexander Twardowski, der Herausgeber von *Nowy mir,* benutzte die Gelegenheit der zweiten Entstalinisierungswelle, um mit Solshenizyns Prosastück einen Text an die Öffentlichkeit zu bringen, von dessen Wirkung er sich am ehesten einen Durchbruch erhoffte. Er fand eine Möglichkeit, es Chruschtschows persönlichem Sekretär zuzuspielen, der seinem Chef bei Gelegenheit daraus vorlas. Der volksnahe Ton des Werks, dessen Held ein einfacher Arbeiter ist, sprach Chruschtschow an; begeistert ließ er es zur Genehmigung an die Präsidiumsmitglieder verteilen. Das Imprimatur in der Tasche, schritt Twardowski zur Publikation eines Werks, das sich als die zweite Bombe der Chruschtschow-Ära erweisen sollte.

Solshenizyns Erzählung ist mehr als ein Angriff auf Stalin – sie attackiert das System. Erstmals wurde in der Sowjetunion die Institution der Lager öffentlich zum Thema gemacht und ihre Existenz, die im Westen so oft geleugnet worden war, damit vom Regime bestätigt. Mehr noch – während die Geheimrede nur Stalins Verbrechen an der Partei angeprangert hatte, lenkte *Iwan Denissowitsch* die Aufmerksamkeit auf das Leiden der Bevölkerung. Die Bevölkerung mußte somit annehmen, daß die Entstalinisierung jetzt zu einem gesamtgesellschaftlichen Emanzipationsprozeß führen sollte. Die Folgen ließen nicht auf sich warten. Es entstand eine eigentliche Literatur der Entstalinisierung. Anna Achmatowa wagte es, ihre Erfahrungen von 1937 im »Requiem« niederzuschreiben; jüngere Schriftsteller wie Andrej Amalrik meldeten sich zu Wort. Das meiste blieb ungedruckt, erreichte jedoch sein Publikum auf Vor-Gutenbergschem Weg, wie Anna Achmatowa es ausdrückte, über Samisdat oder erschien im Tamisdat (»Dort-Verlag«), »drüben« im Westen, und fand über Rundfunklesungen den Weg zurück nach Rußland.

Als Chruschtschows Regierungszeit zu Ende ging, war somit eine Dissidenzkultur geboren. Zum ersten Mal seit den zwanziger Jahren gab es in Rußland eine kritische öffentliche Meinung und Ansätze zu einer bürgerlichen Gesellschaft, einer Zivilgesellschaft. Die neue kritische Intelligenz dachte noch nicht an politische Opposition, geschweige denn an Versuche, dem Regime ein Ende zu machen. Der akzeptierte Rahmen für alle, selbst für den zutiefst verbitterten Solshenizyn blieb der Reformkommunismus. Alles was man wollte, war die Wahrheit über die Vergangenheit. Die prosaische, empirische Wahrheit indes würde, schonungslos dargestellt, unweigerlich auch sichtbar machen, daß das System als ganzes eine Lüge war, das heißt, sie würde diese »Lüge« zerstören. Die Glaubenswächter des Systems, der Chefideologe Michail Suslow etwa, erkannten die Gefahr und wußten eine Gegenbewegung auszulösen. Einen Monat nach der Veröffentlichung von *Iwan Denissowitsch* veranlaßte man Chruschtschow dazu, eine Ausstellung inoffizieller Malerei zu besuchen. Er explodierte, und zu den mindesten seiner wutentbrannten Kommentare gehörte das Urteil: »Ein Affe bringt mit dem Schwanz Besseres zustande.« Das Signal zur Wende war gegeben. Solshenizyn publizierte zwei letzte Erzählungen auf heimischem Boden, dann war das Thema Gulag aus der Öffentlichkeit verschwunden. Der Verlust an Glaubwürdigkeit indessen, den das System erlitten hatte, war irreparabel und ebensowenig wettzumachen wie die Beeinträchtigung des »Kults« nach dem XX. Parteitag. Mit dem großen Tauwetter, das dem XXII. Parteitag folgte, und mit der Restrukturierung der Partei hatte Chruschtschow in der Absicht, den Kommunismus zu reformieren, ungewollt den langen Prozeß seiner Subversion eingeleitet.

Ein jäher Fall

Ähnlich widersprüchlich endeten Chruschtschows außenpolitische Abenteuer. Er hatte ein dem Anschein nach geschlossenes, in Abwehr gegen den amerikanischen »Imperialismus« vereintes Lager übernommen und hinterließ eine gespaltene Bewegung und einen von der konkurrierenden Supermacht gedemütigten sowjetischen Staat. Der scheinbar unaufhaltsam expandierende Kommunismus der späten Stalinzeit hatte sich für ein Vierteljahrhundert in einem zähen Stellungskrieg festgefahren, und der Kalte Krieg, der in den Anfängen von Chruschtschows Regierungszeit zunächst abzuflauen schien, war an ihrem Ende brisant wie eh und je.

Das zentrale Anliegen der sowjetischen Außenpolitik war seit Stalins Zeiten unverändert der Wunsch nach außenpolitischer Sicherheit als Bedingung für die Weiterentwicklung einer starken und weltweit mächtigen Sowjetunion. Auch die Methode, die der Erreichung dieses Ziels diente, wies unter Chruschtschow Ähnlichkeiten mit der Stalins auf: einschüchterndes Säbelgerassel, das die Tendenz hatte, außer Kontrolle zu geraten.

Ein Teil dieses militärischen Imponiergehabes war eine neue Expansionspolitik in der Dritten Welt, eine Region, in die Stalin nicht vorgedrungen war. Chruschtschow nutzte die Entkolonisierung der Nachkriegszeit und wurde in Indien, im Nahen Osten und Afrika aktiv, finanzierte Nehrus Stahlwerk in Bhilai, baute Nassers Assuan-Damm und unterstützte im Kongo Patrice Lumumba – all das zur außerordentlichen Irritation des Westens, der erneute und ausgedehntere Vorstöße des Kommunismus befürchtete. Chruschtschows Unternehmungen sorgten tatsächlich für ein verstärktes Prestige der Weltmacht Sowjetunion und des sozialistischen Gesellschaftsmodells. Sie kosteten allerdings eine Menge Geld, ohne Moskau konkreten wirtschaftlichen Nutzen zu bringen.

Das außenpolitische Augenmerk Chruschtschows galt jedoch vornehmlich den USA, der damaligen Bundesrepublik Deutschland sowie China, Gefahrenzonen, von denen unter Umständen eine Bedrohung für die sowjetische Sicherheit ausgehen konnte.[20] Die drei Interessen waren miteinander verquickt und den gemeinsamen Nenner bildete das Problem der Atomwaffen: Chruschtschow strebte ein atomares Gleichgewicht zwischen der Sowjetunion und den USA an; China und Deutschland sollten militärisch schwache, atomwaffenfreie Zonen bleiben. Deutschlands atomare Bewaffnung war an die Zustimmung der USA gebunden; durch eine Art Handel mit Washington ließ sich also ein atomwaffenfreies, schwaches Deutschland erreichen. China, dem vom amerikanischen Imperialismus bedrohten Bündnispartner, die Nuklearwaffen vorzuenthalten war prekär. Einvernehmliches Agieren mit Washington mußte den Bündnispartner verärgern, und dessen Verteidigung würde einem Übereinkommen mit Washington im Weg stehen. Chruschtschow setzte sich schließlich zwischen zwei Stühle und erlebte seine – und des Weltkommunismus – erste bedeutende außenpolitische Niederlage.

Die Schwierigkeiten gingen letzten Endes darauf zurück, daß Chinas Größe und seine geographische Lage an der sowjetischen Grenze das Land zum natürlichen Rivalen, nicht zum natürlichen Alliierten der Sowjetunion machten. Das Bündnis war, solange es hielt, vor allem das Kind der Ideologie und des gemeinsamen Interesses an der sozialistischen Zauberformel als legitimationsstiftender Kraft. Doch der Mythos von der »unerschütterlichen Einheit des sozialistischen Lagers« war nicht auf die leichte Schulter zu nehmen. Für die Wahrheit des Kommunismus bürgt – wie einst für die Wahrheit der Kirche – die Universalität. Sie ist vorrangiger Beweis seiner »wissenschaftlichen Grundlagen«, und seine Einheit ist der Hauptgarant seines zukünftigen Siegel und der Endgültigkeit seiner Eroberungen. Bröckelt die internationale Front, waren seine Glaubwürdigkeit und sein Einfluß bedroht. Der Verrat Titos und das Entstehen einer kommunistischen Parallelaktion hatten Schaden genug bewirkt; eine Wiederholung im Maßstab Chinas mußte katastrophale Folgen haben. Und doch drängten die Umstände Chruschtschow unerbittlich in genau dieses fatale Schisma.

Als erster Umstand fiel ins Gewicht, daß ein Staat von der Größe Chinas nicht umhin konnte, bei der Führung der internationalen Bewegung einen Platz an der Seite der Sowjetunion zu beanspruchen, die Sowjetunion aber unweigerlich an Format verlor, wenn sie auf die alleinige Führungsposition verzichtete. Dazu kam, daß China in den fünfziger Jahren in scharfe Auseinandersetzungen mit den Vereinigten Staaten verwickelt war, die die Nationalregierung Taiwans protegierten. Im Namen der kommunistischen Solidarität forderte Peking die bedingungslose sowjetische Unterstützung, Kernwaffen eingeschlossen, beim Versuch, den USA zu trotzen und die Insel dem Mutterland zurückzugewinnen. Die Sowjets taktierten hinhaltend. Einerseits brauchten sie die chinesische Allianz und die Einheit des kommunistischen Blocks, um die eigene Position gegenüber den USA zu stärken, andererseits befürchteten sie, die Militanz der Chinesen könne sie in einen Krieg mit den Vereinigten Staaten ziehen, dies vor allem, seit Mao wiederholt unbekümmert erklärte, daß der Verlust von 300 Millionen seiner Bürger in einem Atomkrieg China nicht daran hindern könne, den Aufbau des Sozialismus mit den verbleibenden 300 Millionen fortzuführen. Die sowjetische Führung setzte ihren Balanceakt bis 1959 fort und weigerte sich dann unverblümt, China beim Bau der Atombombe zu unterstützen; außerdem reduzierte sie ihre Hilfsleistungen für die zivile Nutzung der Kernenergie.

Die Chinesen ließen daraufhin das sowjetische Modell des sozialistischen Aufbaus fallen, dem sie bis dahin gefolgt waren, und machten sich mit dem »Großen Sprung nach vorn« von 1958 auf die frenetische Suche nach ihrem »eigenen Weg zum Sozialismus«. Das Vorgehen erinnert an Stalins Revolution von oben im Jahr 1929 oder an Lenins Kriegskommunismus von 1918. Vorgebliches Ziel war es jedoch, im Sprung über das sowjetische Beispiel und einen bloßen Sozialismus – mit ungleichen Arbeiterlöhnen – hinwegzusetzen und so geradewegs die uneingeschränkte Gleichheit für alle, den vollständigen Kommunismus, zu erreichen. Dazu war eine Rückkehr zum Guerilla-Ethos der chinesischen Bürgerkriegszeit erforderlich, angewandt auf die Schaffung gigantischer »Volkskommunen« und auf die Stahlerzeugung in Hinterhofgießereien. Durch diesen »Großen Sprung« sollte China zur mächtigen Industriemacht werden, die den USA aus eigener Kraft die Stirn bieten konnte, und die Kampagne entfaltete sich auf dem Höhepunkt der chinesisch-amerikanischen Krise in der Meerenge von Taiwan. Das Programm war außerdem dazu bestimmt, als Modell und Magnet für alle Kolonialländer der Dritten Welt zu dienen, die wie Vietnam noch in »nationale Befreiungskriege« verstrickt waren, und richtete sich damit sowohl gegen den Imperialismus als auch gegen die sowjetische Führungsrolle im Weltkommunismus.

Das Programm führte zu einer katastrophalen Hungersnot, die rund dreißig Millionen Menschen das Leben kostete, und mußte aufgegeben werden. Es hinterließ dennoch ein wichtiges politisches Vermächtnis. Künftig war China die militante Kraft des Weltkommunismus und Mao der oberste Revolutionsführer; die Sowjetunion und Chruschtschow, später Breshnew, verkörperten des reichen – und des weißen – Mannes Pseudo-Sozialismus und seine chronische Neigung, sich mit dem Imperialismus zu arrangieren. Damit trat neben Titos »Selbstverwaltung« ein zweites Sozialismusmodell zum Wettbewerb mit dem sowjetischen Original an, und die Häresien waren in den Ländern und »Volksbefreiungsbewegungen« der gesamten Dritten Welt von Südostasien bis Afrika ausgesprochen populär. Die Spannungen zwischen den zwei kommunistischen Giganten verschärften sich so weit, daß Chruschtschow 1962 alle sowjetischen Berater aus China zurückrief. Die China-Kredite wurden gestrichen und jede praktische Zusammenarbeit eingestellt.

Da beide Länder jedoch unverändert unter dem Zwang standen, sich über das sozialistische Lager zu definieren, blieben die Auseinandersetzungen der Aufmerksamkeit der »Imperialisten« zunächst weitgehend entzogen, ein Umstand, der nicht unwesentlich zu Amerikas Intervention im zweiten Vietnamkrieg beitrug. Der Mythos vom sozialistischen Lager ließ die Protagonisten des sino-sowjetischen Konflikts indes auch darauf hoffen, daß der Tag einer erneuerten Einheit kommen werde, wenn eine der beiden Seiten zu Kreuze kroch, das hieß für die Chinesen, wenn Chruschtschow – für die Russen, wenn Mao stürzen würde. Auf den Bruch folgte also ein langes ideologisches Tauziehen um »Dogmatik« und »Revisionismus«, »Straßenkehrer des Kapitalismus« und »Neostalinisten«, um die Irrtümer in Chruschtschows neuem Parteiprogramm des Jahres 1961 oder in Titos Neuem Programm von 1957. Erst 1964 ließ Peking offiziell verlauten, die Sowjetunion sei kein sozialistisches Land, sondern faktisch ein »imperialistischer« Staat. Moskaus wiederholte Bemühungen, einen Weltkongreß der kommunistischen Parteien einzuberufen, blieben danach erfolglos. Doch erst mit Nixons Chinareise im

Jahr 1972 hatte der Mythos vom sozialistischen Lager seine Kraft endgültig eingebüßt.

Für die Sowjets bedeutete der Bruch mit China keinen nennenswerten außenpolitischen Machtverlust: Die 600 Millionen Chinesen im »sino-sowjetischen Block« der fünfziger Jahre hatten seit je eher ein symbolisches denn reales Bild von Stärke vermittelt. In einem System allerdings, dessen Legitimität sich auf eine einzige, unwiderlegliche Ideologie abstützte, bedeutete diese Spaltung einen Verlust an Glaubwürdigkeit, der letzten Endes auf Machteinbuße hinauslaufen würde. Und das vor allem im eigenen Land. Die als Folge der Entstalinisierung eintretende Entfremdung von China weckte weitere Zweifel am Anspruch des Regimes, im Besitz der wahren Lehre zu sein, die den Weg in die »leuchtende Zukunft« wies. 1969 führte der offene Konflikt zwischen sowjetischen und chinesischen Interessen zu einem kurzen militärischen Zusammenstoß am Amur und ließ auch Lenins Behauptung fragwürdig erscheinen, daß nur der Imperialismus Krieg säe, der Sozialismus hingegen Frieden schaffe.

In gewissem Sinn läßt sich sagen, daß Chruschtschow »China verlor«, weil er bestrebt war, seine Stellung gegenüber den USA und Westdeutschland zu stärken.[21] Im Verhältnis zu Washington hoffte er auf Mittel und Wege, die Unterlegenheit Moskaus im Kernwaffenbereich durch den Anschein eines Gleichgewichts kompensieren zu können. Deutschland, das wiederbewaffnete Neumitglied der NATO, sollte kernwaffenfrei bleiben. Die Lösung beider Probleme lag in einem Übereinkommen mit Washington. Daß er den Weg zu einer solchen Vereinbarung mit Bluffs und Drohgebärden anzubahnen suchte, wirkte den erwünschten Zielen auf gefährliche Weise entgegen.

Wie alle tragenden Teile des reifen Systems gingen auch die Anfänge des sowjetischen Kernwaffen- und Raketenprogramms auf Stalin zurück. Seinen Erben war die Materie weithin fremd, so daß sie eigene Strategien entwickeln mußten.[22] Sie sahen sich zwei Problemen gegenüber: Erstens lag ihre Produktion an Bomben und Sprengköpfen nach dem thermonuklearen Durchbruch von 1953 weit unter der Nordamerikas, zweitens gelang es der Sowjetunion nicht, eine der amerikanischen SAC vergleichbare Flotte von Langstreckenbombern für den Abwurf von Nuklearwaffen zu produzieren. Chruschtschows Lösung für beide Probleme ist unter dem Namen »strategische Täuschung« bekannt geworden. Spektakuläre Tests von Superbomben in der Atmosphäre sollten den Eindruck riesiger Waffenarsenale vermitteln. Die gleichzeitigen Erfolge beim Sputnik und anderen Raketenstarts dienten der Vortäuschung einer Leistungskraft beim Bau von Interkontinentalraketen, die ausreichten würde, die amerikanische Überlegenheit im Langstreckenbereich zu neutralisieren. Beide Täuschungsmanöver setzten strikte Geheimhaltung voraus; die amerikanische Luftaufklärung erlaubte erst seit den späten fünfziger Jahren die Entdeckung sowjetischer Militäreinrichtungen. Chruschtschow benutzte diese Vorspiegelungen sowjetischer Stärke dazu, die Amerikaner so weit zu beeindrucken, daß ihnen ein globales Übereinkommen zur gegenseitigen Sicherheit angebracht erschien.

Kern des Abkommens war Moskaus Versprechen, China die Entwicklung von Kernwaffen zu verweigern, falls die Amerikaner sich auf ein neutrales, atomwaffenfreies Deutschland und ein militärisches Gleichgewicht mit Moskau einließen. Die Bedingungen wurden zwar nie ausdrücklich genannt, durch politischen Druck und diplomatische Manöver jedoch hinreichend verdeutlicht. Zwei Jahre Raketengerassel und Atomtests verschafften Chruschtschow 1959 die Einladung in die USA und die Aussicht auf einen für 1960 geplanten Viermächtegipfel in Paris, beides als Vorspiel zu einer Einigung in der Deutschlandfrage. Um diesem Prozeß Nachdruck zu verleihen, legte er Washington 1958 einen Vorschlag mit Ultimatumcharakter vor: Innerhalb von sechs Monaten sei ein Friedensvertrag mit Westdeutschland abzuschließen, andernfalls werde Moskau mit der DDR ein separates Friedensabkommen treffen und damit die Zugangswege zu Berlin dem neuen Staat übergeben. Hinter dem Vorschlag steckte nicht so sehr die Absicht, den Alliierten in Berlin den Stuhl vor die Tür zu setzen, als der Wunsch, ein Druckmittel in die Hand zu bekommen, mit dem sich vielleicht die Wiederbewaffnung Deutschlands verhindern ließ. Als die Drohung nicht zu den erwünschten Resultaten führte, fand Chruschtschow sich dennoch in Camp David ein – um unmittelbar anschließend in Peking die aufgebrachten chinesischen Verbündeten zu beschwichtigen –, doch Berlin blieb auch nach dem Bau der Mauer im Jahr 1961 ein probates Mittel, den Westen in Harnisch zu bringen.

Der Balanceakt schien erfolgreich, bis die Täuschung 1960 aufflog und Drohungen zu einer neuen Krise führten. In den späten fünfziger Jahren entdeckten amerikanische U-2 beim Überfliegen sowjetischen Territoriums, daß die Sowjets keineswegs, wie vorgegeben, über Interkontinentalraketen verfügten. 1960 wurde eine U-2 über Swerdlowsk abgeschossen, und als Eisenhower die offizielle Entschuldigung verweigerte, sagte Chruschtschow seine Teilnahme am Pariser Gipfel mit Rücksicht auf seine Stellung in Moskau und Peking ab. Er verstärkte seine Pressionsversuche im Jahr darauf. Bei einem Treffen in Wien setzte er Kennedy, der durch die Affäre der »Schweinebucht« angeschlagen war, in der Berlinfrage erneut unter Druck und unterstützte später aktiv den Bau der Berliner Mauer.

Ihren Höhepunkt erreichte die Einschüchterungskampagne 1962 mit der Stationierung sowjetischer Raketen und Sprengköpfe auf Kuba, eine Maßnahme, die nicht, wie Chruschtschow später vorgab, in erster Linie der Abwehr einer zweiten Invasion unter Nordamerikas Schirmherrschaft diente. Es war vielmehr ein Vabanquespiel, der verzweifelte Versuch, alle außenpolitischen Probleme möglichst billig loszuwerden. Erstens ließ sich das Fehlen von sowjetischen Interkontinentalwaffen auf schnellstem Weg ausgleichen, wenn man vor der Haustür der Vereinigten Staaten Mittelstreckenraketen stationierte und damit ein Rüstungsgleichgewicht durch geographische Annäherung erreichte. Zweitens waren die Führer der sowjetischen Armee zufriedengestellt, deren Personal und Budget zugunsten von Chruschtschows innenpolitischen Verbraucherprogrammen gekürzt worden waren. Man hatte drittens möglicherweise einen Verhandlungstrumpf gewonnen, mit dem Amerika endlich veranlaßt werden konnte, die sowjetische Position in der Frage Berlins und Deutschlands anzuerkennen. Und den Chinesen schließlich zeigte man, daß Rußland sich nicht vom Imperialismus beeindrucken ließ und Peking folglich keine eigene Atombombe brauchte.

Sollten die Absichten insgesamt oder in Teilen erreicht werden, hätte Chruschtschow Herr der Lage bleiben müssen: die Präsenz der sowjetischen Raketen in einem für ihn günstigen Moment dramatisch bekanntzumachen, um sodann auf Gipfelverhandlungen über seine Forderungen zu dringen. Und das war zweifellos seine ursprüngliche Absicht. Doch kamen ihm, noch ehe er seine kubanische Filiale voll bestückt hatte, amerikanische Satelliten auf die Spur, womit er hätte rechnen müssen. Die Streitkräfte der USA zogen einen »cordon sanitaire« um die Insel; sein Bluff war durchschaut. Er mußte zurückkrebsen und sich mit verbalen Konzessionen Kennedys abspeisen lassen. So endete die schwerste Krise der ganzen Nachkriegszeit.

Sie fiel paradoxerweise in eine Periode, als der Kalte Krieg zur Ruhe zu kommen schien. 1959 hatten Verhandlungen über ein Verbot von Kernwaffenversuchen begonnen, und 1963, kurz nach der Krise, wurde der Vertrag über das Verbot von Atomtests in der Atmosphäre unterzeichnet. Die langjährigen Abrüstungsgespräche nahmen ihren Anfang. 1963 setzten die ersten amerikanischen Weizenverkäufe an die Sowjetunion einen weiteren langfristigen Prozeß in Gang. Dennoch war die Kubakrise ein zwar einmaliger, doch keineswegs zufälliger Zwischenfall und entsprang nicht nur Chruschtschows Impulsivität. Sie war bezeichnend für eine fundamentale Schwäche des internationalen Status der Sowjetunion: Weil das System nicht über die Ressourcen verfügte, die seiner Stellung als Supermacht entsprachen, lag immer die Versuchung nahe, diese Schwäche durch hastige Improvisationen auszugleichen. Chruschtschows kubanisches Abenteuer war nur der spektakulärste Fall. Vorausgegangen war Korea; weitere Beispiele sollten folgen.

Die Raketenkrise des Jahres 1962, darin liegt ihr zweites Paradox, wurde nur im Westen als Krise erlebt. Die sowjetische Bevölkerung erfuhr von den außenpolitischen Turbulenzen erst, als sie vorüber waren, und auch dann wurde die Brisanz der Situation nur den wenigsten bewußt. Das Regime sorgte dafür, daß die Bevölkerung ein Bild der Welt erhielt, das die Sowjetunion als eine vom Imperialismus geplagte, doch unbesiegbare Macht darstellte. Der Kalte Krieg erschien wie das Wettrüsten als einseitiger Angriff des Westens auf die Sowjetunion, der »Kampf für den Frieden« hingegen als kennzeichnendes Merkmal sowjetischer Politik. In dieser Atmosphäre konnten die Beendigung des Kalten Krieges und die Begrenzung des Wettrüstens nie wie im Westen zum Anliegen weiter Bevölkerungskreise werden. Die sowjetische Bevölkerung war weitgehend mit Problemen im eigenen Land beschäftigt, von der Verbesserung der Lebensbedingungen bis zur Einschränkung der Repression. Eine »Friedensbewegung« existierte im Sowjetstaat nicht, und das ließ dem Regime freie Hand für eine waghalsige Außenpolitik. Chruschtschow konnte seinen risikoreichen Abstecher nach Kuba machen, ohne sich außerhalb der Parteiführung legitimieren zu müssen.

In deren Augen allerdings war seine Glaubwürdigkeit als Staatsführer jetzt rettungslos verspielt, obwohl Kennedy es ihm ermöglicht hatte, weitgehend das Gesicht zu wahren. Die Niederlage fiel außerdem mit seinem Entschluß zur Zweiteilung der Partei und mit dem »Irrtum«

zusammen, die Publikation von *Iwan Denissowitsch* zu genehmigen. Die drei Ereignisse in ihrer Gesamtheit waren der Anlaß für seinen Sturz im Oktober 1964.

Ein tiefer liegender Grund ist die veränderte Natur des Parteistaats in der Nachstalinzeit. Die Partei war nicht mehr die von 1953, und auch ihre Beziehung zur Parteispitze hatte sich gewandelt.[23]

Bei Stalins Tod zählte die Partei 6,9 Millionen Mitglieder und war, wir erinnern uns, auf dem besten Wege zu einer Nomenklatura-Partei, in der die Manager-Elite eines inzwischen imperialen Staates dominierte. Die vollständige Abhängigkeit von Stalin jedoch und die Patronage der Sicherheitspolizei verdunkelten das neue Profil der Partei. Als Chruschtschow die Macht verlor, war die Mitgliederzahl auf 1 1 750 000 gestiegen und die Partei eine reine Nomenklatura-Organisation, ein Verband der Manager-Elite geworden. Mit Berijas Sturz hatte sie sich von der Bevormundung durch die Geheimpolizei befreit und sich dadurch, wie sich zeigte, auch von ihrem Führer emanzipiert – das allerdings wurde erst ein Jahrzehnt später deutlich.

In seiner besten Zeit, das heißt Ende der fünfziger Jahre, hatte Chruschtschow im Zug seiner Generalüberholung auch versucht, die Partei zu verjüngen, und dabei, seinem Paleo-Leninismus entsprechend, wie überall auf Volksnähe gesetzt. Von den 4,5 Millionen Mitgliedern, die zwischen 1956 und 1964 neu aufgenommen wurden, war eine wachsende Anzahl Arbeiter, ein kleinerer Prozentsatz kam aus der Bauernschaft – beide Kategorien umfaßten etwa 50 Prozent, eine deutliche Umkehr des in der späten Stalinzeit ausgeprägten Trends zur Heranziehung der Intelligenzia, das heißt der Managerklasse.

Eine entsprechende Politik verfolgte Chruschtschow im Erziehungssektor. Stalin hatte, sobald sein System komplett war, den Zugang zur höheren Bildung durch die Einführung von Studiengebühren eingeschränkt und dadurch den Zustrom neuer Fachkräfte in die leitenden Positionen von Industrie und Apparat reguliert. Das hatte tendenziell einem Kastendenken unter den Kaderleuten Vorschub geleistet. Chruschtschow suchte eine Demokratisierung der Bildung einzuleiten. Er schaffte die Studiengebühr an den Hochschulen ab und führte die allgemeine zehnjährige Grundschulbildung ein.

Durch die Verlängerung der Elementarstufe um weitere zwei Jahre, in denen ein obligatorisches Wirtschaftspraktikum abzuleisten war, versuchte er darüber hinaus, dieses erneuerte System so volksnah wie möglich zu halten und damit eine Isolierung der Berufsintelligenzia von den Massen zu verhindern. In ihrer Art war diese Bildungsreform ein Teil von Chruschtschows Übergang zum Kommunismus und dem »Staat aller«, lag jedoch quer zu den Entwicklungstendenzen einer zunehmend spezialisierten und stratifizierten Arbeitswelt: Die Reformen verärgerten die neu aufgestiegenen Familien der höheren Funktionäre, die für ihre Kinder eine rein schulische Ausbildungsphase wünschten, während die Einspeisung von Teilzeitarbeitern in den Wirtschaftsprozeß die Produktionsabläufe behinderte. Auch gelang es nicht, die fortschreitende soziale Differenzierung im Land zu hemmen.

Alle Bemühungen liefen schließlich darauf hinaus, daß Chruschtschows stark vergrößerte Partei mehr noch als diejenige Stalins zur Organisation der Manager-Eliten wurde. Mitglieder, die als Arbeiter eingetreten waren, stiegen nach kurzer Zeit in Stellungen der unteren Kaderebene auf, und die Zahl der Mitglieder mit Hochschulbildung nahm laufend zu. Der Anteil von Mitgliedern aus der Arbeiterschaft war auf rund 4 Prozent gesunken, während sich 25 Prozent aller Mitglieder aus der Intelligenzia rekrutierten. Wer eine führende Position im System anstrebte, mußte spätestens Anfang dreißig in die Partei eintreten. Am Ende von Chruschtschows Regierungszeit war die Partei generell und uneingeschränkt zu einer Institution des Nomenklatura-Establishments geworden. Und die neuen Eliten des Systems, namentlich die Schicht der Berufsfunktionäre, schätzten es nicht, unablässigen Reformturbulenzen ausgesetzt zu sein, reorganisiert und wieder reorganisiert zu werden. Sie wollten Stabilität und die Möglichkeit, ihren Einfluß und ihre Vergünstigungen in Ruhe zu genießen.

Auch die früheren Ängste waren ausgestanden. Seit der Hinrichtung Berijas und seiner Helfershelfer war gegen keine prominente Persönlichkeit aus politischen Gründen die Höchststrafe verhängt worden. Die Mitglieder der Anti-Partei-Gruppe, die sich immerhin eines Staatstreichversuchs schuldig gemacht hatten, waren auf unbedeutendere Posten versetzt worden. Selbst Molotow und seine Anhänger hatte Chruschtschow erst 1960 aus der Partei ausschließen können, ein eindeutiger Hinweis auf den Widerstand von seiten seiner Kollegen, für die eine Entstalinisierung in erster Linie den Schutz der Partei vor dem Ersten

Sekretär überhaupt, in welcher Person auch immer, bedeutete. Daß es Chruschtschow nicht gelang, die Gruppe auszuschalten, war ein deutliches Schwächezeichen und beinahe eine Garantie dafür, daß eine künftige Gruppierung kein größeres Risiko lief, wenn sie erneut einen Putschversuch unternahm.

Chruschtschow wuchs bei all seinem Tatendrang als Erster Sekretär nicht über die Rolle des Partei- und Regierungschefs hinaus; er war kein Führer, kein *woschd*. Ihm fehlte die Statur, das Charisma eines Lenin, Stalin, Mao, Ho Chi Minh, Tito oder auch Castro, ein Format, das nur der revolutionäre Kampf verleiht. Das Wirken des Siebzigjährigen erschien mehr und mehr als anachronistischer Rückfall in die Frühzeit einer Partei mit überschaubaren Verhältnissen.

Es erscheint unter diesen Umständen beinahe folgerichtig, daß das Präsidium als oberster Wächter der Nomenklatura-Partei im Oktober 1964 einen erfolgreichen Umsturz organisierte und ihn zum Rücktritt zwang. Man gab ihm keine Gelegenheit, wie einst seine Anhänger aus der Provinz zu Hilfe zu rufen, die er sich durch die Zweiteilung des wirtschaftlichen Verantwortungsbereichs ohnehin entfremdet hatte. Da er außerdem nicht mehr über geheimpolizeiliche Terrormöglichkeiten verfügte, blieb ihm keine Wahl als zu kapitulieren. Offiziell erfolgte der Rücktritt aus gesundheitlichen Gründen. Nach seinem Sturz wurde er der »Willkür«, der »Eigenmächtigkeit« und der Durchführung »wirrer Projekte« beschuldigt – gemeint war die erwähnte Kaskade von Reformmaßnahmen.

So endete der erste große Zyklus des Reformkommunismus in der Sowjetunion, die erste Etappe des schmerzlichen Abstiegs vom Gipfel des Stalinismus.

KAPITEL 10

DIE RECHNUNG WIRD FÄLLIG: BRESHNEW UND DER NOMENKLATURA-KOMMUNISMUS 1964–1982

»Offenkundig haben wir bereits die Sackgasse erreicht, wo der Begriff ›Macht‹ nicht mehr an eine Doktrin geknüpft ist, nicht mehr an eine Führerpersönlichkeit und auch nicht mehr an eine Tradition, sondern nur noch an die Macht als solche …
Naturgemäß kann das Ziel eines solchen Regimes, zumindest in inneren Angelegenheiten, nur noch die Selbsterhaltung sein … Das Regime will weder den Stalinismus wiederbeleben noch die führenden Köpfe der Intelligenzia verfolgen, noch will es jemandem seine brüderliche Hilfe aufdrängen, der es nicht darum gebeten hat. Das einzige, was es will, ist, daß alles so bleibt, wie es war: daß die Autoritäten anerkannt werden, daß die Intelligenz den Mund hält und daß das System nicht durch irgendwelche gefährlichen oder unerwarteten Reformen erschüttert wird. Das Regime greift nicht an, es verteidigt sich. Sein Motto lautet: ›Laßt uns in Frieden, dann lassen wir euch auch in Frieden.‹«

Andrej Amalrik,
Will the Soviet Union Survive Until 1984? (1969)

Die zwanzig Jahre nach Chruschtschows Sturz schienen die Sowjetunion auf den Gipfel des Erfolgs zu bringen und ihren internationalen Einfluß auf ein Niveau zu heben, das selbst die Machtposition Stalins nach 1945 überstieg. Der neue Führer, Breshnew, verwirklichte endlich Chruschtschows Ambitionen auf ein nukleares Gleichgewicht mit den Vereinigten Staaten; er intervenierte in der Dritten Welt, wie es ihm gerade paßte, und umkreiste die Kontinente mit seinen U-Booten. Tatsächlich behauptete sich die Sowjetunion jetzt weltweit als eine Supermacht. Und mehr noch: In den siebziger Jahren, als Vietnam, Watergate und der Zusammenbruch des Schah-Regimes im Iran die westliche Welt erschütterten, schien sich das »Gleichgewicht der Kräfte«, wie die Sowjets es verstanden, endgültig »zugunsten des Sozialismus« zu verschieben. Natürlich bemerkte man sowohl im Osten als auch im Westen nach und nach, daß die Wirtschaftsleistung der Sowjets lange nicht so groß war, wie es unter Chruschtschow den Anschein gehabt hatte. Trotzdem schien es eine reale Chance zu geben, daß die Sowjetunion ihre internationale politische Vormachtstellung und ihre Freiheit von inneren Krisen dazu nutzen könnte, den Westen auszustechen und als Sieger aus dem »Wettstreit der zwei Systeme« hervorzugehen.

In Wirklichkeit waren diese zwanzig Jahre jedoch eine Zeit wachsender Krisen. Gorbatschow nannte sie später die »Periode der Stagnation«, wie um damit die Hoffnung auszudrücken, das System könne wieder in Gang gebracht werden – aber Bezeichnungen wie »Niedergang« und »Desintegration« treffen die Sache weit besser. Das liegt nicht nur daran, daß das Land von einer zunehmend altersschwachen Gerontokratie regiert wurde, der zu Reformen sowohl der Wille als auch die Kraft fehlten. Trotzdem war das ein Teil des Problems, denn diese Vergreisung war kein Zufall, sondern eine logische Konsequenz aus dem System der Nomenklatura. So war die tiefere Ursache der »Stagnation« in den Grundstrukturen des Sowjetsystems zu finden: Alle diese Strukturen – Wirtschaft, Verwaltung, Ideologie und der sogenannte »Block« oder die Volksdemokratien – begannen zu verfallen. Die Gesamtheit der Institutionen, die in den dreißiger und vierziger Jahren geschaffen worden waren, hatte in den sechziger Jahren den Gipfel ihrer Möglichkeiten erreicht; jetzt begann das Ganze zu zerfallen, genau in dem Augenblick, als die Führungsschicht nach Chruschtschow das System zu festigen und zu verteidigen suchte. Die Rechnung für die kostspieligen Erfolge im Heroenzeitalter des Sowjetsozialismus wurde jetzt fällig. Und logisch genug: Das von Lenin und Stalin geschaffene totale System geriet langsam in eine totale Krise.

Die Reform kommt zum Erliegen

Zur Zeit von Chruschtschows Sturz schien das einzige bedeutende Problem allerdings die übliche sowjetische Nachfolgekrise zu sein. Nach dem Muster der beiden voraufgegangenen sowjetischen Machtablösungen seit Lenins Tod folgte auf Chruschtschows personale Herrschaft eine neue kollektive Führung. Diesmal wurde das Muster jedoch auf signifikante Weise abgewandelt: Der Machtkampf, aus dem sonst ein neuer Staatschef als Sieger hervorgegangen war, entfiel, und die neue Führung blieb im wesentlichen kollektiv, bis sie Mitte der achtziger Jahre von der Bühne verschwand.

Chruschtschow nämlich hatte die alte stalinistische Verfassung unwiderruflich abgeändert. Indem er Stalins Terror Einhalt gebot, schützte er seine Kollegen aus dem Politbüro vor dem Zugriff der politischen Polizei. Dann aber wurde ihre Sicherheit zur Quelle seiner eigenen Verletzlichkeit: Er hatte seine einzige Waffe gegen den Apparat und damit die Sicherung seiner Macht aus der Hand gegeben. Ebenso hatte er den Apparatschiks nicht nur physische Sicherheit gewährt, sondern sie ungewollt auch zu lebenslänglichen Inhabern ihrer Ämter gemacht. Nach Chruschtschows Absetzung wurde daher die kollektive Einheit der Nomenklatura zum neuen Staatsoberhaupt.

Dementsprechend teilten die führenden Karrieristen des Systems die wichtigsten Posten unter sich auf. Leonid Breshnew, Chruschtschows langjähriger Schützling, wurde zum neuen Ersten Sekretär. So werden die folgenden achtzehn Jahre gewöhnlich als die »Ära Breshnew« bezeichnet, und in der Tat ist Breshnew ein geeignetes Symbol für seine ganze, unter Stalin großgewordene Generation. Das Amt des Ministerpräsidenten ging an Alexej Kossygin, der oft als »Technokrat« bezeichnet wurde – was sicherlich unzutreffend war, denn der frühere Textilingenieur hatte die letzten zwanzig Jahre ausschließlich im Parteiapparat gearbeitet. Kossygins Karriere ist typisch für die ganze Breshnew-Generation: Ihr *cursus honorum* bestand aus einer ziemlich rudimentären technischen »Hochschulausbildung« Anfang bis Mitte der dreißiger Jahre mit anschließendem Wechsel aus dem Unternehmensmanagement in die Vollzeit-Parteiarbeit im Gefolge der Säuberungen. Einige fanden dann Aufnahme in Stalins Zentralkomitee, und ganz wenige schafften es bis in Chruschtschows Präsidium. Und Nikolai Podgorny – ein anderer aus dieser Gruppe, der ebenfalls unter der Protektion Chruschtschows stand – wurde zum nominellen Staatsoberhaupt. Aber es ist nicht nötig, allzu genau zwischen diesen Figuren zu unterscheiden; sie sind wie ihre Kollegen Kiritschenko und Kirilenko unter Chruschtschow oder, wie Nikolai Gogol gesagt haben würde, wie Iwan Iwanowitsch Bobtschinski und Iwan Iwanowitsch Dobtschinski.

Trotzdem verdient einer dieser Apparatschiks besondere Erwähnung, denn seine Laufbahn ist beispielhaft für den Lebenszyklus des ganzen Sowjetsystems. Ich meine den um wenige Jahre älteren Michail Suslow, den Chefideologen und die graue Eminenz der Breshnew-Ära.[1] Als Kind einer mittellosen Bauernfamilie geboren, wurde er 1918 im Alter von 16 Jahren Mitglied des Komsomol und entwickelte sich zum Aktivisten im lokalen »Komitee der Dorfarmut«. Als im Jahr 1921 die Neue Ökonomische Politik (NÖP) ins Leben gerufen wurde, trat er in die Partei ein, machte seinen Weg durch eine »Arbeiterfakultät« und das Rote Wirtschaftsinstitut und wurde während des ersten Fünfjahresplans, als Chruschtschow dort Parteisekretär war, Professor am Industrieinstitut. Im Gefolge der Säuberungen wurde er Parteisekretär in der südlichen Provinz Stawropol, und 1944 überwachte er die Sowjetisierung Litauens. Im Jahr 1947 wurde dieser exemplarische Emporkömmling für seine Dienste bei der Stalinisierung der Provinzen belohnt: Er erhielt einen Posten im Zentralkomitee unter Shdanow, von wo aus er 1952 in Stalins Präsidium aufstieg.

Im Interesse der Parteireform unter Chruschtschow profilierte sich Suslow dann zunächst als Hauptstütze des Führers im Kampf gegen die Anti-Partei-Gruppe. Im Interesse der Stabilität der Partei wurde er anschließend aber zum schärfsten Kritiker von Chruschtschows Exzessen und organisierte schließlich auch die Palastrevolution von 1964. Trotz aller Rollenwechsel blieb er jedoch der Inbegriff des ewigen Parteigetreuen, und so wurde er auch zum Hauptinitiator des »weichen« Stalinismus der Ära Breshnew.

Das Programm der neuen Führung wurde erkennbar, als Breshnew das Prinzip der »Stabilität der Kader« proklamierte. Dieser Grundsatz erhielt bald konkrete Bedeutung durch die Abschaffung derjenigen von Chruschtschows Parteistatuten, die für Rotation und zeitlich begrenzte Amtsführung sorgten. Der nächste Schritt der Restauration bestand darin, daß die Zweiteilung der Partei aufgehoben und Chruschtschows Bildungsreform unterdrückt wurde. Gleichzeitig mit einer neuerlichen Wirtschaftsreform wurden dann die *sownarchosy* abgeschafft und durch zentrale Ministerien ersetzt. So waren innerhalb eines Jahres die Zustände der Zeit vor Chruschtschow wiederhergestellt, mit einer einzigen Ausnahme: Es gab keinen Führer, ja noch nicht einmal eine Art Boß.

In den sechziger Jahren war Breshnew deutlich erkennbar *primus inter pares,* und so blieb es auch in den Siebzigern, trotz Breshnews wachsender öffentlichen Präsenz sowohl in inneren als auch in äußeren Angelegenheiten.[2] Er bereiste die Welt und traf sich mit fremden Staatsoberhäuptern; während der Zeit der Entspannung brachte er es zu Gipfeltreffen mit den Präsidenten Ford, Nixon und Carter. Zu Hause gab er sich neo-stalinistisch, indem er den Titel des Generalsekretärs wieder annahm und das Präsidium wieder in »Politbüro« umbenannte. Im Jahr 1977 setzte er Podgorny als Präsidenten ab und verband diesen Posten mit dem des Generalsekretärs, wie Stalin es getan hatte. Er ernannte sich selbst zum Marschall der Streitkräfte, bedeckte seine Brust mit Orden und veröffentlichte seine gesammelten (vorgeblich theoretischen) Werke; alles traditionelle Attribute eines sowjetischen Führers. Trotzdem waren das nur die Insignien und Farben des *woschdism,* des Führerprinzips, ein Reflex der unvermeidlichen Tendenz jeder kollektiven Führung im Einparteienstaat, einen einzelnen an die Spitze zu stellen, und sei es auch nur symbolisch. Tatsächlich war Breshnew als Führer niemals so aktiv wie Chruschtschow; die Regierungspraxis blieb dem Konsens verpflichtet, und die kollegiale Führung war diesmal politische Realität. Breshnew hatte nämlich aus Chruschtschows Sturz sehr wohl gelernt, daß der alte Slogan »Die Kader entscheiden alles!« eine neue Bedeutung bekommen hatte: Ohne das Mittel des Terrors war der Generalsekretär letzten Endes den Kadern Rechenschaft schuldig und nicht umgekehrt, wie unter Stalin. So wurden die Jahre von Breshnew, Kossygin und Suslow zur großen Zeit des Nomenklatura-Kommunismus.

Auf diese Weise schloß sich der Kreis, und Hegels Idee von der Vernunft in der Geschichte kehrte zum Ausgangspunkt zurück: Für den Begründer der modernen Dialektik war die vernünftige Bürokratie die »universale« Klasse, die die Menschheit zur Vollendung bringen sollte. Marx hatte diese Rolle ans Proletariat, die am meisten benachteiligte und entwürdigte Klasse, weitergegeben[3]; Lenin hatte das Proletariat durch die Partei ersetzt und die daraus resultierende Diktatur als Ausdruck der

Logik der Geschichte legitimiert. Unter dem »entwickelten« und »real existierenden« Sozialismus Breshnews transformierte sich schließlich die Diktatur der Partei in die Herrschaft einer neuen Klasse der Nomenklatura. So war die neue universale Klasse wiederum eine Bürokratie, die im Namen der historischen Vernunft zu herrschen beanspruchte.

Die neuen Führer wollten natürlich keineswegs, daß ihr Streben nach Stabilität in »Stagnation« endete, wie es dann geschah. Anfangs wollten sie umsichtige Reformer sein; und wenn sie diesen Kurs verließen, dann deswegen, weil sie im Unterschied zu Chruschtschow sehr bald schon durch Erfahrung lernten, daß die Fortsetzung der Reformen zu gefährlich war. Zu Beginn bestand ihr Programm aus drei Teilen: Erstens wollten sie die Entstalinisierung beenden und die intellektuellen Meinungsverschiedenheiten beseitigen, um dadurch für Stabilität zu sorgen. Zweitens wollten sie die Wirtschaftsreform verlangsamen, um Wirtschaftskraft und Wohlstand langfristig zu sichern. Und drittens wollten sie ihre Forderung nach internationaler Parität mit den Vereinigten Staaten maßvoller und weniger provokativ vertreten. Auf diese Weise hofften sie, die Ziele von Chruschtschows Reformkommunismus weiterverfolgen und doch die Turbulenzen und Unsicherheiten seiner Methode vermeiden zu können. Ein paar Jahre lang machten sie denn auch wirklich bescheidene Fortschritte, bis der sehr viel kühnere Reformkommunismus des Prager Frühlings von 1968 sie so erschreckte, daß bis in die späten achtziger Jahre alle Reformversuche in der Sowjetunion zum Erliegen kamen.

Das Ende der Entstalinisierung und die Dissidentenverfolgung nahmen 1965 ihren Auftakt mit der Verhaftung zweier Schriftsteller, die ihre Texte im Ausland veröffentlicht hatten: Andrej Sinjawski und Juri Daniel, denen im Jahr darauf der Prozeß gemacht wurde. Natürlich waren unter Stalin viele sowjetische Schriftsteller ohne öffentlichen Prozeß von der Bildfläche verschwunden, aber dies war das erste Mal, daß Autoren wegen des Inhalts ihrer Werke vor Gericht gestellt wurden. Beide wurden für schuldig befunden und zu mehreren Jahren Zwangsarbeit in Sibirien verurteilt – eine klare Drohung an alle anderen, Samisdat zu verlassen. Aber diese Strategie funktionierte nicht. Das Ergebnis war vielmehr die Geburt einer kleinen, aber gutorganisierten Widerstandsbewegung. Was unter Chruschtschow die explosionsartigen antistalinistischen Ausschreitungen der Jahre 1957 und 1962 gewesen waren – Ausdruck der Empörung und der·Hoffnung zugleich –, das wurde jetzt zu einer kontinuierlichen Strömung, die bald den Namen »Dissidentenbewegung« erhielt.

Chruschtschows Sturz hatte also nicht nur der öffentlichen Untersuchung der stalinistischen Vergangenheit ein Ende gesetzt, sondern auch einen orthodoxen Gegenschlag ausgelöst, dessen Ziel es war, Stalin zu rehabilitieren. Der Sinjawski-Daniel-Prozeß am Vorabend des ersten Parteikongresses unter der neuen Führung wurde denn auch weithin als der Auftakt aktiver Restalinisierung betrachtet.[4] So war die Dissidentenbewegung in erster Instanz eine Bewegung der Selbstverteidigung gegen diese Möglichkeit; bis zu Stalins neunzigstem Geburtstag im Jahr 1969 blieb dies ihre wichtigste Funktion. Zugleich war sie aber ein Zeichen fortschreitender Desillusionierung hinsichtlich der Reformierbarkeit des Systems: Der allzu leichtgläubige Optimismus der Ära Chruschtschow machte jetzt der Einsicht Platz, daß Reformen nicht vom Himmel fallen würden, sondern bestenfalls um den Preis langwieriger Kämpfe und Auseinandersetzungen zu haben wären. Trotzdem war bei den Unzufriedenen bisher nur von Reformen die Rede gewesen, nicht aber davon, mit dem System als Ganzem zu brechen. Die Dissidentenbewegung konnte schließlich auch deswegen entstehen, weil das Regime nicht willens war, auf den brutalen Terror der Vergangenheit zurückzugreifen. Das lag allerdings nicht daran, daß das System liberal geworden wäre oder seine totalitären Strukturen zugunsten eines bloß autoritären Regimes aufgegeben hätte. Maßgeblich für den Wandel war vielmehr die ganz pragmatische Einsicht, daß extremer Terror das System selbst zerstören würde. Deswegen bediente sich das Regime jetzt weicherer, weniger unmittelbarer und abgestufterer Unterdrückungsmethoden, gewöhnlich – wie im Sinjawski-Daniel-Prozeß – unter dem Deckmantel »sozialistischer Legalität«.

Es ist daher verfehlt, im Zusammenhang mit der Ära Breshnew von einem neuen Stalinismus zu sprechen. Nicht nur war Breshnew von seiner ganzen Statur her kein Stalin – noch nicht einmal in der Kombination mit Suslow –, sondern er hätte es auch gar nicht sein können: Selbst wenn er Massenterror betrieben und eine Revolution von oben angezettelt hätte, hätte er damit unter den Bedingungen der sechziger Jahre keinen Erfolg haben können. Wie gesagt, kann Stalinismus im Lebenszyklus eines kommunistischen Systems nur einmal auftreten, und zwar in der Phase des Aufbaus, wenn dieser seiner Vollendung entgegengeht.

Nur diese höchste Anspannung kann genügend Fanatismus und Gewalt-
bereitschaft freisetzen, um wirklichen Stalinismus hervorzubringen.
Wenn der Sozialismus erst einmal aufgebaut ist, wird die »Verteidigung
seiner Errungenschaften« zur ersten Aufgabe des Regimes; der Stalinismus, oder besser gesagt: das stalinistische System, verfestigt sich und
erstarrt in der Routine des »entwickelten Sozialismus«. Die einstmals
heiße Ideologie des Klassenkampfs wandelt sich zur kalten Ideologie
orthodoxer Beschwörungsformeln[5], und so werden aus den ehemaligen
Revolutionären an der Spitze die Hüter des Systems. Nur die »weiche«
Variante des Stalinismus konnte unter der grauen Vormundschaft von
Breshnew, Kossygin und Suslow praktiziert werden.

Ein weiterer Grund für den Wandel des totalitären Systems war die
Wirtschaftslage. Sie war jetzt zu komplex, um mit den brutalen Maßnahmen der dreißiger Jahre oder selbst mit den Wiederaufbaumethoden der
Nachkriegszeit geregelt zu werden. Außerdem war es nicht länger möglich, den Konsumenten ein gewisses Maß an Wohlstand zu versagen, und
infolgedessen mußte die Lage der Landwirtschaft verbessert werden.
Chruschtschow hatte den Weg zu diesem Ziel bereits gezeigt, und die
Arbeiterrevolte des Jahres 1962 in Nowotscherkask hatte deutlich gemacht, daß es kein Zurück mehr gab. Man erkannte klar, daß Chruschtschows ökonomische Leistung überboten werden mußte, im Interesse
der Stabilität des Systems ebenso wie im Interesse des Ausbaus seiner
Stellung als militärischer Supermacht. So wurden die Reformen auf
wirtschaftlichem Gebiet zunächst nicht eingefroren, sondern mit verstärkter Kraft vorangetrieben.

Das machte sich besonders in der Landwirtschaft bemerkbar. Auch
wenn Chruschtschows ununterbrochene »Kampagnen« abgebrochen wurden, blieb man seinen wichtigsten Programmpunkten treu. Die Investitionen in die chemische Industrie nahmen zu, und die Produktion von
künstlichen Düngemitteln stieg beständig an. Die Preise, die man den
kolchosniki für Korn und Vieh bezahlte, wurden angehoben. Auf dem
Gebiet der Privatwirtschaft wurden Restriktionen zurückgenommen. Vor
allem aber flossen in der Ära Breshnew erheblich mehr Gelder in die
Landwirtschaft als zuvor, und zwar bis zu einem Viertel des Gesamtbud-
gets; das war prozentual gesehen zu diesem Zeitpunkt mehr als in jedem
anderen Land der Erde. Die ehemals vernachlässigten ländlichen Gebiete
waren schließlich zum Hauptgegenstand staatlicher Bemühungen gewor-

den. Tatsächlich stieg die Produktionsrate beständig, und zwar schneller als in den meisten westlichen Ländern.[6] Trotzdem blieb die Landwirtschaft ein Krisensektor; jede schlechte Ernte war ein nationales Drama, und das Land mußte regelmäßig Getreide importieren, besonders zur Ernährung des Viehs.

Ein Grund für diesen relativen Mißerfolg lag darin, daß die sowjetische Landwirtschaft sich in so schlechtem Zustand befand, daß selbst ein schnelles Wachstum das Produktionsniveau nicht genügend anheben konnte. Außerdem waren die Einkommen in den Städten und auch auf dem Land gestiegen, weswegen die Nachfrage sich wesentlich verstärkt hatte. Schließlich arbeitete immer noch ein zu hoher Prozentsatz der Bevölkerung in der Landwirtschaft und verursachte auf diese Weise ein niedriges Produktionsniveau bei gleichzeitig überall steigenden Kosten. Im Jahr 1965 übertraf der Anteil der Stadtbevölkerung in der Sowjetunion erstmals den der Landbevölkerung, und selbst 1985 lebten noch 30 Prozent der Menschen auf dem Land. Trotzdem gab es während der Erntezeit Arbeitszeitverkürzungen, und Millionen von Stadtbewohnern und Soldaten wurden für die Einfuhr mobilisiert.

Das zeigt, daß die Probleme im Bereich der Landwirtschaft hauptsächlich organisatorischer Natur waren: Das ganze Unternehmen – von den massiven Investitionen über die Verteilung von chemischem Dünger bis hin zu den Erntekampagnen – blieb weiterhin zentralistisch gelenkt und von oben organisiert. So forcierte das Regime auch weiterhin die Umwandlung von Kolchosen in Sowchosen, und in den achtziger Jahren bearbeiteten die letzteren mehr als die Hälfte der gesamten landwirtschaftlichen Nutzfläche des Landes. Gleichzeitig unterdrückten die professionellen Kolchosmanager die wenigen, schüchternen Versuche mit dem »Kleingruppen-System«. Binnen kurzem hatte das Regime den Umfang seiner üblichen administrativen Kommandomethoden beträchtlich erweitert. Die Resultate waren die üblichen: Sie waren schlecht; und dennoch war es unmöglich, auf eine andere Politik umzuschwenken.

Infolgedessen begann gegen Ende der Ära Breshnew das Angebot an Nahrungsmitteln im Verhältnis zur Nachfrage zu sinken, während die Landwirtschaft, die unter Stalin eine Quelle (erzwungener) Akkumulation von Kapital für industrielle Investitionen gewesen war, jetzt eine schwere Bürde für die Gesamtwirtschaft darstellte.[7] Es war nunmehr klar, daß selbst bei völliger Umkehrung der klassischen stalinistischen Wirtschaftsprioritäten die kollektivierte Landwirtschaft nicht funktionieren konnte, und die Kosten dieser Fehlplanung mußten das System als Ganzes unterminieren. Dies war das Schicksal des Juniorpartners in Lenins *smytschka*, dem Bündnis von Arbeitern und Bauern.

Eine vergleichbare Sackgasse erwartete jedoch während der Breshnew-Jahre auch den Seniorpartner der *smytschka*, die Arbeiter, und damit den gesamten industriellen Sektor. Hier bildete das Scheitern von Kossygins Wirtschaftsreform von 1965 den Wendepunkt. Das war mehr als bloß eine weitere dunkle Episode in der Geschichte des Breshnew-Systems: Es markierte das Scheitern des reformkommunistischen Denkens insgesamt.

Ökonomische Reformen können in einer zentralistischen Kommandowirtschaft nur eine Richtung nehmen: hin zu Dezentralisierung und Markt. Dieses Muster kehrte in der Sowjetunion regelmäßig wieder, seit Stalin in den dreißiger Jahren das System der Kommandowirtschaft geschaffen hatte. Nach dem Zweiten Weltkrieg gab es in Diskussionen über das »Kleingruppen-System« in dem Kreis um Wosnessenski schüchterne Andeutungen in diese Richtung. Das offene Eingeständnis von seiten einer kommunistischen Regierung, daß Dezentralisierung das Ziel von Reformen sein müsse, erfolgte mit Titos Proklamation der »Selbstverwaltung« in den frühen fünfziger Jahren und mit seinem Aufbauprogramm von 1957. Theoretischen Schliff erhielt es in den Händen des alten Marktsozialisten Oskar Lange, der unbeachtet geblieben war, als er 1945 nach Polen zurückkehrte, um in seinem Heimatland am Aufbau des Sozialismus mitzuwirken. Erst während des Polnischen Oktobers von 1956 schenkte man ihm wieder Gehör. Chruschtschows Tauwetter brachte dann diese Spekulationen in Rußland an die Oberfläche: In den sechziger Jahren begann die russische Tradition akademischer Wirtschaftslehre, die in den zwanziger Jahren eine der kreativsten der Welt gewesen war, zaghaft wiederaufzuleben, und zwar nicht nur als theoretische und mathematische Disziplin, sondern auch als eine Schule des Denkens mit praktischen Implikationen.[8]

Diese Implikationen wurden zuerst im Jahr 1962 von Professor Jewsej Liberman ausgesprochen, und zwar in einem Prawda-Artikel mit dem Titel »Plan, Profit, Prämie«. Was er schrieb, wurde bald schon unter dem Namen »Libermanismus« bekannt. Er befürwortete größere Autonomie für die Unternehmen und die Erlaubnis, für den eigenen Profit zu arbeiten, um dadurch Investitionskapital und materielle Anreize für Arbeit und Management zu schaffen. Außerdem sollte die Industrie auf der Basis von Lenins *chosrastschot* (oder Gewinn und Verlust) arbeiten, was bedeutete, daß es den Unternehmen erlaubt sein sollte, Bankrott zu machen. Wenn diese Maßnahmen durchgeführt worden wären, hätten sie die stalinistische Wirtschaftsordnung auf den Kopf gestellt: Die Produktion hätte ihren Ausdruck nicht mehr nur in Quantität und Tonnage gefunden, sondern auch in der Qualität und in den Kosten, und unternehmerische Entscheidungen wären nicht mehr allein von oben getroffen worden, sondern hätten eine Antwort auf die Marktfaktoren Angebot und Nachfrage dargestellt. Die pseudo-marktwirtschaftlichen Techniken und moralideologischen Anreize des »sozialistischen Wettbewerbs«, der »Stoßarbeit« und der Stachanow-Bewegung wären durch die weniger sozialistischen, aber wirkungsvolleren Anreize von Gewinn und Profit ersetzt worden.

Diese Ideen erhielten Unterstützung von seiten der obersten Repräsentanten der wiedererstehenden sowjetischen Wirtschaftslehre, W. S. Nemtschinow, L. W. Kantorowitsch und W. W. Nowoschilow. Tatsächlich hatten sie gleichlautende Vorschläge schon viel früher ausgearbeitet. Sie hatten sich für eine Reorganisation der Wirtschaft unter rationaleren und wissenschaftlicheren Gesichtspunkten ausgesprochen: Sie wollten die Einsichten von Kybernetik und Systemanalyse (damals als »bürgerlich« verschrien) nutzbar machen und die Planwirtschaft computerisieren, damit sie flexibler würde: Sie hatten sogar angedeutet, daß diese Änderungen eine Reform des Parteistaats erfordern würden.

Auch Chruschtschow und die Führung waren an diesem neuen Denken interessiert, obwohl sie dessen subversive Auswirkungen auf das System sicher nicht erkannten. Tatsächlich war es Chruschtschow gewesen, der Libermans Artikel gesponsert hatte, und kurz vor seinem Sturz führte er Libermans Methoden in zwei Textilfabriken ein. Zwei Tage nach Chruschtschows Sturz dehnte Kossygin dieses Experiment auf andere Unternehmen aus, und zwar mit merklichem Erfolg. Im Jahr darauf schlug ein anderer Reformökonom Alarm: Abel Aganbegjan, der später unter Gorbatschow eine bedeutende Rolle spielen sollte, unterbreitete dem Zentralkomitee einen vertraulichen Bericht, in dem er den Rückstand der sowjetischen Wirtschaft gegenüber der amerikanischen detailliert darlegte und dafür die Überzentralisierung und überhöhte Verteidigungskosten verantwortlich machte.[9] Kossygins Reformversuch von 1965 sollte diesen Niedergang der Wirtschaft aufhalten, ohne dafür den Verteidigungsstandard preiszugeben.

Der erste, bereits erwähnte Schritt dieser Reform war die Abschaffung der Sownarchosy und ihre Ersetzung durch zentrale Ministerien. Der zweite Schritt bestand in einer erweiterten Entscheidungsautonomie für die Unternehmen, die folglich jetzt auf Rentabilitätsbasis arbeiten sollten. Die Unternehmen erhielten von ihren Ministerien nur noch eine begrenzte Anzahl von speziellen Zielvorgaben oder »Indikatoren« (acht anstelle von vierzig), und anstelle des Bruttoertrags wurde jetzt das Verkaufsvolumen zum primären Erfolgskriterium. Gleichzeitig wurde der materielle Anreiz von Gratifikationen und Prämien, die sowohl dem Management als auch den Arbeitern zugute kamen, mittels eines komplizierten Systems an die Profitrate gebunden. Es war den Unternehmen allerdings nicht erlaubt, ihre Preise entsprechend der Nachfrage oder den Bedürfnissen frei festzusetzen; diese Aufgabe übernahm vielmehr eine neue Organisation namens *Goskomzen*. Maßgeblich war dabei der alte Grundsatz, daß der Plan die »Bedürfnisse« bestimmt und nicht der Markt. Ohne freie Preisbildung wurde die Rentabilität der Unternehmen aber zum marginalen Kriterium ihres Erfolgs. Außerdem wurden die Mittel nicht bereitgestellt, die nötig waren, um den Arbeitern den Anreiz erhöhter Gratifikationen zu bieten. Gleichzeitig tendierte die Rückkehr zu zentralen Ministerien dazu, die neue Unternehmensautonomie aufzuheben.

Diese eingebauten Widersprüche waren ein Grund dafür, daß die Reform nach 1968 zum Erliegen kam. Ein anderer Grund war der Prager Frühling, der bedeutendste reformkommunistische Vorstoß, der je unternommen wurde – doch dazu später. Einer seiner entscheidendsten Bestandteile war eine Wirtschaftsreform ähnlich derjenigen Kossygins, jedoch weitaus kühner. Und eine der wichtigsten Lehren dieser tschechischen Reform bestand für die Sowjets darin, daß eine liberalere Wirtschaftsordnung leicht in politische Liberalisierung umschlagen und damit die Grundlagen des Regimes selbst bedrohen konnte. Deswegen jagte die tschechische Erfahrung den sowjetischen Kadern auf allen Ebenen einen gewaltigen Schrecken ein: Kossygin verlor den Mut, sein Programm voranzutreiben, und kleinere Apparatschiks drosselten spontan alle diesbezüglichen Bestrebungen.

Aber auch ohne den Prager Frühling verurteilte die Struktur des

Systems Kossygins Programm zum Scheitern. Die Manager scheuten sich, durch Innovationen Produktionsrisiken einzugehen, und gebrauchten ihre Autonomie lediglich dazu, die Planziele zu erfüllen. Die Ministerien ihrerseits waren nur allzu bereit, die Indikatoren entsprechend festzulegen, und beide Seiten, großgeworden in der Kommandokultur der stalinistischen Wirtschaftsordnung, hielten sich lieber an die ihnen vertraute Routine. So führte eine stille Verschwörung der Bürokraten zum allmählichen Erlahmen der Reform; die Produktion ging weiter zurück, und die Qualität der Produkte verschlechterte sich. Gleichzeitig expandierte der bürokratische Apparat: *Gosplan* und *Goskomtsen* wurden ergänzt durch die technisch-materielle Versorgung *(Gosnab)* und durch die GKNT, die mit wissenschaftlichen und technologischen Investitionen betraut war, während die Zahl der Industrieministerien von 23 im Jahr 1965 auf über 45 im Jahr 1985 stieg.

Trotz dieser beachtlichen Expansion des sowjetischen Industriesektors und seines bürokratischen Anhangs gingen sowohl das Wirtschaftswachstum als auch die Produktivität der Arbeiter weiter zurück. Über die exakten Zahlen wird zwar gestritten, nicht aber über den allgemeinen Trend.

Damals hatte die Welt zwischen den offiziellen sowjetischen Statistiken und den um einiges niedrigeren Schätzungen des CIA zu wählen, und die meisten Fachleute, darunter auch viele sowjetische Wirtschaftswissenschaftler, stimmten darin überein, daß die letzteren der Wahrheit sehr viel näher kamen als die ersteren. In den späten achtziger Jahren stellte sich allerdings heraus, daß die Zahlen des CIA lediglich etwas weniger übertrieben waren als die offiziellen sowjetischen Angaben. Das lag zum Teil daran, daß die sowjetischen Statistiken, mit denen der CIA arbeiten mußte, oft »frisiert« waren: Sie übertrieben die Gesamtleistung zugunsten des Plans mit dem Zweck, Prämien zu erhalten. Außerdem erwies sich die westliche Methode zur Berechnung des sowjetischen Bruttosozialprodukts – eine Methode, die die Sowjets selbst nicht anwandten   als vollkommen ungeeignet.

Der Fehler lag darin, daß sich Kommandowirtschaft und Marktwirtschaft nicht ohne weiteres vergleichen lassen: Die Techniken zur Berechnung des Wirtschaftswachstums lassen sich nicht von einem System aufs andere übertragen. Im Gegensatz zu einer weit verbreiteten Überzeugung ist das Bruttosozialprodukt keine Tatsache, sondern eine Abstraktion, oder präziser ausgedrückt: Es ist ein Rechenergebnis und hat, wie jede mathematische Operation, theoretische Voraussetzungen. Die Einschätzung des sowjetischen Bruttosozialprodukts ist mithin abhängig von der Theorie, auf deren Grundlage sie durchgeführt wurde, und hier, im Reich der Theorie, stellt sich nun ein schwerwiegendes Problem. All unsere Theorien bezüglich des realen Wirtschaftswachstums basieren nämlich auf westlichen Erfahrungen und Daten, und die wichtigsten dieser Daten sind die Preise. Die sowjetischen Preise jedoch folgen keiner ökonomischen Logik; ihre »Logik« ist eine politische oder »Kommando«-Logik – die Logik des Plans, nicht die des Marktes. Deswegen bedarf es eines »Kostenanpassungsfaktors«, um die sowjetischen »Preise« in Daten umzuwandeln, die von den komplexen Meßmethoden der avancierten westlichen Wirtschaftswissenschaften verarbeitet werden können.

Diese Meßmethoden wurden in den dreißiger und vierziger Jahren vor allem in den beiden Cambridge entwickelt, um mit den durch die Große Depression verursachten Problemen fertigzuwerden. In den sechziger Jahren wurden sie dann abgeändert, weil man eine möglichst nüchterne und wissenschaftlich-akademische Weise brauchte, das rivalisierende sowjetische System zu analysieren; und schließlich benutzte sie der CIA, um während der Jahrzehnte des Kalten Kriegs die Entwicklung des Konkurrenten zu verfolgen. In den siebziger Jahren wurden die Schätzungen des CIA, der Umfang der sowjetischen Wirtschaft belaufe sich auf ungefähr 60 Prozent der amerikanischen, weitgehend akzeptiert – eine Zahl, die je nach Standpunkt als der Indikator einer Drohung oder eines Versprechens aufgefaßt werden konnte. Diese Wertung wurde ebenso wie frühere, noch optimistischere Schätzungen von emigrierten sowjetischen Wirtschaftsfachleuten rundheraus angezweifelt, so zum Beispiel in den sechziger Jahren von Naum Jasny und in den siebziger Jahren von Igor Birman. Sie machten geltend, daß die sowjetischen Statistiken auf politischen Überlegungen beruhten, nicht auf wirtschaftlichen; daß der Plan, weil er nicht mit den tatsächlich anfallenden Kosten rechne, ungeheuer viel Kapital verschwende, und daß die westlichen Schätzungen maßlos übertrieben seien, weil sie die schlechte Qualität der gesamten sowjetischen Produktion nicht in ihre Überlegungen einbezögen.[10] Damals wurden diese Kritiker als verbitterte Emigranten angesehen und weitgehend nicht ernstgenommen. Als aber in den späten achtziger Jahren *glasnost* den sowjetischen Wirtschaftsfachleuten – von Nikolai Schmeljow über Gawril Popow

und Stanislaw Schatalin bis hin zu Jegor Gajdar – endlich erlaubte, ihre
Meinung zu sagen, bestätigten diese das pessimistische oder vielmehr realistische Verdikt ihrer Landsleute hinsichtlich der Schätzungen des CIA
und der westlichen Wirtschaftsakademien. Diese russischen Spezialisten
empfahlen die Reduktion der CIA-Ergebnisse um rund 2 Prozent, wenn
man eine ungefähre Vorstellung von der Wahrheit haben wolle.

Von welchen Zahlen sollen wir also ausgehen, wenn wir die sowjetische
Wirtschaft unter Breshnew betrachten, oder auch frühere Epochen bis zurück in die dreißiger Jahre, als Stalin zuerst mit der »bürgerlichen« Statistik
brach? Wir wissen es immer noch nicht und werden es vermutlich auch
niemals wissen, denn die surrealen Rechenoperationen der sowjetischen
politischen Ökonomie können per se nicht in »normale« Wirtschaftsdaten
übersetzt werden. Daß eine solche »Wirtschaft« keine auf Fakten basierenden Statistiken hervorbringt, ist ebensowenig ein Zufall, wie daß sie nicht
von realen Preisen ausgeht: Ihre Buchhaltung ist die politische Buchführung des Plans, und der Plan ist nicht an Gewinn und Verlust orientiert,
sondern an ideologischen Absichten, wie sehr auch das Regime seine Manager von Zeit zu Zeit ermahnt, sich der Disziplin der *chosratschot* zu
unterwerfen, sei es in den Tagen Lenins, Kossygins oder Gorbatschows.

Trotzdem können die alten CIA-Zahlen eine ungefähre Vorstellung des
Trends vermitteln: Sie zeigen, daß es beständig abwärts ging.

Durchschnittliche jährliche Wachstumsrate:

Jahr	Aktuelles Bruttosozialprodukt
1966–1970	5,1 Prozent
1971–1975	3,0 Prozent
1976–1980	2,3 Prozent
1981–1990	Null

Berücksichtigt man die von russischen Fachleuten empfohlene Reduktion
um jeweils 2 Prozent, so ist die Sowjetunion wahrscheinlich zwischen
1979 und 1981 in den Bereich negativen Wachstums eingetreten.[11]

Aber das war nicht die einzige Fehlentwicklung. Noch bedrohlicher war
die Tatsache, daß die sowjetische Wirtschaft in den sechziger und siebzi-

ger Jahren die große Wende von der extensiven zur intensiven Entwicklung verpaßte, die andere Industriegesellschaften schon früher vollzogen hatten. Die großen ökonomischen Erfolge der Sowjetunion in den dreißiger, vierziger und noch in den fünfziger Jahren waren durch die Methoden einer institutionalisierten Kriegswirtschaft erzielt worden, die beachtliche Mengen von Menschen und Kapital für Großprojekte aufgeboten hatte. Diese Ressourcen wurden hemmungslos ausgebeutet – der *Gulag* ist dafür nur das schlimmste Beispiel. Diese Extravaganz war zunächst dadurch möglich geworden, daß die große Bevölkerungsexplosion des späten 19. und frühen 20. Jahrhunderts Rußland zur bevölkerungsreichsten Nation in Europa gemacht hatte. Das verschaffte dem sowjetischen Experiment einen demographischen Rückhalt, auf den Stalins extensive Entwicklungsmethoden ohne Rücksicht auf Hunger und Mißernten zurückgreifen konnten. Zweitens wurde die stalinistische Entwicklung auch dadurch begünstigt, daß die eurasische Expansion – ein Sechstel der gesamten bewohnten Erde, wie die sowjetische Regierung nicht müde wurde zu betonen – unbegrenzte Rohstoffreserven zur Verfügung stellte oder wenigstens zur Verfügung zu stellen schien: Unberührte Landstriche konnten ohne Rücksicht auf Bodenerosion umgepflügt und Flüsse in pseudo-prometheischen Großprojekten gestaut oder umgeleitet werden.

Aber in den siebziger Jahren hatten sich sowohl die menschlichen als auch die natürlichen Ressourcen des Landes beträchtlich verringert.[12] Nach der Dezimierung der Bauernschaft unter Stalin veranlaßte der chronische Wohnungsmangel in den Städten die dort lebenden Familien dazu, die Zahl ihrer Nachkommen drastisch einzuschränken. Die Arbeitskraft des Landes ließ entsprechend nach, besonders im slawischen Kernland. Gleichzeitig begannen die brachialen Methoden der bolschewistischen Industrialisierung, die einstmals üppigen Rohstoffreserven zu erschöpfen. Statt dessen entstanden ökologische Katastrophengebiete wie der immer kleiner werdende Aral-See und der sterbende Baikal-See. Der Rückgang der Arbeitskraft und die Erschöpfung der natürlichen Reserven trugen dann ihrerseits dazu bei, die Kosten jeder einzelnen Operation zu erhöhen.

Deutlich genug schien der Zeitpunkt gekommen, von den extensiven Entwicklungsmethoden aus der homerischen Gründerzeit des Sozialismus zu mehr intensiven Methoden überzugehen, wie sie einem ausgereiften industriellen System angemessen sind: Methoden, die auf dem vorsichtigen Umgang mit knappen Rohstoffen, der Pflege menschlichen Könnens und verfeinerter Technologie basieren. Einige Führer des Regimes, darunter Kossygin und später Andropow waren sich dessen bewußt. Kossygin pries anfangs »wissenschaftliche« und »rationale« Management-Methoden anstelle von brutalen »Kampagnen« als den Schlüssel zu größerem Wachstum, und später behauptete das Regime, in einer »wissenschaftlich-technologischen Revolution« begriffen zu sein. Aber alle Mühe blieb vergeblich.

In den siebziger und achtziger Jahren vergrößerte sich der technologische Vorsprung des Westens vor der Sowjetunion, und beunruhigenderweise stieg die Geschwindigkeit, mit der sich der Abstand zwischen Ost und West vergrößerte, von Jahr zu Jahr an.[13] Der einzige Sektor, auf dem die Sowjetunion die Konkurrenz mit dem Westen halten konnte, war der militärische; aber selbst dieser würde seine Position auf die Dauer nicht behaupten können, solange der Rest des Systems mehr und mehr veraltete. Trotzdem erwies sich der Zentralplan als unfähig, den Übergang zu intensiven Methoden ins Werk zu setzen.

Um das Langzeitdilemma des Systems auf andere Weise zu beschreiben: In den dreißiger Jahren hatten die Sowjets eine rohe, aber brauchbare Version einer Pittsburgh-Detroit- oder Ruhr-Lothringen-Wirtschaft aufgebaut, die hauptsächlich militärische Zwecke erfüllte. Nach dem Krieg stellten sie diesen Komplex wieder her, obwohl er nicht länger zur Avantgarde westlicher Industriepraktiken gehörte, und sie belasteten ihn zusätzlich mit den neuen Erfordernissen nuklearer und ballistischer Entwicklung. Nach Stalins Tod schließlich vervielfachten sie dieses Modell mehrmals, und zwar zu einer Zeit, als fortschrittliche Industrieländer ihre Garys, Birminghams und Essens nach und nach auflösten und statt dessen hochkarätigen Edelstahl aus billigen Quellen wie Südkorea zu importieren begannen. In den hochentwickelten Ländern selbst verschob sich die technologische Grenze insgesamt in Richtung Silicon Valley.

Sicherlich konnte es die Sowjetunion mit Livermore und Los Alamos aufnehmen. Im übrigen sah sie sich jedoch vom Westen und von Ostasien durch Revolutionen in Plastik und in Chemikalien herausgefordert, dann auch auf dem Gebiet der Elektronik und der Haushaltgeräte und schließlich in der Welt der Computer – Herausforderungen, auf die sie mit dem Leviathan der Planmaschinerie nur schwerfällig und unvollkommen antworten konnte. Zur selben Zeit ließ die Qualität der sowjetischen Erzeugnisse, Militärgerät ausgenommen, beständig nach, ebenso die nationale Infrastruktur und die Kapitalreserven – von den Eisenbahnen über die Fabriken bis hin zum öffentlichen Wohnungsbau –, so daß in den achtziger Jahren ein großer Teil des Landes buchstäblich zusammenbrach. Dieser Übergang von der Stagnation zum Verfall ist die logische Konsequenz der Planwirtschaft, wenn ein gewisser industrieller Entwicklungsstand einmal erreicht ist; denn die Planung erfordert in letzter Instanz nicht nur ein gleichbleibendes Niveau von Angebot und Nachfrage, sondern auch eine statische Technologie, und diese Bedingungen kann es in der wirklichen Welt nicht geben. In der dynamischen Welt der Realität ändern sich die Verhältnisse entweder zum Guten oder zum Schlechten, nur bleiben sie niemals stabil. Das Sowjetsystem aber sollte den »Sozialismus« schaffen und dann im einmal erreichten Zustand verbleiben, als wenn dieser das Ende der Geschichte wäre.

Ein weiterer Grund für den Niedergang war der beklagenswerte Zustand jener Klasse, die die soziale Basis des Systems bilden sollte und für deren Wohlergehen es überhaupt nur existierte, nämlich der Arbeiterklasse. Ihre Notlage war um so gravierender, als unter Breshnew die Arbeiter zum ersten Mal die tatsächliche Mehrheit der Bevölkerung darstellten. Im Jahr 1929, zu Beginn der Industrialisierung, war die Arbeiterklasse nur wenig größer als 1917, das heißt, sie umfaßte 2 oder 3 Prozent der Bevölkerung. Selbst am Ende des Jahrzehnts revolutionärer Urbanisierung in den dreißiger Jahren stellten die Bauern noch 60 Prozent der Bevölkerung. Im Jahr 1961 überstieg der Anteil der Stadtbewohner erstmals denjenigen der Landbevölkerung, und unter Breshnew verschob sich das Verhältnis weiter. Im Jahr 1982 lebten ungefähr 70 Prozent der Gesamtbevölkerung in den Städten, und natürlich waren die meisten dieser Menschen Arbeiter. Schließlich war es der Druck dieser beständig größer werdenden Stadtbevölkerung, der das Regime unter Chruschtschow wie unter Breshnew dazu zwang, immer mehr Konsumgüter zu produzieren und die landwirtschaftlichen Erträge zu steigern.

Natürlich verzichtete das Regime niemals auf die Behauptung, daß dem Arbeiter die höchste Stelle im System zukomme und daß dessen Stärke allein auf seiner »sozialistischen Arbeit« beruhe. Der Mythos vom Arbeiterstaat war tatsächlich zentral für das Funktionieren des Gesamtsystems, weil er als Pseudo-Legitimation für die Opfer der Bevölkerung diente. Es kann auch kein Zweifel daran bestehen, daß dieser Mythos in den harten Aufbaujahren des Sozialismus ein beachtliches Mittel psychologischer Mobilisierung darstellte, und ebensowenig läßt sich bestreiten, daß ein Teil der Arbeiterklasse noch sehr viel später seinen Stolz aus dem Prestige bezog, das einer Elite unter ihren Mitgliedern zugestanden wurde. Trotzdem wäre für die breite Masse eine etwas greifbarere Anzahlung auf die »leuchtende Zukunft« vonnöten gewesen, um den Mythos am Leben zu erhalten – doch dazu ist es niemals gekommen.

Als die egalitäre Politik der frühen Jahre des Bolschewismus einmal verlassen war, wurde die Arbeiterschaft, wie wir gesehen haben, durch ein System von Zuckerbrot und Peitsche gelenkt: Unter Stalin gab es nach 1931 spezielle Auszeichnungen für die wenigen Hochleistungsarbeiter der Stachanow-Bewegung und den Druck der Akkordraten für die breite Masse. Dazu kamen im Lauf des Jahrzehnts der polizeiliche Druck der Arbeitsbücher, die *propiska* oder Aufenthaltserlaubnis, Kriminalstrafen für Abwesenheit und seit 1940 die »Militarisierung der Arbeit«, das heißt die offizielle Einführung der Dienstverpflichtung. Dieses drakonische Regime wurde nach dem Krieg etwas abgemildert, insbesondere durch den verminderten Rückgriff auf Kriminalstrafen und durch Preisnachlässe. Letztere kamen besonders den städtischen Arbeitskräften zugute, für die Stalin unter allen sozialen Gruppen eine Vorliebe hatte. Trotzdem war die allgemeine Armut so groß, daß die Arbeiter kaum in den Genuß der rudimentärsten Sozialleistungen kamen, und Akkordsätze blieben die Regel.

In den Jahren der Entspannung nach Stalins Tod mußten den Arbeitern mehr Konzessionen gemacht werden als allen anderen Bevölkerungsgruppen. 1956 wurden die Gesetze zur Militarisierung der Arbeit und zur Bestrafung von Vergehen abgeschafft. Im selben Jahr wurden ein Mindestlohn eingeführt und erstmals bescheidene Ruhestandsgelder gezahlt. 1964 wurden diese Ruhestandsgelder sogar auf die Kolchosbauernschaft ausgedehnt. In den funfziger und sechziger Jahren wurde außerdem die Arbeitswoche auf fünf Tage verkürzt, der Mutterschaftsurlaub verlängert, und weitere Maßnahmen zur sozialen Sicherung wurden eingeführt. Unter Breshnew fand diese Politik zum Aufbau eines rudimentären Wohlfahrtsstaats ihre Fortsetzung, ja die Bemühungen wurden sogar verstärkt, was im Westen nicht wenige als ein Zeichen der »Reifung« des Systems interpretierten, seiner Entwicklung von einer totalitären zu einer nur noch autoritären Ordnung.

Dennoch wäre es wahrscheinlich angemessener, diesen Wandel als eine Art von Schutzgeld zu betrachten, das die Nomenklatura den Arbeitern zahlte, um das System stabil zu halten. Denn beim unvermeidlichen Nachlassen staatlichen Drucks unter Chruschtschow waren die Arbeiter aufsässig und potentiell gefährlich geworden. Zum ersten Mal seit den zwanziger Jahren gab es wilde Streiks und sogar Unruhen, die in Revolten umzuschlagen drohten. Der erste größere Vorfall dieser Art scheint sich 1959 in Temirtau ereignet zu haben, einer Industriestadt im Neulandgebiet. Der Höhepunkt der Unruhen fiel ins Jahr 1962, als Chruschtschow die Preise für Fleisch, Milchprodukte und Wodka anheben ließ, um seinen »Mini-Boom« zu beschleunigen. Diese Maßnahmen provozierten von Moskau bis zu den Docks von Odessa gewalttätige Unruhen. Der tragischste Zwischenfall ereignete sich in Nowotscherkask im Süden des Landes, wo ein von den Behörden falsch eingeschätzter Streik in Straßenschlachten und schließlich in der Niederschlagung durch KGB-Truppen endete. Mindestens 70 Menschen wurden dabei getötet. Zwei Mitglieder des Politbüros wurden abgesandt, um Ruhe und Ordnung wiederherzustellen, aber dies gelang ihnen erst, als sie die Läden mit frischen Vorräten auffüllen ließen. Dann mußten die Arbeiter mit ansehen, wie ihre Führer verhaftet und nach Sibirien verschifft wurden. Der Rest der Welt erfuhr von den Vorgängen erst durch die Veröffentlichung von Solshenizyns *Archipel Gulag* im Jahr 1975.[14]

Obwohl sich derartig gravierende Ereignisse nicht wiederholten, gab es bis in die achtziger Jahre hinein immer wieder kleinere Zwischenfälle; die Gründe dafür waren überhöhte Preise, Wohnungsnot, Nahrungsknappheit und die Unzufriedenheit mit den Arbeitsnormen. Die Reaktion der Autoritäten war jedesmal dieselbe: Sie versuchten, die Vorfälle geheimzuhalten, damit das Beispiel nicht in anderen Städten Schule machen konnte; sie kauften die Massen mit einer kurzfristigen Erhöhung des Warenangebots und verhafteten dann ihre Führer. Aber es wurden auch längerfristige Zugeständnisse nötig. Obwohl die Akkordsätze nicht völlig abgeschafft und durch zeitgebundene Produktionsraten ersetzt wurden, ließ der tatsächliche Druck auf die Arbeiter nach, und die Lohnunterschiede zwischen den am besten und den am schlechtesten bezahlten wurden allmählich abgebaut. Das Ergebnis dieser Politik war einerseits Arbeitsfrieden, andererseits jedoch die Stagnation der Arbeiterproduktivität.

Ein Grund für den Aufstieg der sowjetischen Industrie unter Stalin war, daß man mit einem sehr geringen Produktivitätsfaktor pro Arbeiter begonnen hatte; mit dem zusätzlichen Hilfsmittel der Akkordsätze war es daher zunächst leicht, die Produktivitätsrate schnell zu steigern. Nach diesem anfänglichen Erfolg wären jedoch größere Anreize notwendig gewesen, um die Entwicklung voranzutreiben. Aber dieser Schritt wurde sowohl durch die Rigidität des Plans als auch durch die anhaltende Güterknappheit verhindert. So gab sich das System in den frühen siebziger Jahren endgültig mit geringer Produktivität bei gleichzeitiger hoher Beschäftigungssicherheit zufrieden, ein Zustand, den man als »Arbeitslosigkeit im Dienst« bezeichnet hat. Dieser Zustand allgemeiner Apathie und die dazugehörige Mentalität der Arbeiterschaft wurde treffend in einem Witz zusammengefaßt, der seither um die Welt gegangen ist: »Ich gebe so lange vor zu arbeiten«, sagt der sowjetische Arbeiter, »wie sie vorgeben, mich zu bezahlen.«

Die wirkliche Situation war jedoch alles andere als witzig. Während der letzten Jahre unter Breshnew wurde die Arbeiterschaft auch physisch in Mitleidenschaft gezogen: Einzigartig in der Geschichte der entwickelten Länder war die Tatsache, daß die durchschnittliche Lebenserwartung für Männer von 68 auf 64 Jahre sank, während die Säuglingssterblichkeit von 3 Prozent auf 7 Prozent stieg. Ein Hauptgrund dafür war der Alkohol. Zwar war Alkoholismus in Rußland immer ein Problem gewesen, nie zuvor waren jedoch auch jüngere Bevölkerungsgruppen und Frauen in vergleichbarer Weise davon betroffen gewesen. Der Verkauf von Spirituosen machte 15 Prozent der staatlichen Einnahmen aus. Die Kosten dieses »Gewinns« bestanden jedoch in einem zunehmenden Verfall der Arbeitskraft und in sozialer Demoralisierung. Dennoch gab es einen Sektor der sowjetischen Wirtschaft, der während der Ära Breshnew auf seine Art dynamisch blieb und stetiges Wachstum verzeichnete: die »zweite« oder »Schattenwirtschaft«.[15] Die Geschichte dieses institutionalisierten Schwarzmarkts läßt sich bis in die frühesten Jahre der Sowjetmacht zurückverfolgen, als während der schrecklichen Jahre des Bürgerkriegs der zweite Markt und seine »Sackträger« für die Ernährung der Bevölkerung unerläßlich waren. Während der permanenten Knappheit der Stalinzeit bildete der Schwarzmarkt eine Konstante, wenngleich er offenkundig eine gefährliche Zuflucht darstellte. Erst unter Chruschtschow etablierte sich dann eine mehr oder weniger stabile und halblegale Schattenwirt-

schaft als unverzichtbare Ergänzung des Plans: Die Bevölkerung fürchtete den Staat jetzt weniger, und der Staat allein vermochte die Konsumbedürfnisse nicht zu befriedigen, die seine eigene Politik geweckt hatte.
Nebentätigkeiten nach Feierabend, Schwarzarbeit, Unterschlagung und
»Spekulation« gediehen daher ebenso wie die sogenannten Parasiten,
Leute ohne feste Anstellung, die angeblich von diesen Tätigkeiten lebten.
Diese Praktiken nahmen so sehr zu, daß Chruschtschow für einige von
ihnen die Todesstrafe verhängte. Die Tatsache, daß diese einige Male
auch wirklich vollstreckt wurde, zeigt, wie weitverbreitet und unbezwing-
bar dieser Handel geworden war.

Unter Breshnew wurde die Schattenwirtschaft aber zu einem wahren
Stützpfeiler des Systems. Sie arbeitete auf zwei Hauptgebieten, die man
als Groß- und Einzelhandel bezeichnen kann. Im Bereich des Einzelhan-
dels bediente sie die Konsumbedürfnisse der Bevölkerung mit Mangelwa-
ren oder *defizitnyi towary*. Dazu gehörten Dienstleistungen – von der
Anfertigung von Kleidern über Autoreparaturen bis hin zur medizinischen Versorgung –, die der Staat nicht bereitstellen konnte, ebenso wie
die Lieferung von Importartikeln – Jeans, Luxusgütern oder technologischem Know-how –, die wegen ihrer Qualität und ihres fremdartigen
Flairs beliebt waren. Im Bereich des Großhandels fungierte die Schattenwirtschaft als Stütze der Staatswirtschaft: Sie bot ein Plus an unternehme-
rischem Erfindungsgeist, das die Unbeweglichkeit des Plans kompensier-
te. So versorgte sie Staatsbetriebe mit allen Arten von Rohstoffen in jenen
allzu häufigen Fällen, in denen ein Unternehmen die notwendigen Artikel von offiziellen Anbietern nicht oder nicht schnell genug bekommen
konnte, um den Plan einzuhalten. Regelmäßig hatten die »Schattenunter-
nehmer« allerdings ihre Waren aus einer offiziellen Agentur abgezweigt
oder unterschlagen, um sie dann an die nächste weiterzuverkaufen. Und
zuzeiten arteten diese Aktivitäten förmlich in eine Parallelproduktion
von Haushaltsgütern und Industriegeräten aus.

Auf diese Weise führte die Schattenwirtschaft zur Entstehung regelrechter »Mafias« – ein Wort, das unter Breshnew in die russische Umgangs-
sprache Aufnahme fand. Diese Mafias überschnitten sich zeitweise mit der
Parteihierarchie in einer Art Symbiose, in der die Unternehmer im Austausch für Güter und Dienstleistungen politische Protektion erhielten.
Denn in einer Welt, in der das Wirtschaftssystem in erster Instanz ein
Politikum ist, wird politische Macht zur wichtigsten Quelle des Wohl-

stands. In einigen der Randrepubliken hatte denn auch die Mafia weitgehend alle politischen Ämter besetzt, oder vielmehr hatten sich die lokalen Parteikader in Mafiosi verwandelt. Der vielleicht berühmteste Fall ist die Republik Georgien unter dem Ersten Sekretär und Politbüromitglied Wassili Mshawanadse, der schließlich vom Innenminister der Republik, Eduard Schewardnadse, aus seinen Ämtern verdrängt wurde. Ein noch schillernderes Beispiel ist jedoch Rafik Adulow, Parteisekretär in Usbekistan, der sich einen Harem hielt und eine Folterkammer für seine Kritiker betrieb, während der Parteichef der Republik die Ziffern der Baumwollproduktion fälschte, für die Moskau ihn bezahlte. Korruption war jedoch auch an der Spitze des Systems zu finden, in der »Dnjepropetrowsker Mafia«, die aus Breshnews eigenen Vertrauten und Verwandten bestand. Diese Tatsache war in der Bevölkerung teilweise bekannt und trug dazu bei, die Glaubwürdigkeit des Systems weiter zu untergraben.

Diese Mißstände waren ebensowenig dem Zufall zuzuschreiben, wie man für den Zustand der sowjetischen Landwirtschaft das schlechte Wetter verantwortlich machen konnte. Unter Breshnew wurde die Transformation des *Apparats* in eine mafia-ähnliche Organisation zu einem Hauptproblem des Staates. Schuld daran war vor allem Breshnews Politik der »Stabilität der Kader«, die ihrerseits aus der langfristigen Entwicklung der Partei zu einer Institution hervorgegangen war. Dasselbe gilt für das neue Phänomen der »Gerontokratie«, das, so sinnfällig es auch an der Spitze des Staates war, auf allen Ebenen des Systems gefunden werden konnte.

Aber auch das kriminelle Verhalten war Ausdruck einer ökonomischen Logik, die der innersten Natur der Planwirtschaft entsprang. Denn das sowjetische Experiment, das unter Breshnew seinen 50. Geburtstag feierte, hatte inzwischen gezeigt, daß es unmöglich war, den Markt zu unterdrücken: Allen Anstrengungen zum Trotz entwickelte er sich immer wieder aufs neue, sei es illegal wie die »Sackträger« unter Lenins Kriegskommunismus, sei es legal wie zur Zeit der Neuen Ökonomischen Politik, sei es wie unter Stalin in Gestalt von Familienverschwörungen und Kolchosmärkten. Das Experiment hatte jedoch auch gezeigt, daß es möglich war, den Markt auf unbestimmte Zeit in den Untergrund zu verbannen und ihn auf diese Weise zu kriminalisieren, und zwar sowohl was den juristischen Tatbestand als auch was das menschliche Verhalten betrifft. Da dieser schwarze Markt aber von wirklichen sozialen Bedürfnissen geschaffen wurde und auf solche antwortete, da er also nicht nur mit kruder »Spekulation« zu tun hatte, war bis zu einem gewissen Grad die ganze Bevölkerung in ihn verwickelt. Deswegen waren auch alle in gewissem Maß kriminalisiert, denn jeder mußte seine kleine »Schiebung«, sein kleines Geschäft abwickeln, um zu überleben. Natürlich gibt es auch im Westen Korruption, aber dort ist man nicht darauf angewiesen. In der früheren Sowjetunion war sie notwendig, um auch nur einigermaßen zurechtzukommen. So machten alle sich fortwährend schuldig, während eine unerläßliche Aktivität stigmatisiert und gehemmt wurde.

Wie umfassend war dieser schwarze Markt? Kein angesehener Ökonom hat es je gewagt, hier eine Zahl zu nennen, obwohl die Existenz dieses Marktes allgegenwärtig war. Die unvermeidliche Ungewißheit über seine Größe ist nur ein besonders schwerwiegender Fall der Ungewißheit über die sowjetische Wirtschaft im ganzen. Quantitativ läßt sich lediglich sagen, daß die Schattenwirtschaft einen beträchtlichen Umfang hatte; wichtiger ist jedoch, daß sie qualitativ gesehen unerläßlich war, damit das System überhaupt funktionierte. Sie war kein bloßer Mangel oder das Ergebnis eines Mißbrauchs, der durch bessere Politik oder härtere Disziplin hätte abgestellt werden können, wie das System gern behauptete. Sie war vielmehr die unvermeidliche Konsequenz eines künstlichen staatlichen Wirtschaftsmonopols; zugleich aber das unverzichtbare Mittel zu dessen Erhaltung. Diese lebensnotwendigen Funktionen zu einer polizeilichen Angelegenheit zu machen, bedeutete nicht nur, die offizielle wie die inoffizielle Wirtschaft ins Stolpern zu bringen; es bedeutete auch, die öffentliche Moral und das Rechtsbewußtsein der Bevölkerung zu unterminieren. Das war ein Teil des Preises für die »Rationalität« des Plans.

Die Bürde der Weltmacht

Die beschriebenen Mängel des Systems werden durch den einzigen Sektor, auf dem es international wettbewerbsfähig war, die Waffenproduktion, nur noch deutlicher. Wie wir gesehen haben, folgte die Organisation der sowjetischen Wirtschaft insgesamt militärischen Grundsätzen; erst nach 1937 jedoch wurde die aktuelle Produktion für militärische

Zwecke zu ihrer Existenzgrundlage. In Anbetracht der Weltlage war das bis 1945 nur allzu verständlich. In der Nachkriegszeit waren die Umstände indes anders, und so erhielt das zentrale Gewicht militärischer Macht für das System einen dauerhafteren, mehr institutionalisierten Charakter. Denn die Sowjetunion wurde jetzt nicht mehr von einem ihrer unmittelbaren Nachbarn bedroht, sondern sie bemühte sich langfristig um »Positionen der Stärke« in Europa und in Ostasien, um sich gegenüber dem »imperialistischen Lager« behaupten zu können. Mit dem Kalten Krieg hatte sich zudem die Art der Konflikte verändert, denn es handelte sich jetzt nicht mehr um aktuelle bewaffnete Auseinandersetzungen, sondern um die immerwährende Vorbereitung darauf. Die folgenden vier Jahrzehnte ununterbrochener militärisch-technischer Aufrüstung mitten in einer Periode des Friedens sind wahrscheinlich ein einzigartiges Phänomen in der Geschichte des internationalen Konflikts. Auch die amerikanische »Seite« hatte freilich die Last dieser Entwicklung zu tragen, aber in der Sowjetunion schluckte der für den Kalten Krieg betriebene Aufwand doch einen erheblich größeren Teil der nationalen Ressourcen. Und das galt vor allem für die Regierungszeit Breshnews.

Nach 1945 rüstete die Sowjetunion beinahe in gleichem Maß ab wie die Vereinigten Staaten. Die Wiederaufrüstung begann erst nach dem Korea-Krieg und wurde von Chruschtschow in den späten fünfziger Jahren wieder gedrosselt, während er gleichzeitig versuchte, den Vorsprung der Amerikaner beim Bau von Marschflugkörpern so schnell wie möglich einzuholen. Erst in den sechziger Jahren, nach der gefährlichen Kuba-Krise, ließ sich die Sowjetunion auf ein systematisches Wettrüsten ein, um den Amerikanern pauschal gewachsen zu sein. Das bedeutete eine kontinuierliche Verstärkung der Bodentruppen bis zu über vier Millionen Mann sowie den Aufbau einer Flotte von Weltrang unter Admiral Sergej Gorschkow, insbesondere einer U-Boot-Flotte, die in allen Weltmeeren operieren konnte. Und schließlich bedeutete es die Herstellung nuklearer und ballistischer Parität mit den Vereinigten Staaten. Im Jahr 1969 hatte die Sowjetunion dieses lang ersehnte Ziel erreicht; zum ersten Mal konnte sie als gleichberechtigte Supermacht auftreten.

Fortan richtete sie ihren Ehrgeiz darauf, diesen Status um jeden Preis zu halten und ihn nach Möglichkeit in Überlegenheit zu verwandeln. So ging das Wettrüsten weiter bis zu seiner Kulmination unter Breshnew und Andropow. Die Sowjetunion dieser Zeit ist als ein Staat beschrieben worden, der einen militärisch-technischen Komplex nicht nur *besaß*, sondern ein solcher *war*. Trotzdem wäre es angemessener, von einem partei-militärisch-industriellen Komplex zu sprechen, denn die professionellen Militärs trugen nicht die Verantwortung dafür, und die Gründe für die Aufrüstung waren nicht in strategischen Überlegungen per se zu suchen, sondern in der parteipolitischen Wahrnehmung einer Welt, die in zwei feindliche, rivalisierende Lager aufgeteilt war. Und nur die Fähigkeit der Partei zur totalen sozialen Mobilmachung konnte einen militärisch-technischen Komplex von solchen Dimensionen hervorbringen, wie sie unter Breshnew erreicht wurden.

Der CIA schätzte damals, daß die Verteidigung etwa 15 Prozent des sowjetischen Staatshaushalts verschlang, während sich die Ausgaben in den USA durchschnittlich auf 5 Prozent beliefen. Im Jahr 1990 gab Außenminister Schewardnadse jedoch bekannt, daß es 25 Prozent gewesen seien, und andere sowjetische Schätzungen aus den Glasnost-Jahren gehen bis zu einer Höhe von 40 Prozent.[16] Die Schätzung Schewardnadses kommt den Tatsachen sicher näher als die des CIA; die wirkliche Antwort ist jedoch, daß wir die Wahrheit nicht kennen, weil auch die Sowjets selbst sie niemals wirklich kannten. Es gibt sogar Anzeichen dafür, daß die Sowjets der Berechnung ihres Bruttosozialprodukts die Zahlen des CIA zugrunde legten und deswegen irrtümlich annahmen, sie hätten einen viel größeren Spielraum für Verteidigungsausgaben, als tatsächlich der Fall war. Gleichzeitig war ein verhältnismäßig zu großer Teil der Arbeiterschaft auf dem militärischen Sektor beschäftigt: mindestens 25 Prozent, nach Aganbegjan und anderen sowjetischen Wirtschaftswissenschaftlern 30 oder 40 Prozent, während in den USA und anderen westlichen Ländern die Vergleichszahlen unter 5 Prozent lagen.[17] Auf jeden Fall war der Anteil der von der fruchtlosen Aktivität sowjetischer »Verteidigung« absorbierten Menschen und Güter erdrückend: Er schloß auf lange Sicht jede Art von ökonomischem Aufschwung für das Land aus.

Außerdem beanspruchte das Militär die avancierteste Technologie, die modernste Ausrüstung und viele der klügsten Köpfe des Landes für sich, denn letztere waren ihm durch politischen Befehl verbunden. Das Militär war auch das, was man eine »Nachfrage-Einheit« nennen könnte: Es war ein Konsument, der im Unterschied zur Zivilbevölkerung Produkte, die ihm zu minderwertig erschienen, zurückweisen und auf diese Weise eine

Änderung des Plans zu seinen Gunsten erzwingen konnte. Das Militär beanspruchte dieses Recht, weil seine Produkte, ebenfalls im Unterschied zu denen des Zivilsektors, international wettbewerbsfähig sein mußten, sei es auf den Schlachtfeldern des Mittleren Ostens oder auf den Waffenmärkten der Dritten Welt.

Und für ein Vierteljahrhundert wurde das sowjetische Militär dank einer unglaublichen Manifestation technischer und organisatorischer Leistungsfähigkeit zu einer der beiden größten und mächtigsten Streitkräfte der Weltgeschichte. In gewissem Sinn war das die höchste Erfüllung des Parteistaats, die einzige Art von Aufgabe, bei deren Lösung ein solches System brillieren konnte. Gleichzeitig überstieg diese Leistung aber die realen Wirtschaftskapazitäten des Systems, und so konnte sie nicht lange aufrechterhalten werden. Der Versuch, sie dennoch weiter zu erbringen, trug mehr als jeder andere Einzelfaktor zum Zusammenbruch in den neunziger Jahren bei.

Beinahe ebenso ruinös wie diese militärische Kraftanstrengung war die Außenpolitik, der sie diente. Nach Chruschtschows Abenteuer in Kuba wurde die Regierung Breshnew-Kossygin außenpolitisch vorsichtiger. Wie unter Chruschtschow blieb es jedoch das erste Ziel des Regimes, eine Übereinkunft mit den USA zu erzielen, die es der Sowjetunion erlaubte, ihre Streitkräfte aufzubauen. Bemühungen in diese Richtung wurden jedoch ständig von der zweiten Hauptbestrebung unterbrochen, die darin bestand, von den revolutionären und nationalliberalen Bewegungen in der Dritten Welt zu profitieren, um die Macht und das Prestige der Sowjetunion auf Kosten der USA zu vergrößern. Schließlich war Moskau als Führerin der Revolution wie als Supermacht dazu berufen. Günstige Gelegenheiten im Ausland nicht zu nutzen hätte automatisch bedeutet, die eigene Macht zu verringern und dadurch auch das Bedürfnis nach sozialer und ideologischer Mobilmachung zu Hause: Der endlose Kampf gegen den »Imperialismus« war für das innere Gleichgewicht des Parteistaats so unerläßlich wie nur je.

Die meisten außenpolitischen Abenteuer der Ära Breshnew blieben Stellvertreter-Abenteuer. Das erste Hauptgebiet der Aktivitäten lag im Mittleren Osten. Die Sowjetunion war in die Auseinandersetzungen auf diesem Gebiet bereits seit 1948 verwickelt. Damals hatte sie den Staat Israel vor allen anderen Mächten anerkannt; hauptsächlich, um den britischen »Imperialismus« zu unterminieren. Fast unmittelbar anschließend jedoch wandelte sich Stalin plötzlich zum Verfechter des »Anti-Zionismus«, teilweise weil er die überraschende Begeisterung der sowjetischen Juden für Israel als mangelnde Loyalität gegenüber der UdSSR interpretierte, teilweise, weil er dadurch zur Feindschaft gegen Israels neue Schutzmacht, die USA, aufstacheln wollte. Chruschtschow baute diese Politik später zur aktiven Unterstützung der Araber aus, indem er die Sowjetunion zur Schutzmacht und zum Waffenlieferanten von Ägypten und Syrien, vom Irak und von Libyen machte, eine Politik, die Breshnew fortsetzte. Sein Ziel war aber nicht ein arabischer Sieg über Israel, sondern er wollte das ganze Gebiet zunächst gegen Großbritannien und Frankreich, dann auch gegen die USA mobilisieren. Zuerst konzentrierte sich diese kostspielige Politik auf Ägypten. Als dann Anwar as-Sadat 1972 alle sowjetischen Ratgeber aus Ägypten auswies und wenig später auf die amerikanische Seite überlief, um dort Finanzhilfe und militärische Unterstützung zu erbitten, verlegten die Sowjets den Schwerpunkt ihrer Bemühungen auf die »revolutionären« arabischen Diktaturen.

Das zweite Hauptgebiet sowjetischer Auslandsaktivitäten war Südostasien. Im Jahr 1954 endete der Erste oder Französische Vietnamkrieg mit einer Teilung des Landes in Nord und Süd. Den Genfer Abkommen dieses Jahres zufolge sollten nationale Wahlen zur Wiedervereinigung des Landes abgehalten werden; bis in die frühen sechziger Jahre hinein war man sich im Westen jedoch weitgehend einig, daß das Land de facto geteilt bleiben würde, ähnlich wie Korea oder Deutschland. Nordvietnam hatte allerdings die Absicht, sich den Süden einzuverleiben, ob mit Wahlen oder ohne, und als sich die Organisation von Wahlen als unmöglich erwies, baute Hanoi, mit der aktiven Unterstützung Chinas, eine südvietnamesische »Befreiungsfront« auf. Die Vereinigten Staaten schritten zur Verteidigung Südvietnams, und da China zu schwach war, um einen solchen Gegner aufzuwiegen, wandte sich Hanoi im Jahr 1965 an die andere Supermacht mit der Bitte um militärische Unterstützung. Moskau ließ sich nicht lange bitten, gleichzeitig die Chinesen auszustechen und seinen großen Rivalen zu schwächen.

Das Ergebnis war das gewinnträchtigste außenpolitische Abenteuer der Ära Breshnew. Die USA hatten Angst, in chinesische Angelegenheiten ebenso hineingezogen zu werden wie in den Korea-Krieg; außerdem wollten sie eine direkte Konfrontation mit den Sowjets vermeiden und führten daher einen relativ begrenzten Krieg. Diese Strategie hatte den doppelten Nachteil, einerseits zu schrecklichen Verwüstungen zu führen und andererseits weder den Norden noch den Vietkong bezwingen zu können. Deswegen schleppte sich der Konflikt bis zum Ende des Jahrzehnts dahin. Er spaltete die Parteien, schwächte den amerikanischen Antikommunismus und führte, wie die Sowjetunion vorausgesehen hatte, zu einer Verschiebung des Kräfteverhältnisses zugunsten Moskaus. Gleichzeitig brauchte Washington die Unterstützung der Sowjets, um Hanoi an den Verhandlungstisch zu bringen und so den Konflikt möglichst ohne Gesichtsverlust beenden zu können. Auch das stärkte die Stellung Moskaus in der Welt.

Mit Moskaus Hilfe kamen schließlich Verhandlungen zustande, die es den USA im Jahr 1973 erlaubten, sich aus Vietnam zurückzuziehen, wobei jedoch nordvietnamesische Truppen in Südvietnam stationiert blieben. Das bedeutete, daß der Konflikt jederzeit wieder ausbrechen konnte, wenn die Dinge für Nordvietnam günstiger standen. Genau das geschah im Jahr 1975. Die Sowjets hatten Nordvietnam zwar nicht zur Eroberung des Südens aufgestachelt, sie taten aber auch nichts, um ihren Verbündeten zurückzuhalten, und die ganze Operation war nur mit Hilfe sowjetischen Militärgeräts möglich. In Begriffen des »Klassenkampfs der zwei Systeme«, wie Breshnew zu sagen pflegte, war der Vietnamkrieg ein großer, wenngleich von Stellvertretern errungener sowjetischer Sieg.

Im gleichen Zeitraum verlor der andere große Gegner der Sowjets, China, endgültig seine Position im Wettbewerb der Großmächte. Dieser Prozeß begann mit den Ereignissen in Indonesien, das zu Beginn der sechziger Jahre über die drittgrößte kommunistische Partei in der Welt nach der Sowjetunion und China verfügte. Präsident Sukarno betrieb den Austritt Indonesiens aus den Vereinten Nationen, um zusammen mit China, dessen Eintritt in die Vereinten Nationen von den USA verhindert wurde, eine neue internationale Organisation der Drittweltländer zu gründen. Dann versuchten Sukarno und die indonesischen Kommunisten einen Staatsstreich, um eine »progressive« Diktatur zu errichten. Dies mißlang jedoch, und das indonesische Militär liquidierte die kommunistische Bewegung bis auf den letzten Mann; mindestens hunderttausend Menschen wurden dabei getötet. Moskau protestierte nicht einmal gegen das neue indonesische Regime von General Suharto; alles in allem war das Massaker nur eine Niederlage für China.

Die zweite Niederlage Chinas war selbsterzeugt und nahm die Form
der großen Umwälzungen im Gefolge der Kulturrevolution in den Jahren
1966 bis 1969 an. Diese Episode war in ihrem selbstzerstörerischen
Fanatismus nur den stalinistischen Säuberungen vergleichbar; sie diskreditierte China als alternatives revolutionäres Modell und schwächte sowohl seine Wirtschaft als auch seine Stellung als mögliche künftige
Supermacht. Im Jahr 1971, als Nixon China besuchte, tat Mao dann genau
das, wofür er Chruschtschow früher verurteilt hatte: Er nahm Kontakte zu
den Vereinigten Staaten auf. Maos Tod im Jahr 1976 führte zu neuen
Turbulenzen unter der Viererbande, wodurch China weiter an internationalem Ansehen verlor. Auch wenn Deng Xiaopings »Revisionismus« am
Ende dieses Jahrzehnts die Ordnung wiederherstellte, starb damit in den
Augen der Dritten Welt doch gleichzeitig der chinesische Revolutionsmy-
thos. So blieb Moskaus Stellung an der Spitze der »internationalen
Arbeiterbewegung« unangefochten.

Infolge dieser Ereignisse wurde das wiedervereinigte Vietnam zum
Verbündeten Moskaus und zum aktiven Gegner Chinas. Dadurch stiegen
das Ansehen wie auch die tatsächliche Macht der Sowjetunion in der
Dritten Welt und bei der einheimischen Bevölkerung erheblich. Allerdings hatte dieser Sieg seine Schattenseiten, denn die internationale
Bewegung war inzwischen von so vielen Spaltungen und Verlusten
heimgesucht worden, daß sie als revolutionäre Kraft nicht mehr allzu
glaubwürdig war. De facto war die Serie der vom Zweiten Weltkrieg
ausgelösten authentisch revolutionären Bewegungen um 1970 zu Ende;
der »internationale« Kommunismus bestand jetzt im wesentlichen aus
der weltweiten militärischen Macht der Sowjetunion. Diese reichte jedoch
aus, um die siebziger Jahre für die Sowjetunion zur Blütezeit ihres
internationalen Einflusses und ihrer Stärke zu machen. Nie war sie der
Vorherrschaft in der Welt oder sogar dem totalen Sieg so nahe gewesen.
Diese Einschätzung des Kräfteverhältnisses zwischen den »beiden Lagern« lag der Entspannung der siebziger Jahre zugrunde.

Durch die Drosselung des Vietnamkriegs nach 1969 wurde es möglich,
die Verhandlungen mit den Amerikanern und die Entspannungsbemü-
hungen wiederaufzunehmen, die auf die Kuba-Krise und den Teststopp
für Atomwaffen von 1963 gefolgt waren. Die Verhandlungen führten zum
ersten Waffenkontrollabkommen seit der Erfindung der Nuklearwaffen,

dem SALT-I-Abkommen von 1972, das den Einsatz von Atomraketen erschwerte und sehr hohe Beschränkungen bei Interkontinentalraketen auferlegte. Möglicherweise legte dieses Abkommen nur verbindlich fest, was die beiden Seiten ohnehin getan hätten, aber zumindest hielt es ihre Rivalität innerhalb der Grenzen der Diplomatie. Im selben Geist einigten sich die beiden Seiten während Nixons Moskau-Besuch im Jahr 1972 auf »Grundprinzipien friedlicher Koexistenz« und versprachen wechselseitig, auf »einseitige Vorteile auf Kosten des anderen« zu verzichten. Schließlich bedeutete die Entspannung auch eine wirtschaftliche Annäherung: Die USA erkannten der Sowjetunion den Status einer begünstigten Nation zu, und ausländische Investitionen in der Sowjetunion sollten erleichtert werden.[18]

Für den Westen war diese Politik von dem Gedanken geleitet, die Sowjets zu beruhigen und ihr Verhalten zu mäßigen, indem man die Übereinstimmung östlicher und westlicher Interessen herausstrich: Wenn die Sowjetunion, argumentierte man, durch für beide Seiten vorteilhafte Waffenkontrollabkommen in das internationale System eingebunden werden könne, und wenn es gelänge, sie durch Handelsabkommen in die Weltwirtschaft zu integrieren, dann würde es in ihrem eigenen Interesse liegen, mit den Vereinigten Staaten und Westeuropa auch auf anderen Gebieten zu kooperieren. In diesem Sinn sagte Henry Kissinger: »Mit der Zeit könnten Handel und Investitionen die Tendenzen des Sowjetsystems zur Autarkie beeinflussen und durch schrittweise Annäherung der sowjetischen Wirtschaft an die Weltwirtschaft einen Grad an wechselseitiger Abhängigkeit erzeugen, der der politischen Gleichung zusätzliche Stabilität verleihen würde.«[19] Ein ähnlicher Gedanke lag der damaligen Ostpolitik von Bundeskanzler Willy Brandt zugrunde: Spannungsabbau und Vertrauensbildung sollten das osteuropäische und insbesondere das ostdeutsche System aufweichen und reformieren.

Während der gesamten siebziger Jahre investierte der Westen daher extensiv in Osteuropa. Das galt vor allem für Polen unter Eduard Gierek, dem eher gemäßigten Nachfolger Gomulkas. Das Ergebnis war jedoch kein Fortschritt in Richtung auf eine Konvergenz der ökonomischen Interessen, vielmehr stärkte man lediglich für ein weiteres Jahrzehnt ein eigentlich schon diskreditiertes polnisches Regime, indem man ihm einen kurzfristigen, künstlichen Wohlstand finanzierte. Ebenso führte die Unterstützung von Walter Ulbricht und Erich Honecker durch die SPD zwar dazu, daß ostdeutsche Dissidenten gegen Geld in den Westen ausreisen durften; keineswegs wurden dadurch aber die internen Strukturen des ostdeutschen Systems aufgeweicht. Im Gegenteil schürte diese Politik den Irrglauben, Ostdeutschland betreibe eine genuin erfolgreiche kommunistische Wirtschaftspolitik und sei die zehntgrößte Wirtschaftsmacht der Welt. So kam es in keinem dieser Fälle zu einem Interessenausgleich; in beiden Ländern entstand dagegen eine einseitige wirtschaftliche Abhängigkeit vom Westen ohne entsprechende politische Neuorientierung. Das aber konnte man von Systemen erwarten, bei denen die Wirtschaftspolitik von politischen Belangen bestimmt wurde und nicht umgekehrt, wie sowohl Kissinger als auch Brandt annahmen.

Auf sowjetischer Seite besaßen Entspannung und Ostpolitik daher auch eine ganz andere Bedeutung als im Westen. Natürlich ging es auch im Osten darum, die Gefahr eines nuklearen Konflikts zu bannen. Gleichzeitig bot die Entspannung hier aber die Möglichkeit, den wirtschaftlichen Niedergang des Ostens aufzuhalten und die technologischen Lücken zu schließen, ohne in politische Abhängigkeit vom Westen zu geraten.

Das große Pilotprojekt in dieser Hinsicht waren die von Italien finanzierten Fiat-Automobilwerke in Togliatti an der Wolga im Jahr 1966. Für die siebziger Jahre sind die von Amerika finanzierte Lastwagenfabrik auf der Kama und der Pepsi-Cola-Konzern, für den die Sowjets mit »Stolitschnaja«-Wodka bezahlten, die bekanntesten Beispiele; es kam jedoch auch zu bedeutenden Erwerbungen von Computertechnologie und elektronischen Neuerungen. All das wurde mit der reichen Ausbeute an »Petrodollars« finanziert, die den Sowjets nach dem Öl-Embargo der OPEC im Jahr 1973 zugefallen waren, als sie die größten Rohölproduzenten auf dem Weltmarkt waren. Mit Petrodollars wurden auch die Getreideimporte bezahlt, die notwendig waren, um die Mängel der sowjetischen Landwirtschaft auszugleichen. Zu einer Zeit, als die sowjetische Wirtschaft bereits im Niedergang begriffen war, blieb das Regime daher trotzdem politisch konkurrenzfähig mit dem Westen, weil es parasitäre Wirtschaftsbeziehungen mit ihm einging.

All das geschah im übrigen, als der Glücksstern des Westens so tief stand wie noch nie seit dem Zweiten Weltkrieg. Die Ölkrise von 1973 beendete das Vierteljahrhundert Wohlstand der Nachkriegszeit und damit den größten ökonomischen Aufschwung der Weltgeschichte. Gleichzeitig erschütterten die amerikanische Niederlage in Vietnam und der Water-

gate-Skandal die politische Position des Westens. Den Sowjets, die nie
aufgehört hatten zu glauben, daß der Kapitalismus eines Tages an seinen
inneren Widersprüchen zugrunde gehen würde, erschienen diese Ereignisse verständlicherweise als der Beginn einer grundlegenden Krise. Die
Entspannung wurde für Moskau daher auch zum Mittel, diese Krise zu
schüren, indem sie den Westen dazu verleitete, in seiner Aufmerksamkeit
auf den »ideologischen Kampf der beiden Systeme« nachzulassen. In
dieser Funktion war die Entspannung den periodisch wiederkehrenden
sowjetischen Friedensoffensiven verwandt, die ebenfalls ein ideologisches
Mittel darstellten, den Gegner zu unterminieren. Denn Breshnews »Spannungsabbau« (den der Westen »Entspannung« übersetzte) bedeutete ebensowenig wie Chruschtschows »friedliche Koexistenz«, daß die internationalen Beziehungen nicht nach wie vor als eine Form des Klassenkampfs
aufgefaßt wurden, der nur mit dem Sieg des Sozialismus enden konnte.
Auch waren diese ideologischen Leitmotive kein bloßes Strohfeuer revolutionärer Rhetorik, das man, wie mancher im Westen glaubte, im Nu-
klearzeitalter nicht mehr ernst zu nehmen brauchte. Solange die unter
Stalin großgewordene Generation von Breshnew, Kossygin und Suslow
im Amt war, blieb der Glaube an den »internationalen Klassenkampf«
eine Handlungsanleitung praktischer Politik. Und sein konkretes Ziel war
es, die Vereinigten Staaten aus Eurasien zu vertreiben.

Im großen und ganzen war die Entspannung für den Westen eine
Methode zur schrittweisen Beendigung des Kalten Kriegs; für den Osten
dagegen war sie eine Methode, diesen Krieg schrittweise zu gewinnen.
Beide Seiten setzten auf diese Politik, aber wie sich herausstellen sollte,
entsprachen die Ereignisse weder hier noch dort den Erwartungen. In der
ersten Hälfte der siebziger Jahre schien das Szenario des Westens sich zu
bewahrheiten; in der zweiten Hälfte schien das des Ostens nahe daran,
Wirklichkeit zu werden. Aber zu Beginn der achtziger Jahre brach der
Kalte Krieg mit voller Kraft wieder aus.

In den fünfziger und frühen sechziger Jahren unter Chruschtschow waren
die Sowjets zäh bis zur Aufsässigkeit, weil das sowjetische Lager den
amerikanischen Anspruch nicht erfüllen konnte, »von Positionen der
Stärke aus« zu verhandeln. In den sechziger und frühen siebziger Jahren
unter Breshnew waren die Sowjets den Amerikanern an Stärke ebenbür-
tig geworden und konnten sich daher auf die Verhandlungen einlassen,

die dann zum SALT-I-Abkommen und zur Entspannung führten. Im Verlauf der siebziger Jahre schien sich das »Gleichgewicht der Kräfte« aber zugunsten der Sowjets zu verschieben, und gegen Ende des Jahrzehnts waren sie es, die von »Positionen der Stärke« aus zu handeln begannen. Der Wandel begann mit der Niederlage Südvietnams und mit dem Abkommen von Helsinki im Jahr 1975.

Die Konferenz über Sicherheit und Zusammenarbeit in Europa in Helsinki war der Höhepunkt der Entspannungspolitik. Gleichzeitig bedeutete sie die Erfüllung des lang gehegten sowjetischen Wunsches nach Anerkennung der existierenden Grenzen in Europa, d. h. die Anerkennung der sowjetischen Nachkriegsgewinne und der Unantastbarkeit des sowjetischen »Blocks« durch den Westen ohne vorherigen Abschluß eines deutschen Friedensvertrags. Natürlich mußten die Sowjets im Gegenzug »Korb Drei« akzeptieren, der ihnen die Einhaltung der Menschenrechte abverlangte, ein Versprechen, das sie als reine Formalität betrachteten, das jedoch Ostblockdissidenten bald darauf benutzten, um ihre Sache voranzutreiben, indem sie »Helsinki-Überwachungsgruppen« gründeten. Aber das war ein geringes Übel im Vergleich zu dem außenpolitischen Gewinn, den die internationale Legitimierung der bestehenden Grenzen bedeutete.

Im Gefolge des amerikanische Vietnam-Desasters starteten die Sowjets ungefähr zur selben Zeit eine neue Offensive in der Dritten Welt. Schon Chruschtschow hatte in Ägypten, Indien, Indonesien und im Kongo sein Glück in Sachen postkolonialer Machtpolitik versucht. Auch Kuba muß in diesem Zusammenhang genannt werden, wenngleich Chruschtschow hier nicht, wie in den anderen Gebieten, mit diplomatischer Unterstützung und Wirtschaftshilfe arbeitete. Breshnew griff jetzt zu militärischen Mitteln, zuerst in Form von kubanischen Bevollmächtigten in Afrika, dann, wie im Fall Afghanistans, in Form von sowjetischen Truppen. Die Entwicklung begann mit dem Zusammenbruch des portugiesischen Reichs im Jahr 1974 und dem dadurch ausgelösten Bürgerkrieg in Angola, den die von den Sowjets unterstützte Seite im Jahr 1976 gegen die von den Amerikanern unterstützte Seite gewann, und zwar mit Hilfe kubanischer Truppen. Dieser Prozeß setzte sich im Jahr darauf in Äthiopien fort, wo der von den Sowjets unterstützte revolutionäre Derg wiederum mit kubanischer Hilfe den amerikanischen Klienten Haile Selassi schlug. Kurz darauf überquerten die Sowjets das Rote Meer und zogen im Jemen ein.

Aber der »Krisenbogen«, wie dieser Wandel in Washington genannt wurde, erweiterte sich bald bis nach Afghanistan, und zwar genau zum Zeitpunkt der antiwestlichen Revolution im Iran. Im Jahr 1978 wurde das prosowjetische, neutralistische Regime in Kabul gestürzt, wie es scheint auf lokale Veranlassung, durch eine Fraktion afghanischer Kommunisten. Diese wurde bald schon durch eine radikalere Fraktion abgelöst, die den »Aufbau des Sozialismus« mit Gewalt voranzutreiben versuchte. Diese Politik wiederum führte zur Formierung einer nationalen Widerstandsbewegung, die den Kommunismus insgesamt zu stürzen drohte. Mit der Möglichkeit konfrontiert, eine einmal gemachte »Eroberung des Sozialismus« wieder zu verlieren, intervenierten die Sowjets im Jahr 1979 mit ihren eigenen Truppen, um mit Babrak Karmal einen gemäßigteren Kommunistenführer an die Macht zu bringen. Es scheint, daß diese Entscheidung nicht von allen Mitgliedern des Politbüros gemeinsam, sondern nur von vier Männern getroffen wurde: Breshnew, Gromyko, Marschall Dmitri Ustinow und Andropow. Es scheint auch, daß diese vier – zumindest aber Andropow, der früher Minister für Budapest gewesen war – Afghanistan für ein »neues Ungarn« hielten, mit Karmal in der Rolle von Kádár. Kurz und gut, die Intervention in Afghanistan war nicht von geopolitischen Erwägungen diktiert, wie man im Westen dachte. Es ging nicht darum, Zugang zu den Ölquellen des Mittleren Ostens zu bekommen, sondern um ideologische Belange wie vor allem die Unverletzlichkeit der Grenzen des Sozialismus.

Das Resultat war das Ende der Entspannung. Das SALT-II-Abkommen, wenige Monate zuvor in Wien feierlich besiegelt durch einen Bruderkuß zwischen Breshnew und Carter, wurde niemals ratifiziert. Die Amerikaner begannen erneut, pauschal in allen Waffengattungen aufzurüsten, und fuhren unter der ganzen ersten Reagan-Administration damit fort. Noch im selben Jahr verschlechterte sich die internationale Atmosphäre weiter durch die Ereignisse in Nicaragua: Der Sturz Somozas führte zum Triumph der Sandinisten, die sowohl von Castro als auch von Moskau unterstützt wurden. Es sah so aus, als wenn Nicaragua zu einem zweiten Kuba mitten auf dem amerikanischen Kontinent werden und damit auch das benachbarte El Salvador in Gefahr bringen sollte.

Die bedeutendste Quelle neuer Spannungen war aber der im Jahr 1978 beginnende Einsatz einer verbesserten und modernisierten Mittelstreckenrakete, der SS 20, die für Westeuropa eine unmittelbare Bedrohung darstellte.[20] Die Einführung dieser Rakete, die eine größere Reichweite und bessere Sprengköpfe besaß als ihre Vorgängerin, wurde im Westen als Versuch interpretiert, die NATO aufzubrechen, indem man die Westeuropäer einschüchterte und dadurch einen Keil zwischen sie und die Amerikaner trieb. Als Antwort der NATO wurde die Stationierung amerikanischer Pershing-II-Raketen und Cruise Missiles in Westeuropa vorgeschlagen, die beide in der Lage waren, die wichtigsten Zentren im europäischen Teil Rußlands zu erreichen.

Zu Beginn der Präsidentschaft Reagans im Jahr 1981 war die Rivalität zwischen SS 20 und Pershing II zum Brennpunkt einer neuen Kraftprobe der Supermächte geworden. Die Sowjets waren im Vorteil, weil sie mit der Stationierung der SS 20 schon begonnen hatten, während die Pershings und Cruise Missiles vorläufig nur eine Drohung darstellten. Scheiterte die Stationierung der neuen amerikanischen Waffen, so bedeutete das eine Niederlage für den Westen; scheiterte der Versuch, die Stationierung zu verhindern, so war es eine Niederlage für die Sowjetunion. Das Ergebnis dieser Lage war ein langanhaltender Interessenkonflikt, in dem es um nicht weniger ging als um das globale Gleichgewicht der Kräfte und insbesondere um das Schicksal Eurasiens, das vom Ausgang des Streits um die Raketen abhängig war. Der Konflikt kulminierte im Jahr 1983, als der westdeutsche Bundestag der Stationierung der Pershings zustimmte. Daraufhin brachen die Sowjets die Verhandlungen über Mittelstreckenraketen ab, die sie gleichzeitig mit den USA geführt hatten. Und so blieben die Dinge bis 1985 unentschieden.

Obwohl dieser Konflikt die schwerste Auseinandersetzung zwischen den beiden Lagern war, ist nicht gewiß, ob sie einen »neuen« Kalten Krieg darstellte, wie manchmal gesagt wird. Eher setzte sich im Eklat der frühen achtziger Jahre das Grundmuster der Beziehungen zwischen der Sowjetunion und dem Westen fort, wie sie sich seit 1948 gestaltet hatten. In diesem Muster war die Entspannung nur ein Zwischenspiel oder eine leichte Verbesserung gewesen. Der Kalte Krieg war nämlich nicht das Ergebnis von unüberlegten politischen Entscheidungen oder Mißverständnissen, die auf wechselseitiger Unkenntnis beruhten; deswegen konnte er auch nicht durch »vertrauensbildende Maßnahmen« beendet werden, wie die Philosophie der Entspannung es wollte. Hier hatte vielmehr die sowjetische Doktrin recht, die besagte, der Kalte Krieg sei das Produkt einer ursprünglichen Inkompatibilität der Interessen und

Strukturen der beiden »Lager«. Aus dieser Sicht waren die drei oder vier Jahre der Entspannung nichts als eine Art »neuer diplomatischer Politik« mit dem Ziel, Kräfte für eine neue Offensive zu sammeln, und die zehn Jahre erneuten sowjetischen Drucks nach 1975 bedeuteten eine Rückkehr zur Norm des Systems.

Aber diese Rückkehr, die zum letzten internationalen Triumph des Systems werden sollte, war zugleich eine Karikatur des leninistischen revolutionären Impulses. Der erste sozialistische Staat der Welt und gleichzeitig eine Supermacht, die in der Dritten Welt in den Trümmern des europäischen »Imperialismus« herumwühlt und sich daran bereichert, und das um den Preis von Ereignissen wie in Angola und Afghanistan – wäre es nicht so tragisch, man könnte es eine Posse nennen. Will die marxistische Revolution revolutionär bleiben, ist sie dazu verurteilt, eine permanente Revolution zu sein. Der sogenannte zweite Kalte Krieg stellte daher die endgültige Sackgasse dar, in die die Notwendigkeit zu permanentem Fortschritt führen mußte: eine letzte Kraftanstrengung, um die Bewegung am Leben zu erhalten. An jedem der genannten Orte in der Dritten Welt intervenierte Moskau, um ein marxistisches Regime zu verteidigen, das es nicht im Stich lassen konnte, ohne die eigene revolutionäre Glaubwürdigkeit zu verlieren. Die Art und Weise der Intervention war jedoch in allen Fällen so zynisch und der Gewinn so lächerlich, daß diese Glaubwürdigkeit ohnehin verwirkt war. So sah sich das Regime im ganzen eher unterminiert als gestärkt.

Dieser Weg in die Krise verdankte sich aber nicht nur einem anachronistischen ideologischen Reflex, sondern auch der Trägheit des militärisch-industriellen Komplexes, in den das System sich verwandelt hatte. Unter Breshnew hatten sich die Beziehungen zwischen Partei und Militär merklich verändert, weil das System die Mission eines endlosen Kalten Kriegs auf sich genommen hatte, um einen immer unwahrscheinlicher werdenden zukünftigen Sieg zu erkämpfen. Diese veränderten Beziehungen spiegelten auch die Tatsache wider, daß das System jetzt von der Nomenklatura dominiert wurde und nicht mehr von *einem* Führer, wodurch das Militär größeren Spielraum für die Durchsetzung seiner Interessen erhielt.

Das bedeutet aber nicht, daß das Militär zu einer »Interessengruppe« im westlichen Sinn des Wortes wurde. Auch die im Westen häufig geäußerte Ansicht, unter Breshnew habe ein »institutioneller Pluralis-

mus« mit der Partei als einer Art Schiedsrichter geherrscht, ist falsch.[21]
Das Militär fungierte weiter als eine Erscheinungsform der Partei im
Herrschaftsgeflecht des Nomenklatura-Systems. Seit den Zeiten Stalins
oder Chruschtschows hatte es aber innerhalb des Systems im Vergleich
zur rein politischen Führung beträchtlich an Einfluß gewonnen.

So wurde im Jahr 1965 ein alter Freund Breshnews, Marschall Andrej
Gretschko, Verteidigungsminister und, was bedeutender ist, Mitglied des
Politbüros. Von diesem Zeitpunkt an – zum ersten Mal in der sowjetischen Geschichte – gehörte der Chef des sowjetischen Militärs der obersten entscheidungsgebenden Körperschaft des Landes an. Im Jahr 1974
wurde Gretschko von einem Mann aus dem Staatsdienst, Dmitri Ustinow,
abgelöst, der die Interessen des Militärs noch leidenschaftlicher verfocht
als sein Vorgänger. So wuchs das sowjetische Militärbudget in den
zwanzig Jahren von 1965 bis 1985 schneller an als das der Amerikaner.
Infolgedessen sah sich das System aber auch immer stärker dem Zwang
ausgesetzt, seine gesammelte Schlagkraft einem »Zweck« zuzuführen, sei
es in den immer fruchtloser werdenden, aber provokativen Abenteuern in
der Dritten Welt, sei es durch die Stationierung der SS 20, deren Sprengköpfe ins Herz der Ersten Welt gerichtet waren.

INTERNE VERKALKUNG

Die zunehmende Vernetzung von Partei und Militär ging Hand in Hand
mit einer vergleichbaren Vernetzung von Partei und Polizei.

Chruschtschow hatte die Größe des KGB und auch seine politische
Bedeutung beträchtlich reduziert, unter anderem dadurch, daß er dem
Direktor des KGB die Mitgliedschaft im Politbüro verweigerte. Nach dem
Sinjawski-Daniel-Prozeß erhielt der KGB jedoch einen neuen Direktor
und einen neuen Status. Im Jahr 1967 bestimmte die neue kollektive
Führung Juri Andropow zum Direktor des KGB, einen Schützling Suslows ohne KGB-Vergangenheit, der aus der Auslandssektion des Zentralkomitees hierher versetzt wurde, um die Organisation der Polizei zu
verbessern. Im Jahr 1969 wurde Andropow Mitglied des Politbüros und
damit zu einer der einflußreichsten Figuren des Regimes.[22]

Unter Andropow wurde der KGB beträchtlich vergrößert, es wurden besser ausgebildete Agenten rekrutiert, und nicht weit vom Dzierżiński-Platz im Zentrum Moskaus wurde ein großer Neubau errichtet. Andropows Maßnahmen zur Modernisierung des Apparats und seiner Operationen waren anspruchsvoller als die Berijas, und eine Werbekampagne stellte den Ruf des KGB wieder her. Die Informationsbeschaffung im Ausland wurde umfangreicher und effizienter, und im Inland wurde jede offene Opposition langsam, aber wirkungsvoll unterdrückt. Gleichzeitig veränderten sich die Beziehungen des KGB zur Partei. Stalin hatte das Volkskommissariat des Inneren (NKWD) benutzt, um die Partei zu lenken; Breshnew und Andropow benutzten das KGB, um zusammen mit der Partei die Gesellschaft zu lenken (was natürlich eine gewisse Überwachung der Partei selbst mit einschloß). Auf diese Weise fungierten Partei, KGB und Militär zusammen als eine Art tripolares Direktorium. Das war die organisatorische Formel des »entwickelten« oder »ausgereiften« Sozialismus, die endgültige Verkörperung des Parteistaats unter der Nomenklatura.

Ein Hauptgrund für die neue Vormachtstellung der Polizei war das unlösbare Problem der *inakomysljaschtschi,* der Andersdenkenden oder Dissidenten. Der Sinjawski-Daniel-Prozeß hatte sein Ziel, die kritische Intelligenz zum Schweigen zu bringen, nicht erreicht: Er hatte nur dazu geführt, daß neue Techniken des Widerstands entwickelt wurden. Andere Dissidenten vervielfältigten und verteilten eine Abschrift der Prozeßprotokolle, die schließlich im Ausland veröffentlicht wurde.[23] Im Jahr 1967 wurden die Verfasser dieses Dokuments ihrerseits verhaftet und vor Gericht gestellt, wodurch sie der Bewegung weitere Dokumente und noch mehr internationale Publicity verschafften. Aber auch unter den privilegiertesten Dienern des Systems gab es jetzt Dissidenten. Im Jahr 1968 veröffentlichte Andrej Sacharow seinen Brief an die Führung »Über Fortschritt, friedliche Koexistenz und geistige Freiheit«, in dem er auf Abschaffung der Zensur und Demokratisierung des öffentlichen Lebens drängte. Seiner Ansicht nach konnten diese Schritte den Kalten Krieg dadurch beenden, daß sie einer »Konvergenz« der sozialistischen Wirtschaftsformen mit der liberalen politischen Kultur des Westens den Weg bereiteten.[24] Im selben Jahr veröffentlichte der unabhängige marxistische Historiker Roy Medwedew im *Samisdat* sein Buch *Die Wahrheit ist unsere Stärke.* In dieser detaillierten »Demaskierung« der Stalinzeit rief er zur Rückkehr zu einem angeblich demokratischen, leninistischen Sozialismus auf.[25] Medwedew war aber sicher weniger Dissident als die anderen, und so durfte er während der ganzen Ära Breshnew offen agieren.

Auf jeweils verschiedene Weise gingen Sacharow und Medwedew von »demokratischen« Versionen jenes Reformkommunismus aus, der einst nur von oben gekommen war, und ihre Positionen waren eng verwandt mit denen, die der Prager Frühling vertrat. Aber die Niederschlagung der tschechischen Bewegung setzte dem sowjetischen Reformkommunismus von oben für unabsehbare Zeit ein Ende und schränkte damit auch den Spielraum zugelassener Kritik von unten ein. Im Jahr 1969 verlor Twardowski seine Stellung als Herausgeber von *Nowy Mir,* und das führende sowjetische Organ verfiel in Mittelmäßigkeit.

Aber trotz dieser Rückschläge lebte die Dissidentenbewegung weiter, auch innerhalb des Establishments. Im Jahr 1970 verfaßten Sacharow und Medwedew zusammen mit dem Physiker Walentin Turtschin einen offenen Brief an die Führung, in dem sie erklärten, daß die neuerdings festgestellte ökonomische und technologische Rückständigkeit des Landes allein dem Mangel an intellektueller Freiheit und der Unterdrückung kreativen Denkens zu verdanken sei.[26] Auf der Ebene des offenen Protests hielten sich Figuren wie Wladimir Bukowski an die Taktik, die sowjetische Regierung am demokratischen Buchstaben ihrer geschriebenen Verfassung zu messen.[27] Das führte nach dem Helsinki-Abkommen von 1975 in verschiedenen Republiken der Union zur Gründung von Helsinki-Überwachungsgruppen. Während der ganzen Ära Breshnew wurde außerdem im Untergrund eine *Chronik der laufenden Ereignisse* publiziert, ein unaufdringlicher, auf die reinen Fakten beschränkter Katalog dokumentierbarer Verstöße des Regimes gegen seine eigenen Gesetze.[28]

Die lauteste Stimme unter den Dissidenten gehörte nach wie vor Solshenizyn, obwohl er nach 1963 in Rußland nicht mehr publizieren durfte. In den späten sechziger Jahren wurden im Ausland zunächst zwei seiner Romane über die Stalinzeit veröffentlicht, und dann schrieb er in den Jahren 1974 bis 1976 den *Archipel Gulag.* Als das KGB das Manuskript entdeckte, ließ Solshenizyn sofort den ersten Band im Ausland drucken. Für diese Aufsässigkeit wurde er ebenso unverzüglich in ein Flugzeug gesetzt und abgeschoben. Dieser Vorfall markierte das Ende jeglicher Toleranz des Regimes gegenüber Abweichlern.

Die Repressionsmaßnahmen waren aber weniger grob als unter Stalin. Die wichtigsten Leute, wie Solshenizyn, wurden im allgemeinen ins Exil verbannt, manche wurden in psychiatrische »Kliniken« gesteckt, wieder andere in Arbeitslagern wie Perm 43 interniert; die meisten aber verloren einfach ihren Job oder ihre Wohnung oder fanden ihre Kinder vom höheren Bildungssystem ausgeschlossen. Seit den späten siebziger Jahren wurden die kulturellen Führer der nichtrussischen Nationalitäten systematisch aus dem Kaukasus, der Ukraine und den baltischen Staaten exiliert. Am Ende des Jahrzehnts war von den bekannteren Dissidenten einzig Sacharow noch übrig. Nachdem er die Invasion in Afghanistan kritisiert hatte, wurde im Jahr 1980 jedoch auch er nach Gorki verbannt. Wahrscheinlich hielten seine Kenntnisse nuklearer Geheimnisse das Regime davon ab, ihn ins Ausland abzuschieben. Damit hatte das KGB die Dissidentenbewegung endgültig zerschlagen, und die Folgen von Chruschtschows »unüberlegtem« Tauwetter waren rückgängig gemacht.

Damit zerstörte das Regime aber auch viele der Talente, die ihm allein eine Zukunft hätten sichern können, denn bis zu einem sehr späten Zeitpunkt verblieben die meisten dieser Dissidenten innerhalb der legalen Bande des Reformkommunismus. Nur sehr wenige glaubten, daß das System zur Reform unfähig und als ganzes zu ersetzen sei, eine Einschätzung, die Andrej Amalrik 1969 unter dem Titel *Kann die Sowjetunion das Jahr 1984 erleben?* geltend machte.[29] Sogar Solshenizyn, der seit den frühen siebziger Jahren Amalriks Ansicht von der Unreformierbarkeit des Systems teilte, erhoffte nicht mehr als eine Aufgabenteilung zwischen Staat und Gesellschaft: Die politische Macht sollte beim Staat verbleiben, und die Gesellschaft sollte dafür das Recht auf freie Meinungsäußerung erhalten.[30] Bis zu seiner Verbannung, und vielleicht sogar noch zu Beginn der Perestroika, dachte auch Sacharow in Begriffen einer umfassenden Liberalisierung und Demokratisierung des Systems, nicht an dessen Abschaffung. Und Medwedew wollte natürlich nur eine Rückkehr zu Bucharin und seiner Neuen Ökonomischen Politik. Wären diese drei Programme jemals in die Tat umgesetzt worden, wären sie für das System zweifellos ebenso störend gewesen wie die tschechoslowakische Reform von 1968. Tatsache ist jedoch, daß die meisten sowjetischen Dissidenten dies noch Ende der siebziger Jahre nicht wahrnehmen wollten oder konnten: Sie hatten keine klare Vorstellung davon, wie weit die Krise des Systems inzwischen fortgeschritten war.

Und das galt noch viel mehr für die zahllosen weniger kritischen Intellektuellen, die sich loyal verhielten und hofften, das System von innen reformieren zu können. Diese Personen gehörten zu einer weit größeren Gruppe, die im sowjetischen Jargon »Intelligenzia« hieß, ein Ausdruck, der lediglich Leute mit spezieller technischer oder beruflicher Ausbildung bezeichnete. Seit den dreißiger Jahren hatte Rußland sein Erziehungswesen revolutioniert, teils um »Aufklärung« zu verbreiten, teils um die Kader der neuen Industriegesellschaft auszubilden. Die meisten dieser Kader dachten konformistisch. Anders jedoch die Intellektuellen an den spezialisierten Instituten der sowjetischen Akademie der Wissenschaften, ob sie nun Naturwissenschaftler waren wie Sacharow und Turtschin oder in den neueren Sozialwissenschaften arbeiteten wie Nemtschinow oder Aganbegjan.

Dieses Geflecht von Instituten war in den sechziger und siebziger Jahren beträchtlich angewachsen.[31] In Moskau waren die wichtigsten Neugründungen das Institut für Weltwirtschaft und Internationale Beziehungen, das Institut für die USA und Kanada und das Zentrale ökonomisch-mathematische Institut. Sehr oft waren Forscher aus diesen Instituten als »Referenten« tätig und entwarfen für die verschiedenen Sektionen des Sekretariats des ZK Positionspapiere. Als Andropow dem Zentralkomitee angehörte, sammelte er einige der besten und intelligentesten dieser Referenten um sich, und viele von ihnen wurden später unter der Perestroika berühmt, wie etwa der Verfasser von Gorbatschows Reden, Georgi Schachnasarow, oder der Verleger Fjodor Burlazki. Im Jahr 1965 wurde in der sibirischen Stadt Nowosibirsk eine potentielle zweite Akademie gegründet, die mutiger und innovativer war als die erste. Wer in einem solchen Institut oder im Zentralkomitee arbeitete, konnte natürlich nicht Dissident werden und gleichzeitig seinen Posten behalten. Es gab hier aber etliche, die mit der Dissidentenbewegung in Kontakt standen und deren Kritik am System in vielen Punkten teilten.[32]

Auf ähnliche Weise wurde die offizielle sowjetische Literatur durch die Samisdat-Literatur vom Pasternak bis Solshenizyn beeinflußt.[33] Infolgedessen wurde der Kanon des sozialistischen Realismus in den sechziger und siebziger Jahren langsam unterminiert, ohne daß jemals formell gegen ihn verstoßen worden wäre. Abweichungen von der orthodoxen Linie des sozialistischen Realismus waren nötig, damit die offizielle Literatur mit ihrem illegalen Rivalen konkurrieren konnte. Die heroischen Themen aus der Aufbauzeit des Sozialismus kamen aus der Mode, und es erschien eine Literatur, die bis zu einem gewissen Grad auch die

Enttäuschungen und Unzufriedenheiten der Gegenwart ansprach. Insbesondere entstand eine neue »Dorfliteratur«, die die Tugenden des alten, bäuerlichen Rußland feierte und sein Schicksal beklagte. Diese Literatur kritisierte indirekt die Hauruck-Methoden sowjetischer Entwicklungspolitik und sogar der industriellen Zivilisation im ganzen. Gelegentlich schlug diese literarische Kritik auch in politische Aktivitäten um, wie im Fall des Baikal-Sees, als die Dorfschriftsteller gegen die Umweltverschmutzung protestierten. Diese Agitation war wiederum relevant für einige Kritiker an der sowjetischen Planwirtschaft, die in den Instituten der Akademie gehört wurden. Und diese ganze Kultur stückchenweise vorgetragener Kritik implizierte ihrerseits eine Kritik des Systems als solchem, auch wenn die Kritiker selbst sich dessen nicht ganz bewußt waren. Langsam und ohne Paukenschläge wurden die grundlegenden Mythen des Systems in Frage gestellt, und in den Köpfen der Menschen erwachte nach und nach die erste Ahnung von der Lüge.

Aus all diesen Quellen bildete sich an den Instituten der Akademie, in den Vereinigungen der Schriftsteller und Filmemacher und sogar im Zentralkomitee unter Breshnew, Suslow und Andropow allmählich eine Schattendissidenz. Im Verlauf der siebziger Jahre wurde es in diesen Gruppen üblich, die Intelligenzia in die »Giordano Brunos« und die »Galileis« aufzuteilen: Die ersteren erhoben öffentlich Einspruch, bekannten sich zu ihrer Kritik und wurden für ihre Mühen schlecht belohnt; die letzteren unterschrieben öffentlich die Slogans der Partei, während sie im geheimen für ein neues Tauwetter arbeiteten. Der Vergleich sollte zum Ausdruck bringen, daß die Arbeit der letzteren zwar weniger heroisch, dafür aber wirksamer sei. Was die meisten der »Galileis« unter Breshnew für sich in Anspruch nehmen konnten, war aber lediglich, bisweilen das Schlimmste verhindert zu haben. Sie konnten einem unvorsichtigen Schriftsteller aus der Klemme helfen oder einen besonders grellen Fall von Korruption aufdecken, aber Einfluß auf die Politik hatten sie kaum. Ihre wirkliche Chance kam erst mit Gorbatschows Perestroika.

Zum Schluß lag die alte Ordnung auf dem Land wie eine immer drückender werdende Last. Die Elf-Millionen-Partei, die Chruschtschow seinen Nachfolgern hinterlassen hatte, war zur Zeit von Breshnews Tod auf neunzehn Millionen angewachsen.[34] Das waren ungefähr 6 Prozent einer Gesamtbevölkerung von 300 Millionen Menschen, und natürlich ein sehr

viel höherer Prozentsatz der arbeitenden Bevölkerung. Ein beachtlicher
Teil dieser Gruppe entstammte der Arbeiterklasse und der Klasse der
Kolchosbauern; die große Mehrheit (ungefähr 70 Prozent) rekrutierte sich
jedoch aus den Kadern des Systems, aus der Wirtschaft, aus dem Militär
und aus den akademischen Berufen. Ihrer Größe und der Ausbildung
ihrer Mitglieder wegen bildete diese Gruppe das Gravitationszentrum der
Partei. Die älteren dieser Kader stammten zumeist noch »aus dem Volk«,
und bis zum Ende des Regimes war jeder Vollversammlung der Partei ein
gewisser plebeischer Ton eigen. Inzwischen war es aber sinnloser denn je
geworden, von der Partei als einer Organisation der Arbeiter und Bauern
zu sprechen, denn die jüngeren Mitglieder stammten hauptsächlich aus
der Intelligenzia. Indes ist die »soziale Basis« als Kriterium nicht relevant,
will man die späte Partei charakterisieren. Wichtiger ist, daß die Partei
die Organisation all derer war, die irgendwo im Land an verantwortlicher
Stelle saßen – und jeder, der eine solche Position anstrebte, mußte
Parteimitglied werden.

Eine solche Partei konnte kein Verband der glühenden Verehrer oder
engagierten Ideologen sein. Trotzdem wurden ihre Mitglieder gut indoktriniert: Alle mußten ihren Beitrag bezahlen und an den Sitzungen der
Ortsverbände teilnehmen, um die neuesten Parteibeschlüsse zu diskutieren; sie waren verpflichtet, regelmäßig die Parteipresse zu lesen und
anderen die jeweils aktuelle Linie zu erklären. Für die meisten wurde
deshalb ein gewisser Grad an »Parteigesinnung« *(partinost)* wenn nicht
zur inneren Überzeugung, so doch zu einer eingefleischten Gewohnheit.
Alle standen unter dem Einfluß ständiger Berieselung durch den hölzer-
nen Parteijargon. Tatsächlich war das ideologische »newspeak« der Partei, die Sprache der Lüge, wie Solshenizyn sie nannte, sehr wichtig, um
das ganze System zusammenzuhalten. So investierte das System fast bis
zum Ende der achtziger Jahre Billionen von Rubeln und beschäftigte
Zehntausende von Agitatoren, die die inzwischen fast leblosen Kategorien
der leninistischen zwanziger Jahre den Köpfen der Leute und vor allem
ihrer »Avantgarde«, der Partei, einhämmern sollten.

So reduzierte die Agitprop des Systems weiterhin die Wirklichkeit auf
»Klassenstandpunkte«, universalen »Kampf« und die große Dichotomie
von »Sozialismus« und »Imperialismus«. Alexander Sinowjew, ein akademischer Berater des Zentralkomitees, der in den siebziger Jahren von
versteckter zu offener Dissidenz überging, wurde zum großen Analytiker

der surrealistischen Sprache der Partei; er karikierte sie von Chruschtschows »leuchtender Zukunft« bis hin zu Breshnews genauso phan-
tasmatischem »realen Sozialismus«. Nichtsdestoweniger hat auch er den
unausweichlichen Charakter des »machtvollen Magnetfeldes ideologischer Beeinflussung« anerkannt.[35]

Das galt zumindest auf der Ebene, wo niemand es wagte, öffentlich die
Ideologie in Frage zu stellen. Andererseits planten aber Parteimitglieder
ihre Karrieren in durchaus pragmatischer, nur am Eigeninteresse orientierter Weise, und dieser Umstand untergrub ihren offiziellen ideologischen Standpunkt. Außerdem handelte es sich um eine Massenpartei,
deren ideologische Tünche unter dem Einfluß der Samisdat-Literatur und
der zunehmenden Professionalisierung des Lebens immer dünner wurde:
Ein einziger »richtiger« Standpunkt für 19 Millionen Menschen, eine
einzige »richtige« Antwort auf alle Fragen – das erschien um so weniger
plausibel, je mehr auch die Parteiintellektuellen Sinowjew, Solshenizyn
und sogar Conquest lasen.

Der Zerfall der Massenpartei wurde auch durch den Wandel ihrer
strukturellen Beziehungen zur Gesellschaft vorangetrieben. In den dreißiger und vierziger Jahren hatte das Land im permanenten Notstand gelebt,
zuerst wegen der inneren Auseinandersetzungen um den Aufbau des
Sozialismus, dann wegen des Kriegs gegen Deutschland. Unter solchen
Umständen ist es für eine militärisch organisierte Partei in gewisser
Weise »sinnvoll«, alle gesellschaftlichen Kräfte qua Befehl von oben zu
mobilisieren, und deshalb spielte Stalins Ein- bis Zwei-Millionen-Partei
mit Nachdruck ihre Rolle als Führerin der Gesellschaft. Nach dem Sieg
von 1945 begann aber für das Land eine lange Phase strukturierten
Wachstums ohne Krieg oder ernstliche Kriegsdrohung, eine Situation, die
für andere Systeme die Rückkehr zur Normalität bedeutet hätte. Die
Partei wurde jedoch durch ihre eigene Natur daran gehindert, diese
Rückkehr zu vollziehen: Ihr einziger Daseinsgrund waren Befehl und
Führung, und damit die Wahrung ihres Machtmonopols. Anstatt sich den
im Wandel begriffenen Bedürfnissen der Gesellschaft anzupassen, fuhr
sie daher fort, der Gesellschaft ihre Existenzform aufzuzwingen – wenn
auch nicht mehr durch einen gewaltsamen Kraftakt, sondern allein aus
Trägheit und Routine.

Von den fünfziger Jahren bis zum Beginn der achtziger Jahre fuhr die
Partei fort, alle gesellschaftlichen Aktivitäten zu organisieren und zu über-

wachen. Da diese Aktivitäten an Zahl und Komplexität ständig zunahmen, wurde auch die Partei immer größer und schwerfälliger in ihrem Bestreben, alle Fäden in der Hand zu behalten. Das Ergebnis war eine bürokratische Hypertrophie, wie sie die Geschichte noch nicht erlebt hatte. Wie schon berichtet, wurden den 45 Industrieministerien noch 25 weitere auf anderen Gebieten hinzugefügt, so daß es schließlich insgesamt 70 Wirtschaftsministerien gab; mehr und mehr alte und neue Gebäude in der Moskauer Innenstadt wurden von ihren Angestellten bevölkert.[36] Auf dem Land versorgten die kollektiven und staatlichen Landwirtschaftsbetriebe weitere drei Millionen Bürokraten mit Arbeit. Auch das oberste politische Exekutivorgan, das Sekretariat des ZK am Alten Platz, nahm an Umfang und Tätigkeit zu, nicht anders als das KGB am anderen Ende der Straße. In allen großen Unternehmen gab es Parteikomitees, und jede Institution hatte ihr Parteibüro. Dem Zentralkomitee verantwortliche politische Offiziere überwachten das Militär, und die Agenten des KGB, auch sie Parteimitglieder, überwachten jedermann. Auf diese Weise wurden schließlich alle verantwortlichen Positionen mit Parteimitgliedern besetzt, deren Zahl jetzt die 19-Millionen-Grenze erreichte.

In der einen oder anderen ihrer Gestalten war die Partei daher in allen funktionalen gesellschaftlichen Aktivitäten präsent, und das war neu. Zwar hatte sie immer schon alle bedeutenden Angelegenheiten bestimmt und geregelt; in den sechziger und siebziger Jahren begann sie jedoch, die meisten ihrer Regelungen auch selbst auszuführen. Das System der dualen Verwaltung, das Lenin erfunden hatte, wurde jetzt bis an seine äußersten Grenzen vorangetrieben. Im Hinblick auf diese neue Situation ersetzte Breshnew im Jahr 1977 die Stalin-Verfassung von 1936 durch ein anderes Dokument, dessen wichtigste Neuerung der Artikel VI war. Dieser Artikel legte zum ersten Mal verbindlich fest, daß die »herrschende und führende Rolle« in der Gesellschaft der Partei zukomme.

Natürlich kann aber eine Partei von dieser Größe nicht führen, ohne selbst geführt zu werden. Die große Masse der Parteimitglieder, die funktionale Tätigkeiten in der Gesellschaft ausübten, erhielt ihre Direktiven von den Vollzeit-Parteiarbeitern des *Apparats* – oder, mit Orwell gesprochen: Die Innere Partei regierte die Äußere Partei, die wiederum als kollektiver Repräsentant des Systems an den Arbeitsstätten der Gesellschaft agierte. Obwohl alle Parteimitglieder Prestige und Privilegien genossen, verfügte nur der *Apparat* über wirkliche Macht und bedeutende

Nebeneinkünfte. Zusammen mit den wichtigsten Kadern aus Regierung, Wirtschaft und Militär bildete diese Gruppe die *Nomenklatura.*

Obwohl die *Nomenklatura,* wie wir gesehen haben, bis in die dreißiger Jahre zurückreichte, nahm die Welt sie erst in den achtziger Jahren zur Kenntnis, hauptsächlich bedingt durch das Erscheinen des gleichnamigen Buchs von Michail Woslenski.[37] Seinen Zahlen zufolge umfaßte die Nomenklatura ungefähr eine Dreiviertelmillion Menschen, mit Familienangehörigen ungefähr drei Millionen. Andere Schätzungen liegen höher; trotzdem bleibt es eine kleine Gruppe im Verhältnis zur Größe des Landes und in Anbetracht der Tatsache, daß diese Menschen ihre Macht unkontrolliert ausüben konnten. Trotz ihrer von Breshnew verordneten Führungsrolle wurde die Partei jedoch schnell zu einem Koloß auf tönernen Füßen. In dem Maß, wie die Ideologie ihre Macht verlor, ließ sich die Äußere Partei, eine Gruppe kompetenter Spezialisten, immer weniger von der Inneren Partei beeindrucken, deren Mitglieder sich nur allzuoft als inkompetente ideologische Administratoren erwiesen. Die breite Masse der Bevölkerung glaubte sowieso nicht mehr an die »leuchtende Zukunft« und verübelte der Nomenklatura Korruption und Privilegien. Gut ausgebildete, kompetente und ehrgeizige Absolventen des reformierten sowjetischen Bildungssystems sahen sich durch die allgegenwärtigen Repräsentanten der Partei zunehmend frustriert und litten unter den ständigen Agitprop-Maßnahmen einer selbsternannten Organisation, deren einzige Funktion darin bestand, ihre »Führungsrolle« zu spielen. Die Massenpartei des Nomenklatura-Kommunismus kommandierte zwar alles, produzierte aber nichts; sie saß wie ein Parasit auf dem Körper der Nation. Dadurch aber zerstörte sie schließlich die Substanz, von der sie lebte.

DIE SATELLITENSTAATEN, DAS SCHWÄCHSTE GLIED IN DER KETTE

Als die Sowjetunion innenpolitisch in die Sackgasse geriet, begann auch ihr äußerer Einflußbereich, die Grenzen des Reformkommunismus zu überschreiten und einen Ausgang aus dem System zu suchen. Die wichtigsten Ereignisse der Ära Breshnew fanden nicht in der Sowjetunion statt, sondern in Osteuropa – zuerst 1968 in der Tschechoslowakei, dann

1980 bis 1981 in Polen. Diese Ereignisse waren um so bedeutender, als nach dem Abfall Chinas die osteuropäischen Satellitenstaaten das einzige sichtbare Zeichen dafür waren, daß das »sozialistische Weltsystem« noch intakt war.

Der Prager Frühling von 1968 war der weitreichendste reformkommunistische Vorstoß der poststalinistischen Ära, und aus diesem Grund enthüllte sein Scheitern die inneren Widersprüche, in die jeder derartige Versuch sich verwickeln mußte. Die tschechoslowakische Reform begann als ein verspäteter Versuch einer Entstalinisierung, wie sie anderswo auch unter Chruschtschow betrieben worden war. Der örtliche Parteiführer, Antonín Novotný, hatte es geschafft, diesen Versuch zehn Jahre lang aufzuschieben, und hatte dadurch in der Partei und im ganzen Land beträchtliche Frustration ausgelöst. Um diese Situation aufzutauen, drängte Breshnew ihn Ende 1967 aus dem Amt, und die tschechischen Reformer ernannten Alexander Dubček zu seinem Nachfolger. Anders als Chruschtschow im Jahr 1956 verfügten diese Reformer über ein wohlvorbereitetes und weitreichendes Programm, und sie operierten in einem Land, das auf einen tiefgreifenden Wandel hoffte.

Nach dem Muster der jugoslawischen Erfahrungen und in Anlehnung an westliche Literatur über Modernisierung suchten die tschechischen Reformer, wie alle ihre osteuropäischen Vorgänger, einen »Sonderweg zum Sozialismus«, einen Weg, der der fortschrittlichen Natur ihrer Gesellschaft angepaßt sein sollte.[38] Im Aktionsprogramm der Partei vom April 1968 legten sie ihre Absichten dar, die bald schon unter dem Schlagwort vom »Sozialismus mit menschlichem Antlitz« zusammengefaßt wurden. Da der zum Sozialismus führende Klassenkampf bereits gewonnen sei, argumentierten die Reformer, sollte es den verschiedenen, in einer neuen Gesellschaft existierenden Interessen erlaubt sein, ihre eigenen Institutionen zu bilden und sogar politisch gegeneinander zu konkurrieren. Und tatsächlich entstanden in den Monaten darauf unabhängige Freiwilligenverbände und proto-politische Parteien. Aber dieser aufkeimende gesellschaftliche Pluralismus verlangte auch nach einer »sozialistischen Herrschaft des Gesetzes« – insbesondere nach Abschaffung der Zensur, denn Freiheit war die Voraussetzung für kulturelle und wissenschaftliche Kreativität, das erste Bedürfnis einer fortschrittlichen Wirtschaftsordnung. Zum selben Zeitpunkt bekräftigten die Reformer aber das Prinzip der »führenden Rolle der Partei«, ohne dabei zu bedenken, wie dieses Prinzip mit dem der Meinungs- und Vereinigungsfreiheit versöhnt werden sollte. Und natürlich war es das, woran das Experiment letztlich scheiterte.

Fast ebenso unorthodox wie das politische Programm war das Wirtschaftsprogramm der Partei, ausgearbeitet von Ota Sik. Als kühnere Variante der Reformen Kossygins verlangte es ein bedeutendes Maß an Unternehmensfreiheit, den Gewinn als integralen Bestandteil oder »Indikator« des Plans und Vorkehrungen für den Fall, daß uneffektiv arbeitende Betriebe Bankrott machten. Gewählte Arbeiterräte sollten am betrieblichen Management beteiligt werden, eine Maßnahme, die sowohl an die jugoslawische Reform als auch an die russische »Arbeiterkontrolle« von 1917 erinnerte. So kombinierte das Programm eine industrielle Neue Ökonomische Politik mit einer Spielart des Anarcho-Syndikalismus und einem kulturellen Pluralismus, der die wirtschaftliche Entwicklung stimulieren sollte.

Es gilt seit langem als feststehende Tatsache, daß dieses Programm ebenso verheißungsvoll wie praktikabel war und daß es, wäre es ausgeführt worden, schließlich zum vielzitierten »dritten Weg« zwischen Kapitalismus und Sozialismus geführt hätte. Daher wird es als Tragödie angesehen, daß die Bewegung nach nur acht Monaten durch die sowjetische Intervention jäh gestoppt wurde. Zweifellos war denn auch der Prager Frühling der große, lyrische Moment der Hoffnung in den Jahrzehnten nach Stalin: Im Osten wie im Westen erschien er damals vielen als der verspätete Lohn der Modernisierung im sowjetischen Stil und als Zeichen dafür, daß der Kalte Krieg doch noch mit einer Art Konvergenz von Kapitalismus und Kommunismus enden könne. Und tatsächlich waren die Ereignisse tragisch.

Die Tragik lag allerdings nicht in irgendeiner verpaßten Gelegenheit, sondern in der inneren Unmöglichkeit, die Prager Version des Reformkommunismus zu verwirklichen. Ein Teil des Problems war der Inhalt des Reformprogramms selbst: Die Bewegung hin auf Profit und wirkliche Preise wurde durchkreuzt von der fortgesetzten Unterordnung dieser »Indikatoren« unter einen Zentralplan; ebenso wurden Rede- und Vereinigungsfreiheit dadurch eingeschränkt, daß die Partei nach wie vor auf ihrer »Führungsrolle« bestand. Die tschechischen Führer waren sich, wie andere Reformkommunisten vor ihnen, gar nicht darüber im klaren, daß solche Widersprüche existierten, und das war der zweite Aspekt ihres Dilemmas: der psychologische.

Um überhaupt handeln zu können, mußten sie an die Möglichkeit der Reform und damit an die Formbarkeit des Systems glauben. In diesem Glauben wurden sie teilweise dadurch bestärkt, daß der Reformkommunismus 1968 noch jung war. Chruschtschows Sturz mußte nicht notwendig als das Ende des Wandels erscheinen, da die Wirkungen seines Tauwetters in der Politik Kossygins und in den Aktivitäten einer loyalen, wenn auch kritischen sowjetischen Intelligenzia noch fortdauerten. Dieser Optimismus wurde verstärkt durch die ideologischen Voraussetzungen der tschechoslowakischen Kommunisten selbst.

Sie begannen unter der Prämisse, daß das bestehende System die »höchste« mögliche Form gesellschaftlicher Organisation sei und daher unmöglich aufgegeben werden könne. Andererseits wußten sie aus Erfahrung, daß das System so, wie es sich entwickelt hatte, seine eigenen Ideale negierte. Da das per definitionem nicht der Fehler des besten aller Systeme selbst sein konnte, mußte ein zufälliges Ereignis namens »Stalinismus« daran schuld sein. Die Lösung konnte deshalb nur darin bestehen, das beste aller Systeme von den Folgen dieses Ereignisses zu reinigen und eine Politik zu konzipieren, die zu etwas zurückführte, was man »wahren Leninismus« oder »Sozialismus mit menschlichem Antlitz« nannte. Indem die Prager Reformkommunisten dergestalt umschreibend auf Variationen der alten kommunistischen Prinzipien zurückgriffen, erkannten sie die grundlegenden Ansprüche desselben Systems an, das sie gleichzeitig zu verändern wünschten; so blieben sie noch da in seiner Logik befangen, wo sie Maßnahmen ergriffen, die dieser Logik zuwiderliefen.

Die Tragik ihrer Situation bestand darin, daß sie vor einem Dilemma standen: Entweder mußten sie ihren Glauben aufgeben – dann aber hätten sie gar nicht handeln und die ganze Sache von vornherein als hoffnungslos aufgeben können –, oder sie mußten eine Revolution versuchen, diese aber wäre mit Sicherheit niedergeschlagen worden. Deswegen konnten sie nur in einem Glaubensakt die Existenz eines »dritten Weges« verkünden, halb in der Selbsttäuschung, ihr Reformversuch werde das System nicht zerstören, und halb in der Hoffnung, auch Moskau werde dieser Täuschung erliegen. Moskau aber erholte sich gerade von seinen eigenen Illusionen über die Möglichkeit eines poststalinistischen Frühlings, und so schlafwandelten Dubček und seine Genossen mit der »Breshnew-Doktrin« in Händen ihrem Verhängnis entgegen.

Die Krise wurde noch dadurch verschärft, daß das tschechoslowakische System im Sommer 1968 sich selbst aufzulösen begann. Im Juni
veröffentlichte eine Gruppe von Intellektuellen eine Proklamation, die
unter dem Namen »2000 Worte« bekannt wurde und in der sie das Volk
dazu aufriefen, den Prozeß der Liberalisierung aus den Händen der Partei
in seine eigenen zu nehmen. Im August gab sich die Partei neue Statuten,
die ihre Binnenstruktur demokratisierten: Wahlen sollten künftig in
geheimer Abstimmung stattfinden und die Amtszeit führender Politiker
begrenzt werden, ja sogar die Bildung von verschiedenen Gruppen innerhalb der Partei sollte erlaubt sein – ein Verstoß gegen Lenins Gebot der
Parteieinheit von 1921. Da diese Statuten im Vorfeld eines für den
nächsten Monat geplanten Parteikongresses veröffentlicht wurden, erschienen sie Breshnew und seinen Genossen als Auftakt zur Selbstliquidierung des Systems. Ulbricht und Gomułka, der Zerbrechlichkeit ihrer
eigenen Regime bewußt, überboten Moskau bei der Denunzierung der
drohenden »Konterrevolution«.

Alle diese Ersten Sekretäre hatten mit ihrer Diagnose völlig recht: In
kurzen acht Monaten hatte die Liberalisierung mit außerordentlicher
Geschwindigkeit vom Reformflügel der Partei zuerst auf die Intellektuellen und dann auf die Arbeiter übergegriffen und eine Situation geschaffen, in der die ganze Nation eine neue Ordnung verlangte, eine Ordnung,
die zwar immer noch Kommunismus genannt wurde, in der die Partei
aber bald schon überflüssig geworden wäre. Und wenn die Partei in Prag
die Kontrolle verlor, wie lange würde es dauern, bis es auch in Warschau
oder Berlin soweit war? Wie lange würde Moskau verschont bleiben?

Die Intervention war jedoch schwieriger als in Budapest 1956, wo eine
spontane Revolte es den Sowjets ziemlich leicht gemacht hatte, ihr
gewaltsames Eingreifen zu rechtfertigen. In Prag dagegen war nach wie
vor eine kommunistische Regierung im Amt, die gegenüber dem Warschauer Pakt ihre Treue erklärte. Die Intervention am 21. August erfolgte
deswegen nominell nicht als unilaterales Eingreifen der Sowjetunion,
sondern als gemeinsame Antwort des »brüderlichen« Warschauer Pakts
auf das Beistandsgesuch loyaler tschechischer Kommunisten. Obwohl die
Operation militärisch gesehen ein organisatorisches Meisterstück war,
wurde sie ein politischer Fehlschlag, denn die tschechische Führung
weigerte sich, sie nachträglich zu legitimieren, und die tschechische
Opposition hatte keinen Kádár parat, um Dubček zu ersetzen. Der

surrealistische Schluß des Dramas war, daß die tschechische Führung nach Moskau verschleppt und dort gezwungen wurde, ihr Programm zu ändern, daß sie anschließend nominell wieder in ihre Funktionen eingesetzt wurde und daß all dies unter dem äußeren Anschein freundschaftlichen Austauschs über kommunistische Werte geschah.

Hinter dieser Fassade schritten die Sowjets und ihre orthodoxen tschechischen Verbündeten zur »Normalisierung« der Situation, wie sie es nannten. Auf den Anspruch der Reformer, einen »Sozialismus mit menschlichem Antlitz« zu schaffen, antwortete Breshnew mit einer Neuauflage von Titos Slogan, daß die Tschechen sich der Errungenschaften des »real existierenden Sozialismus« bereits erfreuten. Diese Behauptung war künftig für alle Bruderstaaten kanonisch.

Konkret bedeutete das die Beseitigung aller Spuren des Frühlings und die Entfernung eines Drittels der Parteimitglieder. Anfang 1969 war die Normalisierung weit genug fortgeschritten, um Dubček durch einen tschechoslowakischen Möchtegern-Kádár zu ersetzen, Gustav Husák, der wie sein ungarischer Vorgänger während der Stalin-Zeit inhaftiert gewesen war. Und Husák blieb bis 1988 im Amt. Was Dubček anging, so glaubte er bis zum Zusammenbruch des Systems im Jahr 1989, daß die Intervention ein vermeidbarer Fehler gewesen sei und daß ein besserer Kommunismus die wahre Antwort auf die Probleme des Landes darstellte.

Für die Sowjets und ihre Verbündeten dagegen war die Intervention eine Grundsatzfrage, ausgedrückt in dem, was bald als »Breshnew-Doktrin« bekannt wurde. Diese Doktrin besagte, daß die Tschechen zwar das Recht auf ihren eigenen Weg zum Sozialismus hätten, ihre fehlgeleitete Politik aber den Sozialismus daheim und in allen Bruderstaaten bedrohe. Die Intervention sei deswegen kein Akt roher Gewalt – wie der Westen glaubte –, sondern eine legitime Maßnahme der Selbstverteidigung. Im Kern behauptete die Doktrin, der Sozialismus sei unteilbar und das Kriterium seiner »realen Existenz« sei die »führende Rolle der Partei«. Denn die internationale Solidarität der sozialistischen Parteistaaten war unerläßlich für das Überleben der ideokratischen Parteiherrschaft in allen Ländern. Dafür gab es zunächst einen metaphysischen Grund: Für eine Bewegung, die ihre Legitimität aus der Logik der Geschichte selbst bezog, mußten die »Errungenschaften des Sozialismus«, waren sie einmal gemacht, »irreversibel« sein – andernfalls wäre das System als pseudo-

wissenschaftliche Täuschung entlarvt worden. Außerdem war die sozialistische Solidarität aus einem praktischen Grund notwendig: Es galt, die
Bevölkerung aller kommunistischen Staaten in Angst und dadurch passiv
zu halten; denn wenn eine Nation zeigte, daß der Ausbruch aus der
Gefangenschaft möglich war, dann würden die anderen ihrem Beispiel
folgen.

Aber die tschechoslowakische Führung mißverstand noch einen weiteren Aspekt des Systems: Eingedenk des Fehlers, den die Ungarn gemacht
hatten, als sie den Warschauer Pakt verließen, bestand sie auf ihrer Loyalität dieser Organisation gegenüber und verkannte dabei, daß Moskau
durch ihr »konterrevolutionäres« Beispiel viel stärker bedroht wurde als
durch die Verkleinerung seines militärischen Glacis. Daß Moskaus größte
Sorge ideologischen Belangen galt, wird deutlich, wenn man Rumänien
unter Nikolae Ceauşescu betrachtet. Im Jahr des Prager Frühlings brach
Rumänien nicht nur mit Moskaus Außenpolitik, indem es sich um so
verschiedene Führer wie Mao und de Gaulle bemühte, sondern es hörte
auch auf, dem Warschauer Pakt anzugehören; ein Zeichen dafür war die
Weigerung des Landes, sich an der Intervention in der Tschechoslowakei
zu beteiligen. Gleichzeitig setzte Rumänien im eigenen Land die orthodo-
xeste kommunistische Ordnung durch, die man sich denken kann, und so
hatte das Land von Moskau nur mißbilligende Blicke zu ertragen.

Breshnew hatte nicht unrecht, als er die Tschechoslowaken für die
gefährlicheren Abweichler hielt. Da es per definitionem nichts Besseres
oder Höheres geben konnte als den »real existierenden Sozialismus«,
mußte der ernsthafteste aller reformkommunistischen Vorstöße in der
Einflußsphäre des Reichs durch einen chirurgischen Eingriff beendet
werden. Aus demselben Grund kam in dem Land, das die Europäer jetzt
den »Big Brother« nannten, auch die von Chruschtschow initiierte Entstalinisierung zum Stillstand, und die Phase der totalen »Stagnation« unter
Breshnew begann.

Auch in Ungarn und Polen, den beiden Ländern, die 1956 im Zentrum
des Aufruhrs gestanden hatten, trat der Kommunismus 1968 in ein neues
Stadium der Auflösung. Ungarn begab sich im stillen auf den Weg zu
einem ökonomisch radikalen Reformkommunismus, und Polen wurde
auf spektakuläre Weise zum ersten Land, das die Grenzen des Reformkommunismus überschritt und den Einparteienstaat politisch herausforderte.

Nach einem Jahrzehnt der Repression entschloß sich Kádár in Ungarn zur Erprobung eines neuen ökonomischen Mechanismus, der die Bevölkerung durch ein bescheidenes Maß an materiellem Wohlstand mit dem Regime versöhnen sollte.[39] Diese Politik war noch kühner als Titos Selbstverwaltung und stellte die größte Annäherung an die Marktwirtschaft dar, die seit den Tagen der Neuen Ökonomischen Politik von einem kommunistischen Regime unternommen worden war. In einigen Sektoren der Landwirtschaft, in kleineren Konsumgüterbetrieben sowie in manchen Bereichen von Dienstleistung und Einzelhandel wurde die Gründung von Kooperativen erlaubt und ein merklicher Freiraum bei der Preisgestaltung zugestanden. Mitte der siebziger Jahre wurde dieser halb private Sektor unter dem Druck Moskaus gezügelt, aber zu Beginn der achtziger Jahre durfte er wieder expandieren: Man wollte dadurch die Unzufriedenheit bekämpfen, die in Polen zur Gründung der unabhängigen Gewerkschaft Solidarność geführt hatte. Gleichzeitig erhielten die Intellektuellen ein gewisses Maß an Freizügigkeit, das die Reisefreiheit einschloß, ebenfalls in der Absicht, die Bevölkerung mit einem unvermeidlichen Regime zu versöhnen. Das allgemeine Ergebnis dieser Politik war ein steigender, wenn auch bescheidener Wohlstand und die längste Phase von Stabilität in Osteuropa. Deswegen wahrte Moskau sein Vertrauen in die örtliche Führung. Trotzdem fraß dieser unaufdringliche, schleichende Reformismus an den Fundamenten des Systems, wenn auch niemand aus dieser Tatsache eine kühnere Schlußfolgerung zu ziehen wagte – die schreckliche Lektion von 1956 war allen noch gegenwärtig.

In Polen dagegen kam es trotz wiederholter Rückschläge für die nationalen Emanzipationsbestrebungen nach 1956 niemals zu einer totalen Niederlage, woraus die Bevölkerung immer wieder Mut zu einem neuen Angriff schöpfte.[40] Tatsächlich war Gomułkas Reformkommunismus zunächst als Sieg erschienen. Er hatte einen Aufschwung sozialer Kreativität bewirkt: In den Fabriken entstanden Arbeiterräte, und die Intellektuellen bekannten sich zu einem »humanistischen« Marxismus, dessen berühmtester Vertreter Kolakowski war. Es zeigte sich aber, daß Gomulka nur ein orthodoxer Kommunist mit nationalem Einschlag war: Die Arbeiterräte wurden bald wieder neutralisiert und die Intellektuellen zunehmend schikaniert.

Das erste Ergebnis von Gomułkas neuer Politik war ein offener Zusammenstoß des Regimes und seiner Polizei mit den Intellektuellen im

März 1968, eine Episode, anläßlich derer auch offizieller Antisemitismus zutage trat. Das bedeutete das Ende des revisionistischen Marxismus in Polen: In Zukunft versuchten die Intellektuellen nicht mehr, den Stalinismus durch eine Rückkehr zum frühen Marx und zu Lukács zu überwinden, sondern sie suchten nach einer Philosophie des Wandels außerhalb der Reichweite des Systems. Die zweite Reaktion auf Gomulkas Rückkehr zum klassischen Kommunismus erfolgte in Gestalt des Danziger Arbeiterstreiks und der Aufstände vom Dezember 1970, während derer Lech Walesa seine Berufung entdeckte. Wie 1962 in Nowotscherkask war der Anlaß auch hier eine überstürzte Erhöhung der Preise. Obwohl die Aufstände gewaltsam unterdrückt wurden, errangen die Arbeiter eine Art Sieg: Gomulka wurde durch Gierek ersetzt, der eine Politik versprechen mußte, die die Bedürfnisse der Arbeiter berücksichtigte.

Nach 1970 verlor das System die moralische Unterstützung der Intellektuellen, der Arbeiter und natürlich der Kirche, gefolgt von rund 70 Prozent der Bauern, denn als einziges Land innerhalb der kommunistischen Welt hatte Polen die Kollektivierung weitgehend vermieden. Diese Gruppen bildeten zusammen eine wiederauflebende »Zivilgesellschaft« in offener Opposition gegen die »Macht«, um die damalige Terminologie zu verwenden. In der zweiten Hälfte des Jahrzehnts entwickelte diese Gesellschaft eine proto-politische Organisation und eine Philosophie des Handelns, die den besonderen Bedingungen des Kommunismus angemessen waren.

Dieser Prozeß wurde durch Giereks herabgesetzte Version des Reformkommunismus ausgelöst. Ein Teil des Programms war größere Freiheit für Intellektuelle, insbesondere größere Reisefreiheit, was den Übergang vom revidierten Marxismus zum kulturellen Pluralismus des Westens beschleunigte. Bedeutsamer war, daß Gierek von Entspannung und Ostpolitik profitierte, indem er im Westen große Anleihen für den Aufbau eines »zweiten Polen« aufnahm. Er hoffte auf eine neue Industrie, die imstande wäre, genügend Konsumgüter zu liefern, um die Bevölkerung ruhig zu halten. Als er die Kosten für diese Expansion nicht mehr länger tragen konnte, mußte er die Preise im Inland erhöhen, und das führte zu Streiks in Radom und in den Ursus-Werken in Warschau, die er niederschlagen mußte. Daraufhin gründeten intellektuelle Dissidenten das Komitee für Arbeiterverteidigung (KOR), eine Organisation zur Unterstützung der verhafteten Arbeiter, deren prominenteste Mitglieder Adam Michnik und Jacek Kuron waren.[41]

In der Folgezeit entwickelte sich KOR zu einer proto-revolutionären Allianz von Arbeitern und Intellektuellen, denn das Komitee vereinigte die beiden Kräfte, die 1968 und 1970 getrennt marschiert und getrennt geschlagen worden waren. Dieses Mal war das Regime jedoch gezwungen, die verhafteten Arbeiter freizulassen, denn das Komitee hatte, taktisch klug, sozialen Druck erzeugt, indem es die Angelegenheit vor die Gerichtshöfe des Regimes brachte. Aus diesem Erfolg entwickelte das Komitee eine allgemeine Philosophie der »Revolution«, die den besonderen Bedingungen des Kampfs unter kommunistischer Herrschaft angepaßt war: Eine Reform innerhalb des Systems wurde als illusionär verworfen (die tschechoslowakische Erfahrung), und ein direkter Angriff auf das System mußte als Selbstmord gelten (die ungarische Erfahrung). Statt dessen sollte jeder Widerstand die Form einer »sozialen Bewegung«, der »Selbstorganisation« der Gesellschaft annehmen, um dadurch Spielraum gegenüber dem Regime zu gewinnen. Konkret gemeint waren solche Einheiten wie die »fliegende Universität« unabhängiger Studentengruppen für die Intelligenz, den Samisdat-Verlag Nowa, Vorformen inoffizieller Gewerkschaften und natürlich die Kirche. Auf diese Weise, so hoffte man, würde das Regime nach und nach ausgehöhlt werden, weil es gezwungen wäre, die Belange der Gesellschaft aus der Hand zu geben.

Dieser Prozeß der Aushöhlung des Systems erhielt großen Auftrieb, als im Jahr 1978 mit Johannes Paul II. ein Pole zum Papst gewählt wurde. Die Bedeutung dieses Ereignisses und die Schwäche des Systems wurden offenbar, als es das Regime im Jahr darauf für zu gefährlich hielt, dem Papst die Einreise in sein Heimatland zu verwehren. Anläßlich dieses Papstbesuchs entdeckte die Bevölkerung zum ersten Mal ihre Fähigkeit, sich selbst zu mobilisieren: Millionen gingen auf die Straße, um den Pontifex zu begrüßen.

Mit der Gründung der unabhängigen Gewerkschaft Solidarność im Jahr 1980 wurde die Wiedergeburt der Zivilgesellschaft in Polen offen revolutionär.[42] Der Aufruhr begann mit neuen Streiks in Danzig, die sich der Methoden des KOR bedienten. Als die gewöhnliche kommunistische Taktik, den Unruheherd zu isolieren, scheiterte und die Bevölkerung erfuhr, was vorgefallen war, breitete sich der Streik aus und wurde zu groß, um unterdrückt zu werden. Das Regime mußte also verhandeln, und zum Erstaunen der Streikenden akzeptierte es nach zweiwöchigen Unterredungen die Gründung einer unabhängigen Gewerkschaft mit

Streikrecht – ein einmaliges Ereignis in der Geschichte der kommunistischen Staaten.

Die Existenz dieser Gewerkschaft entzog dem sogenannten Arbeiterstaat die Legitimationsgrundlage. Kuroń hatte recht mit der Behauptung, die Solidarność mit ihren zehn Millionen Mitgliedern repräsentiere die größte »proletarische Revolution« in der Geschichte, eine Revolution, die die russische von 1917 weit in den Schatten stellte, zumal deren Antriebskraft ohnehin die Bauern gewesen waren. Die Solidarność war denn auch weit mehr als bloß eine Gewerkschaft, sie war die Selbstorganisation der Zivilgesellschaft, ja der Nation, gegen das Regime, allerdings in einer Weise, die die offene Konfrontation mit den Autoritäten vermied. Deswegen nannte sie sich eine »sich selbst beschränkende Revolution«.

So kam die Gewerkschaft dazu, die »Finnlandisierung« Polens zu verlangen und die Errichtung einer »sich selbst regierenden Republik«. Das bedeutete insbesondere, daß die Sowjets die Kontrolle über die Streitkräfte und über die Außenpolitik behalten sollten, während die Gesellschaft ihre wichtigsten internen Angelegenheiten selbst regeln sollte. Die Partei wäre dadurch auf die Rolle einer »Königin von England« reduziert worden, die regiert, aber nicht geherrscht hätte. Trotzdem hätte diese rote Königin ein gutes Stück Macht behalten, denn obwohl die Solidarność unabhängige Gewerkschaften und eine marktwirtschaftlich orientierte Ökonomie verlangte, wagte sie es in ihrem Programm vom Oktober 1981 nicht, die Privatisierung der staatlichen Industrie zu fordern, denn das hätte die Sowjets zu sehr erschreckt. So war auch die Solidarność gezwungen, gleichsam in einem halbfertigen Haus zu wohnen, obwohl sie die Grenzen des Reformkommunismus weit hinter sich gelassen hatte.

Es wäre dennoch ein Fehler zu glauben, die Solidarność hätte feste und eindeutige Ziele verfolgt. Ihre Existenz war ein langes Glücksspiel: Am Anfang spielte sie auf Zeit, um existieren zu können, und später spielte sie darum, die Grenzen des Erlaubten zu erweitern und trotzdem weiter existieren zu können. Sie gab sich nie der Illusion hin, die Partei habe ihr Daseinsrecht anerkannt oder die Politik der »Partnerschaft« sei für die eine oder die andere Seite mehr als ein taktisches Manöver. Ihr oft wiederholtes Motto lautete: »Was wir tun, ist unmöglich und gleichzeitig notwendig.« So schlossen die Mitglieder der Solidarność freiwillig die Augen vor den offenkundigen Gefahren und hielten ihren existentiellen

Einsatz sechzehn beispiellose Monate lang aufrecht. Sie hofften, wenn sie lange genug durchhielten, würde der Gegner vielleicht eine Teilung der Macht akzeptieren. Und obwohl sie ihr Spiel in dieser Form letzten Endes verloren, gewannen sie es doch auf andere Weise. Denn als es schließlich zum unvermeidlichen Zusammenbruch kam, hatten sie das System in Polen so weit ausgehöhlt, daß eine Reparatur ausgeschlossen war. Diese Meisterleistung war mehr als jede soziale Errungenschaft auf Gewerkschaftsebene der große und eigentliche Erfolg der Solidarność.

Unfreiwillige Hilfe erhielten die Polen dabei durch die außergewöhnliche Unentschiedenheit der Sowjets. Zu Beginn, im August 1980, machten die plötzliche Entstehung der Solidarność und die Größe der Bewegung ein bewaffnetes Einschreiten Warschaus oder Moskaus unmöglich: Obwohl weder die Polen noch die Russen die Absicht hatten, die Solidarność auf Dauer zu tolerieren, blieb auch ihnen nichts anderes übrig, als auf Zeit zu spielen. Eine erste Mobilisierung sowjetischer Truppen fand im Dezember statt, wurde dann aber abgebrochen. Im Februar 1981 wurde ihr mutmaßlicher Kádár, der Verteidigungsminister General Wojciech Jaruzelski, zum Ersten Sekretär ernannt, und die Vorbereitungen für eine Intervention wurden systematisch vorangetrieben. Im März, und dann noch einmal im September, schien die Intervention unmittelbar bevorzustehen, aber die tatsächlichen Ereignisse gingen über den reinen Nervenkrieg nicht hinaus. Im Oktober wurde Jaruzelski Ministerpräsident, ohne seine anderen Positionen aufzugeben, was wiederum das Vorspiel zu einem Sturmangriff zu sein schien.

Warum die Dinge sich derartig hinzogen, ist immer noch nicht klar. Ein Grund ist wahrscheinlich darin zu sehen, daß die Größe des Landes und der Bewegung eine militärische Operation sehr viel abschreckender machten als in Ungarn oder in der Tschechoslowakei. Ein weiterer Grund mögen die sowjetischen Schwierigkeiten in Afghanistan gewesen sein. Wie auch immer; erst nach langen Verhandlungen kamen Jaruzelski und die Sowjets schließlich darin überein, daß die kostensparendste Lösung für beide Regime ein »Belagerungszustand« war, den die polnischen Streitkräfte allein herbeiführen sollten. Am 13. Dezember begann die polnische Selbstbesetzung, und zwar mit einer Effizienz, die das System in ökonomischen Angelegenheiten nie erreicht hatte.

Oberflächlich betrachtet erschienen die Vorgänge als Wiederholung der Ereignisse in Ungarn und in der Tschechoslowakei, wie fast alle westlichen Beobachter einstimmig erklärten. In Wirklichkeit war aber das Resultat weit weniger eindeutig. Daß Moskau gezögert und die Solidarność überlebt hatte, bewies sechzehn Monate lang die grundsätzliche Überwindbarkeit des Systems. Die weitere Tatsache, daß Moskau es im Augenblick der entscheidenden Kraftprobe zum ersten Mal nicht gewagt hatte, selbst ins Geschehen einzugreifen, deutete auf einen Verlust an Vitalität. All das wurde in Osteuropa sehr wohl vermerkt.

Außerdem wurde Polen schließlich doch nicht »normalisiert«. Jaruzelski, der gerne der Kádár des Jahrzehnts sein wollte, hielt die Repression nur ein Jahr lang aufrecht und ging dann zur zweiten Phase seiner Operation über, die in der Etablierung eines neuen Reformkommunismus bestand. Die Solidarność war jetzt zwar in den Untergrund abgedrängt, blieb aber während der ganzen achtziger Jahre sehr lebendig. Und sie sah Jaruzelskis Reformen nicht als Lösung an, sondern als Vorspiel des möglichen Übergangs zu einer »Normalgesellschaft«. So endete die erste Phase der Repression wie alle polnischen Systemkonflikte seit 1956 für die Solidarność nicht in einem Desaster, sondern nur in einem Rückschlag. Und dieses Ergebnis bildete die Grundlage für die großen Ereignisse von 1989.

Zur Zeit von Breshnews Tod im Jahr 1982 war das Gleichgewicht des sowjetischen Außenreichs in Osteuropa schwer gestört. Sowjetische Streitkräfte oder ihre Verbündeten hatten mit »Konterrevolutionen« in Berlin, Budapest, Prag und Warschau zu kämpfen gehabt. Auch wenn dem Westen diese Interventionen aggressiv und bedrohlich erschienen, waren sie doch in Wirklichkeit defensiv und konservativ, kostspielige Anstrengungen, die Gewinne des Zweiten Weltkriegs nicht zu verlieren. Gleichzeitig hatten Jugoslawien und Rumänien den Block verlassen. Der Warschauer Pakt, weit davon entfernt, Bürge der sowjetischen Sicherheit zu sein – der Schutzschild gegen einen Angriff, den niemand plante –, war zu einer zusätzlichen Belastung des sowjetischen Systems geworden.

Außerdem stagnierten die osteuropäischen Volkswirtschaften fast ebenso vollständig wie die Wirtschaft der Sowjetunion, und alle lagen sie weit hinter der zunehmend prosperierenden (west)europäischen Gemeinschaft. Trotz allgegenwärtiger Repressionen wurde die ganze Region schließlich weich. Die Politik der Regime in Polen und Ungarn trug dazu ebenso bei wie das westdeutsche und österreichische Fernsehen, das man in der DDR und in der Tschechoslowakei empfangen konnte. Nach beinahe vier Jahrzehnten Sozialismus hegten die lokalen Bevölkerungen nicht mehr die Illusion, das System könne ihnen eine echte Zukunft bieten. Sie wußten, daß sie schlicht und einfach gefangene Nationen waren, und das System lebte ausschließlich vom Kapital ihrer Angst, das es seit 1945 angehäuft hatte. Aber mit der Solidarność begann auch dieses Kapital zu schwinden. Es war jetzt eine offene Frage, ob Moskau die Kraft zur Intervention haben würde, wenn wieder ein reformkommunistischer Ansatz außer Kontrolle geriete.

Keines der sowjetischen Probleme, von der Solidarnosc bis hin zu Afghanistan, war jedoch in der Lage, das System zu stürzen – dazu bedurfte es erst einer Krise im eigenen Land. Latente Krisenelemente gab es in der Sowjetunion zu Beginn der achtziger Jahre genug: die wirtschaftliche Stagnation, die Überalterung der Partei, die geopolitische Überdehnung. Ohne einen auslösenden Schock vermochten jedoch auch diese Elemente keine offene Erschütterung zu bewirken oder in eine allgemeine Krise umzuschlagen. Der notwendige Schock konnte nur von oben her erfolgen, denn die Struktur des Systems war so beschaffen, daß alle Initiativen von der Spitze ausgehen mußten. Jede Änderung der sowjetischen Politik, von der Einführung des Kriegskommunismus über die Neue Ökonomische Politik bis hin zu Chruschtschows Entstalinisierung, hatte als Revolution von oben stattgefunden.

Die Generation Breshnews – die letzte Frucht von Stalins »Aufstieg durch Säuberung« Ende der dreißiger Jahre – war aber in ihrer altersbedingten Starrheit zu einer solchen Initiative unfähig. Sie glitt nach den Anstrengungen zur Verteidigung der sozialistischen Errungenschaften in Afghanistan und Polen einfach weiter ihrem Untergang entgegen. Das System war derartig zentralisiert, daß es keine Möglichkeit zum Kurswechsel gab, bevor die Gerontokraten nicht physisch von der Szene verschwunden waren. Das führte zu einem dreijährigen Interregnum, in dessen Verlauf sie schließlich einer nach dem anderen neben dem Kreml beerdigt wurden. Dieses makabre Schauspiel war das letzte der Krisenelemente, die die ultimative Form des Reformkommunismus hervorbrachten: Gorbatschows Perestroika.

TEIL IV

DAS ENDE

KAPITEL 11

REFORMKOMMUNISMUS II:
GORBATSCHOW UND DIE PERESTROIKA
1985–1988

»Die in der (sowjetischen) Gesellschaft am weitesten verbreitete
Ideologie (ist) ... die Ideologie des Reformismus. Sie gründet auf
der Vorstellung, daß fortschrittlicher Wandel und partielle Reformen, die Ersetzung einer alten bürokratischen Elite durch eine
neue, die intellektueller und mit Vernunft begabt wäre, eine Art
Humanisierung des Sozialismus hervorbringen werden, und daß
anstelle eines stagnierenden Systems ohne Freizügigkeit ein
dynamisches und liberales entstehen wird. Mit anderen Worten:
Diese Theorie gründet auf der Vorstellung, daß die Vernunft
triumphieren und daß alles gut werden wird; deswegen ist (diese
Theorie) so populär bei Intellektuellen und allgemein bei all
denen, die gegenwärtig nicht allzu schlecht leben ... Derselbe
naive Standpunkt erklärt alle Hoffnungen der Amerikaner in
bezug auf die UdSSR ...
Es wäre (aber) angemessener, den Prozeß wachsender Zunahme
an Freizügigkeit als Verfallsprozeß des Regimes zu begreifen.«

Andrej Amalrik (1969)

Nach achtzehn Jahren des weichen Stalinismus unter Breshnew, Kossygin
und Suslow brachten die strukturellen Mängel des Systems einmal mehr
den Reformkommunismus zum Tragen. Michail Gorbatschow fiel es zu,
eine neue Runde des Aktivismus von oben einzuläuten, und solange er im
Amt war, betrachteten ihn die meisten Beobachter, ob im Westen oder im
Osten, als Schicksalsfigur, als ein »Wunder«, von dem sowohl der Verlauf
als auch das Ergebnis der Bewegung abhängig wären. Aber die komplexen Zusammenhänge der Geschichte in Gorbatschow als dem »Guten« zu
personifizieren ist genauso grob vereinfachend wie die Personifikation

des historisch Bösen in Stalin. Der letzte Generalsekretär muß ebenso wie der erste im Kontext seiner Zeit gesehen werden.

In Anbetracht der Natur der sowjetischen Institutionen konnte der Impuls zum Wandel natürlich nur von oben kommen. Das macht aber Gorbatschows Perestroika oder »Restrukturierung« nicht weniger zu einem Ausdruck der langfristigen Logik des Systems: Das Oszillieren zwischen hartem und weichem Kommunismus, zwischen Kriegskommunismus und Neuer Ökonomischer Politik, war immer schon notwendig gewesen, um dem Land Erholung zu verschaffen vor der nächsten Runde sozialistischer Kraftanstrengung. Diesmal jedoch führte die Inszenierung von Akt II des sich wiederholenden Dramas einigermaßen unerwartet dazu, daß der Vorhang vor dem inzwischen abgedroschenen Schauspiel sich gnädig und endgültig niedersenkte.

Tatsächlich erstaunte nichts am Kommunismus die Welt so sehr wie die Art und Weise seines Verschwindens aus der Geschichte. Gorbatschow erbte eine Supermacht und eine Partei mit 19 Millionen Mitgliedern, beide ausgestattet mit einer Kampfbereitschaft, die dem Rest der Welt jahrzehntelang Furcht und Schrecken eingejagt hatte. Und doch sah Gorbatschow nach sechs Jahren an der Macht – dieselbe Zeitspanne, die Lenin gebraucht hatte, um den sowjetischen Staat zu gründen – sowohl die Partei als auch die Union unter sich wegbröckeln. Zudem lösten sich beide auf, ohne den geringsten Widerstand zu leisten, und erst recht ohne die Konvulsionen, die man von so imposanten Kräften hätte erwarten dürfen. Diese außerordentliche Zerbrechlichkeit des Systems in seinen letzten Tagen wird zweifellos das zentrale Problem jeder zukünftigen Geschichtsschreibung der Perestroika sein.

Ein Grund für diese Anfälligkeit ist darin zu sehen, daß der zweite reformkommunistische Versuch, dem ursprünglichen Anschein zum Trotz, sich vom ersten unterscheiden mußte, und zwar deswegen, weil die Strukturen, die er reformieren wollte, von den früheren Bestrebungen unterminiert waren. Der schlaffe Nomenklatura-Kommunismus von Breshnew und Co. war nicht der terroristische Kommunismus Stalins, und die über die Ufer getretene Partei der letzten Tage war nicht der glühende Bund, der den Sozialismus aufgebaut hatte. Auch war die Generation, die die neue Reform ausführen sollte, nicht vom selben Schlag wie jene, die den ersten Versuch unternommen hatte. Die Führer von Chruschtschows Reform waren durch Stalins System geprägt: Sie waren sowohl von ihm terrorisiert als auch seiner Vollendung verschrieben, und einige dieser Männer wurden dann, von den Risiken der Reform ernüchtert, zu Gefolgsleuten Breshnews. Die Führer der Gorbatschowschen Reform dagegen waren als hoffnungsvolle Zwanzigjährige von Chruschtschows Tauwetter geformt worden, und als Selbstbeschränkung nötig wurde, erwartete sie nichts Schrecklicheres als ein warmes Nest im Zentralkomitee oder in den Instituten der Akademie der Wissenschaften.

So waren sowohl der Gegenstand als auch die Perspektive der Reform diesmal weicher. Die Kontrahenten waren das krisengeschüttelte System, gestützt von den kränklichen Nutznießern von Stalins großer sozialer Promotion Ende der dreißiger Jahre, und die »Männer der sechziger Jahre«, die *Tschestidesjatniki,* die jetzt selbst auf ihre Sechziger zugingen. So wenigstens lagen die Dinge anfangs – bis die Auseinandersetzung sich selbständig machte und eine Dynamik entwickelte, die weit über das hinausführte, was irgendeine Gruppe innerhalb des Serails der Parteizirkel angestrebt hatte.

»BESCHLEUNIGUNG«

Der erste Schritt in die neue Ära vollzog sich im Schatten der alten. Hinter der unbeweglichen Fassade des Breshnew-Regimes gab es an hohen Stellen viele Fragen und sogar angstvolle Sorge über den Zustand des Systems. Das wurde in dem zweijährigen Interregnum zwischen Breshnews Tod und der Wahl Gorbatschows zum Generalsekretär deutlich, einem Intervall, in dem das höchste Amt im Staat nacheinander von Juri Andropow und von Konstantin Tschernenko ausgeübt wurde. Obwohl diese Episode von außen gesehen als Fortsetzung der Ära Breshnew erschien, war sie in Anbetracht der Zwänge des Systems unerläßlich: Ihr war es vorbehalten, einerseits die Gerontokratie zu überwinden und andererseits die psychische Erschütterung herbeizuführen, die nötig war, um eine »Restrukturierung« als unausweichlich erscheinen zu lassen.

Seit etwa 1980 verschwand die alte Garde Mann für Mann, zuerst Kossygin im Jahr 1979, dann im Jahr 1982 Suslow und wenige Monate später Breshnew selbst. Unter den weniger wichtigen Figuren dieser Gruppe, repräsentiert durch Tschernenko und die von Andropow geführte

»Reformpartei« brach bereits vorher der Kampf um die Nachfolge aus. Mit Unterstützung des Militärs wurde Andropow schnell an Suslows Stelle im Zentralkomitee versetzt und auf diese Weise aus dem KGB entfernt, eine notwendige Präliminarie für seine Einsetzung ins höchste Staatsamt. Als Breshnew starb, wurde Andropow im Alter von achtundsechzig Jahren ordnungsgemäß zu seinem Nachfolger ernannt. Sein Rivale erhielt dafür das zweithöchste Amt – ein Kompromiß, der darauf hindeutete, daß die Auseinandersetzung zwischen potentiellen Reformern und der alten Garde noch nicht abgeschlossen war.[1]

Damals gab es in der sowjetischen Elite einen gewissen Kult um Andropow als einen Visionär der Zukunft. Seine kurze Regierungszeit galt deshalb als weitere verpaßte Gelegenheit im Kampf gegen den Niedergang der Sowjetunion. Es ist allerdings zweifelhaft, ob dieses reine Produkt der Stalin-Zeit, von Suslow protegiert, trotz seines wachen Bewußtseins für die Mängel des Systems eine Radikalkur im Sinn hatte, und diese Zweifel lassen sich leicht empirisch untermauern. Andropow sah lediglich »eine Leistungskrise« keine »Krise des Systems«.[2] Er untersuchte die Probleme des Systems, indem er bei seinen Ratgebern aus der Intelligenzia, die er sich im Lauf der Jahre herangezogen hatte, Gutachten in Auftrag gab. Durch sein hartes Vorgehen gegen den halben Dissidenten Roy Medwedew, die einzige mehr oder weniger kritische Figur, die noch in Freiheit war, markierte er aber zugleich die Grenzen der Innovation. Im übrigen verwirklichte er nicht mehr als den klassischsten Typ sowjetischer Reformen: einen Polizeikampf gegen die Korruption und einen für die Verbesserung der Arbeitsdisziplin, zwei Maßnahmen, die wie gewöhnlich zu kurzfristigen Erfolgen führten, ohne an den tieferen Ursachen zu rütteln.

Trotzdem war er für zwei Neuerungen verantwortlich, die über das Übliche hinausgingen. Zunächst brachte sein Appell an die akademischen Intellektuellen 1983 das *Nowosibirsker Memorandum* hervor, eine Schrift der Soziologin Tatjana Saslawskaja vom sibirischen Zweig der Akademie, in der die Kollegin Aganbegjaus radikale Systemkritik in orthodoxer Sprache vortrug.[3] Der sowjetische Zentralplan, argumentierte sie, sei veraltet, in Wirklichkeit sei er ein Produktionshemmnis; die sowjetische Gesellschaft, weit davon entfernt, das harmonische Bild zu bieten, das die offizielle Propaganda male, sei von Konflikten zwischen den Herrschenden und den Beherrschten zerrissen, und die Arbeiterklasse sei von

Entfremdung, Apathie und Motivationsmangel gezeichnet – eine Analyse, die auf eine Krise des Systems verwies und nicht nur auf ein momentanes Leistungstief. Die implizierten Heilmittel hießen natürlich Dezentralisierung, Leistungsanreiz und Stimulierung von Privatinitiativen an allen Enden des Systems. Dieses Dokument, das der westlichen Presse im Orwell-Jahr 1984 zugespielt wurde, informierte die Weltöffentlichkeit erstmals über das drohende Ende der sowjetischen Stabilität. Es wiederholte einige Diagnosen, die bereits die Wirtschaftswissenschaftler der sechziger Jahre gestellt hatten, und deutete vieles an, was bald unter dem Namen *Perestroika* Wirklichkeit werden sollte.

Andropows zweite wichtige Initiative bestand darin, Michail Gorbatschow als seinen designierten Nachfolger zu behandeln. Gorbatschow war 1978, im Alter von 47 Jahren, nach Moskau gerufen worden, um dort die landwirtschaftliche Abteilung des Sekretariats des Zentralkomitees zu leiten. Im Jahr 1981 wurde er, hauptsächlich auf Andropows Drängen hin, zum jüngsten Mitglied des Politbüros. (Unfehlbar war Andropows Instinkt für Reformtalente allerdings nicht, denn er brachte auch bornierte Apparatschiks wie Gaidar Alijew und Grigori Romanow in vergleichbar hohe Positionen.) Zu dieser Zeit lernte Gorbatschow die Intellektuellen kennen, die Andropow während seiner ganzen Laufbahn um sich versammelt hatte und die später mit zur Denkfabrik der Perestroika gehören sollten. Insbesondere hatte er mit den Beratungen zu tun, die 1983 das *Nowosibirsker Memorandum* hervorbrachten. Außerdem reiste er viel, um für den Reformkurs der sowjetischen Politik Werbung zu machen. Im Jahr 1983 war er in Kanada, wo er zuerst einen anderen Modernisierer des Zentralkomitees traf, Alexander Jakowlew, der damals sein zehntes Jahr im Exil verbrachte: Seiner liberalen Anschauungen wegen hatte man ihn als russischen Botschafter nach Ottawa geschickt. Im Jahr darauf, nach Andropows Tod, machte Gorbatschow – jetzt bereits als potentieller Thronfolger – einen Besuch in London. Diesen Besuch konnte man schon einen virtuellen Staatsbesuch nennen, zumal Premierministerin Margaret Thatcher erklärte, Gorbatschow sei der sowjetische Führer, mit dem der Westen »ins Geschäft kommen könnte«.

Aber Andropow starb zu früh, als daß Gorbatschow sein unmittelbarer Nachfolger hätte werden können. Infolge eines neuerlichen Kompromisses übernahm der 73 Jahre alte Tschernenko das Amt, und Gorbatschow wurde die Nummer zwei. Bereits ein Jahr später erhob sich die Frage der

Nachfolge von neuem. Zum Kandidaten der Breshnew-Anhänger wurde
der zweiundsiebzigjährige und ziemlich korrupte Führer der Moskauer
Partei, Viktor Grischin. Aber diesmal zog die alte Garde den kürzeren.
Von den Älteren warfen Andrej Gromyko und Michail Solomenzew ihr
Gewicht zugunsten Gorbatschows in die Waagschale. Dasselbe tat KGB-
Chef Viktor Tschebrikow, und alle drei fanden Unterstützung bei einfluß-
reichen Mitgliedern des Zentralkomitees, die nicht im Politbüro waren,
wie zum Beispiel Jegor Ligatschow.

Dann beschleunigte man das Abstimmungsverfahren so sehr, daß eine
Gruppe von Grischin-Anhängern nicht mehr rechtzeitig nach Moskau
kommen konnte, und Gorbatschow gewann mit einer Stimme Vorsprung
– wenn die Sache wirklich durch eine förmliche Abstimmung entschieden
wurde. Auch wenn Grischin dazwischengefunkt hätte, hätte ein Führungswechsel sicher nicht mehr lange aufgeschoben werden können, denn zu
vielen Spitzenfunktionären war inzwischen klar, daß das Ausbleiben von
Veränderungen schlechterdings gefährlich zu werden begann.

Was für ein Mensch war der neue Generalsekretär?[4] Oft wurde gesagt,
daß das sowjetische System, wäre es wirklich so totalitär gewesen wie
behauptet, niemals einen so erfrischend mutigen Führer wie Gorbatschow hätte hervorbringen können. Der radikale Stilwandel, den er in
der Behandlung sowjetischer Angelegenheiten durchsetzte, schien der
lebende Beweis für die innere Reformkraft des Systems zu sein.

Tatsächlich aber war Gorbatschow sogar in seiner Kühnheit ein Produkt des Systems; viel talentierter zwar als der durchschnittliche sowjetische Führer, aber ein sowjetischer Führer trotz alledem. Wie unfähig der
Totalitarismus auch gewesen sein mag, er war in der Lage, dynamische
Persönlichkeiten hervorzubringen – seine Funktionsbasis hatte er keineswegs darin, daß er Individuen in Automaten verwandelte. Das System
funktionierte eher so, daß es allen seinen Führern strukturelle Grenzen
und geistige Horizonte vorschrieb, und Gorbatschow operierte weitgehend innerhalb dieser Parameter. Sein Aufstieg war kein Glücksfall,
sondern das Ergebnis des Selbsterhaltungstriebs auf seiten der existierenden Oligarchie. Und daß die Stagnation unter Breshnew in die Gorba-
tschowsche Dynamik mündete, ist nicht erstaunlicher, als daß Stalin aus
Lenins Politbüro hervorging oder Chruschtschow aus Stalins Präsidium.

Gorbatschows Weg nach oben war der klassische *cursus honorum* des sowjetischen Apparatschiks, nur schneller. Im Jahr 1931, inmitten von Kollektivierung und Hungersnot, wurde er in der kornreichen Region um Stawropol im Norden des Kaukasus geboren. Seine Großväter waren beide von der Zwangsenteignung der Kulaken betroffen, aber sein Vater wurde trotzdem Parteimitglied, Soldat der Roten Armee und ein guter Kolchosnik. Gorbatschow selbst erhielt als erster in der Familie eine höhere Schulbildung, arbeitete dann zunächst auf einer Maschinen-Traktoren-Station und wurde Führer des örtlichen Komsomol-Verbands. Das machte ihn bereits im Alter von achtzehn Jahren zum Parteikandidaten, und von diesem Sprungbrett aus gelang es ihm, das seltene Privileg eines Studienplatzes an der Staatlichen Universität in Moskau zu erobern. Dort studierte er Jura, ein Fach, das damals nur für eine Partei- oder Verwaltungskarriere nützlich war.

In Gorbatschows drittem Studienjahr starb Stalin, und das Tauwetter begann. Gorbatschow erlebte diese Zeit im alten Wohnheim der Universität in der Stromynka-Straße, damals ein Ort intellektueller Unruhe und kritischer Befragung des Systems. Es gab dort auch ein kosmopolitisches Element: Einer von Gorbatschows Studienkameraden war Tscheche; er hieß Zdenek Mlynár, und Gorbatschow blieb bis in die sechziger Jahre hinein mit ihm in Kontakt. Mlynár wurde dann einer der Autoren des Aktionsprogramms von 1968.[5] Mit anderen Worten: Seit seinem zweiundzwanzigsten Lebensjahr stand Gorbatschow in enger Verbindung mit dem Reformkommunismus. Im Jahr 1956 war er sogar Delegierter auf dem entscheidenden XX. Parteikongreß.

Um auf diesen Kongreß zu gelangen, mußte er jedoch zunächst nach Stawropol zurückgehen und sich in der Hierarchie des Apparats nach oben dienen. Der Königsweg zu einer Parteikarriere begann mit der Komsomol-Verwaltung, in der Gorbatschow schon während seiner Jugendzeit zu Hause und dann während seiner ersten Studienjahre gearbeitet hatte. Wieder zurück in Stawropol, erklomm er die Leiter schnell: Bald war er Erster Sekretär des Komsomol, dann Erster Sekretär der Stadt und dann, im Alter von nur 39 Jahren, Erster Sekretär der Region. Ein Grund für diesen schnellen Aufstieg war, daß er immer einflußreiche Sponsoren gehabt hatte, besonders Fjodor Kulakow, früher selbst Erster Sekretär von Stawropol, dann Kopf der Landwirtschaftlichen Abteilung des Zentralkomitees und Politbüro-Mitglied. Unter Kulakows Ägide erwarb Gorbatschow auch praktische Erfahrung und notorische Bekanntheit als Neue-

rer in der Landwirtschaft. Außerdem gehörte zum Kreis Stawropol ein
Kurort, den häufig Parteiführer aus Moskau aufsuchten, und der Erste
Sekretär der Region hatte sich natürlich um ihre Belange zu kümmern.
Auf diese Weise machte Gorbatschow die Bekanntschaft der gesamten
Führungsspitze. Besonders regelmäßig traf er dort Kossygin und, was
noch wichtiger war, Andropow und Suslow, der früher selbst Erster
Sekretär in Stawropol gewesen war. Als Kulakow im Jahr 1978 starb,
erhielt Gorbatschow seine Position im Zentralkomitee. Im Jahr darauf
wurde er Kandidat des Politbüros und wiederum ein Jahr später dessen
Mitglied. Mit 49 Jahren war er das jüngste Mitglied und daher der
potentielle künftige Führer der etablierten Reformpartei.

Als er 1985 schließlich die Führung übernahm – wie sah da sein
Reformprogramm aus? Da er selbstverständlich nicht seine vollen Absichten im voraus verkünden und trotzdem Führer werden konnte,
herrschte damals über sein Programm keine Klarheit, und eigentlich ist
es noch heute so. Nach seinem Sturz erklärte Gorbatschow, die Perestroika habe sich genau so entwickelt, wie er es gewollt habe – abgesehen von
der Auflösung der Sowjetunion; sein Ziel sei es also von Anfang an
gewesen, den »Totalitarismus« durch »Demokratie« zu ersetzen und Osteuropa zu »befreien«. Und es gab sowohl im Osten als auch im Westen
viele Beobachter, die bereit waren, diese Entwicklung als seine persönliche Leistung anzuerkennen. Das muß jedoch *a priori* bezweifelt werden,
denn es würde bedeuten, daß er gegen die Partei und den Staat, die ihm
anvertraut waren, im geheimen konspiriert hätte. Auch paßt es nicht zu
den wenigen empirischen Daten, die wir haben.

Was wir wissen, ist, daß er um die Zukunft des Systems und den
Status der Sowjetunion als Supermacht tief besorgt war und daß er
glaubte – wie er öffentlich verlauten ließ –, »radikale« Maßnahmen
seien notwendig, »wenn die Sowjetunion das nächste Jahrhundert in
einer Weise antreten soll, die einer Großmacht würdig ist«.[6] Außerdem
war er der Auffassung, der ganze sowjetische *way of life* sei für die
Bevölkerung erdrückend, sinnlos und lähmend geworden. Wie er Ende
1990 enthüllte, waren er und ein anderer kaukasischer Reformkommunist, Eduard Schewardnadse, in einem 1984 geführten Gespräch darin
übereingekommen, daß »alles verrottet« sei und daß »es nicht möglich
ist, auf diese Weise weiterzuleben«, eine Einschätzung, die man seit Ende
der siebziger Jahre in der sowjetischen Elite hören konnte. Die deutlich-

ste Äußerung über seine Absichten ist aber eine Rede, die er im Dezember 1984 hielt.[7]

Sie begann mit der Feststellung, die Wirtschaft des Landes befinde sich in akutem Niedergang und gefährde daher den Status der Sowjetunion als Supermacht. Gorbatschow erklärte, das Heilmittel bestehe in »intensiver« wirtschaftlicher Entwicklung, »erhöhter Produktivität« und einem »Durchbruch … des wissenschaftlich-technischen Fortschritts«. Dazu bedürfe es »der Modernisierung der Maschinen- und Werkzeugindustrie« (ein gängiges sowjetisches Schibboleth), eines nicht näher spezifizierten Gebrauchs ökonomischer Hebel wie »Preise, Profit, Kredit und andere« und natürlich der Dezentralisierung des Managements. Gorbatschow ging jedoch weit über diese nur klassische Bestätigung des Liberalismus hinaus, indem er im weiteren Verlauf der Rede Verbesserungen des sowjetischen politischen »Systems« durch »Beteiligung« der Arbeiter am Management vorschlug. Diese Beteiligung sollte durch gewählte Sowjets oder Räte erreicht werden, ein Vorschlag, der an die tschechoslowakische und andere osteuropäische Reformen erinnerte. Auch rief er nach *glasnost* oder *Öffentlichkeit* der die Krankheiten des Systems betreffenden Informationen, weil nur eine solche »Offenheit« bürokratische Verzerrungen wirksam bekämpfen und die kreative Intelligenz der Bevölkerung freisetzen könne. Zuletzt rief er nach der »Autorität des Gesetzes«, um die Partei wiederzubeleben und die Sache der »sozialistischen Selbstregierung durch das Volk« voranzubringen.

Alles in allem ist dieses Restrukturierungsprogramm, das ungefähr der Tagesordnung der späteren Perestroika entspricht, nicht mehr als eine Wiederaufnahme im sowjetischen Block gängiger reformistischer Themen. Maßnahmen in diese Richtung waren weitgehend gemeinsame Forderungen der »Schatten-Dissidenten«, der »Kinder des XX. Parteikongresses«, wie Jewtuschenko sie nannte, oder der »Galileis« des Zentralkomitees, wie sie selbst sich nannten, jener Leute, mit denen Gorbatschow unter Andropow zusammengearbeitet hatte, um so vertrauliche Einschätzungen wie das *Nowosibirsker Memorandum* hervorzubringen. Das bedeutet aber nicht, daß dieser Programmentwurf eine großangelegte Handlungsanweisung darstellte, die vom Beginn der Perestroika an wirksam gewesen wäre. Die Rede sprach nur von allgemeinen Zielen und gab nur äußerst spärliche Hinweise, wie diese zu erreichen seien; ihre Formulierungen waren in jeder Hinsicht vage, und sie sagte nichts über das zentrale Problem: die Verteilung der Macht und die Rolle der Partei bei einem wie auch immer gearteten zukünftigen Wandel. So faßt man sie am besten als Ausdruck einer Seite von Gorbatschows Denken auf, als Hinweis auf seine kühneren Hoffnungen, und nicht als ein konkretes Reformprogramm. Ein konkretes Programm entstand unter pragmatischen Gesichtspunkten und ad hoc, als der Generalsekretär sich mit den Realitäten auseinandersetzen mußte, die auf ihn zukamen.

Gorbatschow begann mit einer Mischung aus Wagemut in internationalen Angelegenheiten und vorsichtiger Klugheit im eigenen Land. Wollte er die entscheidenden und hartnäckigeren internen Wirtschaftsprobleme lösen, mußte er das Land sofort von den Zwängen des internationalen Wettbewerbs befreien, und das war der Grund für diesen doppelten Kurs. Er bedeutete allerdings nicht Gleichgültigkeit gegenüber dem Status der Sowjetunion als Supermacht oder gar den Verzicht darauf. Solange Gorbatschow im Amt war, betonte er immer wieder die Würde des Landes als Großmacht. Die Perestroika führte jedoch zu veränderten Prioritäten: Die Wiederbelebung der sowjetischen Wirtschaft war die unerläßliche Voraussetzung für den Erhalt des Supermacht-Status.

Die Sowjetunion brauchte also eine »Atempause« im internationalen Wettbewerb, um sich erholen zu können, bevor sie den Kampf mit dem Kapitalismus wiederaufnahm. Dabei wäre es ein Fehler zu glauben, Gorbatschow habe das Denken in Begriffen des sozialistischen Endsiegs oder der ideologischen Polarität der beiden Lager aufgegeben. Trotzdem sollte der Wettstreit seiner Ansicht nach mildere und weniger gefährliche Formen annehmen als in der jüngsten Vergangenheit. Der Sozialismus mußte seine Strukturen modernisieren und seine Leistungen gewaltig steigern, wenn er seine wahre Gestalt verwirklichen wollte. Nach und nach sah sich Gorbatschow dann gezwungen, diese Illusion der Wettbewerbsfähigkeit aufzugeben – obwohl er am Grundgedanken des Sozialismus immer festgehalten hat –, aber anfangs hatte er die Absicht, das sowjetische Erbe zu vervollkommnen, und nicht, es hinter sich zu lassen.

Sein erster Schritt war deshalb eine Art Brest-Litowsk in Form eines beinahe unilateralen Rückzugs aus dem Kalten Krieg, um alle Energien der Reform an der Heimatfront zu konzentrieren. Denn Gorbatschow nahm seinen Leninismus ernst.[8] Regelmäßig bekundete er seine Bewunderung für die Kühnheit des Gründers, und zu Beginn seiner Amtszeit als

Generalsekretär förderte er die Bühnenstücke von Michail Schatrow, die die Zeit Lenins verherrlichen. So wie Lenin in Brest-Litowsk den sowjetischen Staat aus seiner ersten ernsten Überlebenskrise gerettet hatte, wollte er ihn jetzt durch vergleichbare Kühnheit aus einer anderen Krise retten. Wie alle anderen Generalsekretäre mußte auch er der »Lenin der Gegenwart« sein: Kein anderes Rollenmodell aus dem sowjetischen Pantheon war übriggeblieben, und kein anderes Symbol der Dynamik und Kühnheit schien so geeignet, das schwerfällige System in Bewegung zu setzen. Außerdem war Gorbatschow ehrgeizig wie jeder, der es so weit gebracht hatte, und das, wie die Ereignisse zeigen sollten, nicht vergebens.

Sein Rekurs auf Brest-Litowsk bedeutete zunächst den Rückzug aus dem nuklearen Wettrüsten mit den Vereinigten Staaten durch Aufgabe der SS 20, dann den Rückzug aus allen Unternehmungen in der Dritten Welt, beginnend mit Afghanistan.[9] Diese Maßnahmen waren nicht nur unerläßlich für die Reform im Innern, sondern auch für die Außenpolitik als das Gebiet, auf dem der Generalsekretär in seiner Eigenschaft als Regierungschef am leichtesten politische Initiativen ergreifen konnte. Dementsprechend bestand einer seiner ersten offiziellen Akte darin, sein Interesse an einem Gipfeltreffen mit Präsident Reagan zu bekunden und ein siebenmonatiges, unilaterales Moratorium bei der Stationierung der SS 20 zu verkünden. Seit der Unterzeichnung des SALT-II-Abkommens im Jahr 1979 hatte es keinen sowjetisch-amerikanischen Gipfel mehr gegeben, und in der Zwischenzeit hatte der sogenannte zweite Kalte Krieg stattgefunden: die Invasion in Afghanistan, die Unterdrückung der Solidarność (die Anlaß zur fortgesetzten Blockade westlicher Radiosender durch Moskau gab, eine Praxis, die nach 1982 aufgegeben wurde), der Abschuß der KAL 007 im Jahr 1983 und der Abbruch der Verhandlungen über Atomwaffen im selben Jahr. Außerdem war Präsident Reagan während seiner ersten Amtszeit für die Sowjets zu einer Figur von mythischer Aggressivität geworden. Nach den wohltuenden Praktiken der Entspannung konfrontierten die Amerikaner sie mit einer militärischen Aufrüstung ohnegleichen, die in der Strategischen Verteidigungsinitiative (SDI) von 1983 gipfelte und von alarmierenden Äußerungen über das »Reich des Bösen« begleitet war. Man muß dazu sagen, daß unter Andropow viele in der sowjetischen Führung glaubten, die Amerikaner seien auf Krieg aus, und all die alten Lehrsätze über den Imperialismus wurden reaktiviert.[10] Um die Atmosphäre abzukühlen, dämpfte Tschernenko daher das Geschrei über den amerikanischen »Hitler« und nahm die Waffenverhandlungen wieder auf.

Gorbatschow blieb es überlassen, mit den dahintersteckenden Problemen des Wettkampfs der Supermächte fertigzuwerden. Das erste dieser Probleme war für die Sowjets, daß sie in Anbetracht ihres Wirtschaftsabbaus keine Möglichkeit hatten, mit der amerikanischen Aufrüstung auf dem Verteidigungssektor Schritt zu halten. Insbesondere der technologische Sprung, den das SDI-Projekt bedeutete, brachte sie ins Hintertreffen. Ob SDI als praktisches Verteidigungssystem funktioniert haben würde, ist dabei vielleicht nicht die zentrale Frage. Geopolitisch entscheidend war vielmehr, daß SDI eine technologische und ökonomische Herausforderung darstellte, die die Sowjets weder ignorieren noch annehmen konnten. Die einzige Möglichkeit, SDI zu entschärfen, bestand daher in Verhandlungen, und so machte Gorbatschow die Beendigung des Kalten Kriegs zu seinem ersten Hauptziel. Viele im Westen würden diese Version der Ereignisse zweifellos bestreiten, aber frühere sowjetische Militärs und Beobachter der politischen Szene sind sich weitgehend darüber einig, daß die drohende sowjetische Niederlage im Wettrüsten, insbesondere im Hinblick auf SDI, wesentlich dazu beitrug, die Perestroika auszulösen. Diese Ansicht wird durch die einigermaßen rätselhafte Entlassung von Marschall Nikolai Ogarkow im Jahr 1983 bestärkt. Ogarkow, der unter Tschernenko sowjetischer Verteidigungsminister war, scheint den Standpunkt vertreten zu haben, die Rückständigkeit der sowjetischen Technologie bedrohe den Status des Landes als Supermacht, und deswegen solle das Militär ein erweitertes Mitspracherecht in der Wirtschaftspolitik erhalten.[11] Er wies also auf die geopolitischen Gefahren der bestehenden Situation hin. Da er aber ein Heilmittel empfahl, das den Primat der Partei bedrohte, beschwor er eine Zurückweisung des Militärs als solche herauf.

Gorbatschow beschnitt die Rolle des Militärs noch mehr, indem er den neuen Verteidigungsminister, Marschall Sergej Solokow, nicht zum Vollmitglied des Politbüros ernannte – das erste Mal seit zwei Jahrzehnten, daß das Militär in dieser Körperschaft keinen Sitz mehr hatte. Zur selben Zeit, im Juli 1985, rief er Gromyko als Außenminister zurück und ersetzte ihn durch Schewardnadse, der zugleich Vollmitglied des Politbüros wurde. Da Schewardnadse für das Amt des Außenministers keine andere Qualifikation mitbrachte als seine persönliche Nähe zum Generalsekretär, war seine Ernennung ein klares Signal dafür, daß Gorbatschow sich um die auswärtigen Angelegenheiten persönlich zu kümmern gedachte und Entspannung zu einem Eckpfeiler seiner Politik machen wollte.

Um seine Absichten verwirklichen zu können, brauchte Gorbatschow aber einen amerikanischen Präsidenten, mit dem *er* verhandeln konnte. Es stellte sich heraus, daß der Reagan der zweiten Amtszeit reif dafür war. Wie ein Spezialist formuliert hat, war Reagan »ein einfacher und gradliniger Mensch, der das Prinzip ›Verhandlungen nur von einer Position der Stärke aus‹ wörtlich nahm: War die Position der Stärke erreicht, begann man zu verhandeln.«[12] Und es zeigte sich, daß auch Reagan etwas von einem Spieler hatte, der bereit war, einen Versuch mit dem neuen Mann in Moskau zu wagen. Sogar ein visionärer Zug war ihm eigen, der sich nicht nur in einem Programm wie SDI ausdrückte, sondern auch in seiner Bereitschaft, dieses Programm zu teilen und die Atomwaffen abzuschaffen. So war Gorbatschow schon bald in der Lage, die Ergebnisse seines riskanten Angebots an Washington vorzuweisen, und das nahm seinen orthodoxen Kritikern zu Hause den Wind aus den Segeln.

Der erste Gipfel fand Ende 1985 in Genf statt, und obwohl er nicht zu konkreten Ergebnissen führte, schuf er doch einen neuen Verhandlungsstil und endete damit, daß die beiden Staatschefs sich auf wechselseitige Besuche einigten. Aber Gorbatschow hatte es eilig. So bat er schon im Oktober 1986 ohne ernsthafte Rücksprache mit dem Militär oder dem Politbüro um einen vorgezogenen Mini-Gipfel auf neutralem Gebiet, in Reykjavik. Dort eröffnete er die bis dahin unerhörte Aussicht auf eine Vernichtung aller Atomwaffen und Mittelstreckenraketen und fand einen amerikanischen Präsidenten vor, der für diesen Vorschlag empfänglich war. Reagans Angebot einer langfristigen »Nulloption« zur Vernichtung aller Mittelstreckenraketen in Europa nahm er an, verband aber seine Zustimmung mit Bedingungen, die für Reagan unakzeptabel waren, darunter vor allem die Forderung, das SDI-Projekt solle ein Laborversuch ohne praktische Erprobung im Weltraum bleiben. So blieb dieser merkwürdigste aller Gipfel schließlich doch ergebnislos. Allerdings hatten beide Seiten nachdrücklich bekräftigt, daß zukünftige Abkommen zur Waffenbegrenzung nicht mehr wie früher weitgehend kosmetische Maßnahmen sein dürften, sondern zu umfassendem Waffenabbau führen müßten, wenn sie überhaupt einen Wert haben sollten. Und in diesem

Geist wurde der sich seit 25 Jahren hinziehende Prozeß der Waffenkontrollverhandlungen in den nächsten drei Jahren zu Ende geführt.

Der entscheidende Wendepunkt war der INF-Vertrag von 1987, der alle Mittelstreckenraketen in Europa bis hinauf zum Ural verbot, ein Abkommen, das im wesentlichen auf Reagans »Nulloption« basierte, die er 1981 zum ersten Mal vorgetragen hatte. Das bedeutete, daß Gorbatschow den Kalten Krieg nach den Vorstellungen des Westens beenden mußte, ohne irgendwelche Konzessionen hinsichtlich des SDI-Projekts zu erreichen. Wie wir gleich sehen werden, ließ er sich zweifellos zum Teil deswegen darauf ein, weil die Perestroika im Jahr 1987 in akute innere Schwierigkeiten gekommen war. Er *konnte* sich darauf einlassen, weil das Militär inzwischen zunehmend in Mißkredit geraten war. Nicht nur waren die sowjetischen Streitkräfte dabei, den Krieg in Afghanistan zu verlieren, sondern im Mai 1987 gelang es einem jungen Deutschen, eine einmotorige Cessna-Maschine durch alle sowjetischen Radarfallen hindurch bis nach Moskau zu fliegen und auf dem Roten Platz zu landen. Gorbatschow nutzte diese Gelegenheit, den Oberkommandierenden der russischen Streitkräfte zu entlassen und seinen eigenen Mann den unbedeutenden General Dmitri Jasow, zum Verteidigungsminister zu ernennen.

Außer diesen äußeren Anlässen, die Gorbatschow dazu bewogen, dem Verbot von Mittelstrecken in Europa zuzustimmen, war es allerdings der gesunde Menschenverstand, der ihn zu einer grundsätzlichen Revision der sowjetischen Weltsicht führte. Bis dahin hatten die Sowjets den Standpunkt vertreten, der Besitz von Nuklearwaffen ändere nichts an der marxistisch-leninistischen Doktrin, derzufolge internationale Beziehungen eine Form des Klassenkampfs waren. Deswegen galt ein Atomkrieg nicht nur als denkbar, sondern konnte nach Meinung der Sowjets auch gewonnen werden. Chruschtschow hatte diese Ansicht mit seiner »friedlichen Koexistenz« zwar abgemildert, aber auch er hatte an der Doktrin des unvermeidlichen Konflikts, der zum Sieg des Sozialismus führen müsse, festgehalten. Erst Gorbatschow zog den realistischen Schluß, daß ein Atomkrieg undenkbar sei und nicht gewonnen werden könne, und diese Position war das Fundament seines »neuen Denkens« in internationalen Angelegenheiten.

Diese Position zog es aber nach sich, daß er den zentralen marxistischen Grundsatz des Klassenkampfs nicht nur in internationalen, sondern in allen menschlichen Angelegenheiten aufgeben mußte. Praktisch tat

Gorbatschow das bereits, als er Ende 1987 zur Unterzeichnung des INF-Vertrags nach Washington fuhr. In Worten tat er es im Dezember 1988, als er vor den Vereinten Nationen erklärte, seine Regierung sei »universalen humanitären Werten« verpflichtet – ein Denken, das Marx als den »Schwindel von der universalen Brüderlichkeit« gebrandmarkt hatte. Indem Gorbatschow damit implizit den Standpunkt des Klassenkampfs aufgab, untergrub er aber die ideokratischen Grundlagen des Regimes, eine Konsequenz, die er später noch durch die Wendung verstärkte, die Sowjetunion solle ihren Platz in einem »gemeinsamen europäischen Haus« finden. Der Verzicht auf marxistische Glaubenssätze sollte die alte Sowjetunion bald in ihren Grundfesten erschüttern, aber vorerst machte er Gorbatschow international zum Helden und zur Kultfigur. Und in der Tat ist dieser Verzicht seine größte historische Leistung.

Die Politik des Widerrufs nahm ihren Fortgang, als Gorbatschow 1988 in einer ähnlichen Mischung von nationaler Schwäche und neuentdeckten Prinzipien den Rückzug der sowjetischen Truppen aus Afghanistan ankündigte und seine Vollendung für Februar 1989 versprach. Zum ersten Mal gaben die Sowjets ein Territorium auf, das sie für den Sozialismus gewonnen hatten. Ebenfalls im Jahr 1988 begannen Gorbatschow und Schewardnadse mit der Auflösung des sowjetischen und kubanischen Engagements in Angola und Äthiopien. Im Jahr darauf kürzten sie die Hilfe für die nicaraguanischen Sandinisten und sogar die für Kuba. Im Februar 1989 verließen die letzten sowjetischen Truppen Afghanistan, genau wie Gorbatschow es versprochen hatte. Und gleichzeitig konnten die Sowjets ihren Klienten Vietnam dazu überreden, sich aus Kambodscha zurückzuziehen. So waren im Jahr 1990 alle sowjetischen Verpflichtungen der Ära Breshnew aufgelöst. Aber zu diesem Zeitpunkt war die kalkulierte und »kalibrierte« Selbstbeschränkung des neuen Brest-Litowsk längst zu einer verheerenden Niederlage geworden.

Tatsächlich war zum Ende dieses Prozesses hin niemand außer den unmittelbar betroffenen Ländern der Dritten Welt allzusehr an Einzelheiten interessiert, denn seit dem internationalen Durchbruch der Jahre 1986 bis 1987 war die Perestroika zu einem überwiegend internen Drama geworden. Das Interesse der sowjetischen Bevölkerung hatte immer schon vorrangig der Frage gegolten, wie die Perestroika ihren Alltag verändern würde. An der Beendigung des Kalten Kriegs war in erster

Linie dem Westen gelegen, weswegen Gorbatschow auch im Ausland als beherrschende Figur erschien. Seine sowjetischen Anhänger dagegen waren hauptsächlich daran interessiert, welchen Gebrauch er von seinem Spielraum zu Hause machte, und hier ist sein Status von Anfang an bescheidener gewesen.

Die wichtigste innere Aufgabe war natürlich die Wiederbelebung der Wirtschaft, aber in Anbetracht der Gesamtnatur des sowjetischen Systems schloß dies natürlich alles andere ein, das heißt eine Neustrukturierung des sowjetischen Lebens im allgemeinen. Schon auf seinem ersten Plenum im April 1985 begann Gorbatschow, von einem solchen Neuanfang zu sprechen, und in den folgenden Jahren unterschieden die sowjetischen Offiziellen ein Leben *vor* und ein Leben *nach* dem April-Plenum. Das Wort »Perestroika« selbst tauchte kurz nach dem April-Plenum auf und wurde zuerst weitgehend in ökonomischen Angelegenheiten verwendet. Im Jahr darauf erweiterte es jedoch gemäß der Logik der sowjetischen Struktur seinen Bedeutungsumfang und bekam die bekannten Konnotationen. Im Jahr 1987 war es zusammen mit dem »neuen Denken« in der Außenpolitik zum wahren Mantra des Zeitalters geworden. Es bezeichnete zunächst eine »radikale«, dann eine »revolutionäre« Umwandlung nicht nur der Institutionen, sondern auch der inneren Einstellung der Menschen.

Bei solcher Bedeutungsvielfalt und der daraus unvermeidlich resultierenden Vagheit ist es schwer zu sagen, was Gorbatschow wirklich wollte oder wie seine praktische Politik zu einem gegebenen Zeitpunkt aussah. Jenseits des Ziels eines modernisierten, aber immer noch leninistischen Sozialismus improvisierte er wohl in der praktischen Politik je nachdem, wie die Ereignisse und der Widerstand des Systems ihn trafen, und bewegte sich so von einem Problem zum nächsten. Das Resultat war eine beträchtliche Verwirrung, ja sogar Widersprüchlichkeit in den Akten der Perestroika.

Im Kerngebiet der Wirtschaft stellten Gorbatschows grundlegende Ziele eine Variante des üblichen reformkommunistischen Schemas dar: Milderung des Plans durch Dezentralisierung, materielle Anreize, bessere Maschinen, Einzelinitiativen und Annäherung an reale Preise.[13] Dazu kam die Schaffung eines kleinen »privaten« oder »kooperativen« Sektors im Bereich der Dienstleistungen. Kurz gesagt, Gorbatschows Wirtschaftsprogramm war zwar kühner als das Kossygins und sogar als das tschechische Programm von 1968, aber es brach kaum mit den Grundsätzen der traditionellen kommunistischen »Statik«. Passenderweise wurde Lenins Neue Ökonomische Politik zum Symbol des wirtschaftlichen Teils der Perestroika, und Gorbatschow und seine Ratgeber bezogen sich oft auf diesen Vorläufer, um ihr eigenes Unternehmen zu legitimieren. Natürlich konnten sie nicht wirklich zur NÖP zurückkehren, da es keine unabhängige Bauernschaft mehr gab, die man durch die einfache Gewährung eines freien Markts für ihre Produkte dazu hätte überreden können, Überschüsse zu produzieren. Aber die NÖP konnte als liberalere Alternative zur stalinistischen Ordnung angerufen werden, die 1985 noch im wesentlichen intakt war.

Es wäre trotzdem ein Fehler, dieses Programm als einen »Sozialismus des Markts« zu sehen, wie manche Beobachter es getan haben. Zunächst ist nicht klar, wie ein »Sozialismus des Markts« in der Wirklichkeit aussähe, denn dafür gibt es in der Geschichte kein einziges Beispiel: Ein solches System ist nie mehr gewesen als Idee und Wunschvorstellung, ähnlich wie der oft beschworene »dritte Weg«. Noch wichtiger ist, daß es während Gorbatschows Perestroika keinen Versuch gab, einen wirklichen Markt zu schaffen, und zwar noch nicht einmal in dem beschränkten Ausmaß, in dem ein solcher Markt zur Zeit der NÖP existiert hatte. Noch weniger dachte Gorbatschow daran, das »sozialistische Eigentum« aufzugeben, weder in der Industrie noch in der Landwirtschaft. Industrie und Einzelhandel sollten staatlich bleiben, und für die kollektivierte Bauernschaft war niemals mehr vorgesehen als langfristige Verpachtungen und Variationen des »Kleingruppen-Systems«. So war Gorbatschows Programm im sowjetischen Kontext vielleicht radikal, aber kaum revolutionär, und wenn aus der Perestroika schließlich eine Revolution hervorging, so lag das an den politischen Nebeneffekten der Wirtschaftsreform.

Das relativ Maßvolle der Wirtschaftsreform wurde durch die schrittweise und vorsichtige Art noch gesteigert, in der sie angegangen wurde, und ebenso durch die Anwendung eher traditioneller Maßnahmen, die ihr eigentlich widersprachen. Schon früh begannen Gorbatschows »Modernisierungsberater« – Leute wie Leonid Abalkin und Aganbegjan, der aus seinem Quasi-Exil in Nowosibirsk zurückgekehrt war – mit der Ausarbeitung von Plänen, wie das skizzierte langfristige Programm zu verwirklichen sei. Da diese Pläne nicht vor 1987 oder 1988 fertig sein konnten, wollte Gorbatschow die Wirtschaft in der Zwischenzeit auf ein Niveau bringen, auf dem sie von der beabsichtigten Liberalisierung würde profitieren können. Das führte zur ersten Phase der Perestroika, zur *uskorenie* oder »Beschleunigung« des industriellen Prozesses, ein Programm das im wesentlichen Andropows Initiativen fortsetzte. Diese Beschleunigung per Dekret führte aber zur Anwendung traditioneller Kommandomaßnahmen, die die Situation im Endeffekt verschlimmerten.

So wurde im Jahr 1985 ein ehrgeiziges und kostspieliges Programm zur Maschinenproduktion und industriellen Neuausstattung aufgenommen, als wenn das alleine schon eine »wissenschaftlich-technische Revolution« bedeutete. Gleichzeitig wurde ein *gosprijomka*-System eingerichtet, das heißt eine Qualitätskontrolle durch staatliche Inspektoren, die berechtigt waren, Produkte zuzulassen oder zurückzuweisen, sowie sie vom Fließband kamen. Dadurch sollten das Management und die Arbeiter dazu gebracht werden, effizienter zu arbeiten – eine Disziplinarmaßnahme, die an Andropow erinnerte. In derselben Tradition rief Gorbatschow eine Kampagne gegen »unverdientes Einkommen« ins Leben, das heißt gegen die Schattenaktivitäten, die für die Wirtschaft als ganze überlebensnotwendig waren, die aber jetzt durch die fortschreitende Schaffung von Kooperativen überflüssig werden sollten. In der Landwirtschaft, angeblich Gorbatschows Spezialgebiet, wurde eine Anzahl von Ministerien zu einer einzigen Mammutorganisation zusammengezogen, Gosagroprom genannt, eine vollständig kontraproduktive Zentralisierung. Schließlich startete Gorbatschow, offensichtlich auf Drängen Jegor Ligatschows, eine Anti-Alkohol-Kampagne. Er limitierte die Zahl der Schankstellen, kürzte ihre Öffnungszeiten und ließ Weinberge im Süden des Landes stillegen, wodurch er einen einträglichen Produktionszweig zerstörte. Das Ergebnis dieser Kampagne bestand hauptsächlich darin, daß die private Alkoholproduktion drastisch anstieg (wodurch Zucker so knapp wurde, daß er rationiert werden mußte), während die staatlichen Einnahmen entsprechend sanken. Zusammen mit den Kosten, die das Programm zur industriellen Neuausstattung verursachte, vergrößerte dieser Verlust das Loch im Staatshaushalt so sehr, daß es binnen weniger Jahre Krisen-Ausmaße erreichte. Obwohl die Zwangsmaßnahmen zur Produktionssteigerung bis Ende 1986 ein leichtes Wirtschaftswachstum hervorgebracht hatten[14], war also zu diesem Zeitpunkt noch nichts getan, um die Wirtschaft des Landes zu restrukturieren. Und in der Zwischenzeit war der Widerstand des Apparats zu einem neuen Problem der Perestroika geworden.

Dieses Problem entstand, weil Gorbatschow sofort nach seiner Wahl mit Breshnews Hauptmaxime der »Stabilität der Kader« brach. Er kehrte zur Dynamik seiner früheren Vorgänger zurück, um sich das zu seiner neuen Politik passende Personal zu verschaffen, und er begann damit an der Spitze. Rivalen wie Grischin und Romanow und Überbleibsel der Vergangenheit wie Gromyko wurden aus dem Politbüro entfernt. An ihre Stelle traten jetzt die Anhänger Andropows: Ligatschow, Chefideologe und Personalchef des Sekretariats; Nikolai Ryshkow, Ingenieur und Industrie-Manager, der jetzt auch Ministerpräsident wurde; Viktor Tschebrikow, der führende Kopf des KGB, und andere mit ähnlichem Hintergrund, die alle für gemäßigte Reformen eintraten. Allerdings handelte es sich durchweg nicht um Leute, die Gorbatschow protegiert hatte. Sie hatten ihren Weg nach oben alleine gemacht und waren zwar Verbündete, aber keine Anhänger des Generalsekretärs. Außer Schewardnadse war Gorbatschows einziger ideologischer Parteigänger Jakowlew, den er im Jahr 1983 aus Kanada zurückgeholt hatte, um ihm die Führung des Beraterstabs für Sozialwissenschaften und internationale Angelegenheiten IMEMO anzuvertrauen. Im Jahr 1985 wurde Jakowlew in die Propagandaabteilung des Sekretariats versetzt, und im Juni 1987 wurde er schließlich Mitglied des Politbüros. Auf dem Juni-Plenum des vorhergehenden Jahres war außerdem Boris Jelzin, der vor kurzem als Führer der Moskauer Partei an die Stelle Grischins getreten war und die dortige Korruption bekämpfen sollte, auf die Kandidatenliste des Politbüros gesetzt worden. Es handelte sich aber kaum um eine homogene Gruppe von Gefolgsleuten, ja noch nicht einmal um gleichgesinnte Reformer, und nie sollte ein Hohes Kommando geschlossen hinter Gorbatschows Konzept der Perestroika stehen, jedenfalls nicht in der Form, wie er diesen Begriff für sich selbst definiert hatte.

Hinsichtlich der Partei insgesamt standen die Dinge für den Generalsekretär nicht besser, im Gegenteil. Als dynamischer Führer begann er sofort von seiner Prärogative Gebrauch zu machen und überall im Land neue Erste Sekretäre der lokalen Parteiorganisationen zu ernennen. Bis Mitte 1986 hatte er ein Drittel von ihnen ausgetauscht.[15] Da es aber der Personalchef des Sekretariats und damit die Nummer Zwei in der Hierarchie, Ligatschow, war, der die meisten Umbesetzungen vornahm, erwiesen sich die neuen Leute schließlich als sehr orthodoxe Apparatschiks, mit dem einzigen Unterschied, daß sie jünger waren. Auf seinem ersten Parteikongreß als Generalsekretär im Februar 1986 versuchte Gorbatschow, die Partei aufzurütteln. Chruschtschows nurmehr noch peinliches Programm von 1961 wurde durch ein neues Dokument ersetzt, das hinsichtlich des Übergangs zum vollen Kommunismus gar nichts mehr aussagte, sondern nur noch eine Verbesserung des Lebensstandards bis zum Jahr 2000 versprach. Um dieses Ziel zu erreichen, rief Gorbatschow zum ersten Mal nach einer »radikalen Wirtschaftsreform«, aber außer Ermahnungen zur »Beschleunigung« vermittelte er keinerlei Vorstellungen, was zu tun sei. Auf dem Weg einer Restrukturierung der Partei bildete Gorbatschow ein neues Zentralkomitee, das sich dadurch auszeichnete, daß 43 Prozent seiner Mitglieder zum ersten Mal gewählt waren. Dieser Wandel stellte zusammen mit dem Austausch der regionalen Sekretäre die größte Veränderung im Parteipersonal seit einem Vierteljahrhundert dar. Aber dann geschah nichts mehr: Der Apparat schleppte sich dahin wie zuvor und begnügte sich mit Lippenbekenntnissen zur Idee einer Wirtschaftsreform.

GLASNOST

Da die politische Offensive stagnierte, verfiel Gorbatschow im Jahr 1986 auf eine Unterform der Perestroika: *glasnost*[16] Dieser Ausdruck, der gewöhnlich mit »Offenheit« oder »Öffentlichkeit« übersetzt wird, ist in Wirklichkeit ein bürokratischer Terminus, der auf Alexander II. zurückgeht. Er bedeutete damals die offiziell erlaubte Kundgabe von Angelegenheiten, über die die Regierung in kritischer, aber konstruktiver Weise zu diskutieren wünschte. Gorbatschow hatte die Öffnung des Systems schon gewünscht, bevor er an die Macht kam. Jetzt gab er ihr den Vorrang, um die träge Partei durch den Stachel der Kritik zu stimulieren. Diese Politik wurde aber durch die Umstände bald schon in Schwierigkeiten gestürzt. Das erste unvorhergesehene Ereignis war der Unfall in Tschernobyl im April 1986. Dadurch wurde erstens publik, daß der Zustand der sowjetischen Industrie noch weit schlechter war, als die Regierung geahnt hatte, und zweitens, daß die offizielle Politik der Geheimhaltung diese katastrophalen Zustände ebenso begünstigte – wenn nicht verschlimmerte – wie die kriminelle Nachlässigkeit in ihrem Umfeld. Nach einem anfänglichen Vertuschungsversuch gestand die Regierung daher einen Teil der Wahrheit ein, aber die Empörung der Bevölkerung zwang sie, noch einen Schritt weiter zu gehen.

Der zweite radikalisierende Umstand war die Einstellung der Intelligenzia: der Gruppe, die unter Breshnew, Suslow und Andropow am stärksten unterdrückt worden war; gleichzeitig die Gruppe, deren Talente am dringendsten gebraucht wurden, um das System aufzulockern. Die Intelligenzia mißtraute zunächst sowohl Gorbatschows Willen zur Reform als auch seinem Durchhaltevermögen, falls er versuchen sollte, sie in die Tat umzusetzen. Im Gefolge von Tschernobyl wurde Gorbatschow bei inoffiziellen Treffen durch einige von den kühneren Intellektuellen, besonders aus dem Verband der Filmkünstler, dazu gedrängt, einen klareren Standpunkt einzunehmen. Auch wagten sie es jetzt selbst, sich in der Öffentlichkeit deutlicher zu äußern. Mitte 1986 antwortete Gorbatschow ihnen, indem er einigen der wichtigsten Moskauer Zeitschriften liberale Herausgeber gab, und diese Männer, wie etwa Witali Korotitsch von der Zeitschrift *Ogonjok*, nahmen das angebotene Stück *glasnost* zwischen die Zähne und rannten damit weiter, als Gorbatschow je beabsichtigt hatte. Jetzt konnte er sie aber nicht mehr zurückpfeifen, ohne seinen Ruf als Reformer zu gefährden. So wurde der Spielraum der Kritik von Monat zu Monat größer. Für die Männer der sechziger Jahre war dies die letzte Chance zur Freiheit, und sie waren entschlossen, diese Chance zu nutzen, so gut sie konnten. Trotzdem blieb die Befürchtung, daß dieses neue Tauwetter ebenso enden werde wie das alte, und so erwarteten die Intellektuellen von Gorbatschow ein klareres Zeichen seiner Reformwilligkeit, bevor sie bereit waren, seine Sache auch zu der ihren zu machen. Das einzig überzeugende Signal konnte nur die Freilassung Sacharows sein. Folglich ließ Gorbatschow im Dezember in Sacharows Wohnung in Gorki ein Telefon installieren, um den Exilierten persönlich anrufen und ihn nach Moskau zurückbitten zu können. Sacharow war aber eine Figur, deren Systemkritik bereits weit über die Grenzen bloßer Reformen hinausgegangen war; seine Unterstützung der Perestroika war deswegen ein rein taktisches Bündnis, kein wirkliches Bekenntnis zur Sache Gorbatschows. So wurde der Ton der Reformen mit seiner Rückkehr zwar deutlicher, aber die Apparatschiks wurden dadurch weniger stimuliert als vielmehr erschreckt.

Das große Thema von *glasnost* wurde jetzt natürlich das, was Gorbatschow die »weißen Flecken« der sowjetischen Geschichte nannte: der Stalinismus. Der Beginn des Jahres 1987 wurde durch zwei Ereignisse markiert, die zum ersten Mal seit mehr als zwanzig Jahren die Stalin-Frage wieder aufwarfen. Das erste war die Zulassung eines Films mit dem Titel »Reue«, der 1984 von dem georgischen Regisseur Tengis Abuladse, einem Schützling Schewardnadses, gedreht worden war. Der Film porträtierte die Stalin-Zeit in einer phantasmagorischen und surrealistischen Bildsprache, die zugleich auf brutale Weise realistisch war. Das zweite war ein (mittelmäßiger) Roman von Anatóli Rybakow, »Die Kinder vom Arbat«, in dem der Autor in der altmodischen Art des sozialistischen Realismus zumindest ein paar der schmerzhaftesten Fragen anschnitt – ohne allerdings den Dingen auf den Grund zu gehen –, indem er ein persönliches Porträt Stalins zeichnete. Gleichzeitig erschienen ein paar Memoiren und Deutungen der sowjetischen Geschichte in den *tolstye schurnaly,* den »dicken« Periodika.

Die große Frage war natürlich, wie weit dies gehen würde. Glasnost war nämlich nicht nur ein Versuch, keine Mißverständnisse über die Vergangenheit aufkommen zu lassen, sondern auch, wie unter Chruschtschow, mit der Gegenwart zurechtzukommen. Letzten Endes ging es um die Frage nach der Legitimität des Systems als ganzem: Es hatte eine kriminelle Vergangenheit, und die Frage nach seinen dunklen Ursprüngen zu stellen konnte leicht, auch wenn es anfangs nur um die Bekämpfung von Mißbräuchen ging, in eine Denunziation des Systems als solchen umschlagen. Gorbatschow und seine liberalen Ratgeber dachten offensichtlich, daß sie sich auf dem schmalen Grat zwischen Kritik und Demontage würden halten können. Andere, die außerhalb des Systems standen, frühere »Brunos«, die im Gefängnis gesessen hatten wie Sergej Grigorjanz, wollten das System ganz und gar demaskieren, und zu diesem Zweck gründeten sie eine unzensierte Zeitschrift mit dem Namen *Glasnost.* Auch Sacharow stand, obwohl er vorsichtiger war, diesem Ziel nicht fern. Andere dagegen, die 1985 noch Reformer gewesen waren, bekamen es jetzt mit der Angst zu tun und versuchten, die bedrohliche Flut von *glasnost* einzudämmen, wenn nicht sogar ganz zum Versiegen zu bringen. So spalteten sich im Lauf des Jahres 1987 Partei und Gesellschaft in verschiedene Lager.

Auf der Ebene von Sekretariat und Politbüro entstanden ein linker Flügel, bestehend aus Schewardnadse, Jakowlew und Jelzin, ein rechter Flügels um Ligatschow, der für den Parteiapparat sprach, und eine Mitte um Ryshkow, der für den Regierungsapparat sprach und mit dem militärisch-industriellen Komplex verbunden war. In dieser Konstellation stand Gorbatschow dem linken Flügel am nächsten; nichtsdestoweniger war er aber gezwungen, den anderen Gruppierungen gefällig zu sein, wenigstens manchmal und wenigstens in manchen Angelegenheiten. Auch wenn der Grad an *glasnost* das zentrale Unterscheidungsmerkmal dieser drei Gruppen war, so war die Spaltung doch eng mit der Frage verbunden, wie schnell und gründlich die neue Führung in der Lage sein würde, Partei- und Staatsapparat zu säubern und neu zu strukturieren.

Im Verlauf seiner *glasnost*-Kampagne von 1986 hatte Gorbatschow nämlich die Entdeckung gemacht, daß das Instrument seiner Reform, die Partei, in Wirklichkeit der Hauptgrund des Übels war, das er beseitigen wollte. Gleichzeitig mußte er feststellen, daß er die tatsächliche Macht des Generalsekretariats überschätzt hatte. Als Provinzpolitiker, der erst 1978 nach Moskau gekommen war und dem die lange Erfahrung seiner Vorgänger mit den Funktionsweisen des Zentralapparats fehlte, scheint er sich nicht klar darüber gewesen zu sein, wie verkrustet die Moskauer Bürokratie inzwischen wirklich war und wie widerwillig die Lokalverwaltungen auf Befehle von oben reagierten. So begann er seine Perestroika mit dem Aktivismus eines Chruschtschow, als wenn er vergessen hätte, daß die vergangenen zwanzig Jahre das träge Monstrum der Nomenklatura-Partei hervorgebracht hatten. Das Ergebnis war, daß er während der ersten zwei Jahre seiner Amtszeit Befehle gab und wichtige Stellen neu besetzte, ohne daß sich etwas änderte.

Ein junger Reformer drückte das 1987 in einem Stück über die Sprache des Leninismus folgendermaßen aus: »Auf dem 27. Parteikongreß entschieden wir *tschto delat* oder *was getan werden muß;* die Antwort war eine radikale Wirtschaftsreform. Auf dem Juni-Plenum entschieden wir *kak delat* oder *wie es getan werden mußte,* und die Antwort war *chosrastschot* oder *Preise für Profit* Auf dem nächsten Plenum im Herbst wollten wir entscheiden *s kem delat, mit wem wir es tun wollten* (oder auch *komu delat, wem wir es antun wollten),* aber dieses Herbstplenum trat nie zusammen.« Dieses Szenario war tatsächlich Gorbatschows erste Strategie für die Perestroika: Er wollte die existierende Partei, deren Chef er schließlich war, zur Restrukturierung der Wirtschaft benutzen.[17] Als er im Herbst 1986 entdeckte, daß die existierende Partei für diese Zwecke unbrauchbar war, bombardierte er sie zunächst mit *glasnost*. Als auch das nichts nützte, beschloß er, die breite Masse der Parteimitglieder gegen den Apparat zu mobilisieren, indem er freie Wahlen einführte. Und das führte zur dritten großen Unterform der Perestroika, zur »Demokratisierung«.

Gorbatschow lancierte seine Demokratisierungskampagne im Januar 1987, als es ihm schließlich gelang, das Plenum einzuberufen, das er im Herbst zuvor dreimal hatte verschieben müssen und das Personalfragen gewidmet sein sollte. Als sein Wunsch nach Personalwechsel aufs neue enttäuscht wurde, ging er zum Gegenangriff über und äußerte beißende Kritik an der Partei als Institution. Auf noch nie dagewesene Weise appellierte er dabei über die Köpfe des Zentralkomitees hinweg an die Bevölkerung, indem er seine Hauptrede im Fernsehen übertragen ließ. »Wir brauchen Demokratie so nötig wie die Luft zum Atmen«, erklärte er, und er schlug Änderungen in den Parteistatuten vor, die noch radikaler waren als jene, die zum Sturz Chruschtschows geführt hatten: Mehrere Kandidaten für freie Wahlen und Begrenzung der Amtszeit auf fünf bis fünfzehn Jahre für alle Parteiposten, außer einigen wenigen ganz an der Spitze. Das Plenum lehnte diese Vorschläge allerdings ab, und so ging der Kampf bis zum nächsten Treffen im Juni 1987 weiter. In der Zwischenzeit erschienen in der Presse die ersten größeren Artikel, die den Status quo kritisierten: Wassili Seljunin demonstrierte die Haltlosigkeit der sowjetischen Statistiken, und Nikolai Schmeljow attackierte den Zentralplan und sprach sich für marktwirtschaftliche Maßnahmen aus.[18]

Auf dem Juni-Plenum im Jahr 1987 gelang Gorbatschow dann der erste Durchbruch zu echtem institutionellen Wandel während seiner Amtszeit. Nach zweijähriger Vorbereitung hatten seine Wirtschaftsexperten schließlich doch etwas mehr anzubieten als bloß »Beschleunigung«. Ihre Vorlage wurde vom Plenum gutgeheißen, und es erarbeitete den Entwurf zu einem Gesetz über die staatlichen Unternehmen, das wenig später vom Obersten Sowjet verabschiedet wurde. Es sollte die Industrie von der direkten Kontrolle durch die Oberste Planungsbehörde und die Zentralministerien befreien, indem es den Unternehmen »Selbstverwaltung« und »Selbstfinanzierung« zugestand. Das bedeutete, daß die Unternehmen zukünftig auf der Basis von Verträgen arbeiten sollten, die sie sowohl mit dem Staat als auch untereinander abschließen konnten. Profite sollten sie nutzen können, wie es ihnen richtig erschien, entweder für Lohnerhöhungen oder für Investitionen; die Preispolitik sollte »rationalisiert« und Kredite für die Neugründung von Firmen sollten erschwinglich werden. Das ganze Programm sollte vom 1. Januar 1988 an »Schritt für Schritt« in Kraft gesetzt werden. Weder der Plan noch die Ministerien wurden allerdings abgeschafft, und so blieb die Reform wie alle ihre Vorläufer eine halbe Sache, auch wenn sie viel weiter ging als alles, was man früher gewagt hatte. In der Praxis mußte zudem eine unendliche Anzahl von Details geregelt werden, ein Umstand, der in den Apparaten von Partei und Staat nur zu endlosen Kämpfen führen konnte. Trotzdem hatte das stagnierende System einen kräftigen Stoß erhalten, und die Rückkehr zu seinem alten Zustand war jetzt unmöglich geworden. Auf diese Weise hoffte Gorbatschow, die Wirtschaft allmählich der direkten Kontrolle der Partei entziehen zu können.

Gleichzeitig wurden weitere Gesetze verabschiedet, die zum ersten Mal seit den Tagen der NÖP die Bildung kleinerer Kooperativen und auf dem Dienstleistungssektor sogar »individuelle Aktivitäten« erlaubten. Das bedeutete in der Praxis die Legalisierung von Privatunternehmen, auch wenn diese sich als Kollektiv oder Kooperative ausgeben mußten. Einige der neugegründeten Unternehmen waren Bestandteile der Schattenwirtschaft gewesen, die sich jetzt ans Licht wagten, andere entstanden neu. Manche von ihnen waren der einen oder anderen Mafia tributpflichtig, und fast alle waren von den Rohstofflieferungen und den Absatzmärkten der staatlichen Unternehmen abhängig. Die Bevölkerung stand den Kooperativen oft ablehnend gegenüber, weil deren Preise höher waren als die der staatlichen Unternehmen, und diese Tatsache bot Anreiz für »Spekulation«. Als die Kooperativen im Mai 1988 per Gesetz einen Rechtsstatus bekamen, bildeten sie mit zwei Prozent der Gesamtaktivitäten immer noch einen sehr kleinen Wirtschaftssektor. Trotzdem hatte das alte System erneut einen Stoß erhalten, und es war ein Raum für Privatinitiativen entstanden, der immer schwerer zu kontrollieren sein würde.

Ein dritter Aspekt der ökonomischen Perestroika war die 1987 beginnende Schaffung von Joint Ventures zwischen sowjetischen Institutionen und ausländischen Unternehmen. Strenggenommen war das zwar nichts

Neues, denkt man etwa an unter Breshnew durchgeführte Großprojekte
wie das Fiat-Automobilwerk oder die Kama-Lastwagenfabrik. Auch in
den zwanziger Jahren, besonders während der Periode des ersten Fünfjahresplans, hatte die sowjetische Regierung bereits wichtige Verträge mit
ausländischen Firmen unterzeichnet. Alle diese Aktivitäten waren aber
unmittelbar durch die Regierung kontrolliert worden, und sie hatten die
Autarkie der sowjetischen Wirtschaft in keiner Weise angetastet. Die
neuen Joint Ventures dagegen räumten dem ausländischen Partner, auch
wenn er nur eine Minderheit der Anteile halten durfte, größeres Mitspracherecht im Management und bessere Profitchancen ein als je zuvor in
der sowjetischen Geschichte, und die sowjetische Seite hatte jetzt viel
größere Freiheit, unabhängig vom Staat Verbindungen einzugehen, auch
wenn es sich um Einzelpersonen handelte. Dadurch wurde die nationale
Autarkie spürbar, wenn auch vorläufig nur in bescheidenem Ausmaß,
angetastet. Das Ergebnis war war eine wirkliche Bewegung der Sowjetunion auf eine Integration in den Weltmarkt hin.

Zusammengenommen machten die Kooperativen, die Joint Ventures
und die neue Freiheit für staatliche Unternehmen das kühnste Wirt-
schaftsreformprogramm aus, seit Stalin einst den Sozialismus aufgebaut
hatte. Trotzdem war der Unterschied zur NÖP noch nicht groß, denn es
gab keinen funktionierenden Binnenmarkt, keine wirklichen Preise, keine freie Landwirtschaft, und 90 Prozent der Wirtschaft blieben Staatsbetriebe, überwacht von der Partei und unmittelbar kontrolliert von staatlichen Organen. Die große Frage war daher, ob die widerstreitenden
Elemente dieses gemischten Systems in Übereinstimmung gebracht werden konnten oder ob sie die ganze Struktur auseinanderreißen würden.

Der endgültige Durchbruch des Juni-Plenums war politischer Natur:
Gorbatschow erlangte die Zustimmung zur Einberufung einer Sonderkonferenz der Partei für das folgende Jahr. Er hatte den Wunsch danach
schon auf dem Januar-Plenum geäußert, war jedoch abgewiesen worden,
weil das Zentralkomitee fürchtete, Gorbatschow werde eine solche Sonderkonferenz – im Grunde ein zusätzlicher Parteikongreß – dazu verwenden, die einschneidenden Personalwechsel in Komitee und Sekretariat
durchzuführen, die er seit Monaten anstrebte. Im Juni erlangte er schließlich die Zustimmung, weil er versprach, die Sonderkonferenz nicht für
solche Säuberungen zu benutzen. Trotzdem verfolgte er weiterhin sein
Ziel, die Partei zu erneuern, indem er die Basis zu bewegen versuchte, der

Perestroika wohlgesonnene Delegierte auf die Konferenz zu entsenden. Wenn es dann soweit wäre, würde der Generalsekretär schon sehen, wozu die Versammelten zu bewegen wären. Das Ergebnis dieser Entscheidung war eine verschärfte Polarisierung der Partei und eine einjährige Kampagne, um die Zusammensetzung der bevorstehenden Konferenz zu kontrollieren.

Im Herbst 1987 kam der Druck hauptsächlich von seiten Ligatschows und der Orthodoxen, die jetzt immer öfter als »Konservative« oder »Rechte« bezeichnet wurden. Der große Zankapfel war die bevorstehende Rede des Generalsekretärs zum siebzigsten Jahrestag der Novemberrevolution. Die liberale Intelligenz verlangte einen klaren Bruch mit dem stalinistischen Erbe und eine vorurteilslose Wertung von siebzig Jahren sowjetischer Geschichte, während die Konservativen die Offenheit auf ein Minimum beschränkt sehen wollten, um eine positive Bilanz der Vergangenheit präsentieren zu können. In dieser Situation reagierte Gorbatschow mit einer Taktik, die er künftig regelmäßig anwenden sollte: Den ganzen Herbst über kreuzte er zwischen rechts und links hin und her, je nach Lage und der relativen Stärke der betreffenden Gruppe. Auf diese Weise hielt er das zentrale Mittelfeld ständig besetzt und machte sich für beide Lager unentbehrlich. Die Geburtstagsrede fiel eher vorsichtig aus, da die Konservativen zu diesem Zeitpunkt den stärkeren Druck ausübten, und das führte zur ersten großen Krise der Perestroika-Jahre.

Auf dem Oktober-Plenum, das der Besprechung dieser Rede gewidmet war, kam es zu einem offenen Angriff auf Ligatschow und den Apparat durch Boris Jelzin, den ungeduldigsten unter den Reformern, der seine Gegner rundheraus zum Haupthindernis für einen sinnvollen Wandel erklärte. Gorbatschow hatte keine andere Wahl, als einen so heftigen Angriff zurückzuweisen, und so endete das Plenum mit einer vernichtenden Niederlage für Jelzin[19], was Gorbatschow automatisch den Konservativen näherbrachte. Einen Monat später fand ein Treffen des Moskauer Parteikomitees statt, auf dem Jelzin in Anwesenheit Gorbatschows einem Parteiverfahren alten Stils unterworfen und wegen Abweichlertum seiner Parteiämter enthoben wurde. Alle Reformer waren bestürzt, daß in der Gesinnung und in den Verfahren der Partei noch so viel von der Vergangenheit lebendig war. Daß Jelzin in den folgenden Monaten von der Parteipresse geschmäht wurde, machte ihn in den Augen der Bevölkerung zu einem Märtyrer in den Händen des Apparats, während Gorbatschows Reformwilligkeit entsprechend ins Wanken zu geraten schien. Und wirklich war die Jubiläumsrede eine große Enttäuschung: Sie eroberte kein Neuland, sondern beklagte nur Stalins Exzesse, während sie seinen Beitrag zum Aufbau des Sozialismus verteidigte.

So ging das Ping-Pong-Spiel bis zum Frühjahr 1988 weiter. Im März gelang Ligatschow und den Konservativen eine Art Coup, indem sie den Brief einer Leningrader Chemielehrerin namens Nina Andrejewa veröffentlichten. Unter dem Titel »Ich kann meine Prinzipien nicht verraten« attackierte sie die Perestroika als ausländisch und subversiv, und mit antisemitischen Untertönen verteidigte sie die alten Methoden als leninistisch und im Interesse der Nation. Wie weit Ligatschow diese Kampagne zu treiben gedachte, ist nicht klar: Sie hätte auch zum Sturz Gorbatschows führen können. Der Präzedenzfall Chruschtschow war jedenfalls in diesen Jahren allen im Gedächtnis, und zumindest wollte Ligatschow den Ausgang der Wahlen zum Parteikongreß auf diese Weise beeinflussen.[20] Die liberale Intelligenz fürchtete jetzt, daß die Aussicht auf *glasnost* bald wieder verschlossen sein würde, und stellte sich deswegen deutlicher hinter Gorbatschows Perestroika, und Gorbatschow und Jakowlew gaben den Intellektuellen die Führung, die sie brauchten, indem sie eine offizielle Zurückweisung der Positionen Nina Andrejewas veröffentlichten. Vor dem Hintergrund dieser Polarisierungen wurden im Juni die Delegierten für die Sonderkonferenz gewählt.

Die Wahlergebnisse zeigten überall einen deutlichen Sieg für die Konservativen des Apparats. Nicht nur stellten sie die Mehrheit der Delegierten, sondern auch erlitten so prominente Reformer wie Schmeljow und Saslawskaja auffällige Niederlagen. Unter diesen Umständen war es nicht möglich, bedeutende Änderungen in der Partei durchzuführen. Aber Gorbatschow gebrauchte die Macht des Generalsekretärs, Initiativen zu ergreifen und die Tagesordnung zu kontrollieren, und so gelang ihm trotzdem ein entscheidender Schlag gegen die Kongreß-Mehrheit. Auf seine Veranlassung hin wurden die Verhandlungen teilweise im Fernsehen übertragen, wodurch das Land den Apparat von seiner schlechtesten Seite zu sehen bekam. Dann, am Ende der Debatten, peitschte Gorbatschow seine zuvor abgefaßten »Thesen« durch, eine Taktik, die durch die alte Gewohnheit ermöglicht wurde, auf Parteikongressen die Position der Führung zu stützen.

Diese Thesen sorgten für eine neue, radikale Phase der Demokratisie-

rung. Die Wahl der Konferenzdelegierten hatte Gorbatschow davon überzeugt, daß sein Versuch einer Demokratisierung von unten fehlgeschlagen war, und so sann er jetzt darauf, eine parallele Machtbasis außerhalb
der Partei zu schaffen. Zu diesem Zweck wollte er die Sowjets oder
Verwaltungsräte wiederbeleben, die seit 1917 die nominelle Macht im
sowjetischen Staat innehatten. Der Eckstein seines neuen Plans war ein
Kongreß der Volksdeputierten, dessen 2500 Mitglieder in geheimer Abstimmung aus einer Vielzahl von Kandidaten gewählt werden sollten und
der nur für kurze Versammlungen mehrmals im Jahr zusammentreten
sollte. Diese Körperschaft sollte dann einen Vorsitzenden ihres Präsidiums wählen, der als Staatsoberhaupt oder Quasi-Präsident fungieren
sollte – und natürlich dachte Gorbatschow dabei an sich selbst. Außerdem sollte der Kongreß einen Obersten Sowjet aus 542 Mitgliedern
wählen, der als reguläre, ständige Legislative des Landes fungieren sollte.
Zusätzlich sollten die Sowjets aller Republiken, Gebiete und Kommunen
ebenso wie ihre leitenden Funktionäre aus freien Wahlen hervorgehen.
Und obwohl die Sowjets Hauptgegenstand der Thesen waren, wurde auch
die Partei nicht vergessen: Auch sie wurde aufgerufen, freie Wahlen
abzuhalten und die Beschränkung der Amtszeit auf zwei oder drei
Fünfjahresperioden pro Parteiamt zu akzeptieren.

Sowohl die Sowjets all auch die Partei sollten die Sowjetunion in einen
»sozialistischen Staat, basierend auf der Herrschaft des Gesetzes« verwandeln, um die übliche, etwas schwerfällige Übersetzung von *sozialisti-
tscheskoe prawowoe gasudarstwo* zu zitieren. Was Gorbatschow und
seine Theoretiker, wie zum Beispiel Boris Kuraschwili, darunter verstanden, wird aber besser als sozialistischer *Rechtsstaat** bezeichnet, wie der
geläufigste Terminus für das lautet, was Montesquieu als *état de droit* der
Willkür des Despotismus entgegensetzte. Für diese Neudefinition des
Systems gab es zwei Motive: Gorbatschow und die Reformer glaubten
ehrlich, daß die Herrschaft des Gesetzes der Menschenwürde unentbehrlich und damit auch notwendig sei, um die Sowjetunion zu einem
zivilisierten Mitglied der internationalen Gemeinschaft zu machen. Sie
glaubten auch, daß es notwendig sei, die Effizienz der Regierung zu
steigern und die Verantwortung der Bürger zu vergrößern. Die große
Frage war aber, ob der Parteistaat, der immer über dem Gesetz gestanden

---

* im Orig. deutsch.

hatte, zu einer solchen Umwandlung fähig sein oder ob der Versuch, ihn dem Gesetz zu unterwerfen, ihn nicht einfach zerreißen würde. Als die Ersten Sekretäre der Provinzen bei einer vertraulichen Zusammenkunft vor dem Kongreß von diesen wirklich revolutionären Vorschlägen in Kenntnis gesetzt wurden, wandten sie ein, Gorbatschows Plan würde den Körperschaften außerhalb der Partei, besonders in ihren ländlichen Amtsbezirken, zu viel Macht geben. So legte Gorbatschow im endgültigen Entwurf seiner Thesen fest, daß der Erste Sekretär jeder Region gleichzeitig als Vorsitzender des entsprechenden Sowjet kandidieren sollte, ebenso wie er selbst als »Präsident« zur Wahl stehen sollte. Später jedoch, als die Ersten Sekretäre sahen, daß die Wahlen tatsächlich stattfinden sollten und deswegen gefährlich waren, verlegten sie sich wieder auf eine Trennung von Partei- und Sowjetämtern. Der Apparat war jedoch in jedem Fall gefangen, denn so oder so wurde er der öffentlichen Kontrolle und Rechenschaftspflicht in einem Maß unterworfen, wie er es seit 1918 nicht mehr erlebt hatte. Und das war denn auch wirklich der ganze Zweck der Operation: Gorbatschow wollte die Partei verjüngen und erneuern, indem er sie dem Land gegenüber für ihre Leistungen verantwortlich machte.

Im Gefolge der Konferenz ging Gorbatschow noch einen Schritt weiter und attackierte den Apparat direkt. Unter Umständen, die immer noch rätselhaft sind, führte er im September einen wirklichen *coup d'état* gegen die Spitzte des Apparats, das Sekretariat und die Konservativen im Politbüro durch. Der Militärbezirk Moskau wurde heimlich in Alarmbereitschaft versetzt, und für den letzten Tag des Monats wurde ein Notfall-Plenum einberufen. Schewardnadse, der offensichtlich im voraus nichts von diesem Treffen erfahren hatte, wurde von den Vereinten Nationen in New York, wo er gerade eingetroffen war, zurück nach Hause zitiert. Das Plenum tagte kaum eine Stunde, und als es beendet war, fand sich Ligatschow auf einen niedrigeren Posten im Sekretariat abgeschoben, obwohl er weiterhin im Politbüro verblieb. Auch sein Verbündeter Tschebrikow wurde degradiert und als Chef des KGB durch Wladimir Krjutschkow ersetzt; auch er jedoch blieb Mitglied des Politbüros. Gromyko und drei andere Breshnew-Anhänger wurden aus dieser Körperschaft entfernt. Noch wichtiger war, daß das Personal des Sekretariats um gute 40 Prozent verringert wurde, was die Fähigkeit des Apparats, die Bürokratien von Staat und Wirtschaft zu überwachen, beträchtlich einschränkte. Am Tag darauf akzeptierte der Oberste Sowjet, auf Befehl, Gromykos

Rücktrittsgesuch als Vorsitzender des Präsidiums und wählte Gorbatschow auf diesen Posten – das erste Mal, daß Gorbatschow ein Amt außerhalb der Parteihierarchie für sich in Anspruch nahm.

Der September-Coup nahm der Partei also mit Macht die unmittelbare Führung des Landes aus der Hand, aber er tat das doch in der traditionellen, autokratischen und willkürlichen Weise eben der Partei. Auch auf anderer Ebene war der Coup nicht frei von Zweideutigkeit, denn Gorbatschow demontierte seinen alten Regierungsapparat, noch bevor er in Gestalt eines wiederbelebten Systems von Sowjets einen neuen geschaffen hatte. Das ließ die Perestroika politisch wie wirtschaftlich zwischen zwei Welten in der Luft hängen. Als die Demokratisierung zu einer Art Kriegsführung des Generalsekretärs gegen die Partei wurde, hatte Gorbatschow sich klar entschieden, »alles auf eine Karte zu setzen«, wie ein gut informierter Reformer es damals ausdrückte.

Und doch ist die Frage, warum Gorbatschow, der in inneren Angelegenheiten anfangs so vorsichtig war, jetzt mit derselben Rücksichtslosigkeit vorging, die 1986 in Reykjavik seine Außenpolitik bestimmt hatte. Ein Teil der Antwort muß in dem wachsenden Ärger zu suchen sein, den nach zweijährigem Kampf mit dem Apparat dessen Widerspenstigkeit in ihm erweckte. Ein anderer Teil ist in seiner kommunistischen Auffassung von seiner Rolle als Führer zu sehen. Als Haupt der Partei Lenins mußte er im neuesten Kampf der Partei, dem Kampf gegen die »Stagnation«, der Lenin seiner Tage sein. Und in dieser Rolle hatte er durch und durch revolutionär zu sein. Dennoch mußte sein revolutionärer Leninismus gleichzeitig ein modernisierter und international anerkennungsfähiger sein, und so mußte er das Amt des Parteiführers mit dem eines demokratisch und legal gewählten »Präsidenten« kombinieren. Diese Gedanken wurden zwar niemals deutlich ausgesprochen, sie waren aber in der Art, wie Gorbatschow sein »Demokratisierungsprogramm« betrieb, deutlich impliziert, und ebenso in der Art, wie er seine eigene zweideutige, in sich widersprüchliche Rolle als Oberhaupt der Partei *und* des Sowjet-Systems ausbalancierte: Als Chef des Obersten Sowjets agitierte er ständig gegen sich selbst als Chef der Partei – aber nie zu sehr. Wie ein Politologe es formulierte, konnte Gorbatschow sich niemals entscheiden, ob er nun Luther sein wollte oder der Papst.[21]

Und was glaubte er konkret mit diesem ungewöhnlichen Arrangement erreichen zu können? Es war nicht seine Absicht, eine Demokratie westlichen Zuschnitts oder auch nur einen »Sozialismus des Marktes« zu schaffen, wie damals oft vermutet wurde und wie er später für sich in Anspruch nahm. Eher ging es ihm darum, mit Hilfe der wiederhergestellten Sowjets, die unter seiner persönlichen Führung bleiben sollten, alle Anhänger der Perestroika zu mobilisieren; und »Perestroika« bedeutete dabei natürlich sein eigenes Programm eines modernisierten, humaneren und effizienteren Sozialismus, genau so, wie dieses Programm 1988 enthüllt worden war.

Die Loyalisten der Perestroika sollten vorwiegend aus der Partei kommen, vor allem aus der Gruppe der jüngeren Mitglieder mit höherer Bildung, aber auch zukunftsorientierte Kader ohne Parteibuch sollten dazugehören. Diese beiden Gruppen zusammen sollten dann »Volksfronten« für die geplanten Sowjet-Wahlen bilden. Wie Gorbatschow die Wahlen im Januar 1989 definierte, sollten sie »nicht eine Art spontaner Prozeß, sondern eine überaus bedeutsame Massenkampagne« sein, »deren Erfolg durch einen hohen Grad von Organisation und Verantwortung gesichert werden kann«. »Negative Phänomene« wie »die Manifestation von Gruppenegoismus, Arroganz und politischem Karrierismus« seien zu vermeiden. »Die Parteiorganisationen«, schloß er, »müssen in allen diesen Fragen einen klar umrissenen, wohlgegründeten Standpunkt vertreten.«[22] Mit anderen Worten, der neue Kongreß der Volksdeputierten sollte im wesentlichen eine zweite, durch mehr Offenheit gekennzeichnete Partei sein, eine gemeinsame Front nationaler Erneuerung. Um das zu erreichen, mußte die alte Partei aber an den Rand gedrängt und sogar teilweise demontiert werden – eine Operation, die in Anbetracht der Strukturen des Einparteienstaats nicht anders als gefährlich sein konnte.

Zahlreiche sowjetische Kommentatoren und ausländische Diplomaten wiesen damals auf die Ähnlichkeit dieser Strategie mit den stalinistischen Säuberungen hin, natürlich nicht, was die Mittel, wohl aber, was die politischen Resultate betraf. Auch Stalin hatte seinerzeit eine parallele Machtbasis aufgebaut und das Volkskommissariat des Inneren (NKWD) vergrößert und perfektioniert, um die alte Partei zu demontieren und sich selbst eine neue zu schaffen. Genau das war es, was Gorbatschow jetzt mit den wiederbelebten Sowjets anstrebte. Und noch ein Vorläufer von Gorbatschows Strategie läßt sich benennen: die Kulturrevolution Mao Zedongs. In China hatte damals der Parteivorsitzende die Kontrolle über seinen Apparat verloren und nur seine charismatische Ausstrahlung als

Führer behalten. In einer phantastischen Operation rief er daher von Jugend erfüllte Rote Garden und Armee-Einheiten ins Leben, um die Partei zu zerstören und eine neue zu schaffen, die der permanenten Revolution verpflichtet war. Wiederum unterscheiden sich Ziel und Methode beträchtlich von denen Gorbatschows, aber die Struktur des politischen Handelns ist ähnlich. Auch Chruschtschows Entstalinisierung, im Kontext seiner Zeit genauso revolutionär wie Gorbatschows Demokratisierung, begann mit einer Art Staatsstreich des Chefs gegen die Mehrheit der Führung. Anders gesagt, Gorbatschow war all seinem Willen zur Modernisierung und Verwestlichung des Kommunismus zum Trotz, immer noch ein Parteichef, der seine Handlungen der Dynamik des Systems anpaßte, eines Systems, das nur durch eine Revolution von oben verändert werden konnte.

DIE REVOLUTION VON UNTEN

Gegen Ende des Jahres 1988 löste Gorbatschows Revolution von oben eine zweite Revolution aus, eine Revolution »von der Seite«, wenn ich so sagen darf, nämlich unter den Intellektuellen. Diese zweite Revolution führte schließlich zur Revolution von unten, aus der breiten Masse der Bevölkerung. Beide Phänomene waren unbeabsichtigte Früchte von *glasnost*.

Nachdem das Thema Entstalinisierung zu Beginn des Jahres 1987 wiederaufgenommen worden war, drängten die Intellektuellen vorwärts, zunächst in den dicken Periodika und schließlich auch im Fernsehen. Sie verlangten eine Überprüfung der gesamten sowjetischen Vergangenheit als unerläßliche Voraussetzung für Veränderungen in der Gegenwart. Dieser Prozeß machte die Jahre 1987 bis 1988 zur großen Zeit von *glasnost*, einer Zeit unaufhörlicher Enthüllungen, die weit über Chruschtschows Tauwetter hinausgingen und das nationale Bewußtsein beständig veränderten. Die Tatsache, daß Gorbatschow in seiner Geburtstagsrede vom November 1987 über alle wichtigen Themen geschwiegen hatte, zeitigte keinerlei abschreckende Wirkung: Die Herausgeber setzten die Zensur unter Druck, die Autoren setzten die Herausgeber unter Druck, und die Öffentlichkeit setzte beide unter Druck. Das Ergebnis war, daß ein Tabu nach dem anderen fiel. *Samisdat* trat ans Licht der Öffentlichkeit, und *Tamisdat* kehrte heim. Verbotene Klassiker wie *Doktor Schiwago* konnten endlich legal erscheinen, ebenso ein Exilschriftsteller wie Wladimir Nabokow.

Das erste Thema, das freigegeben wurde, war der harte Stalinismus der dreißiger Jahre. Andrej Platonows Bücher »Die Baugrube« und »Unterwegs nach Tschewengur«, das eine über den Aufbau des Sozialismus, das andere über den Kriegskommunismus, erblickten endlich das Tageslicht. Anna Achmatowas »Requiem« wurde ebenso veröffentlicht wie Warlaam Schalamows »Kolyma«. Wassili Grossmans »Leben und Schicksal«, von dem Suslow 1962 gesagt hatte, es könne frühestens in zwei- bis dreihundert Jahren veröffentlicht werden, stellte Hitler und Stalin als verwandte Geister dar.[23] Die Säuberungsprozesse der dreißiger Jahre wurden offiziell als betrügerisch erklärt, und außer Trotzki wurden alle Oppositionellen von damals rehabilitiert.

Einige Werke Bucharins wurden wiederaufgelegt, darunter auch das Testament in Briefform, das er seiner Frau am Abend seiner Verhaftung diktiert hatte und in dem er seine Treue zu den Prinzipien der Revolution bekannte. Allerdings untergrub dieses Dokument den Bucharin-Mythos trotzdem, weil er darin auch erklärte, es habe zwischen ihm und der Parteilinie während der »sieben Jahre« nach 1930 keinen Dissens gegeben, das heißt während der Zeit des harten Stalinismus.[24] Auch westliche Gelehrte wurden gewonnen, die weißen Flecken auszufüllen: Steven Cohens Bucharin-Biographie erschien ebenso in russischer Übersetzung wie »Great Terror« von Robert Conquest.

Der Terror Stalins warf natürlich die Frage nach der Natur des Systems als Ganzem auf. Das meinte zunächst Kollektivierung, und Boris Moshajews Buch »Mushiki i baby« (»Bauern und Bäuerinnen«) gab ein ziemlich genaues Bild von den Schrecken dieses Ereignisses.[25] Die Kollektivierung ihrerseits zog die Frage nach Stalins erzwungener Industrialisierung nach sich und damit auch die nach seiner allgemeinen Regierungsmethode. Für dieses Thema war der Roman »Die Ernennung« von Alexander Bek besonders wichtig, der Jahre zuvor im Westen erschienen war und 1987 auch in Rußland veröffentlicht wurde. Er erzählte die Geschichte eines stalinistischen Industrie-Managers und wurde zum Gegenstand eines Essays von Gawril Popow, in dem der spätere post-kommunistische Bürgermeister von Moskau den Stalinismus als »administratives Kommando-System« analysierte.[26] Die Bezeichnung »administrativ« war der alte sowjetische Euphemismus für »zwanghaft« und »diktatorisch«. Das Wort »Kommando« stammte aus dem westlichen Begriff »Kommandowirtschaft«, und die Zusammensetzung beider Elemente war ein Ersatz für »totalitär«, ein Begriff, der vor 1990 in Rußland nicht offen ausgesprochen werden durfte.[27] Und Popows schwerfälliger Neologismus wurde sofort zur allgemein anerkannten Bezeichnung sowohl des ursprünglichen Stalinismus als auch seiner Verlängerung in die Gegenwart.

Wenn das aber die Natur des Systems war, mußte die nächste Frage seinem Ursprung und den Alternativen zum Stalinismus gelten. Denn die Examinierung der Geschichte durch *glasnost* hatte nicht nur den Zweck, die Wahrheit aufzudecken, sondern man wollte herausfinden, wo in der Vergangenheit die Dinge schiefgelaufen waren, um sie in der Gegenwart besser machen zu können. Als Teil dieses Prozesses kann die Rehabilitierung Chruschtschows angesehen werden, der 25 Jahre lang als Unperson gegolten hatte.[28] Wichtiger war jedoch der Versuch, den »Sündenfall« des Systems historisch zu lokalisieren. Wassili Seljunin eröffnete die Diskussion zu Beginn des Jahres 1988 mit einem Artikel namens »Ursprünge«. Er sah die Quelle des Übels teilweise in der autoritären Tradition Rußlands, noch stärker jedoch im Utopismus des marxistischen Sozialismus, und er ging sogar so weit, die delikate Frage aufzuwerfen, ob Lenins doktrinäre Feindseligkeit gegenüber den »bourgeoisen« Kräften des Marktes nicht ihren Teil zum Problem beigetragen habe.[29] Alexander Zipko hatte es sogar noch eiliger, Marx und den Marxismus historisch verantwortlich zu machen, eine Weltsicht, die seiner Meinung nach eine autoritäre Methode wirtschaftlicher Entwicklung nahezu unvermeidbar machte.[30] Darauf antwortete ihm Igor Kljamkin, es sei die Rückständigkeit Rußlands und die autokratische Tradition von Iwan IV. und Peter I., die den Stalinismus hervorgebracht habe. Auf diese Weise diskreditierte er die Alternative Bucharins, ohne indes Stalin zu rechtfertigen, dessen Politik er letzten Endes als eine grobe Form der Modernisierung erklärte.[31]

So war am Vorabend des Kongresses der Volksdeputierten die ganze sowjetische Geschichte vom Kriegskommunismus bis hin zu Breschnew zur Neubewertung freigegeben, und die Grundlinien einer möglichen Erklärung der Tragödie deuteten sich bereits an. So manches Tabu blieb indes noch bestehen. Zunächst galt die Figur Lenins, trotz der Hinweise Seljunins, weiterhin als unantastbar. Auch die positive Rolle der Partei durfte nicht in Frage gestellt werden, obwohl die meisten ihrer Führer

nach Lenin jetzt offiziell als in einem fundamentalen Irrtum befangen
dargestellt wurden. Ebensowenig war es möglich, die grundsätzliche
Überlegenheit der sozialistischen Ordnung anzuzweifeln, auch wenn gewisse Verdienste der Marktwirtschaft jetzt zugegeben wurden. Es war
immer noch nicht möglich, Autoren zu veröffentlichen, die diese Tabus
brachen, was bedeutete, daß zum Beispiel Solshenizyn bis 1990 verboten
blieb. Der Prozeß der Demystifizierung war aber bereits so weit vorange-
schritten, daß es nur noch eine Frage der Zeit und der Umstände war, bis
auch die letzten Tabus fallen würden.

Auf diese Weise hatte *glasnost*, anstatt wie beabsichtigt das System zu
neuem Leben zu erwecken, es in Wirklichkeit durch die Zerstörung der
Mythen, von denen es zehrte, unterminiert. Was als begrenzter Versuch
begonnen hatte, die weißen Flecken der Stalin-Zeit auszufüllen, hatte
einen Dammbruch heraufbeschworen, durch den nicht nur die Mythen
der langen Jahrzehnte unter Stalin und Breshnew hinweggeschwemmt
wurden, sondern in dessen Verlauf auch die Grundlagen der sowjetischen
Gesellschaft, die ökonomischen Theorien von Marx und die politischen
Praktiken Lenins, auf fatale Weise ins Zwielicht gerieten. Im Jahr 1988
war der Marxismus-Leninismus zum Scherbenhaufen geworden, und der
Historiker Juri Afanasjew, einer der Radikalsten unter den Reformern,
denunzierte ihn jetzt offen als ein Hindernis für jede Form von klarem
Denken, das beseitigt werden müsse, wenn das Land – auf sinnvolle
Weise restrukturiert werden solle.[32]

So hatte ein Hauch von *glasnost* innerhalb von zwei Jahren die
ideologische Arbeit von sieben Jahrzehnten zunichte gemacht. Die »hölzerne Sprache«, die in den zwanziger Jahren zusammengezimmert worden war, der sozialistische Realismus der dreißiger Jahre, das Bild der
Wirklichkeit als eines endlosen Klassenkampfs – all das verschwand ganz
einfach, und die Menschen kehrten zu ihrer normalen Sprache zurück,
um darin über ihre wirklichen Probleme zu sprechen. Jede neue Enthüllung vergangener Verbrechen und gegenwärtiger Desaster trieb die Menschen weniger dazu an, die Sache der Perestroika zu unterstützen, weil
jede Enthüllung in ihren Augen das System als solches ein Stück mehr
entsakralisierte. Das galt um so mehr, als irgendwann in den siebziger
Jahren der Mythos sein Leben ausgehaucht hatte, besonders unter der
Jugend. Entsprechend gelang es der realistischen Hälfte des *doublethink*,
die ideologische Hälfte auszutreiben, und das unterdrückte Wissen um

die Lüge brach sich mit einem Mal gewaltsam Bahn. Der daraus resultierende Legitimitätsverlust sollte für das System fatale Auswirkungen haben, denn seine surrealen Strukturen waren so beschaffen, daß sie dem Druck der Wahrheit nicht standhalten konnten. Ein Regime, das aus der Ideologie geboren war, mußte zusammenbrechen, als diese Ideologie verschwand oder, wie ein russisches Sprichwort sagt: Ein toter Fisch verfault vom Kopf an abwärts.

Diese ideologische Erklärung widerspricht nicht der These, die Krise des Kommunismus habe mit dem wirtschaftlichen Niedergang der späten siebziger Jahre begonnen. Obwohl dieser Niedergang nur allzu real war, brachte er allein das System nicht zum Einsturz. Unter normalen Verhältnissen führt eine Wirtschaftskrise lediglich zu neuen Strategien der Entwicklung; sie impliziert nicht notwendigerweise einen Wechsel des Systems. In der ideokratischen Welt der Sowjetunion zerstörte der wirtschaftliche Niedergang aber einen lebenswichtigen Mythos des Systems, nämlich den, daß der Sozialismus als Produktionsform auf lange Sicht dem Kapitalismus überlegen sei. Während der großen Depression der dreißiger Jahre und auch in den etwa fünfzehn Jahren des Wiederaufbaus nach dem Zweiten Weltkrieg war es nicht auf den ersten Blick ausgeschlossen, daß der Sowjetsozialismus eines Tages besser abschneiden würde als der Kapitalismus. Im Jahr 1985 jedoch, nach 40 Jahren Frieden, die eine Gesundung der sowjetischen Wirtschaft hätten erlauben müssen, konnte man sich über den wirklichen Trend im ökonomischen »Gleichgewicht der Kräfte« keiner Illusion mehr hingeben. Solange die Sowjetunion vom Westen abgeschnitten blieb, war es möglich, diese Tatsache zu verhüllen. Seit aber in den sechziger und siebziger Jahren Angehörige der Elite den Westen besuchen konnten, begannen die ideologischen Trugbilder einzustürzen, und als *glasnost* der Bevölkerung eine ungefähre Vorstellung von der Wahrheit vermittelte, hatten sie vollends ausgespielt. Das ökonomische Scheitern bedeutete daher weit mehr als bloß eine materielle Krise; es stellte die Totalität des Systems in Frage und legte nahe, daß ein Wechsel des Systemtyps auf der Tagesordnung stand. Alle Versprechen einer »leuchtenden Zukunft« innerhalb des bestehenden Systems waren unglaubwürdig geworden; sein gegenwärtiges Scheitern summierte sich mit seiner kriminellen Vergangenheit zu »siebzig Jahren auf dem Weg nach Nirgendwo«, wie man seit Anfang 1989 immer öfter zu hören bekam.

Warum also ging das Regime das Risiko namens *glasnost* ein, wenn seine Führer doch nur allzugut wußten, daß Breshnew zwanzig Jahre zuvor den Prager Frühling genau aus dem Grund niedergeschlagen hatte, daß die Tschechen sich gegen die Zensur erhoben hatten? Zum Teil hatten sie wohl einfach keine Wahl, wenn sie das »administrative Kommando-System« aufrütteln wollten, um die Wirtschaft wiederzubeleben und den Supermachtstatus der Sowjetunion zu erhalten: Sie konnten nicht gleichzeitig eine dynamische Wirtschaft schaffen und die Bevölkerung in Passivität und Unwissenheit halten. Außerdem hielten sie das System für so »verrottet«, daß ihnen ein schneller Schock notwendig erschien: Wie Jakowlew Anfang 1989 in einer vertraulichen Rede vor Parteikadern formulierte, »haben wir wahrscheinlich nicht mehr als zwei oder drei Jahre, um zu beweisen, daß der leninistische Sozialismus funktionieren kann«.[33] Sie gingen das Risiko *glasnost* aber auch deswegen ein, weil diese Apparatschiks, wie der Dissident Sergej Grigorjanz bemerkte, die Gesellschaft nicht kannten, die sie selbst regierten. Im Jahr 1990 gab Gorbatschow das zu: »Als wir anfingen, wußten wir nicht, wie groß die Probleme waren, denen wir gegenüberstanden.«[34] So stolperte der letzte Möchtegern-Lenin unserer Tage in die Karriere eines *Fin-de-régime*-Zauberlehrlings.

Denn die Revolution »von der Seite«, die der Intelligenzia, war jetzt zu einer Revolution von unten, einer Revolution des Volkes geworden. In den Jahren 1987 bis 1988 kam es zu einer starken Vermehrung selbstorganisierter, »informeller« Assoziationen, der *neformalny*.[35] Von der Partei unabhängig, wurden sie geschaffen, um das eine oder andere soziale Problem zu lösen, meist auf lokaler oder regionaler Basis, in Gebieten, wo die Partei nachlässig oder explizit im Unrecht gewesen war. Sehr oft hatten sie ihren Ursprung in ökologischen Zusammenhängen, zum Beispiel im Protest gegen die Verschmutzung des Baikal-Sees oder die Atomkraftwerke der baltischen Staaten. Manchmal entstanden sie auch aus der Sorge um historische Monumente wie etwa das Leningrader Hotel, in dem der Dichter Jesenin Selbstmord begangen hatte, oder die mittelalterlichen Kirchen in Moskau, deren Existenz durch den Neubau eines Hotels bedroht war. Da diese Gruppen aber die Partei unter Druck setzen mußten, begaben sie sich bald auf das Feld der Politik: Anfang 1987 entstanden Clubs zur Unterstützung der Perestroika, und viele von ihnen trugen den Ausdruck »demokratische Perestroika« im Namen. Damit wollten sie unterstreichen, daß sie zwar innerhalb der Grenzen des Systems arbeiten, die Reform aber weiter vorantreiben wollten, als es das Regime beabsichtigte. Ende 1987 verbanden sie sich zu einem unionsweiten Bund sozialistischer Clubs.

Andere Aktivisten kamen jedoch zu dem Ergebnis, das System sei hoffnungslos »totalitär«, die Perestroika sei nichts als ein neuer Schwindel der Partei, und die einzige Lösung bestehe daher im Übergang zu einer verfassungsmäßigen demokratischen Ordnung. Im Mai 1988 gründeten sie das, was sie eine politische Partei nannten: die Demokratische Union. Ihr Programm war natürlich nicht die aktive Revolution, denn das wäre aussichtslos gewesen. Eher dachten sie daran, das wiederbelebte Sowjet-System zu benutzen, um die Prinzipien der Februarrevolution gegenüber denen der Oktoberrevolution stark zu machen. Dadurch wollten sie der schrittweisen Liquidierung des Systems den Weg bereiten. Als junge Männer aus dieser Gruppe damit begannen, vor den Menschenmassen, die sich im Sommer 1988 regelmäßig auf dem Puschkin-Platz in Moskau und vor der Kasaner Kathedrale in Leningrad versammelten, lange Reden zu schwingen, wirkten sie auf die verblüfften Beobachter unreif und töricht. Obwohl sie aber, ebenso wie der gleichgesinnte Grigorjanz, regelmäßig vom KGB angepöbelt wurden, wurden ihre Ansichten binnen Jahresfrist von den kühneren Liberalen des Establishments heimlich geteilt, und drei Jahre später wurde Boris Jelzin mit einem vollkommen äquivalenten Programm zum Präsidenten gewählt.

Die verschiedenen Sorten von »Informellen« wurden seit 1988 unter der Bezeichnung »Bürgerrechtsbewegung« zusammengefaßt, ein Ausdruck, der im selben Jahr aus Polen importiert worden war, wo das Phänomen einer vom Parteistaat unabhängigen gesellschaftlichen Kraft auf KOR und die Solidarność zurückging. In Rußland existierte jetzt etwas Gleichartiges – zum ersten Mal seit die letzte russische Exponent bürgerlicher Rechte, die unabhängige Bauernschaft, in den dreißiger Jahren zerschlagen worden war. Trotzdem hatte diese Wiedergeburt der sozialen Autonomie auch eine Kehrseite. Es entstanden nämlich auch anti-demokratische Bewegungen, insbesondere *Pamjat*, was soviel heißt wie »Gedächtnis«. Diese Bewegung war aus den Bemühungen hervorgegangen, Moskaus alte Kirchen zu erhalten; sie entwickelte sich jedoch zu einer strikt autoritären, nationalistischen und antisemitischen Organisation. Ihre Bedeutung war freilich nicht sehr groß, auch wenn ihr im Ausland viel Aufmerksamkeit geschenkt wurde: Bei den Wahlen der nächsten zwei Jahre konnte sie auf nationaler wie auf lokaler Ebene keinen einzigen Kandidaten durchbringen, während Organisationen, die sich aus den demokratischen *neformalny* rekrutierten, Tausende stellten und unter Jelzin die Regierungsmacht übernahmen.

Als die Wahlen zum Kongreß der Volksdeputierten näherrückten, gingen die Informellen mit reformistischen Gruppen innerhalb der Partei Absprachen über die Bildung von Volksfronten ein. In Übereinstimmung mit Gorbatschows neuer Strategie nach der 19. Konferenz sollten diese Volksfronten dynamische Elemente in der Gesellschaft für die Sache der Perestroika mobilisieren. Einmal entfesselt, ging diese Dynamik aber schnell über die Grenzen dessen hinaus, was Gorbatschow unter Perestroika verstand. Und das galt besonders für die nationalen Minderheiten, bei denen gegen Ende des Jahres 1988 die Situation explosiv geworden war.

DIE REVOLTE DER NATIONALITÄTEN

Die nationalen Minderheiten waren ein weiterer Aspekt der sowjetischen Wirklichkeit, für den Gorbatschow anscheinend kein Gespür hatte.[36] Alle seine Vorgänger, angefangen mit Stalin, hatten direkte Erfahrungen mit der Regierung von Randgebieten und verstanden sich auf die Mischung von Gewalt und Takt, die erforderlich war, um sie ruhig zu halten. Gorbatschow hatte solche Erfahrungen nicht, und er scheint an die offizielle, unter Breshnew entwickelte Version geglaubt zu haben, derzufolge die verschiedenen Nationalitäten zu einem homogenen »sowjetischen Volk« zusammengeschmolzen waren, das der »Union« als dem Träger seines wirtschaftlichen Fortschritts und seiner internationalen Sicherheit verbunden war. Alles, was sie brauchen konnten, war daher ein wenig »Restrukturierung«, wie dieser Ausdruck vom »Zentrum« verstanden wurde. In Wirklichkeit litten die nationalen Republiken aber unter struktureller Stagnation und institutionellen Zwängen von derselben Art wie diejenigen, gegen die Gorbatschow in der Partei ankämpfte, und noch verschärft durch ethnische Schwierigkeiten. Und gänzlich unerwartet für die Führung wurde dieses Problem, neben dem wirtschaftlichen und dem ideologischen Niedergang, bald schon zum dritten Hauptfaktor beim Zusammenbruch des Systems. Um das zu erklären, ist ein kurzer Rückblick nötig.

Nach der ursprünglichen Eroberung der Randgebiete durch die Bolschewiki – während des Bürgerkriegs und in den frühen zwanziger Jahren – schuf das »Zentrum« im Jahr 1922 eine »föderale« Sowjetunion, die in Wirklichkeit ein Einheitsstaat war.[37] Sein Einheitscharakter wurde jedoch durch eine ausgefeilte Institutionalisierung der verschiedenen Nationalitäten getarnt, die auf territorialer Basis ethnisch und sprachlich definiert wurden.[38] Außer Rußland erhielt jede der »staatsbildenden« Republiken ihre eigenen politischen und kulturellen Institutionen, ebenso wie zahlreiche »assoziierte« Republiken innerhalb der größeren unter ihnen. Die Ämter wurden hauptsächlich mit eigens dafür ausgebildeten heimischen Eliten besetzt, die natürlich unter strenger Aufsicht der Partei arbeiteten. Der Zweck dieses Vorgehens bestand darin, die lokalen Nationalismen zu beschwichtigen, indem man sie gebührend würdigte, und sie gleichzeitig in den Aufbau des Sozialismus einzubeziehen. Mit anderen Worten: Die sowjetische Nationalitätenpolitik war ein weiterer Aspekt der allumfassenden Mobilisierung der Bevölkerung im Interesse des Staatsaufbaus und extensiven Wirtschaftswachstums.

Unter gelegentlichem Rückgriff auf repressive Maßnahmen zur Unterdrückung autonomer Nationalgefühle funktionierte diese Taktik ebensogut wie der Rest des Systems, zumindest unter Stalin und Chruschtschow, während der Jahrzehnte der Expansion. So produzierte Usbekistan zum Beispiel Baumwolle für die ganze Union, Aserbaidshan förderte Öl, Moldawien und Georgien steuerten Wein und Branntwein bei, und Rußland lieferte den Stahl.

Aber an der »Peripherie« gab es immer schon größere Probleme als im »Zentrum«. Seit der ursprünglichen militärischen Eroberung der Randgebiete mußte Moskau regelmäßig eine politische »Wiedereroberung« auf dem Weg administrativer Säuberungen durchführen, weil die nationalistischen Kräfte, diesmal innerhalb der lokalen Parteiorganisationen, wieder erwachten. Im besonders schwierigen Fall der Ukraine – der einzigen Republik, deren Abfall alleine die Union zerstören konnte – führte Stalin solche Säuberungen mindestens zweimal durch, und Chruschtschow und Breshnew je einmal.[39] Außerdem schuf die sowjetische Politik die ganze Zeit über ungewollt neue Nationalismen, wo es früher keine gegeben hatte.

Die meisten Sowjetrepubliken waren keine historisch gewachsenen Nationen, und nur sehr wenige von ihnen waren jemals unabhängige Staaten gewesen. Georgien und Armenien waren alte nationale Einheiten, die zu verschiedenen Zeiten Unabhängigkeit genossen hatten. Die drei baltischen Staaten wuchsen aus untergegangenen Bauernschaften hervor und hatten ein Nationalbewußtsein erst gegen Ende des 19. Jahrhunderts entwickelt. Sie waren zuerst zwischen den beiden Weltkriegen unabhängig gewesen. Die Ukraine dagegen hatte in ihrer nach dem Zweiten Weltkrieg festgelegten Ausdehnung niemals als nationale Einheit existiert oder praktische Unabhängigkeit erlangt. Das ukrainische Nationalgefühl war zwar sehr real, es hatte seine stärkste Basis aber im alten Galizien und wurde zunehmend schwächer, je weiter man sich nach Osten in Richtung Donecbecken und Charkow oder nach Süden in Richtung Odessa oder der Krim bewegte. Und das sowjetische Belorußland hatte sogar noch weniger Realitätsgehalt als die Ukraine, während keine der muslimischen Republiken jemals eine Nation gewesen war, bis die Russen sie aus dem alten Turkistan herausschnitten. Nach Jahrzehnten der Ethnizität auf territorialer Basis waren diese Volksgruppen jedoch auf dem Weg, nationale Gemeinschaften zu werden, mit ihren eigenen Eliten und institutionalisierten Rechtsansprüchen.

Und alle waren sie in ihrem Selbstgefühl gekränkte nationale Gemeinschaften. An die Grenzen gebunden, die Stalin nach dem Prinzip *divide et impera* festgelegt hatte, bildeten Angehörige fast aller dieser Volksgruppen Minderheiten in den jeweiligen Nachbarrepubliken. Fast alle beherbergten in ihrer Mitte außerdem eine große Anzahl von Russen, die sich im Gefolge der Industrialisierung bei ihnen angesiedelt hatten. Das war Teil einer bewußt durchgeführten Zentralpolitik mit dem Ziel, die territoriale Homogenität aufzuweichen, um dadurch ein einziges sowjetisches Volk zu schaffen, dessen Einheitlichkeit der Homogenität von Wirtschaft und Partei entsprach. Solange die Wirtschaft fähig war, einen starken Zentralstaat zu unterhalten, blieben die Verhältnisse einigermaßen stabil, auch wenn es immer wieder zu nationalem Protest auf kultureller Ebene kam. Noch Breshnew konnte Ende der siebziger Jahre offenen Grenz-Nationalismus ohne Schwierigkeiten unterdrücken, indem er die führenden nationalen Dissidenten der baltischen Staaten, der Ukraine und des Kaukasus verhaften ließ.

Die Stagnation unterminierte die Republiken jedoch ebenso, wie sie den Rest des Systems zerfraß, und das aus denselben Gründen. Breshnews Politik der »Stabilität der Kader« hatte jede Republik und jede Region mit einer Machtstruktur versorgt, die gegen Initiativen der Zentrale ebenso resistent war wie der Parteiapparat als ganzer. Besonders in den muslimischen Republiken hatte das die virtuelle Übernahme der Partei durch ethnische Führer nach sich gezogen, die ihre Regionen wie Satrapen kontrollierten und Moskau bestachen, damit sie stillschweigend geduldet wurden. Gleichzeitig sah die Bevölkerung der Republiken die ökologischen Verwüstungen, die von der Industrialisierung sowjetischen Stils verursacht worden waren, als böse Frucht der Zentralherrschaft an: Besonders Tschernobyl beschleunigte die Entwicklung separatistischer Bestrebungen in der Ukraine und in Belorußland, und die lokalen Machtapparate kamen dabei auf ihre Rechnung, indem sie diese Bestrebungen gegen Moskau lenkten. Außerdem ließ der wirtschaftliche Niedergang die Ressourcen knapper werden, und der Kampf um sie wurde entsprechend härter – sowohl zwischen den einzelnen Republiken als auch zwischen den Republiken und dem Zentrum. Die Folge dieser Anhäufung von Schwierigkeiten war ein größeres Bestreben nach lokaler Kontrolle als der für die nationalen Republiken einzig angemessenen Methode der »Restrukturierung«. Und *glasnost* machte es zum ersten Mal möglich, über all diese Dinge ohne übermäßige Furcht vor Repressionen zu sprechen.

Die Tragödie der sowjetischen Nationalitätenpolitik bestand darin, daß sie die Entwicklung nationaler Identitäten förderte, während sie den dadurch entstehenden Energien kein angemessenes Betätigungsfeld verschaffte. Nichts wurde getan, um diesen Halb-Nationen wirkliche Kontrolle über ihre Angelegenheiten zu geben oder wirklichen föderalen Beziehungen den Weg zu bereiten. Als schließlich die Forderung nach realer Autonomie erhoben wurde, artikulierte sie sich deshalb sofort in Form eines frontalen Interessenkonflikts zwischen Peripherie und Zentrum. Die nationale Unzufriedenheit, die infolge der Perestroika ans Tageslicht kam, war nicht einfach der von der sowjetischen Herrschaft unterdrückte und nun wiedererwachte traditionelle Nationalismus, wie oft behauptet wurde. Eher war sie der Ausdruck einer neuen Kraft, die durch die Sowjetmacht stimuliert, wenn nicht sogar erst geschaffen worden war. Die sowjetische Kontrolle hatte sie dann bis zum Punkt der Verzweiflung getrieben. Wie überall sonst innerhalb des sowjetischen Systems verhinderte die rigide Einheitsstruktur des Staates auch hier den evolutionären Übergang. Wenn irgendein Bestandteil des Systems reformiert werden sollte, würde die Union daher kaum bewahrt werden können.

Im Dezember 1986 stolperte Gorbatschow unbeabsichtigt in diese immer schlimmer werdende Situation.[40] Als Teil seines ursprünglichen Angriffs auf den Apparat ersetzte er den korrupten, aber einheimischen Ersten Sekretär von Kasachstan, außerdem Mitglied im Politbüro, durch einen ehrlichen, aber eingewanderten Russen. Die Antwort darauf waren Unruhen, die fast in eine Revolte ausarteten. Die Kasachen protestierten gegen den Verlust an Autonomie und Repräsentation auf der höchsten Ebene in Moskau, und Gorbatschow mußte als Zugeständnis einen Kasachen zum Zweiten Sekretär ernennen. Durch *glasnost* wurden sowohl der Aufstand als auch Gorbatschows Rückzug publik und zeigten anderen Nationalitäten, daß auch sie vielleicht ihren Forderungen Nachdruck verleihen sollten.

Zu Beginn des nächsten Jahres wurde die Perestroika, wie ein sowjetischer Politiker es ausdrückte, von einem »moralischen Tschernobyl« getroffen, und zwar in Form der Auseinandersetzungen in Nagorny Karabach, einer armenischen Enklave in Aserbaidshan. Diese Region, deren Bevölkerung zu 80 Prozent aus Armeniern bestand, war von Stalin 1932 Aserbaidshan zugeschlagen worden, denn Stalin hatte damals Grund, die Meinung der Türken stärker zu berücksichtigen als die der Armenier. Mit Beginn der »Restrukturierung« glaubten die Armenier in der Region, diese langanhaltende Kränkung bereinigen zu sollen, indem sie für eine Veränderung ihres Status eintraten. Als eine entsprechende Petition zurückgewiesen wurde, besetzten demonstrierende Massen die Straßen von Stepanakert, der Hauptstadt der Region, und auch in Jeriwan, der Hauptstadt Armeniens, kam es zu Unruhen. »Karabach ist der Prüfstein der Perestroika«, so lautete der Slogan der Demonstranten. Im Februar 1988 führten diese Demonstrationen zu bewaffneten Auseinandersetzungen mit Aserbaidshanern in Nagorny Karabach, Auseinandersetzungen, die mit einem Pogrom gegen die Armenier in Sumgait, nahe der aserbaidshanischen Hauptstadt Baku, beantwortet wurden. Fast eine Million Menschen protestierten darauf auf dem Lenin-Platz in Jeriwan unter der Führung des »Karabach-Komitees«, und tatsächlich wechselte die armenische Partei auf die Seite der Nationalbewegung über und verkehrte damit das vom Regime erdachte Konzept der Volksfronten in sein Gegenteil.

Moskau war nicht gewillt, über die Veränderung bestehender Grenzen nachzudenken, weil es fürchtete, dadurch in den anderen Republiken eine Kettenreaktion auszulösen. Deshalb spielte das Regime nach diesem ersten Ausbruch auf Zeit, in der irrigen Hoffnung, daß die Leidenschaften abkühlen würden und das Problem von selbst verschwände. Verschiedene Modelle für einen begrenzten Sonderstatus von Karabach wurden ausprobiert und wieder verworfen. Die Folge war, daß die Armenier, bis dahin mit der sowjetischen Vormundschaft weitgehend versöhnt, weil sie den Schutz Moskaus gegen die Türken brauchten, jetzt antisowjetisch wurden und begannen, nach Unabhängigkeit zu rufen. Obwohl Armenien von sowjetischen Truppen überwacht wurde, bildete sich jetzt ein »duales Machtsystem« heraus.

Gleichzeitig führten die armenischen Versuche, Nagorny Karabach zurückzuerobern, zur Entstehung einer national gesinnten Volksfront in Aserbaidshan. Zuerst waren deren Bestrebungen nur gegen die Nachbarrepubliken gerichtet, aber als Moskau über den Status des umstrittenen Gebiets ins Wanken zu geraten schien, richtete sich der Zorn auch gegen die »Russen«. Als dann auch die kaukasische Republik ihre Ansprüche beim Zentrum nicht durchsetzen konnte, nahmen die streitenden Parteien die Sache in ihre eigenen Hände, und im Lauf des Jahres 1989 verstrickten sie sich in einen schwelenden Kleinkrieg. Aserbaidshan verhängte eine Eisenbahnblockade gegen Armenien, und Nationalisten beider Republiken desertierten unter Mitnahme ihrer Waffen aus der sowjetischen Armee, manchmal sogar mit Helikoptern. Als wenn das für die Zentralgewalt noch nicht genug an Desintegration gewesen wäre, begannen jetzt auch noch russische Mütter gegen die sowjetische Armee zu protestieren, die das Leben ihrer Söhne für den Versuch aufs Spiel setzte, unter den »wilden Bergvölkern« Ordnung zu schaffen.

Während desselben Jahres verbreiteten die Unruhen sich schließlich auch über den Rest des Berglands. In der abchasischen ASSR entstand eine Bewegung für die Abspaltung von Georgien (Abchasien war eine Schöpfung Stalins mit dem Zweck, ein kleineres und weniger lebensfähiges Georgien herzustellen). Diese Abspaltungsbewegung führte jetzt unter der Perestroika zu einem Aufbranden des georgischen Nationalismus. Die daraus hervorgehende georgische Volksfront übertrug ihre Abneigung gegen die Abchasier bald schon auf deren angeblichen Sponsor, das sowjetische Zentrum, und im April 1989 demonstrierten aufgehetzte

Massen in Tiflis für das, was ihr wahres Ziel zu werden begann: die Unabhängigkeit. Die lokalen Autoritäten bekamen es mit der Angst zu tun und setzten Truppen ein, um die Menge auseinanderzutreiben – letzteres mutmaßlich mit der Zustimmung des Zentrums. Bei dieser Aktion, am 9. April 1989, wurden ungefähr hundert Personen getötet; zum ersten Mal seit Beginn der Perestroika war es zu Blutvergießen gekommen. Obwohl auf diese Weise ein Anschein von Ordnung wiederhergestellt wurde, war de facto eine weitere Zone mit dualer Machtverteilung entstanden. So waren im Verlauf der Jahre 1988 und 1989 alle drei kaukasischen Republiken weit über die Perestroika hinausgegangen. Die Auflösung der Union begann sich abzuzeichnen.

Während derselben beiden Jahre entstand in den drei baltischen Staaten eine weitere nationale Befreiungsbewegung, hier allerdings auf peinlich legalistische und nicht gewaltsame Weise. Und wieder einmal machte das Vermächtnis Stalins seinen Erben zu schaffen. Das geheime Zusatzprotokoll zum Hitler-Stalin-Pakt von 1939, durch das Estland und Lettland der Sowjetunion zugeschlagen worden waren, sei, so die Argumentationstaktik der Balten, niemals rechtsgültig gewesen. Infolgedessen reklamierten sie jetzt, schrittweise, nur eine Unabhängigkeit, die ihnen nach internationalem Recht niemals aberkannt worden war. Im April 1988 bildeten liberale Intellektuelle in Estland zusammen mit gewissen Parteielementen eine Volksfront, die für die »Souveränität« der Republik kämpfen sollte. Es war das erste Mal, daß dieser Begriff im Lexikon der informellen Perestroika auftauchte. Als der Parteikongreß im Juni den estnischen Forderungen keinerlei Beachtung schenkte, verlor die estnische Partei die Initiative an ihre Verbündeten außerhalb der Partei, und im November vollstreckte ein radikalisiertes estnisches Parlament seine Forderung nach Souveränität, indem es qua Abstimmung den Gesetzen der Republik Priorität über die sowjetischen Gesetze verlieh.

Mit dieser gewaltlosen Liquidierung sowjetischer Autorität konnte Gorbatschow noch schlechter zu Rande kommen als mit Nagorny Karabach: Gewalt konnte er nicht anwenden, wenn die Perestroika glaubwürdig bleiben sollte; ebensowenig konnte er den Esten aber ihren Coup durchgehen lassen, wenn die zentrale Autorität erhalten bleiben sollte. Bevor die Esten den entscheidenden Schritt getan hatten, waren zudem auch in Lettland und Litauen bereits Volksfronten entstanden, die auf Souveränität drängten. Alle drei Republiken verlangten seit Beginn des

Jahres 1989 offen die Annullierung des Pakts von 1939. Auch das war ein Weg zu sagen, daß »Souveränität« de facto »Unabhängigkeit« bedeutete. Und die baltische Agitation fand bald schon ein Echo in Lwow in der westlichen Ukraine, das ebenfalls durch den Pakt sowjetisch geworden war.

Zu dem Zeitpunkt, als Gorbatschows größte Reform, die Demokratisierung der Sowjets, wirksam zu werden begann – das heißt zu Beginn des Jahres 1989 –, hatte also die vorhergehende Reform namens *glasnost* bereits einem großen Teil des Systems, das durch diese Reformen saniert werden sollte, die Legitimationsgrundlage entzogen. Die Demokratisierung sollte es einer entstehenden Zivilgesellschaft nunmehr erlauben, sich zu organisieren und von der Reform zur Demontage des Systems voranzuschreiten.

KAPITEL 12

VON DER PERESTROIKA ZUM ZUSAMMENBRUCH
1989–1991

Denn was ihr (die Athener) ausübt, ist, um es deutlich zu sagen, eine Tyrannis; sie zu errichten war vielleicht falsch, sie preiszugeben aber ist unsicher.

Perikles, nach Thukydides, über das Reich der Athener

Gorbatschow weiß nicht, worüber er regiert.

Sergej Grigorjanz (1988)

Vor dem Hintergrund der Krisen, die von den Randstaaten hereindrangen, fanden im März 1989 die Wahlen zum Kongreß der Volksdeputierten statt – die ersten richtigen Wahlen in Rußland seit 1918. Diese Wahlen und mehr noch die erste Zusammenkunft des Kongresses im Juni markierten den entscheidenden Wendepunkt der Ära Gorbatschow, den Augenblick des Übergangs von der Restrukturierung der alten Ordnung hin zu ihrer aktiven Auflösung. Der Juni 1989 war darüber hinaus der Wendepunkt für den Weltkommunismus im allgemeinen: Mit den polnischen Wahlen im selben Monat begann der Zusammenbruch des Systems in ganz Osteuropa, und das Massaker auf dem Platz des Himmlischen Friedens in Peking demonstrierte die Grenzen »systemimmanenter« Reformen des Kommunismus selbst unter der Bedingung wirtschaftlichen Wohlergehens. Ende 1989, nach dem Fall der Berliner Mauer und dem Zusammenbruch sämtlicher Regime in Osteuropa, war deutlich geworden, daß das System nur die Wahl hatte zwischen friedlicher Selbstauflösung und einer kostspieligen und doch auf die Dauer nicht wirksamen Verzögerungstaktik.

DEMOKRATISIERUNG

Die erste Erschütterung des Jahres waren die sowjetischen Wahlen im Frühling. Sie hatten unter dem Slogan »Alle Macht den Räten!« stattgefunden, der als Reminiszenz des Jahres 1917 in rhetorischer Absicht wieder ausgegraben worden war. Die große Überraschung für Gorbatschow bestand allerdings darin, daß die Liberalen diesen Slogan wörtlich nahmen und darauf sannen, der Partei und ihm selbst wirkliche Macht zu entreißen. Eigentlich war das Wahlsystem darauf berechnet, einen Kongreß hervorzubringen, der Gorbatschow treu ergeben war: Nach der Vorstellung des Generalsekretärs sollten die Volksfronten die Sache der Perestroika unterstützen. Denn auch wenn der Kongreß und sein Oberster Sowjet formell verfassungs- und gesetzgebende Macht hatten, so ähnelten sie doch in Wirklichkeit mehr einer zweitrangigen Konsultationsversammlung, die weniger zum Regieren bestimmt war als dazu, der Politik der Regierung die passenden Stichworte zu liefern.

Die Wahlen fanden nicht nach allgemeinem und gleichem Wahlrecht statt, sondern nach einem komplizierten System, das, darin an ältere Herrschaftsmethoden erinnernd, die Auswirkungen der Demokratie dämpfen sollte. Das macht es leicht, das neue System als bloße Tarnung der totalitären Natur des alten zu kritisieren, und die »Gorbatschow-Verfassung« wurde von den sowjetischen Liberalen damals genau in diesem Sinn angegriffen. Trotzdem sollte man berücksichtigen, daß dies in Rußland die ersten Wahlen überhaupt seit 1918 waren. Ein nahtloser Übergang vom Totalitarismus zu einer vollen, auf allgemeinen und gleichen Wahlen basierenden Demokratie hätte auf gefährliche Weise destabilisierend sein können. Auch in den übrigen europäischen Ländern hatte die politische Demokratisierung sich in den hundert Jahren vor 1915 nur Schritt für Schritt vollzogen. Das scheint jedenfalls die Überlegung Gorbatschows und seiner Helfer gewesen zu sein: Wie die ökonomische Liberalisierung sollte auch die »Demokratisierung« nach und nach, in wohlberechneter Weise vonstatten gehen, um den Apparat nicht in die offene Opposition zu treiben und das Volk langsam auf den neuen Weg zu bringen. Und all das läßt sich sehr wohl verteidigen.

Der wahre Fehler des neuen politischen Systems lag anderswo. Wie im Fall der Wirtschaftsreform hatte Gorbatschow auch politisch gesehen keine klare Vorstellung von seinem *terminus ad quem*. Sein Ziel war die

Demokratie ebensowenig wie der Markt; eher war es ein nicht näher
bestimmtes Maß an Mitbestimmung fürs Volk und Herrschaft des Gesetzes in Kombination mit der fortgesetzten Hegemonie der (nach Möglichkeit verjüngten) Partei. Aber eine wirkliche Demokratie braucht eine
solche Partei ebensowenig wie der Markt. Deswegen war Gorbatschows
mutige Initiative *de facto* schließlich nichts anderes als die letzte Version
der unausrottbaren »inneren Widersprüche« des Reformkommunismus.

Zunächst einmal gab es in Gorbatschows Verfassung nicht ein Parlament, sondern zwei. Der größere Kongreß (offensichtlich nach dem
Vorbild der Athenischen Volksversammlung, der *Ecclesia,* geformt) wurde direkt vom Volk und verschiedenen »gesellschaftlichen Organisationen« gewählt. Er bestand aus 2250 Mitgliedern und war damit zu groß für
eine beratende Körperschaft. Deswegen sollte er auch nur zwei- oder
dreimal im Jahr für kurze Zeit zusammentreten, und seine wichtigste
Funktion bestand darin, die eigentlichen Regierungsorgane zu wählen:
den Vorsitzenden seines Präsidiums oder den »Präsidenten« und die
jeweilige Legislative, einen Obersten Sowjet, bestehend aus zwei Kam-
mern und 542 Mitgliedern, die das ganze Jahr hindurch zusammenkom-
men sollten (das Äquivalent zur athenischen *Bule* oder dem »kleinen
Rat«). Bei einer solchen indirekten Wahl der Legislative und mit der
Vorgabe eines Präsidenten (oder seines Abgesandten), der über beide
Körperschaften den Vorsitz führen sollte, gab es kaum eine Möglichkeit
für wirksame Opposition gegen den Willen der Regierung.

Die zweite Beschränkung spontaner Demokratie war der Wahlprozeß
selbst. 750 der Kongreß-Abgeordneten wurden von »gesellschaftlichen
Organisationen« gewählt, das heißt von der Partei, vom Komsomol, von
der Akademie der Wissenschaften usw., und es wurde vorausgesetzt, daß
in Wirklichkeit die Partei all diese Abgeordneten aussuchen würde. Für
die hundert Sitze, die für die Partei reserviert waren, wurden zudem
genau hundert Kandidaten aufgestellt, eine Liste, die Gorbatschow und
die meisten altgedienten Funktionäre einschloß. Das bedeutete, daß kein
Mitglied der Führung sich bei den Wahlen dem Risiko der Konkurrenz
aussetzen mußte, noch nicht einmal innerhalb der Partei. Die übrigen
zwei Drittel der Abgeordneten sollten in territorialen oder nationalen
Bezirken gewählt werden, aber auch da wurde die Auswahl der Kandidaten weitgehend durch die lokalen Parteisekretäre bestimmt, wenn sie sich
nicht gleich selbst aufstellen ließen. Schließlich waren denn auch wirk-

lich 85 Prozent der Abgeordneten Parteimitglieder. Außerdem gab es eine strenge Vorauswahl der Kandidaten durch eine Reihe von »Filtern«, wie diese Hindernisse benannt wurden. Zunächst mußte ein Kandidat von einer bestimmten Anzahl von Bürgern vorgeschlagen werden. Dann mußte seine oder ihre Nominierung von einer Versammlung von nicht weniger als 500 Bürgern seines Bezirks abgesegnet werden – und es war den Autoritäten ein leichtes, eine solche Versammlung zu manipulieren. Schließlich mußte die Kandidatur bei einer Wahlkommission formell registriert werden, und auch hier war es der Partei möglich, zu intervenieren. Das Ergebnis war, daß in 384 Bezirken nur jeweils ein einziger Kandidat zur Abstimmung stand, und zwar überall ein Parteifunktionär.

Trotzdem gab es Mittel, das System herauszufordern. Das wichtigste davon waren die nationalen Fernsehsender. Viele von denen, die in den zwei Jahren zuvor die großen *glasnost*-Artikel geschrieben hatten, schlossen sich Ende 1988 zu einem politischen Club zusammen, der »Moskauer Tribüne«, und viele von ihnen ließen sich jetzt als Kandidaten aufstellen. Schon lange vor den Wahlen waren sie regelmäßig im Bildungsprogramm »Begegnungen in Ostankino« interviewt worden, und als die Wahlkampagne ihren Auftakt nahm, begannen sie, in der populären und lebendigen Abendschau »Ausblick« aufzutreten. Es gab indes auch direktere Formen der Agitation: Als beispielsweise die »Filter« der Akademie so gut wirkten, daß die Kandidatur Sacharows scheiterte, gab es einen solchen Sturm der Entrüstung, daß die Partei eingreifen und ihn wieder auf die Liste setzen mußte. In großen Städten, wo der Anteil der höher Gebildeten an der Bevölkerung groß genug war, organisierten liberale Elemente Kampagnen gegen den Apparat auf eigene Faust; so zum Beispiel in Leningrad, wo das Bündnis »Wahlen 89« in den U-Bahn-Stationen plakatierte, Lautsprecherwagen von der Regierung borgte und den lokalen Ersten Sekretär aus dem Feld schlug, der zugleich alternierendes Mitglied des Politbüros war und bisher ohne Gegenkandidaten zur Abstimmung gestanden hatte. Es gelang, die Mehrheit davon zu überzeugen, seinen Namen von der Liste zu streichen. In wichtigen Zentren wie Swerdlowsk, Wladiwostok, Wolgograd, Minsk, Kiew und Lwow führten ähnliche Manöver zu vergleichbaren Störungen des Ablaufs. In den baltischen Staaten waren die Ergebnisse natürlich noch radikaler: Die Volksfronten konnten zwei Drittel der Sitze für sich erobern, während die offiziellen Kandidaten nur durchkamen, wenn sie die Unterstützung der

Volksfronten hatten. In den kaukasischen Republiken verhinderten zunehmende öffentliche Unruhen einen normalen Ablauf der Wahlen und damit auch jeden radikalen Durchbruch, während die zentralasiatischen Republiken so wählten, wie die Parteibosse es von ihnen verlangten.

Der bedeutsamste Störfall ereignete sich freilich in Moskau: In diesem speziellen, die ganze Stadt umfassenden Wahlkreis konnte Boris Jelzin fünf Millionen oder 90 Prozent aller Stimmen für sich gewinnen und sich damit gegen den offiziellen Kandidaten, einen Fabrikdirektor, durchsetzen (der Erste Sekretär der Stadt hatte es nicht gewagt, zu kandidieren). Jelzin hatte zudem seinen Wahlkampf gegen Parteimacht und Privilegien geführt; er hatte sich für eine direkte Wahl des neuen Präsidenten und die Schaffung eines Mehrparteiensystems ausgesprochen – kein anderer Liberaler hatte sich so klar über seine wirklichen Ziele geäußert.

Insgesamt ergaben die Wahlen eine große Mehrheit für Gorbatschow, die bereit war, seinem Kurs ohne Wenn und Aber zu folgen. Zugleich konnten indes die Liberalen ungefähr 300 Sitze für sich verbuchen, und obwohl auch sie zum größten Teil formell Parteimitglieder waren, kamen sie doch nicht aus dem Apparat. Im übrigen bedeutete die Parteimitgliedschaft jetzt nicht mehr so viel wie früher. In der Zeit zwischen dem Start der Wahlkampagne im Februar und dem Endspurt im Mai hatte die Revolution in den Randstaaten zudem auch in den zentralen slawischen Gebieten ihre Wirkungen gezeigt. Die Bevölkerung der größeren Städte war politisiert worden, wenn auch die Provinzstädte und die ländlichen Gebiete bis zum Ende des Regimes und sogar darüber hinaus unter der Kontrolle des Apparats blieben. Die Perestroika, die zuvor allein Sache der Parteiführung gewesen war, erschien jetzt als gesamtgesellschaftliche Tatsache. Zum ersten Mal hatten die Menschen das Gefühl, für ihr eigenes Los etwas tun zu können, und ihr wichtigstes Ziel bestand darin, die Hegemonie der Partei zu beseitigen. Das (und nicht die Größe der formellen Mehrheit) war die wahre Bedeutung der Wahl, und besonders auch die von Jelzins Triumph.

Trotzdem war Vorsicht immer noch äußerst angebracht. Der Apparat hatte um jeden »Filter« hart gekämpft. Im April gab es neuen Grund zum Schrecken, dem vergleichbar, der im Jahr zuvor durch den Brief von Nina Andrejewa ausgelöst worden war: Wie bereits erwähnt, schoß die Armee auf nationalistische Demonstranten in Tiflis, und das offensichtlich mit stillschweigender Duldung des Politbüros. In derselben Woche sah man auf den Straßen von Riga russische Tanks. Außerdem war eine beunruhigend restriktive Überarbeitung des Gesetzbuchs geplant. Bereiteten Ligatschow und die Konservativen einen Gegenschlag vor, um die Wahlergebnisse zu annullieren? Hatte Gorbatschow womöglich selbst Zweifel an dem, was er zugelassen hatte? Ende Mai trat der Kongreß in einer Atmosphäre zusammen, in der die Hoffnung durch böse Vorahnungen getrübt wurde.

Nach einigem Zögern beschloß Gorbatschow, die Debatten landesweit direkt vom Fernsehen übertragen zu lassen. In Übereinstimmung mit der Strategie der Volksfronten sah die Tagesordnung vor, daß die Wahl des Präsidenten und des Obersten Sowjet unmittelbar nach Gorbatschows einleitendem Referat stattfinden sollte. Die Liberalen hatten jedoch andere Pläne. Das Jahr 1989 war der 200. Jahrestag der Französischen Revolution, und einige der Abgeordneten sprachen, nur halb im Scherz, vom Kongreß als den Generalständen und vom Obersten Sowjet als der Duma. Mit solchen Vergleichen im Kopf verlangten sie von Gorbatschow eine wirkliche Beteiligung an der Macht und nicht nur eine beratende Rolle. Dementsprechend sah ihre Tagesordnung vor, daß auf Gorbatschows Referat zunächst eine gründliche Debatte folgen sollte, während der Präsident und der Oberste Sowjet erst anschließend gewählt werden sollten – ein Arrangement, das Gorbatschows Abhängigkeit von den frisch ernannten »Volksdeputierten« unterstrich. Aber kurz vor Kongreßbeginn trafen sich Gorbatschow und sein wichtigster Helfer, Anatoli Lukjanow, in vertraulichem Rahmen mit der »Moskauer Gruppe«, wie die Liberalen damals genannt wurden, und es gelang ihnen, sie so zu »bearbeiten«, daß das abweichende Szenario aus der Welt geschafft werden konnte.

So folgte der Kongreß dem Drehbuch Gorbatschows, aber nicht ohne kritische Angriffe von seiten der militanteren Liberalen. Gorbatschow wurde ordnungsgemäß zum Präsidenten gewählt, und der Oberste Sowjet fiel so traditionell aus, daß er schließlich keinen einzigen der Moskauer Liberalen enthielt. Die Verärgerung darüber war so groß, daß einer der Abgeordneten aufgefordert wurde, freiwillig zu verzichten und auf diese Weise Raum für Jelzin zu schaffen. Afanasjew nannte das neue Parlament voll Empörung eine »stalinistisch-breschnewitische« Körperschaft und beschimpfte die »auf aggressive Weise unterwürfige« Kongreßmehrheit. Schon bald waren in den Korridoren Gerüchte von einer »Erklärung« zu hören, die die unterdrückte liberale Minderheit zu veröffentlichen gedachte. So vergingen die Tage, und ein Redner nach dem anderen attackierte die Mängel des Systems: die Ineffektivität der Wirtschaft, die Armut des Landes auf allen Ebenen, die Korruption der Partei, das Skandalon von Krankenhäusern ohne fließendes Wasser und einer medizinischen Versorgung ohne Medikamente, die Mängel des Bildungssystems, das Fehlverhalten der Armee in Afghanistan und in Georgien, und schließlich, in einem überraschenden Ausbruch, die Rolle des KGB als eines »Untergrund-Imperiums«, das »universale Kontrolle über die Gesellschaft« ausübe.[1]

Trotzdem brachten die Dissidenten keine allgemeine Erklärung zum Vortrag. Sie fürchteten, daß ein solches Dokument vom Vorsitzenden, das heißt von Gorbatschow, abgelehnt werden würde. Erst am letzten Tag nahm ein junger Abgeordneter das Wort »Erklärung« in den Mund, und tatsächlich wurde er sofort zum Schweigen gebracht. Trotzdem erwies er sich als Lockvogel, denn unmittelbar nach ihm bat Sacharow, der schon achtmal gesprochen hatte, erneut um Redeerlaubnis. Gorbatschow fürchtete das, was Sacharow mutmaßlich sagen würde, aber noch mehr fürchtete er, ihm das Wort zu verweigern. So gab er dem hartnäckigen »Andrej Dmitrijewitsch« fünf Minuten, und Sacharow verlas ein Papier, das er ein »Dekret über die Macht« nannte. (Er gebrauchte das traditionelle revolutionäre Wort »Dekret« in Anlehnung an Lenins Dekrete »über den Frieden« und »über Grund und Boden« vom Oktober 1917.) Den Kern des Papiers bildete die Forderung, Artikel 6 der Verfassung, in dem die »leitende und führende Rolle der Partei« festgeschrieben war, abzuschaffen und alle Macht auf die Räte und den Kongreß zu übertragen, die 1917 von der Partei ausgeschaltet worden waren. Damit war der Kern des Problems, die Frage nach der »Reformierbarkeit« des Systems in Sachen Machtverteilung, endlich benannt, und das vor den Augen und Ohren der Fernsehzuschauer im ganzen Land. Gorbatschow schaltete das Mikrophon ab, bevor Sacharow fertig war, aber die Kameras liefen weiter. Künftig würde es nicht mehr möglich sein, das Problem totzuschweigen, das Sacharow in aller Öffentlichkeit beim Namen genannt hatte.[2]

Als der zwölftägige Kongreß beendet war, war die Sowjetunion ein anderes Land geworden. Die Arbeit der Entsakralisierung des Systems, die mit *glasnost* begonnen hatte, war vollendet. Millionen von Menschen hatten gehört, wie ihre heimlichen Gedanken in aller Öffentlichkeit ausgesprochen wurden, und jeder einzelne sah, daß die Mißstände, die er in seinem eigenen kleinen Winkel des Systems beobachtet hatte, in der ganzen Union verbreitet waren. Außerdem wußte jetzt jeder, daß er die verwegensten Dinge sagen konnte, ohne dafür bestraft zu werden. Das Interesse am Kongreß war so groß, daß die Industrieproduktion während der Fernsehübertragungen um 20 Prozent zurückging. Wie ein liberaler Abgeordneter zusammenfaßte: »Die größte Leistung (des Kongresses) war die Entmystifizierung der Sowjetmacht.«[3]

Das Land blieb aber auch mit einem starken Gefühl von Unvollständigkeit zurück, wie ein anderer Abgeordneter sagte: »So viele Fakten und so wenige Konsequenzen.«[4] Und wirklich bot die Regierung kein Programm für den Wandel an, während gleichzeitig die Situation im Land immer katastrophaler wurde. Allein während des Kongresses hatte es zwei Zwischenfälle gegeben: In Sibirien war infolge »krimineller Nachlässigkeit« Butangas aus einer Pipeline entwichen und hatte durch einen vorbeifahrenden Zug Feuer gefangen. Bei der dadurch ausgelösten Explosion kamen 450 Personen ums Leben. Fast gleichzeitig forderte im Fergana-Tal in Usbekistan ein Pogrom gegen die meschetische türkische Minderheit Dutzende von Opfern. Die beiden Vorfälle ließen den Zustand der sowjetischen Industrie wie auch den der multinationalen Union in dramatischem Licht erscheinen. Außerdem verschlechterte sich der Lebensstandard für jedermann spürbar. Das Land schien ins Abseits zu driften, und die Regierung erstarrte in Untätigkeit.

So begann die Bevölkerung im Juli, die Dinge in ihre eigenen Hände zu nehmen. Die Bergleute vom Kusnezker Becken streikten für höhere Löhne, verbesserte Nahrung und … Seife. Schon bald breitete sich der Streik über das ganze Donecbecken und die Bergwerke von Workuta im Norden aus, wo eine politische Forderung hinzutrat: Abschaffung des Artikels 6 und Beendigung der führenden Rolle der Partei. Gorbatschow und die Regierung nahmen das Anliegen der Bergleute hastig auf und erfüllten ihre ökonomischen Forderungen, denn schließlich hatten sie das Volk dazu aufgerufen, sich an der Perestroika zu beteiligen – und außerdem hatten sie keine Kohlereserven. Auch die Eisenbahnarbeiter drohten mit Streik, und diese furchtbare Möglichkeit mußte um jeden Preis verhindert werden.

Inzwischen gründeten 250 liberale Abgeordnete aus dem ganzen Land, die sich nur durch den Kongreß kennengelernt hatten, in Moskau ein Komitee, das sie die »Interregionale Gruppe« nannten. Ihre wichtigsten

Führer waren Sacharow, Jelzin, Afanasjew und Popow. Ihr Ziel war, woran der Kongreß bei seiner ersten Sitzung gescheitert war: die Übertragung wirklicher Machtbefugnisse von Gorbatschow auf den Obersten Sowjet. Zu diesem Zweck wollten sie ein Bündnis mit den aus ihrer Apathie erwachten Arbeitern und mit den Souveränitätsbewegungen der nationalen Minderheiten eingehen, insbesondere mit den Balten. Ihr konkretes Programm zielte auf die Abschaffung der führenden Rolle der Partei und auf die Einführung eines Mehrparteiensystems, Privatbesitz und Marktwirtschaft. Um dieses Programm in die Tat umzusetzen, bereiteten sie sich auf die Machtübernahme bei den lokalen Sowjet-Wahlen vor, die für das folgende Jahr geplant waren. *Glasnost* war noch nicht so weit gediehen, daß diese Ziele in gedruckter Form verbreitet werden konnten, aber privat nahmen die Mitglieder der Gruppe kein Blatt mehr vor den Mund.

In den westlichen Randstaaten äußerte sich der Radikalismus jetzt bereits völlig unverhohlen: Am 23. August, dem 50. Jahrestag des Hitler-Stalin-Pakts, beteiligten sich Millionen an einer Menschenkette quer durch die drei baltischen Staaten, von Tallin bis nach Vilnius. Auch in der Ukraine wurde es jetzt lebendig, rund um die Organisation Ruch, und im Januar 1990 imitierte man hier die baltischen Staaten mit einer eigenen Menschenkette von Lwow über Kiew bis nach Poltawa. Am Ende des Sommers existierte im größten Teil des Landes so etwas wie eine »Doppelherrschaft«. Ein Führer der Organisation Ruch beschrieb die Lage nach dem Kongreß so: »Das Land steht jetzt an einem Scheideweg. Von heute an gehen wir entweder den chinesischen Weg oder den polnisch-ungarischen.«[5]

Der Schwung der Perestroika hatte die Krise des leninistischen Systems überall verschärft, und die Wechselfälle des auswärtigen Reformkommunismus wirkten zurück auf das sowjetische Zentrum. Zeitlich gesehen kam die erste Rückwirkung aus China; nicht, weil es eine aktuelle sowjetische Beziehung zu den Ereignissen in China gegeben hätte, sondern weil Veränderungen in einem so bedeutenden sozialistischen System für das ursprüngliche Modell nur eine Herausforderung darstellen konnten. Mit Deng Xiaopings ökonomischer Liberalisierung von 1978 hatte China die zweite große Runde des Reformkommunismus eingeläutet. Bis 1989 trugen die chinesischen Erfolge dazu bei, den auf den

Sowjets lastenden Reformdruck zu erhöhen. Nach dem Massaker auf dem Platz des Himmlischen Friedens wurde China zum warnenden Beispiel für die Fährnisse von Reformen, und in beiden Phasen waren die Chinesen den Sowjets voraus. Zum ersten Mal in der Geschichte ihrer Beziehungen mußte sich der ältere »Bruder« vom jüngeren die Zukunft weisen lassen.

Der Wandel in China begann mit dem Tod Mao Zedongs im Jahr 1975. Intern schuf sein Tod die Möglichkeit, den harten Kommunismus des Großen Vorsitzenden zu liquidieren und die weichere Variante Deng Xiaopings einzuführen, die eine autoritäre Regierungsweise mit Marktfreiheit verband. Extern beendete der Abtritt Maos die heftigen Animositäten, die die chinesisch-sowjetischen Beziehungen seit dem Bruch im Jahr 1963 beherrscht hatten. Obwohl bedeutende regionale Interessenkonflikte nach wie vor bestehen blieben, verlor der alte Zwist um die Führung des internationalen Sozialismus nach und nach für beide Seiten an Gewicht.

Als Gorbatschow an die Macht kam, normalisierte er daher die Beziehungen zu China als einem »sozialistischen« Bruderstaat. Da Gorbatschow diese Annäherung nötiger hatte als die Chinesen, war er allerdings hier wie schon gegenüber dem Westen derjenige, der alle Konzessionen machen mußte: Er mußte die sowjetischen Truppen aus Afghanistan zurückziehen, die Truppen an der chinesisch-sowjetischen Grenze reduzieren und das verbündete Vietnam dazu zwingen, Kambodscha zu räumen. Diese »Ostpolitik« führte ihn schließlich am Vorabend des Kongresses der Volksdeputierten, im Mai 1989, nach Peking. Obwohl diese neue Politik ihm nichts einbrachte, wurde durch den Zeitpunkt seines Besuchs ein Aspekt der chinesischen Lage hervorgehoben, der für die Situation zu Hause und in Osteuropa äußerst relevant war.

Gorbatschow kam genau in dem Augenblick nach Peking, in dem die chinesische Version des Reformkommunismus in ihre große Krise geriet. Die prodemokratischen Studenten besetzten bereits den Platz des Himmlischen Friedens, und das Beispiel der Perestroika trug dazu bei, sie zu diesem Schritt zu ermutigten. Die tiefere Bedeutung der chinesischen Krise für den sowjetischen Block lag indes anderswo. Während Gorbatschow mit politischen Reformen angefangen hatte, hatte Deng Xiaoping den gegenteiligen Kurs verfolgt und mit der Wirtschaft begonnen. Trotzdem waren beide im Jahr 1989 in eine Sackgasse geraten, die darin bestand, daß wirtschaftliche Reformen ohne politische und politische Reformen ohne wirtschaftliche das System als Ganzes destabilisierten. In diesem Sinn sagte Gorbatschow seinen Gastgebern, daß ökonomische Reformen ohne entsprechenden politischen Wandel nicht durchführbar seien, was unter den gegebenen Umständen auf den Ratschlag hinauslief, nicht gegen die demonstrierenden Studenten vorzugehen. Im totalen System des Parteistaats war jedoch das Umgekehrte genauso richtig, und das sollte die Sowjetunion im Jahr 1991 erfahren. Das wirft die Frage auf, ob Gorbatschow nicht besser daran getan hätte, der politischen Demokratisierung eine ökonomische Reform voranzustellen, eine Frage, die in Rußland am Ende der Perestroika viel diskutiert wurde. In Wirklichkeit hatte er aber gar nicht die Wahl, wie ein kurzer Vergleich zwischen den sowjetischen und den chinesischen Verhältnissen sofort zeigt.

Als Deng Xiaoping im Jahr 1979 mit seiner Reform begann, waren 80 Prozent der chinesischen Bevölkerung Bauern. Deswegen genügte es, das System der Kommunen zu lockern und die Bauern frei produzieren zu lassen, um dem größten Teil der Bevölkerung die Erfahrung rasch anwachsenden Wohlstands zu vermitteln und der Wirtschaft insgesamt zehn Jahre lang Wachstumsraten von 10 bis 15 Prozent zu bescheren. In Rußland dagegen schlossen die Folgen der Kollektivierung und die allumfassende Agrarverwaltung einen derartig schnellen wirtschaftlichen Aufschwung aus. Außerdem hatte Stalin hier erfolgreich eine gigantische Industrie und eine Supermacht aufgebaut; Mao dagegen war mit seinem wilden Sprung nach vorn und seiner Kulturrevolution als Staatsgründer gescheitert. Gorbatschow mußte also viel von dem liquidieren, was das Land als seinen Ruhm betrachtete, während Deng nur eine Politik überwinden mußte, die der größte Teil des Landes ohnehin loswerden wollte. Deswegen mußte Gorbatschow langsam und indirekt versuchen, die administrativen Strukturen seines Landes durch »Demokratisierung« zu verändern. Deng dagegen konnte das existierende politische System und die relativ kleine staatliche Industrie lassen, wie sie waren, während er in der Landwirtschaft und in der Handwerksproduktion »dem Bauernpferdchen seinen eigenen Kopf zugestand«, um es mit einem Zitat von Lenin zu sagen.

Kurz und gut: Nachdem Maos Stalinismus fehlgeschlagen war, konnte China wirklich zu der alten NÖP-Formel von Parteistaat plus Markt zurückkehren. Rußland konnte das nicht, weil der Stalinismus hier die bäuerliche Zivilgesellschaft erfolgreich zerstört hatte, die für eine solche Politik die Voraussetzung war. Gorbatschow mußte das stalinistische System zunächst durch politische Reformen aufweichen, bevor er marktwirtschaftliche Strukturen in nennenswertem Umfang einführen konnte. Als die Dinge aber in eine Sackgasse gerieten, wie es am Vorabend des Kongresses der Fall war, schloß diese Wahl jede Art von Repressionen aus, wenn die Perestroika glaubwürdig bleiben sollte. Dengs Vorgehen dagegen machte Repressionen nur allzu leicht: Als die Liberalisierung der Wirtschaft ihr politisches Gegenstück hervorbrachte, konnte er ohne hohe Kosten für die wirtschaftliche Entwicklung einschreiten.

DAS SCHWÄCHSTE GLIED GIBT NACH: 1989

Wenn China als warnendes Beispiel für das Schicksal der Perestroika erschien, so bestimmte Osteuropa den Ausgang des ganzen Abenteuers. Die Volksdemokratien, einst der Stolz des stalinistischen Imperiums, waren immer das schwächste Glied in der kommunistischen Kette gewesen, um Lenins Ausspruch über die Rolle Rußlands im Kapitalismus zu paraphrasieren. Im Jahr 1989 wurden sie für das ganze Sowjetsystem zum Auslöser der endgültigen Krise. Zum ersten Mal erwiesen sich die »Eroberungen des Sozialismus« auf breiter Ebene als reversibel; und wenn sie in solchem Ausmaß reversibel waren, gab es keinen Grund, warum sie es nicht überall sein sollten.

Die Kettenreaktion der Ereignisse, die von den polnischen Wahlen im Juni über die Öffnung der Berliner Mauer bis zum Sturz Ceausescus im Dezember führte, ist die verblüffendste Episode im Prozeß der Desintegration des Kommunismus. Die aufgestauten Frustrationen brachen sich Bahn, und in einem Zeitraum von nur sieben Monaten brachen sechs Regime zusammen. Jede Krise reifte schneller als die vorangehende. Wie Timothy Garton Ash dieses wundersame Jahr zusammenfaßte: Was in Polen zehn Jahre gedauert hatte, dauerte in Ungarn nur noch zehn Monate, ins Ostdeutschland zehn Wochen und in der Tschechoslowakei zehn Tage.[6]

Auf einer Ebene ist diese große Implosion sehr einfach zu erklären: Die osteuropäischen Regime waren durch Eroberung entstanden; sie

waren daher niemals legitim, und so wurden sie bei der ersten Gelegenheit von ihren Bevölkerungen abgeschüttelt. Jede Nation wurde dabei
durch den Erfolg ihrer Vorgängerin ermutigt. Auf der anderen Seite sind
die Vorgänge wieder sehr schwer zu erklären, denn alles hing davon ab,
wie diese erste Gelegenheit geschaffen werden konnte, und das wiederum war abhängig von den Absichten Moskaus und dem Status der
Breshnew-Doktrin. Und während vier Jahren Perestroika war die Situation für die Osteuropäer zu zweideutig, um irgendeine gewagte Aktion
zu riskieren.

Als alles vorbei war, wurde im Westen die Ansicht geläufig, Gorbatschow habe Osteuropa »befreit«. Er selbst hatte das schon 1990 von sich
behauptet, und nach seinem Rücktritt tat er es noch nachdrücklicher. Da
aber ein politischer Führer Länder für gewöhnlich nicht von seiner
eigenen Regierung befreit, bedarf diese Ansicht der Erläuterung. Nun
hatten Gorbatschow und seine Helfer zwar eine Politik tiefgreifender
Restrukturierung für Osteuropa im Sinn, die die ganze Region sicherlich
liberalisiert hätte, aber das bedeutete keineswegs, daß sie die Gewinne
des Zweiten Weltkriegs zu opfern oder den Warschauer Pakt aufzulösen
gedachten. Unter dem Druck der Ereignisse mußten sie aber improvisieren, und dadurch wurde ihr ursprünglicher Plan bis zu dem Punkt
aufgebläht, an dem sie plötzlich die Kontrolle über die ganze Situation
verloren. Und die daraus resultierende unbeabsichtigte Revolution stand
im Einklang mit ihrem ursprünglichen, aber langsamer vonstatten gehen-
den Gegenstück in der Sowjetunion selbst.[7]

Gorbatschows ursprünglicher Plan für Osteuropa war eine Neuausga-
be der sowjetischen Standard-Doktrin der getrennten Wege zum Sozialismus.[8] Das bedeutete, daß die sozialistischen Bruderländer aktiv ermutigt
werden sollten, »ihre eigene Perestroika zu machen«, zwar orientiert an
der sowjetischen Linie, aber doch mit einem großen Grad an Autonomie.
In den Jahren 1987 und 1988 wurde dieser Plan erweitert; maßgeblich
dafür war Gorbatschows und Jakowlews Ideologie eines modernisierten
Sozialismus, der auf »universale humanitäre Werte« und auf die Integration der sowjetischen Welt in ein »gemeinsames europäisches Haus«
gegründet sein sollte. In dieser neuen Perspektive sollten die Volksdemokratien die Rolle einer Brücke zwischen Rußland und dem Westen, dem
Sozialismus und dem Kapitalismus, spielen, als eine Art dritter Weg der
modernen Entwicklung. Diese Vorstellung bedeutete nicht, daß der Sozia-

lismus als höchster Wert verabschiedet worden wäre; die Absicht ging vielmehr dahin, das Kräftepotential des Sozialismus unter zeitgenössischen Bedingungen zur Entfaltung zu bringen. Allerdings wurde das ganze Programm, wenn man es denn so nennen kann, nicht sorgfältig genug entwickelt, und die treibende Kraft von Gorbatschows Politik lag zum größten Teil in praktischen politischen Belangen.

Diese Belange hatten mit den verschiedenen Wegen zu tun, die die Bruderländer *de facto* einschlugen, und wenn auch jedes sozialistische Land das Recht auf seinen eigenen Weg hatte, so waren doch in den Augen Moskaus einige Wege deutlich besser als andere. Für Gorbatschow waren Jaruzelskis Polen und Kádárs Ungarn grundsätzlich auf dem richtigen Gleis des Reformkommunismus. Jaruzelski hatte Moskau die Kosten und Lasten einer Intervention erspart, und als er die Solidarność erst einmal unterdrückt hatte, betrieb er seit 1984 eine Politik der Mäßigung: Er ließ seine politischen Gefangenen frei, vermied unnötige Konflikte mit der Kirche und strebte eine Liberalisierung der Wirtschaft an. Und Kádár hatte, auch wenn er nach dreißig Jahren an der Macht als Person erschöpft und ermüdet war, die liberalste sozialistische Wirtschaft überhaupt geschaffen, die der Perestroika sogar teilweise als Modell gedient hatte. Die übrigen Volksdemokratien dagegen, Ostdeutschland, die Tschechoslowakei, Rumänien und Bulgarien, erschienen Gorbatschow als eine Art »Viererbande«, stalinistisch-breshnewitische Regime, die Restrukturierung noch nötiger hatten als sein eigenes.

Im übrigen wiederholte sich die Spaltung der osteuropäischen Politik im Innern der Sowjetunion selbst, wo die Liberalen Polen und Ungarn favorisierten, die Konservativen dagegen die anderen Länder. Ostdeutschland und die Tschechoslowakei waren die großen ökonomischen Erfolgsstories des sozialistischen Lagers (Ostdeutschland wurde sogar im Westen als ökonomischer Welterfolg angesehen); beide Länder galten den sowjetischen Konservativen daher als Beweis dafür, daß die Perestroika überflüssig sei und das Land seine Krise überwinden könne, indem es sein traditionelles zentralistisches Management-Modell perfektionierte. Infolgedessen mußte Gorbatschow die widerspenstigen Vier noch dringender dazu anhalten, dieses Modell aufzugeben und zu »restrukturieren«. Die Unbesonnenheit seiner Osteuropapolitik erklärt sich zum großen Teil aus der Notwendigkeit, seinen Kritikern im eigenen Land eine Antwort zu geben, indem er die »Viererbande« diskreditierte und Polen und Ungarn immer kühnere Experimente gestattete.

Beide streitenden Moskauer Gruppen hatten überdies ihre Verbündeten in den Bruderparteien, und Gorbatschow dachte aktiv daran, die osteuropäische alte Garde durch seine eigenen, jüngeren Leute zu ersetzen. Die alte Garde ihrerseits hielt Gorbatschow für einen Abenteurer, der nicht lange an der Macht bleiben würde. Deswegen boykottierte sie seine Perestroika – Honecker und Husák gingen so weit, die russischen Publikationen in ihren Machtbezirken zu verbieten. Zur selben Zeit nahmen reformistische Elemente innerhalb der osteuropäischen Parteien ebenso wie Dissidenten, die das System ganz abschaffen wollten, die Sache der Perestroika und das Anliegen »Gorbis« auf, einige aus wirklicher Überzeugung, die meisten aber aus Opportunismus. Und alle warteten darauf zu sehen, ob Gorbatschow im Fall einer Krise seinem Wort treu bleiben oder ob er zur alten Moskauer Linie zurückkehren würde.

Sehr wahrscheinlich glaubte Gorbatschow bis 1989, es werde keine Krise geben, der Wandel in Osteuropa wie auch in Rußland werde sich auf kontrollierte Weise vollziehen, so daß harte Entscheidungen unnötig sein würden. In Wirklichkeit hatte er aber die Möglichkeit, Zwang auszuüben, eingebüßt, als er sich in der Außenpolitik zu seinem »neuen Denken« und dem Bekenntnis zu »universalen humanitären Werten« entschloß. Die Sympathie des Westens, die für den Aufschwung des russischen Systems unentbehrlich war, schloß jeden Rückgriff auf die Breshnew-Doktrin aus. Wie Adam Michnik in Polen es 1988 formulierte, war Gorbatschow »der Gefangene seiner außenpolitischen Erfolge«.[9] Zweitrangige russische Offizielle wie das Akademiemitglied Oleg Bogomolow oder der außenpolitische Sprecher Gennadi Gerassimow wiesen zwar darauf hin, daß die Breshnew-Doktrin veraltet sei. Diese Hinweise waren jedoch irreführend, denn sie wurde niemals offiziell abgeschafft. Und so entwickelte sich die Krise in Osteuropa nach den Jahren 1987 und 1988 aus dem Gegeneinander der verschiedenen Parteien, die versuchten, das Terrain für sich zu erobern.

Im Jahr 1986 hatte Gorbatschow begonnen, alle osteuropäischen Hauptstädte zu besuchen, um auf Veränderung zu drängen. Im Jahr 1987 wurde Husák in Prag als Erster Sekretär durch Milós Jakes ersetzt, ohne daß sich dadurch die Situation im mindesten änderte. Im Mai 1988 wurde Kádár

durch den schwerlich mutigeren Károly Grósz ersetzt, aber dieser Wandel
führte schließlich doch zu einer Entspannung der Situation in Ungarn.
Schon bald sah sich nämlich Grósz durch eine radikal reformistische
Gruppierung unter der Führung von Imre Pozsgay herausgefordert, und
Moskau – in außergewöhnlicher Sorglosigkeit – erlaubte der ungarischen
Reform die Radikalisierung. Zwischen Januar und Juni des folgenden
Jahres machte die ungarische Partei ein beispielloses Zugeständnis nach
dem anderen: Versammlungs- und Vereinigungsfreiheit wurden rechtlich
garantiert, die führende Rolle der Partei wurde aufgegeben, die Partei
nannte sich nicht mehr »kommunistisch«, sondern »sozialistisch«, die
»Mauer« aus Stacheldraht an der Grenze zu Österreich wurde niedergerissen, die Führer der Revolution von 1956 wurden rehabilitiert, und Grósz
wurde durch ein vierköpfiges Präsidium kontrolliert, in dem die radikalen Reformer den Ton angaben. All dies geschah in der Absicht, die Partei
zu modernisieren, und für die Bevölkerung akzeptabel zu machen. Es
geschah auch mit der Billigung oder zumindest nicht gegen den erklärten
Willen Moskaus, zweifellos deswegen, weil es als Beitrag zum Aufbau
eines »gemeinsamen europäischen Hauses« erschien. Und vom Sommer
1989 an schien diese Restrukturierung zu funktionieren wie geplant, ein
gelungenes Beispiel fortgeschrittener Perestroika.[10]

Der wichtigste Wandel in Osteuropa fand aber in Polen statt, denn dort
ging er nicht von der Partei aus, sondern von der Gesellschaft. Im Jahr
1988 führte der fortdauernde ökonomische Niedergang zu den ersten
Streiks seit 1980 und 1981. Obwohl Solidarność immer noch illegal war,
beteiligten sich ihre Mitglieder in vorderster Linie an diesen Aktionen.
Das Regime sah jetzt, daß es ohne die Kooperationsbereitschaft der
Solidarność mit der Wirtschaftskrise nicht fertig werden konnte, und die
Gewerkschaftsführung nutzte diesen Umstand, um der Partei die Beteiligung an der Macht abzuzwingen. Walesa setzte sein Prestige dafür ein,
die Arbeiter zur Beendigung des Streiks zu überreden, und im Gegenzug
mußte das Regime mit der Gewerkschaft am »runden Tisch« über einen
»Anti-Krisen-Pakt« verhandeln, auch wenn der radikale Flügel der Solidarność dies als einen Ausverkauf der Bewegung ansah. Gleichzeitig warf
die Zivilpartei den regierenden Generälen vor, sie würden das System
verraten, und Jaruzelski und seine engsten Mitarbeiter mußten mit Rücktritt drohen, um das Zentralkomitee zur Zustimmung zu bewegen. Zu
Beginn des Jahres 1989 war der Handel perfekt, und die Verhandlungen

am runden Tisch begannen unter der Schirmherrschaft der katholischen Kirche.[11]

Die Solidarność wurde legalisiert, und für Juni 1989 wurden Wahlen angesetzt. Zwei Drittel der Sitze im Sejm wurden für die Partei und ihre zwei langjährigen Satelliten, die Bauernpartei und die Demokraten, reserviert. Die Solidarność erhielt die Erlaubnis, Kandidaten für das restliche Drittel der Sitze zu nominieren. Ein Senat mit hundert Sitzen wurde neugeschaffen, und die Solidarność durfte sich um alle hundert Sitze bewerben. Jaruzelski sollte vom Sejm zum Präsidenten gewählt werden. Wirklich freie, demokratische Wahlen sollten dann vier Jahre später stattfinden. So wurde der Partei die Kontrolle über die Regierung bis zu diesem Zeitpunkt garantiert, und in der Zwischenzeit sollte die Solidarność die Arbeiter ruhig halten und ihren Teil an der Verantwortung für die Überwindung der Wirtschaftskrise und die damit unvermeidlich verbundenen Härten tragen. Dafür erhielt sie den Status einer anerkannten Opposition und die Möglichkeit, sich auf eine eventuelle Übernahme der Macht in vier Jahren vorzubereiten.

Aber nichts funktionierte wie geplant. Das Regime hatte geglaubt, die Wahlen ohne Mühe gewinnen zu können, weil es über eine Organisation verfügte und die Medien kontrollierte, während die Solidarność, gerade erst aus dem Untergrund gekommen, schwach organisiert war und nur eine einzige Zeitung besaß, die *Gaseta Wyborow* oder *Wahlzeitung,* die eigens zu diesem Zweck gegründet worden war. Als die Wahlergebnisse am 4. Juni bekannt wurden, zeigte sich jedoch, daß die Partei im ganzen Land deutlich an Macht verloren hatte. Die Solidarność hatte 99 der 100 Senatssitze gewonnen. Im Sejm besetzte sie die meisten der Sitze, für die sie Kandidaten hatte aufstellen dürfen. Darüber hinaus gelang es der Partei nicht, auch nur die Hälfte der für sie reservierten Sitze zu gewinnen, weil die Wähler die Namen der Kandidaten auf den Wahlzetteln durchstrichen und sie so um die erforderliche Mehrheit brachten. Die Partei erhielt ihre Stimmen nur durch Kopf-an-Kopf-Rennen, die die Solidarność ihr zu organisieren half. Nur 60 Prozent der Bevölkerung gingen zur Wahl. Die meisten Stimmenthaltungen verdankten sich der Weigerung des radikalen Flügels der Solidarność, sich an etwas zu beteiligen, was er für eine kommunistische Farce hielt.

Infolge dieser Mißhelligkeiten waren beide Seiten in einer verzwickten Lage. Das Regime hatte jeden Anschein von Legitimität verloren, und die

Solidarność konnte die Macht nicht übernehmen, weil sie darauf nicht vorbereitet war und weil Moskau dem ohne Zweifel Widerstand geleistet hätte. So gaben beide Seiten zunächst vor, sich an die Abmachungen des runden Tischs zu halten. Jaruzelski wurde zum Präsidenten gewählt, aber nur in einem einzigen Wahlgang und bei absichtlich falscher Auszählung der Stimmen. Trotzdem konnte der Sejm sich nicht entschließen, einen kommunistischen Premierminister zu unterstützen, und daraus resultierte ein Patt. Zwei Monate später gelang es dann Walesa, der Partei ihre zwei Satelliten abspenstig zu machen, deren Mitglieder den Verlust ihrer Positionen und Nebeneinkünfte fürchteten. Zusammen mit diesen Verbündeten verfügte die Solidarność jetzt über die Parlamentsmehrheit und schlug vor, die Regierungskrise auf der Basis einer Verteilung der Macht zu lösen: »Euer (kommunistischer) Präsident, unser (aus der Gewerkschaft kommender) Premierminister«.

Das aber war ein so gravierender Wandel, daß Moskau konsultiert werden mußte. Ende August telefonierte Gorbatschow mit dem neuen, zivilen Parteichef Polens und drängte ihn, die Koalition zu akzeptieren, oder deutete wenigstens an, daß Moskau nicht dagegen einschreiten würde. Dadurch wurde klar, daß die Breshnew-Doktrin jetzt wirklich (beinahe) tot war, und im September kam unter Tadeusz Mazowiecki, einem Anhänger der katholischen Soziallehre, die erste post-kommunistische Regierung überhaupt an die Macht, auch wenn eine kommunistische Minderheit immer noch die Schlüsselpositionen der Verteidigung und des Inneren kontrollierte. Die Moskauer Überlegungen gingen wahrscheinlich dahin, daß dies in Anbetracht der historischen Besonderheiten des Falls Polen der beste Weg war, die sowjetischen Interessen in diesem strategisch wichtigen Gebiet zu wahren, und daß selbst eine Koalition mit Nichtkommunisten unter diesen Umständen eine akzeptable Variante der Perestroika darstellte.

Aber natürlich bedeutete dieser Kompromiß ebensowenig das Ende der Entwicklung wie die Übereinkünfte vom runden Tisch. In politischer Hinsicht waren die Polen in den folgenden anderthalb Jahren ziemlich vorsichtig. Sie beseitigten die Geheimpolizei, die kommunistischen Minister, den Nomenklatura-Apparat und schließlich Jaruzelski selbst, aber nur Schritt für Schritt. Auf wirtschaftlichem Gebiet war die von der Solidarność geführte Regierung jedoch von Anfang an radikal. Auf Initiative des Finanzministers, Leszek Balcerowicz, setzte sie das erste Programm wirklichen ökonomischen Wandels in der kommunistischen Welt ins Werk. Es war ein klarer Bruch mit der sozialistischen Vergangenheit, eine Art »Schocktherapie« im Übergang zur Marktwirtschaft und zum Privateigentum, den beiden großen Tabus des Systems. So wurden wenigstens die ökonomischen Konsequenzen aus der Desintegration des Parteistaats gezogen, ein Vorgehen, das sicherlich nicht mit Moskau abgesprochen war, wo solche Ideen immer noch nicht offen diskutiert werden konnten. Im Herbst 1989 wurde das polnische Programm für eine Liberalisierung der Preise und eine Währungsreform ausgearbeitet, und am 1. Januar 1990 wurde es als eine Art »Knalleffekt« verkündet. Zusammen mit der Demontage des Parteistaats machte dieses Programm zum ersten Mal deutlich, was die »Überwindung des Kommunismus« konkret bedeutete, und das polnische Beispiel wurde zum Pilotprojekt für parallele Entwicklungen überall sonst.

Im folgenden Herbst war der nämliche Prozeß überall in Osteuropa in vollem Gang. Den nächsten Schritt machte Ungarn. Im September öffnete Budapest seine Grenze nach Österreich, eine Entscheidung, die den beabsichtigten Effekt hatte, Tausenden von ostdeutschen »Urlaubern« das Verlassen des Landes in Richtung Westdeutschland zu ermöglichen. Der erklärte Zweck dieser Maßnahme war, sowohl der ungarischen Bevölkerung als auch der westdeutschen Regierung, deren Hilfe Ungarn brauchte, zu zeigen, daß das Regime sich wirklich gewandelt hatte. Da das Vorgehen Ungarns aber eine klare Verletzung seines Vertrags mit Ostberlin darstellte, erhebt sich die Frage, ob dieser Schritt nicht auch durch Moskau nahegelegt worden war, in der Absicht, das ostdeutsche Regime zu unterminieren, das immer noch hartnäckig an der alten Linie festhielt. Auf jeden Fall strömten die Ostdeutschen jetzt auch in die westdeutschen Botschaften in Prag und in Warschau, und der anschließende Massen-Exodus stürzte ganz Ostdeutschland in eine schwere Krise und löste massive Demonstrationen für Reformen aus.

Zu diesem Zeitpunkt, am 7. September, traf Gorbatschow, der unermüdlich Reisende, in Ostberlin ein, um den 40. Gründungstag der DDR zu feiern. Er wurde von Sprechchören begrüßt, die »Gorbi, Gorbi!« und »Freiheit, Freiheit!« intonierten. Seine einzige öffentliche kritische Bemerkung gegenüber Honecker war der Satz: »Wer zu spät kommt, den bestraft das Leben.« Aber es ist klar, daß er eine Zeit lang wünschte, den Ersten Sekretär Ostdeutschlands durch einen der lokalen Reformkandidaten zu ersetzen, die in den Kulissen auf ihre Stunde warteten. Diese Stunde kam am 16. Oktober, als Honecker den Befehl zur Gewaltanwendung gegen 150 000 Demonstranten in Leipzig gab. Honeckers Abgesandter, Egon Krenz, verweigerte die Ausführung dieses Befehls, und zwei Tage später stieg er selbst in die Position des obersten Parteichefs auf. Unter diesen bedrohlichen Umständen machten Krenz und sein neuer Premierminister, Hans Modrow, einen eigenen Versuch der Perestroika. Sie verfügten dabei über die Unterstützung des *Neuen Forums,* dessen Mitglieder zum größeren Teil nur eine Reform des Sozialismus anstrebten, nicht aber die vollständige Aufgabe des Kommunismus. Diese verspätete Anstrengung erlitt jedoch einen kläglichen Fehlschlag, denn nach dem 16. Oktober war klar, daß weder Berlin noch Moskau Gewalt gegen die Bevölkerung anwenden würden, und ohne Gewalt verweigerte die Bevölkerung den Gehorsam. Als darum in einer weiteren Geste der Versöhnung das Regime am 9. November die Mauer öffnete, um freien Übergang in den Westen zu gewähren, antworteten die Berliner damit, daß sie das ganze Bauwerk einfach einrissen. Das war das Ende des Regimes: Die reformkommunistische Regierung machte einer Koalition Platz; als schließlich Wahlen abgehalten wurden, verlor die Partei, und bald darauf verschwand ihr ganzer Staat.

Die Erschütterung der ostdeutschen Revolution besiegelte das Schicksal des Kommunismus auch in den übrigen Blockstaaten. Die ungarischen Kommunisten erhielten die Quittung für ihre frühere Kühnheit, als sie im Oktober 1989 zugunsten eines »demokratischen Sozialismus« auf den Leninismus verzichteten. Sie behielten also das Attribut »sozialistisch« bei und votierten für eine Übernahme aller Altmitglieder in die neue Partei. Damit hatten sie sich jedoch übernommen, denn nur 30 090 der insgesamt 700 000 Parteimitglieder waren an der Übernahme interessiert, und die Partei mußte für das folgende Jahr Wahlen akzeptieren, die sie mit Sicherheit verlieren würde. Im November nahmen die Tschechoslowaken, deren Führer seit August von Moskau vergebens zum Richtungswechsel gedrängt wurden, die Sache schließlich in ihre eigenen Hände. Sie hatten miterlebt, mit welcher Leichtigkeit das ostdeutsche Regime liquidiert worden war, und beseitigten ihren eigenen Partei-Staat jetzt noch müheloser in einer »samtenen Revolution«.

So blieben nur noch die *Hardcore*-Regime auf dem Balkan übrig. Im November wurde Shiwkow in Bulgarien abgelöst, und zwar im Verlauf

einer von den Sowjets gesteuerten Palastrevolution. Daran schloß sich
der übliche Weg von einer reformkommunistischen Regierung über eine
Koalition bis hin zu Wahlen an, die die Kommunisten in diesem Fall beim
ersten Durchgang gewannen, allerdings nur, um sie wenig später doch
noch zu verlieren. In Rumänien erlitt das übelste Regime der Region im
Dezember auch das übelste Schicksal, eine gewaltsame Revolution, die
gleichzeitig das größte Rätsel unter den osteuropäischen Erhebungen
darstellt. In Rumänien waren es nämlich aller Wahrscheinlichkeit nach
die Loyalisten der Partei, die die Revolution anzettelten. Sie hatten im
ungarischen Fernsehen die Ereignisse in den Nachbarländern verfolgen
können und wollten Ceauşescu hauptsächlich in der Absicht loswerden,
so viel wie möglich von ihren Positionen zu retten. Denkbar ist auch, daß
sie in diesem Bestreben von Moskau ermutigt wurden, denn es ist
wohlbekannt, daß Gorbatschow eine extreme Abneigung gegen Ceauşescu und seinen äußerst reformfeindlichen Sozialismus hegte. Da alle
anderen kommunistischen Regime der Region inzwischen zusammengebrochen waren, konnte jedenfalls dieses schlimmste Beispiel von allen
kaum hoffen, noch lange überleben zu können.[12]
   Selbst kommunistische Regime außerhalb des unmittelbaren sowjetischen Machtbereichs wurden von diesem Debakel unterminiert. Auch
Jugoslawien, das erste reformkommunistische Regime überhaupt, begann
zu zerfallen. Nach Titos Tod im Jahr 1980 hatte das revidierte System, das
er hinterlassen hatte, zunächst noch ein weiteres Jahrzehnt einigermaßen
gut zusammengehalten. Im Jahr 1990 jedoch, im unmittelbaren Vorfeld
des Zusammenbruchs der Regime im sowjetischen Teil Osteuropas, waren auch hier plötzlich und ohne jede innerjugoslawische Krise dieselben
post-kommunistischen Forderungen an der Tagesordnung wie überall
sonst: Demokratie, Marktwirtschaft und Privatisierung. Aber in Jugoslawien waren die Folgen gravierender als anderswo, und der Nationalismus als solcher war nur ein Teil des Problems. Entscheidend war vielmehr die Ausbeutung des serbischen Nationalismus durch den sterbenden Parteistaat und seine Armee, die dadurch ihre Positionen zu retten
suchten, wo sie nur konnten. Das Ergebnis war eine Art Nationalbolsche-
wismus, um einen Ausdruck zu gebrauchen, der im Deutschland der
zwanziger Jahre geläufig war; es gab aber durchaus auch Parallelen zu
Rumänien in der Zeit nach Ceauşescus Sturz und zu einigen der eher
rückständigen ehemals sowjetischen Republiken. Schließlich brach auch

das Regime im kleinen Albanien zusammen, aus keinem anderen Grund als dem, daß das Modell, nach dem es geformt war, nicht mehr existierte.

Der irritierendste Aspekt dieser großen Implosion ist aber ihre Beziehung zum Vorbild Moskau. Moskau hatte alle seine Satelliten auf die eine oder andere Weise deutlich zu Reformen gedrängt, aber ebenso deutlich hatte es die Ereignisse, die dann eintraten, nicht beabsichtigt. Und sogar als das Außenreich bereits im Begriff war, zusammenzubrechen, machte Gorbatschow sich immer noch nicht klar, was vorging. Noch zum Zeitpunkt der deutschen Oktoberrevolution sahen er und solche »kleinen Gorbatschows« wie Pozsgay und Krenz die Entwicklung als Voranschreiten der Perestroika an, und sogar die Eliminierung Ceaușescus wurde als Sieg für den Reformkommunismus begrüßt. Auch die verschiedenen Oppositionsbewegungen, von der Solidarność bis hin zum tschechischen Bürgerforum, fragten sich noch bis weit in den Herbst hinein voll Sorge, ob sie nicht die »rote Gefahrenlinie« überschritten hätten. Erst zu Beginn des neuen Jahres setzte sich auf beiden Seiten der Barrikaden die Einsicht durch, daß sich das Gleichgewicht der Kräfte erdrutschartig verschoben hatte; aber zu diesem Zeitpunkt war es für Moskau längst zu spät, irgend etwas daran zu ändern.

Tatsächlich hatte es schon das ganze Jahr 1989 hindurch für die Sowjetunion keine Möglichkeit mehr gegeben, die Entwicklung aufzuhalten. Wie wir weiter oben gesehen haben, war Moskau bereits unfähig gewesen, die öffentliche Ordnung im Kaukasus aufrechtzuerhalten, und so war es auch nicht weiter verwunderlich, daß eine Intervention in den beiden entscheidenden Ländern, Polen und Ostdeutschland, militärisch wie ökonomisch außerhalb der sowjetischen Möglichkeiten lag – und das, obwohl Truppen in der Stärke von 300 000 Mann bereitstanden. Diese Truppen waren nämlich durch die Perestroika demoralisiert; Rekruten weigerten sich, sich zum Dienst zu melden, und die Finanzmittel waren knapp. Politisch und psychologisch war eine Intervention um so weniger geraten, als sie den inzwischen unverzichtbaren Westen abgeschreckt und seine Unterstützung für die Perestroika zerstört haben würde. Das hätte Gorbatschow den nicht gerade sanften Methoden seines Militärs und der Konservativen ausgeliefert. So »befreite« Gorbatschow Osteuropa, weil er nicht wußte, was er tat, und weil er keine Möglichkeit hatte, etwas anderes zu tun.

Seine ganze Politik basierte auf dem Irrglauben, die Osteuropäer würden einen von Grund auf reformierten Sozialismus, wenn er ihnen angeboten würde, freudig begrüßen, und es gäbe dort draußen, außerhalb von Rußland, viele kleine Gorbatschows, die nur auf diese Gelegenheit warteten. Er unterschätzte den Abscheu vor dem Kommunismus und die Macht des Nationalgefühls im Außenreich wie auch im Innenreich jämmerlich. Nachdem seine Kalkulationen einmal fehlgeschlagen waren, versuchte er jedoch nach Möglichkeit, gute Miene zum bösen Spiel zu machen. Er versuchte, sich der Herausforderung anzupassen und sie, so gut es ging, nach seinem Willen umzugestalten, indem er sich als Befreier hinstellte. Auf diese Weise wollte er die Sache der Perestroika im eigenen Land retten und sich die Wertschätzung des Westens erhalten.

Das System löst sich auf: 1990

Im Jahr 1990 kam der Bumerang der Befreiung Osteuropas zurück über die sowjetische Grenze und bewirkte hier eine Verschärfung der sich jetzt sehr rasch entwickelnden inneren Krise. Diese Krise nahte auf vier miteinander verbundenen Ebenen: Erstens bewirkte die Tendenz zur Souveränität der Republiken eine Desintegration der Union. Zweitens münden die ökonomische Reformbewegung in den wirtschaftlichen Zusammenbruch. Drittens verkehrte sich die sowjetische Demokratisierung in eine Demontage der sowjetischen Macht, und viertens begann der russische Präsident Boris Jelzin, Gorbatschow in den Schatten zu stellen.

Die Struktur der Ereignisse in den letzten zwei Jahren des Regimes kann folgendermaßen zusammengefaßt werden: In den ersten neun Monaten des Jahres 1990 driftete das Land unter dem Antrieb dieser vier Kräfte nach links. Im Frühherbst sah es so aus, als ob der »Übergang zu Marktwirtschaft und Demokratie«, wie die Reformer jetzt sagten, unmittelbar bevorstünde und als ob Gorbatschow ihn akzeptieren würde. Im September erfolgte jedoch die unvermeidliche Reaktion auf die Drohung eines so grundlegenden Wandels; Gorbatschow wechselte die Seite, und während des folgenden Winters und Frühjahrs verstärkte sich der konservative Trend. Das wiederum provozierte eine Mobilisierung der »Demokraten«, die im Juli 1991 zur Wahl Jelzins zum Präsidenten führte. In einer verzweifelten Anstrengung, diese neue Bedrohung von links abzu-

wenden, inszenierte die alte Garde schließlich einen Putsch, nominell
gegen Gorbatschow, in Wirklichkeit aber gegen Jelzin und die radikalen
Kräfte, die er repräsentierte. Das lächerliche Scheitern dieses Putschversuchs machte deutlich, daß das System inzwischen zu sehr geschwächt
war, um noch Zwang auszuüben oder auch nur um sein Überleben zu
kämpfen. Und so brach die ganze Struktur schlicht und ergreifend
zusammen: die Partei im August, die Union im Dezember.

Der erste offene Schritt in diese Richtung geschah in Litauen zu
Beginn des Jahres 1990. Schon im Dezember 1989 hatte sich die Kommunistische Partei Litauens von der sowjetischen Partei abgespalten, da sie
sonst jede Unterstützung innerhalb der Republik verloren hätte. Das war
trotz allem eine unerhörte Aktion, denn die monolithische Natur der
Partei war nicht nur die Garantie für ihr Machtmonopol, sondern auch
das einzige wirkliche Band, das die Union zusammenhielt. Dementsprechend entschied sich Gorbatschow jetzt, den baltischen Staaten zu verweigern, was er in Osteuropa gerade zugestanden hatte, und im Januar
traf er zu Gesprächen mit der litauischen Führung in Vilnius ein. Dort
strömten 250 000 Menschen aus der ganzen Republik zusammen, um für
die Unabhängigkeit des Landes zu demonstrieren. Drei Tage lang konnte
man im sowjetischen Fernsehen verfolgen, wie Gorbatschow die Massen
zu überzeugen versuchte. Es liege im eigenen Interesse der winzigen
Republik, argumentierte er, den sowjetischen Wirtschaftsverband nicht zu
verlassen – ein pragmatisches Argument, das niemanden überzeugte.

Die Litauer übten weiter Druck aus, und im Februar gewann *Sajudis*
die lokalen Sowjet-Wahlen mühelos; der neue Oberste Sowjet oder *Sejm*
wählte den Führer von *Sajudis*, Vitautas Landsbergis, zum Präsidenten
und erklärte am 11. März das Land für unabhängig. Moskau ließ zwar
drohend einige Panzerfahrzeuge um Vilnius auffahren, wagte aber nicht,
Gewalt anzuwenden wie im Kaukasus, sondern verhängte statt dessen
eine Wirtschaftsblockade. So zogen sich die Dinge hin bis in den Sommer.
Da die sowjetische Verfassung das Recht zur Abspaltung nominell zugestand, veranlaßte Gorbatschow den Obersten Sowjet in der Zwischenzeit,
ein Gesetz zu verabschieden, das ein komplexes fünfjähriges Verfahren
für die Ausübung dieses Rechts vorsah, wodurch dieses Recht *de facto*
annulliert wurde.

Daß ein solcher legalistischer Obstruktionismus inzwischen hoffnungslos veraltet war, zeigte sich noch unübersehbarer in Aserbaidshan,

und zwar ebenfalls im Januar 1989. Tausende von Aserbaidshanern demonstrierten an der Grenze zum Iran und errichteten dort Barrikaden. In Baku brachen von der Volksfront geführte Aufstände aus. Moskau stellte Truppen auf, um die Ordnung wiederherzustellen, zog sie aber wieder zurück, damit die Situation sich weiter verschlechterte. Wahrscheinlich war der KGB an der Organisation weiterer Gewalttaten beteiligt, die einen Vorwand für die Niederschlagung der Volksfront liefern sollten, und vermutlich waren auch die höchsten Moskauer Kreise in das Komplott verwickelt.[13] Am 15. Januar wurde Baku von der Volksfront zurückerobert – die militärische Aktion kostete mindestens 60 Menschenleben. Dies war der zweite blutige Zwischenfall der Perestroika-Jahre. Es war auch das Ende jeder Möglichkeit, Aserbaidshan in der Union zu halten. Auch in Moldawien zeigten sich jetzt erstmals Mißhelligkeiten, als Menschenmassen für die Wiedervereinigung mit Rumänien demonstrierten. Vor dem Sturz Ceauşescus im Monat zuvor wäre das noch undenkbar gewesen.

Überall an den Grenzen des europäischen Teils der Union zeigte sich jetzt, daß die Vorstellung von der Existenz eines neuen »sowjetischen Volks« eine pure Illusion war. Der Prozeß, der mit den Unruhen in Karabach im Februar begonnen hatte, wurde durch den Abfall Litauens 1988 und die Unterdrückung Bakus im Januar 1990 vollendet. Gorbatschows Bemühen um die Quadratur des Kreises, die Versöhnung der widerstreitenden Ansprüche »eines starken Zentrums *und* starker Republiken«, wie er es ausdrückte, war gescheitert.

Die unmittelbare Auswirkung dieser Verluste an den Grenzen bestand in einer politischen Krise im Zentrum, an der Spitze des Systems. Als deutlich wurde, daß die Revolution in Osteuropa nicht an der Grenze haltmachen würde, war Gorbatschows Position zum ersten Mal ernsthaft bedroht. Auf einem Plenum des Zentralkomitees im Januar ergoß sich über ihn wegen der jüngsten Katastrophen ein solcher Strom von Kritik, daß seine Position an einem seidenen Faden hing. Mitten während des Plenums wurde er mit einer Art Ultimatum nach Vilnius geschickt, um den dortigen Abfall zu stoppen oder einem anderen Platz zu machen, der gewillt wäre, stärkere Mittel anzuwenden. Wie es scheint, verdankte er sein politisches Überleben nur einem Rücktrittsangebot, von dem er hoffen konnte, daß es inmitten einer so gefährlichen Krise nicht akzeptiert werden würde. Aber was sich auch bei diesem immer noch etwas rätselhaften Treffen im einzelnen zugetragen haben mag; es ist klar, daß der ganze Kurs der Perestroika im Februar neu überdacht wurde.[14]

Als erstes wurde die führende Rolle der Partei aufgegeben. Was Gorbatschow unnachgiebig das ganze Jahr 1989 hindurch verweigert hatte, versuchte er jetzt, auf einem neuerlichen Plenum im Februar, einem widerstrebenden Zentralkomitee aufzuzwingen. In Anbetracht der überall in der Union aufsprießenden Volksfronten war die führende Rolle der Partei *de facto* bereits eine Fiktion, und die osteuropäischen Parteien, die ihre hegemonialen Ansprüche schon längst zugunsten einer bloßen Beteiligung an der Macht in Form von Koalitionen aufgegeben hatten, ließen den Artikel 6 der sowjetischen Verfassung vollends als einen peinlichen Anachronismus erscheinen. Es war also an der Zeit, das System weiter zu modernisieren und die Kommandomethoden der Vergangenheit zugunsten eines »humanen, demokratischen Sozialismus«, wie Gorbatschows neuer Slogan lautete, aufzugeben. Das bedeutete konkret, noch mehr ideologischen Ballast über Bord zu werfen, um die praktischen Positionen der Partei zu retten; denn ihre führende Rolle zugunsten eines Mehrparteiensystems aufzugeben ermöglichte es immerhin, *die* Partei mit ihrem erdrückenden Übergewicht an institutioneller Macht zu erhalten. Außerdem stand diese Veränderung in Übereinstimmung mit Gorbatschows Politik, der Partei die unmittelbare Kontrolle der öffentlichen Angelegenheiten aus der Hand zu nehmen und sie dadurch selbst zu erneuern. Trotzdem hatte Gorbatschow zu Beginn der Perestroika an eine so durchgreifende Veränderung, wie sie sich jetzt vollzog, nicht im Traum gedacht. Was er jetzt tat, war improvisiert und geschah in dem Versuch, auf die Unwägbarkeiten der Krise zu antworten.

Gegen Ende Februar oder Anfang März akkumulierten sich diese Unwägbarkeiten für das Regime. Bei den lang erwarteten Wahlen zu den lokalen und regionalen Sowjets gelang den Liberalen, die sich jetzt »Demokraten« nannten, der Durchbruch zur Beteiligung an der Macht, auf den sie seit dem Kongreß der Volksdeputierten im Jahr zuvor hingearbeitet hatten. Zu Beginn des Jahres hatten sich die Interregionale Gruppe, die Volksfronten und verschiedene »Informelle« zusammengeschlossen, um gemeinsam das »Demokratische Rußland« zu bilden. Es handelte sich dabei nicht um eine Partei, sondern um eine breite »Bewegung«, deren Ziel es war, die Wahlkampagnen sämtlicher Oppositionsparteien zu organisieren und dann auf der Basis der neuen Sowjets nach und nach die Macht von der Partei auf die Gesellschaft zu übertragen. Kurz gesagt, sie war darauf aus, den »Totalitarismus« zu beseitigen, wie die Demokraten das System jetzt offen bezeichneten. Sajudis und die anderen nationalen Volksfronten hatten dasselbe Ziel und wollten zusätzlich noch die Unabhängigkeit erreichen.

Sogar in der Zeit von glasnost konnten aber solche Ziele nicht offen im Fernsehen ausgesprochen werden oder in der Presse erscheinen, die immer noch der Partei gehörte und also der Zensur unterlag. Trotzdem wußte jedermann, worum es bei den Wahlen ging, und sowohl die Partei als auch die Demokraten waren auf deren Ausgang äußerst gespannt. Gerüchte über ein geplantes hartes Durchgreifen der Partei wurden laut, und so organisierten die »Demokraten« die ersten Straßendemonstrationen in der zentralrussischen Republik. Am 4. Februar marschierten annähernd 300 000 Menschen vor dem Kreml auf, um das Zentralkomitee unter Druck zu setzen, das gerade über den Artikel 6 debattierte. Afanasjew wandte sich an das Zentralkomitee mit dem Ruf nach einer neuen »Februarrevolution«, worunter er eine friedliche Rückkehr von den leninistischen Prinzipien der Oktoberrevolution zu den konstitutionellen Prinzipien vom Februar verstand. Kühnere unter den Versammelten entfalteten Transparente, auf denen die Apparatschiks die Warnung »Erinnert euch an Rumänien!« lesen konnten. So stieg die Spannung kontinuierlich an. Für den 25. Februar riefen die Liberalen zu weiteren Massendemonstrationen auf. Einige ihrer Führer äußerten dabei die Forderung, das Regime möge nach polnischem Vorbild Verhandlungen am »runden Tisch« mit ihnen aufnehmen und sie an der Macht beteiligen. Aber diesmal fühlte sich Gorbatschow selbst bedroht, denn diese neue Demonstration richtete sich auch gegen seine eigenen Pläne für eine Stärkung der Position des Präsidenten. Die Autoritäten versuchten daher, die Bevölkerung durch im Fernsehen übertragene Warnungen vor »Provokationen« abzuschrecken, und tatsächlich versammelten sich am 2. März weit weniger Menschen auf den Straßen.

Trotzdem errangen die Demokraten ein paar Tage später klare Mehrheiten in Moskau, Leningrad, Swerdlowsk und den anderen größeren Städten der russischen Föderation. Die politische Stellung des Parteiapparats war in allen diesen Zentren verloren, obwohl sie in den Provinzen nach wie vor im wesentlichen erhalten blieb. Noch größer war der Sieg der baltischen Volksfronten, besonders der von Sajudis, und dieser Wahlerfolg wurde zur Basis der litauischen Unabhängigkeitserklärung. Die Nationalisten im Kaukasus erreichten vergleichbare Resultate; auch die Organisation Ruch in der Ukraine schnitt nicht schlecht ab, obwohl hier die Partei die stärkste Kraft blieb.

Bei den ersten Wahlen von 1989 auf Unionsebene hatte die liberale Opposition eine öffentliche Plattform und eine Minderheitsfraktion im Parlament gewonnen. Bei den zweiten Wahlen von 1990 auf Kommunalebene gewann sie eine institutionelle Basis für ihr politisches Handeln. Insgesamt war ungefähr ein Drittel der Union in die Hände derer übergegangen, die über Gorbatschows Politik der Restrukturierung des alten Systems hinausgegangen waren und die eine Politik der Demontage zugunsten eines neuen Systems betrieben. Popow wurde Bürgermeister von Moskau und Anatoli Sobtschak Bürgermeister von Leningrad. Jelzin erlebte einen neuen Triumph, als er mit einer Mehrheit von 80 Prozent aller Stimmen zum Abgeordneten des russischen Obersten Sowjet von Swerdlowsk gewählt wurde. Und überall, wo die Demokraten an die Macht kamen, begannen sie ein Tauziehen mit dem Apparat um die Kontrolle über das Verwaltungspersonal, kommunalen und Parteibesitz, Steuereinkünfte, Presse und Fernsehen.

Diese Veränderungen bedeuteten auch einen Wandel der Politik an der Spitze. Mitte März gab der Kongreß der Volksdeputierten Gorbatschows neuer Politik der Legalisierung politischer Parteien seine Zustimmung und schuf gleichzeitig das Amt des Regierungspräsidenten. Dieses Amt war mit mehr Macht ausgestattet als das existierende des Kongreßvorsitzenden und sollte Gorbatschow eine vermeintlich demokratische Legitimität verleihen, als Gegengewicht zu den immer stärker werdenden Oppositionskräften in den Sowjets. Gleichzeitig sollte es sein internationales Ansehen steigern, indem es ihn scheinbar auf eine Stufe mit Staatsoberhäuptern wie George Bush und François Mitterrand stellte. Schließlich sollte es ihm eine Machtbasis verschaffen, die ihn vom ewig widerspenstigen Zentralkomitee ebenso unabhängig machte wie vom nächsten Parteikongreß, der inzwischen auf Ende Juni verschoben worden war — nur für den Fall, daß es eine ähnliche Herausforderung geben sollte wie im Januar oder Ereignisse von der Art, die zum Sturz Chruschtschows geführt hatten.

Das einzige Problem bestand darin, wie die Präsidentschaftswahl organisiert werden konnte. Die Liberalen befürworteten Direktwahlen durch das Volk, und viele Kommentatoren meinten später, es sei ein Fehler Gorbatschows gewesen, daß er diesen Weg nicht eingeschlagen habe. Damals war er noch relativ populär, und eine direkte Wahl durch das Volk – wenn auch ohne Gegenkandidaten – hätte ihm eine unangreifbare Legitimitätsbasis verschafft. Das jedoch ist keineswegs gesichert. Die Neigung der Wähler, Parteifunktionäre ohne Gegenkandidaten abzulehnen, die sich schon bei den Wahlen von 1989 gezeigt hatte, hätte leicht zu einem peinlich knappen Ergebnis, wenn nicht zu Schlimmerem, führen können. Im Jahr 1990 war eine Direktwahl ohne Gegenkandidaten deutlich ein Risiko, das Gorbatschow nicht eingehen konnte, auch wenn Meinungsumfragen ergaben, daß 84 Prozent aller Wähler Direktwahlen befürworteten. So machten Gorbatschows Anhänger das Gegenargument geltend, das Land stecke zu tief in der Krise, als daß man warten könne, bis es eine Exekutive habe. Gorbatschow schlug also den sicheren Weg einer Wahl ohne Gegenkandidaten durch den sowjetischen Kongreß ein, aber er bekam die notwendige Zweidrittelmehrheit nur knapp mit einem Überschuß von 49 Stimmen. Im übrigen muß man sagen, daß seine neue Würde ohnehin im Ausland ernster genommen wurde als zu Hause.

Denn schon kamen neue Herausforderungen von seiten der frisch gestärkten Demokraten auf ihn zu. Am 1. Mai genehmigte Bürgermeister Popow eine spontane Demonstration als Teil der Parade auf dem Roten Platz, und Gorbatschow wurde durch Zwischenrufe von seinem Platz auf der Zuschauertribüne über dem Leninmausoleum vertrieben. Weit ernster war jedoch, daß Jelzin dem Beispiel seines Rivalen folgte und beim neuen Obersten Sowjet der russischen Föderation seine Kandidatur für das Amt des »Vorsitzenden« des Präsidiums anmeldete, was de facto ließ, daß er für das Amt des Präsidenten der Republik kandidierte. Mit richtigem Gespür für die Gefahr setzte Gorbatschow sein ganzes Ansehen ein und stellte sich Jelzin vor dem russischen Parlament entgegen. Diese Körperschaft war im Februar gleichzeitig mit den kommunalen Sowjets gewählt worden, und sie war entschieden konservativer als die neuen Regierungen der großen Städte: Sie bestand nur aus einer Minderheit von Demokraten, aus einem guten Teil konservativer Provinzpolitiker und Apparatschiks und im übrigen aus einer großen Masse von Mitläufern. Das Ergebnis der Wahl Ende Mai war entsprechend knapp: Jelzin gewann erst beim dritten Durchgang, und auch das nur mit vier Stimmen Vorsprung.

Trotzdem hatte Jelzin die Wahl gegen Gorbatschows offenen Widerstand gewonnen, und das machte ihn zum potentiell gleichrangigen Führer der Nation: Zusätzlich zu seinem ohnehin einzigartigen Status als populärstem Politiker des Landes hatte er eine wichtige institutionelle Machtbasis errungen. Ausgehend von dieser Machtbasis nahm er sich jetzt die Litauer zum Vorbild und überredete am 8. Juni das Parlament, einer Russischen Unabhängigkeitserklärung zuzustimmen, um damit die Macht vom Zentrum auf seine Republik und auf alle anderen Republiken zu übertragen. Jetzt war der Bumerang endgültig zurückgekommen, denn mit Rußland im Zustand einer halben Sezession war die ganze Union auf fatale Weise unterminiert. In den folgenden Wochen verabschiedeten alle anderen Republiken ähnliche Erklärungen und veranstalteten damit, was erschreckte Apparatschiks eine »Parade der Souveränitäten« nannten. Und sie hatten guten Grund, erschreckt zu sein, denn die Souveränitätsbewegung führte augenblicklich zu einem »Krieg der Gesetze«, weil alle Republiken das Recht beanspruchten, die sowjetischen Gesetze durch ihre eigenen zu annullieren. Der Einsatz war derselbe wie bei den lokalen Auseinandersetzungen, die im Frühjahr zwischen den Sowjets und dem Apparat entbrannt waren: Kontrolle über das Eigentum, die Bodenschätze, die Steuereinkünfte und die Verwaltungsgerichtsbarkeit. Gegen Ende des Sommers waren alle alten Strukturen in Auflösung begriffen; die Demokraten kämpften gegen die Apparatschiks und das Zentrum gegen die Republiken um den Besitz der Trümmer.

Inmitten dieses Auflösungsprozesses – den Louis XV. eine Sintflut genannt haben würde – errang Gorbatschow auf dem 28. Parteikongreß Anfang Juli seinen letzten politischen Sieg. Der Zweck des Kongresses war jene schwer zu fassende Reform des Apparats, die Gorbatschow seit seiner Machtübernahme angestrebt hatte und die jetzt dringender geboten schien als je, weil die Partei ihre führende Rolle verloren hatte und zudem die Konkurrenz mit den wiederbelebten Sowjets bestehen mußte. Die Wahlen sollten auf die neue, demokratische Weise durchgeführt werden, aber Gorbatschow, der irrtümlich annahm, die Basis würde ihm in seiner Politik gegen den Apparat folgen, intervenierte nicht nachdrücklich genug, und so gelang es schließlich den Apparatschiks, die Mehrzahl der Delegierten hinter sich zu versammeln. Jetzt sah sich Gorbatschow von beiden Seiten bedroht: von links durch die demokratischen Sowjets und von rechts durch einen radikal konservativen Kongreß.

Diese neue Bedrohung nahm im Juni die Form der Gründung einer russischen kommunistischen Partei an. Als einzige von allen Republiken hatte Rußland niemals eine Partei für sich gehabt, weil eine solche Organisation durch ihre enorme Größe automatisch zur Rivalin der Zentralpartei geworden wäre. Diese Einschränkung war schon seit Jahren Anlaß zu unterdrücktem Mißmut, und das um so mehr, als die angeblich führende Nation auch auf alle anderen Attribute der »Souveränität« verzichten mußte, die den weniger bedeutenden Mitgliedern der Union selbstverständlich zugestanden wurden – so besaß Rußland z. B. keine eigene Akademie der Wissenschaften. Auch der Lebensstandard war in Rußland niedriger als in den Randrepubliken, was zum Teil durch die nördliche Lage und den ertragsärmeren Boden bedingt war, zum Teil aber auch durch die schlechte Organisation des Versorgungssystems. Diese Beschwerden griffen die russischen Kongreßdelegierten jetzt auf, um eine eigene Partei zu gründen, und Gorbatschow unterstützte diese Initiative, weil eine solche Partei ein Gegengewicht gegen Jelzins russisches Parlament darstellen konnte. Die neue russische Partei erwies sich aber als radikal konservativ und wählte einen Erzfeind der Perestroika, Iwan Polozkow, zu ihrem Ersten Sekretär. Und da diese Delegierten ungefähr die Hälfte des Kongresses bildeten, mußte Gorbatschow fürchten, bei dessen nächstem Zusammentreten in Gefahr zu sein.

Was dann tatsächlich stattfand, war jedoch ein erneuter virtuoser Auftritt Gorbatschows, dem es wieder einmal gelang, Rechts und Links gegeneinander auszubalancieren, indem er die Angst jeder Seite vor der jeweils anderen dazu benutzte, sich selbst als für beide Seiten unentbehrlich darzustellen. So wurde er beinahe einstimmig als Generalsekretär im Amt bestätigt. Erneut predigte er diesem Kongreß der Apparatschiks die Notwendigkeit von Reformen, wenn sie die Führungsposition der Partei erhalten wollten. Gleichzeitig unterstrich er seinen eigenen Reformwillen, um die Demokraten in der Partei zu halten oder zumindest im Umkreis seiner persönlichen Führung als Präsident. »Konsolidierung« der Einheit lautete sein Schlagwort, und mit diesem Thema brachte er den konservativen Kongreß dazu, ihm in geheimer Abstimmung drei Viertel aller Stimmen zu geben. Die Apparatschiks fürchteten nämlich nichts mehr als eine Spaltung, die die Partei und damit auch ihre eigenen Positionen zerstören würde.

Zur selben Zeit wurde das alte Politbüro durch eine erweiterte Körperschaft ersetzt, der die Ersten Sekretäre aller 15 Republiken angehörten – ein ungeschicktes Arrangement, dessen Zweck es war, Gorbatschow die ungeteilte Macht in der Partei zu sichern. Das Sekretariat, das schon im Jahr 1988 an Umfang verloren hatte, wurde jetzt noch einmal verkleinert und magerte sozusagen bis auf die Knochen ab. Durch diese beiden Maßnahmen wurden die zentralen, von Stalin geschmiedeten Institutionen der Parteiherrschaft endgültig zerstört. An ihrer Stelle regierte jetzt der Präsident und Generalsekretär mit einer Art »persönlichem Politbüro«, das Präsidentschaftsrat genannt wurde. Dieser Rat wurde im März gegründet, und Gorbatschow verpflichtete dafür eine inhomogene Gruppe von Politikern aus beiden Lagern. Sein zweites Regierungsinstrument war ein Föderationsrat, der aus den Präsidenten der jetzt unabhängigen Republiken bestand. Diese improvisierten Körperschaften stellten aber weniger eine Regierung dar als vielmehr den permanenten Balanceakt eines inzwischen isolierten Führers inmitten einer stetig anschwellenden Sintflut. Denn dieser Kongreß der letzten Gelegenheit erwies sich schließlich als der letzte Kongreß überhaupt – er begann bereits auszubluten, als er gerade erst gegründet war.

Der Abfall der Parteimitglieder begann mit dem russischen Parteikongreß, dessen radikal orthodoxer Kurs die reformwilligen Mitglieder davon überzeugte, daß sie nur noch die Wahl hatten, ihn zu verlassen. Der Höhepunkt war erreicht, als Jelzin auf dem Unionskongreß vor laufenden Fernsehkameras seinen Rücktritt erklärte und den Saal verließ. Zuvor hatte er die Partei noch gewarnt, sie werde ihren Besitz und ihre Prärogative verlieren und vielleicht sogar wegen ihrer Missetaten gerichtlich belangt werden, wenn sie den Reformwillen des Volks ignoriere. Der Vorwand für seinen Rücktritt war, daß die fortgesetzte Mitgliedschaft in einer Einheitspartei unvereinbar sei mit seinen Verpflichtungen als »Präsident« von ganz Rußland. Der tiefere Grund war jedoch seine inzwischen ausgereifte Überzeugung, daß die Partei zu wirklichen Veränderungen unfähig war und daß Reformen nur außerhalb ihrer und in letzter Instanz gegen sie durchführbar waren. Und andere Reformer wie Popow und Sobtschak folgten ihm auf dem Fuße. Kurz gesagt, dieser Augenblick war das Ende der Perestroika und der Beginn einer wirklichen Überwindung des Kommunismus.

In dieser Phase des Übergangs kam Boris Jelzin, der bis dahin von

Moskauer Intellektuellen und ausländischen Staatsmännern oft als »Einzelgänger« und »Populist«, ja sogar als »Hanswurst« abgetan worden war, endlich voll zur Geltung. Jetzt erschien er den meisten seiner Landsleute als eine im vollen Sinn des Wortes charismatische Gestalt, und vom Sommer 1990 an spielte seine Führung für den Ausgang des letzten Akts des sowjetischen Dramas in steigendem Maß die Rolle eines Katalysators.

Einen Teil seines Erfolgs verdankte er der Tatsache, daß er nie ein klassischer Apparatschik gewesen war.[15] Wie Gorbatschow war er der Sohn enteigneter Bauern, aber anders als Gorbatschow hatte er seine Karriere nicht vollständig innerhalb des Apparats gemacht, von der Komsomol-Verwaltung bis zur Vollzeit-Arbeit in der Partei. Er hatte zunächst eine Ausbildung als Ingenieur am polytechnischen Institut von Swerdlowsk absolviert und dann in der großen Maschinenfabrik im Ural (Uralmach) gearbeitet, bevor er mit 32 Jahren Manager wurde. Erst mit 30 Jahren trat er in die Partei ein, weil das im »real existierenden Sozialismus« auch für eine nicht-politische Karriere notwendig war. Im Jahr 1976 wurde er Erster Parteisekretär in Swerdlowsk, und zwar hauptsächlich weil unter sowjetischen Umständen politische Macht untrennbar mit der Möglichkeit verbunden war, diejenigen wirtschaftlichen und sozialen Resultate zu erzielen, die ihn am meisten interessierten. In jungen Jahren war er ein treuer Anhänger des Systems und glaubte, daß diese Resultate durch das System geschaffen werden könnten; wie so viele andere seiner Generation überzeugten ihn jedoch seine Erfahrungen in der Ära Breshnew davon, daß das System alle praktischen Verbesserungen durchkreuzen würde. So wurde er ein glühender Anhänger der Perestroika, und deswegen machte Gorbatschow ihn im Jahr 1986 zum führenden Kopf des Moskauer Stadtapparats – mit traurigem Ergebnis, wie wir gesehen haben.

Jelzins politische Exekution durch die Hände des Apparats im Herbst 1987 war offensichtlich die entscheidende Episode seiner reifen Jahre. Er gewann die Überzeugung, daß das System nicht reformierbar sei, eine Überzeugung, die sich während der nächsten eineinhalb Jahre noch verstärkte, als er ohne die Möglichkeit zur Gegenwehr von der Parteipresse denunziert wurde. Diese Quälerei machte ihn neben Sacharow zum einzigen prominenten demokratischen Führer, der zum Opfer des Systems wurde, und die Tatsache, daß er dafür gelitten hatte, garantierte in den Augen vieler Menschen die Aufrichtigkeit seiner Überzeugungen.

Offensichtlich faßte er in dieser Zeit den Entschluß, seine eigene »politische Rehabilitierung« und die »Befreiung« Rußlands von der Partei zu seiner Lebensaufgabe zu machen. Mit der Wahl zum Moskauer Gesamt-Abgeordneten im Jahr 1989 begann er seinen langen Marsch: Er wurde »Vorsitzender« des russischen Parlaments, dann Schirmherr der russischen Souveränität und schließlich, im Jahr 1991, Rußlands erster demokratisch gewählter Regierungschef. Es ließe sich schwerlich ein anderer Führer der russischen Demokraten finden, der zu einer solchen Meisterleistung fähig gewesen wäre.

Diese Erfahrungen waren es auch, die es Jelzin im Gegensatz zu Gorbatschow ermöglichten, die Partei, Lenin, den Sozialismus und all die anderen Schibboleths des Systems über Bord zu werfen. Denn darauf liefen seine Aktionen von 1990 hinaus, auch wenn er das in der Öffentlichkeit vorsichtiger formulieren mußte. Im Lauf der Monate zog er aber die logische Schlußfolgerung aus seinem Radikalismus und forderte den Übergang zur Markt- und Privatwirtschaft. Auf diese Weise legte er bis zum Ende des Sommers das Fundament für Rußlands Zukunft nach der Perestroika, und das heißt *de facto* für ein post-sowjetisches Rußland. Sein Programm enthielt den Grundsatz der Souveränität für die Einzelrepubliken, was die lokale Kontrolle von Macht und Ressourcen bedeutete; weiterhin sollte es einen separaten russischen Präsidenten geben, der bald schon demokratisch gewählt werden sollte, und schließlich, wie wir gleich im einzelnen sehen werden, einen unprätentiösen Übergang zu Marktwirtschaft und Privateigentum. Indem er diese drei Grundsätze zusammenbrachte, übte Jelzin natürlich Herrschaft aus, um das Tempo des Wandels zu beschleunigen. Noch mehr jedoch artikulierte er damit einen Konsens, der sich im Taumel der Ereignisse herauskristallisierte. Und nirgendwo entwickelten sich die Dinge schneller oder beunruhigender als auf dem Gebiet der Wirtschaft, die jetzt im Begriff war, zusammenzubrechen.

Im Winter 1989 und Frühjahr 1990 bekam diese Krise, ebenso wie die politische Krise und das damit verbundene Nationalitätenproblem, plötzlich überdimensionale Ausmaße. Die Gründe dafür waren in erster Linie intern. Die Güterknappheit wurde bedrückend, der Warenverkehr degenerierte zum Tauschhandel, und das Land brach in voneinander getrennte Wirtschaftseinheiten auseinander. Dies war der schwerwiegendste

Aspekt, denn ohne Lebensmittel mußte auch alles andere zusammenbrechen. Gleichzeitig machten die Zustände in Osteuropa deutlich, daß
dieses Scheitern in Wahrheit eine Niederlage des Systems war, ein
Problem, das nur noch durch radikalen Wandel, nicht mehr durch bloße
Reformen gelöst werden konnte. So wurde es plötzlich möglich, die
vorher mit einem Tabu belegten Begriffe »Privatbesitz« und »Marktwirtschaft« öffentlich auszusprechen, und von Ende März 1990 an arbeitete
die Regierung aktiv an Plänen für eine sowjetische Version des Wirt-
schaftswandels nach polnischem Vorbild.

Es stand aber mehr auf dem Spiel als bloß ein Wandel der Wirtschaftspolitik. Was sich im Frühjahr 1990 ereignete, war eine Revolution des
Bewußtseins, und das nicht nur im früheren sowjetischen Block, sondern
in der ganzen Welt. Plötzlich gab es einen allgemeinen Konsens darüber,
daß Marktwirtschaft, Demokratie und Privatbesitz ein organisches Ganzes bilden und daß man die Herrschaft des Gesetzes, Menschenrechte,
eine verfassungsmäßige Regierung und politischen Pluralismus nicht
haben kann ohne eine materielle »Basis«, ohne Privatbesitz und ökonomische Wahlfreiheit für die Gesellschaft. Dieses Paket definierte jetzt plötzlich die einzig mögliche Form einer funktionierenden Gesellschaft oder
dessen, was die Menschen in Osteuropa jetzt eine »normale« Gesellschaft
nannten – im Gegensatz zu der abnormen ideologischen Welt von Knappheit, Knechtschaft und struktureller Ineffizienz.

Diese Revolution des Bewußtseins bedeutete zugleich das Ende des
Sozialismus – oder wenigstens das Ende des integralen Sozialismus, wie
er seit 1917 verstanden und praktiziert worden war. Dieser Sozialismus
war im Kern stets Nichtkapitalismus oder die Negation von Privatbesitz,
Profit und Marktwirtschaft gewesen. Deswegen bedeutete das Plädoyer
für die Rückkehr zu diesen Prinzipien jetzt genau jene »Wiederherstellung des Kapitalismus«, die in den sowjetischen Anklagen gegen den
Klassenfeind stets das schwerste Verbrechen gewesen war. In dem Augenblick, als die Sowjets die Notwendigkeit der Marktwirtschaft anerkannten, zerstörten sie daher die ideologische Basis ihres Systems endgültig.
Und so vollzog die Geschichte einen Schwenk nach »rechts«.

Im Frühjahr 1990 wurde denn auch die Zensur nach und nach abgebaut, und im Juni wurde sie gesetzlich abgeschafft. Wenn es möglich war,
über Marktwirtschaft zu sprechen, konnte man ebensogut auch über alles
andere sprechen: Im Sommer wurde endlich Solshenizyns »Archipel

Gulag« veröffentlicht, und Ende des Jahres brach Michail Solouchin das letzte Tabu mit einem Pamphlet namens »Lenin lesen«, in dem die Gründerfigur auf menschliches Maß zurechtgestutzt und ihrer Unfehlbarkeit beraubt wurde.[16] Der Begriff »Totalitarismus« wurde jetzt offen in der Presse gebraucht, und sogar Gorbatschow nahm ihn hin und wieder in den Mund. Natürlich gehörten die Medien immer noch dem Regime, und die Demokraten mußten zu einer neuen Art von *Samisdat* ihre Zuflucht nehmen: Sie bedienten sich der List, professionelle Zeitschriften zu übernehmen, um ihre politische Botschaft drucken zu können.

Die Basis bröckelt ab: 1990

Der Zusammenbruch der sowjetischen Wirtschaft vollzog sich in drei Etappen. Die erste fiel in die Zeit unter Breshnew, als die Stagnation die strukturellen Mängel des administrativen Kommandosystems vertiefte. Eine Wirtschaft vom sowjetischen Typ ist, wie Igor Birman und János Kornai argumentierten, schon von ihrer Struktur her eine Mängelwirtschaft.[17] Unter Breshnew war, wie wir gesehen haben, ein immer komplexer werdendes Produktionssystem in einen immer schwerfälliger arbeitenden Verwaltungsapparat eingeschlossen, und das führte Ende der siebziger Jahre zu Produktionsrückgang, Qualitätsverlust und wachsendem technologischem Rückstand. Sowohl die Unternehmer als auch die Konsumenten hatten unter der daraus resultierenden Güterknappheit zu leiden. Durch die Erschöpfung der billigen natürlichen Ressourcen und durch ein Prämiensystem, das niemanden zum Arbeiten anreizte, verschlechterte sich die Lage weiter, und dieser Niedergang war es, der dann die Perestroika hervorbrachte.

Gorbatschows Heilmittel brachten das Land aber vom Regen in die Traufe, und zwar in zwei Phasen. In der ersten, autoritären Phase der ökonomischen Perestroika von 1985 bis Mitte 1987 verschärfte der Nachdruck, den Gorbatschow auf Investitionen im Bereich der Maschinenproduktion und der Schwerindustrie legte, die Güterknappheit auf seiten der Konsumenten. Die »staatliche Abnahme« oder Qualitätskontrolle reduzierte die Produktion weiter, und die Anti-Alkohol-Kampagne zerstörte einen einträglichen Geschäftszweig. Alle diese Maßnahmen verschlangen zudem beträchtliche Summen, was zum ersten Mal das Problem des Haushaltsdefizits ans Licht brachte.

Die sozialistische Wirtschaft hat Geld immer als etwas Unwichtiges behandelt, als ein symbolisches Hilfsmittel zur Erleichterung des Warenverkehrs. Das Haushaltsdefizit, das seit Mitte der siebziger Jahre existierte – das heißt ungefähr seit der Zeit, in der der wirtschaftliche Niedergang begann –, wurde daher als so nebensächlich erachtet, daß Andropow mit Gorbatschow nie darüber sprach. Erst im Oktober 1988 gab die Regierung zu, daß ein Defizit existierte, und selbst zu diesem Zeitpunkt zeigte sie sich darüber noch nicht sonderlich betroffen. Inzwischen hatte sich aber das Loch in der Staatskasse, das vor Gorbatschow im Bereich von zwei bis drei Prozent des Bruttosozialprodukts gelegen hatte, auf elf Prozent vergrößert, und das nicht zuletzt infolge von Gorbatschows Politik. Das Heilmittel, auf das er zurückgriff, war das unter verzweifelten Regierungen übliche: Er ließ Geld drucken. Das jedoch führte zusammen mit der wachsenden Güterknappheit zu einem Phänomen, das seit dem ersten Fünfjahresplan nicht mehr vorgekommen war: Inflation; und die Inflation ihrerseits führte zum wachsenden Gebrauch des Dollars als Parallelwährung. Nichts von alledem war vorhergesehen worden, denn nichts davon sollte in der sozialistischen Wirtschaft überhaupt vorkommen können. So entwickelte sich Gorbatschows Wirtschaftsreform ohne die geringste Rücksicht auf ihre Währungsbasis.

Das Ungleichgewicht von Haushalt und Währung verstärkte dann den destabilisierenden Effekt der zweiten, liberalen Phase der ökonomischen Perestroika von Mitte 1987 bis 1989, die auch ohne diese zusätzlichen Probleme schon destabilisierend genug gewesen wäre. Die neuen Kooperativen behoben zwar einige Knappheiten, sie steigerten aber auch die Kaufkraft, und das erhöhte den Inflationsdruck; gleichzeitig konkurrierten sie mit dem staatlichen Sektor und unterboten den Plan. Der größte Störfaktor war aber das Programm zur Selbstverwaltung und Eigenfinanzierung, das den staatlichen Unternehmen per Gesetz verordnet wurde. Dieses Programm zerstörte nämlich überall die vertikale Befehlskette, mit deren Hilfe der Plan früher ausgeführt worden war, ohne die horizontalen Tauschmöglichkeiten zwischen Produzenten, Verteilern und Konsumenten zu schaffen, die für eine Marktwirtschaft erforderlich sind.

Der erste Störeffekt, den dieses Gesetz auslöste, ergab sich aus der Tatsache, daß es in zwei Phasen angewendet wurde: Die erste Hälfte der

Unternehmen mit 50 Prozent der Gesamtproduktion ging am ersten Januar 1988 zu dem neuen System über; die zweite Hälfte erst im folgenden Jahr, und das machte die Wirtschaft zu einer desintegrierten, in zwei Teile auseinanderfallenden Angelegenheit. Außerdem waren die Unternehmen in der ersten Phase der Reform noch nicht wirklich auf sich gestellt. Unter dem neuen System sollten sie zunächst noch zu 70 Prozent staatliche Aufträge oder *gossakasy* ausführen (was *de facto* dem alten Plan entsprach) und nur zu 30 Prozent für andere Kunden arbeiten, ein Prozentsatz, der sich jährlich zugunsten der privaten Kunden verschieben sollte. In Wirklichkeit arbeiteten die Unternehmen aber noch bis 1989 zu 90 Prozent für den Staat; zum Teil, weil die staatlichen Aufträge sicheren Absatz garantierten, zum Teil, weil die Lieferungen immer noch von der zentralen *Gosnab* kamen. Außerdem unterstützten *Gosplan* und die Ministerien in ihrem eigenen Interesse dieses Verfahren, und die Unternehmen nutzten ihre neue Freiheit oft nur dazu, modifizierte Versionen ihrer alten Produkte herzustellen, diese aber für sehr viel höhere Preise zu verkaufen. Da die Manager von den Arbeitern gewählt wurden, gewährten die Fabrikdirektoren ferner große Lohnerhöhungen, um auf einem engen Markt um qualifizierte Arbeitskräfte konkurrieren zu können. Auf diese Weise wurden die Güter noch knapper, die Inflationsrate stieg, und das allgemeine Defizit vergrößerte sich.

Ebenso wie der Parteiapparat wurde zur selben Zeit auch der Verwaltungsapparat des Kommandosystems drastisch beschnitten. Zwischen 1986 und 1989 wurde das Personal von *Gosplan, Gosnab* und den Ministerien um beinahe 50 Prozent verringert, was hieß, daß die Unternehmen wohl oder übel in steigendem Maß sich selbst und der Gnade des Marktes überlassen waren. Das Problem war nur, daß es noch keine marktwirtschaftlichen Strukturen gab, in die sie sich hätten integrieren können.

In einer Industriegesellschaft kann ein Markt nicht durch einfachen Befehl geschaffen werden, wie es in den vorwiegend bäuerlichen Gesellschaften Rußlands 1921 und Chinas 1979 in etwa geschehen war. Damals hatte es genügt, daß der Staat sich nicht mehr in die landwirtschaftliche Produktion einmischte und die Bauern ihre Güter in der nächsten Stadt selbst verkaufen ließ, um den Wohlstand über Nacht wiederherzustellen. Ein industrieller Markt bedarf jedoch komplexer Verteilungsnetze im Groß- und Einzelhandel, eines gut ausgebauten Kreditwesens und eines

Gesetzeswerks, das vom Vertragsrecht bis zum Arbeitsverhältnis alles abdeckt. Er bedarf ebenso einer strengen Arbeitsdisziplin, einer positiven Einstellung zum Profit und der Bereitschaft, kalkulierte Risiken einzugehen. Solche Institutionen und Einstellungen hervorzubringen braucht eine gewisse Zeit, und das sowjetische Regime hatte alles getan, um eine solche Entwicklung zu verhindern. Als im Jahr 1989 der zentrale Verwaltungs- und Kommando-Apparat halbwegs verschwunden war, standen die staatlichen Unternehmen daher sozusagen vor dem Nichts.

Dieses Nichts wurde zudem von Knappheit beherrscht – die staatlichen Lieferungen an die Industrie blieben aus, Konsumgüter für die Arbeitskräfte und Lebensmittel für die Städte trafen nicht ein, und all dies in einer Situation, in der die Währung immer mehr an Wert verlor. Das Ergebnis war, daß im Jahr 1990 auf kommunaler Basis rationiert werden mußte, der Plan durch einen blühenden Tauschhandel ersetzt wurde und das Land in (vorgeblich) autarke regionale Einheiten auseinanderbrach. Jedes Unternehmen und jedes Dorf hortete jetzt alles, dessen es habhaft werden konnte, um zu überleben: Geschäfte in Moskau und Leningrad verlangten die Aufenthaltserlaubnis der Kunden zu sehen, bevor sie zum Verkauf bereit waren; andere Orte führten Warengutscheine ein; Fabriken tauschten ihre Produkte gegen Benzin, Rohstoffe oder Konsumgüter für ihre Angestellten; Kolchose weigerten sich, ihre Produkte für Rubel zu verkaufen und boten sie statt dessen, für schwer erhältliche Güter feil. Gleichzeitig machte der Zusammenbruch des zentralen Verwaltungssystems es unmöglich, Bauern, Arbeiter, Manager und städtische Sowjets unter Druck zu setzen, um das System funktionsfähig zu erhalten. Tatsächlich war die Desintegration oder »Partialisierung« der Wirtschaft, wie die Fachleute sagen, nur ein weiterer Aspekt der allgemeinen Auflösung des Systems, die sich auf politischem Gebiet in Form der Souveränitätsbewegung vollzog. Und diese Bewegung wiederum war nur eine Facette des Übergangs der Macht vom ausblutenden Parteiapparat auf die Sowjets. Bezeichnenderweise war das Jahr des letzten Parteikongresses zugleich das Abschlußjahr des letzten Fünfjahresplan. Das System war immer aus einem Stück gewesen, und so war es nur logisch, das alle seine Teile unisono auseinanderfielen.

Das Ergebnis dieses allgemeinen Zusammenbruchs war die erste ernsthafte Anstrengung, über die halbherzigen Maßnahmen der Perestroika hinauszugehen und nun nicht mehr dem Plan marktwirtschaftliche Methoden aufzupfropfen, sondern wirklich zu einer vom Markt bestimmten Wirtschaft überzugehen. Zunächst revidierte die Regierung erneut ihre Strategien zur Wirtschaftsreform. Im Jahr zuvor, nach dem ersten Kongreß der Volksdeputierten, hatte Premierminister Ryshkow anstelle von Aganbegjan den aufgeschlosseneren Abalkin zu seinem ersten Stellvertreter ernannt. Man hoffte, daß die Regierung jetzt mit einer Entschiedenheit vorgehen werde, die dem Ausmaß der Krise angemessen war. Abalkins Schwung wurde jedoch durch den vorsichtigeren Ryshkow gebremst, und zu Beginn des Jahres 1990 waren auch Abalkins Vorschläge bereits veraltet. So wandte sich Gorbatschow dem noch liberaleren Ökonomen Nikolai Petrakow zu. Es kann aber als Zeichen der immer noch zögernden Haltung der Regierung gelten, daß jetzt die Rede von einer »begrenzten Marktwirtschaft« war, was bedeutete, daß der endgültige Durchbruch immer noch ausstand. Im März und April arbeiteten die Experten der Reformkommission fieberhaft ein Dekret nach dem anderen aus, und die Hoffnung war groß, daß es jetzt endlich soweit wäre. Dann machte Gorbatschow aber einen Rückzieher, und das einzige Ergebnis all dieser Aktivitäten war eine unzweckmäßige einmalige Preiserhöhung für Reis und Brot, die Ryshkow Ende Mai als Vorspiel zu einem allmählichen Übergang zur Marktwirtschaft ankündigte. Daraufhin verschwanden Güter aller Art aus den Läden, und das ganze Land brach in Panikkäufe aus.

Dann ging die Initiative in kühnere Hände über. Zu Beginn des Jahres legte eine Abteilung von Abalkins Kommission unter der Leitung des jüngeren Ökonomen Grigori Jawlinski ein Programm für den sofortigen Übergang zur Marktwirtschaft und radikale Privatisierung vor – nur um von Gorbatschows Präsidentschaftsrat damit abgeschmettert zu werden. Nach der russischen Souveränitätserklärung im Juni kam Jelzin aber angriffslustig auf dieses Programm zurück und ernannte Jawlinski zum stellvertretenden russischen Premierminister. Auf diese Weise unter Druck gesetzt, beugte sich Gorbatschow Anfang August dem Willen Jelzins, und die beiden einigten sich auf einen gemeinsamen Versuch zur Wirtschaftsreform. Dementsprechend beauftragte Gorbatschow seinen neuen, noch liberaleren Wirtschaftsberater, Stanislaw Schatalin – Kopf einer Spezialkommission, die in Wirklichkeit jedoch von Jawlinski gelenkt wurde –, einen Plan für den Übergang zur Marktwirtschaft auszuarbeiten. Das Resultat war ein 500-Tage-Plan, den beide Führer Ende

August unter Fanfarenklang guthießen: Es sah so aus, als wenn das Land
zu guter letzt eine einheitliche Führung bekommen hätte, die der Transformation des Systems verpflichtet war. Ihre Versöhnung schien um so
perfekter, als sie sich jetzt auch darauf einigten, gemeinsam eine neue
Verfassung für die auseinandergebrochene Union auszuarbeiten, ein Projekt, das auch für die Wirtschaftsreform unmittelbare Relevanz besaß,
insofern damit der Anspruch der Republiken auf die Kontrolle ihrer
eigenen Ressourcen verbunden war.

Tatsächlich war der 500-Tage-Plan ebenso ein politisches wie ein
ökonomisches Dokument, denn er konnte in so kurzer Zeit schwerlich
ausgeführt werden. Wenn der zeitliche Rahmen derartig knapp bemessen
wurde, so sollte das dem Land vor allem neue Schwungkraft geben: Die
wirtschaftlichen Zielvorgaben erhoben keinen Anspruch auf Vollständigkeit, sondern sollten die allgemeine Richtung des Wandels angeben. Die
wichtigste dieser Zielvorgaben war die Stabilisierung der Situation und
der Abbau des Währungsüberhangs durch massiven Verkauf staatlicher
Vermögenswerte. Dann sollten in schnellem Tempo die Einführung des
Marktes und die Privatisierung auf breiter Basis folgen. Aber der umstrit-
tenste Vorschlag war vielleicht der, den Republiken die Steuerhoheit, die
Kontrolle über ihre natürlichen Ressourcen, die Erlaubnis zum Handel
gegen harte Währungen und die Verwaltungshoheit über ihre Boden- und
Preisreform einzuräumen.[18] Das bedeutete nicht nur die Auflösung des
Plans und der Partei, sondern die des sowjetischen Staats überhaupt. Das
war es, worauf der Linksruck von 1990 hinauslief.

Im Frühherbst war es dann aber mit dieser Entwicklung schon wieder
vorbei, denn während Schatalin und Jawlinski in der einen Datscha saßen
und ihren Plan ausarbeiteten, saßen Ryshkow und Abalkin in der Datscha daneben und ersannen einen anderen. Im September legte Gorbatschow dem Obersten Sowjet beide Dokumente vor. Der Ryshkow-Abal-
kin-Plan sah zwar den Übergang zur Marktwirtschaft vor, aber er veran-
schlagte dafür fünf Jahre und übertrug keinerlei Machtbefugnisse auf die
Republiken. Gorbatschow verlangte zunächst eine »Synthese« der beiden
Dokumente und veranlaßte Aganbegjan, einen Kompromißvorschlag zu
entwickeln – was bedeutete, die Quadratur des Kreises zu fordern, wie der
Generalsekretär sehr wohl wußte. Dann brachte er diesen Kompromißvorschlag wieder zu Fall und ließ sich vom Obersten Sowjet drei Wochen
geben, um die nunmehr drei vorliegenden Dokumente miteinander zu

verbinden. Alles, was dann schließlich im Oktober verabschiedet wurde, waren ein paar Gemeinplätze aus dem Schatalin-Plan und windige Platitüden über »tiefgreifende Reformen«. Mit der Niederschlagung des 500-Tage-Plans war die Perestroika *de facto* gestorben, auch wenn das erst mehrere Monate später offenkundig wurde. Gorbatschow sah sich mehr und mehr darauf beschränkt, den *status quo* zu verteidigen.

Zunächst erschien der Rückzieher vom Oktober jedoch vielen als ein weiteres taktisches Manöver Gorbatschows mit dem Ziel, die Rechte zu beschwichtigen, bevor er weiter vorrückte. Die meisten Demokraten hofften immer noch auf eine »Mitte-Links-Koalition« als Lösung für die sich verschärfende Krise. In Wirklichkeit hatte Gorbatschow aber endlich sein wahres Gesicht gezeigt. Der 500-Tage-Plan hätte, wäre er durchgeführt worden, das System aus den Angeln gehoben, und das war genau, was Jelzin und die Verfechter des Plans wollten. Aber Gorbatschow, der wie immer vorrangig mit den politischen Ereignissen beschäftigt war – dem Parteikongreß, dem Unionsvertrag, der deutschen Wiedervereinigung –, bemerkte die revolutionären Konsequenzen des Plans erst mit einiger Verspätung und sabotierte ihn dann, während es nach außen immer noch so aussah, als würde er ihn unterstützen.

Als die Karten offen auf dem Tisch lagen, zeigte sich, daß er weder die Aufhebung des »sozialistischen Eigentums« noch die Souveränität des Marktes noch eine wirkliche Umverteilung der Macht innerhalb der Union akzeptieren konnte. Und man muß hinzufügen, daß er wohl auch einer Einschränkung seiner »präsidialen« Macht nicht zustimmen wollte. Kurz gesagt, trotz all der Rhetorik über revolutionären Wandel war er nie mehr als ein Reformkommunist gewesen, wenn auch ein besonders fortschrittlicher. Noch genauer kann man ihn als einen Reformkommunisten bezeichnen, der niemals verstanden hatte, daß der Reform durch die Natur des Systems selbst strukturelle Beschränkungen auferlegt waren. Vorschnell war er daher bald so weit gegangen, daß das System irreparabel »destrukturiert« war. Als er merkte, was er angerichtet hatte, blies er zum Rückzug – aber da war es bereits zu spät, um die Kräfte, die er selbst entfesselt hatte, noch zu unterdrücken. Wie Goethes Zauberlehrling verbrachte er daher den Rest seiner Amtszeit mit dem Versuch, der Sintflut Herr zu werden, die er verursacht hatte.

Reaktion und Zusammenbruch:
September 1990 bis Dezember 1991

Das letzte Jahr der Ära Gorbatschow, vom Rückzug im Oktober 1990 bis zum Putsch im August 1991, war im wesentlichen ein langer Epilog zur Perestroika und damit zum sowjetischen Phänomen überhaupt. Nachdem Gorbatschow mit den ökonomischen Plänen der Demokraten gebrochen hatte, wurde er dem alten Establishment in die Arme getrieben, das jetzt in einer Stimmung militanter Abwehr gegen den Durchbruch vom Sommer war. Das wiederum mußte die Demokraten weiter radikalisieren und auf diese Weise die Bedingungen für die endgültige Kraftprobe schaffen, die im Putschversuch kulminierte.

Wenn Gorbatschows Rückzieher vom Oktober im tiefsten Grund ein Akt der Überzeugung war, so wurde diese Überzeugung noch verstärkt durch pragmatische, machtpolitische Überlegungen.[19] Obwohl die Demokraten jetzt durch die Kraft der öffentlichen Meinung vorangetragen wurden, lag nämlich die wirkliche Macht im Lande immer noch beim Parteiapparat, beim KGB, bei der Armee und beim militärisch-industriellen Komplex, der fast die Hälfte der Gesamtwirtschaft kontrollierte und wahrscheinlich ein Drittel aller Arbeitskräfte beschäftigte. Diese Machtzentren verdeutlichten Gorbatschow in steigendem Maß, daß sie, wenn er es nicht selbst täte, die Demokraten an seiner Stelle lahmlegen würden, und so verfolgte Gorbatschow den einmal eingeschlagenen Kurs weiter, um seine Macht zu behaupten.

Im September wurden mysteriöse Truppenübungen in der Umgebung Moskaus weithin als eine Warnung an Gorbatschow betrachtet, den Demokraten nachzugeben. Im Oktober wurde Gorbatschow durch Krisensitzungen mit Führern des militärisch-industriellen Komplexes und durch eine neue »Bauernunion« unter Wassili Starodubzew, die ca. drei Millionen Bürokraten aus der Kolchosverwaltung repräsentierte, so unter Druck gesetzt, daß er sich schließlich überreden ließ, den 500-Tage-Plan zu Grabe zu tragen. Im November überzeugten ihn stürmische Sitzungen mit über tausend Armee-Offizieren davon, daß die Stimmung der Konservativen sich dem Siedepunkt näherte. Dementsprechend ersetzte er Anfang Dezember den liberalen Innenminister Vadim Bakatin durch den früheren KGB-General Boris Pugo. Später im Dezember wurde der laue Reformer Ryshkow seines Amts als Premierminister enthoben, um im

Januar durch den unverbesserlich reaktionären Ökonomen Walentin Pawlow ersetzt zu werden. Einen letzten Personalwechsel im Dezember erzwang Gorbatschow, indem er einen widerstrebenden Kongreß der Volksdeputierten dazu brachte, den inkompetenten Gennadi Janajew zum Vizepräsidenten zu wählen. Zur selben Zeit wurden das staatliche Fernsehen und der staatliche Rundfunk einem konservativen Funktionär unterstellt, der Gorbatschow allein verantwortlich war. Im Januar wurde die Sendung »Ausblick« vom Sendeplan gestrichen, und Gorbatschow trug sich mit dem Gedanken, das Gesetz über die Pressefreiheit vom Jahr zuvor wiederaufzuheben. Ende Dezember, inmitten dieser Veränderungen, erklärte dann Schewardnadse plötzlich auf dramatische Weise seinen Rücktritt mit einer rätselhaften Warnung vor der »Fortsetzung der Diktatur«. Und wirklich sollten Starodubzew, Pugo, Pawlow und Janajew sämtlich zu den Führern des Putschversuchs im August gehören.

Mitte Januar schlug das, was bisher ein schleichender Staatsstreich gewesen war, in blutige militärische Aktionen gegen Angriffsziele in Litauen und Lettland um. Die Absicht scheint gewesen zu sein, als Vorspiel zu einem Angriff auf das Zentrum die lästigen Abweichler unter den Republiken niederzuschlagen. Im Februar patrouillierten dann Soldaten in den Straßen Moskaus. Gleichzeitig erklärte Pawlow in beinahe stalinistischer Diktion, daß die westliche Hilfe den Sozialismus zerstören werde, während Krjutschkow den CIA bezichtigte, das kommunistische System durch Agitation für die Marktwirtschaft unterwandern zu wollen. Pawlow konfiszierte alle Geldscheine über fünfzig Rubel, um die Geldmenge zu reduzieren, und Gorbatschow gab dem KGB eine Vollmacht zur Bekämpfung von »Wirtschaftsverbrechen«, das heißt konkret zur Durchsuchung sämtlicher Geschäftsräume einschließlich der von Joint Ventures – zwei Maßnahmen, die darauf hindeuten, daß ergänzend zu den bereits stattfindenden Polizeiaktionen ein rigides Programm staatlicher Wirtschaftskontrolle in Vorbereitung war. Dann wurden all diese Aktivitäten seltsamerweise wieder gestoppt, als wenn ihren Betreibern zur endgültigen Durchführung ihrer Pläne der Mut fehlte.

Was bereits geschehen war, hatte aber gereicht, um eine erneute Mobilisierung der Demokraten zu bewirken: Über einhunderttausend Demonstranten protestierten auf den Straßen Moskaus gegen das Blutbad in den baltischen Staaten, und Jelzin, der ohne Zweifel befürchtete, er werde das nächste Angriffsziel der alten Garde sein, verlangte Gorbatschows Rücktritt, ja er rief sogar nach einer »Kriegserklärung« gegen den Präsidenten. Und tatsächlich war er das nächste Angriffsziel. Im März versuchte die kommunistische Mehrheit im russischen Parlament, ihn als Vorsitzenden anzufechten. Diese Strategie schlug indes fehl, da Jelzin erfolgreich zu einer Massendemonstration seiner Anhänger am 28. März aufrief, und zwar gegen ein unmittelbares Verbot Gorbatschows. Trotz eines Aufgebots von 50 000 Soldaten versammelten sich an diesem Tag 100 000 Menschen, und die Demonstration endete gewaltlos mit einem politischen Sieg für die Demokraten. Die Auseinandersetzungen breiteten sich jetzt über das ganze Land aus. Zur Unterstützung Jelzins wurden Streiks in den sibirischen Kohlegruben und in den belorussischen Fabriken organisiert. Überall wurden Rufe nach Gorbatschows Rücktritt laut, worauf dieser reagierte, indem er die »bolschewistische« Straßenkampf-Taktik seiner Widersacher denunzierte.

Das wichtigste Ergebnis der Märzkrise war aber die Schaffung einer russischen Präsidentschaft, deren Träger durch allgemeine Wahlen bestimmt werden sollte. Und diese Entwicklung war eng verbunden mit einem weiteren Schritt Gorbatschows, der Forderung nach einem neuen Unionsvertrag. Vom Ausbruch der Unruhen in Nagorny Karabach im Jahr 1988 bis zur litauischen Unabhängigkeitserklärung Anfang 1990 hatte Gorbatschow die Nationalitätenfrage als zweitrangig behandelt. Erst die »Parade der Souveränitäten« im Sommer 1990 hatte ihn aufgeschreckt, und von da an wurde die Rettung der Union zu seiner Hauptbeschäftigung, weit wichtiger noch als die Wirtschaftsreform.

Im November 1990 lag der Entwurf zu einem neuen Unionsvertrag vor, der das Gründungsdokument von 1922 ersetzen sollte. Er schlug die Umbenennung des Landes in »Union der souveränen Sowjetrepubliken« vor, beließ aber den größten Teil der Macht beim Zentrum. Da das für die Republiken nicht akzeptabel war, versuchte Gorbatschow, ihren Widerspruch durch ein Referendum zu entkräften, mit dem er am 17. März die Wähler um ihre Zustimmung zur Erhaltung der Union als einer »erneuerten Föderation gleichberechtigter Sowjetrepubliken« bat – eine derartig vage Formulierung, daß es den Wählern schwerfallen würde, nein zu sagen. Auf diesen scheinbar schlauen Schachzug antwortete Jelzin mit einem noch geschickteren, indem er das russische Parlament dazu überredete, einem eigenen Referendum zuzustimmen, das die Bevölkerung um ihre Meinung zur Direktwahl eines russischen Präsidenten bat. Gorbatschows Referendum erhielt 70 Prozent Ja-Stimmen, Jelzins Referendum erhielt 85 Prozent. Unter diesem Druck setzte der russische Kongreß der Volksdeputierten die Präsidentschaftswahl für den 12. Juni an.

Nachdem Jelzin und die Demokraten im März gegen die zweite Runde des schleichenden Staatsstreichs gesiegt hatten, mußte Gorbatschow im April wiederum einen Haken nach links schlagen. Immer noch im Bemühen um einen neuen Unionsvertrag trat er jetzt in Geheimverhandlungen mit den Führern der neun Republiken ein, die noch keine Austrittsabsichten aus der Union bekundet hatten. In diesen Verhandlungen gaben Jelzin und seine Kollegen den Ton an. *De facto* bildeten sie das Äquivalent zu Polens »rundem Tisch«, eine Parallele, die von den Demokraten explizit gezogen wurde.

Die Ergebnisse wurden am 23. April unter dem Namen »Neun-plus-eins-Abkommen« bekanntgegeben. Obwohl diese Übereinkunft formal einen Kompromiß darstellte, gab sie den neun Republiken weit mehr als der einen. Gorbatschow erhielt zwei Zugeständnisse: einen Aufruf zur »Arbeitsdisziplin«, um die Wirtschaftslage zu stabilisieren, und die Beendigung der Streiks, die zur Unterstützung Jelzins ausgerufen worden waren. Die neun Republiken dagegen erhielten die implizite Anerkennung des Rechts auf Unabhängigkeit für die baltischen und die kaukasischen Republiken, was auch für diejenigen, die in der Union verblieben, eine Garantie wirklicher Souveränität bedeutete. Weiterhin erreichten sie die Übertragung bedeutender ökonomischer und administrativer Machtbefugnisse auf alle Mitgliedsrepubliken und das Versprechen einer neuen Verfassung und demokratischer Wahlen für die ganze Union im Jahr 1992. Zusätzlich wurde Rußland das Eigentum an allen Bergwerken auf seinem Territorium zugesprochen, ein eigenes KGB und ein unabhängiges Fernsehen, wodurch das Monopol der Regierung über dieses bedeutendste aller Medien endlich gebrochen wurde.

Die Demokraten festigten ihren Sieg, als Jelzin die Wahlen vom 12. Juni mühelos gewann, nachdem er zuvor das Land durch ein offen antikommunistisches Programm in Staunen versetzt hatte. Bereits im ersten Wahlgang erhielt er 57 Prozent der Stimmen gegen zwei kommunistische Gegenkandidaten, den konservativen Ryshkow und den liberalen Bakatin, die ins Feld geschickt worden waren, um die Stimmen zu splitten und Jelzin zu einem Kopf-an-Kopf-Rennen zu zwingen. Der Kandidat der äußersten Rechten, Wladimir Shirinowski, erhielt lediglich

7 Prozent der Stimmen. Die revolutionäre Bedeutung der Wahl wurde durch die Rückbenennung von Leningrad in St. Petersburg per Kommunalbeschluß symbolisch unterstrichen. Das Wahlergebnis machte deutlich, daß es lediglich eine Frage der Zeit war, bis die Kommunisten die Macht verlieren würden. Sie waren jetzt klar in der Minderheit, und so planten sie den dritten Putschversuch des Jahres.

Ende Juni wandte sich Pawlow an den Obersten Sowjet und verlangte, daß die Weisungsbefugnisse, die normalerweise beim Präsidenten lagen, auf ihn übertragen würden. Gleichzeitig verkündeten Jasow, Krjutschkow und Pugo auf einer geschlossenen Sitzung der Legislative, das Land stehe vor einer immensen Katastrophe, und sie legten nahe, daß Gorbatschow dafür verantwortlich sei. Auf diese an Aufruhr grenzende Insubordination wußte Gorbatschow nicht kraftvoller zu reagieren als mit einem dringenden Appell ans Parlament, Pawlows Forderungen zurückzuweisen. Niemand wurde verhaftet oder auch nur entlassen. Gorbatschow hatte offensichtlich die Kontrolle über die Situation und über seine eigene Regierung verloren, und was noch schlimmer war: Er schien das nicht einmal zu wissen. Und so schlafwandelte er der endgültigen Kraftprobe im August entgegen.

Unter fortgesetztem Druck von seiten Jelzins wurden unterdessen Ende Juli die Versprechen des Neun-plus-eins-Abkommens zum Entwurf eines radikal dezentralisierenden Unionsvertrags ausgebaut. Dieser Entwurf übertrug den Republiken sogar die Verfügung über ihre Steuereinnahmen, abzüglich einer ans Zentrum zu leistenden Abgabe. So war Gorbatschows Forderung nach einem neuen Vertrag aus einem Mittel zur Rettung der Union zum Instrument ihrer bevorstehenden Auflösung geworden. Die Unterzeichnung des Dokuments war für den 20. August vorgesehen. Nachdem dieser Termin festgelegt war, reiste Gorbatschow noch einmal nach London, um auf einem Gipfeltreffen der sieben führenden Industrienationen um finanzielle Unterstützung zu bitten. Er hoffte auf ein »großes Geschäft« oder einen Marshall-Plan, um mit westlicher Hilfe für ein stabiles Rußland zu sorgen. Seine Position wurde weiter geschwächt, als er mit leeren Händen zurückkam.[20]

Anschließend machte er einen letzten Versuch, die Situation zu retten und die Partei in eine quasi-sozialdemokratische Organisation umzuformen. Sein letztes Bravourstück – schon immer hatte er gut zu sprechen gewußt – bestand darin, das Zentralkomitee zur Schaffung einer neuen

Parteiplattform zu überreden, die den Marxismus-Leninismus zugunsten eines nicht näher definierten »humanen und demokratischen Sozialismus« aufgab – als wenn eine solche rein verbale Bekehrung der Partei auf dem Totenbett für das Land noch einen Unterschied gemacht hätte. Das war 1989 bereits die Taktik der Ungarn und anderer osteuropäischer Parteien gewesen, und sie funktionierte jetzt nicht besser als damals.

Die Zugeständnisse vom Juli provozierten schließlich den letzten Putschversuch im August. Das Datum, der 19. August, war zweifellos durch die Tatsache bedingt, daß am 20. der neue Unionsvertrag unterzeichnet werden sollte, aber der wahre Zweck bestand darin, die Niederlage des Systems abzuwenden, die sich spätestens seit den Wahlen im Juni, ja vielleicht schon seit dem 500-Tage-Plan von 1990 abzeichnete. Es handelte sich um eine verspätete, nach drei vorangegangenen, halbherzigen Versuchen mangelhaft ausgeführte Verzweiflungstat, begangen von Leuten, die an ihren eigenen Sieg schon längst nicht mehr glaubten.

Die Hauptakteure des Staatsstreichs waren schon Monate zuvor auf ihren Plätzen. Außer den bereits erwähnten Personen müssen nur noch Oleg Baklanow vom Verteidigungsrat genannt werden, der den militärisch-industriellen Komplex repräsentierte, und Waleri Boldin, der Chef von Gorbatschows persönlichem Kabinett. Ganz allgemein war der Putsch nicht die Tat einiger Abenteurer, sondern ein Verteidigungsschlag der sowjetischen Regierung selbst mit dem Ziel, das existierende sowjetische Establishment zu retten. Zunächst sollte Gorbatschow gezwungen werden, den Notstand auszurufen und »die Ordnung wiederherzustellen«, indem er Jelzin und die Demokraten niederschlug. Die Führer des Putschs spekulierten wahrscheinlich darauf, daß Gorbatschow die mit der Zurückweisung ihrer Initiative verbundenen Gefahren scheuen und sich ihnen anschließen würde. Außerdem war die Notstands-Option innerhalb der Regierung seit langem in Erwägung gezogen worden und konnte für Gorbatschow schwerlich überraschend kommen. Und trotzdem, als die Putschisten die Unterzeichnung des Notstandsdekrets von ihm verlangten, konterte er mit der Antwort, die Sache solle zuerst dem Obersten Sowjet vorgelegt werden. So beschlossen die Verschwörer, Gorbatschow zugunsten seines Stellvertreters abzusetzen, und riefen selbst den Notstand aus. Aber der Schlag war nicht gut genug vorbereitet. Die Armee und das KGB folgten ihren Anweisungen nicht so pflichtbewußt wie

erwartet, und so konnten Jelzin und die Demokraten eine Widerstandsbewegung organisieren, die innerhalb von drei Tagen die Putschisten zur
Aufgabe zwang und damit den Zusammenbruch des Regimes bewirkte.
So glich der Putsch *mutatis mutandis* General Kornilows gescheitertem
Staatsstreich von 1917: Er zeigte, daß die Rechte keine Kraft mehr hatte,
und ermöglichte es dadurch der Linken, einen revolutionären Vorstoß zu
machen und die alte Ordnung zu zerstören.

Jelzin und die Demokraten waren außerdem gut vorbereitet und zu
allem entschlossen. Gorbatschow hatte nicht vollkommen unrecht gehabt, als er sie mit den Bolschewiki verglich, denn als Antwort auf die
Regierungs-»Junta« organisierten die Demokraten einen Gegenschlag, der
für den totalen Zusammenbruch des Systems sorgte.

Durch ihren eigenen Zusammenstoß mit dem Schicksal während des
Winters in Alarmbereitschaft versetzt und durch ihre Vergangenheit als
Parteimitglieder über die Kampfmethoden ihrer Gegner informiert, hat-
ten sich die Demokraten im voraus auf einen Ernstfall eingestellt, wie er
dann im August eintrat: Das einzige, was ihnen unbekannt war, war das
Datum.

Ihre offizielle Taktik bestand zunächst darin, vorsichtig im Rahmen
des neuen sowjetischen Rechtsstaats* zu operieren und zu behaupten, sie
kämpften nur für die Einhaltung der Verfassung und die Wiederherstellung der legitimen Herrschaft Gorbatschows. Im geheimen stützten sie
sich jedoch auf ihre neue Machtbasis in der russischen Republik – das
neue KGB, Armee-Einheiten, die Jelzin bei den Wahlen unterstützt hatten,
und den Ministerrat mitsamt seinem Personal –, um das »Weiße Haus«
der russischen Föderation in einen Kommandoposten zur Niederschlagung der Putschisten und damit der sowjetischen Regierung zu verwandeln. Als das am zweiten Tag des Staatsstreichs geschehen war, nutzten
sie die Krise aus, um den Partei-Staat zu demontieren, was von ihr
eigentliches Ziel gewesen war.

Sie waren erfolgreich, weil sie die Unterstützung der Bevölkerung
genossen. Jelzins Aufruf zum Generalstreik am ersten Tag des Staatsstreichs schlug zwar fehl, aber das lag daran, daß patrouillierende Panzer
in den Straßen Moskaus die Bevölkerung glauben machten, die sowjetische Regierung habe gesiegt, wie es früher immer der Fall gewesen war,

* im Orig. deutsch.

und Parteimitglieder begannen, ausstehende Mitgliedsbeiträge nachzu-
zahlen. Als Jelzins Widerstand aber deutlich machte, daß der Coup
fehlgeschlagen war, machten sich die wahren Gefühle der Bevölkerung in
einem euphorischen Befreiungsschlag Luft. Auch wenn dies in den großen Stadtzentren, die seit 1989 demokratisch wählten, besser sichtbar
war als in den weitgehend passiven ländlichen Gegenden, so kann doch
kein Zweifel daran bestehen, daß die politisch aktiven Elemente der
Bevölkerung Jelzins Gegenschlag unterstützten. Die Lenin-Statuen wurden niedergerissen, das Dzierżiński-Denkmal wurde geschleift und die
rote Fahne durch die Trikolore der Provisorischen Regierung von 1917
ersetzt. Die russische Regierung requirierte das Hauptquartier des Zentralkomitees am Alten Platz. So führte das, was Jelzin und die Demokraten vorgeblich zur Verteidigung der existierenden Ordnung unternah-
men, in Wirklichkeit zu ihrer Aushöhlung, und unter dem Vorwand, für
politische Kontinuität zu sorgen, hatten sie eine Revolution angezettelt.

Gorbatschows Benehmen bei seiner Rückkehr nach Moskau diskreditierte das System endgültig – und ebenso seine eigene Person. Zunächst
ging er keineswegs sofort zu seinen Rettern im Weißen Haus, um ihnen
seinen Dank auszusprechen, sondern telefonierte statt dessen mit verschiedenen Staatsoberhäuptern im Westen, um sie über seine Befreiung
in Kenntnis zu setzen. Sodann wandte er sich nicht ans russische Parlament, sondern berief eine Pressekonferenz ein, auf der er nicht über das
Schicksal des Landes sprach, sondern nur über sein persönliches hartes
Los während des Staatsstreichs. Schließlich entging es ihm, daß das Land
sich während der drei Tage des Putschversuchs vollständig gewandelt
hatte, und er betonte, daß die kommunistische Partei für den weiteren
Fortschritt der Perestroika nach wie vor unerläßlich sei. Als er dann
endlich vor Jelzin und dem Parlament erschien, wurde er mit feindseligen
Sprechchören und der Mitteilung begrüßt, daß die Partei »ein kriminelles
Unternehmen« sei. Jelzin gab ihm das Protokoll der Sitzung zu lesen, auf
der sein Ministerrat den Staatsstreich gebilligt hatte, und dann unterschrieb der russische Präsident mit ostentativer Geste ein Dekret, das
offensichtlich vorbereitet war und das die Partei in ganz Rußland verbot.
Diese Vorgänge wurden im Fernsehen übertragen und im Westen zunächst schlecht aufgenommen, weil man dort dachte, daß Gorbatschow
immer noch im Amt sei und nach dem »gescheiterten Staatsstreich« die
Perestroika ihren Fortgang nehmen werde wie zuvor. In Rußland war die

Fernsehübertragung jedoch ein voller Erfolg, denn hier war die Bevölkerung tief empört, daß Gorbatschows Perestroika das Land so tief hatte sinken lassen und daß er sich selbst so vollkommen unfähig zeigte zu verstehen, was sich zugetragen hatte.

Obwohl Gorbatschow nominell wieder in sein Amt eingesetzt wurde, war er jetzt nur nach ein Aushängeschild, ja beinahe eine Art Geisel, die von den Demokraten dazu gebraucht wurde, der Liquidierung wichtiger Institutionen des Systems formale Legalität zu verleihen. Zunächst mußte er Anhänger Jelzins als Kandidaten für das Amt des Verteidigungsministers und den Posten des KGB-Chefs nominieren. Dann wurde ihm die Kontrolle der Wirtschaft aus der Hand genommen und auf den russischen Premierminister übertragen. Als der fundamentale Wandel des Landes ihm endlich zu Bewußtsein kam, löste er das Zentralkomitee auf und trat als Generalsekretär zurück. Anschließend wurde er als Präsident damit beauftragt, die Selbstauflösung des Obersten Sowjet der Union und des Kongresses der Volksdeputierten zu organisieren – damit mußte er sein eigenes Reformwerk zunichte machen. Im Gefolge des Staatsstreichs hatten im übrigen alle Republiken, die es bis jetzt noch nicht getan hatten, ihre Unabhängigkeit erklärt und damit die Union aufgelöst. Den endgültigen Todesstoß erhielt das System dann im Oktober, als Jelzin seine einstweilige Entsetzung der Partei in ein dauerndes Verbot verwandelte und den gesamten Parteibesitz konfiszierte.

Nur zwei Punkte blieben noch zu klären, damit die Revolution vollendet war: Erstens existierte formal immer noch ein sowjetischer Staat, dem ein enormes nukleares Arsenal gehörte und der zahlreiche internationale Verträge unterzeichnet hatte, und zweitens wiegte sich der »Präsident« dieses Staates immer noch in der Illusion, er verfüge über die Regierungsmacht, eine Sicht, an der im Ausland noch hartnäckiger festgehalten wurde.

Oberflächlich betrachtet, konnte es plausibel erscheinen, die Union in loser Form zu erhalten – als einheitlichen Wirtschaftsraum, als Puffer zwischen den Nationalitäten und als Garanten bestehender internationaler Verträge. Viele haben so argumentiert, aber sie haben dabei vergessen, daß die Union ein Betrug war, ein Agent nicht ihrer Mitglieder, sondern allein der Partei, und als solcher ein verhaßtes Unterdrückungsinstrument für viele Russen und für fast alle ihre nichtrussischen Einwohner. Als die Partei zerstört war, gab es daher nichts mehr – weder die Armee, noch den Rubel, noch das Russische als *lingua franca* –, was die Union hätte zusammenhalten können. In realistischer Erkenntnis dieser Lage verzichteten Jelzin und die Demokraten nicht nur darauf, sich der Auflösung der Union entgegenzustellen, sondern erleichterten sie sogar und akzeptierten selbst eine radikale Dezentralisierung der russischen Föderation. Die vernünftige Grundlage dieser riskant erscheinenden Strategie bestand in der Einsicht, daß die alten Staatsstrukturen zuerst zerstört werden mußten, damit sich später die russische Föderation und womöglich ein konföderaler Nachfolger der alten Union auf wirklich demokratische Weise neu konstituieren konnten.

Nach der Revolution im August hatte sich die Suche nach einem neuen Unionsvertrag somit erübrigt, auch wenn Gorbatschow es weiter versuchte – teilweise, weil er der Union sowohl aus pragmatischen Gründen als auch aus Gründen nationaler Größe besonders verpflichtet war, teilweise aber auch, weil er etwas brauchte, dessen Präsident er sein konnte. Diese anachronistische Hartnäckigkeit, die auch eine politische Gefahr für die Demokraten darstellte, fällte schließlich das endgültige Todesurteil über die Union, denn seit November war deutlich geworden, daß diese rivalisierende Exekutive so lange nicht zurücktreten würde, wie auch nur noch ein Schatten des alten Staates existierte.

Was ihr Schicksal besiegelte, war aber auch die radikale Wirtschaftspolitik der Regierung Jelzin. Er kehrte zu den Zielen des 500-Tage-Plans, Marktwirtschaft und Privatisierung, zurück, wenn auch nicht zu den bisherigen Vorstellungen, wie diese Ziele zu erreichen seien. Nach einigem Zögern entschloß er sich Ende Oktober zu einer radikalen Schocktherapie und beauftragte Jegor Gajdar mit der Liberalisierung der Preise. Wie schon der 500-Tage-Plan schloß auch diese Schocktherapie eine weitreichende Souveränität der Republiken ein, um auf diese Weise die ökonomische Macht zu verteilen und wirtschaftliche Initiativen zu fördern. Im Gefolge der Augustrevolution und der Einstellung Gajdars bewegte sich die russische Föderation allerdings schneller auf eine liberale Wirtschaftsordnung zu als die anderen Republiken, die eigentlich überhaupt kein Reformprogramm besaßen. Außerdem hatte Rußland den Partei-Staat gründlicher demontiert als die anderen Republiken, wo der alte Parteiapparat und die ökonomische Nomenklatura noch an der Macht waren, wenn auch jetzt unter nationaler Flagge. Da eine Vermischung der russischen Schocktherapie mit dem Konservatismus dieser

Republiken die Reform höchstens zu Fall gebracht hätte, entschlossen sich Gajdar und seine »Jungtürken« schließlich, die Bindung an die Union aufzugeben.

Der Gnadenstoß erfolgte im Dezember, als die Ukraine ihre frühere, vom Parlament abgefaßte Unabhängigkeitserklärung durch ein Referendum bekräftigte und damit die Union aufhob. Auf Betreiben Jelzins erklärten daraufhin die drei slawischen Republiken die Union formal für tot und ersetzten sie, einer alten Idee Sacharows entsprechend, durch einen lockeren Verband unabhängiger Staaten. Als beabsichtigter Nebeneffekt dieses Wandels blieb Gorbatschow jetzt nur noch der Rücktritt übrig.

Am 25. Dezember 1991 wurde die Rote Fahne über dem Kreml zum letzten Mal eingeholt, und Gorbatschow verlas vor den Fernsehkameras seine Abschiedsrede. Keine von den zentralen sowjetischen Institutionen war übriggeblieben. Der Prozeß, der im Jahr 1989 mit dem Zusammenbruch des Leninismus in Osteuropa begonnen hatte, war mit seinem Zusammenbruch im Mutterland zum Abschluß gekommen. Wie ein russischer Kommentator sagte, hatte die Sowjetunion das strukturelle Äquivalent einer totalen Kriegsniederlage erlitten.[21] In Wirklichkeit war es aber noch schlimmer, denn die sowjetische Katastrophe war hausgemacht. Das russische Kaiserreich, das 1914 bereits in einem fortgeschrittenen Zustand des Verfalls gewesen war, hatte trotzdem noch drei Jahre blutigen Kriegs durchmachen müssen, bevor es im Februar 1917 beseitigt wurde. Und die einzigen damit vergleichbaren Zusammenbrüche in diesem Jahrhundert, die der Achsenmächte und Japans 1945, waren durch verheerende militärische Niederlagen bedingt. Daß aber eine scheinbar fortschrittliche Industrienation und internationale Großmacht nach 45 Friedensjahren einfach in Schutt und Asche sinkt, ohne militärische Niederlage und allein aus internen Gründen – das ist in der Geschichte der modernen Welt ein einmaliger Vorgang.

KAPITEL 13

DIE FATALE LOGIK DER UTOPIE

»In my beginning is my end.«

T. S. Eliot, East Coker

»In erster Linie strittig ist nicht die Anwendbarkeit des Totalitarismusmodells auf das stalinistische Rußland ... Strittig ist der Sozialismus. Für einige ist es eine Sache moralischer Dringlichkeit, die Opfer des stalinistischen Terrors mit dem Sozialismus in Verbindung zu bringen; für andere ist es nicht weniger dringlich, den Terror von der Sache des Sozialismus zu trennen und ihn als eine Abirrung darzustellen ... (und dadurch) die Ehre des Sowjetsozialismus zu retten.«

The Russian Review, Artikel über eine Debatte
zum Thema Stalinismus im Jahr 1986

Was ist in Anbetracht der Schutthaufen, die von den vierundsiebzig Jahren des sowjetischen sozialistischen Experiments übriggeblieben sind, aus den klassischen Kategorien geworden, mit denen wir das letzte große utopische Abenteuer der Moderne zu erklären pflegten? Hat die einmalige Art seines Scheiterns neue Fragen aufgeworfen? Und was bedeutet der Zusammenbruch für die Zukunft Rußlands und der anderen kommunistischen Systeme, aber auch für die Zukunft des Sozialismus selbst? Bevor wir diese Frage abschließend beantworten, wollen wir einen Blick auf den Stand der Geschichtsschreibung werfen.

Die Ursachen der Fragilität

Es sind tatsächlich einige neue Fragen aufgetaucht, aber bei näherem Hinsehen lassen sie sich alle auf die alten Debatten über die Reformierbarkeit des Sowjetsystems zurückführen. Diese neuen Fragen konzentrieren sich allerdings nicht mehr auf die Legitimität der Oktoberrevolution, die NÖP-Alternative oder die »Notwendigkeit« Stalins. Statt dessen bündeln sie das Licht, wenn auch jetzt in der Vergangenheit, auf den zentralen Problempunkt, der während der Perestroika selbst diskutiert wurde: Hätten Gorbatschows Reformen Erfolg haben *können?* Das aber ist natürlich nichts als eine andere Formulierung der zentralen, seit Chruschtschow implizit in jeder Debatte über den Sozialismus enthaltenen Frage: Kann ein leninistisches System sich selbst in eine Sozialdemokratie und/oder einen Sozialismus des Marktes umwandeln?

Man sollte meinen, der große Zusammenbruch der Jahre 1989 bis 1991 habe diese Frage ein für allemal beantwortet und gezeigt, daß der Kommunismus nicht reformierbar war, weil er *de facto* an seinem letzten Reformprojekt zugrunde ging. Aber nein: Es wurde der Einwand erhoben, die Tatsache, daß etwas *de facto* nicht geschehen sei, bedeute noch lange nicht, daß es nicht hätte geschehen *können.* Nach den Regeln der abstrakten Logik mag dies zwar richtig sein. Wir aber haben es nicht mit abstrakter Logik zu tun, sondern mit konkreten historischen Ereignissen, und die Lawine kommunistischer Zusammenbrüche in den Jahren 1989 bis 1991 kann uns sicher Aufschlüsse geben über die Logik dieses besonderen Systems.

So sehen wir uns auf die alte Frage nach möglichen Alternativen in der sowjetischen Geschichte zurückverwiesen und müssen erneut den nostalgischen Duft einatmen, mit dem der Gedanke an all die nicht beschrittenen Wege in der sowjetischen Geschichte seit den Zeiten der NÖP behaftet ist. In ihrem neuen Gewand nimmt diese Nostalgie die Form der Behauptung an, der sowjetische Zusammenbruch sei die Folge von Zufällen und Fehlern in den letzten Jahren des Regimes gewesen und stelle somit ein kontingentes Ereignis dar, das hätte abgewendet werden können.[1] Eine andere Art, dasselbe zu behaupten, ist es, wenn man den Zusammenbruch der Sowjetunion nicht als revolutionären Durchbruch interpretiert, wie Jelzin und die Demokraten ihn für sich beanspruchen, sondern als »Übergang zu Demokratie und Marktwirtschaft« und damit als die »evolutionäre« Erfüllung des Reformkommunismus und der Perestroika. Nach den Ereignissen im August nahm Gorbatschow diese Position für sich in Anspruch. In letzter Instanz verweisen uns diese Fragen aber auf das allgemeine Problem von Freiheit und Notwendigkeit, Kontingenz und Determinismus in der Entwicklung dieses Experiments.

Wenn wir uns auf die unmittelbaren Ursachen des Zusammenbruchs beschränken, ist die evolutionäre Perspektive nicht ganz von der Hand zu weisen. Mit diesen unmittelbaren Ursachen haben wir uns in den vorangehenden zwei Kapiteln beschäftigt. Um sie noch einmal zusammenzufassen: Die tiefgreifendste Ursache waren der wirtschaftliche Niedergang und seine Auswirkungen auf den Status der Sowjetunion als Supermacht. Diese Leistungskrise war es, die Gorbatschow zuerst dazu veranlaßte, seine Perestroika zu konzipieren. Die Restrukturierung brachte ihn dann dazu, die Partei anzugreifen und die Risiken von *glasnost* und Demokratisierung einzugehen. Schließlich diskreditierte der wirtschaftliche Niedergang die Behauptungen der Ideologie, und *glasnost* machte es möglich, das auszusprechen. Dadurch büßte das System nicht nur seine Legitimationsgrundlage ein, sondern in letzter Instanz auch seinen Herrschaftswillen. Dieser Umstand ermöglichte wiederum die Revolte der nationalen Minderheiten und den Zusammenbruch der Volksdemokratien. Schließlich müssen als letzter Faktor verschiedene taktische Fehler Gorbatschows genannt werden wie zum Beispiel, daß er die Demokratisierung schneller vorantrieb als die ökonomische Liberalisierung oder daß er sich zum Schluß mit konservativen Gegnern seiner eigenen Reform umgab.

Wenn man aber den sowjetischen Zusammenbruch durch solche unmittelbaren Ursachen erklärt und diese, wie üblich, in eine evolutionäre Perspektive einbettet, so ist das, wie nur zu oft in der älteren Sowjetologie, sowohl ein Modus der Analyse als auch eine politische Stellungnahme. Wie gesagt, diese Herangehensweise liegt auf der Linie der Erwartungen, die die Perestroika weckte – in Wirklichkeit der letzte Atemzug dessen, was Amalrik die »Ideologie des Reformismus« nannte, eine Ideologie, die länger lebte als das System, das hätte reformiert werden sollen. Vielleicht lebte diese Ideologie aber auch nach der Perestroika noch einmal auf, in der Zeit unmittelbar nach dem Zusammenbruch des Kommunismus nämlich, als es darum ging, Jelzins schockartige Konversion zur Marktwirtschaft zu verdammen und auf die Bewahrung so vieler

sozialistischer »Errungenschaften« wie möglich zu drängen: das Staatseigentum, eine starke, zentral gelenkte »Industriepolitik« und ein weitgespanntes soziales Sicherheitsnetz. Manchmal wurde die Solidarität an
der Basis auch als alte russische Tradition dargestellt, ähnlich wie die
Populisten des alten Reichs es getan hatten.

Im post-sowjetischen Kontext kehrte dieser Geist des Reformkommunismus meist unter den beruhigenden Namen »Zentrismus« und »Gradualismus« wieder, worunter man einen vernünftigen mittleren Kurs zwischen
dem diskreditierten Kommunismus und der importierten Ideologie eines
unregulierten Kapitalismus verstand. Kurz gesagt, wurde uns unter diesem
Etikett eine post-kommunistische Version des berühmten »dritten Wegs«
angeboten, der uns seit den dreißiger Jahren begleitet hat und der auch in
dem Kult, den der Westen um »Gorbi« trieb, eine Rolle spielte. Es ist daher
nicht erstaunlich, daß viele frühere Anhänger der Perestroika in Rußland
wie auch im Westen zu Verfechtern des »Zentrismus« wurden und ehemalige Gorbophile ihr Comeback als Jelzinophobe feierten.[2] Erstaunlich ist allerdings, wie wenig der Sturz des Kommunismus an den Grundstrukturen
der Debatte über die Bedeutung des Kommunismus änderte.

Um so dringender muß daher betont werden, daß die unmittelbaren
»Ursachen« für den Zusammenbruch des Kommunismus keine isolierten
oder zufälligen Phänomene waren, deren Wegfall oder Ersetzung durch
andere es der Perestroika erlaubt hätte, das System zu retten. Sie sind
vielmehr Teile eines umfassenden Schematismus, der aus der Natur des
Systems selbst erwuchs. Die Fragen, die nach 1991 den virtuellen Verhei
ßungen der Perestroika galten, erweisen sich daher als gleichartig mit
jenen früheren Fragen nach der Reformierbarkeit des Kommunismus –
was bedeutet, daß sie falsch gestellt sind. Die wirklich neuen Fragen
betreffen die Ursachen für die außerordentliche Schwäche des Kommunismus an seinem Ende, denn der Zusammenbruch der Jahre 1989 bis
1991 war in der Tat erstaunlich: Nichts am Kommunismus verwunderte
die Welt so sehr wie die Art und Weise seines Verschwindens aus der
Geschichte. Eine der beiden Supermächte implodierte, ohne daß ihre
Hüter dem Debakel irgendeinen ernstlichen Widerstand entgegengesetzt
hätten. Die militanteste politische Bewegung der Moderne, die in ihrer
Laufbahn zahlreiche bewaffnete Aufstände und Staatsstreiche von Minderheiten zu verzeichnen hatte, erwies sich am Ende nur noch zu der
jämmerlichen Farce vom August 1991 in der Lage.

Die Erklärung für diese Schwäche liegt in den langfristigen »Strukturfehlern« des sowjetischen Systems, die der Gegenstand des vorliegenden Buchs waren. Um noch einmal zu rekapitulieren: Das Sowjetsystem hatte seine tiefsten Wurzeln in der moralischen Konzeption des Sozialismus als der Erfüllung menschlicher Gleichberechtigung. Diese moralische Konzeption, aus der das System auch seine Rechtfertigung bezog, führte zwingend zu einem praktischen Programm der Unterdrückung jeglicher Quellen der Ungleichheit unter den Menschen: Privatbesitz, Profit, Marktwirtschaft – ein Ensemble von Institutionen, das man als Kapitalismus bezeichnet. Dieses Programm sollte sich, gemäß der Logik der geschichtlichen Entwicklung (die auch die Logik der Demokratie ist), aus sich selbst verwirklichen. Die Geschichte weigerte sich jedoch, es auszuführen, und so mußte es zwangsweise durch den Willen einer neuen und einzigartigen politischen Einrichtung vollstreckt werden: durch den Willen der Partei.

Die dauerhafte Formel des Sowjetsozialismus lautete daher: maximaler oder integraler Sozialismus als angeblicher Kulminationspunkt der Logik der Geschichte plus Diktatur der Partei, wobei die Partei für den angeblich gesalbten Träger der Geschichte, die universale Arbeiterklasse, einsprang. Diese Formel wurde hier in den Ausdruck »ideokratische Parteiherrschaft« zusammengefaßt. Das ganze sowjetische Experiment war dem Aufbau des Sozialismus mit diesem stumpfen Instrument gewidmet und nicht der Modernisierung oder der Entwicklung. Ein solches Unternehmen ist aber in sich unmöglich, weil die primitiven militärischen Mittel der Parteiherrschaft per se das komplexe ideologische Ziel einer effizienten Wirtschaft und einer gerechten, egalitären Gesellschaft nicht verwirklichen können. Unter diesen Umständen konnte sich der Aufbau des Sozialismus nur als eine Mischung aus ideologischer Illusion und brutalem Zwang vollziehen. Und das bedeutet, daß sich das ganze Unternehmen von Anfang an, das heißt seit dem ersten bolschewistischen Versuch, den Verlauf der Geschichte zu bestimmen, auf in sich widersprüchliche Weise entwickelte. Aus dieser »Ursünde«, dem Staatsstreich vom Oktober 1917 und dem 1918 daraus gefolgten Versuch, den Kommunismus mit militärischen Mitteln aufzubauen, flossen alle späteren Zwangsmaßnahmen, von der Revolution von oben der Jahre 1929 bis 1933 über die Säuberungen bis hin zur Restaurierung des Systems in der Nachkriegszeit.

Es muß allerdings unterstrichen werden, daß die hier vorgetragene Argumentation nicht deterministisch ist. Um ein letztes Mal zu rekapitulieren: Die »Logik« der sowjetischen Geschichte, die auf diesen Seiten dargestellt wurde, ist lediglich die eines »Wenn-dann«-Arguments.[3] Anders gesagt: Wenn ein bestimmtes Ereignis im Leben einer Nation erst einmal eingetreten ist, sind einige Wege der Entwicklung dadurch verschlossen, und nur eine gewisse Zahl von Möglichkeiten erscheint noch gangbar. So hätte sich Rußland 1917 zu einer konstitutionellen Demokratie entwickeln können (eine Option, die wie im Westen einen »weichen« sozialistischen Wohlfahrtsstaat eingeschlossen hätte), aber auch die Wege zum nationalen Autoritarismus und zur kommunistischen Diktatur standen offen. Als die »sozialistische Wahl« (wie Gorbatschow sagte) aber einmal getroffen war, gab es nur noch wenige Optionen, die möglich erschienen – das heißt möglich, ohne das System aufzugeben. Diese Einschränkung wurde auf den vorangehenden Seiten der »genetische Code« des Kommunismus genannt. Das bedeutet insbesondere, daß unter den Voraussetzungen des integralen Sozialismus als bolschewistischem Ziel und der Diktatur der Partei das Regime nur noch solche Programme akzeptieren konnte, die sowohl dem Kapitalismus ein Ende setzten als auch das Machtmonopol der Partei unangetastet ließen. Alles andere hätte die im Oktober getroffene nationale Entscheidung zunichte gemacht.

In der Praxis bedeutete dieser Kurs eine permanente Revolution von oben. Wenn ein solches Regiment aber zu eisern befolgt wird, kann es zur Zerstörung des Landes führen und damit auch das Regime bedrohen. Deswegen muß es durch periodische Rückgriffe auf irgendeine Art von NÖP gemäßigt werden, was dann das Muster der Alternation zwischen »hartem« und »weichem« Kommunismus ergibt. Auch der weiche Kommunismus darf aber nicht endgültig den Sieg davontragen, denn auch er würde das Land zerstören. Deswegen waren auch Bucharin und die NÖP niemals eine echte Alternative zu Kriegskommunismus und Stalinismus. Die wahre Alternative für ein System, das auf der leninistischen Entscheidung basierte, war entweder ungefähr das zu tun, was Stalin tat (und daran dann auch unnachgiebig festzuhalten), oder aber das ganze System aufzugeben; und genau dahin führte Gorbatschows Neuauflage Bucharins in den Jahren 1989 bis 1991. Bucharin und die NÖP waren nie mehr als die ewige – und notwendig tröstliche – Illusion, es sei möglich, die *contradictio in adjecto* zu verwirklichen: den demokratischen Kommunismus oder den »Sozialismus mit menschlichem Gesicht«.

Aber eine Revolution von oben kann nicht unbegrenzt aufrechterhalten werden. Nach einem anfänglichen Ausbruch wirtschaftlicher Expansion unter Stalin brachte der Kommunismus immer kleiner werdende Erträge. Gleichzeitig machten die brutalen Maßnahmen des praktischen Programms die ursprüngliche moralische Inspiration des Systems unglaubwürdig. So verwandelte sich nach dem Aufbau des Sozialismus in den dreißiger Jahren der Mythos, auf den er gegründet war, in die Lüge. Dann löste sich zwischen wirtschaftlichem Niedergang und moralischem Scheitern in den langen Jahren nach Stalin die ideologische Glaubwürdigkeit des Regimes in Luft auf, und ohne die Stütze der Ideologie erlahmte auch der Herrschaftswille der Partei. Zu Gorbatschows Zeit erlaubte das einer entstehenden Zivilgesellschaft, die Hegemonie der Partei anzutasten. Als der Apparat dann im August seinen unvermeidlichen Versuch machte, die Reformen zurückzudrängen, erlitt er eine jämmerliche Niederlage, und die ganze marode Struktur brach in drei Tagen zusammen, weil alle ihre tragenden Teile gleichzeitig nachgaben. Denn es war immer nur eine Frage der Zeit gewesen, wann die inneren Widersprüche des unmöglichen Unternehmens »Aufbau des Sozialismus« zur totalen Diskreditierung und damit zum plötzlichen Zusammenbruch des Systems führen würden. Wenn der Kommunismus am Schluß wie ein Kartenhaus in sich zusammenfiel, so lag das daran, daß er nie mehr als ein Kartenhaus gewesen war.

Kurz und gut, es gibt keinen Sozialismus – und die Sowjetunion hatte versucht, ihn aufzubauen. Als ihre verheerende Unfähigkeit zum wirtschaftlichen Wettbewerb dieses Paradox schließlich deutlich machte, erwies sich die ganze institutionalisierte Phantasie vom »real existierenden Marxismus« als nichts als heiße Luft. Die »Surrealität« des Sowjetsozialismus hörte auf, und Rußland erwachte wie aus einem bösen Traum inmitten der Trümmer einer nunmehr siebzigjährigen Katastrophe.[4] Mit Rußland erwachte der Rest der Welt aus der morbiden Faszination der Oktoberrevolution, die unser kurzes zwanzigstes Jahrhundert beherrscht hat.

Trotzdem haftet der Augustrevolution von 1991 etwas Unvollständiges an, und es ist vielleicht kein Zufall, daß die Ausdrücke »Putsch« oder »gescheiterter Staatsstreich« niemals durch das angemessenere Wort »Re-

volution« ersetzt worden sind und daß Jelzins revolutionärer Wechsel zu
Marktwirtschaft und Privatisierung hartnäckig als »Reform« bezeichnet
wird, als wenn Jelzin ein zweiter Gorbatschow wäre. Das Jahr 1991 war
zwar deutlich ein weniger scharfer Einschnitt als die Jahre 1917 oder
1789, aber dann gibt es in der modernen Geschichte überhaupt nur zwei
solche tektonischen Daten. Welchen Wert hat also der August 1991 auf
der revolutionären Richterskala?

Auf seiten der Evolution kann man geltend machen, daß der Aufwand
an Gewalt in der Tat minimal war, daß die alten Akteure auch nach der
Sintflut noch da waren – viele sogar in ihren früheren Ämtern – und daß
die wesentlichen Veränderungen auf der Ebene der Institutionen wie im
Bereich der Mentalitäten sich bereits 1989 und 1990 vollzogen haben und
nicht erst im Gefolge der August-Ereignisse. Soweit ist alles richtig. Wenn
wir aber einen Schritt weitergehen, sehen wir, daß 1991 die Kommunistische Partei zerstört und eine Supermacht in Schutt und Asche gelegt
wurde; der »Sozialismus« wurde von der ersten sozialistischen Gesellschaft der Welt zugunsten des Wiederaufbaus des »Kapitalismus« abgeschafft, und die dauerhafteste Ideologie des 20. Jahrhunderts, die Pseudo-
religion und Pseudowissenschaft des Marxismus-Leninismus löste sich in
Luft auf. Nichts von alledem hätte sich als stufenweiser Prozeß und ohne
die August-Ereignisse vollziehen können; eine Kraftprobe zwischen den
Trägern der alten Ordnung und denen der neuen war nötig, damit der
»Übergang« stattfinden konnte.

Dem normalen Sprachgebrauch zufolge muß man dies eine Revolution nennen. Alles in allem wurden die elementaren Bestandteile des
sowjetischen Systems – die Partei, der Plan, die Polizei und die Union –
nicht umgewandelt, sondern abgeschafft, und das in der kurzen Spanne
von drei Monaten nach den August-Ereignissen. Zu behaupten, diese
Zerstörung sei eine Evolution gewesen, wäre etwa gleichbedeutend damit,
die Abschaffung des Absolutismus im Jahr 1789 eine Evolution zu nennen, weil Louis XVI. die Generalstände einberief und dann noch bis 1792
auf dem Thron blieb. Wie Gorbatschow als Befreier Rußlands gefeiert
wurde, müßte man in Louis XVI. dann auch den »Befreier« Frankreichs
sehen. (Und tatsächlich wurde er in den ersten beiden Jahren nach dem
Sturm auf die Bastille auch so genannt. Scheinbar wird die wahre
Bedeutung welthistorischer Daten erst mit der Zeit erkennbar.)

Trotzdem unterscheidet sich die revolutionäre Überwindung des Kommunismus in den Jahren 1989 bis 1991 in einem wesentlichen Punkt von anderen Revolutionen. Auch wenn der Begriff Revolution nicht nur eine einzige, festgelegte Bedeutung hat[5], so impliziert er doch zumeist die Vorstellung von einem Durchbruch bereits ausgeformter, lebendiger Kräfte durch die dünn gewordene Schale einer unzeitgemäß gewordenen Macht: Im England der Jahre 1640 und 1688 war das Parlament eine solche Kraft; in Britisch-Nordamerika gab es 1776 bereits dreizehn selbstbestimmte Kolonien, und wenige Jahre später in Frankreich war es ein dynamischer Dritter Stand, der glaubwürdig von sich behaupten konnte, er sei – in den Worten des Abbé Sieyès – die ganze Nation. Und in allen drei Fällen wurden die neuen Kräfte durch Männer von Format und von Vermögen unterstützt. Im Fall des Kommunismus dagegen war die Schale zwar brüchig geworden, aber es gab keine ausgeformten, strukturierten Kräfte, die die Macht hätten übernehmen können, weder auf politischer noch auf wirtschaftlicher noch auf gesellschaftlicher Ebene.

Deswegen handelte es sich bei der anti-sowjetischen Revolution vom August nicht um einen Durchbruch, sondern um eine Implosion, und die Kraft, die die Macht übernahm, war eine relativ unstrukturierte »Zivilgesellschaft« aus früheren Dissidenten, ideologischen Demokraten und geistigen Führern. In marxistischer Terminologie gesprochen, bildeten sie einen Überbau ohne Basis: Sie verfügten weder über materielle Machtmittel noch über Besitz, denn beides wurde noch von der Nomenklatura kontrolliert – der real existierende Sozialismus hatte die Gesellschaft nur allzu erfolgreich pulverisiert. Dieselbe Substanzlosigkeit der Zivilgesellschaft finden wir bei den nicht minder schwachen, ethnisch-territorialen Einheiten der früheren »Republiken«. Zwar sah das Programm der Demokraten überall in der früheren Sowjetunion den Aufbau einer »normalen« Gesellschaft mit demokratischem Mehrparteiensystem und Marktwirtschaft vor, aber die Implosion ließ sie weitgehend ohne die Mittel zurück, dieses Programm auszuführen. Das Vermächtnis von vierundsiebzig Jahren kommunistischer »Entwicklung« war nicht »Modernisierung«, sondern ein großer institutioneller Schutthaufen.

DIE LIST DER UTOPIE

Die vertrackte Logik dieses Ergebnisses hat viel mit der Logik des integralen Sozialismus selbst zu tun.[6] Dieser Aspekt der sowjetischen Katastrophe wird aber selten untersucht, weil die Anziehungskraft der sozialistischen Idee immer noch nicht erloschen ist. Das Problem besteht darin, zu erklären, wie der Sozialismus zu so schlechten Ergebnissen führen konnte, wo er doch den »noblen Traum« menschlicher Gleichheit und Brüderlichkeit erfüllen sollte. *Ein* Lösungsversuch schreibt die schlechten Ergebnisse entweder der Rückständigkeit Rußlands oder dem Erbe Iwans IV. oder dem Scheitern der Revolution im Westen zu, die dem Bolschewismus hätte zu Hilfe kommen müssen, und hält den Sozialismus im übrigen eines zweiten Versuchs für wert. Eine andere »Erklärung« besagt, der sowjetische Kommunismus sei kein ursprünglicher Sozialismus mehr gewesen, denn die authentische Version des Sozialismus sei *per definitionem* demokratisch.[7]

Um es deutlich zu sagen: Beide »Lösungen« stellen nichts als billige Ausflüchte dar, und es ist Zeit, der traurigen Wahrheit ins Gesicht zu sehen. Wenn wir näher betrachten, was Sozialismus im Kern bedeutet, so finden wir die wahre Antwort auf das falsche Paradox von guten Absichten und schlechten Resultaten. Sie lautet, daß das sowjetische Experiment totalitär wurde, nicht *obwohl,* sondern *weil* es sozialistisch war. Denn der Sozialismus, in der integralen oder maximalen Bedeutung, die der Begriff für Marx und die gesamte Zweite Internationale hatte, ist die ideale Formel für Totalitarismus. Die Unterdrückung des »Kapitalismus« in Form von Privatbesitz, Profit und freiem Markt bedeutet die Beseitigung der bürgerlichen Gesellschaft und die Verstaatlichung aller Aspekte des Lebens; und da eine so unnatürliche Ordnung nicht von selbst entsteht, bedarf sie gleichzeitig des institutionalisierten Zwangs von seiten der Partei.

Um die Dinge auf den einfachsten Nenner zu bringen: Volle sozialistische Nationalisierung muß, da sie die gesamte wirtschaftliche und politische Macht in einer Hand konzentriert, unausweichlich zu monströsen Verbrechen gegen das Individuum und gegen das gesamte Volk führen. Obwohl Stalin die Spitze dieser Entwicklung darstellte, hielt sich das leninistische Gesetz primitiver sozialistischer Machtakkumulation bis zum Ende des Regimes. Die Vorstellung, daß unter Stalins Nachfolgern die parteistaatliche Bürokratie, örtliche Partei-»Präfekten« und professionelle »Interessengruppen« das funktionale Äquivalent zu einer normalen Gesellschaft mit vielfältigen Machtzentren dargestellt hätten, ist nichts als sozialwissenschaftliches »doublethink«.

In diesem institutionellen Kontext macht dann der anfängliche »noble Traum« die Dinge nur noch schlimmer, denn er hat den widersinnigen Effekt, die Zwangsmaßnahmen zu erweitern und zu legitimieren. Dieses grausame Paradox sollte wirklich nicht so schwer zu begreifen sein – oder, um noch einmal Hegels List der Vernunft zu zitieren: Es ist nicht mehr als eine Volksweisheit, daß der Weg zur Hölle mit guten Vorsätzen gepflastert ist.

Die guten Vorsätze des Sozialismus trugen dazu bei, den sowjetischen Totalitarismus zum schlimmsten und langlebigsten des ganzen zwanzigsten Jahrhunderts zu machen. Der Nationalsozialismus war nach zwölf Jahren vorüber, und auch der italienische Faschismus hielt sich nicht länger als 22 Jahre. Die unterschiedliche Lebensdauer der roten und der schwarzbraunen Diktatur verdankt sich zwar teilweise dem Zufall, denn die letztere wurde durch Niederlagen im Krieg beseitigt. Dieser »Zufall« hat indes strukturelle Gründe, die in der sehr verschiedenen Natur der beiden Typen von Totalitarismus wurzeln. Denn die zentraleuropäischen Diktaturen wurden geschaffen, um den Konflikt fortzusetzen, der 1918 unter Bedingungen beendet worden war, die beide Regime als für sich unakzeptabel betrachteten.

Weder die Nazis noch die italienischen Faschisten konnten sich eine so verheerende interne Revolution leisten wie Stalin und dennoch bereit sein für ihren geplanten Rachefeldzug; und in Hitlers Fall mußte dieser Feldzug im Jahr 1939, etwa zur Zeit seines 50. Geburtstags, beginnen, wenn er dessen Ende noch erleben wollte. Deswegen schuf keines dieser Regime interne Strukturen, die auch nur annähernd so totalitär gewesen wären wie die der Sowjetunion: Die Industrie wurde nicht verstaatlicht, und der Markt wurde nicht unterdrückt, sondern nur dem »Befehl« und der Kontrolle des Staats unterworfen. Und auch wenn die Gesellschaft durch die wohlbekannte Rücksichtslosigkeit des Staats eingeschüchtert wurde, so richtete sich der aktive Terror doch nur gegen einen kleinen Teil der Bevölkerung. Hitler säuberte das Land von dem, was er für nicht nationale Elemente hielt – Juden, Kommunisten und Sozialdemokraten;

aber im übrigen wurde die Gesellschaft einfach gleichgeschaltet* und für den bevorstehenden Krieg indoktriniert. (Hätte Hitler den Krieg gewonnen, so hätte er Deutschland zweifellos auch im Innern revolutioniert, aber das war nicht seine wichtigste Absicht.) Mussolini dagegen machte Italien zu etwas, was er zwar selbst für eine »totale« Ordnung hielt, aber neben den Leistungen Moskaus (und Hitlers) weitgehend verblaßte. Außerdem – überflüssig, es zu betonen – kosteten der sowjetische Terror und der Gulag ein Vielfaches der Opfer sämtlicher Konzentrationslager Hitlers. Zumindest ist es das, was unterm Strich herauskommt, wenn wir beide Totalitarismen empirisch vergleichen.

Das aber tun wir natürlich selten, weil die Ideologien, in die sich die beiden Systemtypen einhüllten, so stark voneinander abweichen und weil wir auf diese Ideologien unterschiedlich reagieren. Ein erster Unterschied zwischen den beiden Systemtypen ist, daß keiner der westlichen Totalitarismen einen so phantasmatischen intellektuellen Nebel erzeugte wie der Marxismus-Leninismus. Sowohl die Nazis als auch die italienischen Faschisten appellierten an die eher rohen Kräfte populistischer Intuition, wie sie aus dem romantischen Nationalismus in Kombination mit Sozialdarwinismus überliefert waren, während die Sowjets auf die rationalistischen Kategorien der Aufklärung setzten, so, wie die deutsche dialektische Tradition sie weitergegeben hatte. Aber, wie Dostojewski an Tschernyschewski, dem Helden Lenins, gezeigt hat, bedeutet Aufklärung nicht nur Licht. Sie trägt ein doppeltes Gesicht, und ihre dunkle Seite ist um so dunkler, als sie die universalen Ansprüche ihres helleren Gegenstücks teilt.

Der Anspruch auf Universalität enthüllt den letzten und wichtigsten Unterschied zwischen den beiden Totalitarismen. Die nationalistischen Totalitarismen waren von Natur aus exklusiv. Sie konnten daher nicht über die Grenzen ihrer wechselseitigen Länder hinausgreifen und machten in der Tat alle anderen Länder zu ihren potentiellen Feinden. Auch wenn Mussolini und Hitler Bündnisse mit ähnlich nationalautoritären Regimen eingingen, so bleibt doch »Nationalisten aller Länder, vereinigt euch!« ein nicht gut möglicher Slogan. Die Botschaft des von der Aufklärung abgeleiteten Sowjetsozialismus dagegen war von Natur aus inklusiv und daher an die ganze Menschheit gerichtet, denn die Ideale der Ver-

* im Orig. deutsch.

nunft und der egalitären Demokratie haben nichts spezifisch Russisches
an sich, sondern sind sowohl in ihrer Reichweite als auch in ihrer
Anwendung universal. Und da ein großer Teil der Linken und der Mitte
in anderen Ländern denselben Idealen anhängt, ist man mit dem sowjetischen Totalitarismus stets nachsichtiger umgegangen als mit seinen
Rivalen.

Die feste Verankerung der Sowjets auf der Linken hielt sie allerdings
nicht davon ab, auch ihrerseits die nationale Karte zu spielen – wenn
auch mehr im Hausgebrauch, während sie den Rest der Welt mit ihrem
»proletarischen Internationalismus« täuschten. Auf diese Weise endete
auch die Sowjetunion schließlich in einer Art von Nationalsozialismus,
und in dieser einen Hinsicht war sie den Totalitarismen der revolutionären Rechten ähnlich. Was die Fähigkeit zu nationaler Mobilmachung
anging, übertraf sie die Leistungen der Rechten sogar, denn unter Stalin
verschmolz sie die Glorifizierung des Vaterlands mit der Konsolidierung
des Sozialismus. Das ist ein einleuchtender Grund, warum nach 1991 die
Erben des Sowjetsozialismus die »Rotbraunen« genannt werden konnten.

Die Konvergenz des Sowjetsozialismus mit der revolutionären Rechten
war möglich, weil diese ausgesprochen wenig mit der traditionellen,
antirevolutionären Rechten zu tun hatte, sei diese nun aus dem alten
Reich oder aus dem modernen »Kapitalismus« hervorgegangen – wenn
»Rechte« für die neuen Nationalrevolutionäre überhaupt der passende
Ausdruck ist. Der Faschismus war eine radikale, nivellierende, degradie-
rende und normalerweise heidnische Bewegung und daher feindlich
gegenüber der alten konservativen, elitären und für gewöhnlich klerika-
len Rechten. Daher war es nicht unlogisch, daß der Faschismus sich den
Namen der Linken für das Nonplusultra an demokratischer Nivellierung
zulegte: den Namen des Sozialismus. Es ist sicher kein Zufall, daß
Mussolini zunächst Führer der italienischen Sozialisten war und daß
Hitler die Mobilisierungstechniken und den Namen seiner kommunistischen und sozialdemokratischen Rivalen seinen Zwecken anpaßte.

Trotz unserer Gewohnheit, die nationale und die soziale Revolution des
zwanzigsten Jahrhunderts als polare Gegensätze zu sehen, vermag ihre
Verbindung nicht zu erstaunen, wenn man daran denkt, daß der moderne
Nationalismus ebenso wie der Sozialismus ein Produkt der egalitären
Demokratie ist. Als die Französische Revolution die Politik auf die

Grundlage der Volkssouveränität stellte, transformierte sie die hierarchisch nach Ständen geordnete Welt des Ancien régime in eine einförmige Masse gleichberechtigter Bürger und schuf dadurch den populistischen Nationalstaat. In dieser einheitlichen Gemeinschaft bildete die allgemeine Wehrpflicht das logische Gegenstück zum allgemeinen Wahlrecht: Während im Ancien régime Armeen aus adligen Offizieren und Söldnern bestanden und die Kriege dementsprechend begrenzt waren, bildeten sich in der demokratischen Republik Heere zum ersten Mal aus einer *levée en masse*, und die Kriegführung begann, total zu werden.

Dieser zweite, militärische Aspekt der modernen Demokratie ist es, der die Massenheere und die außerordentlichen Verwüstungen des Ersten Weltkriegs möglich machte. (Die Fortschritte der Waffentechnologie waren bei dieser Entwicklung nur ein sekundärer Faktor.) Und dieser zweite Aspekt der Demokratie ist es auch, den die Nationalrevolutionäre Zentraleuropas ins Zentrum ihres Unternehmens stellten, denn ihr Ziel war es, den Krieg wiederaufzunehmen und zu gewinnen. Der militärische Aspekt der Massendemokratie brachte auch die beiden rivalisierenden Typen des modernen Totalitarismus hervor. So gebar unser kurzes zwanzigstes Jahrhundert zwei Degenerationsformen der egalitären Demokratie, die sich ihrer Logik gemäß in der ihnen gemeinsamen Verherrlichung von Kampf und Stärke und in ihrer Verachtung für die Herrschaft des Gesetzes trafen.

Allerdings betrieben die beiden Totalitarismen den Kult des Kampfes auf verschiedene Weise. Der nationale Kampf des Faschismus war ein darwinistischer Wettstreit, in dem der Stärkste überlebte; deswegen pries der Faschismus lediglich brutale Gewalt und proklamierte das Recht des Siegers, den Besiegten total zu unterwerfen. Der gesellschaftliche Klassenkampf des Sozialismus dagegen sollte die Abschaffung aller Klassen, die volle Humanisierung des Menschen und die Einheit der Arten im Sozialismus herbeiführen, ein Endziel, das allerdings auch er in Form eines totalen Kriegs verfolgte. Die Diktatur des Proletariats machte aber den Kult der Stärke, der eigentlich nur Mittel sein sollte, zum Selbstzweck, und der »real existierende« Sozialismus bedeutete daher nicht die Emanzipation des Menschen, sondern die Perpetuierung der Parteimacht. Und so endete die Sehnsucht nach der Utopie in einer Tragödie.

Es ist eine Weisheit so alt wie Aristoteles, daß die Tragödie nicht im schlechterdings Bösen ihren Kern hat, sondern in der Perversion des

Guten. Das höchste soziale Gut der Moderne war die Demokratie, in den vielfältigen Bedeutungen des Wortes, die auf diesen Seiten beschrieben wurden. *Eine* Perversion dieses Guten war der spaltende und aggressive Nationalismus. Dieser ist aber nur eine krude und offensichtliche Form des Abfalls von den demokratischen Grundwerten der absoluten Würde, ja der Unantastbarkeit aller Menschenwesen, von Kants Vorstellung der vernünftigen Individuen, die jederzeit als Zweck, nicht als Mittel zu betrachten seien, und von Hegels Vorstellung des Sklaven, der zum Bürger wird.

Die Perversion des internationalen Sozialismus ist eine subtilere Angelegenheit. Der Sozialismus war als das *summum bonum* der egalitären Demokratie konzipiert, und doch brachte seine sowjetische Anwendung den schlimmsten und dauerhaftesten modernen Totalitarismus hervor. Mehr noch, sein Bekenntnis zu humanitären Zielen verhüllte jahrzehntelang für den größten Teil der Menschheit seine wahre Natur. Deswegen nahm die sowjetische Perversion des demokratisch Guten die äußerst grausame Form einer Entmenschlichung des Menschen im Namen einer schließlichen Humanisierung der Menschheit an. So entwickelte sich die sowjetische sozialistische Tragödie siebzig Jahre lang unter dem Zeichen des Paradoxes, daß es eines großen Ideals bedarf, um ein großes Verbrechen zu begehen.

Die Tragödie vollzog sich in drei Akten, die ihre Grundstruktur bestimmten: von Marx über Lenin bis hin zu Stalin. Marx' Vorstellung vom Sozialismus als Antikapitalismus hätte von der unentrinnbaren Logik der Geschichte selbst verwirklicht werden sollen – wenngleich es auch hier einer gewaltsamen Revolution als »Lokomotive« bedurfte. Die Sozialdemokratie der Zweiten Internationale hängte naturgemäß die soziale Logik vor die politische Lokomotive und verfehlte es so, den Kapitalismus zu transzendieren oder den Ersten Weltkrieg zu verhindern. Anschließend reduzierte der Friede die Ambitionen der alten Internationale-Parteien auf wohlfahrtsstaatlichen Reformismus – das ist alles, was der Terminus »Sozialdemokratie« heute noch meint und das einzige zivilisierte Ergebnis des Marxismus. Aber der Krieg ließ den ursprünglichen, maximalistischen Marxismus noch bezwingender erscheinen, und gleichzeitig gab er Lenin die Gelegenheit, die Lokomotive der Revolution, in Gestalt des Herrschaftswillens der Partei, vor die Logik der Geschichte zu spannen. Trotz dieser Inversion der Marxschen Prioritäten gelang es indes auch Lenins Kriegskommunismus wie schon vor ihm der Sozialdemokratie nicht, den Kapitalismus zu überwinden. Die Versuchung, auf die Logik der Geschichte zu vertrauen, erwachte in Lenins Partei erst wieder mit Bucharins quasi-sozialdemokratischer Hoffnung, »auf dem Weg über den Markt in den Sozialismus hineinzuwachsen«. Als dieser Kurs indes drohte, die Partei-Lokomotive auf »Schneckentempo« abzubremsen, kehrte Stalin zum vollen Leninismus zurück und befahl »volle Kraft voraus«. Er wollte die Verwirklichung des Sozialismus in fünf Jahren, und er setzte das ganze Maß an Gewalt ein, das erforderlich war, um das ursprüngliche marxistische Ziel des vollständigen Nichtkapitalismus zu erreichen. Auf diese Weise wurde die Logik der Geschichte restlos durch die Lokomotive der Parteiherrschaft ersetzt. Die Entwicklung der sowjetischen Tragödie erschien daher als konstante Herabsetzung, als »Verrohung« sowohl des sozialistischen Ideals als auch der Marxschen Logik, und als Degradierung einer dem Anspruch nach egalitären Ideokratie zu einer krassen Parteiendiktatur.

Aber dieses Ergebnis war keinesfalls ein »Verrat«. In ihm erfüllte sich vielmehr die fatale Logik einer unmöglichen Utopie. Denn all die Jahre hindurch gab es niemals einen »dritten Weg«, der zum integralen Sozialismus als Nichtkapitalismus geführt hätte und der trotzdem demokratisch gewesen wäre. Zu jedem Zeitpunkt der Eskalation des Dramas gab es nur eine Alternative, nämlich das marxistische Phantasma zugunsten eines Wohlfahrtsstaats aufzugeben, den der »Kapitalismus« auf weniger schmerzhafte Weise und sehr viel effizienter herstellen konnte. Die schreckliche Wahrheit des Experiments besteht darin, daß das integrale marxistische Programm nur mit leninistischen Mitteln verwirklicht werden konnte und daß die leninistischen Mittel ihren sozialistischen Zweck nur durch stalinistische Methoden erreichen konnten.

Und Rußlands Beitrag zu diesem Drama? Seine Rolle bestand kaum darin, das Experiment zu pervertieren, wie eine bequeme Sündenbock-Theorie der Geschichte es haben will. Eher versorgte Rußland das Experiment mit einer sozialen *tabula rasa* in Form einer bürgerlichen Gesellschaft, die durch den Krieg zerstört war, und schuf dadurch ein Machtvakuum, das es der Partei erlaubte, ihr Phantasma zu verwirklichen. Trotzdem war dieser Beitrag eine zwar notwendige, aber doch nicht hinreichende Bedingung für das kommunistische Abenteuer. Das russische Chaos allein hätte genausogut einen nationalen Autoritarismus von lediglich regionaler Bedeutung hervorbringen können. Der ideologische Sozialismus erst erwies sich als hinreichende Bedingung, die welthistorische sowjetische Tragödie auszulösen. Nirgendwo außerhalb des Hauses von Marx hätte sich etwas so Tödliches wie die leninistische Orestie abspielen können.

EPILOG

DAS VERMÄCHTNIS

»Deine Dörfer sind arm,
Heimat Rußland, und
deine Felder sind kümmerlich.
Ein Land des Leidens bist du – Bauernland.«

Fjodor Tjutschew (1855)

»Die stufenweise Entwicklung der Gleichheit der gesellschaftlichen Bedingungen ist also ein von der Vorsehung gewolltes Ereignis, denn sie hat dessen wesentliche Merkmale: sie ist allgemein, sie ist beständig, und sie entzieht sich immer neu der menschlichen Einwirkung; alle Begebenheiten und alle Menschen dienen der Entwicklung der Gleichheit.
Kann man wirklich annehmen, eine so weit ausholende gesellschaftliche Bewegung sei durch die Anstrengungen einer Generation aufzuhalten? Meint man, die Demokratie werde, nachdem sie das Feudalsystem zerstört und die Könige überwunden hat, bei den Bürgern und den Reichen zögern? Wird sie jetzt einhalten, da sie so stark geworden ist, ihre Gegner so schwach?«

Alexis de Tocqueville (1838)

RUSSLAND NACH DEM ENDE DES SOZIALISMUS

Das Ende des »real existierenden Sozialismus« 1989 in Zentraleuropa und 1991 in Rußland entfesselte in den betroffenen Ländern und in der übrigen Welt eine ähnliche Woge der Euphorie wie der »Völkerfrühling« von 1848. Im Osten glaubten die Menschen, sie könnten jetzt endlich in

588   EPILOG

einer »normalen Gesellschaft« leben, worunter sie nicht nur westlichen
Wohlstand verstanden – obwohl sie natürlich auch daran dachten –,
sondern ein Leben ohne die Verrenkungen einer allgegenwärtigen politischen Ideologie. Der Westen dagegen triumphierte, weil er glaubte, es
zeige sich nun endlich die universale Überlegenheit der liberalen, marktwirtschaftlich orientierten Demokratie. In Zentraleuropa währte die Euphorie etwa eineinhalb Jahre, in der früheren Sowjetunion noch nicht
einmal ein halbes Jahr, und der Westen geriet schnell in Alarmbereitschaft. Der Kommunismus war noch nicht richtig begraben, da war schon
von einer drohenden faschistischen Zukunft die Rede – einem »russischen
Weimar«, wie der neue Slogan lautete.

Und in der Tat türmten sich die Probleme in der ganzen ehemals
kommunistischen Welt bis zum Himmel: Die Wirtschaftslage verschlechterte sich, in einigen Gebieten brachen blutige ethnische Konflikte aus,
und die Bevölkerung wurde durch Inflation, wachsende Gesetzlosigkeit
und allgemeine Orientierungslosigkeit verunsichert. Wie im Westen
schwanden auch hier die Triumphgefühle dahin, als deutlich wurde, daß
ein nahtloser »Übergang zur Demokratie« nicht möglich war und daß,
wie immer der Wandel schließlich aussähe, er den Westen eine Menge
Geld und Kopfschmerzen kosten würde. Sogar Ostdeutschland, von dem
man anfangs gedacht hatte, es ließe sich von allen Gebieten noch am
leichtesten wiederbeleben, erwies sich als eine solche Bürde, daß es in
Westdeutschland eine Rezession auslöste. Bald wurde deutlich, daß das
Ende des Kalten Krieges keine »Friedensdividende« abwerfen würde,
sondern im Gegenteil die Welt mit neuen, erschreckenden Möglichkeiten
nuklearer Bedrohung zurückgelassen hatte.[1]

So war man zwar in Ost und West überrascht, aber in Anbetracht
dessen, was der wahre Sozialismus seinerzeit gewesen war, hätte man es
eigentlich nicht sein dürfen. Der Sowjetsozialismus war ein monolithi-
sches System gewesen, in dem alles, von der Partei über den Plan bis hin
zur politischen Polizei, strukturell miteinander verbunden war. Es war
also nur zu erwarten, daß ein totales System auch total zusammenbrechen und damit ein totales Problem zurücklassen würde: Die Partei
versank in administrativer Anarchie, der Plan löste sich beinahe ganz in
Tauschhandel auf, und die Union zerbrach in zahlreiche, miteinander
konkurrierende nationale Souveränitäten – und all dies geschah gleichzeitig. Um unter einem derartig universalen »Trümmerhaufen«, wie Sol-

shenizyn sagte, hervorzukriechen, muß man alles zugleich tun und schafft auf diese Weise eine unmögliche Situation, in der logisch gesehen alles *zuerst* getan werden muß. Das ist die historische Besonderheit der anti-sozialistischen Revolution durch Implosion (anstelle von Durchbruch) und damit die Quelle der Unklarheit, die den revolutionären Status der Ereignisse vom August 1991 umgibt. Die Logik des Systems lebte weiter jenseits des Grabes.

Dieses Dilemma ist auch der Sinn eines vielzitierten Witzes, der auf das Sowjetsystem so ausnahmslos anwendbar ist, daß er abwechselnd Lech Walesa und dem russischen Humoristen Michail Shwanetski zugeschrieben wird: Es ist leicht, aus einem Aquarium Fischsuppe zu machen, aber es hat noch niemand einen Weg gefunden, die Fischsuppe wieder in ein Aquarium zu verwandeln. Im Jahr 1918 machte Lenin die russische Gesellschaft innerhalb von acht Monaten Kriegskommunismus zu einem marktlosen, gesetzlosen Püree; Boris Jelzin – und seine Nachfolger – werden eine Generation brauchen, um Rußland wieder in ein lebendiges, bewohnbares Aquarium umzugestalten. Eine solche Situation und eine solche Scherzaufgabe sind in der Weltgeschichte ohne Vorläufer, und niemand kennt das Rezept für den Rückweg. Die Russen werden, während sie noch in der Suppe schwimmen, ihre Rückkehr zu einer »normalen Gesellschaft« improvisieren müssen. Und die übrige Welt sollte sich auf einen langen Fischzug gefaßt machen.

Die Natur dieser »normalen« Gesellschaft wird gewöhnlich als »marktwirtschaftliche Demokratie« definiert (ein Ausdruck, der vermutlich jeden Ökonomen von Smith bis Keynes und jeden Verfechter der Demokratie von Jefferson bis Wilson erstaunt haben würde: Es bedurfte erst des sowjetischen Zusammenbruchs, um ihm einen Sinn zu geben). Der Übergang zu einer solchen Gesellschaft ist wahrscheinlich heute für Rußland schwerer, als er 1914 gewesen wäre.

Die historische Erfahrung zeigt, daß es sehr viel komplizierter ist, die Myriaden von Institutionen zu schaffen, die eine entwickelte Marktwirtschaft ausmachen, als eine politische Demokratie zu errichten. 1914 verfügte Rußland bereits über die Grundvoraussetzungen einer marktwirtschaftlichen Gesellschaft; diesen ein konstitutionelles Regime hinzuzufügen wäre keine unlösbare Aufgabe gewesen, sofern es gelungen wäre, den revolutionären Bruch mit der Autokratie erfolgreich einzudämmen. Das Haupthindernis für einen erfolgreichen Übergang war, wie gesagt[2], die soziologische Unreife Rußlands im Jahr 1914, insbesondere das große Übergewicht einer Bauernschaft, die weitgehend weder über Privatbesitz verfügte noch über einen entwickelten Sinn für modernes Zivilrecht. Zusammen mit den kriegsbedingten Zerstörungen ist es dieser Faktor, der die Entstehung einer marktwirtschaftlich orientierten Zivilgesellschaft in Rußland verhinderte und es den Bolschewiki erlaubte, die Macht zu ergreifen.

Nach 1991 steht Rußland jedoch einer Reihe von sehr viel größeren inneren Problemen gegenüber, obwohl es diesmal glücklicherweise nicht unter dem Druck internationaler Konflikte zu leiden hat. Das Land muß gleichzeitig eine liberale Wirtschaftsordnung und eine politische Demokratie aufbauen; dazu kommt noch die Errichtung eines russischen Nationalstaats. Man sollte nicht vergessen, daß ein Verband wie die russische Föderation vor dem Zusammenbruch des Kommunismus im Jahr 1991 nicht existiert hat.

Seit Iwan IV. im sechzehnten Jahrhundert Kasan und Astrachan, die Khanate an der Wolga, eroberte, war der Staat, der von Moskau und St. Petersburg aus regiert wurde, niemals ein Nationalstaat gewesen. Es handelte sich um ein Vielvölker-Imperium, das bis 1917 durch die Dynastie zusammengehalten wurde, danach durch die Partei. Aus den Überresten dieses Imperiums muß eine moderne Nation geschaffen werden, eine Nation, die gleichzeitig dezentral und föderal sein möchte, um die Schäden der Hyperzentralisierung durch die sowjetische Pseudo-Föderation wiedergutzumachen. Die vielfältigen Aufgaben des Wiederaufbaus und der Neuschaffung sind zudem funktional voneinander abhängig; sie müssen gleichzeitig ausgeführt werden, wenn sie im einzelnen erfolgreich gelöst werden sollen. Diese übermenschliche Anstrengung ist notwendig, um wiederherzustellen, was 1917 zerstört wurde.

Unter so schwierigen Umständen darf die Abkürzung über autoritäre Herrschaftsmethoden nicht ausgeschlossen werden, wenn man diese als Mittel betrachtet, die Errichtung der Marktwirtschaft und der Nation zu beschleunigen. Auch wenn hier Chile unter Pinochet oder China gelegentlich als warnende Beispiele heraufbeschworen wurden: Würden solche Eventualitäten die notwendige Verbindung von Marktwirtschaft und Demokratie negieren, die von langjährigen Fürsprechern der Unternehmensfreiheit als Lehre aus dem sowjetischen Zusammenbruch gefeiert wurde? Dieser Punkt muß zweifellos gründlich diskutiert werden, zumal

Anhänger des demokratischen Sozialismus das schnelle Tempo ökonomischer Liberalisierung im post-kommunistischen Europa in Frage stellen und einen langsameren, mehr »zentristischen« Kurs für den ökonomischen Wandel fordern – eine Argumentation, die mit jener Mischung aus wissenschaftlicher und politischer Besorgnis vorgetragen wird, von der im letzten Kapitel die Rede war.

Im Hinblick auf diese schwierige Materie legen die empirischen Fakten eine Reihe von Generalisierungen nahe: Erstens ist jetzt klar, daß es kein Beispiel für die Verbindung politischer Demokratie mit Kommandowirtschaft gibt noch jemals geben kann. Zweitens gab es zwar Beispiele für erfolgreiche Marktwirtschaften unter autoritären Regimen ohne politische Demokratie, aber das beweist nicht, daß die Marktwirtschaft eine natürliche Affinität zum Autoritarismus hätte; es zeigt nur, daß autoritäre Regime im Gegensatz zu totalitären einen gewissen Freiraum zugestehen können. Drittens gibt es kein Beispiel für politische Demokratien *ohne* marktwirtschaftlich orientierte Ökonomie, und das schließt alle sogenannten demokratischen Sozialismen ein, wie zum Beispiel Schweden, wo Markt und Privatbesitz zwar reguliert, aber nicht unterdrückt werden. Viertens neigen extreme Regulierung und hypertrophe Wohlfahrtsprogramme dazu, in rigorose Kommandomethoden abzugleiten, und sie haben sich als auf die Dauer für Effizienz und Wachstum eher schädlich erwiesen. Daraus müssen wir schließen, daß es ein Spektrum gibt zwischen demokratischem Sozialismus und entwickeltem Etatismus.

Wenn wir dieses Spektrum des Etatismus in umgekehrte Richtung verfolgen, zeigt aber die historische Erfahrung von Spanien über Chile und Südkorea bis Taiwan, daß Marktwirtschaft ohne Demokratie ein Provisorium ist und daß auf lange Sicht jede marktwirtschaftlich orientierte Gesellschaft eine verfassungsmäßige Regierung und politischen Pluralismus braucht, wenn sie optimal funktionieren soll. Fast alle Gesellschaften mit anhaltendem Wirtschaftswachstum sind früher oder später auch demokratisch geworden. Wenn Rußland also wirklich modern werden will, müssen die vielfältigen Aufgaben, die die August-Revolution gestellt hat, gelöst werden. Sogenannte zentristische Versuche, einen Teil des sowjetischen Erbes wiederzuverwerten, werden den Modernisierungsprozeß höchstens verlangsamen, wenn nicht unterwandern. Die wahre Frage ist nicht, ob Rußland den Kommunismus auf liberale oder »zentristische« Weise überwinden sollte, sondern wie gut die Chancen sind, daß das Land die logische Kombination von Demokratie und Marktwirtschaft ohne autoritäres Zwischenstadium erreicht.

Der wichtigste Vorteil, über den Rußland bei diesem Unterfangen im Vergleich zu 1914 verfügt, ist ein neues soziologisches Profil. Das Land ist inzwischen industrialisiert, alphabetisiert und die Bevölkerung zu 75 Prozent städtisch; es verfügt über qualifizierte Arbeitskräfte und eine erstklassige technische Intelligenz. Die »Mittelschichten« dieser Gesellschaft stellen eine sehr viel größere Anwärterschaft auf Marktwirtschaft und Demokratie dar, als 1914 gegeben war. In dieser Hinsicht hat die Modernisierungstheorie in etwa recht.

Aber nur in dieser Hinsicht. Im Gegensatz zu allen sozialwissenschaftlichen Behauptungen ist das post-kommunistische Rußland nämlich keine »entwickelte« oder »moderne« Gesellschaft in dem Sinn, wie die Modernisierungstheorie diesen Zustand definiert hat. Schlimmer noch, da die Modernisierungstheorie auf Rußland von Sozialisten angewendet wurde, glaubte man, daß »Entwicklung« dem »Überbau« der Partei eine »Basis« verschaffen und damit dem Leninismus die Demokratisierung ermöglichen solle[3] – was natürlich nicht geschah. Das ganze Problem von Rußlands mißglückter Modernisierung muß also neu durchdacht werden.

Rußland ist zwar eine industrielle und urbane Gesellschaft, aber das heißt nicht, daß es am ganzen Komplex der Modernität teilhat. Vielmehr gibt es ein radikales Ungleichgewicht zwischen einem überdimensionalen industriellen – oder besser militärisch-industriellen – Sektor, einer nicht funktionierenden Landwirtschaft und einem verkümmerten Dienstleistungsbereich. Außerdem ist die ehemalige Hauptstütze des Landes, der Industriesektor, auf dem modernen Weltmarkt nicht wettbewerbsfähig. Sofern Rußland auf dem Weltmarkt präsent ist, ist es das als Waffenproduzent oder als Exporteur von Rohstoffen wie irgendein Land der Dritten Welt. Außerdem ist das post-kommunistische Rußland mit der größten ökologischen Katastrophe der Moderne geschlagen, ein Umstand, der massive Investitionen und Regenerierungsmaßnahmen erfordert. So ist die post-sowjetische Wirtschaft überall im Zusammenbruch begriffen, ähnlich wie die deutsche und die japanische Wirtschaft nach dem Zweiten Weltkrieg. Rußlands Situation ist sogar noch schlimmer, da seine weitgehend noch intakten Industrieanlagen weiterhin die Umwelt vergiften.

Außerdem bedarf eine moderne, marktwirtschaftlich organisierte Ge-

sellschaft eines ganzen Netzwerks von Institutionen oberhalb bloßer
Industrieanlagen, und dieses Netzwerk fehlt in Rußland. Eine kurze Liste
solcher Institutionen würde ein ausgebautes Bankwesen mit Scheckbü-
chern und Kreditkarten einschließen, unabhängige Forschungsinstitute
und statistische Erhebungen, Versicherungsgesellschaften und natürlich
einen funktionierenden Dienstleistungssektor. Genauso wichtig sind ein
entwickeltes Handels- und Vertragsrecht sowie ein Rechtssystem, das in
der Lage ist, damit umzugehen. All dies zu schaffen braucht Zeit, ebenso
wie die Erziehung der Menschen zu einer Mentalität, die es ihnen
ermöglicht, mit den neuen Einrichtungen umzugehen.

Die Auswirkung des Sowjetsozialismus auf die Mentalität der Bevölkerung gehört zu seinen destabilisierendsten und antimodernsten Aspekten.
Er hinterließ einen mißgünstigen Egalitarismus, der jedes freie Unternehmertum der »Spekulation« verdächtigt, und eine Bevölkerung, die auf
administrative Kommandomaßnahmen viel eher reagiert als auf Anreize
zur Eigeninitiative und deren Fähigkeit zu kritischem Denken unter dem
Leichentuch des marxistisch-leninistischen Dogmas erstickt ist. Dazu
kommt noch die deprimierende Erkenntnis, daß grenzenlose Opferbereit-
schaft nur zum nationalen Zusammenbruch geführt und das Land, wie
eine populäre Wendung lautet, »siebzig Jahre auf dem Weg nach Nirgendwo« verschwendet hat.

Gemessen an der Anstrengung, die sie gekostet hat, hat daher die
sowjetische »Entwicklung« dem neuen Rußland sehr wenig zurückgelassen, worauf es aufbauen könnte, und viel von dem, was übriggeblieben
ist, muß wiederaufgebaut werden, um das Land funktionsfähig zu machen. Es wird nicht genügen, die Preise freizugeben und die existierende
Industrie zu privatisieren: Ein ganzes Panoptikum neuer Wirtschaftsinsti-
tutionen muß geschaffen und neue Industriezweige müssen aufgebaut
werde. Außerdem sind, auch wenn der Kommunismus verschwunden ist,
die Kommunisten immer noch da. Die Nomenklatura der Fabrikmanager,
der Kolchosvorsitzenden und lokalen sowjetischen Funktionäre betreibt
immer noch einen großen Teil der Wirtschaft und verwaltet weitgehend
das Land. Der »Übergang« wird kein Kontinuum von der sowjetischen zur
»normalen« Entwicklung sein, sondern er wird eher einem gewaltigen,
über eine Generation reichenden Aussortieren von Einrichtungen und
Personen gleichen, verbunden mit einer Reindustrialisierung des Landes
und einer Umerziehung der Bevölkerung nach Maßgabe der real existie-

renden Modernität. Die unerhörten Summen, die für die Konstruktion des
Sozialismus aufgeboten wurden, sind weitgehend verschwendetes Geld
gewesen; wie Sisyphus werden das post-sowjetische Rußland und das
post-kommunistische Ostdeutschland ihre Arbeit am Fuß des Berges von
neuem beginnen müssen.

Das führt uns zu der Frage, wie die russische Entwicklung ohne den
Bolschewismus verlaufen wäre, und so können wir die Ausflüge in die
liberale Gegengeschichte zusammenfassen, die durch die Ereignisse des
Jahres 1914 ebenso unterbrochen wurde wie durch die russische Revolution zu Friedenszeiten.[4] Wenn wir den besten Fall annehmen, einen Sieg
der Konstitutionalisten, können wir uns problemlos eine nicht kollektivierte Bauernschaft vorstellen, aber mit vielen Kooperativen, so wie der
sterbende Lenin es sich erträumte. Bevor er an die Macht kam und sie
zerstörte, hatte es nämlich in Rußland landwirtschaftliche Kooperativen
gegeben. Nach dem von Witte und Stolypin bereits aufgezeigten Muster
der Überwindung der Rückständigkeit durch Regierung und ausländische
Investitionen können wir uns weiter eine staatlich gelenkte Industrialisierung des Marktes vorstellen. Auf diese Weise wäre Rußland ebenfalls eine
führende Industriemacht geworden und hätte den Rückstand gegenüber
dem Westen nach und nach aufgeholt.

Auch wenn wir den wahrscheinlicheren und schlimmsten Fall eines
russischen Franco und eines nationalen Autoritarismus annehmen, wäre
das ökonomische Resultat im großen und ganzen dasselbe geblieben: viel
soziale Ungleichheit, aber auch große Wachstumsschübe, sicherlich mit
Rückschlägen und Rezessionen, aber nach 74 Jahren bestimmt mit dem
Ergebnis einer grundsätzlich »urbanen, industriellen und alphabetisier-
ten« Gesellschaft, wie die Litanei der Entwicklung lautet, sicherlich *mit*
Privatbesitz und Pluralismus; kurz und gut: eine genuin moderne Kultur.
Auch wäre ein russischer Franco sicher nicht all die Jahrzehnte hindurch
an der Macht geblieben, und sehr wahrscheinlich wäre das Land heute,
wie die meisten europäischen Länder, eine konstitutionelle Demokratie.

Wie auch immer eine nicht-kommunistische Regierung ausgesehen
hätte – auf jeden Fall wäre ein so großes und rohstoffreiches Land wie
Rußland bis zum Ende des 20. Jahrhunderts zu einer führenden Industriemacht geworden. Es ist absurd zu behaupten – wie es fast immer
geschieht, wenn wir von der Modernisierungstheorie ausgehen, besonders
wenn sie von sozialistischen Erwartungen geprägt ist –, daß der Kommu-

nismus notwendig war, um Rußland aus der Rückständigkeit in die Modernität zu entlassen. Solche Überlegungen reflektieren nur den wahren deterministischen Trugschluß der Sowjetologie, nur weil die Industrialisierung sich *de facto* auf kommunistischem Weg vollzogen habe, hätte sie sich auch auf diesem Weg vollziehen *müssen*. Im Gegenteil war vielmehr der bolschewistische Weg zur »Entwicklung« eine sehr ärmliche Imitation; er war auf beinahe allen Ebenen kontraproduktiv – ökonomisch, kulturell und moralisch betrachtet –, und er ließ nach seinem Scheitern eine verkrüppelte, verkümmerte und, wie Jelzin sagte, »kranke« Gesellschaft zurück.

In keinem der beiden oben erwähnten nicht-kommunistischen Szenarios kann man sich jedenfalls etwas so Unsinniges und Destruktives wie die sowjetische Kollektivierung und den Gulag vorstellen oder irgendeine Form von staatlichem Eingriff in die Wirtschaft, die so erstickend und verlustreich gewesen wäre wie der stalinistische Plan. Und diese Kritik gilt auch für die ursprüngliche, an den Menschewiki orientierte Version des ersten Fünfjahresplans, die einst wie Bucharin gepriesen wurde, denn nach Stalin kehrte die Sowjetunion im großen und ganzen zu einer Planung dieses Typs zurück, aber die Ergebnisse waren nicht besser.[5] Um die sowjetischen Institutionen des Plans, des Kolchos und des Gulags hervorzubringen, waren die Illusionen des maximalen Sozialismus und der Gesetzlosigkeit der leninistischen Partei notwendig.

So kommen wir wieder auf den Primat von Ideologie und Politik für das sowjetische Phänomen zurück. Wie Solshenizyn über das unerreichte Ausmaß des sowjetischen Terrors sagte: »Die Vorstellungskraft und Seelenstärke von Shakespeares Bösewichten hatte ungefähr bei der zehnten Leiche ein Ende, weil sie keine *Ideologie* hatten ... Der *Ideologie* ist es zu verdanken, daß es dem 20. Jahrhundert beschieden war, Schurkerei im Millionenmaßstab zu betreiben.«[6] Diese Bewertung gilt natürlich ebenso für Hitlers Endlösung und seine Konzentrationslager und wurde von Solshenizyn auch darauf bezogen. Im Fall des Kommunismus gilt der Primat der Ideologie aber nicht nur für die Konzentrationslager, sondern für das ganze sowjetische Abenteuer, von der sozioökonomischen Basis bis zum kulturellen Überbau.

Diesen Behauptungen über das »Modell« ideokratischer Parteiherrschaft wurde natürlich oft mit dem Hinweis widersprochen, daß nach der ersten Generation die sowjetischen Führer nicht Ideologen, sondern prag-

matische Politiker gewesen seien. Insbesondere sei es absurd, das Bre-
shnew-Regime als ideologiegesteuert anzusehen.[7] Tatsächlich nahm die
Relevanz der Ideologie für die Entscheidungsfindung im Verlauf der
sowjetischen Geschichte beständig ab, bis Breshnew schließlich offen
zugab, er könne den Ausführungen Suslows nicht folgen. Wenn man nur
die unmittelbare Relevanz der Ideologie für aktuelle politische Entscheidungen berücksichtigt, wird man dem Phänomen aber nicht gerecht: Der
Marxismus-Leninismus wirkte auf viel tiefgründigere Weise.

Alle elementaren Institutionen der sowjetischen Ordnung, wie sie
spätestens 1935 vollständig versammelt waren, waren Schöpfungen der
Ideologie; sie waren nichts anderes als das Parteiprogramm, umgesetzt in
Stahl, Beton und den allgegenwärtigen Apparat. Als diese elementaren
Strukturen des Sozialismus erst einmal »aufgebaut« waren, brauchten sie
kaum noch aktive ideologische Unterstützung durch die menschlichen
Rädchen, die sich in ihnen drehten – es war nicht mehr nötig, an sie zu
glauben. Zur Erhaltung des Systems war nur erforderlich, daß niemand es
wagte, allzu kritisch darüber zu denken, und so wurden seine Institutionen bis zum Ende des Regimes glorifiziert, und die Bevölkerung wurde
durch einen nicht versiegenden Schwall von Agitprop betäubt, der ihr
einredete, daß das Land auf dem Weg in die »leuchtende Zukunft« sei. Bis
zum Ende war aber diese verknöcherte Ideologie niemals wirklich tot.
Ihre wichtigsten Koordinaten – die Überlegenheit des »Sozialismus« über
den »Kapitalismus«, der ewige Klassenkampf der zwei Systeme und die
Allgegenwart von »Feinden« – waren vielmehr auf höchster Regierungs-
ebene daran beteiligt, die großen Linien der Innen- wie der Außenpolitik
festzulegen. Etwas so Phantasmatisches wie der real existierende »Sozismus« (um ein Bonmot von Alexander Sinowjew zu zitieren) wäre ohne
die allumfassende und institutionalisierte Vergiftung durch den »wissenschaftlichen Kommunismus« nicht möglich gewesen.

Der ideologische Zusammenbruch hinterließ daher in der russischen
Gesellschaft einen tiefen Mangel an Vertrauen und Wertvorstellungen. In
diese Lücke ist seither eine Vielzahl von Bekenntnissen und Pseudobe-
kenntnissen eingesprungen, von traditioneller Religion und Patriotismus
über millenaristische Kulte und rabiate Nationalismen bis hin zu aggres-
sivem Zynismus und Nihilismus, nicht zu vergessen aber auch das
Bekenntnis zur Demokratie von westlichem Zuschnitt. Als die Euphorie

der Jahre 1989 bis 1991 nachließ, verlagerten die westlichen Kommentatoren des neuen Rußlands den Schwerpunkt ihrer Aufmerksamkeit weg von den positiven demokratischen und traditionellen Elementen in diesem verwirrenden Spektrum hin zu den negativen und bedrohlichen. Wir sollten aber die Gefahr, die von ihnen ausgeht, nicht überschätzen. Keine dieser Bewegungen bringt so viel Schwung und Eifer auf wie der Kommunismus. Insbesondere ein militanter russischer Faschismus dürfte kaum auf der Tagesordnung stehen – dafür wird das Dreivierteljahrhundert kommunistischer Erfahrung sorgen.

Einer der wenigen Vorteile Rußlands bei seinem Versuch, »nach Europa zurückzukehren« (wie die Demokraten ihr Ziel definiert haben), besteht nämlich darin, daß diese Erfahrung die Bevölkerung gegen jede Art ideologischer Politik resistent gemacht hat. Der Versuchung, sich ferner noch auf totalitäre Abenteuer einzulassen, wird sie kaum erliegen. Zum ersten Mal seit dem Aufstieg der radikalen Intelligenz zur Zeit von Tschernyschewski und den Populisten im letzten Jahrhundert ist Rußland heute eine post-ideologische, ja sogar eine anti-ideologische Gesellschaft. Dies, zusammen mit der teuer erkauften Urbanisierung und Alphabetisierung, könnte es Rußland ermöglichen, den durch den Krieg und die Revolution von 1917 unterbrochenen Prozeß der Annäherung an Europa wiederaufzunehmen und zu vollenden.

Der Sozialismus nach dem Zusammenbruch der Sowjetunion

Wenn Rußland nach dem Ende des Sozialismus ein Katastrophengebiet war, wie steht es dann mit dem Sozialismus nach dem Ende des »Experiments«? Auf den ersten Blick sollte man meinen, der Sozialismus als solcher sei diskreditiert und die Menschheit könne sich fürderhin wieder ihren praktischen Geschäften widmen. Und tatsächlich erscholl im unmittelbaren Gefolge der Jahre 1989 bis 1991 viel Triumphgeschrei, das in diese Richtung deutete. Nachdem die Geschichte die Illusionen des Faschismus und des Kommunismus überwunden habe, so meinte man, sei sie in den sicheren Hafen der Demokratie und des Marktes eingelaufen. Eine post-marxistische Vision vom Ende der Geschichte ist aber nicht wahrer als ihr marxistischer Vorläufer von 1917. Die sozialistische Idee wird uns so lange nicht verlassen, wie wir die Ungleichheit nicht beseitigt haben, und das wird wohl noch sehr lange dauern. Trotzdem kann der Sozialismus schwerlich in seiner alten Gestalt weiterbestehen.

Der Diskurs über den Sozialismus hat zwei Phasen durchgemacht. Die erste erstreckte sich von der Geburt der geistigen Konzeption des Sozialismus in den achtziger Jahren des neunzehnten Jahrhunderts bis zu dem bolschewistischen Versuch nach 1917, dieser Konzeption praktischen Ausdruck zu verschaffen. Diese Phase brachte naturgemäß einen theoretischen Diskurs hervor, der auf der Verwerfung der bestehenden Realität basierte und die Verwirklichung der gerechten Gesellschaft in der Zukunft antizipierte. Sozialismus bedeutete hier vor allem die Kritik dessen, was Breshnew vielleicht den »real existierenden Kapitalismus« genannt hätte. Die zweite Phase des sozialistischen Diskurses währte so lange wie das Experiment selbst, das angeblich zum ersten Mal eine post-kapitalistische Gesellschaft schuf. Diese Phase ist von einem mehr praktisch orientierten Diskurs gekennzeichnet, der sich auf die instrumentellen Programme des Experiments konzentrierte. Diese wurden als relevant für alle Formen des Sozialismus angesehen, ob an der Macht oder nicht, ob »demokratisch« oder diktatorisch. Sie stellten nicht einfach das idiosynkratische Produkt der russischen Rückständigkeit dar, sondern waren primäre logische Folgerungen aus der sozialistischen Idee selbst: Nationalisierung, Kollektivierung und Planwirtschaft.

Das Dilemma der dritten, noch bevorstehenden Phase des sozialistischen Diskurses wird die Tatsache sein, daß diese Programme einerseits der offenkundige Ausdruck der Grundidee und andererseits ein monumentaler Fehlschlag waren. Der Rückweg zu den unschuldigen Tagen vor 1917 ist versperrt. Man kann nicht mehr behaupten, das sozialistische Experiment habe niemals stattgefunden oder sein Verlauf sei irrelevant, weil es nicht genuin sozialistisch gewesen sei. Wenn der sozialistische Anspruch in glaubwürdiger Form überleben will, muß viel Ballast über Bord geworfen werden. Überleben aber wird er sicher, auf die eine oder andere Weise.

Schon jetzt hat es bei der Linken eine energische Hinwendung zum Revisionismus gegeben, insbesondere was die zentralen Gebiete Planwirtschaft und Nationalisierung angeht. Ohne viel Federlesens hörten die sozialistischen Parteien im Westen und in der Dritten Welt plötzlich auf, solche Maßnahmen gutzuheißen. Gleichzeitig entstand nach 1991 beinahe über Nacht und ohne große Debatten ein verblüffender weltweiter Konsens darüber, daß freier Markt und Privatbesitz unerläßliche Bestandteile jeder funktionierenden Wirtschaft seien. Man erkannte, daß diese beiden Elemente die Basis der konstitutionellen Demokratie und der Herrschaft des Gesetzes bilden und daß die Verbindung von Markt und Demokratie die natürliche Ordnung zivilisierter Modernität darstellt. Selbstverständlich gibt es in bezug auf freien Markt und Privatbesitz verschiedene Grade der Akzeptanz, da einige soziale Denker, wie wir gesehen haben, einer »zentristischen« Liquidierung des Kommunismus das Wort reden – als wenn sie hofften, aus dessen Trümmern werde sich doch noch jener undefinierbare »dritte Weg« ergeben. Nach dem Zusammenbruch der Jahre 1989 bis 1991 würde aber schwerlich noch jemand Markt und Privatbesitz ganz und gar ablehnen. So ist das aus der Zeit der großen Depression stammende »antikapitalistische Syndrom« heute weitgehend überwunden; Karl Polanyi ist wohl endgültig widerlegt, und Friedrich Hayeks Behauptung, der integrale Sozialismus sei eine Art Neo-Leibeigenschaft, erscheint vollkommen gerechtfertigt. Unübersehbar neigt sich eine Epoche des sozialen Denkens ihrem Ende zu.

Gleichzeitig wurde der schwer zu fassende Begriff »Sozialismus« selbst immer fleischloser, auch wenn das weniger offensichtlich war. Im Rückblick sollte deutlich sein, daß wir es die ganze Zeit über mit einem Spektrum gleichermaßen »sozialistischer« Programme zu tun hatten, die sich vom »demokratischen« Sozialismus bis zum Kommunismus erstreckten und sich nur durch den Grad an Verstaatlichung von Markt und Eigentum unterschieden. Alle diese Programme entstammten derselben Grundidee; ihre Mittel reichten von mehr oder weniger freiwilligen Kooperativen am weichen Ende des Spektrums bis zum leninistischen Parteistaat am harten Ende.

Trotzdem markiert die Oktoberrevolution eine große Zäsur im sozialistischen Spektrum, vor allem was die Wahl der politischen Mittel angeht, mit deren Hilfe man den erhofften Ausgang aus dem Kapitalismus bewerkstelligen wollte. Der Einschnitt fällt zwischen die von der Mehrheit regierte konstitutionelle Demokratie und die »wissenschaftliche« Avantgarde-Revolution von oben, das heißt zwischen Sozialdemokratie und Kommunismus; und dieser Unterschied der politischen Mittel entscheidet über den Grad, bis zu welchem die Verstaatlichung von Eigen-

tum und Wirtschaftsbeziehungen möglich ist. Kurz gesagt unterscheiden
sich die beiden großen Flügel des sozialistischen Spektrums zwar in der
Wahl der Mittel, nicht aber in den Zwecken, und das ist der Grund für
ihre wechselseitige Haßliebe: Für die demokratischen Sozialisten sind die
Kommunisten Verräter, weil sie zu Zwangsmaßnahmen greifen; für die
Kommunisten sind die Sozialdemokraten Verräter, weil sie das Ziel, zu
dem sie sich bekennen, niemals erreichen.

Wir sollten nicht vergessen, daß von den beiden feindlichen Brüdern
sozialistischer Abstammung nur die Kommunisten den Sozialismus im
vollen Sinn des Nicht-Kapitalismus verwirklichen können.

Die Sozialdemokraten der Welt pflegen ein, zwei Generationen lang
auf eine Wählermehrheit zugunsten der Abschaffung des Kapitalismus zu
warten; dann fallen sie vom Glauben ab und verzichten auf die verbliebenen Spuren ihres Marxismus. Darin folgen sie dem Beispiel ihrer Senior-
partei, der deutschen SPD, mit ihrem Godesberger Programm von 1958,
denn ihr Bekenntnis zur politischen Demokratie muß ihr Bekenntnis
zum vollen ökonomischen Sozialismus am Ende aufheben.

Aber alle Veränderungen im Aussehen innerhalb des sozialistischen
Spektrums, so erheblich sie auch erscheinen mögen, waren immer nur
instrumentell und programmatisch. Sie berührten nicht das innerste
sittliche Ideal aller Formen des Sozialismus – den Primat der Gleichheit
für den Begriff der gerechten Gesellschaft –, und was noch mehr ist, sie
unterminierten auch nicht die Tiefenstruktur des spezifisch marxistischen Paradigmas, das die Unterdrückten zur eigentlichen Menschheit
erklärt und damit auf den letztlich sich selbst aufhebenden, erlösenden
Charakter von Entfremdung und Entbehrung baut. So wird die moderne
Welt so unerbittlich wie nur je seit 1789 von der immanenten Logik und
der Vorsehungskraft dessen angetrieben, was Tocqueville »Demokratie«
oder gesellschaftliche Nivellierung nannte.

Solange es Ungleichheit gibt, wird die Gesellschaft immer in eine »Linke« und eine »Rechte«, eine »Partei der Bewegung« und eine »Partei des
Widerstands« gespalten sein; die eine bildet das Lager der Politik als Mo-
ralität, die andere bildet das Lager der Politik als Ethik der Besonnenheit
und des Pragmatismus. Und dieses Syndrom ist immer noch von demselben emotionalen Aufwand und von derselben pararelilgiösen Aura umge-
ben wie zuvor. Das erste Lager wird weiter »Sozialismus« genannt werden,
denn das schlechte Ansehen jener Zauberwelt unmittelbar nach der sowje-

tischen Katastrophe wird die nächste Krise des »Kapitalismus« – das heißt der wirklichen Welt – nicht überdauern. Auf die eine oder andere Weise werden der Löwe des »Kapitalismus« und das Einhorn des »Sozialismus« sicher bis zum Ende der Modernität vergeblich miteinander ringen.

Wodurch aber wird sich das neue instrumentelle Programm der kommenden Phase des Sozialismus auszeichnen? Welche soziale Gruppe oder welche Gruppen werden die neue universelle Klasse bilden? Bis jetzt konzentrierte sich der Sozialismus auf das industrielle Proletariat und damit auf ein Programm der Nationalisierung und der zentralen Planung. Aber diese universelle Klasse zählte selbst in ihren besten Zeiten in keinem Industrieland mehr als ein Drittel der Bevölkerung. Außerdem erlebte die westliche Welt nach dem Zweiten Weltkrieg zugleich mit dem progressiven Abbau der Industriegesellschaft das Verschwinden des Proletariats und die »Verbürgerlichung« seiner gewerkschaftlich organisierten, eigenheimbesitzenden Überreste. Wie die Sozialwissenschaften sagen, ist die entwickelte Welt ins »postindustrielle« Zeitalter eingetreten; ihre Wirtschaft wird »vom Dienstleistungssektor dominiert« und von der »Informations-Revolution« des Computerzeitalters gesteuert. In dieser Welt ist der Fabrikarbeiter an der Werkzeugbank kein glaubwürdiger Kandidat für ein Exemplar der universalen Klasse mehr. Tatsächlich ist er sogar zum Symbol des rückwärtsgewandten, starrköpfigen Vorurteils geworden: August Bebel hat Archie Bunker den Weg bereitet – oder er ist als der allzumenschliche und sehr antisozialistische Lech Walesa an die Macht gekommen.

Aber die Vorstellung einer universalen Klasse der Unterdrückten und Entrechteten ist immer noch in uns lebendig. Deren bevorzugter Ort liegt aber nicht mehr innerhalb der entwickelten Ökonomien und Wohlfahrtsstaaten von Westeuropa und Nordamerika; das alte marxistische Paradigma hat vielmehr die Wanderung vollendet, die es antrat, als Lenin in seiner Theorie des Imperialismus die halbkoloniale und koloniale Welt zur Vorhut der erlösenden Revolution erklärte (eine Theorie, die Mao noch ausgebaut hat). Jetzt, da Lenins zweite Welt des Kommunismus tot ist, wird die Dritte Welt als Opfer der ersten und als die große, kollektive Unterschicht der Menschheit angesehen. Auf diese Weise wird der ewige Gegensatz von Ausbeuter und Ausgebeutetem, der sonst in der Dichotomie von Bourgeoisie und Proletariat verkörpert war, auf den Nord-Süd-Konflikt verschoben.

Aber die geographische Spaltung zwischen der europäischen Minderheit im Norden und dem Rest des Planeten überschneidet sich mit Ungleichheiten, die auf Rasse und Hautfarbe gegründet sind, und diese Ungleichheiten reproduzieren sich in einer »Dritten Welt« im Innern der nördlichen Hemisphäre. Das wiederum wird mit der universalen biologischen Geschlechterdifferenz in Verbindung gebracht, und so ist im späten zwanzigsten Jahrhundert ein neues Spektrum von Befreiungsbewegungen entstanden, die nacheinander die Klasse, die Rasse und das Geschlecht betrafen – und neuerdings auch die sexuelle Orientierung. Diese Vielfalt hat ihrerseits eine Reihe von Nachfolgesyndromen aus sich entlassen, die ihre Anklage gegen Klassenherrschaft, Rassismus und Sexismus richten.[8] Diese Entwicklung ist in den Vereinigten Staaten am weitesten fortgeschritten, was teilweise darauf zurückgeht, daß hier seit den sechziger Jahren die Politik der amerikanischen Bürgerrechtsbewegung nach und nach adaptiert wurde. Überall bricht und erweitert sich in dieser Bewegung die Dialektik von Herrschaft und Knechtschaft, wie sie zuerst der Stoizismus und dann vor allem das Christentum universalisiert hatten und wie sie in der Moderne am machtvollsten in der »Tiefenstruktur« des Marxismus zum Ausdruck kam.

Natürlich sind diese post-proletarischen Befreiungsbewegungen nicht unmittelbar von Marx abgeleitet. Trotzdem entwickelten sie sich in einer kulturellen Atmosphäre, die von den verbliebenen marxistischen Kategorien durchdrungen war, wie zum Beispiel in der Verschmelzung von Marx, Nietzsche und Freud zu einer »kritischen Theorie« der repressiven bürgerlichen Gesellschaft durch die Frankfurter Schule oder in Michel Foucaults Transformation brutaler ökonomischer Ausbeutung in die subtilere Entfremdung durch Herrschaftsdiskurse, wie sie von der rationalistischen bürgerlichen Kultur hervorgebracht werden. Die Probleme der Ungleichheit und Ungerechtigkeit, auf die diese neuen »Minoritäten« aufmerksam machen wollen, sind natürlich real, ebenso wie die Probleme der industriellen Arbeiterklasse seinerzeit real waren. Gleichzeitig sind sie jedoch zum Bestandteil einer Metaphysik des Kampfes um totale »menschliche Emanzipation« geworden, die jede ihrer konkreten Manifestationen transzendiert.

Die Verschiebungen des marxistischen Paradigmas haben zu einer Vielzahl von universalen Klassen geführt, aber keine von ihnen ist so mächtig oder potentiell revolutionär wie ehemals das Proletariat. Sozialistische Programme, die auf diesen neuen Formen der Entfremdung aufbauen, können dementsprechend nur diffuser sein als die alte Diktatur des Proletariats. Es ist trotzdem nicht schwer vorherzusehen, daß alle künftigen sozialistischen Programme wie Brieftauben im Mißtrauen gegen Markt und Privatbesitz konvergieren werden, denn Wohlstand wird immer Macht bedeuten und ungleiche Verteilung des Wohlstands ungleiche Machtverteilung. Infolgedessen wird es immer sozialen Druck auf die politische Macht geben, die Wirtschaftsmacht im Interesse des Allgemeinwohls zu regulieren. Gleichzeitig wird die Gesellschaft immer vor dem Dilemma stehen, daß es ohne Arbeitsteilung – also ohne Perpetuierung der Ungleichheit – kein Wirtschaftswachstum gibt, und auch dieses ist im Interesse des Allgemeinwohls erforderlich.

Deswegen betrifft die praktische Frage der Moderne den Grad, bis zu welchem der Staat in ökonomische und soziale Prozesse eingreifen sollte. Eine vollkommen freie Marktwirtschaft, wie die Manchester-Liberalen des neunzehnten Jahrhunderts sie forderten, hat es niemals gegeben, auch wenn die heutigen Liberalen mit Hayek im Kopf immer noch davon träumen. Der integrale Liberalismus ist ebenso eine Utopie wie der integrale Sozialismus. Trotzdem muß darauf hingewiesen werden, daß ein solcher Ultraliberalismus wegen seiner antiautoritären Natur niemals zu politischen Zwangsmaßnahmen führen kann, wie es der integrale Sozialismus immer getan hat. In der »normalen« Welt – die zwischen den beiden Utopien liegt – hat daher der sowjetische Fehlschlag gezeigt, daß der Markt Bestandteil der sozialen Naturordnung ist. Trotz der Launen des Warenverkehrs und der Wiederkehr von Depressionen ist daher der Markt absolut unerläßlich für eine produktive und funktionstüchtige Gesellschaft, und jeder Versuch, ihn abzuschaffen, führt unweigerlich zum Zusammenbruch der Wirtschaft und zu politischer Unterdrückung. Andererseits garantiert der Markt allein noch keine gerechte Gesellschaft. Die gerechte Gesellschaft, sofern sie erreichbar ist, kann nur das Produkt des sittlichen und politischen Willens der Gesellschaft sein, der sich auf die moralisch indifferenten Kräfte des Marktes auswirkt. Das heißt, daß auch staatliche Eingriffe in die Wirtschaftsabläufe zu sittlichen und politischen Zwecken Bestandteil der sozialen Naturordnung sind.

Diese *via media* wurde im Gefolge der großen Depression zur Normalität des reifen »Kapitalismus« in den entwickelten Ländern (auch wenn Hitler und Mussolini gleichzeitig ihre eigenen, ziemlich umfassenden

Versionen des Wohlfahrtsstaats produzierten). Die neue Normalität der modernen Gesellschaft erreichte ihren Höhepunkt zur Zeit des Wirtschaftswunders nach dem Zweiten Weltkrieg. So wurde die Politik der Normalität zu einer Sache des Kompromisses zwischen der linken und der rechten Mitte über den Zuschnitt des amerikanischen Wohlfahrtsstaats, der deutschen sozialen Marktwirtschaft oder des französischen Rahmenplans. Der metahistorische Übergang vom »Kapismus« zum »Sozismus« ist kein wirkliches Thema mehr, auch wenn Spuren des maximalistischen Vokabulars verbleiben. Für die Dauer der Moderne scheint die Inkarnation maximalistischer Programme in einer Partei vom leninistischen Typ jedenfalls obsolet geworden zu sein. Die sozialistischen Parteien im Westen haben daher Marx und sogar den Sozialismus aufgegeben, und die kommunistischen Parteien sind zu dem eher schmerzstillenden Label »sozialistisch« übergegangen.

Bedeutet das aber, daß die maximalistische Versuchung ein für allemal hinter uns liegt? Sehr wahrscheinlich nicht. Kandidaten für die Rolle der universalen Klasse sind in Hülle und Fülle vorhanden, und obwohl die Verfechter des Sexismus sicher nicht den Sieg davontragen werden, könnte die ausgeklügelte Kombination einer jungen und fruchtbaren, aber armen Dritten Welt, die gegen einen opulenten, aber ergrauenden Norden aufgeschmückt wird, es doch schaffen: Der surreale »Leuchtende Pfad« in Peru weist auf diese Möglichkeit hin. Auch das Potential für eine versuchte Rückkehr zum Superstaat ist überall vorhanden: Der gewöhnliche westliche Streit über den Umfang des sozialen Sicherheitsnetzes könnte in umfassende Verstaatlichung ausarten, wenn die Sorge ums Allgemeinwohl zwingend genug wird.

Ein potenter Kandidat für die Rolle des Katalysators steht schon bereit: die glanzvolle Sache der Ökologie. Diese Bewegung nimmt für sich in Anspruch, die kollektiven, planetarischen Interessen der Menschheit gegen das egoistische Streben der Reichen nach Gewinn und Wachstum zu vertreten. In nur allzu vertrauten Worten fordert sie die »Anarchie« des Marktes und ordnet persönliche Eigentumsrechte dem Allgemeininteresse unter; die Öko-Planung wartet in den Kulissen. Die praktischen Zwecke der Ökologie werden überdies beständig als sittliche präsentiert, und in ihren extremen Formen geht die Ökologie in eine Bewegung für nichts Geringeres als das Heil der Menschheit über.[9]

Natürlich sind die praktischen Probleme, auf die die ökologische

Bewegung hinweist, äußerst real, ebenso wie die früheren Probleme der Arbeiterklasse und die neuerdings entdeckten Probleme sozialer Minderheiten, und die Politik der Normalität wird sich ganz bestimmt mit ihnen auseinandersetzen müssen. Aber schon wieder sind diese praktischen Probleme nach vertrautem Muster zu Bestandteilen einer Metaphysik der Erlösung geworden, die jedes einzelne von ihnen übersteigt. In einer nicht perfekten Welt wird es immer Utopien geben, und es wäre verrückt zu glauben, nur weil die größte Utopie unseres Zeitalters in die Katastrophe geführt hat, wäre die utopische Politik als solche aus der Welt geschafft.

Das wäre im übrigen auch gar nicht wünschenswert, denn Utopien sind genauso notwendig wie gefährlich. Ohne das Stimulans übertriebener Hoffnung und exzessiver Begeisterung würden die wenigsten demokratischen Reformen auf dieser Welt auch durchgeführt. Trotz gelegentlicher Streifzüge in die Tory-Demokratie fürchtet sich die Rechte gewöhnliche die Initiative zur Herbeiführung notwendiger egalitärer Veränderungen zu ergreifen, und so bleibt dies die Aufgabe der voreiligeren Kräfte der Linken. Die Übertreibungen des visionären Sozialismus waren notwendig, um den Wohlfahrtsstaat hervorzubringen, der gegenwärtig das Gleichgewicht zwischen den beiden die Politik der Normalität bestimmenden Kräften aufrechterhält. Und vielleicht hat das jüngste, große Desaster der Sowjetunion uns die extreme Form der utopischen Gefahr ein für allemal vor Augen gestellt und uns so gegen weitere derartige Abenteuer resistent gemacht.

Aber wer weiß? Das Phänomen Leninismus entstand aus der beispiellosen, weltweiten Krise der Jahre 1914 bis 1918. Jede ähnlich globale Krise könnte die schlafenden sozialistischen Programme wieder zum Maximalismus treiben und damit zu der Versuchung, absolute Macht zu erstreben, um absolute Ziele zu erreichen. Solange der utopische Anspruch des Sozialismus existiert, wird er immer ein doppeltes Gesicht haben: Er wird als notwendiger Ansporn dienen, eine immer unvollkommen bleibende Welt zu verbessern, und er wird die Versuchung enthalten, diese Welt mit Gewalt durch eine angeblich vollkommene zu ersetzen. Und wie in der Vergangenheit wird die vertrackte List des Zufalls darüber entscheiden, wie der Kampf zwischen den beiden widerstreitenden Richtungen ausgeht.

ANHANG

EINLEITUNG ZU DEN ANMERKUNGEN

Das vorliegende Buch will nicht als Werk wissenschaftlicher Forschung oder Gelehrsamkeit verstanden werden. Es geht darin um Fragen der Interpretation und der Bestimmung – genauer, Neubestimmung von Begriffen. Mit dem Ende des Sowjetkommunismus haben die zahlreichen Analysen und Deutungen, die in den 75 Jahren nach der Oktoberrevolution entstanden sind, ihre Gültigkeit weithin verloren. Der Zeitpunkt scheint gekommen, die Bedeutung des sowjetischen Experiments sowie unsere bisherigen Bemühungen um seine Auslegung neu zu überdenken.

Die sowjetische Geschichte ist heute Vergangenheit. Bis 1991 war die sowjetische Präsenz nicht nur ein selbstverständlicher Teil unseres Alltags, sondern einer der maßgebenden Faktoren des politischen Lebens rund um den Globus. Sie konnte es unter anderem darum sein, weil die Sowjetunion mit Geltungsansprüchen auftrat, die in der Politik des zwanzigsten Jahrhunderts ohne Beispiel sind. An Sendungsbewußtsein hat es auch anderen führenden Nationen nicht gefehlt. Nordamerika sah sich als die »Stadt auf dem Hügel«, als Gipfel liberaler Demokratie, Großbritannien als Mentor von wilderen Rassen ohne Gesetz, während Frankreich an den weniger aufgeklärten Nationen eine zivilisatorische Aufgabe zu erfüllen glaubte. Die Sowjetunion aber ging über das alles hinaus und nahm für sich in Anspruch, als einziger Staat innerhalb der modernen Völkergemeinschaft das universale Modell der guten, der humanen Gesellschaft, den Goldstandard menschlicher Werte und die vollkommene Form politischer Ordnung zu repräsentieren, in der die

Geschichte zu ihrem Ende und zur Vollendung kam. Und sie fand weltweit Millionen, die diesen Anspruch anerkannten. Damit war ein Maßstab gesetzt, dem man sich nicht entziehen konnte, so daß von jedem galt: Sag mir, was er über die Sowjetunion denkt, und ich sage dir, was er über seine eigene Gesellschaft denkt. Eine Aussage, die sich umkehren ließ: Kenne ich die Vorstellungen über die Politik des eigenen Landes, kenne ich auch die Einschätzung der Sowjetunion. So waren alle unsere Kommentare des sowjetischen Phänomens auch Kommentare über uns selbst, und das Maß an Objektivität, über das Historiker bestenfalls verfügen, sank auf den Tiefststand, wenn es um die Darstellung der Sowjetgeschichte ging. Jetzt, da der Druck der sowjetischen Allgegenwart auf unseren Alltag gewichen ist, dürfte erheblich mehr Objektivität zu erwarten sein.

Dieser Wandel wird sich nicht primär der Verfügbarkeit neuer empirischer Kenntnisse verdanken. Wohl kommt mit der Öffnung der alten sowjetischen Archive eine Flut von Tatsachen ans Licht, doch die Zeugnisse der Vergangenheit haben noch nie ausgereicht, wenn es darum ging, die Vorstellungen von Problemen oder Ereignissen zu verändern. Neue historische Lesarten setzen einen Sichtwechsel im Heute voraus. Keine Quellenforschung, in welchem Ausmaß auch immer, wird darüber entscheiden können, ob die Französische Revolution eine bürgerliche Revolution war oder die russische ein Proletarieraufstand. Eine Entscheidung in derlei Fragen hängt davon ab, ob sie für die politischen Belange der Gegenwart von Bedeutung sind. Für den Fall Frankreichs hat François Furet gezeigt, daß die Französische Revolution nach dem Ereignis zweihundert Jahre lang ein Prüfstein der französischen Politik geblieben ist, daß ihr Erbe die Linke von der Rechten und die Sozialisten von den Liberalen schied, die sie nach 1917 beide als Vorspiel der Oktoberrevolution betrachteten.* »Vorüber« war sie also erst in den siebziger Jahren unseres Jahrhunderts, als der sowjetische Mythos verblich und damit das Engagement für einen heimischen Sozialismus an Spannung verlor. Die Frage des bürgerlichen Charakters der Revolution hatte sich, nachdem sie zum Gegenstand zahlloser Monographien geworden war, stillschweigend erledigt und war für die Forschung kein Thema mehr. Die russische Revolution ist zwar noch nicht mit derselben Endgültigkeit vorbei, und

---

* François Furet, Penser la Revolution française, Paris 1978.

sie erregt die Gemüter nicht weniger als früher, doch ihr Bild hat sich seit 1991 gewandelt: Unabhängig davon, was die Archive zutage förden, wird es zu einer veränderten Einschätzung kommen – im Maß dessen, wie wir Schritt für Schritt unsere eigene sich wandelnde Gegenwart von der sowjetischen Vergangenheit lösen.

Vom französischen Parallelfall aber wird sich unsere Umdeutung der Oktoberrevolution von Grund auf unterscheiden. Da so etwas wie russische Politik nach 19 17 nicht mehr existierte, hat der Oktober nicht die russische Gesellschaft, sondern die internationale Gemeinschaft und die Politik ihrer Mitgliedstaaten polarisiert, und es gehört darum zu den Anomalien der Sowjetgeschichte, daß die wichtigste Literatur nicht in russischer Sprache, sondern in westlichen Sprachen, vor allem in Englisch, erschienen ist. In der ehemaligen Sowjetunion war die Geschichtsschreibung von der »Nationalisierung« nicht ausgenommen. Der Prozeß begann, wie in Kapitel 5 und 7 gezeigt, in den zwanziger Jahren mit Pokrowski und gipfelte in Stalins *Kurzem Lehrgang* von 1938, einem Kanon, der zwar in Einzelheiten verbessert wurde, im großen und ganzen jedoch bis zur Perestroika seine Gültigkeit behielt. Damit blieb die Aufgabe einer wirklichen Auseinandersetzung über Fragen der Interpretation in vollem Umfang ausländischen Wissenschaftlern überlassen.

Hinzu kommt, daß nach dem Zusammenbruch des Systems wie alles, was in Trümmern liegt, auch die russische Geschichtswissenschaft von Grund auf neu konzipiert werden muß. Das wiederum führt zu einer weiteren Anomalie: Die mit der Arbeit des Neuaufbaus befaßten russischen Wissenschaftler ziehen westliche Literatur zu Rate, um ihre eigene Geschichte zu verstehen. Das zeigt die erste, bis jetzt einzige post-sowjetische Geschichte Rußlands von den Anfängen bis zur Gegenwart, die sich für die Darstellung der Sowjetzeit, und häufig sogar der vorrevolutionären Epochen, vorwiegend auf die westliche Literatur bezieht.[*] Dasselbe Ungleichgewicht wird sich bei den Verweisen des vorliegenden Buches beobachten lassen. Es wurde überwiegend nicht-russische Sekundärliteratur benutzt, und bei der versuchten Umdeutung handelt es sich weithin um eine Kritik der westlichen Geschichtswissenschaft.

---

[*] Vgl. S. V. Kulešov, O. I. Volobuev und E. I. Pivovar, Naše otečestvo: opyt političeskoj istorii (Unser Vaterland: Versuch einer politischen Geschichte), 2 Bde., Moskau 1991.

Da das Gewicht auf der systematischen Darstellung und nicht auf der Berichterstattung liegt, erübrigen sich ausführliche bibliographische Angaben und Anmerkungen. Die Anmerkungen zu jedem Kapitel beginnen mit Hinweisen auf die wichtigste Sekundärliteratur als Orientierung für den Leser, der auf die Quellen und Hauptkommentare zurückgreifen möchte. Ausführliche Anmerkungen zu den wichtigsten Detailfragen des Textes schließen sich an.

Einführung

Bisher fehlen eingehende Untersuchungen zur Entwicklung der westlichen Sowjetforschung. Doch hat seit den Ereignissen von 1989-91 eine Neubesinnung eingesetzt, aus der zu gegebener Zeit Analysen dieses interessanten Teils der Wissenschaftsgeschichte hervorgehen werden. Vorläufig liegen vor: Kenneth Jowitt, The New World Disorder, Berkeley, 1992; Andrew Janos, »Social Science, Communism, and the Dynamics of Political Change«, in: World Politics 44, Oktober 1991, S. 81-112; Martin Malia, »From Under the Rubble, What?« in: Problems of Communism 41, Januar–April 1982, S. 89-106; Georges Breslauer et al., »In Defense of Sovietology«, in: Post-Soviet Affairs 3, Juli–September 1992, S. 197-238. Ein Teil dieser Einleitung ist zum ersten Mal erschienen als: »The Hunt for the true October«, in: Commentary 92, Oktober 1991, S. 21-28.

Anmerkungen
1. Näheres zum Begriff des »kurzen zwanzigsten Jahrhunderts« bei John Lukacs, The End of the Twentieth Century and the End of the Modern Age, London 1993.
2. G. W. F. Hegel, Grundlinien der Philosophie des Rechts, Frankfurt a. M. 1970, S. 28.
3. Max Weber, Wirtschaft und Gesellschaft, Bd. 1, Tübingen 1980, S. 126-129; Emile Durkheim, Le socialisme, sa definition, ses debuts, la doctrine Saint-Simonienne, Paris 1925.
4. Richard Löwenthal, »Development versus Utopia in Communist Policy«, in: Change in Communist Systems, Chalmers Johnson, Hg., Stanford 1970; zum Ursprung dieses Deutungsansatzes vgl. W. W. Rostow, The Dynamics of Soviet History, New York 1952; C. E. Black, The Dynamics of Modernization: A Study in Comparative History, New York 1966.
5. Eine komplexere Genealogie des Begriffs gibt Abbot Gleason, »»Totalitarianism‹ in 1984«, in: Russian Review 43, 1984, S. 145-159; vgl. auch Leonard Schapiro, Totalitarianism, New York 1972.

6. Leopold Haimson, »The Problem of Social Stability in Urban Russia, 1905–1917«, in: Slavic Review 23, 1964, S. 619–624, und 24, 1965, S. 1–22; William Rosenberg, »Conclusion: Understanding the Russian Revolution«, in: The Worker's Revolution in Russia, 1917: The View from Below, Hg. Daniel Kaiser, Cambridge, Mass. 1987, S. 132–141; Ronald Suny, »Towards a Social History of the October Revolution«, in: American Historical Review 88, 1983, S. 31–52.

7. Alexander Rabinowitch, The Bolsheviks come to power: The Revolution of 1917 in Petrograd, New York 1978.

8. Moshe Lewin, Lenin's Last Struggle, a. d. Franz. v. A. M. Sheridan Smith, New York 1978 (dt.: Lenins letzter Kampf, Hamburg 1970) – im folgenden als: Struggle; Stephen F. Cohen, Bukharin and the Bolshevik Revolution: A Political Biography, 1888–1938, New York 1973, im folgenden als: Bukharin; Stephen F. Cohen, Rethinking the Soviet Experience: Politics and History Since 1917, New York 1985, bes. Kap. 2 u. 3 (nachfolgend als: Rethinking).

9. Moshe Lewin, The Making of the Soviet System: Essays in the Social History of Interwar Russia, New York 1985, Kap. 12 (im folgenden als: Making) sowie Cohen, Bucharin, S. 378 u. S. 382 (Äußerungen Roy Medwedews).

10. Sheila Fitzpatrick, The Russian Revolution 1917–1932, New York 1982, S. 8 u. 157.

11. Jerry F. Hough und Merle Fainsod, How the Soviet Union Is Governed, Cambridge, Mass. 1979. Mit diesem Werk vollzieht Merle Fainsod eine Kehrtwende – vgl. ihr früheres Buch: How Russia ist Ruled, Cambridge, Mass. 1963, das die klassische These des totalitären Modells vertritt.

12. Moshe Lewin, Stalinism and the Seeds of Soviet Reform: The Debates of the 1960s, London und Armonk, NY 1991 – früher erschienen als: The Political Undercurrents of Soviet Economic Debates: From Bukharin to the Modern Reformers, Princeton 1974, im folgenden als: Political Undercurrents. Vgl. a. ders., The Gorbachev Phenomenon, Berkeley 1988 und die aktualisierte Ausgabe von 1991.

13. Adam Michnik, »Towards a Civil Society: Hopes for Polish Demokracy«, in: Times Literary Supplement, Februar 1925, 1988, S. 188, 198–199.

14. So in Carl J. Friedrich und Zbigniew K. Brzezinski, Totalitarian Dictatorship and Autocracy, Cambridge, Mass. 1956.

15. Vgl. z. B. Merle Fainsod, Smolensk Under Soviet Rule, Cambridge, Mass. 1958; Leonard Schapiro, The Communist Party of the Soviet Union, New York 1960, im folgenden als: Communist Party; Adam Ulam, The Bolsheviks: The Intellectual and Political History of the Triumph of Communism in Russia, New York 1965, im folgenden als: Bolsheviks.

16. Mikhail Heller und Aleksandr Nekrich, Utopia in Power: The History of the Soviet Union from 1917 to the Present (Utopija u vlasti), a. d. Russ. v. Phillis B. Carlos, New York 1980, im folgenden als: Utopia.

KAPITEL 1
WARUM ÜBERHAUPT SOZIALISMUS?

Als unübertroffene Darstellung des marxistischen Denkens ist zu nennen: Leszek
Kołakowski, Main Currents of Marxism, 3 Bde., a. d. Poln. v. P. S. Falla (dt.: Die
Hauptströmungen des Marxismus, 3 Bde., München und Zürich 1977-79). Das
Werk wird in meinem Buch wiederholt extensiv zitiert. Die umfassendste Be-
handlung der sozialistischen Bewegung findet sich in: Carl Landauer, European
Socialism, 2 Bde., Berkeley 1959. Vgl. auch: Shlomo Avineri, The Social and
Political Thought of Karl Marx, Cambridge 1968; G. D. H. Cole, A History of
Socialist Thought, 5 Bde., New York 1953-60; George Lichtheim, Marxism: A
Historical and Critical Study, New York 1961; Kostas Papaioannou, Marx et les
marxistes, Paris 1983, mit einem Vorwort von Raymond Aron.

Anmerkungen
1. Die umstrittene Frage nach den christlich-religiösen Wurzeln der sozialistischen Idee ist Teil der allgemeineren und nicht weniger umstrittenen Frage,
wie weit säkularisierte Elemente christlicher Wertvorstellungen und Anschauungen in die moderne Kultur überhaupt eingegangen sind. Mein Buch
schließt sich im wesentlichen der Säkularisierungsthese an. Christliche The-
matik und christlicher Wortschatz sind in der Philosophie des deutschen
Idealismus ebenso unübersehbar wie im Denken des Sozialismus während
der entscheidenden Frühphase in den dreißiger und vierziger Jahren des
neunzehnten Jahrhunderts – der Text bringt Beispiele dafür.
Zu den maßgeblichen Werken im Zusammenhang dieser Diskussion gehören: Karl Löwith, Meaning in History, Chicago 1957 (dt. Orig.: Weltgeschichte
und Heilsgeschehen. Die theologischen Voraussetzungen der Geschichtsphi-
losophie, Stuttgart 1953); Hans Blumenbergs Antwort auf Löwith: The Legitimacy of the Modern Age, Cambridge 1983 (dt. Orig.: Die Legitimität der
Neuzeit, Paradigmen zu einer Metaphorologie, Frankfurt a. M. 1960); Laurence Dickey, »Blumenberg and Secularization: Self-Assertion and Problems of
Self-Realizing Teleology in History«, in: New German Criticism 41 (Früh-
jahr/Sommer 1987), S. 151-165; Martin Jay, »Blumenberg and Modernism: A
Reflection on The Legitimacy of the Modern Age«, in: History and Theory 24,
1985, S. 183-190; William Bouwsma, »Review of Blumenberg«, in: Journal of
Modern History 56, 1984, S. 698-701. Zwei wichtige Arbeiten, die an dieser
Debatte zwar nicht beteiligt sind, jedoch den Säkularisierungsgedanken mit
Bezug auf den Marxismus-Leninismus weiterentwickeln und somit für mein
Buch unmittelbar wichtig werden, sind: Raymond Aron, L'opium des intellec-
tuels, Paris 1955 und Alain Besançon, Les origines intellectuelles de leninism,
Paris 1977. Auch Kołakowskis *Hauptströmungen* tragen eine Säkularisie-

rungsthese vor, deren Protagonist allerdings nicht die Religion, sondern die Philosophie des Neuplatonismus ist, der seinerseits, besonders in der deutschen Tradition, häufig mit dem Christentum in Verbindung gesehen wird. Eine Widerlegung dieser These versucht: David Joravsky, »Kolakowski's Long Goodbye«, in: Theory and Society 10, 1981, S. 293–305. Kolakowskis methodischer Ansatz findet sich bereits bei: Arthur O. Lovejoy, The Great Chain of Being, Cambridge, Mass. 1933.

2. Vgl. z. B. Walt Whitman Rostow, The Stages of Economic Growth: A Non-Communist Manifesto, Cambridge 1958; Louis O. Kelso, The Capitalist Manifesto, New York 1958.

3. Vgl. dazu etwa David Brion Davis, The problem of slavery in Western Culture, Ithaca, NY 1966.

4. Eine vollständige Geschichte des Begriffs gibt: Walt Whitman Rostow, Theorists of Economic Growth from David Hume to the Present, Oxford 1990.

5. Hegel als heimlicher Theologe ist behandelt in: Karl Löwith, From Hegel to Nietzsche, New York 1967 (dt. Orig.: Von Hegel zu Nietzsche, Zürich 1941); Laurence Dickey, Hegel: Religion, Economics and the Politics of Spirit, Cambridge 1987. Von der deutschen »Philosophie der Klassik« als säkularer Religion mit einem Potential an Radikalität und einer der französischen Revolution vergleichbaren Wirkungskraft sprach vielleicht als erster Heinrich Heine in De l'Allemagne depuis Luther (zuerst veröffentlicht in der Revue des deux mondes im Dezember 1834).

6. G. W. F. Hegel, Vorlesungen über die Philosophie der Geschichte, Frankfurt a. M. 1970, S. 32.

7. Georges Duby, The three Orders: Feudal Society Imagined, Chicago 1980 (franz. Orig.: Les trois ordres ou l'imaginaire du féodalism, Paris 1978 – dt.: Die drei Ordnungen: das Weltbild des Feudalismus, Frankfurt a. M. 1981).

8. Kolakowski, Hauptströmungen, Bd. 1, S. 15.

9. Raymond Williams, Keywords: A Vocabulary of Culture and Society, New York 1976.

10. Die Übereinstimmungen und Unterschiede der Demokratie des Altertums und der Moderne sind – leider unzugänglich – diskutiert bei: M. I. Finley, Democracy Ancient and Modern, New Brunswick, N.J. 1973.

11. Benjamin Constant, »De la liberté des anciens comparée à celle des modernes«, in: De la liberté chez les modernes: écrits politiques, Paris 1980. Zum frühen Liberalismus vgl. auch: Pierre Manent, Histoire intellectuelle du libéralisme, Paris 1987.

12. Vgl. den ersten Satz von Tocquevilles Einführung in sein Werk: Über die Demokratie in Amerika (a. a. O. S. 15). Zu Tocqueville vgl. Pierre Manent, Tocqueville et la nature de la démocratie, Paris 1982.

13. Vgl. Peter Clavert, The concept of Class: A Historical Introduction, London

und New York 1982; William H. Sewell jr., Work and Revolution in France: The Language of Labor from the Old Regime to 1848, Cambridge 1980; Dallas L. Clouatre, »The Concept of Class in French Culture Prior to the Revolution«, in: Journal of the History of Ideas 45, 1984, S. 219–244.

14. Vgl. Karl Marx u. Friedrich Engels, Werke, Bd. 4, Berlin 1959, S. 475.

15. Wolfgang Schneider, »Sozialismus«, in: Geschichtliche Grundbegriffe. Historisches Lexikon zur politisch-sozialen Sprache in Deutschland, Hg. O. Brunner et al., 7 Bde., Stuttgart 1972–1992, Bd. 5, S. 923–998; Irving Fetscher, »Socialism« und Horst Stuke, »Socialism, Early«, beide in: Marxism, Communism, and Western Society, Hg. C. D. Kernig, New York 1973, Bd. 7, S. 422–446.

16. Vgl. Anm. 8 in: Marx, The Marx-Engels Reader, Hg. Robert Tucker, New York 1978, S. 475 [dt.: MEW, 1959, Bd. 4 S. 464 FN 21]. Ein Versuch aus jüngerer Zeit, den Verhältnissen in England und Frankreich eine einheitliche Gesetzmäßigkeit zu unterlegen: Eric H. Hobsbawm, The Age of Revolution: 1789–1848, Cleveland 1962.

17. Engels war der erste, der Marx' bereits entwickelten Begriff des Proletariats als der allgemeinen Klasse mit konkretem Inhalt füllte – vgl. ders., Über die Lage der arbeitenden Klassen in England, ersch. 1845. Das Werk geht davon aus, daß in England eine sozialistische Revolution unmittelbar bevorstehe.

18. Wolfgang Schneider, »Kommunismus«, in: Geschichtliche Grundbegriffe, Bd. 3, S. 455–529.

19. Vgl. z. B. Marx, The Marx-Engel Reader, S. 477 [dt.: MEW, a. a. O., S. 466].

20. Werner Conze, »Proletariat, Pöbel, Pauperismus«, in: Geschichtliche Grundbegriffe, Bd. 5, S. 27–68.

21. Vgl. Karl Marx, Frühe Schriften, Bd. 1, Stuttgart 1962, S. 503–505.

22. Alain Besançon, Les origines intellectuelles du leninisme, S. 9.

23. David Caute, The Left in Europe, New York 1966.

24. Marie-Elisabeth Hilger, »Kapital, Kapitalist, Kapitalismus«, in: Geschichtliche Grundbegriffe, Bd. 3, S. 399–454; Richard Passow, Kapitalismus. Eine begrifflich-terminologische Studie, Jena 1927.

25. Vgl. Marx, The Marx-Engels Reader, S. 474 [dt.: MEW, a. a. O., S. 463].

26. Das Programm ist nachgedruckt in: Archiv »Zemli i Voli« i »Narodnoj Voli«, Moskau 1932, S. 54–63. Zur frühen Einschätzung des Kapitalismus als eines nationalen Problems in Rußland vgl. Andrzej Walicki, The Controversy over Capitalism, Oxford 1969.

27. Wie sich unsere Vorstellung von einer ökonomischen Modernisierung herausbildete ist dargestellt bei: R. J. Holton, The Transition from Feudalism to Capitalism, London 1985.

28. Vgl. Hegel, Vorlesungen über die Philosophie der Geschichte, Frankfurt a. M. 1970, S. 49.

KAPITEL 2
UND WARUM ZUERST IN RUSSLAND?

Zum Verständnis des Rußlands der Zarenzeit u. a.: Hugh Seton-Watson, The Russian Empire 1801–1917, Oxford 1967; Anatole Leroy-Beaulieu, L'empire des tsars et les russes, 3 Bde., Paris 1889–1893 – trotz seines Alters noch immer die lebendigste Darstellung der Welt des Alten Regimes; Wladimir Weidle, La Russie absente et presente, Paris 1949; William L. Blackwell, Hg., Russian Economic Development from Peter the Great to Stalin, New York 1974; G. T. Robinson, Rural Russia under the Old Regime, London 1967, Nachdruck der Ausgabe von 1932; Jerome Blum, The End of the Old Order in Rural Europe, Princeton 1978. Zu einer marxnahen historischen Soziologie, welche die »schwierige Klasse« der Bauernschaft als entscheidenden Faktor für Rußlands Sonderweg in die Moderne darstellt: Teodor Shanin, The Roots of Otherness: Russia's Turn of Century, Bd. 1: Russia as a »Developing Society«, New Haven 1968. Zu Rußland als einer von aller westlichen Politik radikal unterschiedenen Form des orientalischen Despotismus oder »Patrimonialismus«, vgl. Richard Pipes, Russia Under the Old Regime, New York, 1974.

Anmerkungen
1. Jan Kucharzewski, The Origins of modern Russia, New York 1948.
2. Karl Marx, Secret Diplomatic History of the Eighteenth Century, and the Story of the Life of Lord Palmerston, New York 1969.
3. Richard Pipes, Russia Under the Old Regime; Tibor Szamuely, The Russian Tradition, Hg. Robert Conquest, New York 1974.
4. Vgl. Federico Chabod, Storia dell'idea d'Europa, Bari 1962; Jean-Baptiste Duroselle, l'idée d'Europe dans l'histoire, Paris 1965; Denys Hay, Europe: The Emergence of an Idea, Edinburgh 1968.
5. Dieter Groh, Rußland und das Selbstverständnis Europas: Ein Beitrag zur europäischen Geistesgeschichte, Neuwied 1961, Teil 2.
6. Alexander Gerschenkron, Economic Backwardness in Historical Perspective, Cambridge, Mass. 1962 – im folgenden als Backwardness.
7. Ernest Barker, Church, State and Study: Essays by Ernest Barker, London 1930.
8. Die einflußreichste Darstellung der Besonderheiten der historischen Entwicklung Rußlands findet sich in Bd. 1 von Pavel N. Miljukovs Očerki po istorii russkoj kultury – [Grundzüge der Geschichte der russischen Kultur]. Nach seiner ersten Veröffentlichung im Jahr 1894 erlebte das Werk bis zur Revolution sechs Auflagen. Seine Hauptthemen wurden von Georgi Plechanow, dem geistigen Führer des russischen Marxismus, aufgegriffen, und Lenin bezog aus dieser Quelle die Grundlagen für seine späteren Diatriben gegen Rußlands »asiatische« Kulturlosigkeit (s. dazu u. Kap. 5).

9. Marc Raeff, The Well-Ordered Police State: Social and Institutional Change through Law in the Germanies and Russia, 1600–1800, New Haven 1983.
10. Otto Hintze, The Historical Essays of Otto Hintze, Hg. Felix Gilbert, New York 1975 [dt.: Gesammelte Abhandlungen, Hg. Gerhard Oestreich, 3 Bde., ²1962–1967]; Otto Hintze, Staat und Verfassung: Gesammelte Abhandlungen zur Allgemeinen Verfassungsgeschichte, Hg. Gerhard Oestreich, Göttingen 1962; Perry Anderson, Lineages of the Absolutist State, London 1974; Andre Corvisier, Armees et sociétes en Europe de 1494 à 1789, Paris 1976.
11. Natan Eidelman, Revoljucija sverchu v Rossii [Die Revolution von oben], Moskau 1989.
12. V. O. Kliuchevskii, A History of Russia, 5 Bde., (Kurs russkoj istorii, 5 Bde., 1904–1910), a. d. Russ. v. C. J. Hogarth, New York 1911–1931, Bd. 1, S. 17 (dt.: Geschichte Rußlands, 4 Bde., Berlin, Stuttgart, Leipzig 1925–1926).
13. Marc Raeff, The Origins of the Russian Intelligentsia: The Eighteenth Century Nobility, New York 1966.
14. Nicholas V. Riasanovsky, A Parting of Ways: Government and the Educated Public in Russia, 1801–1855, Oxford 1976.
15. Franco Venturi, Roots of Revolution: A History of Populist and Socialist Movements in Nineteenth-Century Russia, Cambridge 1983. Vgl. auch Martin Malia, Alexander Herzen and the Birth of Russian Socialism, 1812–1855, Cambridge, Mass. 1961; E. H. Carr, Michael Bakunin, New York 1961; W. F. Woehrlin, Chernyshevsky: The Man and the Journalist, Cambridge, Mass. 1971.
16. Theodore H. Von Laue, Sergei Witte and the Industrialization of Russia, New York 1963.
17. Nicholas V. Riasanovsky, »The Emergence of Eurasianism«, in: California Slavic Studies 5, Berkeley und Los Angeles 1967.
18. John L. H. Keep, The Rise of Social Democracy in Russia, Oxford 1963.
19. Allan K. Wildman, The Making of a Worker's Revolution: Russian Social Democracy: 1891–1903, Chicago 1967; Victoria Bonnell, The Roots of Rebellion, Berkeley 1983; Tim McDaniel, Autocracy, Capitalism, and Revolution in Russia, Berkeley und Los Angeles 1989.
20. Abraham Ascher, The Revolution of 1905, Stanford 1988–1992. Zu einer sozialistischen Sicht von 1905 vgl. Shanin, Russia as a »Developing Society«, Bd. 2; Russia, 1905–07: Revolution as a Moment of Truth.
21. Geoffrey Hosking, The Russian Constitutional Experiment: Government and Drama, 1907–1914, Cambridge 1973; Terrence Emmons, The Formation of Political Parties and the First National Elections in Russia, Cambridge, Mass. 1983.
22. Albert Loren Weeks, The First Bolshevik: A Political Biography of Peter Tkachev, New York 1968.

23. Zur Geschichte des Begriffs der bürgerlichen Gesellschaft vgl. Manfred Riedel, »Gesellschaft, Bürgerliche«, in: Geschichtliche Grundbegriffe, Bd. 2, S. 719–800 und Adam Seligman, The Idea of Civil Society, New York 1992.

24. Ulam, The Bolsheviks ist nach wie vor die beste Biographie und politische Darstellung Lenins; vgl. auch Robert Service, Lenin: A Political Life, 2 Bde., Bloomington 1985.

25. Die wichtigsten Schriften Lenins finden sich in: Robert C. Tucker, The Lenin Anthology, New York 1973.

26. Robert Michels, Political Parties: A Sociological Study of the Oligarchical Tendencies of Modern Democracy, New York 1962.

27. Eine interessante Analyse von Lenins Reduktion der Politik auf Soziologie bei: A. J. Polan, Lenin and the End of Politics, Berkeley 1984.

28. »Zur Kritik der Hegelschen Rechtsphilosophie. Einleitung«, in: MEW, Bd. 1, S. 385.

Kapitel 3
Der Weg zum Oktober, 1917

Die wichtigsten allgemeinen Werke zur russischen Revolution – definiert im engeren Sinn als das Jahr 1917 oder die Zeit von 1917–1921 –: William H. Chamberlain, The Russian Revolution, 2 Bde., New York 1931 (Nachdruck von 1965); John L. H. Keep, The Russian Revolution: A Study in Mass Mobilization, London 1975, die überzeugendste sozialgeschichtliche Aufarbeitung der Ereignisse von 1917: Richard Pipes, The Russian Revolution, New York 1990, eine kompromißlose Darstellung der These, daß die Oktoberrevolution ein Staatsstreich war und keine proletarische Revolution; die noch immer unerreichte Darstellung von 1917 aus marxistischer Sicht: Leon Trotsky, The History of the Russian Revolution, New York 1932 (russ. Orig.: Istorija russkoj revoljucii – dt.: Geschichte der russischen Revolution, 2 Bde., Berlin 1931–33 u. Frankfurt a. M. 1982); Marc Ferro, La Revolution de 1917, 2 Bde., Paris 1967–76. Vgl. auch Dietrich Geyer, Die russische Revolution, Historische Probleme und Perspektiven, Stuttgart 1968.

Anmerkungen

1. Jacob Walkin, The Rise of Democracy in Pre-Revolutionary Russia: Political and Social Institutions Under the Last Three Tsars, New York 1962.

2. Haimson, »The Problem of Social Stability«.

3. Eine optimistischere Einschätzung der Chancen eines russischen Konstitutionalismus vor 1914 bei: Emmons, Political Parties.

4. Zu den verheerenden politischen Auswirkungen moderner Kriege vgl.: Mi-

chael Eliot Howard, The Franco-Prussian War: The German Invasion of France, 1870–187l, New York 1961.

5. Michal T. Florinsky, The End of the Russian Empire, New York 1961.

6. T. Hasegawa, The February Revolution: Petrograd 1917, Seattle 1981.

7. Robert V. Daniels, Red October. The Bolshevik Revolution of 1917, London 1968; Sergei P. Melgunov, The Bolshevik Seizure of Power, übers. v. J. S. Beaver, Santa Barbara, Kaliforn., 1972; Richard Pipes, The Russian Revolution.

8. Alan Wildman, The End of the Russian Imperial Army, 2 Bde., Princeton 1980.

9. John L. H. Keep, The Russian Revolution: A Study in Mass Mobilization, London 1976.

10. Richard Sakwa, Soviet Communists in Power: A Study of Moscow During the Civil War, Houndsmill, 1988.

11. Bonnell, Roots of Rebellion, und McDaniel, Autocracy, Capitalism, and Revolution.

12. Kolakowski, Hauptströmungen, Bd. 2, S. 432–439.

13. T. H. Rigby, Communist Party Membership in the U.S.S.R., 1917–1967, Princeton 1968.

14. Rabinowitch, The Bolsheviks Come to Power.

15. Daniels, Red October; Melgunov, Seizure of Power.

16. Ronald Suny, »Towards a Social History of the October Revolution«.

17. Orlando Figes, Peasant Russia, Civil War: The Volga Coutryside In Revolution (1917–1921), Oxford 1989.

KAPITEL 4
DER KRIEGSKOMMUNISMUS, 1918–1921

Allgemeine Literatur: E. H. Carr, A History of Soviet Russia, Bd. 1: The Bolshevik Revolution, 1917–1923, 3 Bde., New York 1951–1953; Leonard Schapiro, The Communist Party of the Soviet Union, New York 1971; Merle Fainsod, How Russia Is Ruled, Cambridge, Mass. 1965; Alec Nove, An Economic History of the U.S.S.R., London 1989, im folgenden als Economic History.

Anmerkungen

1. Zu einer differenzierten Deutung des Kriegskommunismus vgl. den ausführlichsten Versuch einer Darstellung der Bürgerkriegszeit aus sozialgeschichtlicher Sicht in: Diane P. Koenker, William Rosenberg, Ronald Grigor Suny, Party, State, and Society in the Russian Civil War, Bloomington 1989, bes. Teil 1 u. 4; vgl. auch Abbott Gleason, Peter Kenez, Richard Stites, Hg., Bolshevik Culture: Experiment and Order in the Russian Revolution, Bloomington 1985.

2. George Leggett, The Cheka: Lenin's Political Police, London 1981.

3. Oliver H. Radkey, The Election to the Constituent Assembly of 1917, Cambridge, Mass. 1950.

4. Das grundlegende Werk zur Sowjetwirtschaft unter dem Kriegskommunismus: Silvana Malle, The Economic Organization of War Communism, 1918–1921, Cambridge 1985.

5. Vladimir N. Brovkin, The Mensheviks After October: Socialist Opposition and the Rise of the Bolshevik Dictatorship, Ithaca, NY, 1987. Ausführlich zur Ausschaltung der rivalisierenden Parteien während des Bürgerkriegs: Leonard Schapiro, The Origin of the Communist Autocracy: Political Opposition in the Soviet State, 1965.

6. Richard Sakwa, Soviet Communism in Power: A Study of Moscow During the Civil War, 1918–1921, Houndsmill 1988.

7. D. Fedotov White, The Growth of the Red Army, Princeton 1944; Mark von Hagen, Soldiers in the Proletarian Dictatorship: The Red Army and the Soviet Socialist State, 1917–1930, Ithaca, NY, 1990.

8. David Footman, Civil War in Russia, London 1961; W. Bruce Lincoln, Red Victory: A History of the Russian Civil War, New York 1989; Evan Mawdsley, The Russian Civil War, Boston 1987.

9. Orlando Figes, Peasant Russia, Civil War: The Volga Countryside in Revolution, Oxford 1989.

10. Alec Nove, Economic History, Kap. 3; Malle, The Economic Organization of War Communism; vgl. auch Thomas F. Remington, Building Socialism in Bolshevik Russia: ideology and Industrial Organization, 1917–1921, Pittsburgh 1984. Scharfsinnig, wenn auch mit dogmatisch libertärem Einschlag analysiert die Entstehung der Sowjetwirtschaft: Peter J. Boettke, The Political Economy of Soviet Socialism: The Formative Years, 1918–1928, Boston.

11. Lars Lih, Bread and Authority in Russia, 1914–1921, Berkeley 1990.

12. Nikolai Bukharin und Eugenii Preobrazhensky, The ABC of Communism, Harmondsworth 1969 (dt.: Das ABC des Kommunismus, Wien 1920 – Nachdruck Zürich 1985).

13. Zum Vorstehenden eine frühe, noch immer überzeugende Sicht bei: Barrington Moore, Soviet Politics: The Dilemma of Power, Cambridge, Mass., 1950.

14. David Mitrany, Marx Against the Peasant, Chapel Hill, North Carolina, 1951.

15. Vgl. z. B. Karl Kautsky, Die Agrarfrage, 1899.

16. Rigby, Party Membership, S. 68–87; Fainsod, How Russia is Ruled, S. 248–250.

17. Viktor Černov, zitiert in: »Orlando Figes on Peasant Rebellions«, London Review of Books 13, 25. Sept. 1991, S. 8–9.

18. Abdurachman Avtorchanov, Proischozdenie partokratii [Die Entstehung der Partokratie], 2 Bde., Frankfurt a. M. 1973.

19. Nicholas Berdiaev, The Origins of Russian Communism, Ann Arbor 1960 (russ. Orig.: Istoki i smysl russkogo kommunisma, Paris 1955).
20. Als eines der wenigen Werke der Sowjetforschung vertritt einen ähnlichen Standpunkt: Carl A. Linden, The Soviet Party-State and the Politics of Ideocratic Despotism, New York 1983.

KAPITEL 5
DER WEG, DEN SIE NICHT GINGEN: NÖP, 1921–1928

Allgemeines zur NÖP-Zeit: E. H. Carr, A History of Soviet Russia, Bd. 2: The Interregnum, 1923–1924 (ersch. 1954); Bd. 3: Socialism in one Country, 1924–1926, 3 Bde. (ersch. 1958); mit R. W. Davies, Bd. 4: Foundations of a Planned Economy, 1926–1929, 2 Bde. (ersch. 1969–1979 – alle in New York); vgl. auch Isaac Deutschers dreibändige Monographie über Trotzki: Bd. 1: Der bewaffnete Prophet. Trotzki: 1879–1921; Bd. 2: Der unbewaffnete Prophet. Trotzki: 1921–1929, Stuttgart 1962; Bd. 3: Der verstoßene Prophet. Trotzki: 1929–1940, Stuttgart 1963 (ersch. zuerst auf engl. 1954–1963); Stephen F. Cohen, Bukharin; Moshe Lewin, Russian Peasants, and Soviet Power: A Study of Collectivization, London 1968, im folgenden als Russian Peasants.

Anmerkungen
1. Richard Pipes, The Formation of the Soviet Union, überarb. Ausgabe, Cambridge, Mass., 1964; Helene Carrère d'Encausse, The Great Challenge: Nationalities and the Soviet State, 1917–1930, New York und London 1992 (franz. Orig.: L'empire eclate; la revolte des nations en U.R.S.S., 1978 – dt.: Risse im roten Imperium, Wien u. Zürich 1979).
2. Israel Getzler, Kronstadt 1917–1921: The Fate of a Soviet Democracy, Cambridge 1983.
3. Oliver H. Radkey, The Unknown Civil War in Russia: A Study of the Green Movement in the Tambov Region, 1920–21, Stanford 1976.
4. Nove, Economic History, Kap. 4.
5. Lewin, Political Undercurrents, S. 124. Derselbe Gedanke findet sich bei einem Historiker mit gänzlich anderer Einstellung zur UdSSR: Alain Besançon, Court traite de soviétologie à l'usage des autorites civiles, militaires, et religieuses, Paris 1976.
6. Während seines langen Aufenthaltes in den USA hatte Alexander Jakowlew ausreichend Gelegenheit, die Literatur der amerikanischen Sowjetforschung kennenzulernen: Er vermittelte sie an die IMEMO (Institut für Weltwirtschaft und Internationale Beziehungen), das wichtigste Moskauer Expertengremium für Sozialgeschichte, als Gorbatschow ihn 1983 zum Direktor des Instituts

machte. Mitglieder der IMEMO bestätigen, daß Gorbatschow durch Jakowlew mit der revisionistischen Perspektive der amerikanischen Sowjetologie bekannt wurde.

7. Cohen, Bukharin, S. 270–276.
8. Lewin, Making, Kap. 12.
9. Gerschenkron, Backwardness, S. 64.
10. Dorothy Atkinson, The End of the Russian Land Commune, 1905–1930, Stanford 1983.
11. Alan M. Ball, Russia's Last Capitalists: The NEPmen, 1921–1929, Berkeley 1987.
12. Lewin, Struggle, Kap. 4.
13. Zu den Quellen von Lenins Anschauungen vgl. Kap. 2, Anm. 8 [vgl. W. I. Lenin, Werke, Bd. 33, Berlin 1962, S. 448 (»Tagebuchblätter«); zum folgenden a. a. O. S. 476 (»Lieber weniger, aber besser«)].
14. Lenin, Werke, a. a. O. S. 457.
15. Lenin, Werke, Bd. 32, S. 8.
16. Die ausführlichste Behandlung der ökonomischen Debatte der zwanziger Jahre bei: Lewin, Russian Peasants und A. Ehrlich, The Soviet Industrialization Debate, Cambridge, Mass., 1960. Vgl. auch Nove, Economic History, Kap. 5 und Cohen, Bukharin, Kap. 6. Marx' berühmte Analyse der primitiven Akkumulation findet sich im Kapital Bd. 1, Kap. 24.
17. William J. Chase, Workers, Society, and the Soviet State: Labor and Life in Moscow, 1918–1929, Urbana 1987.
18. Isaac Deutscher, Stalin, Eine politische Biographie, New York, 1949; 2. Auflage 1966.
19. Robert Davies, The Socialist Offensive: The Collectivization of Soviet Agriculture, 1929–1930, London 1980.
20. Lewin, Making, S. 258–285; The Gorbachev Phenomenon, S. 194.
21. Kołakowski, Hauptströmungen, Bd. 3, S. 240 f.
22. Vgl. Ball, NEPmen, Kap. 6.
23. Nove, Economic History, S. 132.
24. Vgl. seine »Aufzeichnungen eines Ökonomen« – neu hg. als: Izbrannye sočinenija [Ausgewählte Werke], Moskau 1988.
25. R. Daniels, The Conscience of the Revolution: Communist Opposition in Soviet Russia, Cambridge, Mass., 1960.
26. Rigby, Party Membership, Kap. 3–5; Fainsod, How Russia is Ruled.
27. Robert C. Tucker, Stalin as Revolutionary: 1879–1929, London 1974; Boris Souvarine, Stalin: A Critical Survey of Bolshevism, New York 1939.
28. Deutscher, Stalin, Bd. 1, S. 300.
29. Boris Nicolaevsky, Power and the Soviet Elite: »Letter of an Old Bolshevik« and Other Essays, Hg. Janet D. Zagoria, New York 1965.

30. Zur Kultur und Gesellschaft der NÖP-Zeit vgl.: Sheila Fitzpatrick, Alexander Rabinowitsch, Richard Stites, Hg., Russia in the Era of NEP: Explorations in Soviet Society and Culture, Bloomington 1991, bes. Kap. 1 u. 18. Zur Blüte der Utopien vgl. Richard Stites, Revolutionary Dreams, London 1989. Dazu auch Cohen, Bukharin, Kap. 9.

31. Zu den anfänglichen Erwartungen und enttäuschenden Ergebnissen sowjetischer Politik auf dem Gebiet der Frauenrechte im ersten Jahrzehnt des Regimes vgl. Richard Stites, The Women's Liberation Movement in Russia: Feminism, Nihilism, and Bolshevism, 1860–1930, Princeton 1978, Teil 3. Zur Stellung der Frauen während der Sowjetherrschaft: Gail Lapidus, Women in Soviet Society: Equality, Development, and Social Change, Berkeley 1978.

32. J. C. Curtiss, The Russian Church and the Soviet State, 1917–1950, Boston 1953; W. C. Fletcher, The Russian Orthodox Church Underground, 1917–70, Oxford 1917.

33. Peter Kenez, The Birth of the Propaganda State. Soviet Methods of Mass Mobilization, 1917–1929, London und New York 1985.

34. Alec Nove, Economic Rationality and Soviet Politics, Or, Was Stalin Really Necessary? New York 1964.

35. Lewin, Political Undercurrents, S. 124.

KAPITEL 6
SIE BAUTEN DEN SOZIALISMUS, 1929–1935

Allgemeine Literatur zu Stalin: Boris Souvarine, Stalin: A Critical Survey of Bolshevism, New York und London 1939 (dt.: Stalin. Anmerkungen zur Geschichte des Bolschewismus, München 1980); Deutscher, Stalin; Adam Ulam, Stalin: The Man and his Era, New York 1973; Robert C. Tucker, Stalin in Power: The Revolution From Above, 1928–1941, New York 1990, im folgenden als Stalin in Power; Robert McNeal, Stalin: Man and Ruler, New York 1988; Robert Conqest, Stalin: Breaker of Nations, New York 1991; Dmitri Volkogonov, Stalin: Triumph and Tragedy, (a. d. Russ. v. H. Shukman) New York 1991 (dt.: Stalin: Triumph und Tragödie, Düsseldorf 1989). Zur Revolution von oben die wichtigsten Werke aus einer umfangreichen Literatur: E. H. Carr und R. W. Davies, A History of Soviet Russia, Bd. 4: Foundations of an Planned Economy, 1926–1929, 2 Bde., New York 1971–1972; Robert Conqest, The Harvest of Sorrow: Soviet Collectivization, and the Terror Famine, London und Oxford 1986; R. W. Davies, The Industrialization of Soviet Russia, 2 Bde., Cambridge, Mass., 1980; Naum Jasny, The Socialized Agriculture of the U.S.S.R., Stanford 1949; ders., Soviet Industrialization, 1928–1932, Chicago 1961; Lewin, Russian Peasants: Nove, Economic History.

Anmerkungen

 1. Nikolaj Valentinov in: Socialistieskij vestnik, New York, April 1961.
 2. Robert C. Tucker, Stalinism: Essays in Historical Interpretation, New York 1977, S. 77–108.
 3. Ulam, Stalin, S. 307.
 4. Gerschenkron, Backwardness passim. Vgl. auch Igor Kljamkin, »Kakaja doroga vedët k chramu?« Novyj mir, November 1987, S. 67–92.
 5. Vgl. o., Einleitung.
 6. Cohen, Bukharin, S. 322.
 7. Robert M. Slusser, Stalin in October: The Man Who Missed the Revolution, Baltimore und London, 1987.
 8. Die Kritik der österreichischen Schule am sozialistischen Wirtschaftsmodell geht vor den Ersten Weltkrieg zurück und stammt aus den Erfahrungen mit dirigistischen Traditionen in der deutschen Wirtschaft sowie der oppositionellen Tradition der Sozialdemokraten. Das grundlegende Werk dieser kritischen Schule ist Friedrich v. Wieser, Social Economics, London 1927 (dt. Orig.: Theorie der gesellschaftlichen Wirtschaft, 1914).
 9. Vgl. Ludwig v. Mises, Socialism: An Economic and Sociological Analysis, New Haven 1951 (dt. Orig.: Die Gemeinwirtschaft; Untersuchung über den Sozialismus. Eine wirtschaftliche und soziologische Analyse, Jena 1922). Das Buch stützt sich auf: L. v. M., »Die Wirtschaftsrechnung im sozialistischen Gemeinwesen«, in: Archiv für Sozialwissenschaften 47, Tübingen 1920, S. 86–121.
10. Marx, Das Kapital, versch. Ausgaben, Bd. 1, Kap. 24.
11. Lewin, Russian Peasants, Kap. 13.
12. Kendall E. Bailes, Technology and Society Under Lenin and Stalin: Origins of the Soviet Technical Intelligentsia, 1917–1941, Princeton 1978, im folgenden als Technology and Society.
13. Nina Tumarkin, Lenin Lives! The Lenin Cult in Soviet Russia, Cambridge, Mass., 1983.
14. Lewin, Russian Peasants, Kap. 14.
15. Lynne Viola, The Best Sons of the Fatherland: Workers in the Vanguard of Soviet Collectivization, New York 1987.
16. Viktor Danilov, Rural Russia Under the New Regime (russ. Orig.: Sovetskaja dokolchoznaja derevnja), Bloomington 1988; Boris Možaev, Mužiki i baby [Bauern und Bäuerinnen], Moskau 1988; Michail Šolochov, Podnjataja celina, 1932 (dt.: Neuland unterm Pflug, 1964); Vasilij Grossman, Vsë tečët, Frankfurt a. M. 1970, Moskau 1989 (dt: Alles fließt …, 1972).
17. Conquest, Harvest of Sorrow.
18. Dorothy Atkinson, The End of the Russian Land Commune, 1905–1930, Stanford 1983.
19. Jasny, Industrialization, S. 73.

20. Eugene Zaleski, Planning for Economic Growth in the Soviet Union, 1928–1932 (a. d. Franz. v. Marie-Christine McAndrew u. G. Warren Nutter), Chapel Hill, North Carolina, 1971; Eugene Zaleski, Stalinist Planning for Growth, 1933–1952 (a. d. Franz. v. Marie-Christine McAndrew u. John H. Moore), Chapel Hill 1980.
21. Zur Abhängigkeit der sowjetischen Industrialisierung vom Westen, insbes. von den USA vgl.: Anthony C. Sutton, Western Technology and Soviet Economic Development, 1930–1945, 3 Bde., Stanford 1971, bes. Bd. 1 u. 2. 22. Nove, Economic History, S. 199.
23. Hiroaki Kuromiya, Stalin's Industrial Revolution: Politics and Workers, 1928–1932, New York 1988.
24. Vgl. den zweiten Epigraph des Kapitels.
25. Sheila Fitzpatrick, Education and Social Mobility in the Soviet Union, 1921–1934, New York 1979; Bailes, Technology, and Society, Teil 3.
26. Bailes, Technology, and Society, S. 95–140.
27. Lewis H. Siegelbaum, Stakhanovism and the Politics of Productivity in the U.S.S.R., 1935–1941, New York 1988.
28. Michail Heller, Maschina i vintiki. Istorija formirovanija sovetskogo čeloveka, London 1985.
29. Zit. von Seweryn Bialer in: Stalin's Successors: Leadership, Stability, and Change in the Soviet Union, Cambridge 1980, S. 22.
30. Der Begriff *command economy,* »Befehlswirtschaft« oder »Kommandowirtschaft«, wurde allgemein bekannt durch: Franz Neumann, Behemoth: The Structure and Practice of National Socialism, London 1942; für das sowjetische System benutzte ihn als erster Gregory Grossman in seinen »Notes for a Theory of the Command Economy«, in: Soviet Studies 15, Oktober 1963.
31. Abram Bergson, The Real National Income of Soviet Russia Since 1928, Cambridge, Mass., 1961.
32. Nikolaj Šmelëv u. Vladimir Popov, Na Perelome [Im Umbruch], Moskau 1989 (engl.: The Turning Point: Revitalizing the Soviet Economy, New York 1989).
33. David Landes, The Unbound Prometheus, Cambridge 1972, S. 114–115.
34. Alexander Yanov, The Origins of Autocracy: Ivan the Terrible in Russian History, Berkeley und Los Angeles 1981.
35. Vgl. o. Kap. 2.
36. Ulam, Stalin, S. 290.

KAPITEL 7
SÄUBERUNG UND KONSOLIDIERUNG, 1935-1939

Außer den Werken, die als Einführung zu den Anmerkungen von Kapitel 6 angegeben wurden, sind folgende maßgebliche Arbeiten zu nennen: unentbehrlich zum Thema Säuberungen: Robert Conquest, The Great Terror, New York 1968 und Robert Conquest, The Great Terror: A Reassessment, New York 1990; Alexander I. Solshenizyns, Der Archipel Gulag (russ. Orig.: Archipelag GUlag, 1918-1956. 2 Bde., 1973-74), 3 Bde., Bern 1974-76 ist das große literarische Denkmal dieser Zeit. Zum Stalinismus aus der reformkommunistischen Perspektive vgl. Roy A. Medwedew, Die Wahrheit ist unsere Stärke; Geschichte und Folgen des Stalinismus, (a. d. Russ. von G. Danehl), Frankfurt a. M. 1973 (neue Auflage: Das Urteil der Geschichte: Stalin und Stalinismus, Berlin 1992, 3 Bde.; russ. Orig.: O staline i stalinisme, Moskau 1990). Vgl. auch Abdurrakhman Avtorkhanov, Stalin and the Soviet Communist Party: A Study in the Technology of Power, München 1959 (russ. Orig.: Technologija vlasti, Frankfurt a. M. 1976); Alexander Dallin und George Breslauer, Political Terror in Communist Systems, Stanford 1970; Merle Fainsod, Smolensk Under Soviet Rule, Cambridge, Mass., 1958; Nikita Chruschtschow, Chruschtschow erinnert sich, Hamburg 1971; Leo Trotzki, Verratene Revolution (a. d. Russ. von W. Steen), Zürich 1957; R. C. Tucker, S. F. Cohen, Hg., The Great Purge Trial, New York 1965; Amy Knight, Beria, Stalin's First Lieutenant, Princeton 1993.

Anmerkungen
1. Vgl. Sheila Fitzpatrick, Russian Revolution.
2. Medwedew, Die Wahrheit ist unsere Stärke.
3. Vgl. die Debatte zwischen Fitzpatrick und der »New Cohort« in: Russian Review 45, Oktober 1986, S. 357-413 und 46, Oktober 1987, S. 379-431.
4. Der Begriff »Verstaatlichung der Kultur« stammt aus Heller und Nekrich, Utopia, S. 287-301.
5. Lynne Malley, Culture of the Future: The Proletkult Movement and the Russian Civil War, Berkeley 1990.
6. Richard Stites, Revolutionary Dreams: Utopian Vision and Experimental Life in the Russian Revolution, London 1989.
7. George M. Enteen, The Soviet Scholar-Bureaucrat: M. N. Pokrovskij and the Society of Marxist Historians, University Park 1978; John Barber, Soviet Historians in Crisis, 1928-1932, London 1981; Martin Pudeff, Hg., History in the U.S.S.R.: Selected Readings, San Francisco 1967.
8. Kołakowski, Hauptströmungen, Bd. 3, S. 70-76 u. S. 77-90.
9. Edward J. Brown, The Proletarian Episode in Russian Literature, 1928-1932, New York 1953.

10. Sheila Fitzpatrick, Hg., Cultural Revolution in Russia, 1928–1931, Bloomington 1988.
11. Vgl. o. Kap. 1.
12. Kolakowski, Hauptströmungen, S. 77–90.
13. Nicholas Timasheff, The Great Retreat: The Growth and Decline of Communism in Russia, New York 1946.
14. John und Carol Garrard, Inside the Soviet Writer's Union, New York 1990;
Katarina Clark, The Soviet Novel: History as Ritual, Chicago 1985; Boris
Groys, Stalins Gesamtkunstwerk, München und Wien 1988.
15. D. Joravsky, The Lysenko Affair, Cambridge, Mass., 1970; Zhores A. Medvedev, The Rise and Fall of T. D. Lysenko, New York 1969 (dt.: Shores
A. Medwedew, Der Fall Lyssenko. Eine Wissenschaft kapituliert, München
1974).
16. Loren R. Graham, The Soviet Academy of Sciences and the Communist Party,
1972–1932, Princeton 1967 und: Science and Philosophy in the Soviet Union,
London 1973; Alexander Vucinic, Empire of Knowledge: The Academy of
Sciences of the USSR (1917–1970), Berkeley und Los Angeles 1984. Vgl. auch
Loren A. Graham, Science in Russia and the Soviet Union: A Short History,
New York 1993.
17. Lewin, Making, S. 269–276 und 300–314; Medwedew, Die Wahrheit ist unsere
Stärke, Kap. 11, Abschn. 14.
18. Vgl. o. Kap. 5.
19. Boris Pasternak, Doktor Zivago, Mailand 1957, Moskau 1988 (dt.: Doktor
Schiwago, 1958).
20. McNeal, Stalin, S. 184–186.
21. Medwedew, Die Wahrheit ist unsere Stärke, Kap. 5; Schapiro, History of Party,
Kap. 23.
22. Ulam, Stalin, Kap. 10.
23. Fainsod, How Russia is Ruled, S. 260–269; Rigby, Party Membership, Kap. 5 u.
6; Merle Fainsod und Jerry Hough, How the Soviet Union Is Governed,
Cambridge 1979, Kap. 5.
24. Vgl. Kap. 6, Anm 16.
25. Conquest, Great Terror, Kap. 1; J. Arch Getty, Origins of the Great Purges: The
Soviet Communist Party Reconsidered, 1933–1938, New York 1985.
26. Sheila Fitzpatrick, Education and Social Mobility in the Soviet Union, 1921–
1934, Cambridge 1979.
27. Deutscher, Stalin, Kap. 9.
28. Vgl. Jonatlian Haslam, Soviet Foreign Policy, 1933–1939, London 1986; bes.
Haslam, »Political Opposition to Stalin and the Origins of the Terror in
Russia, 1932–1936«, in: Historical Journal 29, 1986, S. 395–418.
29. Deutscher, Trotzki, Bd. 3, S. 269–277.

30. Heller und Nekrich, Utopia, S. 278 f.
31. Vgl. Cohen, Bukharin, S. 369–372; Conquest, Terror, S. 259–267.
32. Roy A. Medvedev und Zhores A. Medvedev, Khrushchev: The Years in Power, New York 1976, Teil I.
33. John Dornberg, Brezhnev: The Masks of Power, Dehli und London 1974, Teil 2.
34. Fitzpatrick, Russian Revolution, S. 8.
35. Fitzpatrick, Russian Revolution, S. 157.
36. Vgl. z. B. Victor Kravchenko, I Chose Freedom: The Personal and Political Life of a Soviet Official, New York 1946 (dt.: Ich wählte die Freiheit, Zürich 1947).
37. Getty, Origin of the Great Purges, S. 8; ähnlich geschrumpfte Zahlen bei Fainsod und Hough, How the Soviet Union Is Governed, S. 176 f.
38. Alec Nove spricht von 10 bis 11 Millionen für die dreißiger Jahre und einem »Defizit« von 27 Millionen für die Zeit 1939–1945. Vgl. Alec Nove, »The Scale of the Purges«, in: Alec Nove, Hg., The Stalin Plienomenon, New York 1993, S. 29–33; Nove, »Victims of Stalinism: How Many?«, in: J. Arch Getty, Roberta Manning, Hg., Stalinist Terror: New Perspectives, New York. (Das Buch ist in seinem radikalen Revisionismus der Stalin-Ära wenig überzeugend.) Vgl. dazu ein weiteres Beispiel aktualisierter revisionistischer Positionen, das sich auf eine sehr selektive Heranziehung sowjetischer Archivdaten stützt: J. Arch Getty, Gábor T. Rittersporn, Viktor N. Zemskov, »Victims of the Soviet Penal System in the Pre-War Years: A First Approach on the Basis of Archival Evidence«, in: American Historical Review 98, Oktober 1993, S. 1017–1049.
39. McNeal, Stalin, S. 198.
40. Kołakowski, Hauptströmungen, Bd. 3, S. 77–91.
41. Schapiro, History of Party, Kap. 22.

KAPITEL 8
KRIEGSGESCHICK, 1939–1953

Die Literatur über die Sowjetgeschichte nach 1941 ist nicht nur weniger umfangreich als die Literatur über die zwanziger und dreißiger Jahre, sondern auch anderer Art. In der jüngeren Vergangenheit fehlen entscheidende Fragen wie die nach dem proletarischen Charakter der Oktoberrevolution oder der »Notwendigkeit« Stalins, so daß sich die Literatur von der analysierenden zur erzählenden Darstellung wandelt, ein Sachverhalt, der auch in den folgenden Kapiteln seinen Niederschlag findet. Die bibliographischen Anmerkungen werden entsprechend kürzer.

Die maßgeblichen Werke zum Thema dieses Kapitels sind: Adam Ulam, Expansion and Coexistence: Soviet Foreign Policy, 1917–1973, New York 1968; Jonathan

Haslam, Soviet Foreign Policy, 1930–33: The Impact of the Depression, London 1983; ders., The Soviet Union and the Struggle for Collective Security in Europe, 1933–1939, New York 1984; Robert Conquest, Power and Policy in the U.S.S.R.: The Study of Soviet Dynastics, London 1961; Vladimir Petrov und Alexander Nekrich, »June 22, 1941«: Soviet Historians and the German Invasion, Columbia, 1968; John Erickson, The Road to Stalingrad, New York 1975; ders., The Road to Berlin: Continuing the History of Stalin's War with Germany, Boulder, Colo., 1983; Timothy L. Colton, Commissars, Commanders, and Civilian Authority: The Structure of Soviet Military Politics, Cambridge, Mass., 1979; Alexander Dallin, German Rule in Russia, 1941–1945, London 1957; George Fischer, Soviet Opposition to Stalin: A Case Study in World War II, Cambridge, Mass., 1952.

Anmerkungen

1. George Kennan, Soviet Foreign Policy, 1917–1941, Westport, Conn., 1978.
2. Franz Borkenan, World Communism, Ann Arbor 1962.
3. Ruth Fischer, Stalin and German Communism: A Study in the Origins of the State Party, Cambridge, Mass., 1948. [dt.: Stalin und der deutsche Kommunismus, 2 Bd., Berlin 1991.]
4. Vgl. o. Kap. 7; D. T. Cattell, Communism and the Spanish Civil War, Berkeley and Los Angeles 1955; Paolo Spriano, Stalin and the European Communists, London 1988.
5. Gerhard L. Weinberg, Germany and the Soviet Union, 1938–1941, Leiden 1954.
6. Heller und Nekrich, Utopia, Kap. 7.
7. a. a. O. Kap. 8; vgl. bes. S. 371–374, 383–393, 399–403 und 442–446.
8. Dallin, German Rule.
9. L. Gouré und H. Dinerstein, Moscow in Crisis, Glencoe, 111., 1955.
10. Fischer, Opposition to Stalin.
11. Ulam, Stalin, S. 567.
12. Nove, Economic History, Kap. 10 und 11.
13. Robert Conquest, The Nation Killers: The Soviet Deportation of Nationalities, London 1972; Aleksandr Nekrich, The Punished Peoples: The Deportation and Fate of the Soviet Minorities at the End of the Second World War (a. d. Russ. von George Saunders), New York 1978.
14. Fainsod, How Russia Is Ruled, S. 269–275; Rigby, Party Membership, Kap. 7 u. 8.
15. Norman Davies, God's Playground: A History of Poland, Bd. 2: 1795 to the Present, New York 1982, Kap. 20 und 21.
16. François Fejtö, Histoire des democraties populaires, Bd. 1: L'ère de Staline, 1945–1952, Paris 1952; Vojtech Mastny, Russia's Road to the Cold War: Diplomacy, Warfare, and the Politics of Communism, 1941–1945, New York 1979.

17. Adam Ulam, Titoism and the Cominform, Cambridge, Mass., 1952.
18. Ulam, Expansion and Coexistence, Kap. 9.
19. a. a. O., Kap. 10, 1. Abschn.
20. Werner Hahn, Post-war Soviet Politics: The Fall of Zhdanov and the Defeat of Moderation, Ithaca, NY, 1969; Louis Rappaport, Stalin's War Against the Jews, New York 1990.
21. Interessante, wenn auch nicht schlüssige Beweise, daß Stalin in seinen letzten Jahren eine größere kriegerische Auseinandersetzung in Erwägung zog bei: Sergei Goncharov, John Lewis, Xue Lital, Uncertain Partners: Stalin, Mao, and the Korean War, Stanford 1992.

KAPITEL 9
DER REFORMKOMMUNISMUS I: CHRUSCHTSCHOWS MOSKAUER FRÜHLING, 1953-1964

Die wichtigsten Werke zur Ära Chruschtschow: Robert Conquest, Power and Policy in the U.S.S.R.: The Study of Soviet Dynastics, London 1961; Carl A. Linden, Khrushchev and the Soviet Leadership, Baltimore 1966 – im folgenden als Khrushchev; Michel Tatu, Power in the Kremlim: From Khrushchev to Kosygin (franz. Orig.: Le pouvoir en U.R.S.S. Du declin de Khrouchtcov à la direction collective, Paris 1967), New York 1969; George W. Breslauer, Khrushchev and Brezhnev as Leaders, Boston 1982.

Vgl. auch Roy Medwedew, Chruschtschow: eine politische Biographie, Stuttgart 1984; Roy und Zhores Medvedev, Khrushchev: The Years in Power, New York 1976; Nikita Khrushchev, Khrushchev Remembers (übers. und hgg. von Strobe Talbott, Boston 1970), Khrushchev Remembers: The Last Testament (übers. u. hgg. von Strobe Talbott, Boston 1974) und Khrushchev Remembers: The Glasnost Tapes (übers. u. hgg. von Jerrold L. Schecter zus. mit Vyacheslav V. Luchkov, Boston 1990); Fëdor Burlackij, »Chruščëv«, in: Literaturnaja gazeta, Moskau, 24. Februar 1982; Adam Ulam, The Rivals: America and Russia Since WW II, New York 1971; Edward J. Brown, Russian Literature Since the Revolution, überarb. Ausgabe Cambridge 1982.

Anmerkungen
1. Dies im Widerspruch zu Stephen Cohen, Rethinking, und Moshe Lewin, Political Undercurrents, die den Reformkommunismus als Erfüllung des Systempotentials betrachten. Diese Sicht teilt Seweryn Bialer, Stalin's Successors: Leadership, Stability, and Change in the Soviet Union, New York 1980.
2. Solshenizyn, Gulag, Bd. 3, Teil 4, Kap. 11 und 12.
3. Nikita Khrushchev, The Crimes of the Stalin Era, New York 1962, S. 248.

4. Roy Medwedew, Chruschtschow, S. 91–92.

5. Charles Gati, The Bloc That Failed: Soviet-East European Relations in Transition, Bloomington 1990.

6. Fejtö, Histoire des démocraties populaires, Bd. 2: Apres Staline, 1953–1971, Paris 1969, Kap. 5; Davies, God's Playground, Bd. 2, Kap. 23.

7. Fejtö, Histoire des democraties populaires, Bd. 2, Kap. 5. u. 8; Miklos Molnar, Budapest 1956: A History of the Hungarian Revolution (aus dem Ungar. von J. Ford), London 1971; Paul Zinner, Revolution in Hungary, New York 1962.

8. Robert Conquest, Courage of Genius: The Pasternak Affair, London 1961; Hugh McLean and Walter M. Vickery, Hg., The Year of Protest, 1956: An Anthology of Soviet Literary Materials, New York 1961.

9. Adam Ulam, Expansion and Coexistence, New York 1968, Kap. 9 und 10; Klaus Mehnert, Peking und Moskau, Stuttgart 1962.

10. Ulam, Expansion and Coexistence, Kap. 9 und 10.

11. Fejtö, Histoire des democraties populaires, Bd. 2, Kap. 9 und 10.

12. Ulam, The Rivals.

13. Linden, Khrushchev.

14. Nove, Economic History, Kap. 11; K. E. Wadekin, The Private Sector in Soviet Agriculture, Berkeley 1973; Jerzy F. Karcz, Hg., Soviet and East European Agriculture, Berkeley, 1967.

15. Martin McCauley, Khrushchev and the Development of Soviet Agriculture: The Virgin Lands Programme, London 1976.

16. Nove, Economic History, S. 332–355; Linden, Khrushchev, Kap. 2 und 4.

17. George Breslauer, Khrushchev and Brezhnev, Teil 2.

18. Linden, Khrushchev, Kap. 2 und 4; Linden, Klirushchev and Brezhnev, Teil 2.

19. Zum Kampf um die Veröffentlichung von Iwan Denissowitsch vgl. Alexander Solshenizyn, Die Eiche und das Kalb; Skizzen aus dem literarischen Leben (Bodalsja telenok s dubom); a. d. Russ. von S. Geier, Darmstadt 1975.

20. Ulam, Expansion and Coexistence, Kap. 10, 11 und 12; Mehnert, Peking und Moskau, Teil 4.

21. Ulam, a. a. O., Kap. 10 und 11 und Ulam, The Rivals, Teil 3, Kap. 8 und 9.

22. David Holloway, The Soviet Union and the Arms Race, New Haven, 1983.

23. Fainsod, How Russia Is Ruled, S. 275–282; Rigby, Party Membership, Kap. 9 und 10; Fainsod und Hough, How the Soviet Union Is Governed, Kap. 9.

KAPITEL 10
DIE RECHNUNG WIRD FÄLLIG:
BRESHNEW UND DER NOMENKLATURA-KOMMUNISMUS, 1964–1982

Mit Beginn der Ära Breshnew nimmt die verfügbare Literatur zur sowjetischen Geschichte drastisch ab. Unter den wichtigeren Werken, die die Epoche als Ganzes behandeln, verweise ich auf: John Dornberg, Brezhnev, Masks of Power (New York 1974); Abdurachman Avtorchanov, Sila i bessilie Brežneva (Frankfurt/M. 1979); H. Carrere d'Encausse, Decline of an Empire: the Soviet Socialist Republics in Revolt, übers v. Martin Sokolinsky und Henry A. La Farge (New York, Newsweek Books, 1979); John Dunlop, The Faces of Contemporary Russian Nationalism (Princeton NJ 1983); Igor Birman, Personal Consumption in the USSR and the USA (London 1989); Adam Ulam, Dangerous Relations: The Soviet Union in World Politics, 1970–1982 (New York 1983); Raymond L. Garthoff, Detente and Confrontation: American-Soviet Relations from Nixon to Reagan (Washington DC 1985); David Holloway, The Soviet Union and the Arms Race (New Haven CT 1983); Andrei Sakharov, My Country and the World (New York 1975); Ludmilla Alekseeva, Soviet Dissent: Contemporary Movements for National, Religious, and Human Rights (Middleton CT, Wesleyan University Press, 1985).

Anmerkungen

1. Roy Medvedev, All Stalin's Men, übs. Harold Shukman, Oxford 1983, Kap. 3; Sergei Petrov, The Red Eminence: A Biography of Mikhail A. Suslov, Clifton NJ 1988.
2. Dornberg, a. a. O., Teil IV; vgl. auch oben Kap. 7.
3. S. o. Kap. 1.
4. Stephen Cohen (Hrsg.) An End to Silence: Uncensored Opinion in the Soviet Union. From Roy Medvedev's Underground Magazine; Political Diary, New York 1982: Vgl. Roy Medvedev's Essay S. 153–161.
5. Kostas Papaioannou, l'Idéologie froide, Paris 1976; Alain Besançon, L'Eloge de la corruption, Paris 1977.
6. Nove, Economic History, S. 362–367.
7. Ebd. 5. 362–363.
8. Lewin, Political Undercurrents in Soviet Economic Debates: From Bukharin to the Modern Reformers, Princeton 1974, Kap. 6–8.
9. Vgl. dazu seinen Essay in Cohen, An End to Silence, S. 223–227.
10. Naum Jasny, The Socialized Agriculture of the USSR, Stanford 1949; Naum Jasny, Sovjet Industrialization. 1928–1952, Chicago 1960; Igor Birman, Personal Consumption in the USSR and the USA, London 1989.
11. Dmitri Steinberg, The Real Size and Structure of the Soviet Economy: Alternative Estimates of Soviet GNP and Military Expenditures for 1987,

vorbereitet für die Konferenz des American Enterprise Institute »Comparing the Soviet and American Economies: Overall Output, Levels of Consumption, Military Expenditures« in Warrenton VA, 19.–22. April 1990, S. 3.

12. Murray Feshback, The Soviet Union. Population, Trends, and Dilemmas, Washington DC 1982.

13. Seweryn Bialer, The Soviet Paradox: External Expansion, internal Decline, New York 1986; Richard Pipes, Survival is Enough, New York 1984; Marshall I. Goldman, USSR in Crisis: The Failure of an Economic System, New York 1983.

14. Solshenizyn, Der Archipel Gulag, Bern 1974, Band 3.

15. Gregory Grossman, The Second Economy: Boon or Bane for the Reform of the First Economy?, in: Economic Reforms in the Socialist World, hrsg. v. Stanislaw Gomutka, Yong-Chool Ha u. Cae-One Kim, Armonk NY 1989; Gregory Grossman, The ›Second Economy‹ in the USSR, in: Problems of Communism 26 (Sept.–Okt. 1977), S. 25–40; Konstantin Simes, The Corrupt Society: The Secret World of Soviet Capitalism, übs. J. Eduards u. M. Schneider, New York 1982.

16. Bei Dmitri Steinberg, a. a. O., findet sich eine gründliche Diskussion dieses Themas.

17. Abel Aganbegyan, The Bconomic Challenge of Perestrojka, Bloomington 1988.

18. Gaddis, a. a. O., Kap. 9. Vgl. auch ders., The Long Peace. Inquiries into the History of the Cold War, New York 1987.

19. Gaddis, US-Soviet Relations, S. 276.

20. Jonathan Haslam, The Soviet Union and the Politics of Nuclear Weapons in Europe, 1969–1987: The Problem of the SS 20s, London 1989, im folgenden zitiert als Nuclear Weapons; David Holloway, The Soviet Union and the Arms Race, New Haven 1983.

21. Heller u. Nekrich, Utopia, Kap. 9.

22. Zhores A. Medvedev, Andropov, New York 1983–1984, Teil II, Kap. 7–9.

23. Max Hayward (Hrsg.), On Trial. The Case of Sinyavsky and Daniel, London 1967.

24. Andrej Sacharov, Stellungnahme, Wien, München, Zürich 1974.

25. Roy Medvedev, Let History Judge: The Origins and Consequences of Stalinism, übs. Colleen Taylor, New York 1972 (dt.: Die Wahrheit ist unsere Stärke).

26. Vgl. dazu Cohen, An End to Silence, S. 317–327.

27. J.-J. Marie u. Carol Head (Hrsg.), L'Affaire Guinzbourg-Galanskov, aus dem Russischen von J.-J. u. Nadine Marie, Paris 1969.

28. Valery Chalidze, To Defend Those Rights: Human Rights and the Soviet Union, übs. Guy Daniels, New York 1975; Peter Reddaway (Hrsg.), Uncensored Russia, New York 1972.

29. Andrei Amalrik, Will the Soviet Union Survive Until 1984?, New York 1970.
30. Letter to the Soviet Leaders, übs. Hillary Sternberg, New York 1974.
31. Georgi Arbatov, The System: An Insiders Life in Soviet Politics, New York 1992.
32. Ein besonders erhellendes Beispiel für diese Symbiose liefert Aleksandr Cipko, Kontrrevoljucija v CK KPSS [Counterrevolution in the Central Committee of the Communist Party], leider bisher unveröffentlicht. Lesen Sie das Typoskript.
33. Eduard Brown, Russian Literature Since the Revolution, Cambridge MA 1982, Kap. 11–13.
34. Fainsod u. Hough, a. a. O., Kap. 9–14.
35. Aleksandr Zinoviev, Homo Sovieticus, übs. Charles Janson, Boston 1985.
36. Arbatov, a. a. O., 5. 218–235.
37. Mikhail Voslenskij, Nomenklatura: die herrschende Klasse der Sowjetunion, aus dem Russischen von Elisabeth Neuhoff, die Übertragung der Gedichte besorgte der Autor, Wien 1980.
38. Vgl. Fejto, a. a. O., Bd. 2, Kap. 11–12; H. Gordon Skilling, Czechoslovakia's Interrupted Revolution, Princeton NJ 1976, S. 532; Ivan Svitak, The Czechoslovak Experiment 1968-69, New York 1971; Zdenek Mlynar, Night Frost in Prague, New York 1978.
39. Janos Kornai, The Hungarian Reform Process: Visions, Hopes and Reality, in: Journal of Economic Literature 24. (Dezember 1986), vierter Teilband, S. 1687–1737.
40. J. Karpinski, Countdown: The Polish Uphevals of 1956, 1968, 1970, 1976, 1980 …, New York 1982; Abraham Brumberg (Hrsg.), Poland: Genesis of a Revolution, New York 1983; Martin Malia, Poland's Eternal Return, in: The New York Review of Books, Sept. 1983.
41. Jan Josef Lipski, KOR, London 1983.
42. Timothy Garton Ash, The Polish Revolution: Solidarity 1980–82, London 1983; Jerzy Holzer, Solidarność 1980–1981, Paris 1984; Martin Malia, Poland's Winter War, in: The New York Review of Books, Februar 1982.

KAPITEL II
REFORMKOMMUNISMUS II: GORBATSCHOW UND DIE PERESTROIKA, 1985–1988

Dieses Kapitel basiert hauptsächlich auf meiner Lektüre der sowjetischen Presse während der Zeit, die es behandelt, und auf regelmäßigen Besuchen in der Sowjetunion, einschließlich der Teilnahme am ersten Kongreß der Volksdeputierten im Jahr 1989 und am 27. Parteikongreß im Jahr 1990.
Die meisten grundlegenden Werke über die Perestroika wurden von unmittelba-

ren Beobachtern der Ereignisse verfaßt. Vergleiche zur Politik der Perestroika: Hedrick Smith, The New Russians, New York 1991; Robert Kaiser, Why Gorbachev Happened: His Triumphs, His Failure, His Fall, New York 1991, revidierte Fassung 1992; David Remnick, Lenin's Tomb, New York 1993; John B. Dunlop, The Rise of Russia and the Fall of the Soviet Empire, Princeton 1993; Alec Nove, Glasnost in Action: Cultural Renaissance in Russia, Boston 1989.

Zum wirtschaftlichen Aspekt der Perestroika vgl. Anders Aslund, Gorbatchev's Struggle for Economic Reform, Ithaca NY 1989, revidierte Fassung 1991; Marshall I. Goldman, Gorbachev's Challenge: Economic Reform in the Age of High Technology, New York 1987; ders., What Went Wrong With Perestrojka, New York 1992; Michael Ellman u. Vladimir Kantorovich (Hrsg.), The Disintegration of the Soviet Economic System, London 1992.

Unter den sowjetischen Mitstreitern der Perestroika vgl. vor allem Abel Aganbegyan, The Economic Challenge of Perestrojka, Bloomington IN. 1988; Tatyana Zaslavskaia, The Second Socialist Revolution: An Alternative Soviet Strategy, ü. v. Susan M. Davies u. Jenny Warren, London 1990; Nikolai Shmelev u. Vladimir Popov, The Turning Point: Revitalizing the Soviet Economy, ü. v. Michele A. Berdy, Vorwort von Richard Erickson, New York 1989; Aleksandr Yakovlev, The Fate of Marxism in Russia, ü. v. Catherine A. Fitzpatrick, New Haven 1993.

Vgl. auch Isaac J. Tarasulo (Hrsg.), Gorbachev and Glasnost: Viewpoints from the Soviet Press, Wilmington, Del., 1989; Stephen F. Cohen u. Katharina van den Heuvel (Hrsg.), Voices of Glasnost: Interviews with Gorbachevs Reformers, New York 1989.

Anmerkungen
1. Zhores A. Medvedev, Andropov, New York 1983 u. 1984.
2. Seweryn Bialer (Hrsg.), Politics, Society, and Nationality Inside Gorbachev's Russia, Boulder & London 1989, S. 18.
3. Tatiana Zaslavskaia, The Novosibirsk Report, in: Survey 28 (1, 1984), S. 88–108.
4. Michel Tatu, Gorbachev: L'URSS va-t-elle changer?, Paris 1987.
5. Zdenek Mlynar, L'Unita, 9. April 1985; Englische Übersetzung in: FBIS, 4. Juni 1990.
6. Zur Einschätzung von Gorbatschovs ursprünglichen Absichten vgl. Gail Lapidus, Gorbachev and the Reform of the Soviet System, in: Daedalus 16 (Frühjahr 1987), S. 1–30.
7. Živoe Tvorčestvo Naroda, Moskau 1984; Zusammenfassung in: Kaiser, Why Gorbachev Happened, S. 75–80.
8. Sergej Kulesev, Gorbačev Kak Lenin Segodnja, Manuskript 1990.
9. Jonathan Haslam, The Soviet Union and the Politics of Nuclear Weapons in Europe 1969–1987. The Problem of the SS 20, London 1989.

10. Seweryn Bialer, The Soviet Paradox: External Expansion, Internal Decline, New York 1988, Kap. 5.

11. Haslam, a. a. O. S. 143–145.

12. John Lewis Gaddis, Russia, The Soviet Union and the United States, New York [2]1990, 5. 235.

13. Zu den frühen Stadien der ökonomischen Perestroika vgl. vor allem Aslund, a. a. O., Kap. 2–4. Vgl. auch Goldman, a. a. O., Kap. 4–5; Edward A. Hewett, Reforming the Soviet Economy, Washington DC 1988.

14. CIA, Handbook of Economic Statistics, 1987.

15. Kaiser, a. a. O., S. 96.

16. Die beste Analyse der glasnost-Literatur findet sich bei Alec Nove, Glasnost in Action: Cultural Renaissance in Russia, Boston 1989.

17. Aleksandr Jakovlev, Öffentliche Vorlesungen und Gespräche in Berkeley im Februar 1993; Vgl. auch seine Memoiren: Predislovie, obval, posleslovie, Moskau, Novosti, 1992.

18. Nikolaj Šmelev, Avansy i dolgi, in: Novyj mir, Juni 1987.

19. John Morrison, Boris Jelzin: From Bolshevik to Democrat, New York 1991, Kap. 6.

20. Yegor Ligachev, Inside Gorbachev's Kremlin: The Memoirs of Yegor Ligachev, trans. Catherine A. Fitzpatrick, Michele A. Berdy, and Dobrochna Dyrez-Freeman, introduction by Stephen F. Cohen, New York 1993.

21. Andranik Migranjan, »Dolgij put'k evropejskomu domu«, Novyj mir, Juli 1983, S. 183.

22. Zitiert bei Kaiser, a. a. O., S. 256.

23. Vasilii Grossman, Life and Fate, tr. by Robert Chandler, London 1985' Einleitung (russ. Origi.: žizn'i sudba' Lausanne 1980; dt.: Leben und Schicksal, München/Hamburg 1984).

24. Anna Larina, This I Cannot Forget: The Memoirs of Nikolai Bukharin's Widow, trans. Gary Kern, introduction by Stephen F. Cohen, New York 1993.

25. S. o. Kap. 6, Anm. 16.

26. Gavriil Popov, O romane Aleksandra Beka ›Novoe naznačenie‹, in: Nauka i žizn', April 1987, S. 54–65.

27. 5. o. Kap. 6.

28. Fedor Burlackij, »Chruščev: štrichi k političeskomu portretu«, in: Literaturnaja gazeta, 24. Februar 1988, S. 14.

29. Vasilij Seljunin, »Istoki«, in: Novyj mir, Mai 1988, S. 162–198.

30. Aleksandr Cipko, »Istoki Stalinizma«, in: Nauka i žizn', November 1988, S. 45–55; Dezember 1988, S. 40–47, Januar 1989, S. 46–56 und Februar 1989, 5. 53–61. Vgl. auch ders., Is Stalinism Really Dead?, übs. E. A. Tichina u. S. V. Nikheev, San Francisco 1990.

31. Igor' Kljamkin, »Kakaja ulica vedët k chramu?«, in: Novyj mir, 1987, Nr. 1l, S. 150–188.

32. Jurij Afanas'ev, Russkaja mysl', 14. März, 1989.

33. Zitiert in: Le Monde, 20. Dez. 1988.

34. Zitiert in: Kaiser, a. a. O., S. 376 u. 400.

35. Geoffrey Hosking, The Awakening of the Soviet Union, Cambridge MA 1990.

36. Bahdan Nahaylo u. Victor Swoboda, Soviet Disunion: A History of the Nationalities Problem in the USSR, New York 1990.

37. S. o. Kap. 5.

38. Victor Zaslavsky, The Neo-Stalinist State: Class, Ethnicity, and Consensus in Soviet Society, Armonk NY 1982.

39. S. o. Kap. 7 u. 10.

40. Helene Carrere d'Encausse, The End of the Soviet Empire: The Triumph of the Nations, übs. Franklin Philip, New York 1993.

KAPITEL 12
VON DER PERESTROIKA ZUM ZUSAMMENBRUCH, 1989-1991

Dieses Kapitel basiert in noch größerem Umfang als das vorhergehende auf persönlichen Eindrücken und der Lektüre der einschlägigen Presseorgane während der Ereignisse, die es beschreibt. Die grundlegenden bibliographischen Angaben am Ende des vorhergehenden Kapitels gelten auch hier. Zusätzlich weise ich noch auf folgende Veröffentlichungen hin: John Morrison, Boris Yeltsin: From Bolshevik to Democrat, New York 1991; Wlodzmierz Brus u. Kazmierz Laski, From Marx to the Market. Socialism in Search of an Economic System, Oxford 1989; János Kornai, The Socialist System: The Political Economy of Communism, Princeton NJ 1992; Murray Feshbach u. Alfred Friendly jr., Ecocide in the USSR: Health and Nature Under Siege, New York 1992.

Anmerkungen

1. Text der Kongreßdebatten, Izvestija, 7. Juni 1989.

2. Andrej Sacharov, A Speech to the People's Congress, in: The New York Review of Books Nr. 36, 17. August 1989, S. 25–26.

3. Jurij Karjakin, Izvestija, 9. Juni 1989.

4. Persönliche Äußerung in einem Privatgespräch.

5. Ivan Drach, der Führer der ukrainischen Organisation Ruch, in einer privaten Unterredung im September 1989.

6. Timothy Garton-Ash, The Magic Lantern, New York 1990, S. 78.

7. Charles Gati, The Bloc That Failed: Soviet-East European Relations in Transition, Bloomington 1990, Teil 3, im Folgenden zitiert als Bloc That Failed.

8. Äußerung in einem Privatgespräch, Februar 1993.

9. Äußerung in einem Privatgespräch, September 1988.

10. Timothy Garton-Ash, Magic Lantern, S. 47-60; vgl. auch Gati, Bloc That Failed, S. 170-174.

11. Timothy Garton-Ash, Magic Lantern, S. 25-46.

12. Andrei Codrescu, The Hole in the Flag: A Romanian Exile's Story of Return and Revolution, New York 1991.

13. Bill Keller in der New York Times, 22. Januar 1989.

14. Der Artikel des Autors, To The Stalin Mausoleum, in: Daedalus, vol. 119 (Winter 1990), wurde damals unter dem Pseudonym »Z« veröffentlicht, von der »Weißen Tass« (das heißt vertraulich, nur für Partei und Regierung) übersetzt und während der Versammlung des Zentralkomitees verteilt. Teilnehmer der Versammlung sagten dem Autor später, der Artikel habe das Bewußtsein für das Ausmaß der Krise geschärft und dadurch Gorbatschow geholfen.

15. Morrison, Yeltsin.

16. Michail Solouchin, »Čitaja Lenina«, Rodina, Dezember 1990.

17. A. Aslund, Gorbachev's Struggle, Kap. 7-9; M. Goldman, Gorbachev's Challenge, Kap. 5-7.

18. Im einzelnen analysiert von Ed Hewett, The New Soviet Plan, in: Foreign Affairs 69 (Winter 1990-1991), S. 146-167.

19. Martin Malia, A New Russian Revolution?, in: The New York Review of Books 38, 18. Juli 1991, S. 29-32; ders., Yeltsin's Revolution, ebd., 26. Sept. 1991, S. 22-29.

20. Graham Allison u. Robert Blackwill, America's Stake in the Soviet Future, in: Foreign Affairs 70 (Sommer 1991), S. 77-97.

21. Victor Zaslavsky, Nationalism and Democratic Transition in Postcommunist Societies, in: Daedalus 121 (Frühjahr 1992), S. 97-123.

KAPITEL 13
DIE FATALE LOGIK DER UTOPIE

Anmerkungen

1. Vgl. z. B. Alexander Dallin, Causes of the Collapse of the USSR, in: Post-Soviet Affairs 8 (1992), S. 279-302; Abraham Brumberg, The Road to Minsk, in: The New York Review of Books 39, 30. Januar 1992, S. 21-26.

2. Wie zu erwarten verstehen sich Anhänger dieser Positionen im Westen zumeist als »demokratische Sozialisten«, während man sie im Osten oft in neu organisierten kommunistischen Parteien finden kann, die sich jetzt »sozialistisch« oder »links« nennen. Eine repräsentative Auswahl solcher

Positionen findet sich bei Robert V. Daniels, The End of the Communist Revolution, London u. New York 1993; Peter Reddaway, Russia on the Brink?, in: New York Review of Books 40 (28. Januar 1993), S. 30–35; ders., Yeltsin, in: New York Review of Books 40 (2. Dezember 1993), S. 16–21; vgl. auch Stephen F. Cohen, American Policy and Russia's Future, in: The Nation 256 (5. April 1993), 5. 476–485; Moshe Lewin, Russia: Nationalism & Economy, in: Dissent (Frühjahr 1992), S. 172–175.
3. Vgl. dazu oben Kap. 5.
4. Aus ähnlicher Perspektive vgl. Martin Malia, From Under the Rubble, What?, in: Problems of Communism (Januar–April 1992), S. 89–106.
5. Vgl. Karl Griewank, Der neuzeitliche Revolutionsbegriff, Frankfurt 1969.
6. Vgl. oben Kap. 1.
7. Vgl. z. B. Slilomo Avineri, Capitalism Has Not Won, Socialism Is Not Dead, in: Dissent 39 (Winter 1992), S. 7–11.

Epilog
Das Vermächtnis

Anmerkungen
1. Eine frühe und genaue Analyse des Umfangs der Katastrophe findet sich bei Pierre Briançon, Heritiers du desastre: précis de décomposition de l'univers sovietique, Paris 1992.
2. Vgl. oben Kap. 2.
3. Vgl. z. B. Moshe Lewin, The Gorbachev Phenomenon; und ders., Making.
4. Vgl. oben Kap. 3.
5. Vgl. oben Kap. 6.
6. Solshenizyn, Der Archipel Gulag, Bern 1974, Bd. 1.
7. Vgl. z. B. Alec Nove, Ideology, Planning and the Market, in: Critical Review (Herbst 1991), 5. 559–572.
8. Vgl. z. B. Joan Wallach Scott, Gender: A Useful Category of Historical Analysis, in: American Historical Review 91 (1986), S. 1053–1075.
9. Vgl. zum antiliberalen Potential der Ökologiebewegung Garrett Hardin, Living Within Limits: Ecology, Economics, and Population Taboos, New York, University Press; und Donald Worster, The Wealth of Nature: Environmental History and the Ecological Imagination, New York, University Press.

DANKSAGUNG

Unter den Menschen, die das Zustandekommen dieses Buchs ermöglicht haben, ist einer, der meinen besonderen Dank verdient; ihm wäre das Buch gewidmet worden, wenn mir nicht die Dissidenten vom Kommunismus den ersten Anstoß dazu gegeben hätten. Es ist Stephen Graubard, langjähriger Freund und Herausgeber von *Daedalus,* der Zeitschrift der *American Academy of Arts and Sciences.* 1989, zu einer Zeit, als das Bekenntnis zu Gorbatschows Reformkommunismus im Westen die herrschende Form der Orthodoxie war, stellte Stephen Graubard jene entschieden abweichende Sicht in den Vordergrund, die ich in meinem Artikel »To the Stalin Mausoleum« vertreten habe. Keine andere Zeitschrift von vergleichbarem Rang fand sich damals bereit, meinen Standpunkt unverfälscht wiederzugeben. Ohne Stephen Graubard wären weder das Buch noch die verspätete sowjetologische Laufbahn, die ihm vorausging, möglich gewesen.

Als das Buch fast vollendet war, halfen mir Professor Nicolas Riasanovsky vom Historischen Institut der University of California in Berkeley und Professor Terence Emmons vom Stanford History Department, indem sie das ganze Manuskript einer kritischen Lektüre unterzogen. Hilfreich waren mir auch zwei Studenten der Geschichte in Berkely, Warren Breckman und Veselin Skekic, durch ihre Lektüre zentraler Kapitel des Buchs. Ferner möchte ich zwei Doktoranden in russischer Geschichte aus Berkeley danken, Arthur McKee und John Randolph, die mir bei der Erforschung und Zusammenstellung des Materials wertvolle Dienste leisteten. Schließlich danke ich den Studenten, die mir in den verschiedenen Phasen dieses Projekts zur Hand gingen, die für mich tippten, Zitate verifizierten und mich bei der Gestaltung berieten: Kenneth Hodges, Xavier Thomas, David Shapard, Ilya Vinkovetsky und John Grandy. Überflüssig zu sagen, daß alle hier Genannten keinerlei Verantwortung für die Ansichten tragen, die in dieser Untersuchung geäußert werden, und daß ihnen allen mein wärmster Dank für ihre Hilfe gehört.

REGISTER